U0568074

·经/济/科/学/译/丛·

Managerial Economics: Theory, Applications, and Cases

(8th Edition)

管理经济学：理论、应用与案例

（第八版）

W·布鲁斯·艾伦（W. Bruce Allen）
尼尔·A·多尔蒂（Neil A. Doherty）
基思·韦格尔特（Keith Weigelt）
埃德温·曼斯菲尔德（Edwin Mansfield）
著

申笑颜　范彩云　张　莉　译
申笑颜　校

中国人民大学出版社
·北京·

《经济科学译丛》编辑委员会

前　言

时间都去哪儿了？四年前，当我书写旧版教材的前言时，世界正处于混乱的状态。与自然灾难一样，严重的全球性经济衰退也具备破坏性作用。现在，美国的经济终于站在了复苏的边缘，尽管房价依然很低并且失业率持续走高。

经济衰退给了人们很多的教训：不受约束的商业贪婪会造成无数人的痛苦；如果与公众利益相比，自己的政治观念好像更加至高无上，那么作为民众代理人的政治家就是极其自私的；最后，人类的精神很难被摧垮，即使倾家荡产或身受暴君的武力胁迫。

经济衰退其实给人们提供了一次机会，用以检验我们的教材在极端的商业条件下是否具备实用价值。事实上，此版教材没有改动旧版中阐述的任何原理，这表明我们对教材框架的满意程度。而实际上，经济衰退的确使我们的有关道德风险的知识成为聚会上受欢迎的“客人”，它是这本教材中重要的话题之一。在此次衰退之前，任何涉及道德风险的聚会讨论总令人生厌；然而金融危机之后，宾客们却常常紧紧抓住本书中有关道德风险的每个用词。

本书结构安排的原则是管理者必须运用经济学、商业语言去做决策。学生们必须通过方程和图表去理解如何遵循特定的原理。比如，管理者必须始终运用边际分析和逆向归纳法则。

经济模型的规范分析是把数值引入到管理决策中。没有数值，感觉到的知识仅仅是猜想。当考虑激励计划时，管理者更喜欢可以衡量对象的模型。我们相信数学的客观性能够使商业决策更加清晰。精通数学模型对于好的管理者来讲十分必要。

我们承认管理者本身是理性的，然而他们偶尔也会判断失误。学好这本书有助于管理者避免常见的错误。管理者要在一个复杂的世界里作出决策，仔细权衡取舍非常重要。因为商业决策可能会涉及数十亿美元的潜在损失，所以权衡取舍应尤为慎重。

管理世界变化多端，此次修订教材的目的是使其与现实世界的关联更加密切。为此，我们听取了读者的建议，把网络外部性和交易成本纳入到这一版本之中。基于读者的意见，我们也恢复了需求函数的估计与预测。除此之外，我们更新了很多案例，旨在说明本书与变化的商业环境之间的关联性。商业实际上是全球性的，管理者遵循的规律也如此。许多新的案例都是以新兴市场为基础的。我们相信这些市场在不久的将来会呈现出快速增长的态势，管理者一定要很好地了解它们。以下是与第七版相比，新内容的简要介绍。

第 1 章　导言

我们更新了波诺努力促使其他人也为红色运动捐款的案例：在 2010 年，美国已经有 57 位亿万富翁作出承诺，至少捐出其财富的 50%用于开展慈善事业。

本章关注职业联盟棒球队的最新进展以便根据市场情况调整其售票计划。令人感到高兴的是，一些球队正在采纳我们最新版本教材中给出的政策建议。

在两个新的案例中，我们介绍了供给和需求如何决定几个市场中的市场价格；讲述了菠萝市场、石油市场、牛肉市场、棒球市场及股票市场中的“看不见的手”；阐明了需求和供给的变化如何影响套期保值战略的有效性。来自不同领域的例子说明了运用供求变化解释市场行为的广泛性。

第 2 章　需求理论

本章更新了管理者如何利用动态价格模型，通过制定更好的价格来提高利润的案例。正如以前几个版本所预言的，这项练习还将继续。我们也提供了全美铁路客运公司管理者的企业财富信息，尤其是身处东北走廊的企业，指出了需求变化的基本原因。

在另一个新的案例中，将考察啤酒的需求问题，它是与很多大学生相关的一个话题。我们发现啤酒的最大消费群体——年轻男性，是群善变而理性的人，这体现在当他们的收入减少很多，甚至必须戒掉心爱的啤酒时。

另一个新的案例关注的是发展中经济体内的妇女对直销市场的适应性。这些市场中的妇女重视与销售代表建立起的个人关系。

本章也介绍了药品管理者如何改变一种专用药物的定价结构。当受到药物替代品的进入威胁时，管理者实际上会提高价格。我们指出他们这样做的原因在于需求缺乏弹性。

第 5 章　生产理论

为了说明成本如何影响资本与劳动，我们介绍了人工智能软件在法律市场中是如何取代劳动的。该软件效率如此之高，以至于使用该软件的一名律师甚至可以取代一百名没有使用该软件的律师。

本章评价了首席创新长官（CIO）的增加。他们帮助企业适应新的技术，例如，触屏工作站。技术一般用来取代劳动力，并导致只需要更少的员工或是工作责任的转移。

我们也报道了被视为移动银行的智能手机改变了社会的现金模式。所有移动经济系统的玩家——电信运营商、银行、搜索引擎和硬件制造商——都正在抢夺对这个市场的控制权。

棒球队是企业组织的一种类型。经验表明决赛中表现好的球队往往拥有“强力型投手”。相对于常规赛季，决赛期间的赛事安排更加紧密，这也就意味着需要更强有力的投手。

第 6 章　成本分析

管理者经常会通过范围经济形成成本效率。我们讨论了管理者如何节约成本以及期间遇到的问题。

第 7 章　完全竞争

我们列举了很多通过竞争促使价格下降到边际成本的市场，论述的市场包括电力运输市场、铁矿石市场、采矿业市场和水泥市场。

第 8 章　垄断与垄断竞争

有谁能够比沃伦·巴菲特更好地决定这本书的选题？我们通过他的行动来说明贯穿全书的战略有效性。在本章的战略环节中，分享了巴菲特先生的一个观点：当评价一个企业时，定价权力是最重要的一个标准。

通过建立平板电脑市场，苹果管理者完成了几乎没有别的管理人能完成的事情，我们介绍这些管理者如何运用价格的力量去销售平板电脑。

有证据表明垄断者可能过分地索要高价，讨论了南非某条铁路的案例，当地的管理者在一年内把货物运费提高了 25%以上。

第 9 章　价格歧视的管理运用

本章增加了一个管理者运用价格歧视提高利润的案例。这里讲述的几个案例包括几所主要的大学如何使用这一战略从运动项目中提高它们的利润。

第 10 章　捆绑定价和企业内部定价

学生们普遍抱怨的是校园书店中的教材价格太高。我们讨论了管理者如何通过捆绑教科书和学习指南来提高价格，这将迫使学生必须两者都购买。作为回应，一些州政府通过立法要求书店改变它们的销售政策。

奈飞公司的管理者曾经采用了一个非常成功的价格战略，即捆绑销售流媒体 DVD 和邮寄 DVD，但为了追求更高的利润他们决定改变这个战略。我们分析为什么恰恰是这个改变，让成千上万的消费者抛弃了他们。

本章更新了一个关于打印机和墨盒定价的案例。也探讨了市场上的一家公司改变定价战略的最新方案。

本章讲述了管理者为实现自身目标而使用的转移价格的多种方法，并介绍了厄恩斯特和杨在 2010 年的一项研究。

第 11 章　寡头垄断

本章介绍了沃伦·巴菲特获得其亿万美元的一种方法——投资双寡头。的确，双寡头是存在的，而且巴菲特足够精明地意识到了它们的潜在利润。作为双寡头的民用飞机产业中的空中客车和波音正在遭受新进入者的挑战。很多这样的进入者出现在新兴市场中，比如巴西和中国。

本章最后添加的一个内容是列举了全球很多类似寡头的市场，从欧洲的审计事务所到美国的评级机构。甚至在新兴市场中也能找到寡头的影子，如菲律宾的电话产业。

第 13 章　拍卖

正如我们在上一个版本中所预言的，经济领域中的拍卖将会持续增加。我们介绍了体育产业中拍卖增多的情况，以及巴拿马运河中的船运定价。

可口可乐公司和百事可乐公司是美国的标志性品牌。几十年来双方为了抢占市场份额征战不休。我们的讨论发现两家企业对市场份额如此关注的结果是双方的盈利都较低。

第 15 章　委托代理问题与管理薪酬

私募股权投资公司常会在短期内购买和拥有企业。在此期间，它们会重组资产再出售，往往能够获得不菲的利润。公司大部分的利润常常来自公司的资产销售，比如像出售公司前任管理者用股东资金购买的飞机和市内的公寓等。我们给出了相关的几个案例。

据说，与美国同行相比，欧洲管理者获得的薪酬较低。利用经验数据可证实此种说法的正确性，尽管这种差距目前正在缩小。

第 16 章　逆向选择

本章介绍了智能手机的应用程序能够使零售商追踪到消费者的位置，借助这个应用程序，当消费者经过零售商的一家零售店时，为了吸引顾客，他们可能会向消费者提供折扣。

第 17 章　政府与企业

狩猎通信公司是肯尼亚最大的电信运营商，我们讲述了该公司的管理者为应对新的运营商的进入，是如何采取行动的。

所有的新兴市场都必须遵守反托拉斯法律的发展规律。我们介绍了中国政府最近正在努力削弱主导市场的参与者的权力。

与美国同行相比，欧洲人的确正在艰难地审视反竞争行为。这里给出的案例是为了抵制一家制药公司运用了过多的市场权力。

本章还探讨了一个有趣的案例，一种能够帮助世界上数以亿计穷人的食品却不能被最广泛地使用，原因在于该食品受限于其专利的知识产权。有人质问专利是否应该成为如此明显的社会福利的绊脚石？

本章最后报道了制药公司的管理者对某种药品的化学分子式稍做修改以期保护他们的专利。这样的措施能够帮助他们在较长的时期内保证其较高的价格（和较高的市场份额）。

教师和学生助手

对教师

教师网站（wwnorton. com/instructors）：仅限于教师，用于授课和远程教育的指导内容受密码保护，包括课程包、测验内容、教学 PPT、图表及其他。

教师手册：平装本和可下载的 PDF 文件；包括各章习题的解答，战略环节的讨论答案，另外附加了详细的概述。

题库：平装本与可下载文件。

PowerPoint：教材中的图形和表格。

对学生

《管理经济学（第八版）》用多媒体包给出了掌握本书关键概念和技巧的学习工具，旨在帮助学生熟悉这些基础工具在商业世界里的应用，并向学生提供了一些机会去理解教材中的经济学课程如何转化成真实商业世界的情景。

学习空间（wwnorton. com/studyspace）

学习空间告诉学生已经掌握了什么，需要复习什么，之后向他们提供一份有条理的计划去学习这些资料。这是一个免费且易于使用的网站，它提供给学生一个令其印象深刻的练习题库、互动式学习工具、测评内容和复习资料，包括：

- 复习小测验
- 本章小结
- 每章概要

- 抽认卡
- Excel 练习
- 市场商业报告的音频播客

致谢

最后，要感谢多年来使用我们教材的数以百计的教师，以及为改进教材提出了具有宝贵价值反馈的许多人。为了帮助准备第八版教材，我们要特别感谢 James Ahiakpor（加州州立大学东湾校区）；Hamid Bastin（希彭斯堡大学）；Bichaka Fayissa（中田纳西州立大学）；Sherman Folland（奥克兰大学）；Chulho Jung（俄亥俄大学）；Barry Keating（诺特丹大学）；Mark Moore（西蒙弗雷泽大学）；Kamal Salmasi（麦吉尔大学）；Manuel Santos（迈阿密大学）；Ryan B. Williams（得克萨斯理工大学）。也要感谢 David Muri 和 Vivek Shah，沃顿学院的两位优秀博士生，他们确保了教材中所有数学公式尽可能清晰。完成教师和学生助手部分的是两位出色的教师——Nitin Paranjpe（奥克兰大学和韦恩州立大学）和 Jean Cupidon（得克萨斯理工大学），万分感激他们的帮助。当然，最后表示感谢的不是最不重要的，我们非常幸运地遇到了诺顿出版社的一位真正的明星——Kate Feighery，是他将我们的手稿变成了一本流畅的教材。

目　录

* 附录请读者登录 www.crup.com.cn，搜索本书书名后获取。

第一部分

指南

第 1 章

导　言

管理者的主要任务是作出好的决策。面对复杂的世界，无论好与坏，管理者都需要一个指南来帮助其作出好的选择。正是这样一个指南，能够让深刻理解它的管理者提高其决策的个人水平和组织水平。

这个指南提供的知识具有如下含义。古代中国人认为知识和时间的流动一样，它不是记忆事实的一种存储器，而是理解他人行为的一种能力。借助这样的知识，你可以更好地预测他人的行为。我们的指南将帮助你在管理行为的世界中航行。

我们在管理经济学的范畴内构建这样的指南。管理经济学运用规范模型去分析管理行为和管理行为对企业业绩的影响。我们也将使用这些模型论述与企业相关的概念，比如成本、需求、竞争、价格、薪酬、市场进入战略和拍卖战略。所有这些概念都被管理者掌握并决定着企业的业绩。

与许多人的观念正好相反，管理经济学与微观经济学差别很大，主要在于分析重点不同，微观经济学聚焦于企业水平，很多情况下的分析也处于企业水平；至于管理经济学，它关注管理行为。管理经济学描述的是行为；而微观经济学描述的则是环境。为了指导管理者作出更好的决策，管理经济学注重的是提供有力的工具和框架，这些工具和框架能够让管理者更好地判断行为的不同动因所导致的结果。

管理经济学对准备进入管理世界的学生们有两个重要的作用。其一，在后续几章中将要讨论的概念会出现在其他实用商业课程中，比如，财会、金融、战略学、运营和营销。我们的指导方针是伟大的战略学家孙子所说的“为将之道”，其特征是范围经济。也就是说，对于概念论述理解得越透彻，日后在其他商业学科中遇到这些概念时对它们的理解就越轻松。其二，由于管理经济学认识到了管理世界的复杂性，所以实用商业课程最大程度的一体化是可行的。这能够帮助学生认识到一体化的思维模式对于良好的管理至关重要，而且能够使学生回顾短期的思路，并思考长期的结果。

1.1 企业理论

管理者在大型组织中工作并最终决定它的业绩。为了理解管理者的行为世界，我们必须阐明企业的行为。当然，企业实际上并不能按照自己的方式行事，你应该把企业看作是牵线控制在经理们手中的木偶。有些管理团队擅长摆弄这些牵线，然而其他团队看起来玩得并不理想。尽管全球数百万家企业的管理模式差别很大，但令人惊讶的是，管理者的目标却差别很小。更为普遍的是，经理们只选择他们认为将会增加所在企业价值的行动。我们知道有许多种方法能够为企业创造价值，例如，对于一个具有双重底线的小额贷款企业来说，来自贷款行为的价值应该既包括利润衡量，也包括本土经济的获益。我们的模型必须能够解释众多的企业行为，所以管理者被视为追求企业利润最大化的，并努力提高预期未来现金流净现值的群体。可以将这种管理上的努力用如下公式表达：

$$\text{预期未来利润的现值}=\frac{\pi_1}{1+i}+\frac{\pi_2}{(1+i)^2}+\cdots+\frac{\pi_n}{(1+i)^n}$$

$$\text{预期未来利润的现值}=\sum_{t=1}^{n}\frac{\pi_t}{(1+i)^t} \quad (1.1)$$

其中，π_t 表示预期利润，i 表示利息率，t 从 1（下一年）到 n（计划周期中的最后一年）。又因为利润等于总收入（TR）减去总成本（TC），公式也可以表示为：

$$\text{预期未来利润的现值}=\sum_{t=1}^{n}\frac{TR_t-TC_t}{(1+i)^t} \quad (1.2)$$

其中，TR_t 表示企业在第 t 年的总收益，TC_t 表示企业在第 t 年的总成本。

公式（1.2）表明了管理者如何影响企业的业绩。管理决策清晰地确定了企业的收益和成本。让我们来看一下丰田汽车公司的例子。公司的营销经理和销售代表努力提高总收益，生产经理和制造工程师则努力减少总成本，财务经理在获取资本方面起到了重要的作用，从而影响了公式（1.2），研发部门的员工则致力于发明新产品和新工艺，目的是增加企业总收益和减少总成本。所有这些团队共同影响了丰田汽车公司的价值，也就是预期利润的现值。

尽管管理者希望增加企业的价值，但他们无法完全控制价值的水平。如果管理生涯是那样简单的话，你就不必去学校学习商业知识了。使管理生涯变得复杂的是管理者面临的操作约束，其中的一个约束是大多数资源是稀有的。在企业内部，制定管理决策常常涉及将稀有资源配置到生产、销售过程，以及价格超过成本的产品和服务中。

法律和合同方面的约束也会限制管理者的行为。例如，最低工资法明确要求管理者支付的工资必须超过一定限额。根据联邦、州和地方法律，企业必须纳税。管理者必须遵守顾客和供应商的合同，否则将会官司缠身。各种各样的法律（从环境法到反托拉斯法再到各种税法）限制了管理者的活动，而合同和其他法案更进一步约束了他们的行为。

战略环节

波诺看到了红色，公司的利润看到了黑色

2007年，摇滚明星波诺倡导了一场红色运动（Red），将消费主义和利他主义联合起来。当消费者购买一台红色戴尔计算机，一部红色摩托罗拉手机，或者GAP公司的任一款红色产品，或者使用美国运通红卡时，都会有一部分销售款进入全球基金。公司支付许可费以标识其产品为"红色"，然后还要拿出一部分销售额支持该项基金。据红色网站（www.joinred.com/red/）显示，红色运动共筹集1.7亿美元，并已投入到预期使用中，即抗击非洲加纳、卢旺达和斯威士兰等几个国家的艾滋病、疟疾和肺结核。

在红色运动发起之前，善因营销的概念早就出现过，但没有像波诺这样由个人发起的公共宣传活动。许多年来，麦当劳公司一直捐助罗纳德·麦当劳之家，那里的患儿父母可以为孩子在医院附近寻找到帮助（和资助团体）。为什么许多公司纷纷加入到善因营销活动中呢？很明显，公司在展现社会良知的同时也是对自己的营销。但同样明显的是，购买红色许可和经营罗纳德·麦当劳之家都是需要成本的，那么明显的好处又在哪里呢？据2006年科恩有限公司（一家波士顿营销代理商）的民意调查显示，如果产品和价格相当的话，89%的年龄在13～25岁的美国人（主要的消费群体和受到波诺影响的人）更愿意购买与红色事业相关的产品。可见，明显的好处是：善因营销同时会产生收益流（也可能是利润流），所以推动红色运动也收获了被视为黑色的利润。善因营销与利润最大化是一致的。

我们正在见证的另一个现象是"慈善企业家"的增加，如比尔·盖茨、巴菲特、理查德·布兰森和特德·特纳，这些人的公司取得了巨大的利润和财富，然后他们又拿出了大量的财富去做公益事业。正如2010年11月，在名为"作出承诺"的活动中，美国有57位亿万富翁已经承诺要拿出至少50%的个人财富用于慈善事业。除了上面提及的亿万富翁外，保罗·艾伦、迈克尔·布隆伯格、拉里·埃里森、乔恩·亨茨曼、卡尔·伊坎、乔治·卢卡斯、马克·扎克伯格也加入了这项承诺活动。

资料来源："Bottom Line for (Red)," *The New York Times*, February 6, 2008; The Giving Pledge, www.givingpledge.org.

1.2 什么是利润

正如我们所知道的，企业价值在很大程度上是**利润**的函数。与会计学不同，在管理经济学中，我们要考虑所有者提供资本和劳动力之后的利润。例如，假设一位经理辞去了一家大型公司的工作，转而创办一家小型企业。她不再领取工资，尽管她为建立自己的企业投入了大量的时间。假定她为曾就职的公司工作了同样的时间，可获得65 000美元。再假定她把同样的资本投资于其他企业而不是她自己的企业，可获得24 000美元。让我们假定2012年她创办企业的会计利润是100 000美元。那么在管理经济学范畴，她的企业利润是（100 000－65 000－24 000）美元＝11 000美元，而不是会计报表上显示的100 000美元。

会计与经济学家对利润的定义不同，反映了他们关注的焦点不同。会计关心的是：控制企业的日常运营，查明欺骗或贪污行为，遵守税法及其他法律，为不同利益集团编制报表；而经济学家主要关心决策制定和在各种备选方案中作出理性选择。尽管企业公布的利润数据大部分都符合会计的而非经济学家的利润定义，但是后者与许多决策关联更大。（当然，在高级会计学中已经涉及了这一点。）例如，假定这位女士要决定是否继续经营自己的企业。如果她关心的是尽可能多地赚钱，那么她应该按照我们经济学家的模型来计算其企业的利润。如果企业的利润大于零，她应当继续经营；否则就应当停业，去寻找其他机会。

1.3 利润存在的原因

管理者的行为创造出企业的经济利润。利润是衡量他们决策能力的一个指标。管理者创造利润的三个重要因素是创新、风险和市场权力。在我们写这一章的同时，人们正在等待购买 iPhone 4S 的机会，苹果公司的新款智能手机。同时，很多航空公司正准备投入亿万美元去购买波音公司的 787 梦幻客机。在这两个市场中，都有现成的产品；但很明显，消费者对新产品更感兴趣。iPhone 和 787 都被看作先驱产品，它们推动已有产品在实用性、技术和样式等方面的进步。在我们写作的今天，管理者的努力带来了两个市场高额的利润——据报道高达 40%。未来的价值取决于每个团队如何实施各自的战略。

制定管理决策需要作出风险选择。对于管理者来讲，这样的风险有多种表现形式。当未来产出是未知的时候（产品在市场上是否会获得成功?)，当他们不知道竞争对手作何反应的时候（如果我提高价格，我的竞争对手也会提价吗?)，当他们不知道未来事件可能性的时候（如果下届总统来自民主党会怎样呢?)，管理者都需要作出抉择。利润是对那些勇于承担风险者的回报。

如后面所要叙述的，管理者也会利用市场的低效率获得利润。好的经理人清楚如何制造这样的低效率来为其企业提供一个稳定的竞争优势。这方面的常用技巧包括：构建市场进入壁垒，复杂定价战略，多元化努力和生产决定等。这样的技巧，如果使用得当，能够带来长久的利润。

1.4 管理者的利益和委托代理问题

尽管管理经济学家一般假定管理者希望利润（也就是（1.1）式中的企业价值）最大化，他们也意识到了额外的目标。有些目标可以增加企业的长期利益，比如扩大市场份额或是创建品牌名称；而有些管理目标对企业价值无益，却对增加管理者的薪酬有利。

后面会介绍，我们的模型能够区别企业所有者与管理者的不同偏好。当管理者面临的选择是最大化企业的价值还是增加一个经理人或是一个经理团队的报酬时，有些人选择了一条利己之路。这也是管理者行为的一种特性，在重要问题中关注自己利益的趋势正在上升，因为在全球范围内，企业所有者与管理者之间的距离正在持续增加。企业的所有者——持股人——通常对企业的运作知之甚少，甚至是公司的董事会都对他们管理团队的信息了解有限。只要管理者看起来能够胜任工作，他们就会有很大的自由。因此，企业的行为常常受非所有者的管理团队利益的驱动。至少，这种行为会为管理者带来更高的工资和更多的津贴；糟糕的是，这种行为产生了安然现象。

管理经济学家把这种情况称为委托代理问题。管理者是替企业所有者工作的代理人，后者是持股人或是委托人。委托代理问题关注管理者是否会以增加所有者的成本为基础去追求他们自己的目标。课堂上我们问学生，“如果用我们的钱送你们去大西洋城，你们的行为会发生改变吗?”因为企业所有者发现真正区分管理者追逐利润最大化的行为抑或他们不这样做的行为真的是十分困难，管理者有使自己变得富裕的激励。

为了解决这个问题，所有者往往与管理者签订合同以便控制自己和代理人的偏好。例如，所有者会提供给管理者公司未来成功时的股份。许多公司采用了股票期权计划，即允许管理者以低于市场价的价格购买公司的普通股。这种办法激励管理者提高公司利润并按照与所有者利益一致的方式行事。有证据表明股票期权计划具有一定的效果。根据一项研究显示，如果管理者拥有 5%～20%的公司股份，要比他们拥有低于 5%的公司股份时的业绩更好（即利润更多）。有些公司强迫管理者购买股票，董事会的报酬也是股票。本书第 15 章将广泛讨论这一问题和其他道德风险问题。

1.5　需求与供给：初步的考察

为了理解一种社会行为，我们必须了解它的相关制度。管理学的世界总是围绕着市场在运转。任何管理者，无论在东京、纽约、伦敦或是多伦多，为了符合市场行为都必须理解市场的基本原理。本书的一个重要部分就是帮助你理解市场中人们的行为。首先给出市场的一个概况，然后对需求和供给进行详细的论述。

很久以前，管理者面临的一个问题就是促进经济交易。尽管两个人能够面对面地谈判，可是随着参与人员的增加，协调成本也迅速增加，所以管理者不得不想出一个计划以降低协调成本并鼓励更多的交易。他们选择构建一个被称为**“市场”**的社会制度。

哪里有经济交换哪里就有市场，也就是说，很多团体会签订有法律约束力的合同。世界上存在着不计其数的市场。在这些市场中，企业得以运作，我们必须考察（和理解）市场行为。令人惊讶的是，给定市场数目和类别，它们都会遵守普遍的原理。现在详细讨论这些原理，因为掌握它们对于理解市场行为十分重要。我们也要考虑签订合同的个人行为以及由此带来的后续整体效果。

1.6　市场的需求方面

每个市场都有需求者和供给者。管理者必须知道潜在的消费者如何评价产品和服务，也必须估计在不同价格水平下商品的需求量。管理者的一个目标是实现企业价值最大化。关注利润需要全面掌握需求知识，特别是当价格改变时，收益的走向。总收益等于销售的单位数（Q）乘以销售价格（P）（$TR=P\times Q$）。

价格和需求数量之间的关系常常取决于很多变量，有些受到管理者的控制，而有些不是。可能的影响因素包括收入和偏好、替代品和互补品的价格、广告费用、产品质量（也包括替代品和互补品的质量）以及政府的法令。与价格相关的需求量的变化为企业的**需求函数**（令其他影响因素保持不变）。

需求曲线向管理者指出，在某一价格水平下，将销售多少单位的产品。图 1—1 为 2012 年世界铜市场的需求曲线，图中显示，在 2012 年，如果价格是每磅 3.10 美元，铜的年需求量是 16.2 百万吨；如果价格是每磅 3.20 美元，铜的需求量实际上是 14.3 百万吨；如果价格是每磅 3.00 美元，铜的需求量实际上是 17.9 百万吨。铜材近期经历的需求量快速增长的一个重要原因是，在新兴市场中，如中国和印度，铜材使用量在增长。

图 1—1 给出了在每个价格水平上铜材的世界总需求量。任何一条需求曲线都对应一个特定的时期，需求曲线的形状与位置都和该时期的长短有关。铜的需求曲线向右下方倾斜，用数学术语讲，是需求曲线斜率为负；也就是说，随着价格下降铜的需求量上升。对于绝大多数商品来说同样如此：它们的需求曲线几乎都是向右下方倾斜的。不难理解，管理者应当预计到价格上涨会导致销售量下降。

任何需求曲线都建立在其他影响因素，如偏好和收入保持不变的基础之上，而这些因素中的任何一个发生变化都会引起需求曲线移动。如果消费者更偏好那些使用较多铜材的商品或消费者的收入增加（可以购买更多使用铜材的商品），那么铜的需求曲线会向右移动。换句话说，在铜价不变的前提下，铜的需求量会比原来增加。关于这一点，第 2 章会更详细地加以讨论。

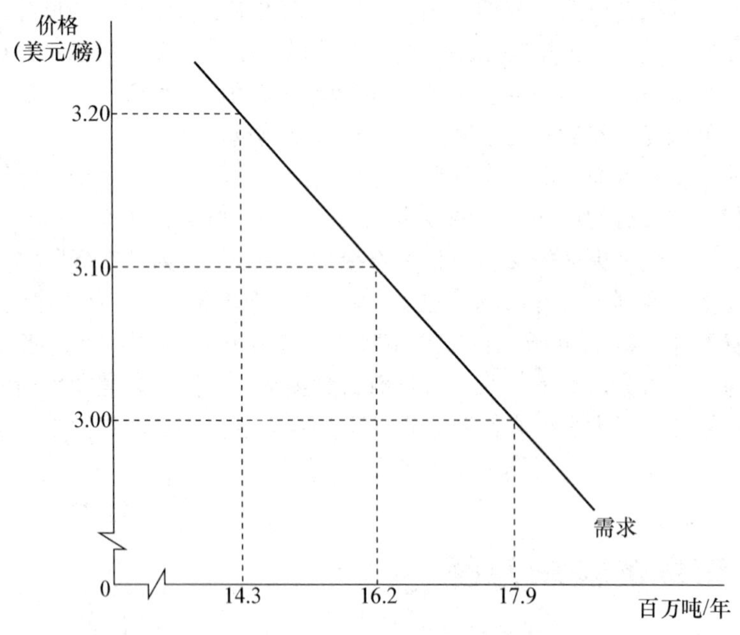

图 1—1　世界铜市场的需求曲线

注：铜市场的需求曲线描绘了不同价格水平下购买者愿意购买的铜数量。

1.7 市场的供给方面

市场的供给可用市场供给曲线来表示，显示在不同价格水平下商品出售者愿意提供的商品数量。图 1—2 描绘了 2012 年世界铜材市场的供给曲线。如图所示，如果价格是每磅 3.10 美元，铜的供给量实际上是 16.2 百万吨；如果价格是每磅 3.20 美元，铜的供给量实际上是 17.4 百万吨；如果价格是每磅 3.00 美元，铜的供给量实际上是 14.9 百万吨。

注意，铜的供给曲线向右上方倾斜。用数学术语讲，是供给曲线斜率为正；也就是说，随着价格上升，铜的供给量也上升。这看起来是合理的：较高的价格为供给者生产更多的铜材以备销售提供了激励。任何供给曲线都是在假定技术水平不变的基础上提出的。如果开发出降低成本的生产技术，那么管理者愿意出售更多的产品。换句话说，技术变化常会引起供给曲线向右移动。

产品的供给曲线还受到生产要素（劳动力、资本和土地）价格的影响。当投入要素价格下降时，管理者意识到生产成本更加低廉，就愿意以比原来更低的价格提供既定数量的产品，因此，投入要素价格下降会导致供给曲线右移。如果投入要素价格上升，管理者只愿意以比原来更高的价格提供既定数量的产品（因为他们的成本也更高了），因此，供给曲线左移。

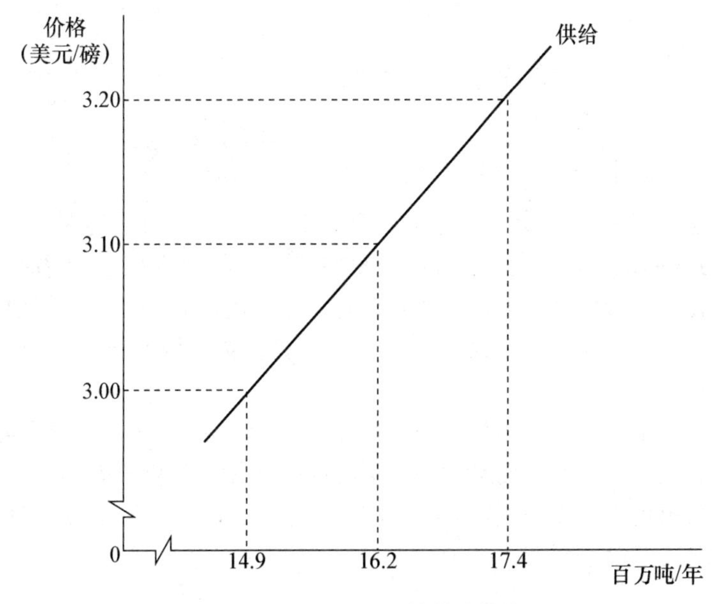

图 1—2 世界铜市场的供给曲线

注：铜的市场供给曲线描绘了不同价格水平下供给者愿意提供的铜数量。

1.8 均衡价格

经济学家用需求曲线和供给曲线的交互作用代表市场。为了便于说明，仍以铜市场为例，如图 1—3 所示。将铜的需求曲线（见图 1—1）和供给曲线（见图 1—2）放在同一张图 1—3 中，现在我们能够确定在不同价格水平下的市场行为。例如，如果价格是每磅 3.20 美元，需求曲线说明铜的需求量实际上是 14.3 百万吨，而铜的供给量实际上是 17.4 百万吨。因此，如果价格是每磅 3.20 美元，供给量和需求量就不相匹配。如图 1—3 所示，会出现 3.1 百万吨的超额供给。在此价格水平下，生产者不能售出他们的所有存货；他们可能愿意降价出售以减少存货。所以，每磅 3.20 美元的价格会引发市场不均衡——供给过多。由于出现超额供给，生产者将会降低价格，每磅 3.20 美元不会维持长久。

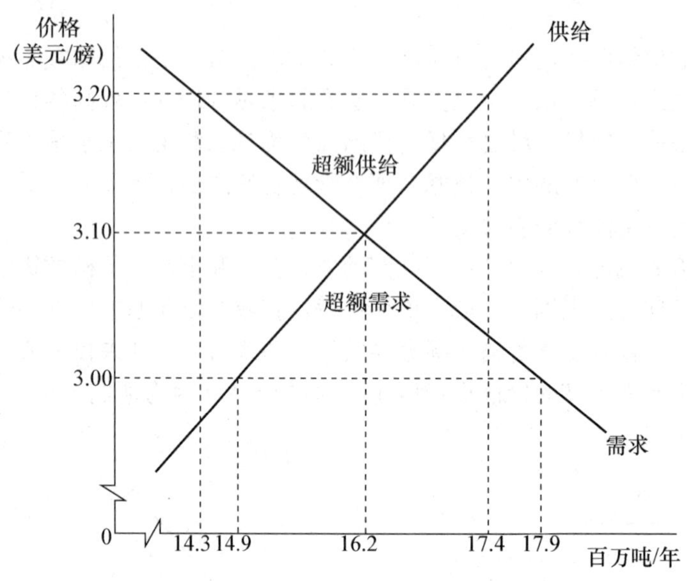

图 1—3　世界铜市场的均衡价格

注：均衡价格是每磅 3.10 美元，因为在该价格水平下需求数量等于供给数量。

如果价格是每磅 3.00 美元，需求曲线显示需要 17.9 百万吨的铜，而供给曲线显示需要 14.9 百万吨的铜。可见每磅 3.00 美元的市场价格也会引发市场不均衡：供不应求。事实上，在这一价格水平下，消费者会有 3 百万吨的超额需求，但他们却找不到供给者。当供应商意识到铜材短缺时，他们就会提高价格，因而每磅 3.00 美元也不是一个稳定的价格。

那么什么是一个稳定的市场价格呢？稳定的价格是指需求量等于供给量时的价格。市场均衡也只有当消费者愿意而且能够购买的商品数量等于供给者愿意而且能够出售的商品数量时才会出现。如图 1—3 所示，当铜的需求数量等于供给数量时，价格是每磅 3.10 美元。该点是两条曲线的相交点。

1.9　实际价格

当然，价格管理者感兴趣的还是实际价格——实际存在的价格——而不是均衡价格。一般而言，经济学家假定实际价格近似等于均衡价格，这似乎是合理的，因为一些基本力量会推动实际价格向均衡价格趋近。因而，如果一段时间内周围条件保持稳定，实际价格应该向均衡价格靠拢。

为了观察这一情况，我们考虑全球铜市场，如图 1—3 所示。如果铜的实际价格是每磅 3.2 美元，会出现什么样的情况呢？如前所述，此时铜价会有下降的压力。假定在此压力下价格下降到每磅 3.15 美元，比较此时的需求与供给，我们发现仍然存在降价的压力，因为供给量还是大于需求量。在压力的作用下，价格可能会降至每磅 3.12 美元；但比较需求量和供给量之后，我们会发现仍存在降价的压力。

所以，只要实际价格高于均衡价格，始终存在使价格下降的压力。同样，只要实际价格低于均衡价格，始终存在使价格上升的压力。因而，总存在实际价格逼近均衡价格的趋势。这种调整的速度差别很大，有时实际价格趋近均衡价格需要很长时间，有时需要的时间却很短。

这种价格调整过程被亚当·斯密称作市场中看不见的手。在引导厂商降价或提价的过程中不需要政府机构干预。降价和提价或多或少会同时发生，并引发价格的改变。

1.10 需求曲线移动时将怎样

任何如图 1—3 所示的需求与供给曲线只表明了一个特定时期的需求与供给情况。图 1—3 中的结果也只限于这一特定的时期，因为需求与供给曲线不是固定不变的；它们会随着环境的变化而相应地移动。当需求曲线变化时，产品的均衡价格会发生什么变化呢？这是一个重要的问题，因为管理者必须预测和估计他们产品价格的变化。

为了说明需求曲线右移的结果，我们以 2010 年的铜产业为例。在中国和印度这样的新兴市场中住宅建设增加（铜管常用于构建水网）。如图 1—4 中的右图所示，管理者应预测需求曲线如此右移会导致铜价从 P 上升到 P_2。事实上，2010 年全球的铜价大约为每磅 2.65 美元，而到了 2012 年已经升至每磅 3.82 美元。

如图 1—4 中的左图所示，2009 年中期，铜的需求曲线左移。原因是美国和其他国家的经济增长减缓，对铜的需求下降，这意味着铜的需求曲线左移，所以对于任意给定的价格，铜的需求量减少。图 1—4 显示价格从 P 下降到 P_1。

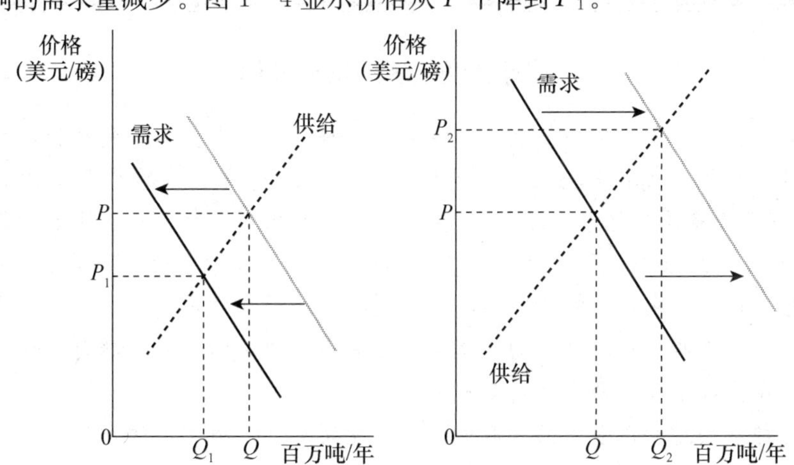

图 1—4　需求曲线的移动对铜的均衡价格的影响

注：需求曲线左移导致均衡价格下降，右移导致均衡价格上升。

1.11 供给曲线移动时将怎样

当供给曲线移动时，产品的均衡价格会发生什么变化呢？例如，假定由于生产铜的技术改进，像智利国有铜矿公司这样的大型企业能够在给定的价格下生产出更多的铜，这将导致供给曲线右移，如图 1—5 中的右图所示。那么，这种移动会如何影响均衡价格呢？很明显，价格会从 P（原来的供给曲线与需求曲线的交点）下降到 P_4（新的供给曲线与需求曲线的交点）。

另一方面，假定铜业工人的工资率显著上升。这会导致供给曲线左移，如图 1—5 中的左图所示。这种移动会使得均衡价格从 P（原来的供给曲线与需求曲线的交点）上升到 P_3（新的供给曲线与需求曲线的交点）。

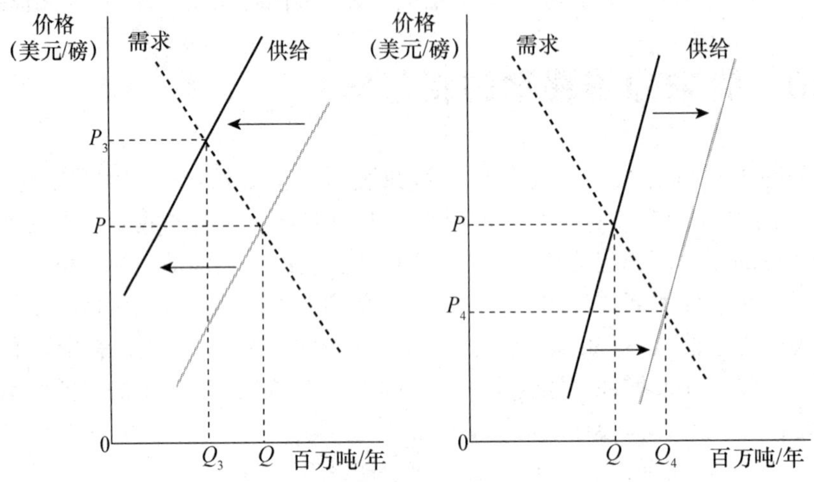

图 1—5　供给曲线的移动对铜的均衡价格的影响

注：供给曲线左移导致均衡价格上升，右移会导致均衡价格下降。

战略环节

棒球比赛展现的供求规律

几年前，科罗拉多洛基山俱乐部开始尝试一种获得更多收益的新举措，而与此同时又不希望增加那些忠实赛季持票人（他们会购买每场比赛或是整个赛季的联票）的负担。到了 2003 年赛季，已经有 11 支球队加入了洛基山俱乐部——相比美国职业棒球大联盟拥有的 30 支主要球队的一半少一些。他们做了什么呢？实施了他们称为可变定价的做法。在外行人看来，他们正在向购买相同座位的观众索要高价，当这些观众观看自己喜欢的球队的比赛，宿敌之间的比赛，及拥有超级明星的球队比赛时。这一风尚还在继续。现在几乎每家球队都在践行某种可变定价的做法。

尽管这种做法对于很多商品和服务来讲并无新意（迈阿密海边酒店 2 月份的房间价格就会高于 7 月份，对于在相同区域的相同座位，Lady Gaga 的演出票价会比凯莉·安德伍德的演出票价高出许多），但对于棒球比赛，此举仍属新招。

在历史上，针对球队的 81 场主场比赛的每一场，棒球场内 X 级座位的价格都是 Y。

如今，在开幕之日，焰火之夜，或是当纽约扬基队或宿敌来比赛时，X 级座位的价格都会上升。而这样定价的基本假设就是供求规律。尽管球场内的座位数目固定，但座位的吸引力对于潜在观众来讲却是不断变化的。

让我们考察一下某些球队的做法。有几支球队，比如芝加哥小熊队、纽约大都会队、坦帕湾光芒队和堪萨斯城皇家队，都将比赛按照吸引力的程度分为几个级别。小熊队有 5 个级别（每个级别中的赛事数目标识在括号中）：大天幕赛事（13）、白金赛事（13）、黄金赛事（31）、银赛事（13）和铜赛事（11）。对于大天幕级别，每场比赛最高档次座位（俱乐部内场区域）的定价是 112 美元，而相同的座位，铜赛事的最高价格为 58 美元（相差 93%）。同样地，对于最低档次的座位（外场预留甲板区域），大天幕级别每场比赛的定价是 27 美元，铜级比赛的价格为 8 美元（相差 237.5%）。大都会队有 4 个级别：大天幕赛事（与扬基队的 4 场比赛）、高端赛事（22）、经典赛事（25）和重要赛事（30）。他们较高档次的座位分别是三角洲俱乐部的白金级和黄金级，在四种赛事中的价格始终是 440 美元和 325 美元。但他们的第三档次的座位（即三角洲俱乐部的银级）价格则分别是大天幕赛事中的 280 美元和重要赛事中的 160 美元（相差 75%）。大天幕赛事和重要赛事中较便宜的票价也相差 75%。光芒队也有 4 个级别：钻石、白金、黄金和白银。他们最高档次的座位在钻石赛事中卖出 300 美元，在白银赛事中卖出 210 美元（相差 43%）。而他们最低档次的座位（外场预留甲板区域）在钻石赛事中卖出 19 美元，在白银赛事中卖出 9 美元（相差 111%）。皇家队有 2 个级别：高端赛事和常规赛事。高端赛事中最高档次（蝙蝠皇冠俱乐部）的票价为 250 美元，常规赛事的最高票价为 240 美元（相差 4.2%），而高端赛事和常规赛事中的最低票价分别为 15 美元和 10 美元（相差 50%）。皇家队还对比赛当天购票的人收取 1%或 2%的额外费用。

圣路易斯红雀队的票价则视星期几和对手不同而定。比如，2011 年 7 月，星期一、星期二和星期三对阵红人队和太空人队时，最高档次的票价（钻石区域）均为 110 美元，而星期四对战响尾蛇队和太空人队时，则票价分别为 101 美元和 110 美元。但是在与响尾蛇队比赛时，星期五和星期日的票价为 120 美元，而星期六的票价则升至 143 美元。而当两个星期之后，对手小熊队到达时，星期五和星期六的票价又高达 158 美元，而星期日比赛的票价则为 130 美元。在这些比赛中，相对便宜门票价格的波动情况与此相仿。

亚特兰大勇士队的票价是以星期几为基础确定的，而不管对手是哪支球队。从星期一到星期四的比赛被称作常规赛事。星期五、星期日和 7 月 4 日的比赛被称作高端赛事。星期六的比赛被称作星期六赛事，并且它是球票价格最高的一类赛事。12 种档次的座位中 4 种有着 4 个类别（价值比赛日）。其最高档次的座位在星期六赛事中卖到 90 美元，而常规赛事时卖到 78 美元（相差 15.4%），最低档次的座位（观众席上方区域）票价则无论赛事是哪天，始终为 8 美元。当出现储值票时，它们和常规赛事票价间相差 35%～50%。

由此可见，关于可变定价有些球队基于对手，有些球队基于星期几，还有的则将二者都考虑进来。

在这本书的前几个版本中，我们都报道过美国职业棒球大联盟的球票定价以及球队如何通过赛季前预测比赛需求的相关信息来决定票价，但是这样做容易受到不确定因素的影响。尽管对手还是那个对手，但赛季前预测的有力借鉴却可能不会产生效果（因为球队会出现意外，由于超级明星受伤或者正处于休赛期，天气可能突然变得糟糕，等等)。一旦球队制定好他们的票价，他们将不得不接受这个现实。

然而，我们也曾讲明真正的可变定价会察觉到非常接近赛季之前的价格变动。当然，那种情况总是发生在体育场馆附近，一些游荡的人非法出售球票时；以及合法的球票经销商如票务网站 StubHub。不过，现在旧金山巨人队已将这一概念转变成一个新的面貌。

这件事发生在 2010 年，当时巨人队注意到纪念日当天与科罗拉多洛基山队的比赛有着巨大的票务销售可能。正常情况下，纪念日的比赛球票销售困难，因为很多家庭都会选择参加游行和野餐，而不会选择去看棒球比赛。但那次的纪念日，球票却卖得如同畅销品。为什么呢？原因在于比赛中有巨人队的第一投手蒂姆·兰斯康对阵洛基山队的第一投手乌巴尔多·希梅内斯。所以巨人队决定提高比赛票价，将票价由 17 美元提高到 25 美元。即使如此涨价，从周末一直持续到星期一，巨人队卖出了 10 000 张球票，整个比赛期间球票脱销。

赛季期间巨人队注意到的因素包括天气、获胜几率、投球手攻防等，这些只能在比赛临近时才会知晓，但这些因素能够明显地改变观看球赛的需求。由于观看球赛的需求发生了变化，球队现在就要发问了：为什么不应该改变球赛的票价呢？所以巨人队根据市场条件每天都会改变他们的球票价格。目前这种定价几乎是真正的动态了（真正的动态如同黄牛党那样每分钟都在改变)。

巨人队采取这样的行动并非没有事先尝试。2009 年，他们至少针对体育场中的 2 000 个理想座位，基于对观看球赛需求的预测，或提高票价，或降低票价。据估算，他们卖出的 25 000 张额外球票，使收入总额增加了 500 000 美元。2010 年，全部球票的动态定价估计使收入增加了 6%。

“关于动态定价的价值我们争论了好几年，但的确存在着很多障碍。”巨人队的首席信息官比尔·斯克劳夫介绍，比如如何保护赛期球票持有者和如何选择定价模型中的变量。这对于经济学家来说是个美妙的领域。斯克劳夫继续讲道，“动态定价能够使我们获得较大的消费者剩余……”（参见第 3 章中的消费者剩余定义)。

难道没有球迷抱怨较高的票价吗？的确，当巨人队对于座位 Y 始终索要票价 X 时，愿意付费 X 或是更高价钱的球迷能够接受，而愿意付费少于 X 的球迷则不能接受。现在，当巨人队将票价定位在 $X+Z_1$ 时，一部分球迷仍然会买票（因为他们估计观看比赛的价格是 $X+Z_1$，或者更高)；而有一些球迷则不再去观看比赛（因为他们估计观看比赛的价格要稍微低于 $X+Z_1$，或者是 X)。那些观看比赛的球迷会付给巨人队更多的钱。这两种情况中没有一种会令人欢欣鼓舞，但是当巨人队将票价定为 $X-Z_2$ 时，愿意付费 X 的人将会购买球票，而以前从不打算购买球票的人也将愿意购买球票。这能够引发球迷群体范围的扩大。但作为理性人，巨人队不愿意如此定价，除非这样做能够提高利润。

像航空公司能够提出管理模型一样，除了棒球之外的体育专业队，如篮球和冰球，都在使用计算机分析以往的销售数据以及前面所提到的合法的二级市场提供的数据，以尝试在市场所能承受的基础上为比赛制定票价。

模型有很多自变量，赛季球票价格是能够预测的变量。模型提出的权重和每一个变量有关，比如星期几、球队表现、投球手攻防等，以期给出一个有建设性的关于比赛座位的球票价格，这样人们能够接受模型推荐的价格并决定是否调整价格以及调整多少。

对于未来比赛的票价，巨人队将采取每日清晨定价策略。这就如同航空公司一样，在比赛开始前的两个星期之内，球赛的票价每天都可能发生变化。球迷们看起来正在接受这种情况，因为他们已经习惯了二级市场中的票价状况。

在去年的 NBA 赛事中，超过一半的球队运用模型进行赛季球票的定价。今年又有三分之一的球队将使用每场定价策略。据报道，骑士队（当时拥有超级明星 Lebron James）确定在每日 20 000 张球票的基础上，每增加一张球票平均提价 9.25 美元。

资料来源：Various teams' websites；"Star Pitchers in a Duel?" Tickets Will Cost More，*The New York Times*，June 28，2010. at www.nytimes.com/2010/06/28tickets.html；"San Francisco Giants，Dynamic Pricing Software Hits a Home Run，" CIO，June 29，2011，at www.cio.com/aritcle/685312.

战略环节 ☞

行为中的供给与需求

任何一天，当你浏览印刷媒体或互联网上财经部分的商品页面时，你都会发现供求规律在发挥作用。

例如，印度的《经济时报》（*The Economic Times*）于 2011 年 5 月 11 日发表了一篇大字标题为"菠萝供应过剩，价格下降"的文章，揭示进入市场的菠萝在经历了供过于求之后，价格"暴跌"（下降了大约 40%）。运输到孟买的菠萝数量猛增了 3 倍，除此之外，其他进入市场的夏令水果如芒果和西瓜，却压制了对菠萝的需求。供给曲线向右移动和需求曲线向左移动将导致价格下降——正如教科书教会我们分析的那样。而上一年，菠萝价格上涨了 20%，这导致了 2011 年供给曲线的移动，因为该年生产者种植了较多的菠萝。

2011 年 5 月 13 日，5 条大字标题新闻和几个小故事再次登上了印度的《经济时报》："欧盟国家 GDP 增长下的原油价格超过了 100 美元"（需求曲线右移），"需求推动铜价的思考"（需求曲线右移），"巴西糖产量下降提高了糖价"（供给曲线左移），"购买韩国燃料美国肉业复苏"（需求曲线右移），"雨季导致美国玉米涨价"（供给曲线左移）。

由于韩国、墨西哥和日本消费者对牛肉需求的增加，美国年内的牛肉价格上涨了 13%。当世界关注印度和泰国的糖业产量时，却忘记了巴西这个主要的产糖国，其糖产量减少了 69%，而巴西是世界上最大的产糖国家。关于上述内容的新闻提要和小故事介绍了本地市场（菠萝）和全球市场（糖、牛肉、铜、原油），这说明假如想要预测价格的话，人们必须意识到国内和国际供求曲线的移动问题。

然而，不再是只有传统消费品才能成为供求模型的例证。例如，在电子产品世界，更多的商品现在正活跃于实时的供求市场上。再如，波士顿红袜队正常情况下是一支强大的棒球队伍，他们应该在工资上仅次于纽约扬基队。不过，在 2011 年却开始了痛苦的赛季之旅，输掉了前六场比赛，而且全部是客场作战。他们主场比赛的球票通常全部售罄，但却存在二级市场，因为市场上的人们出于投机的目的早已购买了球票，或是手中持有球票而不去观看比赛，这些人都可能出售球票。

赛季中的首次主场赛事，赛季的开局之战，总是票价最高的一场比赛。不仅如此，2011 年红袜队的首次主场比赛将对战老对手，扬基队。然而，据 Ace Ticket，最大的红袜队票券经营商所言，球赛的票价却下降了大约 100 美元。2011 年 4 月 7 日，FanSnap.com 网站为比赛准备了 5 000 张球票用于出售，每张平均 253 美元，与 4 月 1 日的平均价相比下降了23%。

这看起来可能有两种情况发生。第一，需求曲线向左移动，因为当球队表现糟糕时，善变的球迷就会没有热情去观看比赛（而且波士顿4月初的天气总是变化不定）。第二，供给曲线向右移动，因为持有球票的球迷在大冷天很少有激情去观看表现欠佳的球队比赛。

资料来源：*The Economic Times*，May 11，2011 and May 13，2011；and "Boston Red Sox Prices Slump 40% as 0-6 Start is Worst Since 1945," *Bloomberg News*，April 8，2011，at www. bloomberg. com/news/2011-04-07/boston-red-sox-start-season-0-6-for-first-time-since-45-in-cleveland-loss. html.

战略环节 ☞

运用供求规律投资股票市场

在意大利和德国，鼓励私人房屋主和公司的税收激励政策即将失效，这会导致太阳能电池板需求曲线的左移。与此同时，中国的晶澳太阳能控股有限公司和尚德公司（世界上太阳能电池容量最大的两家制造商）正在扩大它们的生产容量（其他太阳能电池板制造商也是如此），这能引发供给曲线向右移动。正如本章中讨论的，需求曲线单独左移会使价格下降，供给曲线单独向右移动也将使得价格下降。如果二者结合在一起，那么价格可是实实在在地下降了。

投资者看到了市场的这些变动。这样的价格降低对于生产太阳能电池板的公司来说却不是个好兆头。生产成本高的公司受到的伤害最大，但生产成本低的公司却仍然能够获得边际利润。投资者深知股票价格与公司利润通常呈现正相关关系，所以投资者会在太阳能电池板公司股票跌价时抛售，目的是当太阳能电池板公司利润下降、股票价格下跌时，再以便宜的价格购回这些公司的股票。

亚利桑那州坦佩的第一太阳能公司，世界最大的薄膜太阳能电池板生产商，股票跌价时抛售了已发行的23%的股票。Q-Cells SE，一家德国公司，在股价下跌时抛售了54%的股票份额。另有9家大型生产商在股价下跌时也抛售了大量股票份额（尽管其中没有一家抛售的份额能与第一太阳能公司和Q-Cells SE相比）。太阳能行业的股票具有大幅波动的历史，以至于广场资本（一家波士顿对冲基金公司）的肖恩·克拉维兹和他的同事曾为这个行业起了个绰号"太阳能滑翔机"。

一个人如何通过了解供求规律来赚钱呢？关注产品未来价格的变动，然后买卖市场上的这种产品，或者买卖市场上该产品的股票，并在未来市场上兑换现金。听起来是不是很容易？然而，要成为一个投机者的确是需要大费脑筋的。

资料来源："(BN) Shorts Sell 'Solarcoaster' as China Glut Sinks Panel Prices," *Bloomberg News*，June 19，2011，at www. bloomberg. comnews/2011-06-19/short-sellers-hammer-solarcoster-as-glut-of-chinese-panels-sinks-prices. html.

战略环节 ☞

市场变化中的生活

市场一变化，地球都颤抖。2008年的早春，需求曲线和供给曲线的移动影响着每一个国家。全球粮食供应处于不均衡状态，全世界处于恐慌之中。在2008年早春的一个星期内，全世界重要国家的政府动用它们手中的最高权力限制了基本食品的贸易活动。沙特阿拉伯削减了基本食品进口税，印度取消了食用油的关税，却限制了本国大米的出口，而越南则将大米出口减少了22%。随着食品价格的提高，一些国家开始爆发政治动乱，比如埃及和墨西哥。每加仑牛奶多付4.25美元对有些人来说可能只是有一点不方便，但对于美国那些处于社会边缘的人来说，这却是一件生死攸关的事情。而且在中国，3亿贫困人口的食品支出占到了家庭总支出的50%。

考察一下是什么引发了动荡。下图说明了2008年中期之前的食品价格波动。

你能够清楚地看到主要食品价格的增加幅度。这是需求曲线的移动。据《金融时报》(*Financial Times*) 报道，菲律宾政府为每吨大米支付的价格是700美元——几乎是2007年11月份大米价格的2倍。而玉米的价格在2007年4月和2008年4月间上涨了73%(从每蒲式耳3.46美元涨到每蒲式耳6美元)。小麦价格则在相同期间上涨了123%(从每蒲式耳5.63美元涨到每蒲式耳12.57美元)。在中国，猪肉价格上涨了63%。在2012年早些时候，玉米价格为每蒲式耳6.42美元，而小麦则为每蒲式耳6.48美元。

需求曲线的右移归因于多种因素。一种理论是托马斯·马尔萨斯的世界末日数学机器终于发挥了威力。世界人口持续增长，而农业耕地面积却持续萎缩。很多发展中国家的政府都致力于经济的发展，而不是农业的发展。一份联合国的报告显示，到2002年，世界农业生产力的年增长率降到了1%。像中国和印度这样的大型发展中国家，正在扩大的中产阶级消费了较多的食物(随着收入的增加，他们普遍吃得更多)。在中国，随着个人收入的增加，肉类消费增加了一倍。最后，储备食品的使用增加，比如玉米，乙醇燃料的生产已经占用了食品市场中的许多类似的产品。而且，更多的人正在离开偏远地区(农场)而迁往城市地区。这种趋势也推动着供给曲线的向左移动和需求曲线的向右移动，并最终合力加剧了食品价格上涨的压力。

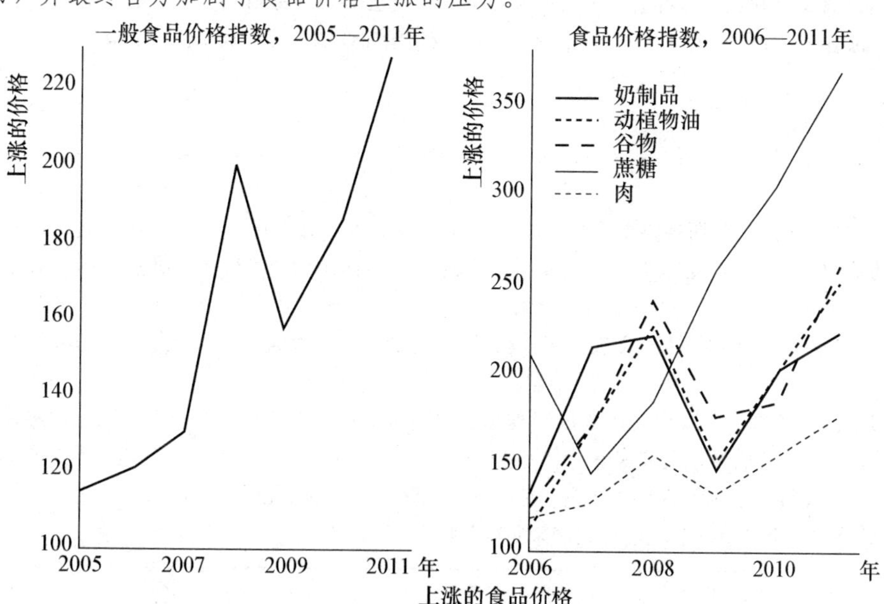

资料来源："Countries Rush to Restrict Trade in Basic Foods," *Financial Times*, April 2, 2008. p. 1; "Food Prices Give Asian Nations a Wake-up Call," *Financial Times*, April 3, 2008. p. 4.

本章小结

1. 管理者的主要任务是制定决策。我们为管理世界提供了一个指导，它基于管理模型中的行为经济学。微观经济学大部分是描述性的内容，管理经济学与之相比则是规范性的。管理经济学的课程提供了基本的分析工具，并起到整合作用。我们的决策框架描述的行为被广泛使用于各种组织当中，从非商业组织诸如政府机构，到单独一人努力创业的企业。

2. 为了将经济学应用于管理行为，我们需要企业理论。根据管理经济学家公认的理论，所有者总是追求最大化价值，价值是指预期未来现金流（本章指利润）的现值。然而，最大化价值的实现受制于很多约束条件，因为企业投入的要素有限，这一点在短期内更为明显，而且企业还必须遵守一系列法律和合同。

3. 管理经济学家对利润的定义不同于会计学中的定义。当经济学家谈及利润时，意味着要考虑要素所有者提供资本和劳动力之后的利润。会计和经济学对利润的不同定义一定程度上反映了它们职能的不同。

4. 利润出现的三个重要因素是：创新、风险和市场权力。利润和亏损是自由经营经济的主动力。它们是资源稀缺和资源过剩的信号，是创新和冒险的重要激励因素，也是社会对效率的报酬。

5. 尽管管理经济学家一般假定企业追求利润（价值）最大化，但如果管理者追求他们自身利益就会产生委托代理问题，而使所有者的利润减少。为解决这个问题，所有者通常会许诺给管理者一定的企业成功时的股份。

6. 每个市场都存在供给与需求两个方面。市场需求曲线表明在不同价格水平下购买者愿意购买的商品数量。市场供给曲线则表明在不同价格水平下出售者愿意提供的商品数量。均衡价格是指需求量等于供给量时的价格。该价格也被称作市场出清价格。

7. 需求曲线和供给曲线都会随着时间发生移动。这会导致商品价格变动。需求曲线的右移（或供给曲线的左移）使价格上升，需求曲线的左移（或供给曲线的右移）则使价格下降。

习　题

1. 布兰妮·斯皮尔斯将要动手写一本书。蝙蝠侠书店同意支付布兰妮 600 万美元，用以购买她尚未动笔的回忆录版权。根据一位主要出版商的看法，如果销售 625 000 册精装本，书店可获得大约 120 万美元的利润；但另一方面，如果只销售 375 000 册，就会亏损 130 万美元。发行经理认为很难销售超过 500 000 册，而突破 1 000 000 册则更加困难。蝙蝠侠书店出版此书是不是冒了很大的风险？

2. 有人说任何加入一家公司的高层经理都会有一个前期签约奖金。在很多情况下，这种奖金可达 7 位数。同时，外聘经理还可获得一个奖金保证：无论公司的利润如何，他们都将得到该奖金的最低值。长期的奖金保证能帮助解决委托代理问题吗？或使其更加恶化吗？为什么？

3. 如果利息率是 10%，门罗公司未来 10 年利润的现值是多少？

未来年数	利润（百万美元）
1	8
2	10
3	12

续前表

未来年数	利润（百万美元）
4	14
5	15
6	16
7	17
8	15
9	13
10	10

4. 杜邦公司管理者预期公司 2012 年的利润是 29 亿美元。请问杜邦公司的预期经济利润是否也等于 29 亿美元？为什么？

5. 威廉·豪正在考虑是否要在明年夏季 6 月、7 月和 8 月在一个海滨度假区出租沙滩遮阳伞。他认为可以每天 5 美元的租金把伞租给度假者，而自己需要 3 000 美元租用 50 把遮阳伞，租期为 3 个月。这项工作他可以自己承担而不用再雇用他人，除了 3 000 美元的租赁费用外不再需要其他成本。豪是一个大学生，如果他用这 3 个月的时间去做建筑工人则可收入 4 000 美元。

（1）如果夏季有 80 天需要沙滩遮阳伞，而豪每天都租出 50 把伞，那么，他可获得多少会计利润？

（2）在该夏季，他的经济利润是多少？

6. 2008 年 3 月 3 日，在纽约的圣詹姆斯大剧院，史蒂芬·桑德海姆的音乐剧《吉普赛人》（*Gypsy*）于多年之后重新上演。票价从 117 美元到 42 美元不等。根据平均票价是 75 美元或是 65 美元，估计这次演出的每周总收入、执行成本和利润如下表所示：

	平均票价 75 美元	平均票价 65 美元
总收入	765 000 美元	680 000 美元
执行成本	600 000 美元	600 000 美元
利润	165 000 美元	80 000 美元

（1）演员 71 人，30 件管弦乐器，500 多套戏服，《吉普赛人》的舞台成本超过了 1 000 万美元。这些投资还没有包括执行成本（比如薪水和剧场的租金）。根据这些估计值，如果平均票价是 65 美元，投资者需要多少星期才能收回他们的投资？如果平均票价是 75 美元呢？

（2）美国剧院和制片人联盟的研究室主任，乔治·维西塔曾说过最近几年百老汇的演出中每三场仅有一场能够保本。《吉普赛人》的投资者当时承担着风险吗？

（3）根据百老汇的一名制作人的说法："百老汇不再是轻易挣大钱的地方了。你要在那里承办演出项目才能够赚钱。当你正在举办一场演出的时候，你真的不得不琢磨后面的演出要在哪里进行。"如果情况果真如此，应该对这一利润估计持谨慎态度吗？

（4）如果《吉普赛人》的投资者获利，那么该利润中至少会有一部分是对承担风险的回报吗？

7. 如果美国小麦的需求曲线是 $P=12.4-Q_d$，P 表示小麦价格（美元/蒲式耳），Q_d 表示小麦需求量（10 亿蒲式耳），小麦的供给曲线是 $P=2.6-Q_s$，Q_s 表示小麦供给量（10 亿蒲式耳）。请问：小麦的均衡价格是多少？小麦的均衡销售量是多少？实际价格一定要等于均衡价格吗？为什么？

8. 始于 2010 年和 2011 年的住房市场的低迷状况对原木产业造成了严重的打击。原木的平均价格从每千平方英尺 290 美元下降到每千平方英尺 200 美元。很多观察家认为原木价格的下降是由新住宅建设的缓慢速度造成的，而新住宅建设的缓慢速度又是由市场上未出售的住宅供过于求的情况造成的。请问：价格下降是由供给曲线的移动造成的，还是由需求曲线的移动造成的？

9. 从2010年11月到2011年3月，黄金的价格从每盎司1 200美元上涨到每盎司1 800美元。报纸上的文章报道，此期间人们对珠宝行业的需求增加很少，但投资者对于购买黄金的需求却显著提高，原因在于美元的贬值：

（1）黄金价格上涨是由于黄金需求曲线的移动，还是由于黄金供给曲线的移动？还是由于两者共同的移动？

（2）黄金价格的上涨会影响黄金供给曲线的移动吗？如果有影响，是怎样影响的？

Excel练习：需求、供给和市场均衡

假设有如下市场需求信息。

价格（P）	需求量（Q_d）
14	0
13	1
12	2
11	3
10	4
9	5
8	6
7	7
6	8
5	9
4	10
3	11
2	12
1	13
0	14

和如下供给信息：

价格（P）	供给量（Q_s）
2	0
3	1
4	2
5	3
6	4
7	5
8	6
9	7
10	8
11	9
12	10
13	11
14	12

可用以下几种方法预测市场均衡。

假定你已经注意到需求表格中的每一个数字是由公式 $Q_d=14-P$ 产生的。你的统计课程将会教给你如何为一个方程赋值，但你也许遇到过 SAT、GMAT 或者 GRE 的考题，在给你一列数字之后，要求你为这个数列补上接下来的几个数字。如果你能够正确回答那样的问题，也就意味着你可以求解上述方程。

假定你已经注意到供给表格中的每一个数字是由公式 $Q_s=-2+P$ 产生的。

从教材中知道均衡公式为 $Q_d=Q_s$，于是令两个方程相等，再求出 P：$Q_d=14-P=-2+P=Q_s$，或 $2P=16$，即 $P=8$。

将 $P=8$ 代入需求方程，得 $Q_d=14-8=6$。

将 $P=8$ 代入供给方程，得 $Q_s=-2+8=6$。

可见，市场均衡时 $P=8$，$Q=6$。

但是，假定你不能预计需求方程和供给方程，你可以使用一个工作表去计算均衡结果吗？是的，可以。现在就告诉你如何操作。

打开 Excel 工作表，在单元格 A1 中输入 14，在单元格 A2 中输入 13，在单元格 A3 中输入 12，依此类推。这样你会得到一列 14 到 0 的价格排列。

在单元格 B1 中输入 0，在单元格 B2 中输入 1，在单元格 B3 中输入 2，依此类推。这样你将得到与价格相对应的需求数量。

在单元格 C1 中输入 12，在单元格 C2 中输入 11，在单元格 C3 中输入 10，依此类推。这样你将得到与价格相对应的供给数量。

然后在单元格 D1 中输入公式=B1－C1（注意，你必须输入=，并不要按空格键），接着在单元格 D2 中输入公式=B2－C2，依此类推。实际上你不必花费时间输入很多公式。只需单击单元格 D1 右下角，并拖动鼠标到单元格 D13，正确的公式将会转到单元格 D2 直至单元格 D13 中。

单元格 D1 至 D13 中显示的数字便是在各自对应价格下的需求数量减去各自对应价格下的供给数量（称为超额需求）的值。在均衡点处没有超额需求，因为此时 $Q_d=Q_s$，在 D 列中你会找到数字 0。如果你输入的数字准确无误，0 应该出现在单元格 D7 中。看一下第 7 行的左侧，你会发现 $P=8$，$Q_d=Q_s=6$。

工作表显示出一件令人高兴的事情，即你可以清楚地看到超过市场均衡价格的每一价格对应的超额需求。例如，$P=12$ 时，超额需求为－10，你可以想象供给者为去除 10 单位的库存而产生的降价压力。

当超额需求为负值时（此时的价格高于市场均衡价格），我们通常把它乘以－1 以使其为正，并称其为超额供给。这样做可以使我们看清楚当市场价格过高时，供给数量超过需求数量的具体情况。当出现正的超额需求时，该正值说明没有满足消费者的需求，这些需求者对产品的保留价较高（也说明了供给者有抬高价格的动机）。

在本书中，我们将介绍工作表的其他应用，以解决管理者们遇到的一些经济问题。

第二部分

市场的本质

第 2 章 需求理论

决定利润的一个重要因素是消费者对企业提供的产品或服务的需求。如果管理者想要积极影响企业的行为，就必须理解好这个多维概念。好的管理者不仅要学会理解产品需求，还要有效管理产品需求。既定价格发生改变后，有效管理除了能够知晓销售的变化趋势外，还需要有能力去掌握更多的信息。价格当然会影响消费者的需求，但除此之外还有很多其他因素。其中的一些因素受到管理者的控制，诸如广告、产品质量和分配；而另外一些因素却不受管理者的控制，比如替代品的数量、竞争产品的价格和竞争对手的广告等，它们都是产品领域内竞争动态学的一部分。最后，还有一些因素，例如，总体经济状况或是消费者个人可支配收入水平，属于宏观经济因素，也不受管理者控制。尽管这些因素在他们的控制之外，但管理者仍然需要预测上述因素的变化将会如何影响需求。

本章将介绍管理者如何更准确地预测各种环境因素的变化，以及如何量化各种改变对产品需求的影响。产品需求的本质是一个过程——一个动态的过程。因为有很多因素影响着产品需求，管理者需要了解这些因素的变化是如何影响产品需求的。了解需求面对诸多环境因素变化的敏感度能帮助管理者有效地回应这些变化。一个因素对于另一个因素的敏感度被称为弹性。弹性衡量的是一个因素的百分比如何随着另一个因素很小的（边际）百分比的变化而变化。商业领域中弹性概念的使用十分普遍。例如，弹性是企业运营和举债的基础。弹性也被管理者用来决定一个产品的最佳投入组合。

2.1 市场需求曲线

说明商品的销售如何受到其价格影响的一种方法是采用市场需求表，该表用于表示在每种价格水平上该商品可以售出的总数量。例如，假设 2012 年平板电脑的市场需求如表 2—1 所示。根据此表，如果每台电脑的价格是 200 美元，那么，每年的需求量是 50 万台；如果每台价格是 300 美元，那么，每年的需求量是 30 万台。表 2—1 中数据的另外一种表示方法是市场需求曲线，它是根据市场需求表所作的图形。图中的纵轴表示商品的单价，横轴表示商品的需求数量。图 2—1 显示了基于表 2—1 中数据所绘制的 2012 年平板电脑的市场需求曲线。

表 2—1　　2012 年平板电脑的市场需求

每台电脑的价格（美元）	每年需求的数量（千台）
300	300
275	350
250	400
225	450
200	500

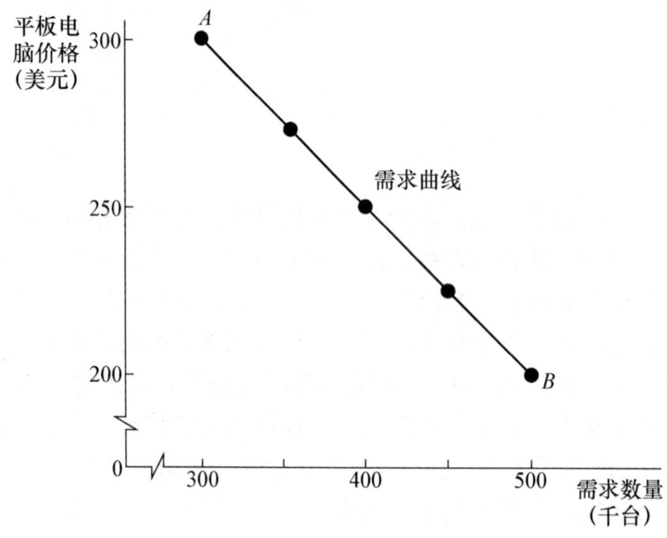

图 2—1　平板电脑需求曲线

注：这条曲线根据表 2—1 中的数据绘制而成。

在第 1 章中，我们给出了市场需求曲线的概念。现在我们来进行更加细致的考察。针对表 2—1，我们必须指出三点：第一，市场需求曲线反映的是平板电脑在每一价格水平上的总需求数量，而不是对某个特定公司产品的需求数量。我们将在本章的后面讨论对于特定公司产品的需求。第二，平板电脑的市场需求曲线向右下方倾斜，即平板电脑的需求数量随着价格的下降而递增。正如我们在前一章中所指出的，大多数产品或服务的需求曲线都是如此。第三，图 2—1 中的市场需求曲线只适合特定的时期：2012 年。回顾上一章，任何需求曲线都只适合某一时期，它的形状和位置取决于这个时期的长短和其他特征。例如，我们如果要估计 2012 年第一个星期的平板电脑的需求曲线，它可能是一条与图 2—1 完全不同的曲线。差别出现的部分原因在于，消费者在一年里比在一个星期里可以更充分地根据平板电脑的价格变化来调整他们的购买行为。

除了特定的时期外，还有哪些因素决定了市场需求曲线的位置和形状呢？一个重要的因素是消费者的偏好。如果消费者对某产品的偏好增加，需求曲线将向右移动，即在每一价格水平上，消费者都希望比原来买的更多。换句话说，对于每一数量，消费者愿意付出更高的价格。反过来说，如果消费者表现出对一种商品的偏好减弱，需求曲线将向左移动。因此，在每一价格水平上，消费者愿意购买的数量会比原来更少。换言之，对每一数量，消费者只愿意支付更低的价格。例如，如果人们发现平板电脑的益处并开始更多地使用电脑，同时给他们的孩子或其他人更多的使用电脑的机会，那么平板电脑的需求曲线将如图 2—2 所示向右移动。偏好变动越大，需求曲线移动越远。

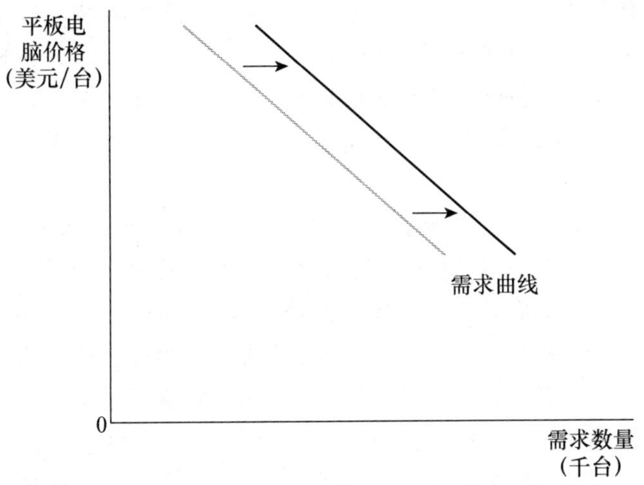

图 2—2　平板电脑偏好的增加对市场需求曲线的影响

注：平板电脑需求曲线向右移动。

影响商品市场需求曲线位置和形状的第二个因素是消费者的收入水平。对于某些类型的产品，人均收入上升会使需求曲线右移，不过对于其他某些种类的产品，人均收入上升却会使需求曲线左移。以平板电脑为例，可以期望它的市场需求曲线随着人均收入的增加而右移，如图 2—3 所示。

第三个影响商品市场需求曲线位置和形状的因素是其他商品的价格水平。例如，用于平板电脑的应用软件的大幅降价也会增加对平板电脑的需求数量。

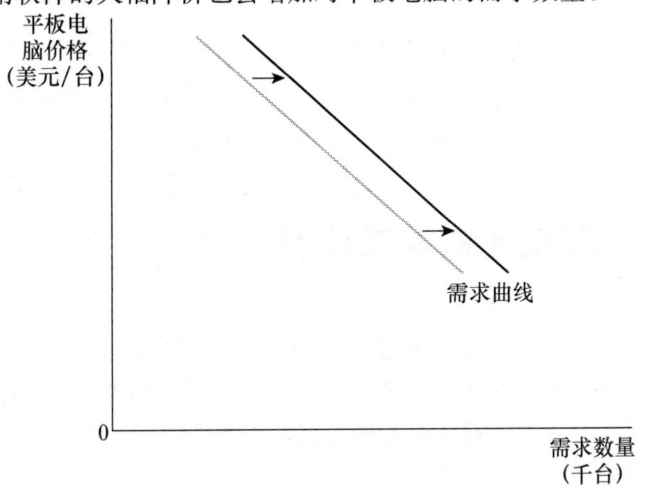

图 2—3　人均收入的增加对市场需求曲线的影响

注：平板电脑需求曲线向右移动。

消费者总是对的——错误！

有些消费者被视作天使。他们购买高价格、高利润的商品，当他们走出商场之后，希望他们中每个人的选择都是对的。而有些消费者则被视为“魔鬼”。这些人等着购买特价商品（商场为了吸引顾客而亏本销售的商品，商场也希望顾客将会购买许多其他商品——可是“魔鬼”却只购买特价商品）；购买商品、退回商品，然后等待原来买过的商品打折时再重新购买；购买折扣最低的商品，然后卖掉它们（从商场中干掉这些“魔鬼”）；通过网络、通告和报纸搜索某商场竞争对手相关的低价商品，然后让该商场尊重竞争对手的价格，只因该商场作出了绝不“廉价抛售”的保证；提交打折的要求；等等。

电子商品的大卖场百思买掌握了很多“魔鬼们”的伎俩，百思买认为20%的卖场顾客都是“魔鬼”，希望魔鬼们离开他们的卖场，并想要向某些顾客“开火”！另一方面，他们也认定存在真正的天使，即有20%的顾客为其创造了巨大的利润。

你该如何消灭“魔鬼”呢？你无法确认他们并将其驱逐出你的商场，那样会违反反歧视法，但是你能够取消把这些“魔鬼”吸引进入你所在商场的方案（当然要确保这不是与吸引天使相同的方案）。例如，停止向“魔鬼”顾客（根据他们以往的购买行为判定）直接邮寄广告；向退货的顾客收取原商品价格的15%作为再次进货的费用；阻止退还的商品在网络上或其他商场而非原商场中再次销售；以及切断与某些网站（FatWallet. com，SlickDeals. net，TechBargains. com）的所有联系，因为这些网站会暗示消费者与百思买讨价还价，或是提示对百思买的利润造成负面影响的购买战略。金融服务部门已经解决了服务天使（为某种平衡而采取的免费检查）与惩罚魔鬼（收取在ATM提款的交易费，使用银行柜员机的处理费、检查费等）的问题。

资料来源：“Analyzing Customer，Best Buy Decides Not All Are Welcome，” *The Wall Street Journal*，November 8，2004，p. A-1.

最后，商品市场需求曲线的位置和形状还会受到相关市场人口规模的影响。可预计，当其他因素不变时，若消费者数量增加，则平板电脑的需求数量也将增加。当然，人口数目总体上增长缓慢，所以这一因素在短期内几乎不会造成什么影响。

2.2 行业和企业的需求函数

在上一节结论的基础上，我们能够定义一种产品的市场需求函数，用它表示该产品的需求数量与影响需求的各个不同因素之间的关系。一般来讲，这一市场需求函数可表示如下：X 产品的需求数量 $=Q=f(X$ 的价格，消费者收入，消费者偏好，其他商品价格，人口，广告费用等)。

为达到分析和预测的目的，此公式必须更加明确。例如，如果商品是平板电脑，那么市场需求函数如下所示：

$$Q=b_1P+b_2I+b_3S+b_4A \tag{2.1}$$

其中，Q 为平板电脑的需求数量，P 为该年平板电脑的平均价格，I 是该年的人均可支配收入，S 是该年应用软件的平均价格，A 是该年厂商花在广告上的费用。(2.1) 式假设的是一种线性关系（而且我们还假设在相关市场中人口数目保持不变）。

进一步假定经理能够获得（2.1）式中 b 的估计数值。利用各种统计工具，管理者也能够推算出需求函数中的各参数值，并用这些值来增加对产品需求的进一步了解。为了说明可能得到的不同结果，可假定下式：

$$Q=-2\,000P+70I-375S+0.000\,1A \tag{2.2}$$

根据（2.2）式，每年平板电脑的价格上涨 1 美元就会导致需求数量减少 2 000 个单位；人均可支配收入增加 1 美元会使需求数量上升 70 个单位；应用软件的平均价格上涨 1 美元会导致每年减少 375 个单位需求；广告费用增加 1 美元会导致需求数量上升 0.000 1 个单位。

理解好市场需求函数和需求曲线之间的关系是重要的。市场需求曲线表示当所有其他变量保持不变时 Q 与 P 之间的关系。例如，假设我们想知道当人均可支配收入为 13 000 美元、应用软件的平均价格是 40 美元、广告费用是 5 000 万美元时，需求数量和价格之间的关系。由于 $I=13\,000$，$S=40$，$A=50\,000\,000$，(2.2) 式变为：

$$Q=-2\,000P+70\times13\,000-375\times40+0.000\,1\times50\,000\,000 \tag{2.3}$$

或

$$Q=900\,000-2\,000P \tag{2.4}$$

从方程中解出 P，可得：

$$P=450-0.000\,5Q$$

上式可用图 2—1 来表示。这就是 I、S 和 A 都在规定水平上保持不变时，平板电脑的需求曲线。

给定市场需求函数，管理者就可以更好地掌握不同变量的变化所引发的需求曲线的移动。例如，如果应用软件的平均价格从 40 美元下降到 20 美元，需求曲线会发生多大移动？在式（2.3）中插入 $S=20$（不是 40），我们会发现：

$$Q=907\,500-2\,000P \tag{2.5}$$

从方程中解出 P，可得：

$$P=453.75-0.000\,5Q \tag{2.6}$$

参见图 2—4 中的图形，与 $S=40$ 的需求曲线相比，很明显需求曲线向右移动：需求量也比 $S=40$ 时高出 7 500 个单位（若 P 保持不变）。

与市场需求曲线相比，管理者通常对他们自己品牌产品的需求曲线更感兴趣。我们可以用类似的方法得出他们的需求函数，并预测每个平板电脑生产商的销售情况。在等式中，该企业产品的需求量仍与其价格负相关，但与其竞争者的价格正相关。因此，如果戴尔公司提高平板电脑的价格，苹果 iPad2 平板电脑的销售量将会增加（假定其他所有变量保

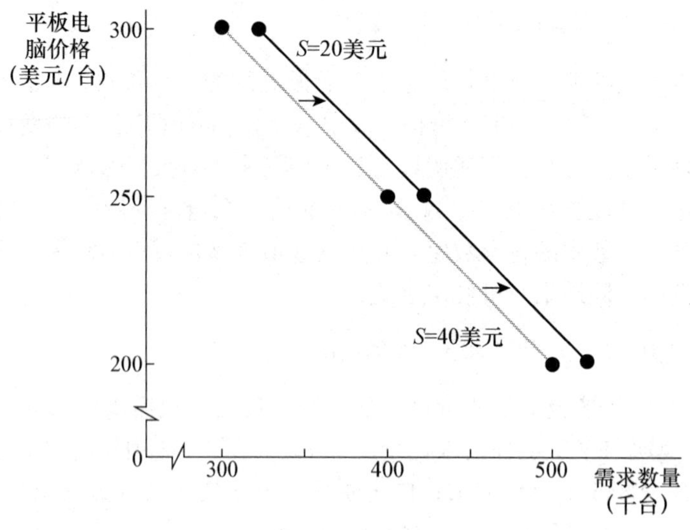

图 2—4　需求曲线

注：若价格从 40 美元下降到 20 美元，需求曲线则右移 7 500 个单位。

持不变)，区分市场与企业的需求函数很重要，因为它们差别很大。尽管对于管理者来说，理解二者同样重要，但它们常常用于不同的目的。观察每个企业的需求函数对于把握市场竞争动态学很有意义；而市场需求曲线可以告诉管理者更多的在其产品市场之外的替代品和宏观因素的影响，比如，可支配收入的变化对行业销售的影响。

战略环节 ☞

新兴市场的服务需求

在美国和其他发达国家的市场中都存在直销，正如康宝莱、雅芳和特百惠等公司声明的那样。康宝莱和雅芳最近的收入都已经超出了分析人员的估计值。然而，这些企业一般来说都是行业中的罗德尼·丹泽菲尔德，即它们得不到自身行业同僚的任何尊重。

但是在世界上的欠发达地区，小规模的购物是可行的，比如，在小杂货店里、在人行道上以及在街角边，这些地方都没有聚集的商业区或是一站式购物中心，这使得直销市场的存在看起来有巨大的可能性。特百惠的 CEO，雷克·格恩斯在报告中说，世界上的妇女正在陆陆续续地签约成为他们的销售代表，也就是说都成为特百惠集团的支持者。在欠发达地区，广告普及很难，在某些地区人们普遍对新产品的了解十分有限，这是由于人们的收入较低且与商品接触的机会较少，消费者似乎很重视更多的个人体会和顾客评价。

在欠发达地区，尽管超级购物中心和新款产品看起来仍遥不可及，但口碑宣传与预见和处理个人设置产品的能力都可能成为这些地区销售的未来。

资料来源：Michelle Fox, "The Best Way to Sell Goods in Emerging Markets?" at www. cnbc. com, at www. xnbc. com/id/42876221.

2.3 需求的价格弹性

函数的弹性被定义成自变量变化 1%所引起的因变量的百分比变化。对于函数 $y=ax$，y 是因变量，因为确定 x 之后，我们才能明确 y。市场需求曲线对应的函数中的需求数量取决于产品的价格。市场需求曲线随着需求数量对价格的敏感度而变化。对于一些商品，价格的微小变动会导致需求量的巨大变化；而对于另一些商品，价格的大幅变动只引发需求数量的微小变化。为了表示需求对价格变化的敏感程度，经济学家使用了一种称为专有需求价格弹性的衡量方法。"专有"一词用于传达这样一种思想，即一般管理者通常衡量的是自己企业的一种产品或是服务的需求价格弹性。不过，更一般地讲，专有需求价格弹性也被简化为需求价格弹性。需求价格弹性的定义是：价格 1%的变化所引起的需求数量的百分比变化，更为精确的描述是：

$$\eta=\left(\frac{P}{Q}\right)\frac{\Delta Q}{\Delta P} \tag{2.7}$$

$\frac{\Delta Q}{\Delta P}$（水平改变量/垂直改变量）是直线斜率的相反数。由于线性需求曲线向下倾斜，$\frac{\Delta Q}{\Delta P}$为负值；因此需求价格弹性也为一个负值。现假设在美国，苹果平板电脑的价格下降 1%，销售量上升 1.3%，则苹果电脑的需求价格弹性为-1.3。在需求曲线上，需求价格弹性一般随着价格的变动而改变。例如，与价格低时相比，价格高时，平板电脑需求价格弹性的绝对值可能会更高。同样，需求价格弹性在不同市场上也可能不同，比如，印度对平板电脑的需求价格弹性就可能不同于美国。

我们可将需求价格弹性分为三类。当价格变动 1%，需求数量的变化超过 1%时，我们称需求是富有弹性的；当价格变动 1%，需求数量的变化低于 1%时，我们称需求是缺乏弹性的；当价格变动 1%，需求数量的变化恰好是 1%时，我们称需求具有单位弹性。对于线性需求函数而言，其需求价格弹性始终为负值，所以我们将需求价格弹性描述如下：当 $\eta<-1$ 时，我们称需求富有弹性；当 $\eta>-1$ 时，我们称需求缺乏弹性；当 $\eta=-1$ 时，我们称需求具有单位弹性。

产品的需求价格弹性一定处于 0 与负无穷大之间。如果价格弹性为 0，需求曲线与横轴垂直，也就是说，需求量不受价格的影响。如果价格弹性负无穷大，则需求曲线是一条水平直线，它意味着在既定价格水平下，可以卖出无穷多的产品（如图2—5 中的 15 美元处的水平线），但只要价格稍微上涨就一个也卖不出去。图 2—5 给出了这两种极端的情况。

我们知道对于线性函数来讲，$\frac{\Delta Q}{\Delta P}$是一个常数。然而，需求价格弹性并不是常数，其原因在于价格与数量的比例$\frac{P}{Q}$沿着需求曲线而变化，这一点可参见图 2—6。点 c 代表需求曲线上的一点，在该点处，价格很高，需求数量却很低。这样，$\frac{P}{Q}$是一个很大的正数，而弹性一定很低（$\eta<-1$ 时，需求富有弹性）。点 z 却与上述情况相反，价格很

低，需求数量却很高，$\frac{P}{Q}$小于1，而弹性较高（当 $\eta>-1$ 时，需求缺乏弹性）。因此，对于线性需求曲线来说，当价格高时，需求价格弹性大（指弹性的绝对值）。沿着需求曲线下移，价格 P 递减，而需求数量 Q 递增，这会导致需求价格弹性单调递增。当沿着需求曲线无限接近横坐标轴时，由定义知 P 值低而 Q 值高，故需求是缺乏弹性的。因为当 P 值低时，需求价格弹性高（大于－1），而当 P 值高时，需求价格弹性低（低于－1），因此，对于任意一条需求曲线，总有一点的需求价格弹性等于－1（属于单位弹性）。

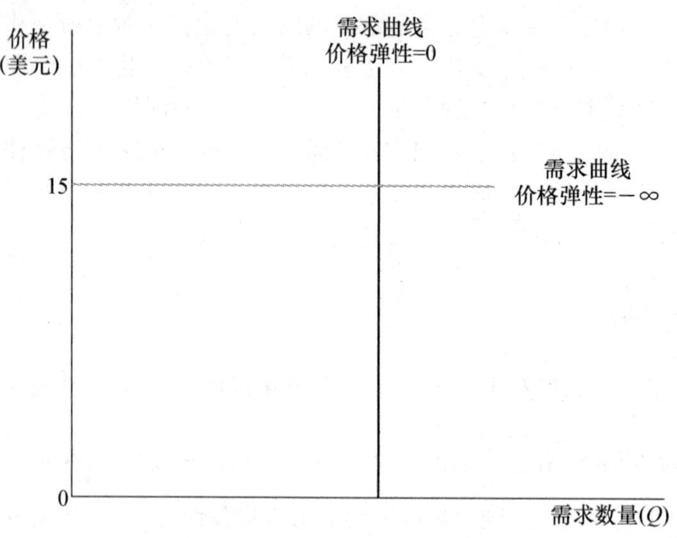

图 2—5　零弹性和无穷大弹性的需求曲线

注：若价格弹性为 0，需求曲线就是一条垂直线；若价格弹性为负无穷大，需求曲线就是一条水平直线。

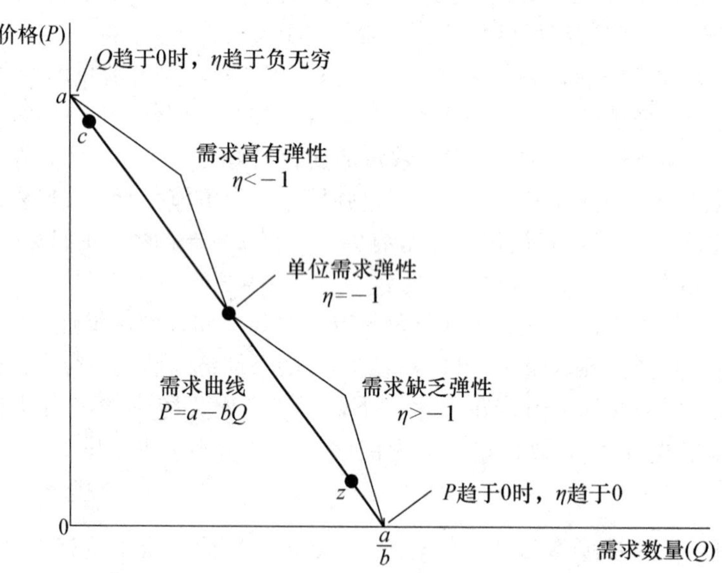

图 2—6　线性需求曲线上不同点对应的需求价格弹性

注：当价格上升时，价格弹性的绝对值也上升；当需求量接近 0 时，价格弹性接近负无穷大。

考察价格弹性如何沿需求曲线变动，也可采用如下的方式。如果：

$$P=a-bQ$$

其中，a 是需求曲线在价格轴上的截距，b 是需求曲线的斜率（取其绝对值），可以推导出：

$$Q=\frac{a}{b}-\frac{1}{b}P$$

因此，需求价格弹性还可表示为：

$$\left(\frac{\Delta Q}{\Delta P}\right)\left(\frac{P}{Q}\right)=\left(\frac{-1}{b}\right)\frac{a-bQ}{Q}$$

显然，如果需求曲线是线性的，当 $P(=a-bQ)$ 越来越小时，价格弹性趋近于 0；当 Q 越来越小时，则价格弹性趋近于负无穷大。

因此，对于大多数需求曲线来说，需求价格弹性都随价格的变动而变化。这也就意味着，销售规模对于价格的变动并非保持不变，这使得管理者预测价格变动对销售水平的影响变得愈发困难。

2.4 点弹性与弧弹性

如果我们有一张市场需求表，它列出了市场上不同价格水平下某种商品的需求数量，那么该如何估计出市场的需求价格弹性呢？用 ΔP 表示该商品的价格变化，用 ΔQ 表示相应的需求数量的变化。如果 ΔP 非常小，我们就能够计算出需求的点弹性：

$$\eta=\frac{\Delta Q}{Q}\div\frac{\Delta P}{P} \tag{2.8}$$

例如，考察表 2—2 中的数据，其中，Δ 代表某种商品非常微小的价格变化。如果要估计价格在 99.95 美分～1 美元之间的价格弹性，我们可得：

$$\eta=\frac{20\,002-20\,000}{20\,000}\div\frac{99.95-100}{100}=-0.2$$

注意，在上面的公式中，我们用 1 美元作为价格 P，用 20 000 作为需求量 Q。当然也可用 99.95 美分和 20 002 作为 P 和 Q，但求出的结果并无差别。

表 2—2　　不同价格下的需求数量（价格微小变化）

价格 （每单位商品的价格为美分）	单位时间的需求数量 （商品单位数）
99.95	20 002
100.00	20 000
100.05	19 998

如果 Δ 代表数据的较大变动（也即 ΔP 和 ΔQ 比较大），答案就会随着（2.8）式中使用的 P 和 Q 的值的不同而有显著差别。考察表 2—3 中的例子。假设我们估计价格在 4 美元～5 美元之间的需求价格弹性，那么对于 P 和 Q 的不同值，答案将分别是：

$$\eta=\frac{40-3}{3}\div\frac{4-5}{5}=-61.67$$

或是：

$$\eta=\frac{3-40}{40}\div\frac{5-4}{4}=-3.70$$

这两个结果差别很大。为了避免这种差别，建议计算需求的弧弹性，弧弹性的计算取 P 和 Q 的平均值：

$$\eta=\frac{\Delta Q}{(Q_1+Q_2)/2}\div\frac{\Delta P}{(P_1+P_2)/2}$$

$$\eta=\frac{\Delta Q(P_1+P_2)}{\Delta P(Q_1+Q_2)} \qquad (2.9)$$

其中，P_1 和 Q_1 是价格和需求的第一组数值，P_2 和 Q_2 是第二组数值，因此，由表 2—3 可得：

$$\eta=\frac{40-3}{(40+3)/2}\div\frac{4-5}{(4+5)/2}=-7.74$$

表 2—3　　不同价格下的需求数量（价格较大变化）

价格 （每单位商品的价格为美元）	单位时间的需求数量 （商品单位数）
3	50
4	40
5	3

2.5　运用需求函数计算需求的价格弹性

管理者经常要估计他们的产品需求函数。根据（2.2）式，我们假设平板电脑的需求函数如下所示：

$$Q=-2\,000P+70I-375S+0.000\,1A$$

给定这样一个需求函数，我们该如何计算需求的价格弹性呢？

第一步要明确需求曲线上需计算价格弹性的某一点。假设人均可支配收入 I 是 13 000 美元，应用软件的平均价格是 40 美元，广告费用是 5 000 万美元，根据式（2.4）我们可以知道需求数量和价格的关系是：

$$Q=900\,000-2\,000P \qquad (2.10)$$

假如我们要计算价格等于 300 美元时的需求价格弹性，在需求曲线的这一点上（见图 2—1 中的点 A）有：

$$Q=900\,000-2\,000\times300=300\,000$$

我们用斜率的相反数表示$\frac{\Delta Q}{\Delta P}$，这样，在我们的例子中：

$$\frac{\Delta Q}{\Delta P}=-2\,000=-1/0.000\,5$$

根据（2.7）式，为得出需求价格弹性，我们必须将$\frac{\Delta Q}{\Delta P}$与$\frac{P}{Q}$相乘，乘积结果为：

$$-2\,000(300/300\,000)=-2$$

这意味着需求的价格弹性是－2。

为做进一步解释，我们来计算价格等于200而非300时的需求价格弹性。在需求曲线的这一点上（见图2—1中的点B）有：

$$Q=900\,000-2\,000(200)=500\,000$$

因为$\frac{\Delta Q}{\Delta P}=-2\,000$，所以：

$$\eta=(\Delta Q/\Delta P)(P/Q)=-2\,000(200/500\,000)=-0.8$$

因此，需求价格弹性是－0.8。

2.6　需求价格弹性对企业收益的影响

正如我们所知，估计需求的价格弹性能够帮助管理者预测一个给定的价格变动将如何影响销售。我们也能够运用价格弹性明确价格变动将如何影响企业的总收益。总收益等于商品的单位价格乘以销售商品的数量（$TR=P\times Q$）。当管理者改变一种商品的价格时，销售量也常常跟着变化。好的管理者需要考虑到，如果他们的决定可以改进企业的行为，那么价格的变动是否将会提高企业的总收益呢？而价格变动能否带来总收益的增长则取决于需求价格弹性。

假设在现有的价格水平上，一种商品的需求是富有弹性的，也就是说，需求价格弹性小于－1。在这种情况下，如果价格下降，需求数量增加的百分比要远远高于价格下降的百分比（这是由需求弹性决定的）。这也就意味着，尽管所有商品都正在降价出售，但由于较低价格导致的销售数量的增加会大大弥补降价带来的轻微损失，因此，总收益还是增加的。同样地，在现有价格水平上，如果商品是富有弹性的，管理者提高其价格，总收益将会下降。原因在于，尽管商品的每单位价格提高了，但由此引发的销售数量下降带来的损失远高于价格上涨带来的轻微收益。

假设在现有价格水平上，一种商品的需求是缺乏弹性的，也就是说，需求价格弹性大于－1。根据缺乏弹性的定义，需求数量变动的百分比要远远低于价格变动的百分比，因此，如果我们提高价格，总收益将会增加，因为每单位产品价格的轻微上涨带来的收益会大大抵消销售数量下降带来的损失。如果需求缺乏弹性，我们在降低价格的同时，总收益也会下降，原因在于销售数量增加带来的收益无法弥补商品的每单位价格下降带来的损失。

我们能够用公式说明这种关系。假设$TR=P\times Q$，那么：

$$\frac{\Delta TR}{\Delta P}=Q\frac{\Delta P}{\Delta P}+P\frac{\Delta Q}{\Delta P}$$

$$Q\frac{\Delta P}{\Delta P}+Q\frac{P}{Q}\frac{\Delta Q}{\Delta P}=Q(1+\eta)$$

$$\frac{\Delta TR/\Delta P}{Q}=1+\eta$$

如果 $\eta<-1$，即需求富有弹性，$\frac{\Delta TR/\Delta P}{Q}<0$，或者$\frac{\Delta TR}{\Delta P}<0$，价格上涨会减少总收益 TR。而如果 $\eta>-1$，即需求缺乏弹性，$\frac{\Delta TR/\Delta P}{Q}>0$，或者$\frac{\Delta TR}{\Delta P}>0$，价格上涨会增加总收益 TR。

定量方法

尽管大多数同学勉强认同上述内容，但会用微积分的人肯定会发现一些令人满意的衡量方式。所以，在这里，我们使用微积分的知识来推导这种弹性的关系：

$$\frac{dTR}{dP}=Q\frac{dP}{dP}+P\frac{dQ}{dP}$$

$$Q\frac{dP}{dP}+P\frac{dQ}{dP}=Q(1+\eta)$$

$$\frac{dTR/dP}{Q}=1+\eta$$

如果 $\eta<-1$，即需求富有弹性，$\frac{dTR/dP}{Q}<0$，或者$\frac{dTR}{dP}<0$，可见价格上涨会使总收益 TR 减少。而如果 $\eta>-1$，即需求缺乏弹性，$\frac{dTR/dP}{Q}>0$，或者$\frac{dTR}{dP}>0$，可见价格上涨会使总收益 TR 增加。

问题环节 ☞

需求价格弹性：菲利普·莫里斯

1993 年，菲利普·莫里斯把香烟价格下调了 18%，其主要竞争对手（雷诺烟草公司）也进行了相应的价格调整。丝毫不令人惊奇的是，菲利普·莫里斯的香烟销售量增加了 12.5%。1994 年 6 月 13 日的《财富》(*Fortune*) 杂志刊登了一篇关于该降价行为的文章，文章指出，一个糟糕的降价决策导致菲利普·莫里斯的利润下降了 25%。有何证据能够说明菲利普·莫里斯管理者的决策降低了公司业绩？

尽管所有信息都不可得，但我们仍不会对此结果感到惊讶，因为可估计出菲利普·莫里斯品牌（包括标志性的万宝路香烟）的需求价格弹性，如市场所给出的那样：

$$\eta=\frac{\%\Delta Q}{\%\Delta P}=\frac{12.5\%}{-18\%}=-0.694$$

需求属于缺乏弹性的需求，所以降价肯定会减少企业的收益。总收益减少和总成本增加（因为需要生产更多的香烟）注定会导致企业的利润下降。

2.7 为公共运输线提供资金

考察一个例子，我们能够基于估计弹性方法预测市场行为。美国公共交通的票价（价格）弹性大约为−0.3（也就是说，相当缺乏弹性）。在美国，所有的大众运输系统都缺少资金。控制财政赤字可是一项长期的斗争，因为代表性的资金提供者（联邦政府、州政府和地方政府）常常拒绝为公共运输线提供资金（由于它们自己也有赤字问题）。我们能否明确在提价与获得公共资金的问题上，大众运输系统面临的哪一项困难最大？

我们可以运用需求价格弹性的相关知识。大众运输系统的管理者依赖两项收入来源：车票收入和公共资金。他们知道提高票价会导致较高的收益，成本也很有可能由于资本和劳动力的减少而下降。但票价上涨会减少乘客数量，使得很多人无法使用公共交通。为了达到平衡预算的目的，没有获得充足公共资金的大众运输系统的管理者必须提高票价（当然，由于管理者知道车票价格是缺乏弹性的，所以收益肯定会增加）。

2.8 专有需求价格弹性的决定因素

表2—4显示了一些挑选出来的美国商品的需求价格弹性。管理者需要了解商品需求价格弹性的决定因素：

表2—4　　全球多地区产品和服务的专有需求价格弹性

商品/服务	需求价格弹性	商品/服务	需求价格弹性
农产品		香烟（美国）[7]	−1.107
苹果（美国）[1]	−1.159	面包（英国）[3]	−0.26
土豆（英国）[3]	−0.13	能源	
橙子（美国）[2]	−0.62	汽油—短期（加拿大）[8]	−0.01～−0.2
莴笋（美国）[2]	−2.58	汽油—长期（加拿大）[8]	−0.4～−0.8
动物制品/鱼类		交通工具	
牛奶（美国）[5]	−0.54～−0.74	本土汽车（美国）[9]	−0.78
奶酪（英国）[3]	−1.36	欧洲汽车（美国）[9]	−1.09
奶酪（美国）[6]	−0.595	其他制造品	
猪肉（中国）[4]	−0.06～−0.18	服装鞋帽（英国/爱尔兰）[10]	−0.94
牛肉/小牛肉（英国）[3]	−1.45	其他商品（英国/爱尔兰）[10]	−0.85
农产品加工品		服务	

续前表

商品/服务	需求价格弹性	商品/服务	需求价格弹性
啤酒和麦芽酿制饮品（美国）[6]	−2.83	看护儿童（北美）[11]	−0.570
葡萄酒（英国/爱尔兰）[7]	−1.12	政府医疗服务（肯尼亚）[12]	−0.100
葡萄酒和白兰地（美国）[6]	−0.198		

资料来源：1. C. Elmore，Chapter 10，"Use of 2.4-D in Orchard，Vineyard，and Soft Fruit production in the United States，" *Phenoxy Herbicides*，December 20，1998.

2. D. Suits，"Agriculture，" in Walter Adams and James Brock，eds.，*The Structure of American Industry*，[10th ed.；Englewood Cliffs，NJ：Prentice-Hall，2000].

3. AEF116：1.6：Major market response concepts and measures 1：The demand side and its elasticities.

4. Millennium Institute，China Agricultural Project.

5. *A Regional Economic Analysis of Dairy Compacts*：*Implications for Missouri Dairy Producers*，Section IV-"Economic Analysis of Dairy Compact，circa 1999."

6. Emilo Pagoulatos and Robert Sorensen，"What Determines the Elasticity of Industry Demand，" *International Journal of Industrial Organization*，Vol. 4，1986.

7. C. O'Donoghue，"Carbon Dioxide，Energy Taxes，and Household Income，" Department of Statistics and Social Policy，London School of Economics，October 13，1998.

8. "Potential for Fuel Taxes to Reduce Greenhouse Gas Emissions in Transportation，" Hagler Bailly Canada for Department of Public Works and Goverment Services，Hull，Quebec，June 11，1990.

9. P. McCarthy，"Market Price and Income Elasticities of New Vehicle Demands，" *Review of Economics and Statics*，Vol. 78(3)，August 1996，543−547.

10. E. Brynjolfsson，"Some Estimates of the Contribution of Information Technology to Consumer Welfare，" MIT Sloan Scool，Working Paper 3647−094，January 1994.

11. D. Chaplin et al.，"The Price Elasticity of Child Care Demand：A Sensitivity Analysis."

12. Section 4："The Basics of Markets and Health Care Markets"：Box 4.4："Demand for Health Care in Kenya."

1. 商品的需求价格弹性严重依赖于可获得的替代商品的数量和相似性。拥有很多相似替代品的商品富有需求价格弹性。如果管理者提高了这类商品的价格，消费者可以很容易地转向几种替代品之一；反之，如果管理者降低其商品价格，会看到消费者将大量购买他们的商品。一种商品拥有的相似替代品的情况，很大程度上取决于管理者如何将其商品与相似商品进行正确的区分。

2. 商品的需求价格弹性也受到其价格相对于消费者总体预算比例的影响。有人指出某些产品如顶针、橡皮筋和盐的需求是相当缺乏弹性的，因为一般的消费者只花费收入中很少的一部分用于购买此类商品。这也是零售店摆放诸如糖果和苏打水等商品，以及收银台摆放杂志的一个原因。由于这些商品价格相对较低，消费者常常无须考虑其价格便可购买。相反，价格占据消费者总体预算较大比例的商品往往是非常富有弹性的。已有研究表明当消费者考虑购买像厨房家电和汽车一类的商品时，他们会花费很多时间询价以及收集品牌性能的信息。

3. 商品的需求价格弹性也与需求曲线对应的时间长短有关。对于非耐用品，长期比短期的需求更富有弹性。这是因为时间越长，消费者越容易找到某种商品的替代品。例如，假设相对于其他燃料，燃油的价格应该下降，那么当油价下降以后，当天的燃油消耗可能增加得很少。但是等几年过去后，人们在挑选家庭加热燃料时，就有机会对价格下降作出反应；因此，相比为期一天的时间，长期的价格下降会给燃油消耗带来很大的影响。而对于耐用品，影响则恰好相反。让我们假设有一名消费者已经购买了一辆汽车。而当他购买之后，汽车很快跌价，该消费者也不大可能跑出去购买另外一辆汽车，因此，汽车的需求是缺乏弹性的。

2.9 需求价格弹性的战略使用

好的管理者不仅对其商品的需求价格弹性表现出极大的兴趣，还会为了利益将价格弹性应用到其战略行动中。考察表2—5，表中给出了美国至欧洲的头等舱、经济舱和旅游机票需求价格弹性的估计值。头等舱机票需求价格弹性的绝对值大大低于经济舱和旅游机票的对应值，部分原因在于坐头等舱的人——常常是商务飞人和相对富裕的人——并不愿意更改他们的飞行计划，即便机票价格发生了上涨或下降。航空公司的管理者在仔细研究了这些数据后，对不同类型的机票差别定价。例如，因为头等舱需求价格弹性的绝对值相对较低，所以他们对这类机票的定价相对较高。在2012年初，一名消费者购买费城和巴黎的往返机票，经济舱的价格不到900美元，而头等舱的机票会花掉这位消费者超过4 500美元。

管理者也可以改变其商品的需求价格弹性。影响其商品需求价格弹性的最普遍的方法是实施差异化战略。通过成功地提高其商品的差异化，管理者可以降低其商品的需求价格弹性（以绝对值的方式）。简单地说，差异化战略使消费者确信其购买的商品是独一无二的；因此几乎没有什么替代品。正是由于消费者感觉几乎不存在什么替代品，所以消费者的行为仿佛使头等舱机票更加缺乏价格弹性了。这就给予管理者更大的自由去提高价格，因为销售量并不会减少很多。

对管理者来说，还有一点是比较重要的，那就是如果消费者没有意识到这种差异化，那么差异化战略就不会很有效果。反之，差异化并不需要商品实质性的不同。例如，漂白剂是一种商品，它的化学表达式是众所周知的。可高乐氏公司漂白水的零售价就能够高出其他品牌漂白剂价格的300%。最不同寻常的是，几十年来，这一品牌一直能够保持如此高的加价。

战略环节 ☞

弹性的使用

我们中的很多人都已习惯看见以数字0、5和9作为末位数的价格，但以任意整数结尾的价格正变得越来越普遍。这是因为企业正在脱离成本加成定价（《大多数制造业仍然在使用这种定价方法》，Industry. com/Leadership in Manufacturing），而转向战略定价或基于价值的定价。“利润率增长了21%，”据拉尔夫报道，他是价格点伙伴公司的一名经营合伙人，现在有很多公司（比如SAP Khimetrics，早期进入这一领域的公司）在经营这样的市场。拉尔夫认为，价格变动常常并不巨大（他指出息税前利润率为8%的企业，价格上涨1%，一般能够产生11%的利润率）。罗宾逊，价格点公司的培训与发展部部长则声称，“对于呈现不同价值和价格敏感度的顾客群体进行价格调整是获得利润最大化的第一步。”这里的敏感度就是教科书中讲的价格弹性，它的准确定义在教科书中已有介绍，本案例的后面也会提及。

基于价值的定价是沃尔玛公司大幅降价（很多价格降至非0、5或者是9等整数）和提价的一个原因。朗斯药店（由便利店收购）与德·阿古斯蒂诺斯公司（纽约的一家杂货连锁店）使用一样的模型。商品价格的上升和下降不仅与当前的水平（由模型确定）有关，相同的商品在不同的地区价格也会差别很大。为什么？正是由于前面提到的不同市场中不同的价格敏感度。价格点公司指出，一家生产工业橡胶的制造商，在应用价值定价之前，同样的产品定价在 8 美元～12 美元之间。在应用价值定价之后，相同商品的价格有升有降，但制造商在该商品中获得的利润却增加了 21%。

在零售部门，价格最优化模型使用的是数据挖掘技术，而不是包装成本、标尺竞争价格或是猜测技术。来自收银机扫描的数据、对商品促销的反应，以及一些类似情况都可用于估计一家商店每种商品独立的需求曲线。这些模型中的大部分都基于航空公司提供的管理系统（参见第 9 章）。建模的目标是寻找能推动销售和不必要放弃利润的重合部分。这是顾问的观点。让我们再看一看经济学家的观点。

航空公司提供的管理模型试图使不同类型机票的预期边际收益均相等。例如，假设有两种票，分别为 1 和 2。如前面所述，边际收益为 $MR=P[1+(1/\eta)]$，因此，这两种票的边际收益可表示如下：

$$MR_1=P_1[1+(1/\eta_1)]=P_2[1+(1/\eta_2)]=MR_2$$

思考一下，对于同一种产品有两种不同需求曲线的企业（比如预定航空公司座位的人包括商务旅客和休闲旅客，购买游泳衣的人分为春季类型与夏季类型，需要帮宝适牌纸尿裤的顾客的位置分为地方 1 和地方 2）来说，为什么希望这两条需求曲线的边际收益相等呢？如果第 2 类机票的边际收益大于第 1 类机票的边际收益，那么，把第 1 类机票的座位转移给第 2 类会增加公司的收益，因为第 1 类机票旅客的载运成本和第 2 类机票旅客的载运成本可能一样，通过改变座位而成本保持不变就可以增加公司的收益。这种转换肯定会增加航空公司的利润。（假如运送一个旅客的边际收益等于边际成本，那么不只是改善了利润，而且实现了利润最大化。）

弹性模型在零售行业如何发挥作用呢？以一个产品的最佳折扣为例。标号 1 代表第一个时期，标号 2 代表第二个时期。如果第二期的边际收益比第一期高，你就会希望把第一期的部分商品放到第二期（或者如果标号 1 和标号 2 是指商店，你会愿意把第一个店的部分商品放到第二个店）。

假设 $\eta_1=-2$，$\eta_2=-3$，则有：

$$\begin{aligned}MR_1&=P_1[1+(1/-2)]=P_1[1-(1/2)]=P_1/2\\&=P_2[1+(1/-3)]=P_2[1-(1/3)]=2P_2/3=MR_2\end{aligned}$$

或 $P_2=0.75P_1$。也就是说，该产品的最佳折扣是第二期以低于第一期价格的 25%出售。降低价格会增加需求量（因为在需求曲线上，价格和需求量表现为一种负相关关系），因此降价可以促进销售，但是价格下降太多或者太少都不能使销售者获得最大利润，即利润最大化。获取最大利润的唯一条件是 $MR_1=MR_2(=MC)$。

《经济学家》(*Economist*) 有一篇名为《价格不合适》的文章指出，连锁超市“能够快速轻松地确定顾客的弹性，即他们的购买习惯如何随价格升降而发生变化。”纽约的德·阿古斯蒂诺斯、芝加哥的多米尼克斯等超市都在运用以弹性为基础的模型为定价决策。

资料来源：“Are You Getting Your Pricing Right or Leaving Money on the Table?” Mach 14, 2011, at www.industryweek.com/PrintArticle.aspx? ArticleID=24090.

表 2—5　　美国和欧洲路线的机票需求弹性

机票类型	价格弹性	收入弹性
头等舱	−0.45	1.50
经济舱	−1.30	1.38
旅游机票	−1.83	2.37

资料来源：J. Cigltiano，"Price and Income Elasticities for Airline Travel：The North Atlantic Market，" *Business Economics*，September 1980.

2.10 总收益、边际收益与价格弹性

我们希望详细考察需求价格弹性对一家公司总收益的影响。对生产者来说，消费者支付的总货币数就等于公司的收益。因此，对于丰田汽车公司而言，消费者花在汽车上的总费用就等于其总收益。假定某公司产品的需求曲线是线性的，即：

$$P = a - bQ \tag{2.11}$$

其中，a 是价格轴的截距，b 是斜率（绝对值），如图 2—7 中的图 A 所示。这样，公司的总收益等于：

$$TR = PQ = (a - bQ)Q = aQ - bQ^2 \tag{2.12}$$

管理者需要知道的一个重要概念是边际收益，它是当销售第 n 个单位产品时，再多销售一单位产品而获得的收益增量。正如我们在后面将要看到的，为了利润最大化，管理者必须很好地理解边际收益。由于这一概念是公司运营的中心，所以我们必须理解价格需求弹性对它的影响如何。在当前的例子中：

$$MR = \frac{\Delta TR}{\Delta Q} = \frac{\Delta(aQ - bQ^2)}{\Delta Q} = a - 2bQ \tag{2.13}$$

它同样能够在图 2—7 的图 A 中得到反映。比较边际收益曲线与需求曲线，可以发现二者在纵轴上具有相同的截距（截距为 a），但边际收益曲线的斜率是需求曲线斜率的二倍。

根据（2.7）式中的定义，价格需求弹性 η 等于 $(\Delta Q/\Delta P)(P/Q)$。因为 $\Delta Q/\Delta P = -1/b$，而且 $P = a - bQ$，因此：

$$\eta = \left(\frac{-1}{b}\right)\frac{a - bQ}{Q} \tag{2.14}$$

定量方法

运用微积分我们能够清楚地观察这一关系：

$$MR = \frac{dTR}{dQ} = \frac{d(aQ - bQ^2)}{dQ} = a - 2bQ$$

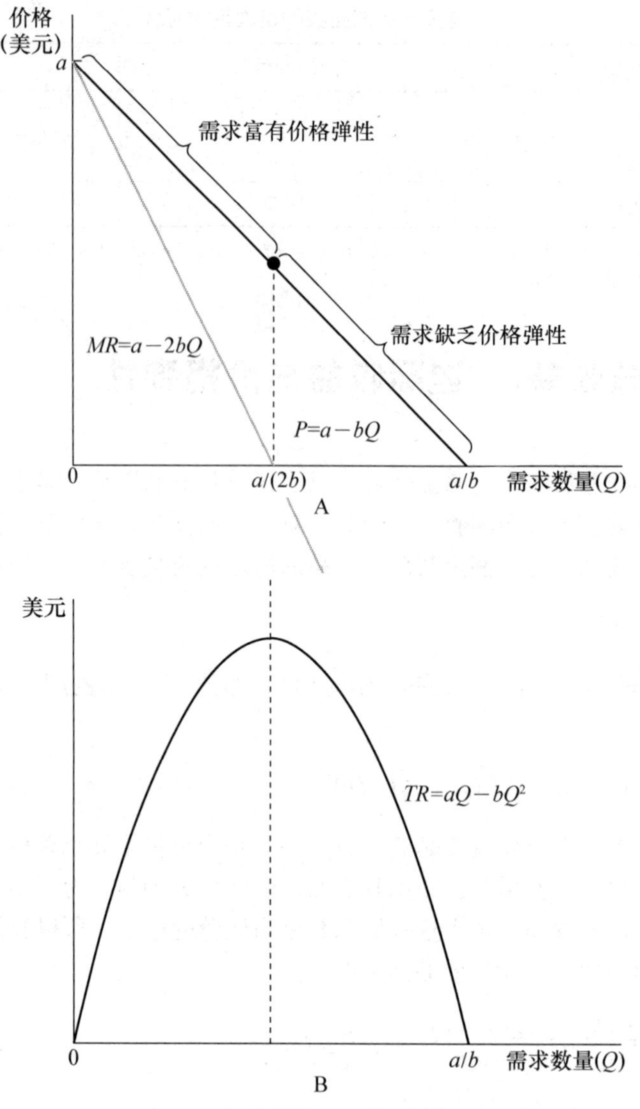

图 2—7　价格弹性、边际收益和总收益的关系

注：如果需求富有价格弹性，边际收益为正，需求量的增加会使总收益上升；如果需求缺乏价格弹性，边际收益为负，需求量的增加会使总收益下降。

战略环节

专用药物的弹性

专用药物是为了治疗对患者生命有重大影响的疾病而开发的，这种疾病难以治愈但对大多数人不构成影响。不过，这类药物的生产却非常昂贵。

多发性硬化病（multiple sclerosis，MS）就是这样的一种疾病。全世界有超过 200 万人患有此病，每年的药物治疗费用可达 50 000 美元。

诺华公司生产的一种新型口服药芬戈莫德，最近收到了食品及药物管理局的批文。它的年度标价是 48 000 美元。MS 患者正在期盼该药的上市，因为它的替代疗法是注射用药，这对于自我治疗的患者来讲难度较大，并且还有令人担忧的副作用。虽然芬戈莫德的副作用还并没有完全为人所知，但它在使用上的便利性已经让人们感到十分乐观。

于是，注射药品生产商感到其产品需求将会下降。花旗集团的分析人员做了一项有关神经科医生的近期调查，调查显示，在今后几年里，治疗 MS 的其他药品都将遭遇销售滑坡。有些人甚至预测，到了 2017 年，芬戈莫德将会成为市场龙头。

那么注射药品的生产者正在做些什么呢？它们正在提高价格，去年价格上涨了 39%（2010—2011 年）。分析人员认为，对已有的治疗方法提高价格是“当销售受到侵蚀时保持收益稳定”的一种方法。有文章介绍，在芬戈莫德占有显著的市场份额之前，Teva 和 Biogen 这两家公司正在寻找创造更多收益的方法。

在什么条件下注射药品能够实现它们的目标呢？当价格上升而销售量下降时，收益保持不变，需求一定是单位弹性的，即 $\eta=-1$；而当价格上升而销售量下降时，收益增加，需求一定是缺乏弹性的。考虑到疾病的类型，不难相信它的需求是缺乏弹性的。一旦人们发现注射药品是“有效的”，使用者就很可能继续使用它们。

希望就在路上。目前，有另外三种治疗 MS 的口服药物正处在检测阶段，可能还要花费几年的时间，希望生产者之间的竞争能够带来药价的下降。然而，如果药品的疗效和副作用不同，产品的差异仍可能导致每一类型的药物具有显著的价格权力。另外，如果生产成本很高，即使是同一类型的药物，推动价格降至成本的竞争仍然会导致高昂的价格。

资料来源：Eva von Schaper and Naomi Kresge，“Novartis's ＄48 000 Pill Spurs US Price Increase for MS Drugs，” *Bloomberg News*，March 22，2011，at www. bloomberg. com/news/2011-03-21/novartis-s-48-000-pill-spurs-u-s-price-increases-for-ms-drugs. html.

这样，η 是否大于、等于或小于 -1 取决于 Q 是否大于、等于或小于 $a/(2b)$。如图 2—7 所示，如果 $Q<a/(2b)$，需求是富有价格弹性的；如果 $Q=a/(2b)$，需求具有单位价格弹性；如果 $Q>a/(2b)$，需求就是缺乏价格弹性的。

战略环节 ☞

啤酒：弹性还是非弹性？

如果喝啤酒的话，你最好希望自己的裤子带些弹性。但对啤酒的需求弹性又如何呢？英博集团（百威啤酒、斯特拉啤酒和贝克啤酒的制造商）最近声明，由于美国年轻男性的高失业率，其产品需求量下降了 0.4%，与此同时价格却上升了。考虑到需求曲线的特点，这种变化并不令人惊讶。但它同时公布，总收益增加得非常快，达到了 5.6%。这件事告诉了我们什么？需求量保持较高水平，但从百分比的角度看却又是下降的，而且下降速度低于价格上升的百分比。换成经济学的说法：其产品需求是缺乏弹性的。但是缺乏弹性到什么程度呢？从教材中可知：

$$\Delta TR/\Delta Q=P[1+(1/\eta)]$$

此式两端同时乘以 Q/TR（或者 $Q/TR=Q/PQ=1/P$），这样：

$$[\Delta TR/TR]/[\Delta Q/Q]=\%\Delta TR/\%\Delta Q=5.6/0.4=-14=[1+(1/\eta)]$$

可得 $1/\eta=-15$ 或者 $\eta=1/-15=-0.067$。这是相当缺乏弹性的。

资料来源：“InBev Price Hike Outweighs Lower Volumes，” at www. cnbc. com/id/42891391/.

图 2—7 中的图 B 是根据产品的需求量绘制的公司总收益曲线。需要注意的是，边际收益是从销售下一个单位的产品中所获得的收益增量。只要边际收益为正，销售量增加会提高总收益；而当收益增量为负时，总收益也将下降。有人可能会问，收益增量怎么可能是负数呢？如果公司额外卖出一单位产品，它一定会从购买者身上得到一个正的收益（除非是做善事）。但请思考一下额外卖出的那一个单位产品对总收益的效果。如果管理者必须降价出售这一单位产品，那么之后他将降价出售所有的产品。由于管理者已经对所有后来售出的产品进行了降价处理，那么多售出一单位产品就能够引发总收益下降。而且，多生产一单位的产品也会增加总成本。所以，如果总收益下降、总成本增加，管理者离利润最大化策略就越来越远。要记住的一个重要事情是：如果边际收益为负，管理者是不希望在该生产水平上再多生产一单位产品的。

图 2—7 说明的另外一点是，当需求富有价格弹性时，边际收益是正的；当需求具有单位价格弹性时，边际收益为 0；当需求缺乏价格弹性时，边际收益是负的。这不是偶然的，一般而言，无论需求曲线是否为线性的，它总是成立的。我们通过回顾定义来寻找其中的原因：

$$MR=\frac{\Delta TR}{\Delta Q}$$

由于总收益等于价格乘以需求量，可得：

$$MR=\frac{\Delta(PQ)}{\Delta Q}$$

我们将上式变形，可得：

$$MR=P\frac{\Delta Q}{\Delta Q}+Q\frac{\Delta P}{\Delta Q}$$

因为 $\Delta Q/\Delta Q=1$，所以：

$$MR=P+Q\frac{\Delta P}{\Delta Q}=P\left[1+\left(\frac{Q}{P}\right)\left(\frac{\Delta P}{\Delta Q}\right)\right]$$

根据需求价格弹性的定义可知：$(Q/P)(\Delta P/\Delta Q)=1/\eta$

$$MR=P+Q\frac{\Delta P}{\Delta Q}=P\left[1+\frac{1}{\eta}\right] \tag{2.15}$$

（2.15）式说明如果 η 小于－1，边际收益一定为正；如果 η 大于－1，边际收益一定为负；如果 $\eta=-1$，边际收益一定为 0。在以后的章节中，我们将反复运用（2.15）式。运用的目的之一就是预测边际收益的价值。例如，如果产品价格是 10 美元而价格需求弹性是－2，边际收益是多少？根据（2.15）式，它等于 10×(1－1/2)＝5 美元。

2.11 需求的收入弹性

当预测销售多少单位的产品时，管理者需要考虑的因素不仅仅是价格。他们几乎无法控制的一个重要因素是消费者的收入水平。薪水相对较高的消费者更可能购买各种各样的商品。例如，在收入水平较高的城市，人均消费的白兰地较多，如纽约市就比北达科他州（那里的消费者收入较低）的白兰地卖得多。管理者必须了解需求对于消费者收入变化的敏感性。

商品需求的收入弹性定义为：消费者收入1%的变化所引起的需求量百分比的变化。更准确地说，它等于：

$$\eta_I=\left(\frac{\Delta Q}{\Delta I}\right)\left(\frac{I}{Q}\right) \tag{2.16}$$

其中，Q是需求量，I是消费者收入。对于大多数商品而言，需求收入弹性为正。也就是说，当消费者收入增加时，他们会购买更多的商品。这样的商品被称作正常品。然而，有些商品被称作劣等品，即存在负的需求收入弹性。对于这些商品，它们的需求数量和消费者的收入变化方向相反。当收入增加时，需求数量减少；当收入减少时，需求数量增加。在美国，两个劣等品的例子就是汉堡包和公共交通。当消费者收入增加时，他们一般消费较少的汉堡包，并不是他们吃的牛肉少了，而是用牛排取代了汉堡包。

管理者必须理解需求收入弹性对销售的影响。在经济周期的不同阶段，具有高收入弹性的产品销售普遍发生了变化。在经济扩张期，高收入弹性的商品销售增加；然而在经济衰退期，同样的这些商品将面临大幅度的销售下滑。尽管销售高收入弹性商品的管理者对经济周期基本上无能为力，但他们仍然能早作打算以降低经济波动造成的负面影响。例如，他们可以尝试改变成本结构去降低固定成本和提高可变成本，而实现这种改变的一种方法是租赁资本品而不是购买。在经济扩张期，还必须做好准备以应对可能发生的销售量的显著增加。

定量方法

因为（2.15）式如此著名，所以我们有必要给出它的正式推导：

$$MR=\frac{\mathrm{d}TR}{\mathrm{d}Q}$$

$$MR=\frac{\mathrm{d}(PQ)}{\mathrm{d}Q}$$

$$MR=P\frac{\mathrm{d}Q}{\mathrm{d}Q}+Q\frac{\mathrm{d}P}{\mathrm{d}Q}$$

$$MR=P+Q\frac{\mathrm{d}P}{\mathrm{d}Q}$$

$$=P\left[1+\left(\frac{Q}{P}\right)\left(\frac{\mathrm{d}P}{\mathrm{d}Q}\right)\right]$$

$$MR=P\left(1+\frac{1}{\eta}\right)$$

需求收入弹性对预测多种主要产品长期需求量的增加具有十分重要的意义。美国农业部的研究显示，牛奶的需求收入弹性是0.5，这意味着可支配收入增加1%，牛奶的需求量将上升0.5%。但是，英国所做的一项研究表明，面包的需求收入弹性是−0.17，这意味着可支配收入增加1%，面包的需求量下降0.17%。表2—5表明美国至欧洲的头等舱机票的需求收入弹性是 1.5，这意味着可支配收入增加 1%，相应地，头等舱机票的需求量就上升 1.5%。表 2—6 列出了世界上其他一些商品的需求收入弹性。根据不同的环境，在衡量收入弹性时，收入可以按消费者总收入来定义（见表 2—6），也可以按人均收入来定义。

表 2—6　　全球多组商品的需求收入弹性

商品	弹性	商品	弹性
农产品		畜产品	
谷物（中国）[1]	−0.12～+0.15	奶油（美国）[3]	+1.72
土豆（英国）[2]	−0.32	鸡蛋（英国）[2]	−0.21
土豆（美国）[3]	+0.15	鸡蛋（美国）[3]	+0.57
橙子（美国）[3]	+0.83	加工食品	
苹果（美国）[3]	+1.32	面包（英国）[2]	−0.17
莴笋（美国）[3]	+0.88	其他谷物制品（英国）[3]	+0.18
畜产品		汽车	
肉（中国）[1]	+0.1～+1.2	美国车（美国）[4]	+1.62
牛奶（英国）[2]	+0.05	欧洲车（美国）[4]	+1.93
牛奶（美国）[3]	+0.50	亚洲车（美国）[4]	+1.65

资料来源：1. Millennium Institute，China Agricultural Project.
2. AEF116：1.6 "Major Market Response Concepts and Measures. 1：The Demand Side and Its Elasticities."
3. D. Suits，"Agriculture，" in *The Structure of American Industry*，ed. Adams and Brock.
4. P. McCarthy，"Market Price and Income Elasticities of New Vehicle Demands."

战略环节

估计美国铁路公司的客运业务的需求

全美铁路客运公司（简称"美铁"）采用自己的总需求模型来预测整个系统的客运收入。模型的第一部分是多元线性回归方程，可以预测因变量，即整个系统的乘客里程（一乘客英里代表一个乘客搭乘铁路一英里）。自变量包括个人可支配收入，美铁的平均票价，美铁的平均票价与航空公司平均票价的比率，汽油零售价格以及反映诸如天气、假期、罢工、火车脱轨等事件的虚拟变量。

火车乘客里程最重要的决定因素是个人可支配收入（美国经济实力的替代变量）。由回归方程可知，个人的可支配收入增加 1%，整个系统的旅客里程预计可增加 1.8%。

1. 解释模型中每一个自变量出现的理论依据，并指出其回归系数的符号类型（正或负）。
2. 美铁如何通过整个系统的旅客里程预测值来估计整个系统的收入？
3. 美铁旅客服务需求收入弹性的估计值是多少（基于整个经济的收入水平）？

如果美国人均可支配收入从 27 000 美元上升到 28 000 美元，根据你的预测，火车旅客里程将增加多少（其他所有自变量保持不变）？这种预测百分之百准确吗？准确或不准确的原因各是什么？

4. 2000—2008 年，尽管可支配个人收入呈现上涨趋势，但实际上美铁的乘客里程市场份额却基本保持不变（2000 年为 0.110 5%，2008 年为 0.112%）。你能解释这一现象吗？

2.12 需求的交叉弹性

除了价格和收入外，另一个影响商品需求量的因素是其他商品的价格。假设商品自身价格不变（收入水平同样保持不变），另一商品价格的变化可能会对该商品的需求量产生重要影响。通过观察这些变化，我们可以把一对对商品归类为替代品或互补品，而且可以衡量消费者感觉到的这些商品关系的密切程度（或者是替代品，或者是互补品）。假设有两种商品 X 和 Y。如果商品 Y 的价格上升，会对商品 X 的需求量产生什么影响呢？需求的交叉价格弹性（简称“需求的交叉弹性”）定义为商品 Y 价格变化 1%所能引起的商品 X 需求量变化的百分比。用公式表示为：

$$\eta_{XY}=\left(\frac{\Delta Q_X}{\Delta P_Y}\right)\left(\frac{P_Y}{Q_X}\right) \tag{2.17}$$

一方面，如果商品 X 和 Y 的需求交叉弹性为正，它们就被归类为替代品。例如，当玉米价格保持不变时，小麦价格上升，将使对玉米的需求量上升，因此，η_{XY}是正值，小麦和玉米被归类为替代品。另一方面，如果商品 X 和 Y 的需求交叉弹性为负值，它们就被归类为互补品。这样，当手提电脑价格保持不变时，软件价格上升可导致手提电脑的销售量下降，因此 η_{XY}为负值，软件和手提电脑被归类为互补品。如果两种商品的交叉弹性接近 0，那么商品在需求层面上就是相互独立的。例如，黄油价格上涨，机票的需求量仍然保持不变。

问题环节 ☞

需求的收入弹性

在上一小节中，我们学习了如何基于一个产品的需求函数去计算需求的价格弹性。这里我们将学习如何计算需求的收入弹性。假设某产品的需求函数为：

$$Q_X=1\,000-0.2P_X+0.5P_Y+0.04I$$

其中，Q_X 是商品 X 的需求数量，P_X 是商品 X 的价格，P_Y 是商品 Y 的价格，I 是人均可支配收入。则需求的收入弹性是：

$$\eta_I=\left(\frac{\Delta Q}{\Delta I}\right)\left(\frac{I}{Q}\right)=0.04\frac{I}{Q}$$

如果 $I=10\,000$，$Q=1\,600$，那么：

$$\eta_I=0.04\left(\frac{10\,000}{1\,600}\right)=0.25$$

需求的收入弹性等于 0.25，它意味着人均可支配收入增加 1%将带来产品 X 需求量增加 0.25%。

为了解释需求交叉弹性的计算方法，我们再次假设商品的需求函数为：

$$Q_X=1\,000-0.2P_X+0.5P_Y+0.04I$$

其中，Q_X 是商品 X 的需求数量，P_X 是商品 X 的价格，P_Y 是商品 Y 的价格，I 是人均可支配收入。商品 X 和 Y 的需求交叉弹性如下所示：

$$\eta_{XY}=\left(\frac{\Delta Q_X}{\Delta P_Y}\right)\left(\frac{P_Y}{Q_X}\right)=0.5\frac{P_Y}{Q_X}$$

尽管需求交叉弹性取决于 P_Y 和 Q_X 的数值，但由于这两种商品总是替代品，因此 η_{XY} 一定为正，而不用管 P_Y 和 Q_X 取什么值。如果 $P_Y=500$，$Q_X=2\,000$，那么：

$$\eta_{XY}=0.5\left(\frac{500}{2\,000}\right)=0.125$$

需求交叉弹性对管理者非常重要，因为他们必须不断地预测竞争对手的价格变化对自己销售造成的影响。因此，他们需要得到与需求交叉弹性相关的信息。表 2—7 列出了多组商品的需求交叉弹性。

表 2—7　　　　全球多组商品的需求交叉弹性

商品价格的变化	商品需求量的变化	交叉价格弹性
欧洲/亚洲车	美国车	+0.28[1]
欧洲/美国车	亚洲车	+0.61[1]
美国/亚洲车	欧洲车	+0.76[1]
澳大利亚公交运输系统	澳大利亚私家车	+0.1～+0.3[2]
爱尔兰煤炭	爱尔兰天然气	+0.4[3]
爱尔兰煤炭	爱尔兰石油	+0.7[3]
肯尼亚政府提供的医疗服务	教会或私营部门提供的医疗服务	+0.023[4]
美国硬粒小麦	美国硬粒红春麦	+0.04[5]
美国硬粒红冬小麦	美国白麦	+1.80[5]
英国牛肉/小牛肉	英国猪肉	0.00[6]
英国羊肉/羔羊肉	英国牛肉/小牛肉	+0.25[6]

资料来源：1. P. McCarthy，"Market Price and Income Elasticities of New Vehicle Demand."

2. J. Luk and S. Hepburn，"A Review of Australian Travel Demand Elasticities，" Working Document No. TE 93/004，1993，Australian Road Research Board.

3. Competition Authority Decision of 30 January 1988，relating to a proceeding under Section 4 of the Competition Act 1991：Notification No. CA/15/97-Statoil Ireland Ltd. /Clare Oil Company Ltd. -Share Purchase Agreement and Service Employment Agreement. Decision No. 490.

4. "Section 4：The Basics of Markets and Health Care Markets：Box 4. 4：Demand for Health Care in Kenya."

5. Wheat Yearbook，March 30，1998，Economic Research Services，U. S. Department of Agriculture，Washington，DC 20036-5831.

6. AEF116：1. 6："Major Market Response Concepts and Measures. 1：The Demand Side and Its Elasticities."

反托拉斯当局也经常使用这种测量方法来估计拟议的合并。商品 X 和 Y 之间较高的需求交叉弹性可能使当局更关注商品 X 和 Y 之间的合并，因为合并可能导致消费者面临更高的价格和更少的品牌选择。较高的负的需求交叉弹性（$-\eta_{XY}$）则意味着商品间较强的互补性。这时，当局也许关注的是对供应量过度控制的产品间合并的可能性。也就是说，合并企业也许会拒绝向其他生产者出售半成品。

2.13　需求的广告弹性

尽管需求的价格弹性、收入弹性和交叉弹性是经常使用的弹性度量方法，但并非只有这些。例如，管理者有时发现计算需求的广告弹性也十分有用。假设某企业的产品需求函数是：

$$Q=500-0.5P+0.01I+0.82A$$

其中，Q 是商品的需求数量，P 是商品价格，I 是人均可支配收入，A 是企业的广告费用。需求的广告弹性的定义为：广告费用变化 1%所能引起的商品需求量变化的百分比。更准确地说，它等于：

$$\eta_A=\left(\frac{\Delta Q}{\Delta A}\right)\left(\frac{A}{Q}\right) \tag{2.18}$$

在本例中，由于 $\Delta Q/\Delta A=0.82$，所以：

$$\eta_A=0.82\frac{A}{Q}$$

如果 A/Q（每单位需求产品的广告费用）等于 2 美元，那么 $\eta_A=0.82\times 2=1.64$。这个有用的弹性告诉管理者，广告费用增加 1%会使产品需求量增加 1.64%。在以后的章节中，我们会看到此类信息如何被用来指导管理决策。

2.14 不变弹性和单位弹性的需求函数

在本章前面的各节中，我们一般假设需求函数是线性的。也就是说，假定产品需求量是其价格、其他商品价格、消费者收入和其他变量的线性函数。另一个经常使用的数学形式是**不变弹性的需求函数**。如果需求量（Q）仅仅取决于产品价格（P）和消费者收入（I），这个公式就是：

$$Q=aP^{-b_1}I^{b_2}\text{①} \tag{2.19}$$

因此，如果 $a=200$，$b_1=0.3$，$b_2=2$，那么：

$$Q=200P^{-0.3}I^2\text{②}$$

这类需求函数的一个重要特点是，无论 P 或 I 取什么值，它的价格弹性始终等于 $-b_1$（这就是它被称为不变弹性需求函数的原因）。

出于以下几个原因，管理者和管理经济学家常常使用不变弹性的需求函数。首先，与线性需求函数相反，这种数学形式清晰地指出价格对需求的影响取决于收入水平，收入对需求的影响取决于价格水平。公式（2.19）中的乘法关系总是比公式（2.1）中的加法关系更符合实际。其次，与线性需求函数一样，不变弹性需求函数比较容易估算。

如果存在单位需求弹性（需求价格弹性等于−1），那么价格的上升和下降对于用在商品上的总花销并无影响。为了进一步说明，考虑图 2—8 中的情况。图中的需求曲线是直角双曲线，即：

① 原书此处为 $Q=aP^{-b_1/b_2}$ 有误，应为 $Q=aP^{-b_1}I^{b_2}$。——译者注

② 原书此处为 $Q=200P^{-0.3/2}$ 有误，应为 $Q=200P^{-0.3}I^2$，定量方法中也有错误。——译者注

$$Q=\frac{m}{P} \tag{2.20}$$

其中，Q 是产品需求量，P 是价格，m 是常量。这类需求函数上的所有点都是单位弹性需求，因此，价格变化对用在商品上的总花销并无影响。从（2.20）式可以明显地看出，无论价格是多少，商品总支出始终是 m。

定量方法

下面给出不变弹性的正式推导：

$$\eta=(P/Q)(\partial Q/\partial P)=(P/aP^{-b_1}I^{b_2})(-ab_1P^{-b_1-1}I^{b_2})=P(-b_1P^{-1})=-b_1$$

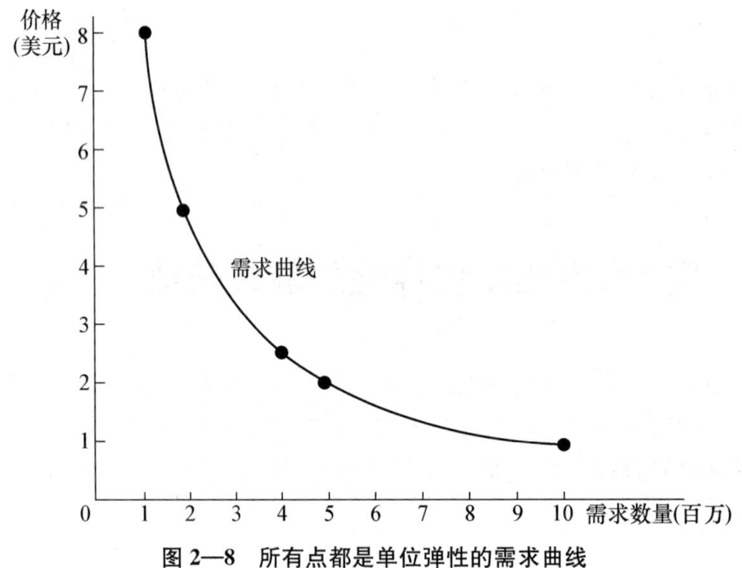

图 2—8 所有点都是单位弹性的需求曲线

注：如果需求价格弹性是－1，需求曲线就是直角双曲线。

本章小结

1. 产品市场需求曲线反映了在每一个价格水平下，市场需要多少产品。如果消费者偏好、收入、其他商品价格及人口规模发生变化，市场需求曲线也会相应移动。

2. 产品市场需求函数是由产品价格、消费者收入、其他商品价格、广告费用以及其他因素决定的产品需求量的关系式。假定除产品价格之外的其他因素保持不变，可以由市场需求函数得到市场需求曲线。既可以形成单个公司的市场需求函数，也可以形成整个行业的市场需求函数。

3. 专有的需求价格弹性是价格变化 1% 所引起的需求量变化的百分比，更准确地说它等于 $(\Delta Q/\Delta P)(P/Q)$。价格上升（下降）是否引起消费者对某种产品总消费量的增加取决于专有需求价格弹性。

4. 边际收入是销售数量增加一单位带来的总收益变化。也就是说，它等于总收益对销售量的导数。边际收益等于 $P(1+1/\eta)$，其中，P 是价格，η 是需求价格弹性。

5. 一种产品如果有许多近似替代品，其专有需求价格弹性往往比较高。而且长期往往比短期更具有弹性。有人认为，如果这种产品在一般消费者的预算中仅占很小的比例，它就相当缺乏弹性，但实际并不一定是这样。

6. 需求收入弹性是消费者收入变化 1%所引起的需求量变化的百分比，即等于 $(\Delta Q/\Delta I)(I/Q)$，其中，I 是消费者收入。需求收入弹性可能为正，也可能为负。与需求价格弹性一样，它对于预测许多主要商品需求量的长期增长非常重要。

7. 需求交叉弹性是商品 Y 价格上升 1%所引起的商品 X 需求量变化的百分比。换言之，它等于 $(\Delta Q_X/\Delta P_Y)(P_Y/Q_X)$。如果它们是替代品，弹性为正；如它们是互补品，弹性为负。这个弹性对于管理者很重要，因为他们必须努力了解和预测其他公司产品的价格变化对本公司销售造成的影响。

8. 如果需求曲线是线性的，需求曲线上各个点的专有需求价格弹性是不同的。当价格接近 0 时，专有需求价格弹性也接近 0；当需求量接近 0 时，专有需求价格弹性接近负无穷大。相反，不变弹性需求函数，不论产品价格是多少，专有需求价格弹性保持不变。管理者和经济学家经常使用线性需求函数和不变弹性需求函数。

习　题

1. 小型发动机制造商多兰公司确定其产品在 2012 年的需求曲线如下所示：

$$P=2\,000-50Q$$

其中，P 是每台发动机的价格（美元），Q 是每月发动机的销售量（台）。

(1) 如果要每月售出 20 台发动机，多兰公司应该如何为产品定价？

(2) 如果价格是 500 美元，多兰公司每月可销售多少台发动机？

(3) 如果价格是 500 美元，需求价格弹性是多少？

(4) 如果价格可以任意制定，那么什么价格可使多兰公司的产品需求具有单位弹性？

2. 约翰森机器人公司市场部经理预计公司的机器人在 2012 年的需求曲线如下所示：

$$P=3\,000-40Q$$

其中，P 是机器人的价格，Q 是每月销售量。

(1) 推导公司的边际收益曲线。

(2) 哪段价格使公司产品需求富有弹性？

(3) 如果公司想要最大化销售收入，价格应当是多少？

3. 经过仔细的统计分析，柴德斯特公司期初产品的需求函数如下所示：

$$Q=500-3P+2P_r+0.1I$$

其中，Q 是其产品的需求量，P 是产品价格，P_r 是其竞争对手的产品价格，I 是人均可支配收入（美元）。现在，$P=10$ 美元，$P_r=20$ 美元，$I=6\,000$ 美元。

(1) 该公司产品的需求价格弹性是多少？

(2) 该公司产品的需求收入弹性是多少？

(3) 该公司产品与其竞争对手产品的需求交叉弹性是多少？

(4) 就市场人口而言，其隐含的假设是什么？

4. 哈斯公司的执行副总裁向公司最高管理层发了一份备忘录，建议降低公司产品的价格，并认为降低价格会增加公司的销售量和利润。

(1) 公司的市场部经理对此备忘录作出了回应，他指出公司产品的需求价格弹性约为−0.5，价格弹性为什么与此事有联系呢？

(2) 公司的总裁同意了副总裁的意见，她是对的吗？

5. 哈浓沃制造公司相信其产品的需求函数如下所示：

$$P=5-Q$$

其中，P 是产品价格（美元），Q 是每日产品销量（百万单位）。目前，每单位产品的售价是 1 美元。

(1) 评价公司价格政策是否明智。

(2) 一个市场专家认为该公司产品的需求价格弹性是－1.0。这是否正确？

6. 根据历史数据，理查德·坦南特总结道："消费者对香烟价格的变化（相对来说）并不敏感。相反，单个品牌的需求具有很高的价格弹性。"例如，1918 年，"好运"牌香烟在一个很短的时期里零售价格比"骆驼"和"切斯特菲尔德"都高，但随后公司迅速失去了"好运"一半的业务。

(1) 请解释为什么对特定品牌香烟的需求比对所有香烟的需求更有弹性。如果"好运"在 1918 年将其价格提高 1%，其产品需求价格弹性会大于－2 吗？

(2) 你认为现在香烟的需求曲线同 1918 年的一样吗？如果不一样，仔细描述使需求曲线移动的因素，各因素使其向左移动还是向右移动？

7. 按照美国农业部萨克林的说法，香烟的需求价格弹性在－0.4～－0.3 之间，而需求收入弹性大约是 0.5。

(1) 假设联邦政府受到香烟与癌症存在关联的影响，打算征收香烟税，则香烟价格上涨 15%。这对香烟销售会有什么影响？

(2) 假如有经纪人事务所建议你购买香烟股票，因为如果未来 10 年内收入上升 50%，香烟销售可能会大大增长。你对此建议会作何反应？

8. 一项针对美国主要企业的评估显示，需求广告弹性平均值为 0.003。这难道不说明管理者投入了太多的广告费用吗？

9. 麦考利公司聘用了一位市场顾问估计其产品的需求函数。顾问得出的结论是，该公司的需求函数可用如下公式描述：

$$Q=100P^{-3.1}I^{2.3}A^{0.1}$$

其中，Q 是其产品的每月人均需求量，P 是产品价格（美元），I 是人均可支配收入（美元），A 是公司的广告支出（1 000 美元）。

(1) 需求价格弹性是多少？

(2) 价格上涨会导致麦考利公司产品的总销售额增加还是减少？

(3) 需求收入弹性是多少？

(4) 需求广告弹性是多少？

(5) 如果 P、I 和 A 保持不变，而市场人口增加了 10%，会对需求量产生什么影响？

10. 施密特公司估计其产品的需求函数是：

$$Q=400-3P+4I+0.6A$$

其中，Q 是产品每月需求量，P 是产品价格（美元），I 是人均可支配收入（1 000 美元），A 是公司的广告支出（1 000 美元/月），假定人口不变。

(1) 在未来 10 年里，人均可支配收入预计将增加到 5 000 美元。这会对公司的销售产生什么影响？

(2) 如果施密特公司想要提高产品价格以抵消人均可支配收入增加的影响，价格必须涨到多少呢？

(3) 如果将价格提高到这个数值，它会增加还是会减少需求价格弹性？请给出解释。确保你的答案能够反映弹性是负值这个事实。

第3章

消费者行为和理性选择

我们在第2章中讨论了市场需求问题。不过我们很快就会看到一个产品的市场需求实际上是个人需求的总和，那么管理者必须了解消费者是如何选择产品的。当你阅读本章时，请仔细思考一下你是如何作出决策的，因为我们在生活中一定会购买很多产品。更重要的是，你必须了解由管理者控制和指导的变量（价格、广告等）是如何影响消费者选择的。

我们的消费者行为模型是一个大型整体中的一部分。所有人每天都要作出决策。大多数人的决定几乎不用花什么力气：或者由于选择本身非常明显，或者由于自身的影响力十分有限，所以没有必要深入思考。偶尔我们也会遇到某些需要更多的思考和更高的影响力的决策；在这些情况下，我们也许要努力地思考一下可能的选择以及随之而来的结果。不过我们是否要作出一个快速的判断还是要进行系统的分析，都会受到一个内部分类方案的控制，该方案告诉我们偏好一种选择而非其他选择。若没有偏好顺序，我们将陷入随意选择的状态中。

本章讲述经济学家如何构建消费者购买决策模型，在后面的几章我们将讨论个人在风险存在时以及在非对称信息情况下如何作出决策。

尽管有些学生也许担心在商业世界里经济理论是否有用，但他们不能否认决策模型的作用。因为很明显，管理者常常会面临如何将有限的预算配置到各种不同的用途当中。你作为一个消费者每天也会遇到这样的决策。对于此类问题，经济学家的消费者行为模型提供了一些指导，而好的管理者认为他们能够采取行动去影响消费者的选择。这也是销售、定价和分配策略的基础。

在接下来的几章中，我们将解释如何应用这个决策方案去改善管理决策的制定。现在，你可以试做本章后面的第11题。看看你能否利用模型帮助某州在公共交通和高速公路之间作出选择。

为了阐述消费者是如何选择的，我们在一开始就假设消费者是理性的，并希望自己的福利最大化。也就是说，运用掌握的知识，消费者不会作出对自己有害的选择。消费者福利函数是他们选择购买商品的函数。然而，该福利函数并非没有约束。如果不存在约束，我们可能会看到更多的人驾驶像保时捷和宾利这样昂贵的汽车。购买肯定受到消费者收入水平的限制。一个理性的消费者，会在商品价格、对商品的偏好和个人品味，以及收入已定的前提下最大化自己的福利。我们通过效用函数、无差异曲线和预算线等概念去构建这一行为模型。再利用这些概念，推导出消费者对产品的需求曲线，并说明消费者需求曲线如何随收入的变化而移动。

3.1 无差异曲线

为了阐明重要思想，我们最初假定消费者只能购买食物和衣服两种商品。不过，所有的假定都能够应用到更加复杂的现实世界中。我们通过一系列无差异曲线构建消费者选择模型。一条**无差异曲线**包含的点代表能够给消费者带来无差异满意程度的市场组合。为了更好地说明，考虑珍妮弗·帕帕韦奇的例子，一位来自加利福尼亚州南部城市帕萨迪纳的消费者。某些市场组合——某些食物和衣服的组合——对她来说满意程度都相同。例如，她在面对一个包含 50 磅食物和 5 件衣服的市场组合与一个包含 100 磅食物和 2 件衣服的市场组合时不会觉得难以选择。这两个市场组合可以由图 3—1 中的点 K 和点 L 来表示。另外，其他市场组合都可以用图 3—1 中的点来表示，对帕帕韦奇女士来说，这些点代表的满意程度都相同。如果我们将所有这些点连接起来，会得到一条对消费者帕帕韦奇女士来说满意程度都相同的市场组合曲线。图 3—1 中与这些市场组合相对应的点都在曲线 I_1 上。曲线 I_1 就是一条无差异曲线。

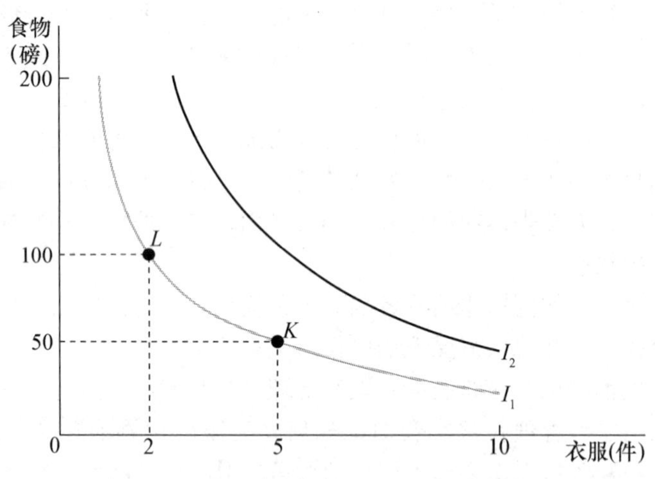

图 3—1 帕帕韦奇女士的两条无差异曲线

注：I_1 和 I_2 是帕帕韦奇女士的两条无差异曲线，每一条都代表了帕帕韦奇女士满意程度都相同的市场组合轨迹。

构建消费者无差异曲线时需要注意以下三点：

1. 一个消费者有多条无差异曲线。如果图 3—1 中 I_1 上的点所表示的市场组合对帕帕韦奇女士没有差别，I_2 就是她的另一条无差异曲线。不过，有一点是肯定的，她喜

欢 I_2 上的任一市场组合超过喜欢 I_1 上的任一市场组合，因为 I_2 上的市场组合有着与 I_1 同样多的衣服和更多的食物（或者与 I_1 同样多的食物但是更多的衣服）。我们含蓄地假定消费者有时是贪得无厌的。（当然，消费者有时会对某种商品消费过多而导致他们喜欢更少而不喜欢更多，但为简单起见，假设这里不存在这种情况。）结果就是，较高的无差异曲线如 I_2 上的市场组合必然要比较低的无差异曲线如 I_1 上的市场组合更受人欢迎。

2. 每条无差异曲线一定向右下方倾斜，只要消费者对每种商品喜欢更多而不是更少。如果一个市场组合中的一种商品比另一个市场组合中的多，那么，该市场组合中的另一种商品一定比另一个市场组合中的少。只要消费者对每种商品都喜欢更多而不是更少，这种情况就一定会出现。

3. 无差异曲线不可能相交。如果它们相交，就会与多的商品比少的商品更受欢迎这一假设相矛盾。例如，假设图 3—2 中的 I_1 和 I_2 是两条无差异曲线并且相交。如果出现这种情况，点 D 代表的市场组合就与点 C 代表的市场组合相同，因为它们都在无差异曲线 I_1 上。继而，点 E 代表的市场组合在消费者眼中与点 C 代表的市场组合也相同，因为它们都在无差异曲线 I_2 上。这意味着点 E 代表的市场组合与点 D 代表的市场组合相同。但这是不可能的，因为点 E 与点 D 相比，虽包含的食物相同但却多出 2 件衣服。如果我们假设多比少更受欢迎，那么市场组合 E 一定比市场组合 D 更受喜欢。

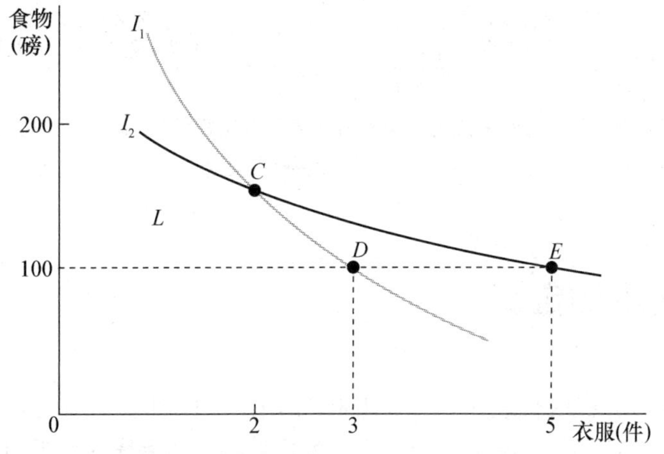

图 3—2　相交的无差异曲线，自相矛盾

注：无差异曲线不能相交。如果它们相交了，点 D 和点 C 对消费者就没有差别，因为它们都在无差异曲线 I_1 上；而点 E 和点 C 对消费者也没有差别，因为它们都在无差异曲线 I_2 上；这就意味着点 D 和点 E 之间一定没有差别。因为点 E 与点 D 包含的食物相同但却多出 2 件衣服，所以，这是不可能出现的。同时，我们假定商品多比商品少更受欢迎。

3.2　边际替代率

有些消费者对额外获得的一单位商品非常重视，而另一些消费者对额外获得的一单位商品根本不在乎。如果管理者想了解消费者的选择，就有必要衡量消费者对多得到一单位商品的相对重视程度。我们称这种衡量方法为边际替代率。

商品 X 对商品 Y 的边际替代率的定义为：当消费者的满意程度保持不变时，如果得到一单位额外的商品 X，他必须放弃商品 Y 的数量。显然，为得到额外一个单位的商品 X，消费者愿意放弃商品 Y 的数量越多，商品 X（相对于商品 Y）对消费者就越重要。为了计算边际替代率，我们用 -1 乘以无差异曲线的斜率，得到的将是消费者为得到额外一个单位的商品 X 而愿意放弃商品 Y 的数量。

为了加以说明，让我们来看一下消费者在汽车方面的偏好。汽车最重要的两个特点是样式和性能（比如速度、汽油/里程和控制方式）。有些消费者愿意在样式上作出很大的让步以换取性能少量的提高。对于这些消费者，图 3—3 中左图的无差异曲线相对陡峭，性能对样式的边际替代率相对较高，因为无差异曲线的斜率（乘以 -1）相对较大。然而，另外有一些消费者则愿意用很多性能换取小量额外的样式。对于这些消费者，图 3—3 中右图的无差异曲线相对平缓，性能对样式的边际替代率相对较低，因为无差异曲线的斜率（乘以 -1）相对较小。

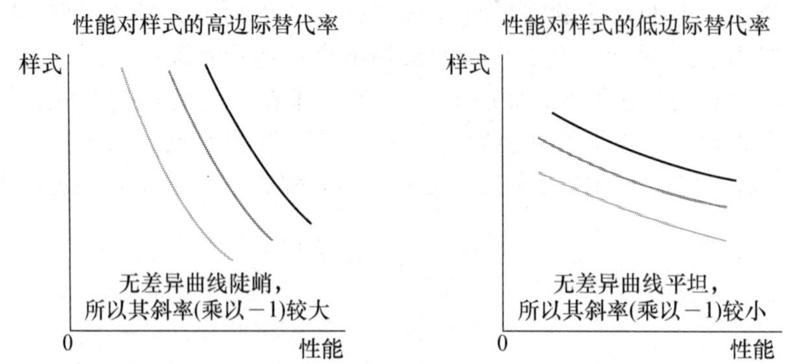

图 3—3　性能对样式的高边际替代率和低边际替代率的无差异曲线

注：左图表示消费者愿意用很多样式换取少量额外性能的无差异曲线，右图表示消费者愿意用很多性能换取少量额外样式的无差异曲线。

3.3　效用的定义

消费者的无差异曲线代表了他们的口味和偏好。针对某个消费者的所有无差异曲线，我们给每一个市场组合配上一个数字，称作效用。**效用**表明消费者对某个特定市场组合所表现出的喜爱和偏好程度。具体来讲，它概括了市场组合的偏好顺序；分配给市场组合越高的效用，消费者从中获得的满意程度就越高。因为在一条给定的无差异曲线上，所有市场组合的满意程度都相同，它们有着相同的效用。高位置无差异曲线上的市场组合比低位置无差异曲线上的市场组合具有更高的效用。

当为市场组合分配效用时，就能够分辨出消费者喜欢哪一个市场组合。如果第一个市场组合的效用高于第二个市场组合的效用，消费者就会喜欢第一个而不是第二个市场组合。如果第一个市场组合的效用低于第二个市场组合的效用，消费者就会喜欢第二个而不是第一个市场组合。如果第一个市场组合的效用等于第二个市场组合的效用，消费者对这两个市场组合的偏好没有差别。

如何理性分配这些效用呢？假设我们的消费者喜欢市场组合 R 超过市场组合 S，而

喜欢市场组合 S 又超过市场组合 T。那么分配给 R 的效用必须高于分配给 S 的效用，与此同时，分配给 S 的效用必须高于分配给 T 的效用。任何一个符合这些要求的数字集合都能有效地衡量效用。因此，市场组合 R、S 和 T 的效用可以是 30、20 和 10，也可以是 6、5 和 4。所有这些数字都能表明市场组合 R 的效用高于市场组合 S 的效用，依此类推，市场组合 R 的效用也应该高于市场组合 T 的效用。也就是说，两个效用集合反映了消费者不同满意程度市场组合的正确顺序和排名。

无差异曲线也被称作等效用曲线。我们可以用前面提到的斜率来描述它：

$$-\Delta f/\Delta c=-(\Delta U/\Delta c)/(\Delta U/\Delta f)=-MU_c/MU_f$$

其中，MU_f 是食物的边际效用，也即如果帕帕韦奇女士额外获得一个单位的食物（此时她拥有的衣服数量保持不变），她所得到的效用增量；MU_c 是衣服的边际效用，也即如果帕帕韦奇女士额外获得一个单位的衣服（此时她拥有的食物数量保持不变），她所得到的效用增量。这样，帕帕韦奇女士的边际替代率等于衣服的边际效用与食物的边际效用之比。这些边际效用正是用在本小节前面提到的消费者额外获得一单位产品的数值衡量。

3.4 预算线

消费者都希望最大化他们的效用，也就是说，想达到尽可能高位置的无差异曲线，但是消费者能否获得一条特定的无差异曲线取决于消费者的收入和商品价格。为使事情具体化，再回到我们的消费者珍妮弗·帕帕韦奇的例子。假设她每周的总收入是 600 美元，这些钱仅仅用于食物和衣服的花销。

帕帕韦奇女士能够购买多少商品取决于食物和衣服的价格。假设每磅食物 3 美元而每件衣服 60 美元。如果把所有收入都花在食物上，她每周能够购买 200 磅的食物。另一方面，如果把所有收入都花在衣服上，她每周能够购买 10 件衣服。或者，如果她愿意，她可以既买食物，又买衣服。她能够购买的食物和衣服的组合有很多种，并且每一种组合都可以用图 3—4 中的一个点来表示。这条直线就叫做预算线。消费者预算线表示在消费者的收入和商品的价格给定时，消费者可以购买的市场组合。

帕帕韦奇的预算线公式为：

$$YP_f+XP_c=I \tag{3.1}$$

其中，Y 是她购买的食物的数量，X 是她购买的衣服的数量。P_f 是食物价格，P_c 是衣服价格，I 是其收入。(3.1) 式的左端为她花在食物和衣服上的总额，这个总额一定等于她的收入。为简便起见，我们假设她不储蓄（此假设可以放松）。从 (3.1) 式中解出 Y，可得：

$$Y=\frac{I}{P_f}-\frac{P_c}{P_f}X \tag{3.2}$$

这就是她的预算线公式。

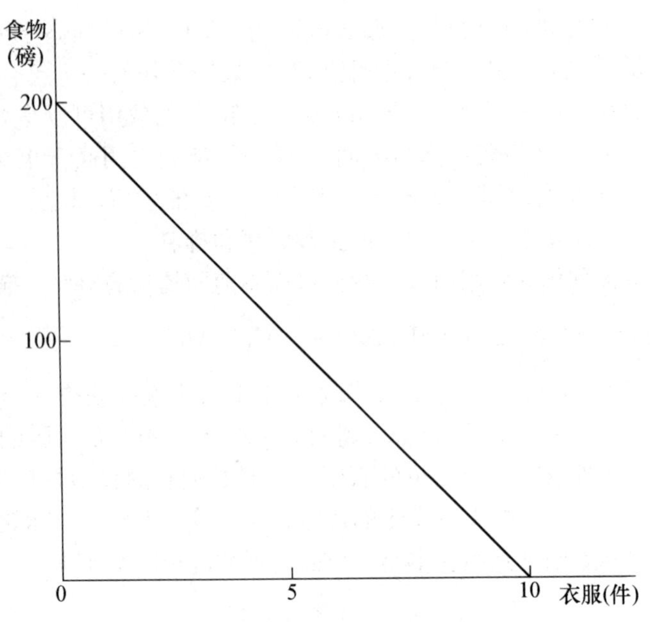

图 3—4　帕帕韦奇女士的预算线

注：消费者预算线表示在消费者的收入和商品的价格给定时，消费者可以购买的市场组合。这条预算线假设帕帕韦奇女士每周的收入是 600 美元，每磅食物 3 美元，每件衣服 60 美元。

如果消费者的收入和商品的价格发生变化，消费者的预算线也会移动。特别地，消费者的收入增加会使预算线上移，收入减少会使预算线下移（移动后的预算线与原预算线平行，因为收入的变化不影响斜率）。这一点在图 3—5 中得到了说明，图中给出了帕帕韦奇女士每周的收入为 300 美元、600 美元和 900 美元时的预算线。当她的收入上升时，预算线也上升了。

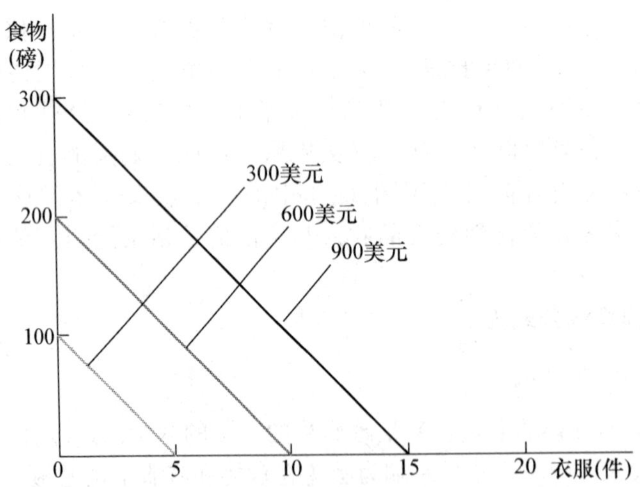

图 3—5　每周收入是 300 美元、600 美元和 900 美元时帕帕韦奇女士的预算线

注：消费者的收入越高，预算线位置越高。商品价格不变，预算线的斜率也保持不变。

同样，商品价格也会影响到预算线。一种商品价格下降会使预算线与该商品轴的交点离原点更远。图 3—6 表示当每磅食物价格是 3 美元和 6 美元时帕帕韦奇女士的预算线。从图中能够发现预算线与纵轴，也即食物轴的两个交点，当价格为 3 美元时其交点与原点的距离更远，这是因为食物价格的变化改变了预算线的斜率，斜率等于$-P_c/P_f$（见公式（3.2））。

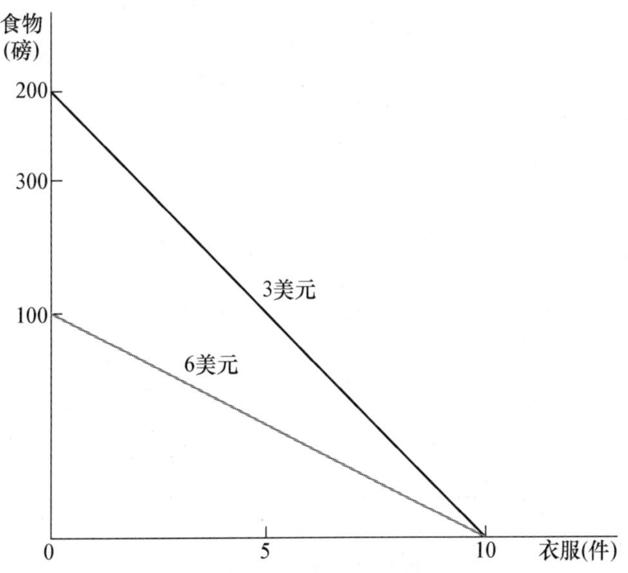

图 3—6　每磅食物价格是 3 美元和 6 美元时帕帕韦奇女士的预算线

注：若帕帕韦奇女士每周的收入为 600 美元不变，衣服的价格为每件 60 美元不变，则当食物价格为 3 美元时，预算线与纵轴的交点与原点的距离比价格为 6 美元时远。

3.5　均衡市场组合

给定消费者的无差异曲线和预算线，我们就可以明确消费者的**均衡市场组合**——在消费者可以购买的所有市场组合中，能够产生最大效用的市场组合。第一步是把无差异曲线和预算线联合起来放在同一个图中。图 3—7 把帕帕韦奇女士的无差异曲线（来自图 3—1）和预算线（来自图 3—4）放在了一起。根据图 3—7 中的信息，确定消费者均衡的市场组合是件容易的事。无差异曲线表示她想要什么：具体来讲，她想要达到尽可能高位置的无差异曲线。她宁愿选择无差异曲线 I_2 而不是 I_1，以及宁愿选择无差异曲线 I_3 而不是 I_2。但是她不能选择自己喜欢的任意一条无差异曲线。预算线代表其收入和商品价格允许她购买的市场组合的种类。结果是，她必须选择预算线上的一个组合。

显然，消费者会选择最高位置无差异曲线上与预算线上的市场组合，这就是均衡市场组合。例如，帕帕韦奇女士的均衡市场组合是图 3—7 中的点 H；它由 100 磅食物和 5 件衣服组成，因为预算线上的任何其他市场组合比起点 H 都要位于较低的无差异曲线上。但是帕帕韦奇女士愿意选择这个市场组合吗？对她来讲，意识到这是符合上述条件的最佳市场组合也许要花费一些时间，不过我们应该可以预期她会购买这个组合。

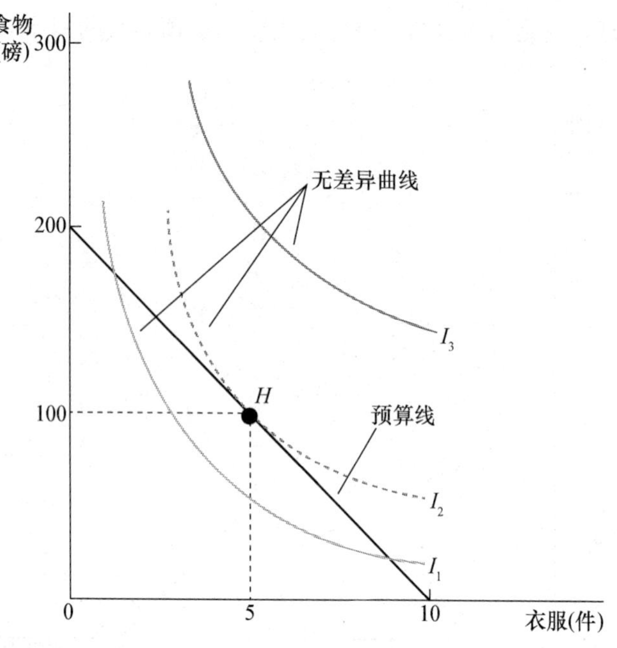

图 3—7　均衡市场组合

注：帕帕韦奇的均衡市场组合位于点 H，它由 100 磅食物和 5 件衣服组成。这是她的预算线可以达到的位置最高的无差异曲线 I_2 上的点。

战略环节

时间约束对消费者行为的影响

对消费者来讲，时间同金钱一样重要。例如，假定米尔德勒德·伊万斯，一个经常去看棒球和橄榄球比赛的狂热球迷，决定每个月不能超过 24 小时去观看比赛，且只能花 120 美元购买棒球和橄榄球比赛门票。她居住的地方距离当地棒球场比最近的橄榄球场近得多，观看一场棒球比赛要花 4 小时，而橄榄球比赛要花 6 小时。棒球比赛每张门票 10 美元，而橄榄球比赛每张门票 40 美元。

用 B 表示她每月观看棒球比赛的次数，F 表示每月观看橄榄球比赛的次数。如果她每月总共花费 120 美元购买门票，那么：

$$40F+10B=120 \tag{3.3}$$

为什么？因为 $40F$ 是购买橄榄球比赛门票的钱，而 $10B$ 是购买棒球比赛门票的钱，所以 $40F+10B$ 就是每月花在橄榄球和棒球比赛门票上的钱，它一定等于 120 美元。由 (3.3) 式可得：

$$F=3-B/4 \tag{3.4}$$

这是预算线的公式，如下图所示。

但是不要忽略时间的约束。如果她每月总共花 24 小时观看橄榄球和棒球比赛，那么公式将变为：

$$6F+4B=24 \tag{3.5}$$

为什么？因为 $6F$ 是花在橄榄球比赛上的时间，$4B$ 是花在棒球比赛上的时间，所以 $6F+4B$ 就是每月用于观看橄榄球和棒球比赛的总时间，它一定等于 24。由（3.5）式可得：

$$F=4-2B/3 \tag{3.6}$$

这就是时间约束公式，如下图所示。

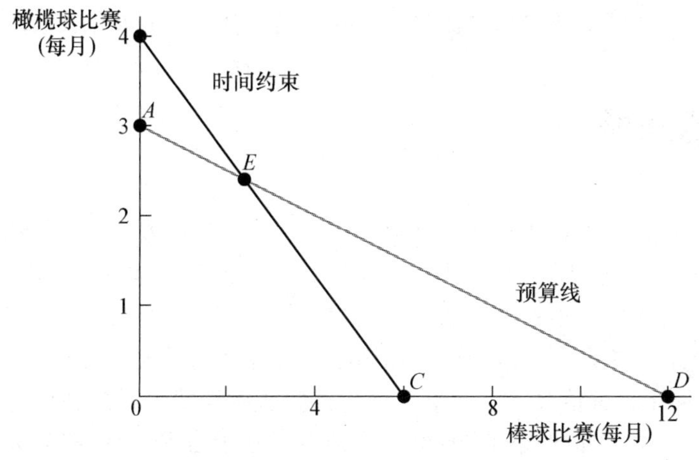

为了同时满足时间和费用的约束，米尔德勒德必须选择线段 AE 或线段 EC 上的市场组合。值得注意的是，时间约束会减少市场组合的数量。如果她只想花 24 小时观看棒球比赛和橄榄球比赛，她必须满足线段 EC 上的市场组合，而如果没有时间约束，她可以得到线段 ED 上的市场组合。

3.6 最大效用：更细致的考察

让我们更细致地看一下帕帕韦奇女士所选择的位于点 H 的均衡市场组合。显然，在这个市场组合点上，预算线是无差异曲线的切线。因为无差异曲线的斜率等于－1 乘以衣服对食物的边际替代率，而且预算线的斜率是 $-P_c/P_f$。这说明如果帕帕韦奇女士希望最大化其效用，就将在食物和衣服之间均衡地分配她的收入，所以有：

$$MRS=P_c/P_f \tag{3.7}$$

MRS 是衣服对食物的边际替代率。

为了理解上式的含义，回顾一下边际替代率的定义，它是指消费者愿意用衣服替代食物的比例，但要保持其总满意程度不变。因此，如果边际替代率是 4，消费者就愿意放弃 4 磅的食物而多得到 1 件衣服。另一方面，价格之比 P_c/P_f 也是消费者能够用衣服替代食物的比率，所以，如果 P_c/P_f 是 4，消费者必须放弃 4 磅的食物以获得额外的 1 件衣服。

（3.7）式表示：消费者愿意用衣服替代食物的比例（满意程度保持不变）一定等于其能够用衣服替代食物的比例。否则，总有可能找到提高消费者满意度的其他市场组合。

为了说明这个问题，假设帕帕韦奇女士选择的一个市场组合，其衣服对食物的边际替代率是 4。同时假设价格比例 P_c/P_f 是 3。在这种情况下，帕帕韦奇女士少购买 3 磅的食物就能够多得到 1 件衣服，因为价格之比是 3。但是由于边际替代率是 4，所以帕帕韦奇女士额外获得的 1 件衣服值 4 磅的食物。因此，用衣服取代食物可以提高她的满意度——而且只要边际替代率超过价格比例，这种状况就可以不断进行下去。反过来，如果边际替代率低于价格之比，帕帕韦奇女士就能够通过用食物取代衣服来提高满意度。只有当边际替代率等于价格之比时，她的市场组合才能最大化其效用。

3.7 拐角解

虽然在我们的例子中，帕帕韦奇女士选择了预算线与无差异曲线相切的点作为其市场组合（图 3—7 中的点 H），但情况并不总是这样，消费者也许根本不买某些消费品，因为这样的消费并不符合他们的满意度。例如，尽管很多人的收入负担得起少量的白鲸鱼子酱，但他们并不去购买，因为这一花销已经远远超出了从吃鱼子中得到的快乐。

图 3—8 说明了这种情况。为简单起见，我们假设消费者只能在白鲸鱼子酱和比萨饼之间作出选择。无差异曲线的位置既定，消费者在组合 W 处能够最大化其效用，该点包含的全是比萨饼，而根本没有白鲸鱼子酱。这个市场组合的效用最大，因为与预算线上的其他组合相比，它处于位置较高的无差异曲线上。这是一个拐角解，在该点处，预算线与可能达到的最高无差异曲线沿着一条数轴（此时是纵轴）相切。

我们在前面讨论过，如果消费者购买了某两种商品并实现了效用最大化，那么边际替代率就会等于价格比例。但如果消费者在拐角解处效用最大，这个条件则不会满足。

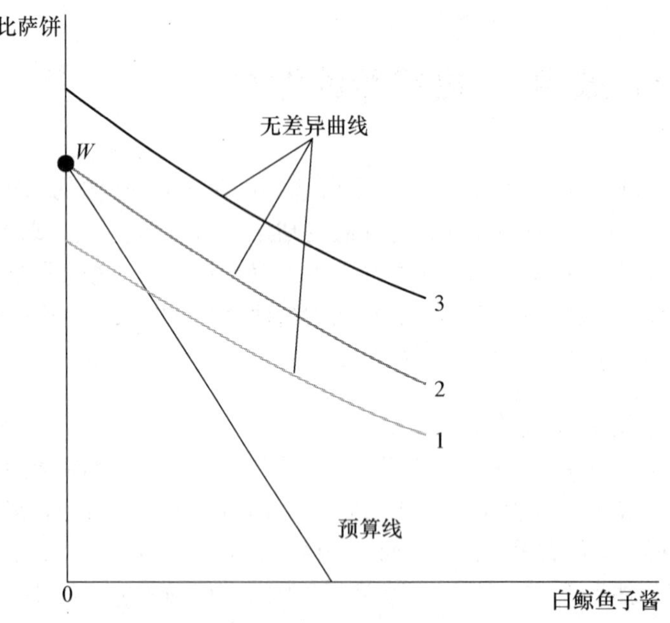

图 3—8 拐角解

注：效用最大化的市场组合是点 W，它位于纵轴上。

管理者在产量和利润之间的权衡

身处公司环境之中，管理者常常面临在多项目标中作出选择的问题。我们可以用无差异曲线预计这种行为。首先假设管理者受到两个目标驱动：(1) 她想获得较大的利润，(2) 她还想引人注目。在小公司中不想引人注目，但在大公司里却十分希望如此。

为简单起见，假设她是一个垄断者，所以市场需求曲线就是其需求曲线。该需求曲线为：

$$P=a-bQ$$

可见，当 $Q=0$ 时，$P=a$；当 $Q=a/b$ 时，$P=0$。当 $P=0$ 时，总收益为 0；当 $Q=0$ 时，总收益也为 0。当 $\eta=-1$ 时，她能够在某一价格水平上实现收益最大化。如果每生产一单位产品的成本为常数 k，则总成本为 $TC=kQ$。下图显示了总收益、总成本和利润（总收益与总成本之差）。

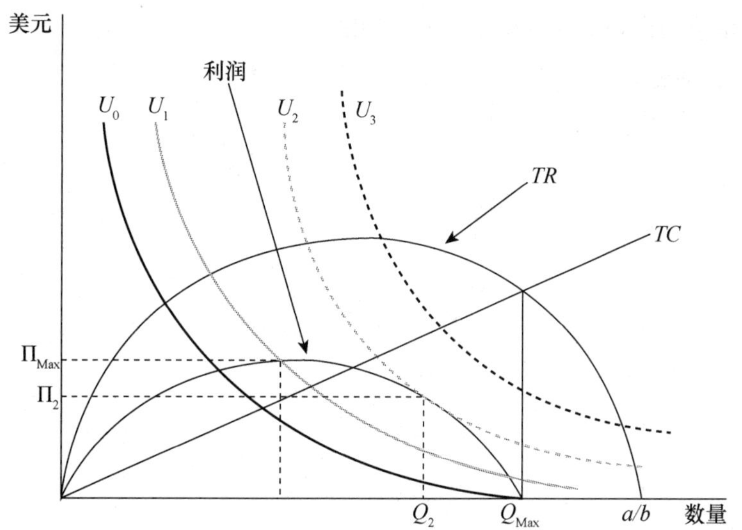

管理者的效用曲线形状通常是这样的：若产出保持不变且利润增加，则效用增加；若利润保持不变且产出增加，则效用也增加。当然，若产出和利润双双增加，则最为理想。利润曲线现在是一条约束曲线。运用利润 Π_2 和产出 Q_2 所产生的效用 U_2，能够实现效用最大化。但需要说明的是，她不会最大化其利润（此时效用仅为 U_1），或者最大化其产出（此时效用仅为 U_0——我们限制其产出规模旨在实现有利的产出）。

现在我们讨论一位供职于一家大型的、公开募股公司的管理者。你是那家公司的一位股东，并且你希望利润最大化。存在充分的证据支持你的偏好，那就是较高的利润与较高的股价相关联。我们刚刚讲过管理者不希望利润最大化。股东怎么样做才能调整管理者的行为使其也希望利润最大化呢?

这是股东们经常遇到的问题，我们将在第 15 章讨论委托代理问题时分析这些行为。但是正如我们在图中看到的一样，如果将管理者的薪酬与公司的利润捆绑在一起，则管理者会更加在意利润最大化。

3.8 管理者如何战略性地影响消费者的选择

我们刚刚讨论过，帕帕韦奇女士的购买决策受到她的偏好、收入和商品价格的影响。尽管管理者在改变消费者收入方面几乎无所作为，但是他们可以影响消费者的偏好与预算约束。例如，广告是影响消费者偏好的一个直接行为，降价也许可以诱使消费者购买商品，所以管理者能够运用价格政策影响预算约束。我们已经通过线性预算约束介绍过消费者的选择理论；但在现实世界里，管理者制定价格时，在某种程度上有意识地把预算约束看作非线性的，并认为它可以影响消费者的选择。

最近，世界领先的连锁店艾伯森为消费者提供了一种优惠券，如果在一家店面一次性购物消费超过 180 美元，则减去 18 美元。让我们看看这样的优惠对帕帕韦奇女士有什么影响。假设她的收入是 200 美元，她所购买的食品和衣物都是每单位 1 美元。也就是说，在优惠券出现之前，她的预算约束和购买决策如图 3—9 所示（她购买了 $C_{0'}$ 单位的衣服和 $G_{0'}$ 单位的食物，并获得了 $U_{0'}$ 的效用水平）。

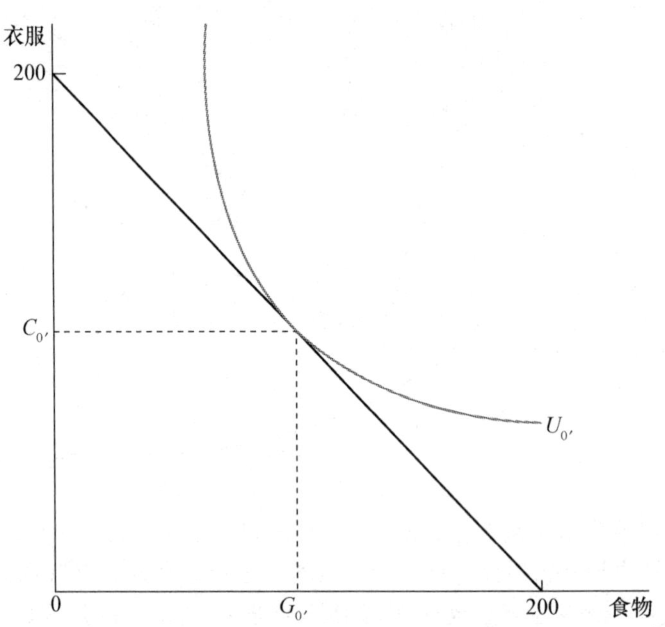

图 3—9　收到优惠券之前，帕帕韦奇女士购买衣服和食物的效用最大化

注：预算 200 美元，一单位衣服与一单位食物都是 1 美元，帕帕韦奇理性选择消费 $C_{0'}$ 单位衣服和 $G_{0'}$ 单位食物，获得了效用 $U_{0'}$。

通过发行优惠券，艾伯森的管理者实际上使帕帕韦奇女士原来的预算线向外平行移动了。当她的食品账单达到 180 美元时（这样她可以购买 20 美元的衣服），她收到了返回的 18 美元（或者说她支付给连锁店 162 美元），于是她现在可以购买衣服的潜在消费为 38 美元（假设她将所有的储蓄用于购买衣服）。另外，她能够购买 218 美元的食物（如果她把 18 美元当作储蓄，然后将这 18 美元用于购买更多的食物）。她的新预算线和购买选择如图 3—10 所示。

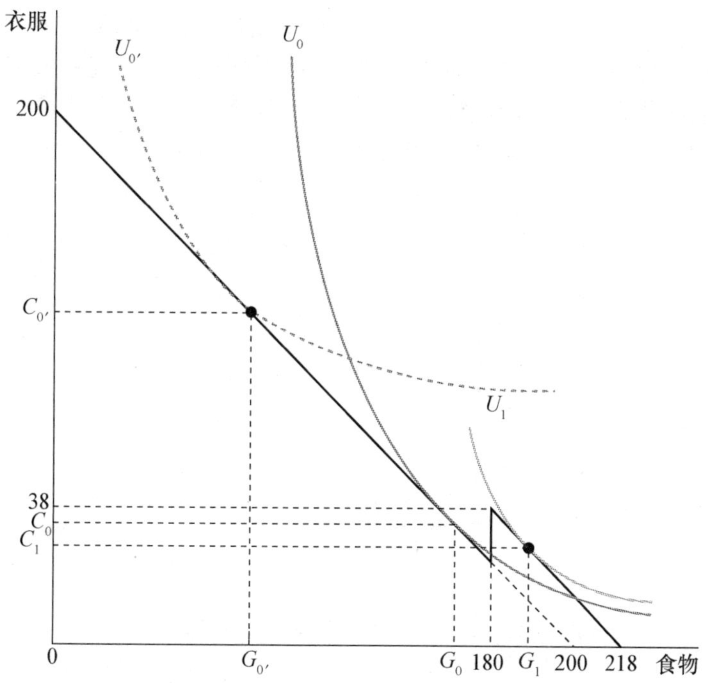

图 3—10　收到优惠券之后，帕帕韦奇女士购买衣服和食物的效用最大化

注：帕帕韦奇女士的预算线部分外移，且平行于没有优惠券的原预算线。根据其无差异曲线的形状，优惠券对她衣服和食物的购买的影响可能有，也可能没有。如果其无差异曲线与图中虚线相似，她的行为将不会受到影响；但是，如果其无差异曲线与图中的实线相似，则优惠券会提高她的效用（也会提高企业的收益）。

优惠券预算约束似乎并不存在，直到她消费了 180 美元食物。之后，她的预算线向右上方移动了 18 美元。实际上，通过他们的价格决策，艾伯森的管理者已经改变了帕帕韦奇女士的预算约束。如果帕帕韦奇女士的无差异曲线与图 3—10 中的虚线相似，优惠券就不会影响她的购买行为（她的效用保持在 $U_{0'}$ 水平上，她的购买仍是 $C_{0'}$ 和 $G_{0'}$）。艾伯森的管理者则一无所获，成本也微不足道（优惠券的印刷）。然而，假如帕帕韦奇女士最初的无差异曲线是实线 U_0，优惠券将能够提升她的效用至 U_1。优惠券对帕帕韦奇来讲是个好买卖，那它也是艾伯森管理者提出的一个好策略吗？只有当 $G_1-G_0>18$，也就是说，只有当帕帕韦奇女士比没有优惠券时再多花费 18 美元购买食物时，它才是一个好的策略。大概管理者也感觉到了优惠券策略的一个结果，即大多数消费者将愿意额外花费 18 美元用于购买食物。据此，我们可以看到，除了广告和改变价格之外，管理者还能够运用一系列其他策略去改变消费者的购买决策。

另一个影响消费者预算约束的策略是数量折扣。帕帕韦奇女士去了一趟唐恩都乐。一个甜面圈为 0.50 美元，半打 2 美元，一打 3 美元。假如帕帕韦奇女士用 4 美元去购买甜面圈和全部其他商品。全部其他商品的每单位价格是 1 美元。因此，如果购买一个甜面圈，她将剩下 3.50 美元用于全部其他商品。如果她购买两个甜面圈，她会将余下的 3 美元用于全部其他商品。如果帕帕韦奇女士分次购买了 4 个甜面圈，她将花掉 2 美元，并将余下的 2 美元用于全部其他商品——但是她可以花 2 美元购买半打甜面圈。如果越多越好的话（也就是说，假设甜面圈的边际效用为正），她应该购买半打甜面圈而不是 4 个或 5 个甜面圈；如果帕帕韦奇女士想要 7 个甜面圈的话，她应该花 2 美元购买半打甜面圈和花 0.50 美元再单独购买 1 个甜面圈，这样她可以将余下的 1.50 美元用于全部其他商品；如果她希望购买 8 个甜面圈，她应该花 3 美元购买一打。她可能花掉 2 美元先买下半打，再为第 7 个和第 8 个甜面圈每个支付 0.50 美元；或者花掉同样的 3 美元购买一打甜面圈。这样，她应该永远不会购买 8 个、9 个、10 个或是 11 个甜面圈。她的预算线将如图 3—11 中的阶梯函数所示。

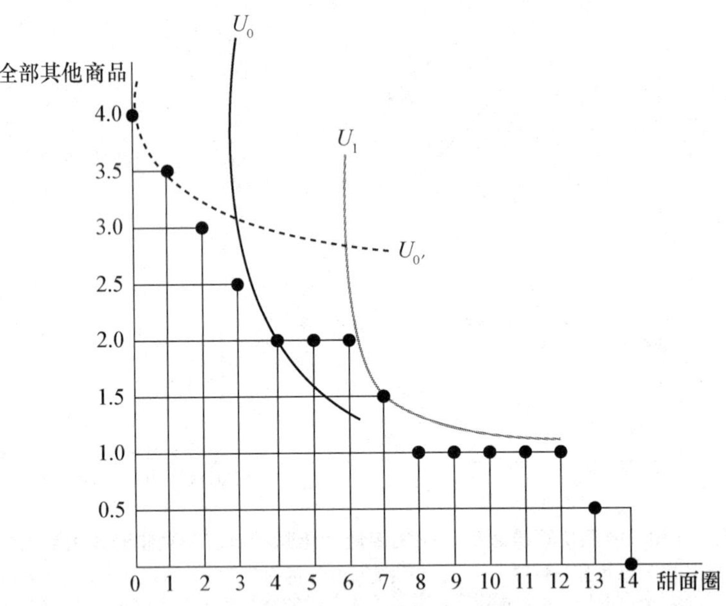

图 3—11 帕帕韦奇女士购买甜面圈和全部其他商品的效用最大化

注：甜面圈的数量折扣产生了一个阶梯函数预算线，同时意味着帕帕韦奇女士将永远不会购买 4、5、8、9、10 或 11 这样数量的甜面圈。如果其无差异曲线与图中虚线相似，数量折扣不会改变她的行为；但是，如果其无差异曲线与图中的实线相似，数量折扣将会提高她的效用。

定价策略的影响到底是什么？半打甜面圈售价 2 美元使得每个甜面圈的价格降至 0.33 美元，一打甜面圈售价 3 美元使得每个甜面圈的价格降至 0.25 美元。管理者为什么应该如此降价呢？甜面圈的边际效用递减也许是其中的原因。消费者愿意为第一个甜面圈付出大价钱，但甜面圈本身易产生饱腹感且易使人发胖，当甜面圈的边际效用递减时，唐恩的管理者必须降低价格以吸引消费者。

如果甜面圈的价格始终是 0.50 美元，帕帕韦奇女士的预算线将与甜面圈数轴相交于 8 个甜面圈那一点。如果有数量折扣，她的预算线将与甜面圈数轴相交于 14 个甜面圈那一点。如果其无差异曲线是虚线，数量折扣策略不会改变她的行为；但如果其无差异曲线是实线，她将被吸引从购买 4 个改为购买 7 个甜面圈，与此同时效用也从 U_0 升至 U_1。管理者和消费者均从这一策略中获益。

你会随时遇到这种数量折扣的情况。记着当你下次遇到这种情况时，观察一下价格策略是否改变了你的行为。

我们也能够运用预算线的移动去解释为什么大多数人喜欢现金而不是特殊的礼物（除非他们需要这份礼物）。当每一个节假日来临时，消费者都要决定为朋友和家人购买什么礼物。假设帕帕韦奇女士在预算约束 I_0 下，购买了 A_0 单位的全部其他商品和 G_0 单位的礼物，并收到了 U_0单位的满意度，此时她已经实现最大化效用 U_0。假定全部其他商品的单位价格 P_A 是 1。同时，假设帕帕韦奇女士好心的婆婆给了她另外一个单位的假日礼物，并假设礼物的边际效用为正，帕帕韦奇女士的边际效用已经提高了。就帕帕韦奇女士的婆婆而言，送出去的礼物是成功的。但是帕帕韦奇女士的情况怎样了呢？考察图3—12 中的情况。

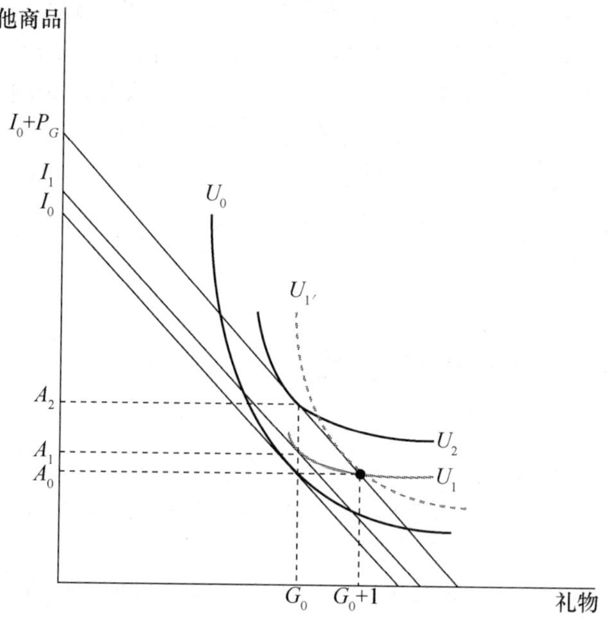

图 3—12　在收到礼物的情况下，帕帕韦奇女士的效用和全部其他商品和礼物的消费

注：一件礼物，最好给予帕帕韦奇女士如同她自己作出的对全部其他商品和礼物一样准确的消费。但是最可能出现的情况是，礼物赠与者的一笔小额现金作为礼物将会带给帕帕韦奇女士如同礼物一样的效用；或者如果给予帕帕韦奇女士的现金礼物数额恰好等于赠与者购买礼物的花费，前者将带给帕帕韦奇女士更高的效用。

在收到婆婆的礼物之后，如果帕帕韦奇女士高水平的效用和图中虚线相似，她将拥有 A_0 单位的全部其他商品和 G_0+1 单位的礼物，并将在 $U_{1'}$ 水平上最大化其效用。如果每单位礼物花费 P_G，帕帕韦奇女士的婆婆就做对了。她非常高兴帕帕韦奇女士喜欢这个礼物，而且帕帕韦奇女士也很高兴，因为她的效用提高了。如果你的所有礼物都是如此的话，你将非常幸运。但遗憾的是，在很多情况下，最可能的局面是图中实线所示的无差异曲线（U_1 和 U_2）。我们可以解释两种情况。如果婆婆的目标是使帕帕韦奇女士的效用达到满意度 U_1 的水平，她可以用较少的花费（$I_1<I_0+P_G$）实现，即不送给帕帕韦奇女士礼物，而是送给她 A_1-A_0 单位的全部其他商品。而如果有礼物，帕帕韦奇女士也将获得相同的效用，即她购买 A_1 单位的全部其他商品和 G_0 单位的礼物。一般从效用观点讲，赠送的礼物比礼物本身更昂贵。另外一种情况是，如果婆婆给帕帕韦奇女士的是等同于她礼物价格的现金 P_G，帕帕韦奇女士的预算线将会向外移动到 I_0+P_G，而且她会通过消费 A_2 单位的全部其他商品和 G_0 单位的礼物来最大化她的效用。也就是说，等同于礼物价格的现金礼物能够将帕帕韦奇女士的效用提升至 U_2，这比直接收到礼物获得的效用 U_1 要高。这样的话，通过让帕帕韦奇女士购买更多的全部其他商品（也即赠送现金）而不是自己买礼物送给帕帕韦奇女士，婆婆能够花更少的钱却带给帕帕韦奇女士一样的满意度。

我们的同事乔・沃德佛格自从 1993 年发表了一篇有关圣诞节无谓损失的文章后①，

① J. Waldfogel, "The Deadweight Loss of Christmas," *American Economic Review* Vol. 83(5) (December 1993), pp. 1328 - 1336.

收到了许多“令人扫兴”的宣传邀请。事实上，每到圣诞节前后，乔·沃德佛格总会接到报纸的电话约稿，让他写一些关于圣诞节的季节性故事。最近几年，如果你看到礼物卡剧增，也许可以认为他的观念正大行其道。然而，礼物卡把接受者与一家指定商店捆绑在一起：实际上，如果你需要家用电器的话，一张服装商场的礼物卡也许并不怎么好。一般的礼物卡，如美国运通卡，虽受到的限制较少但也不是被普遍接受的；而所有的实体店却都接受现金。不过，应该指出，我们的分析不代表情感方面的价值。你可能不喜欢你奶奶送给你的礼物，但是因为她非常爱你才会挑选和购买它，你就应该十分高兴。

3.9 推导个人需求曲线

消费者个人需求曲线表示消费者在不同价格水平下购买某商品的数量（其他商品价格、消费者偏好和收入保持不变）。它解释了购买行为的内在愿望。让我们再回到帕帕韦奇女士的例子。

帕帕韦奇女士能够购买两种商品：食物和衣服。她每周的收入为 600 美元，衣服价格为每件 60 美元。当食物价格是每磅 3 美元时，帕帕韦奇女士的预算线是图 3—13 中的预算线 1。正如我们在图 3—7 中看到的，她将每周购买 100 磅的食物。

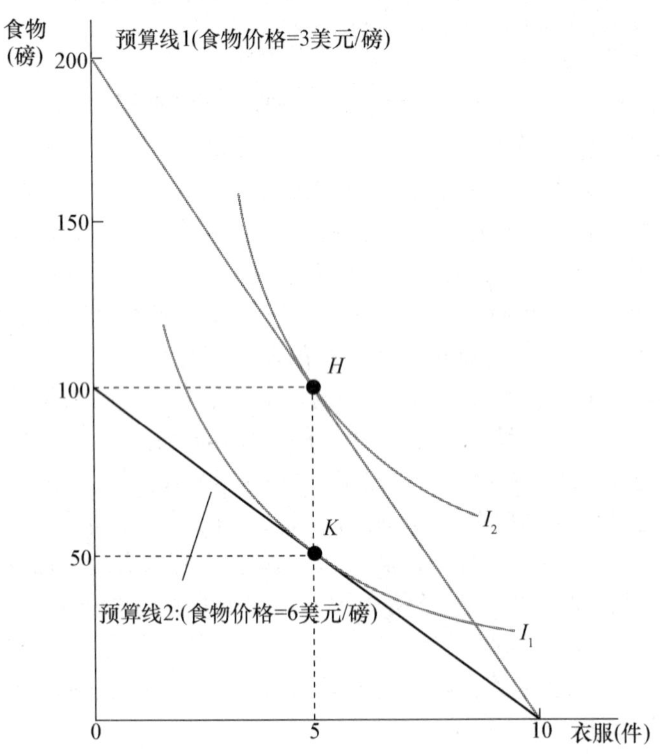

图 3—13　价格变化对帕帕韦奇女士的均衡市场组合的影响

注：如果每磅食物的价格是 3 美元，帕帕韦奇女士的预算线使她的均衡市场组合在点 H，即每周购买 100 磅食物。如果每磅食物的价格是 6 美元，帕帕韦奇女士的预算线使她的均衡市场组合在点 K，即每周购买 50 磅食物。

如果食物价格上升到每磅 6 美元，她的收入和衣服价格保持不变，其预算线是图 3—13 中的预算线 2，那么她将如何购买呢？她在最高的无差异曲线 I_1 上获得最大效用。她选择的市场组合点是 K，它包含每周 50 磅食物。因此，如果食物价格是每磅 6 美元，她将每周购买 50 磅食物。

我们已经推导出了帕帕韦奇女士食物需求曲线上的两点，它们对应的食物价格是每磅 3 美元和 6 美元。图 3—14 中给出了这两个点，即点 U 和点 V。为了获得其食物需求曲线上更多的点，我们只需给定食物的某个价格，构建该价格对应的预算线（同时保持她的收入和衣服价格不变），然后找出在最高无差异曲线上的市场组合。在这条预算线上，画出食物价格所对应的食物数量，我们会得到其食物需求曲线上的一个新的点。把所有这些点连接起来，可得到食物的完整的需求曲线，如图 3—14 所示（在这里，衣服的消费水平保持不变，当然也可以发生变化）。

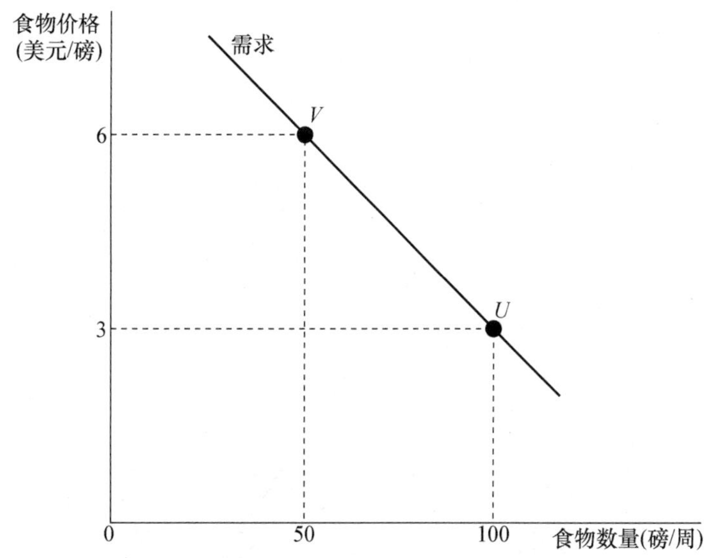

图 3—14　帕帕韦奇女士对食物的个人需求曲线

注：帕帕韦奇女士对食物的个人需求曲线说明在不同价格水平下她愿意购买的食物数量。

问题环节 ☞

是去是留？无差异曲线的运用

帕帕韦奇女士是一位个体经营业主，同时还要养活家人。她的业务正在扩大，而且她发现每天需要工作 18～20 小时。当然，她感觉到照顾孩子也需要同样多的时间。她该怎么做？我们把用于公司的时间称作工作时间，把非工作的时间称作休闲时间[a]。不像因个体收入差别而不同的金钱预算约束，时间约束非常相同：无论你贫富与否，每天都只有 24 小时。因此，帕帕韦奇女士的时间约束满足 $H_W+H_L=24$，其中，H_W 是工作时间，H_L 是休闲时间。工作时间可表示为：$H_W=24-H_L$。

每工作一小时，帕帕韦奇女士得到的薪水是 W。我们运用所学知识去估计收入的时间预算线。她的效用（满足度）是收入（I）和休闲（L）的函数 $U=U(I, L)$。在一个购买决定中，她必须在二者之间进行选择。假设给定一个收入水平，休闲越多她越快乐；若给定一个休闲时间，则收入越多她越快乐。她的无差异曲线向下倾斜并凸向原点

(“一般的”形状)。

每个小时的薪水乘以工作的小时数可以得到帕帕韦奇女士的收入:

$$W\times(24-H_L)=24W-W\times H_L$$

我们事先假定时间等于金钱，并给出时间预算约束的理由。如果她选择只工作而不休闲，则有：$H_W=24$ 和 $H_L=0$，她的收入为 $24W$。如果她选择只休闲而不工作，则有：$H_W=0$ 和 $H_L=24$，她的收入为 0。其效用最大化行为如下图所示。

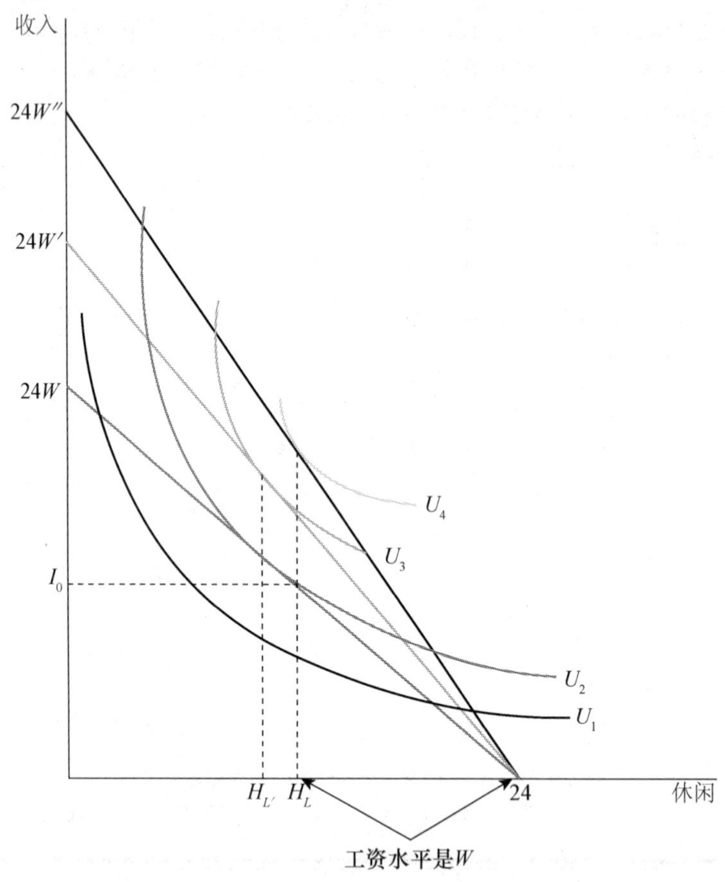

帕帕韦奇女士平衡工作和休闲的两难处境

注：帕帕韦奇女士从工作（收入）和休闲（陪伴家人和朋友）中获得效用。如果工资水平是 W，她将工作 $24-H_L$ 小时。如果工资水平上升至 W'，她将把工作时间增加到 $24-H_{L'}$ 小时。

时间预算线的斜率是 $-W=-24W/24$；也就是说，她工作 1 小时市场付给她的薪水为 W（换种说法，她休闲 1 小时需要放弃的薪水也是 W）。其无差异曲线的斜率是:

$$-\frac{\Delta I}{\Delta L}=\left(\frac{-\Delta I}{\Delta L}\right)\left(\frac{\Delta U}{\Delta U}\right)=-\left(\frac{\Delta U}{\Delta L}\right)\Big/\left(\frac{\Delta U}{\Delta I}\right)=-\frac{MU_L}{MU_I}$$

或者更简单地表示为:

$$-\frac{MU_L}{MU_I}=-\left(\frac{\mathrm{d}U}{\mathrm{d}L}\right)\Big/\left(\frac{\mathrm{d}U}{\mathrm{d}I}\right)$$

我们预计她的行为会使得 $MU_L/MU_I = W$，即无差异曲线的斜率等于预算线的斜率，也就是说，她会一直工作直至休闲的权衡等于其工资水平。通过改变工资水平（例如，从 W 到更高的 W'），能够估算出她将如何改变对休闲的需求（在这种情况下，选择较少的休息时间 $H'_L < H_L$，因为偏好更高的收入）。通过改变工资水平能够描绘出帕帕韦奇女士的劳动供给曲线。但是，如果我们付给帕帕韦奇女士过多的工资，她实际上也许会选择较少的工作，因为她已经得到了足以使其过上舒适生活的收入，现在只想花更多的时间陪陪家人。所以，如果工资水平上升到 W''，帕帕韦奇女士将把她的工作时间减少到 $24 - H_L$。

a. 或者说，也可能是其他方式。

3.10 推导市场需求曲线

我们刚刚介绍了在给定消费者偏好、收入以及其他商品价格的条件下，如何推导单个消费者对单个商品的需求曲线。假如我们已经得到了市场中每个消费者的个人需求曲线，那么这些个人需求曲线怎样帮助我们理解市场需求曲线呢？

答案很简单。可以考虑把市场需求曲线看作是单个消费者偏好的总和。它涵盖了市场中所有个体消费者的需求曲线。为了推导这条市场需求曲线，我们要计算所有个人需求曲线的水平加总，也即在每一个价格点上，估算所有消费者个人购买情况的市场总和。

表 3—1 列出了四个家庭对食物的个人需求清单，分别是摩尔家、萨拉费恩家、蔡斯家和格鲁伯家。为简单起见，假定这四个家庭构成了整个食物市场；对食物的市场需求列在表 3—1 中的最后一列。图 3—15 给出了家庭对食物的个人需求曲线以及推导出的市场需求曲线。为了说明市场需求曲线是如何推导出来的，假设食物价格为每磅 3 美元，市场需求量为每月 1.03 万磅。这是 4 个家庭需求量的总和（如表 3—1 所示，该总和等于 51.0+45.0+5.0+2.0 百磅，即 1.03 万磅）。

表 3—1　　食物的个人需求曲线和市场需求曲线

食物价格（美元/磅）	个人需求（100 磅/月）				市场需求（100 磅/月）
	摩尔家	萨拉费恩家	蔡斯家	格鲁伯家	
3.00	51.0	45.0	5.0	2.0	103
3.20	43.0	44.0	4.2	1.8	93
3.40	36.0	43.0	3.4	1.6	84
3.60	30.0	42.0	2.6	1.4	76
3.80	26.0	41.4	2.4	1.2	71
4.00	21.0	41.0	2.0	1.0	65

图 3—15 清晰地说明了在单一商品市场上，需求并不是由同质的购买者组成的。市场一般是由嗜好不同的消费者组成的。后面我们将学习通过区分市场以及在不同的市场上实施差别定价，管理者能够策略性地利用这种异质性。

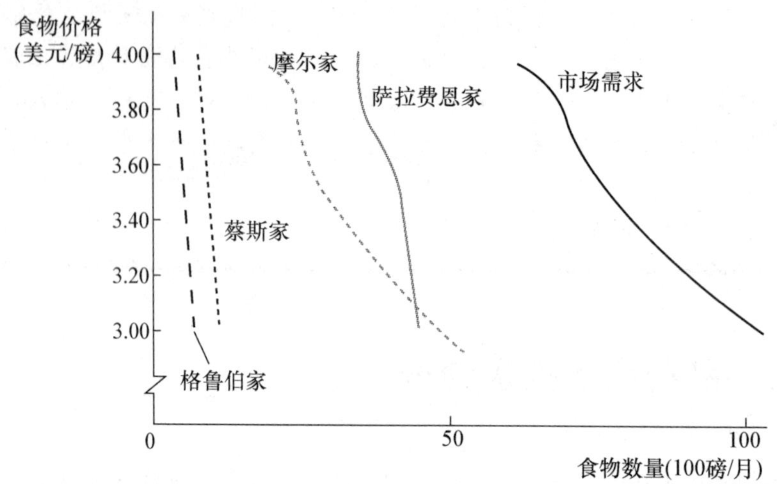

图 3—15 食物的个人需求曲线和市场需求曲线

注：市场需求曲线是个人需求曲线的水平加总。

我们也将学习为什么管理者喜欢扩张市场。随着更多的消费者进入市场，由于水平加总的作用，需求曲线向右移动，结果导致（此时供给曲线保持不变）市场价格上升。

最后，虽然对一家公司产品或服务的需求必然是市场总需求的一部分，但公司管理者面对的需求曲线并不总是市场需求曲线一条平行的、按比例缩小的版本。管理者的选择能够显著地影响其产品的需求。较好地影响消费者的管理者能够比其竞争对手实现更好的业绩。

3.11 消费者剩余

管理者需要深入认识的关键一点是：很多消费者会对一种商品高度重视，他们愿意为其支付比市场价格更高的价格，如图 3—16 所示。这是一个非常简单但却有用的（会带来潜在利润的）事实，管理者必须利用这一点。个人需求曲线表示个人购买一定数量的产品（假定为 X）所愿意支付的单位价格 P_X。由于需求曲线（通常）向下倾斜，因此该曲线表明消费者认为他所购买的第 $X-1$ 个商品、第 $X-2$ 个商品……的价值（假定为 P_{X-1}、P_{X-2}……）大于第 X 个商品。消费者评价所需商品每一单位的价值称为消费者对该特定商品每一单位的**保留价格**，它也被称作消费者的支付意愿（the willingness to pay，WTP）。保留价格是消费者愿意为每单位商品或服务支付的最高价格。如果我们试图索要超过 WTP 的价格，消费者将不会从我们手中购买商品。

个人对一个商品愿意支付的价格与其必须支付的价格之差称为**消费者剩余**。它等于保留价格减去实际支付价格。

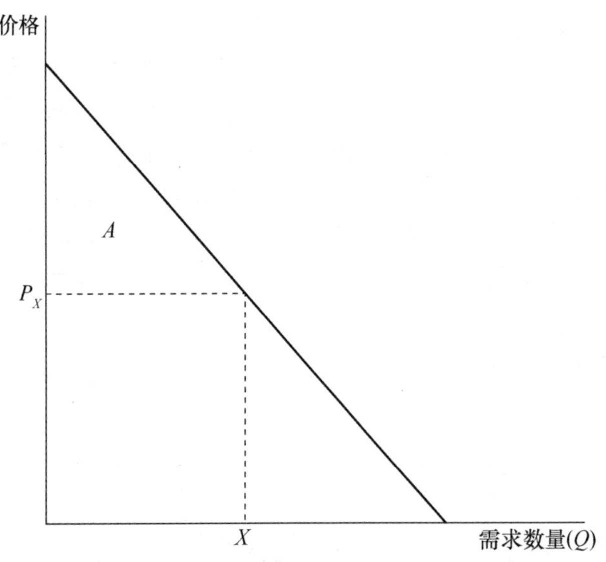

图 3—16　价格为 P_X 时的消费者剩余

注：单个消费者剩余区域是指位于需求曲线之下、价格 P_X 之上的区域（区域 A）。这一定义对市场需求曲线同样适用。

当市场实现均衡时，边际购买者就是那些保留价格恰好等于市场价格的消费者。他们没有在购买中得到消费者剩余，他们支付的价格就是他们估计的商品价值。但是所有其他购买者的保留价格均高于市场价格。这些人全都获得了消费者剩余，因为他们支付的价格低于自身愿意支付的价格（很多人称其为“一笔好买卖”）。如果我们把所有个人消费者剩余加在一起，就可以得到在该价格水平下该商品在市场中的消费者剩余。从图形上看，某种商品的消费者剩余就是指位于需求曲线之下，市场价格之上的那部分区域（即图 3—16 中的区域 A）。

稍后将进一步讨论生产者剩余，当我们引入生产者剩余的概念后，把消费者剩余与生产者剩余之和称为总剩余。经济学家利用这些概念描述市场效率和市场交易的社会福利。我们提出一个较为简单的观点，对企业管理者而言，只要某种商品的需求曲线是向下方倾斜的（大部情况下是这样的），那么就可以把价格定在每个消费者的保留价格处，从而获得更多的收益。管理者也可以通过向十分重视该产品的消费者索要更高的价格来提高其收益。这被视为价格歧视。与单一市场价格相比，这样的定价策略实际上是公司为了获得利益而攫取了部分消费者剩余。尽管有各种各样法律的、现实的和经济的约束限制了管理者对同一种商品差别定价的程度，但差别定价行为还是很普遍的。这样的例子包括航空公司的机票、汽车代理商销售的可讨价还价的汽车，以及通过优惠券和其他特惠方式打折出售的商品和服务。在后面会对这些策略进行更详细的讨论。

战略环节 ☞

风险和收益之间的权衡

像印度和中国这样的发展中国家，它们的投资者开始使其储蓄变得多样化，从单纯的储蓄到债券和股票，而对于风险和收益问题，他们也将作出反应。最近刊登在《印度时报》（*The Times of India*）上的一篇文章讨论了投资者理解“风险预测”[a]的必要性。

我们可以运用无差异曲线使这种风险预测可操作化。

假如投资人戴妃·班戈吉有 100 万美元，她必须在股票和政府债券二者之间分配这笔资金。如果全部用于政府债券投资，她将得到 5%的回报率，并且没有风险。如果 100 万美元全部用于商业股票投资，她的期望回报率是 10%，但要承担相应的风险。如果一半用于投资债券，一半用于投资商业股票，她的期望回报率则是 7.5%，其间也存在一些风险。若将两种投资进行组合，下图中的直线 RT 表示她带有相应风险的期望回报。实际上，人们在承受风险方面是有差异的，这是人类本性的一部分。我们用无差异曲线代表她的风险承受情况。

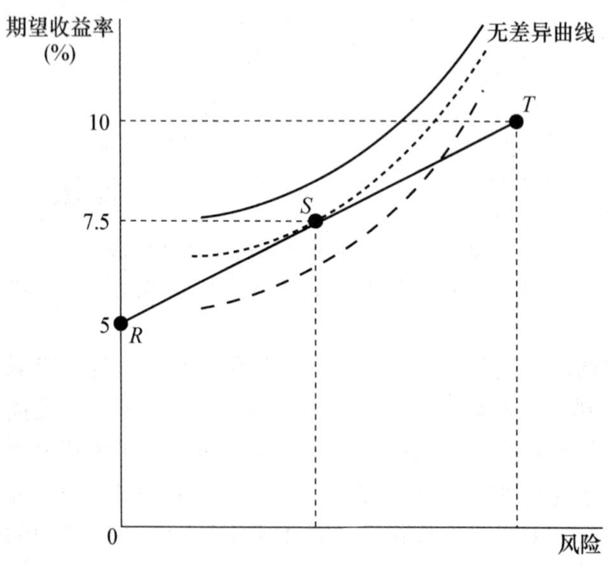

不过，在承受风险方面的不同并不意味着我们都具备这样的特质。对于我们中的大多数人而言，无差异曲线向右上方倾斜。而对于某些人而言，无差异曲线向右下方倾斜。

风险的无差异曲线向右上方倾斜的原因在于，当预期回报保持不变时，戴妃更喜欢较少的风险而不是较多的风险。如果风险增加，她需要一个更高的预期收益以保持相同水平的满意度。她必须选择直线 RT 上的一些点。直线 RT 与最高无差异曲线相切于点 S，该点处的预期回报率是 7.5%。因此，她应该购买 500 000 美元的政府债券和 500 000 美元的商业股票。我们将在第 14 章中更加详细地讨论此类投资决策。

关于风险预测的网站有 www.amp.co.nz；www.tools.asiapacific.hsbc.com。通过一系列简短的问题，这些计算工具能够给出投资者无差异曲线的近似表达。

a. D. Ghosh, "Know Your Appetite for Risk-taking", *The Times of India*, April 15, 2008.

本章小结

1. 一条无差异曲线包含的点代表那些对消费者来讲满意程度无差异的市场组合。如果消费者对两种商品都喜欢更多而不是更少，那么无差异曲线就一定有负斜率。

2. 较高的无差异曲线上的市场组合比较低的无差异曲线上的市场组合能够提供更高的满意程度。

效用是一个表示从某个市场组合中得到的满意程度的数字。具有较高效用的市场组合比具有较低效用的市场组合更受人们喜爱。

3. 边际替代率表示消费者在得到额外一个单位其他商品且保持满意程度不变时，必须放弃的某种商品的数量。用无差异曲线的斜率乘以－1便可得到边际替代率。

4. 预算线包括在消费者收入和每一商品价格水平不变时，所能够买到的所有市场组合。收入增加使预算线向上方移动但仍与原预算线平行；价格比例的变化会改变预算线的斜率。

5. 为了达到与预算线一致的最高满意程度，消费者必须选择在最高无差异曲线上的预算线上的市场组合。预算线与无差异曲线相切（除非存在拐角解）于该市场组合点。

6. 效用最大化的消费者会均衡分配其收入，从而使一种商品对另一种商品的边际替代率等于这两种商品的价格之比（除非存在拐角解）。

7. 消费者行为理论往往被用来表示理性的选择过程。个人或组织通常有一定数量的钱可以支配，因而必须解决在各种不同用途中如何分配这些钱。这一理论告诉人们应该如何作出这样的决定。

8. 消费者需求曲线表示假定其他商品价格、偏好与消费者收入保持不变时，在商品的不同价格水平下，消费者对该商品的购买量。可用消费者行为理论来推导消费者需求曲线，市场需求曲线可通过将个人需求曲线水平加总的方法得到。

9. 消费者剩余是指消费者为一个商品愿意支付的价格与实际支付的价格之差。聪明的管理者希望制定出能从消费者手中夺取消费者剩余的策略。

习　题

1. 2012年，运动饮料市场经历了较大的波动，低卡路里运动饮料的销售增长了25%。很多人将这一变化大部分归功于参加运动的女性，她们想要饮用没有太多卡路里的运动饮料。

（1）如果某位女性感觉两罐低卡路里的运动饮料和一罐高卡路里的运动饮料同样让她满意，那么她的无差异曲线（只在低和高卡路里运动饮料之间选择）形状如何？

（2）存在典型形状的无差异曲线吗？为什么有或为什么没有？

2. 近年来，新鲜的百吉饼销量每年大约增长30%。据加利福尼亚州帕萨迪纳的戈德斯坦百吉饼店的迈克尔·戈德斯坦所言，百吉饼曾被认为是与奶酪和鲑鱼搭配吃的风味食品，如今，风味食品却"已经变成可带到办公室的新鲜的甜面圈"。而百吉饼有一个令人头疼的问题就是很容易变味。用《糕饼生产与销售》(*Bakery Production and Marketing*)杂志的荣誉退休编辑雷·拉维克的话讲："世界上最糟糕的东西就是存放了一天的百吉饼。"如果一个市场研究人员断言，新鲜百吉饼与放了一天的百吉饼所构成的无差异曲线的斜率是－1，你同意这种说法吗？为什么同意或为什么不同意？

3. 在一张图纸上，沿纵轴画出特娜女士消费的羊肉数量，沿横轴画出她消费的大米数量。画出包括下列市场组合的无差异曲线。每一个市场组合都提供相同的满意度。

市场组合	羊肉（磅）	大米（磅）
1	2	8
2	3	7
3	4	6
4	5	5
5	6	4
6	7	3
7	8	2
8	9	1

4. 在上一题中，大米对羊肉的边际替代率是多少？当特娜女士消费更多的羊肉和更少的大米时，边际替代率如何变化？这符合实际吗？

5. 假定理查德的每周税后收入为500美元，并且必须全部花在食物和衣服上。假设食物价格是每磅5美元，衣服价格是每件10美元。在一张图纸上画出他的预算线，食物数量在纵轴，衣服数量在横轴。

6. 在上一题中，如果理查德每周的收入提高到600美元，他的预算线会怎样？如果他的收入还是500美元，而食物的价格涨到了10美元，他的预算线又会怎样？如果他的收入还是500美元，而衣服的价格涨到了20美元，他的预算线又会怎样？把这些预算线画在上题的图中。

7. 玛丽亚总共有9美元的预算，将花费在两种商品上：薯条和沙司。她喜欢1单位薯条和1单位沙司搭配食用。没有1单位沙司搭配的任何1单位薯条她都不吃。同样地，没有1单位薯条搭配的任何1单位沙司她也不吃。如果1单位薯条的价格是0.5美元，1单位沙司的价格是0.1美元，那么她将购买多少单位的这两种商品？

8. 下图中，我们给出了简的无差异曲线和她的预算线。

(1) 如果商品 X 的价格是100美元，那么她的收入是多少？

(2) 她的预算线方程是什么？

(3) 她的预算线的斜率是多少？

(4) 商品 Y 的价格是多少？

(5) 均衡状态时，简的边际替代率是多少？

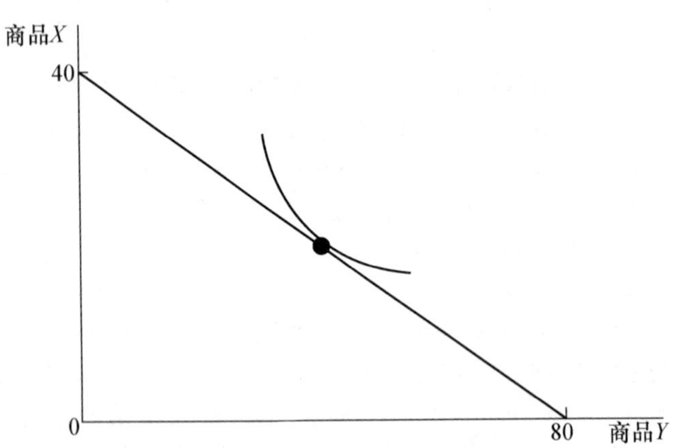

9. 萨拉有300美元用于购买歌剧票和电影票。每张歌剧票的价格是60美元，每张电影票的价格是6美元。无论她选择什么样的市场组合，歌剧票对电影票的边际替代率都是5。她将购买多少张歌剧票？

10. 假设米尔顿有50美元可在玉米和豆子之间分配，豆子的价格是每磅0.5美元。如果有 $U=\log Q_c+4\log Q_b$ 成立，其中，U 是他的效用，Q_c 是他消费的玉米数量（磅），Q_b 是他消费的豆子数量（磅），那么玉米价格和他将要购买的玉米数量之间的关系是什么？

11. 纽约州得到30亿美元（来自联邦政府和州政府燃油税），准备用于建设高速公路或者公共交通（地铁、公共汽车和城市轻轨），二者都能够满足本州人民的交通需求。

(1) 如果每英里公共交通花费2 000万美元，那么这笔资金最多能支持纽约州建设多少英里的公共交通？

(2) 如果每英里高速公路造价1 000万美元，那么这笔资金最多能支持纽约州建设多少英里的高速公路？

(3) 如果建设公共交通的英里数用纵轴表示，建设高速公路的英里数用横轴表示，那么你可以画出该州的预算线（表示在给定建设的高速公路英里数时，可建设的最大公共交通英里数）吗？如果可以，预算线的斜率是多少？（假定 30 亿美元是建设高速公路或公共交通的唯一资金来源。）

(4) 如果公众和州政府都认为 1 英里额外公共交通所增加的运输能力是 1 英里额外高速公路所增加的运输能力的 3 倍，那么，若目标是运输能力最大化，30 亿美元中应该有多少钱用于公共交通建设？

第 4 章

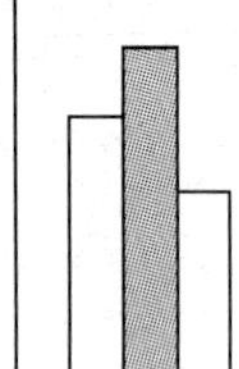

估计需求函数

理查德·威廉姆斯，威瑞森无线通信公司的营销总监，一度考虑将营销资金从传统渠道——报纸、电视和网络——转向移动电话和社会化媒体。

所有公司，不仅仅是威瑞森公司，为了构思出一个有效的营销策略，都必须持续评价和调整其营销策略。正如前些章所强调的，管理者必须对其公司的产品需求有着非常深刻的认识。

前两章我们关注了需求理论，现在我们学习估计产品需求函数的一些方法。消费者调查和市场调研在提供这类信息时能够起到一定的作用，但是估计需求最常使用的方法是回归分析。

在第 2 章中，我们介绍了全美铁路客运公司的管理者如何运用回归分析方法估计其需求问题（参见第 2 章的战略环节）。由于在后面几章中会反复运用回归分析方法来估计生产函数和成本函数以及进行预测，所以本章将对这一基本方法给予充分的关注。

4.1 识别问题

对于管理者来讲，合理准确地估计自己（和其他公司）的产品需求函数是很重要的，但这并不意味着作出这样的估计就十分容易。一开始就应该注意在估计需求函数时肯定会遇到的问题。假设有一项估计某种产品需求曲线的任务，管理者往往会画出 2012 年价格水平下的产品需求数量，2010 年价格水平下的产品需求数量，依此类推。如果画出的 2010—2012 年间的对应点如图 4—1 所示，管理者可以得到一条需求曲线 DD'。

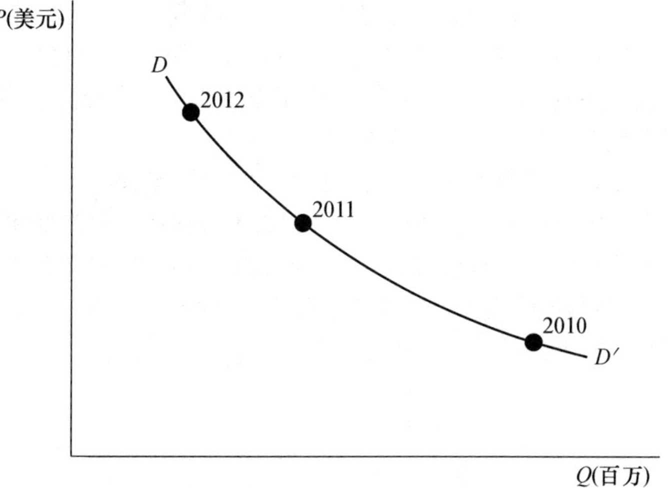

图 4—1　2010—2012 年间价格与需求数量的散点图

注：曲线 DD'不可能是需求曲线的良好估计。

令人遗憾的是，事情并非如此简单。价格，正如我们在第 1 章中所讲的，在竞争市场中是由需求曲线和供给曲线共同决定的。具体地讲，均衡价格等于需求曲线与供给曲线相交时的价格水平。重点在于，这种产品每年的需求曲线和供给曲线并不相同。如图 4—2 所示，供给曲线已经移动（从 2010 年的 S_{10}移动到 2011 年的 S_{11}，再移动到 2012 年的 S_{12}），而需求曲线也发生了移动（从 2010 年的 D_{10}移动到 2011 年的 D_{11}，再移动到 2012 年的 D_{12}）。图 4—2 指出曲线 DD'根本不可能是这三年中任何一条需求曲线的较好估计。

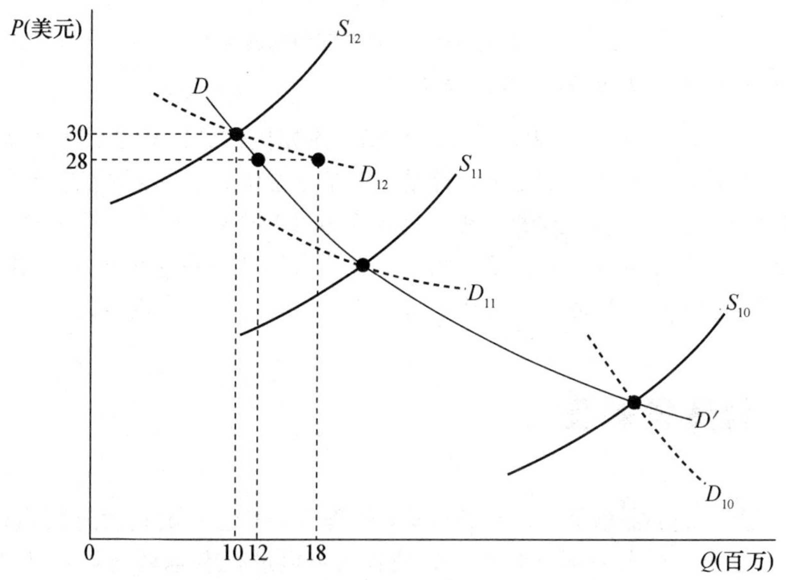

图 4—2　估计的需求曲线与实际的需求曲线的对比

注：估计的曲线 DD'与实际的需求曲线根本不一样。

对于图 4—2 中的情况，如果你认为 DD'是需求曲线，那么你将低估 2012 年和 2011 年该产品的需求价格弹性（按绝对值），而高估 2010 年的需求价格弹性（按绝对值）。在 2012 年，你会认为，如果价格从 30 美元下降到 28 美元，需求数量将从每年 1 000 万个单位上升到每年 1 200 万个单位。但实际上，图 4—2 已经指出，这样的价格下降将导致需求量增加到 1 800 万个单位，而不是 1 200 万个单位。在任何一本书里，将 DD'视作需求曲线都是一个巨大的错误。

还要指出的一点是，因为管理者无法让许多非价格因素保持不变，比如消费者的偏好、收入、其他商品的价格和广告费用等，所以就不能保证在测量期间需求曲线是固定不变的。如果需求曲线固定，而只有供给曲线在该期间内发生移动，那么就能够很自信地确认图 4—1 中绘出的各个点可以构成需求曲线。如图 4—3 所示，供给曲线的移动给出了我们希望测量的需求曲线上的不同点。

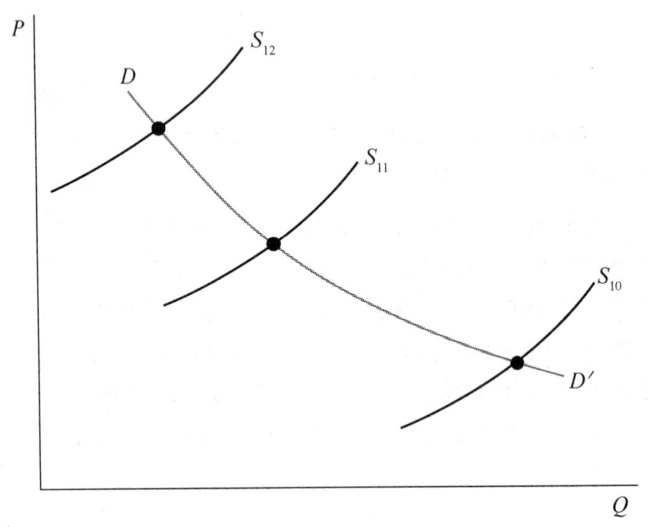

图 4—3　固定的需求曲线与移动的供给曲线

注：在这一特例中，曲线 DD'的确代表实际的需求曲线。

如果过去的需求曲线并不固定，那么管理者该如何估计需求曲线呢？有许多种方法，其中有些简单，有些则非常复杂。计量经济学方法认为，价格和数量与供给曲线和需求曲线以及由非价格因素导致的这两条曲线的移动均相关。一些基本的计量经济学方法，如回归分析，将在本章后面介绍；而其他方法太过复杂在这里不予采用。① 消费者调查和市场调研也是被广泛使用的方法，将在本章后面的 3 节中进行讨论。

4.2　消费者调查

为了获得某一商品需求函数的相关信息，管理者通常会对消费者进行调查，发放有关购买习惯、动机和意图的调查问卷。管理者也可以进行专题调研以辨清消费者的偏好。例如，管理者可能会向一组随机消费者询问，如果价格下降 5%，他们会多购买多

① 参见 J. Johnston and J. DiNardo, *Econometric Methods* （4th ed.; New York: McGraw-Hill, 1997）; J. Kmenta, *Elements of Econometrics* （3rd ed.; New York: Macmillan Co., 1997）; or E. Berndt, *The Practice of Econometrics* （2nd ed.; Reading, MA: Addison-Wesley, 1996）。

少汽油？或者，一名市场调研员会询问另一组随机消费者，与一种领先的现有药物品牌相比，他们是否更喜欢一种新型的药物，如果喜欢，他们愿意多花费多少钱购买（与现有品牌相比）？

遗憾的是，这类消费者调查存在许多明显的局限性。简单地询问人们在特定价格下愿意购买多少某种特定商品，这样直接的方法几乎并不有效。一般来讲，消费者对于这种假设性问题的回答并不十分准确。不过，有些更细致的方法可能会十分有用。例如，一项调查研究显示，某种婴儿食品的大多数购买者的购买决策建立在其医生建议的基础上，而且他们中的大多数并不知道其他替代品的价格。这一信息加上其他数据表明需求价格弹性的绝对值非常低。

尽管消费者调查和问卷存在局限性，很多管理者仍然相信这类调查能够提供消费者偏好等诸多信息。例如，在沃顿商学院，由一家领先的皮肤护理公司组织的一项调查表明，当得知某种护肤霜可以减少皱纹时，女大学生并不想购买该产品，但是，当被告知它能够使皮肤焕发光彩时则愿意购买。

4.3 市场调研

估计某种商品需求曲线的另一方法是直接进行市场调研。这种方法是在试图保持其他市场条件相对稳定（或者将其他市场条件的变动考虑在内）的情况下，改变该商品的价格。例如，一家移动电话公司的管理者在多年前发起过一次调研，以确定其产品的需求价格弹性。他们在四个城市中将移动电话的价格提高了 15%，并发现需求相当缺乏弹性，此外，还进行了该产品与其他品牌产品之间需求交叉弹性的估计。

有时也可进行受控的实验室试验，即交给消费者一笔钱，让他们在一家模拟商场购物。试验者可以改变价格、包装以及某些商品的摆放位置，从而观察这些对消费者购买决策的影响。尽管这种方法是有效的，但它的缺陷是，参加这一试验的消费者知道他们的行为是受到监控的，正是出于这样的原因，他们的行为可能会偏离正常的行为。

在进行市场调研之前，管理者必须权衡成本与收益的问题。直接试验可能既昂贵又有风险，因为消费者也许会不知所措，利润也会由于试验而减少。例如，由于试验的原因，某一商品价格上涨，这可能会赶走潜在的消费者。而且，由于真正的受控试验极少存在，试验的持续时间常常较短，观察的数量也非常有限，这类试验通常不能够提供所需要的全部信息。

4.4 回归分析

尽管消费者调查和市场调研是了解消费者偏好的重要信息来源，但它们在回归分析方面的价值是有限的。假设某公司的需求函数如下所示：

$$Y=A+B_1X+B_2P+B_3I+B_4P_r \tag{4.1}$$

其中，Y 是公司产品的需求数量，X 是营销支出（如广告费用），P 是价格，I 是消费者可支配收入，P_r是竞争对手的产品价格。管理者需要估计 A、B_1、B_2、B_3和 B_4的数值。回归分析可以根据Y、X、P、I 和 P_r的历史数据提供这些数值。

在本章余下的内容中，将描述回归分析的性质和应用，作为一种统计方法，它常常被用于估计多种经济关系，而不仅仅是需求函数。我们从简单的例子开始，其中营销支出是显著影响需求的唯一因素；然后转向更复杂（也更实际）的例子，即需求量受到一种以上因素的影响，如（4.1）式所示。

战略环节

斯坦福公司的营销计划

斯坦福公司开发了一种新型的电力驱动产品。当机器的引擎设计工作完成时，斯坦福的管理者就这一产品开始制订长期的销售计划。通过对公开信息的实地考察和分析，公司的市场研究人员估计这种普通类型的电力驱动产品每年大约销售1万台。斯坦福的新产品占据全部市场份额的情况取决于它的价格。根据公司市场研究部门的结论，价格和市场份额的关系如下表所示。

价格（美元）	市场份额（%）
800	11.0
900	10.2
1 000	9.2
1 100	8.4
1 200	7.5
1 300	6.6
1 400	5.6

斯坦福的管理者想知道关于他们的新驱动产品的定价建议，用来帮助其确定最优价格，他们也希望得到一个简单的方程用来表示新产品的年需求数量与其价格之间的函数关系。就方程的可靠性而言，他们还希望无论什么信息都能够通过方程容易地得出。具体地讲，他们感兴趣的是，如果价格是1 500美元，或者是1 600美元，能否使用方程准确地估计需求数量。

准备一个简短的报告，以提供所需信息。（注意，表中市场份额的数字以百分比表示。因此，根据公司市场研究部门的结论，斯坦福新产品的价格若是800美元，它将占据这种普通类型电力驱动产品11.0%的市场份额。）

资料来源：本节基于一个真实的案例，不过数值和情境作了些许改动。

回归分析是描述一个变量和另一个变量发生关联关系的一种方法（尽管回归分析可以处理两个以上的变量，但这里我们仅以两个变量为例）。回归分析得到的方程常用于根据其他变量的已知值去估计一个变量的未知值。例如，假定米勒医药公司计划明年支出400万美元用于营销（如促销、广告等），管理者需要根据表4—1中的历史数据去估计明年的销售数量。在这种情况下，公司明年的营销费用已知，但明年的销售量却是未知的。回归分析描述的是销售量在历史上受到营销费用影响的关联方式。

表 4—1　　米勒医药公司的营销费用与销售量，9 年的样本

营销费用（百万美元）	销售量（百万单位）
1	4
2	6
4	8
8	14
6	12
5	10
8	16
9	16
7	12

4.5 简单回归模型

由第 1 章可知，**模型**是现实世界的简单化和理想化呈现。在本节中，我们将讲述回归分析的基础，即一组简化的假定。我们从自变量和因变量的所有相关观测值入手。例如，对于米勒医药公司，我们设想其销售量和营销费用的观测值的总体情况。这一总体包括该公司历史上与所有营销费用相对应的销售水平。

一个变量的均值等于该变量的所有数值之和除以它们的个数。比如，一个变量的 4 个估计值为 3、2、1 和 0，则它的均值为（3+2+1+0）/4=1.5。回归分析假设在给定 X 值的前提下，Y 的均值是 X 的线性函数。换种说法就是，假设因变量的均值是自变量的线性函数，其方程为 $A+BX$，如图 4—4 所示。这条直线被称为总回归线（population regression line）或真实回归线（true regression line）。

另一种表示方法是（回归分析假定）：

$$Y_i = A + BX_i + e_i \tag{4.2}$$

其中，Y_i 是因变量的第 i 个观测值，X_i 是自变量的第 i 个观测值。实际上，e_i 是**误差项**，即加在 $A+BX_i$ 上的随机变量（若 e_i 是负值，则减去该误差项）。由于误差项的存在，Y_i 的观测值总是落在总回归线的附近，而不是在该线上。因此，如图 4—4 所示，如果 e_1（第 1 个观测值的误差项）是−1，则 Y_1 位于总回归线下方 1 个单位。如果 e_2（第 2 个观测值的误差项）是+1.50，则 Y_2 位于总回归线上方 1.5 个单位。回归分析假定 e_i 是独立的，其均值为 0。①

尽管构成回归分析基础的假定并不可能完全得到满足，但通常能够接近实际情况。所以，回归分析是一个强有力的工具，虽然如此，估计的有效性仍取决于假设与实际的

① e_1 和 e_2 是独立的，如果 e_1 的概率分布不依赖于 e_2，且 e_2 的概率分布也不依赖于 e_1。回归分析假定无论取什么值，e_i 的方差是相同的。很多描述性检验也假定 e_i 的值服从正态分布。对于正态分布的介绍参见附录 E（关于附录的内容请登录 www.crup.com.cn 查找，后同）。

一致性。

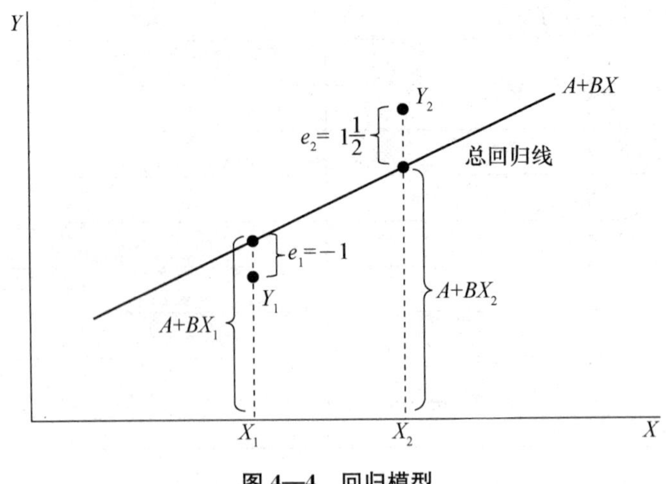

图 4—4　回归模型

注：给定 X 的值，Y 的均值落在总回归线上。

4.6　样本回归线

回归分析的目的在于获得描述自变量和因变量之间平均关系的一条直线的数学方程式。这条直线由样本观测值得出，并被称为样本或估计回归线。不应该将其与前面讨论的总回归线混淆，总回归线建立在全体观测值基础之上，而样本回归线只建立在样本基础之上。

样本回归线的一般形式是：

$$\hat{Y}=a+bX$$

其中，$\hat{Y}$ 是由回归线预测出的因变量的值，而 a 和 b 分别是 A 和 B 的估计量（估计值是用来估计未知参数的样本观测值的函数，例如，样本均值是估计总体均值的估计量）。由于这个方程暗示着当 $X=0$ 时，$\hat{Y}=a$，即 a 是直线与 Y 轴相交时的 $\hat{Y}$ 值，因此，a 常常被称作回归线的截距；而 b 显然是直线的斜率，用来衡量当 X 每增加 1 单位时，相应 Y 预测值的变化。

图 4—5 给出了利用米勒医药公司的销售量和营销费用数据估计出来的回归线，其关系式为：

$$\hat{Y}=2.536+1.504X$$

其中，$\hat{Y}$ 是以 100 万为单位的销售量，X 是以 100 万美元为单位的营销费用。2.536 是什么？它是 a 的值，即 A 的估计值。1.504 是什么？它是 b 的值，即 B 的估计值。此时，我们对这一方程是如何确定的并不感兴趣，我们只关心这个方程该如何解释。

首先，注意 Y 和 $\hat{Y}$ 的区别。Y 代表销售量的一个观测值，$\hat{Y}$ 代表以回归线为基础计算出来的或者估计得来的销售量的值。例如，表 4—1 中的第一行说明，第一年销售量的实际值是 400 万单位，而营销费用是 100 万美元。因此，当 $X=1$ 时，$Y=4$。与此相对比，样本回归线说明当 $X=1$ 时，$\hat{Y}=2.536+1.504\times1$，即 4.039 百万单位。换句话讲就是，当营销费用为 1 百万美元时，回归线预测出销售量的值将等于 4.039 百万单位，而这种情况下（第一年）的实际销售额为 4 百万单位。

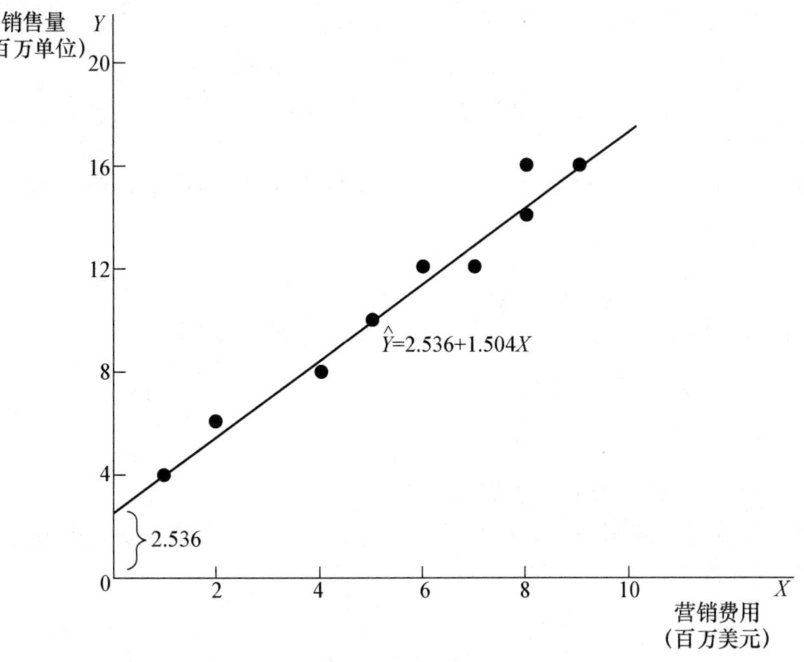

图 4—5 样本回归线

注：这条直线是总回归线的估计。

能够识别并解释回归线 Y 的截距和斜率是非常重要的。在米勒医药公司的案例中，回归线 Y 的截距的含义是什么？它等于 2.536 百万单位，这意味着如果公司的营销费用为 0，销售量的估计值是 2.536 百万单位（见图 4—5，2.536 百万单位是回归线与纵轴相交时因变量的值）。在本案例中，斜率的含义是什么？它等于 1.504，这意味着当营销费用每上升 1 百万美元时，销售量的估计值将增加 1.504 百万单位。

4.7 最小二乘法

最小二乘法常用于确定 a 和 b 的数值。回归线上 Y 的第 i 个观测值的离差等于 $\hat{Y}_i-Y_i$，离差平方和等于：

$$\sum_{i=1}^{n}(Y_i-\hat{Y}_i)^2=\sum_{i=1}^{n}(Y_i-A-BX_i)^2 \tag{4.3}$$

其中，n 为样本容量。[①] 使用第 18 章中的最小化方法，将方程（4.3）分别对 a 和 b 求

① 正如第 1 章所指出的，$\sum$ 是算术求和符号。$\sum X_i$ 表示什么呢？它是指求和符号右边的数从 i 的初值一直加到 i 的终值。因此，$\sum_{i=1}^{n}X_i$ 是指 $X_1+X_2+\cdots+X_n$。

偏导数，并令偏导数为 0，可得到使方程（4.3）最小化的 a 和 b 的值。

$$\frac{\partial \sum_{i=1}^{n}(Y_i-\hat{Y}_i)^2}{\partial a}=-2\sum_{i=1}^{n}(Y_i-a-bX_i)=0 \tag{4.4}$$

$$\frac{\partial \sum_{i=1}^{n}(Y_i-\hat{Y}_i)^2}{\partial b}=-2\sum_{i=1}^{n}X_i(Y_i-a-bX_i)=0 \tag{4.5}$$

同时求解方程（4.4）和（4.5），并令 $\overline{X}$ 等于样本中 X 的均值，令 $\overline{Y}$ 等于 Y 的均值，我们可得：

$$b=\frac{\sum_{i=1}^{n}(X_i-\overline{X})(Y_i-\overline{Y})}{\sum_{i=1}^{n}(X_i-\overline{X})^2} \tag{4.6}$$

$$a=\overline{Y}-b\overline{X} \tag{4.7}$$

通常称（4.6）式中的 b 为回归系数估计值。

从计算角度讲，使用另一方法计算 b 往往比（4.6）式更容易，该方法的计算结果与（4.6）式相同，即：

$$b=\frac{n\sum_{i=1}^{n}X_iY_i-\sum_{i=1}^{n}(X_i)\sum_{i=1}^{n}(Y_i)}{n\sum_{i=1}^{n}X_i^{\ 2}-(\sum_{i=1}^{n}X_i)^2}$$

在米勒医药公司的案例中，表 4—2 给出了 $\sum X_iY_i$、$\sum X_i^2$、$\sum Y_i^2$、$\sum X_i$ 和 $\sum Y_i$ 的计算值。基于这些计算值，可得：

$$b=\frac{9(638)-(50)(98)}{9(340)-50^2}=1.504$$

因此，b 值，即 B 的最小二乘法估计值，为 1.504，这一结果与上一节得出的结论一致。换句话讲，就是营销费用每增加 1 百万美元会使预期的销售量增加 1.504 百万单位。

表 4—2　$\sum X_iY_i$、$\sum X_i^2$、$\sum Y_i^2$、$\sum X_i$ 和 $\sum Y_i$ 的计算值

	X_i	Y_i	X_i^2	Y_i^2	X_iY_i
	1	4	1	16	4
	2	6	4	36	12
	4	8	16	64	32
	8	14	64	196	112
	6	12	36	144	72
	5	10	25	100	50

续前表

	X_i	Y_i	X_i^2	Y_i^2	X_iY_i
	8	16	64	256	128
	9	16	81	256	144
	7	12	49	144	84
总计	50	98	340	1 212	638
$\overline{X}=50/9=5.556$					
$\overline{Y}=98/9=10.889$					

计算出 b 的值以后，我们可求出 A 的最小二乘法估计量 a 的值。根据方程（4.7），可得 $a=\overline{Y}-b\overline{X}$，其中，$\overline{Y}$ 是 Y 的均值，$\overline{X}$ 是 X 的均值。如表 4—2 所示，$\overline{Y}=10.899$，$\overline{X}=5.556$，从而：

$$a=10.889-1.504\times5.556=2.536$$

可见，A 的最小二乘法估计值为 2.536 百万单位，这与上一节得出的结论一致。

在计算出 a 和 b 的值后，就很容易求出米勒医药公司样本的销售量与营销费用之间的关系，也就是：

$$\hat{Y}=2.536+1.504X \tag{4.8}$$

其中，$\hat{Y}$ 以 100 万为单位计算，X 以 100 万美元为单位计算。正如我们所知，该直线被称作样本回归线，或 Y 回归到 X 上。上一小节和图 4—5 介绍过这一直线。现在，我们看到了这条直线是如何推导出来的。

为了说明如何使用这条回归线，假定公司管理者决定投资 4 百万美元的营销费用，并希望预测公司的销售量。利用（4.8）式，他可以预测公司的销售量为：

$$\hat{Y}=2.536+1.504\times4=8.55 \tag{4.9}$$

因为销售量是以 1 百万为单位计算的，这意味着预计的销售量将达到 855 万单位。

4.8 可决系数

一旦计算出回归线，管理者还想知道这条直线与数据的拟合程度如何。如图 4—6 所示，一条回归线与数据的拟合可能存在很大的差异。显然，图 4—6 中图 F 中回归线的拟合程度要好于图 B 中的回归线。管理者如何衡量回归线与数据的拟合程度呢?

衡量回归线拟合程度最常用的指标是可决系数。这里，没有必要知道可决系数的公式，因为它很少用手工计算。它是一个特殊项，常用 R^2 或 $R-sq$ 来表示，它是一个计算机输出结果，在后面的内容中会遇到它。

可决系数的值位于 0 和 1 之间。它越接近 1，拟合程度越好；越接近 0，拟合程度越差。在米勒医药公司的案例中，销售量和营销费用之间的可决系数是 0.97，说明该拟合程度很好。为了进一步了解可决系数的意义，请看图 4—6 中的 6 个子图，图 A 表示，如果可决系数为 0，则自变量和因变量之间没有任何关系。图 B 表示，如果可决系数为 0.2，则回归线与数据的拟合程度相当差。图 C 表示，如果可决系数为 0.4，则回归线与数据的拟合程度稍好，但不是很好。图 D 表示，如果可决系数为 0.6，则拟合程度比较好。图 E 表示，如果可决系数为 0.8，则回归线的拟合程度很好。图 F 表示，如果可决系数为 1，则回归线的拟合程度非常完美。①（关于回归系数的深入讨论详见本章附录。）

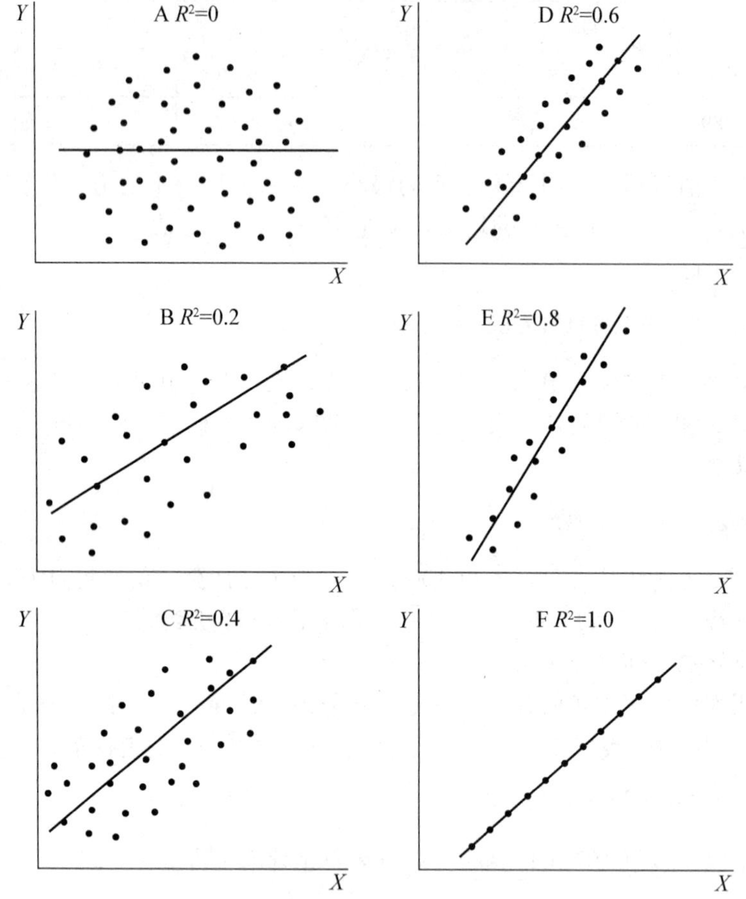

图 4—6　六条回归线：可决系数等于 0、0.2、0.4、0.6、0.8、1.0

注：当只有一个自变量时，可决系数常用 r^2 表示，而不是 R^2，但无论自变量的个数是多少，计算机的输出结果都用 R^2 表示。我们在这里仍然使用 R^2，尽管只有一个自变量。参见脚注①。

---

① 如果手工计算可决系数，一个实用的公式为：

$$r^2=\frac{\left[n\sum_{i=1}^{n}X_iY_i-\sum_{i=1}^{n}(X_i)\sum_{i=1}^{n}(Y_i)\right]^2}{\left[n\sum_{i=1}^{n}X_i^2-\left(\sum_{i=1}^{n}X_i\right)^2\right]\left[n\sum_{i=1}^{n}Y_i^2-\left(\sum_{i=1}^{n}Y_i\right)^2\right]}$$

表 4—2 中包含了运用该公式所需要的数字。

请注意 r^2 的平方根，也叫相关系数，也可用于衡量一个简单的回归方程与数据的拟合程度。（平方根的符号与 b 的符号相同。）

图 4—6 已经指出，计算机输出结果 R^2 一般指可决系数，而如果只有一个自变量，统计人员常称其为 r^2。

日本摩托车制造商如何使用可决系数

1982年年底，哈利-戴维森公司向国际贸易委员会（International Trade Commission，ITC）申请禁止从日本进口重型摩托车。根据哈利-戴维森公司的看法，日本摩托车的售价过低。根据1974年《贸易法》第201条款，ITC可以向进口商品征收关税或实行配额，"从而为受到严重损害的国内产业提供额外的时间，以使它们能够具有竞争力。"不过，为了实施这种关税或配额，该产业必须证明它们所遭受的损失是由不断增加的进口造成的，而不是由糟糕的管理或是经济衰退之类的其他原因造成的。

哈利-戴维森公司向ITC的请求遭到了日本主要摩托车制造商的抗辩，比如本田、川崎、铃木和雅马哈。它们的主要理由之一是，造成哈利-戴维森市场份额下降的主要原因并非来自日本的进口，而是总体的经济状况。换句话讲，它们把哈利-戴维森的销售额下滑归因于20世纪80年代初期的经济衰退。它们指出，售价大约7 000美元的重型摩托车是一种"昂贵奢侈品"，可以预计其在经济衰退期的销售量是要下降的。

为了支持这一论点，日本一家企业的首席经济顾问约翰·赖利使用哈利-戴维森公司的销售量作为因变量，蓝领工人就业率（衡量总体经济状况的一个指标）作为自变量进行回归。他指出可决系数大约为0.73。然后他又使用哈利-戴维森公司的销售量作为因变量，日本摩托车的销售量作为自变量进行回归，可决系数只有0.22。通过对这两个可决系数进行对比，他认为哈利-戴维森公司的销售量与总体经济状况之间的关系比它与日本摩托车销售量之间的关系更为密切。

当然，这个分析并不能告诉我们日本摩托车的价格对哈利-戴维森公司的销售量和利润造成的影响。从很多方面讲，的确需要估计哈利-戴维森公司摩托车的需求函数。这样的分析将把哈利-戴维森公司摩托车的销售量与哈利-戴维森公司摩托车的价格、日本摩托车的价格、个人可支配收入，以及第2章中提到的其他变量联系起来。尽管有上述证据，日本摩托车制造商仍未能胜诉。相反，ITC支持哈利-戴维森的请求，1983年4月1日，里根总统开始对进口（大型）摩托车征收高额关税（大约50%）。[a]

a. 进一步的讨论参见 J. Gomez-Ibanez and J. Kalt，*Cases in Microeconomics*（Englewood Cliffs，NJ：Prentice-Hall，1990）；P. C. Reid，*Well Made in America*；*Lessons from Harley Davidson on Being the Best*（New York：McGraw-Hill，1989）；and *The New York Times*，July 20，1997。

4.9 多元回归

前面我们讨论了只有一个自变量的回归方法。但在回归方法的实际应用中，经常需要引入两个或两个以上的自变量。现在我们将回归扩展到超过一个自变量的情况。

简单回归只包含一个自变量，而**多元回归**则包含两个或两个以上的自变量。多元回归常常需要借助统计软件包来实施，所以管理者就没有必要学习用手工方法计算它们。多元回归分析的第一步是识别自变量，并明确因变量均值与这些自变量之间的数学表达式。

在米勒医药公司的案例中，假定公司管理者认为销售量取决于产品价格与营销费用。更具体地讲，他们认为：

$$Y_i = A + B_1 X_i + B_2 P_i + e_i \tag{4.10}$$

其中，X_i是第 i 年的营销费用（单位为百万美元），P_i（单位为美元）是第 i 年的产品价格（以偏离当前价格的数值来衡量，当前价格为 10 美元）。当然，B_2应该为负。这个模型与方程（4.2）不同。这里，我们假设 Y_i（第 i 年公司的销售量）取决于两个自变量，而不是一个。当然，没有理由不再增加更多的自变量，只要这些数据能够得到，且有充分的理由预计它们对 Y_i产生的影响。不过，为了简单起见，我们假定管理者相信只有营销费用和价格才应该是自变量。①（关于回归系数的深入讨论详见本章附录。）

多元回归分析的目的在于估计方程（4.10）中的待定系数 A、B_1和 B_2。正像简单回归那样，这些系数的估计值要使因变量的观测值与回归方程中因变量的预计值之间的离差平方和最小。假设 a 是 A 的估计值，b_1是 B_1的估计值，b_2是 B_2的估计值，那么由回归方程得到因变量 Y_i的估计值为：

$$\hat{Y}_i = a + b_1 X_i + b_2 P_i$$

则因变量的实际值与估计值之间的离差为：

$$Y_i - \hat{Y}_i = Y_i - a - b_1 X_i - b_2 P_i$$

如果对这些离差求平方后再相加，结果为：

$$\sum_{i=1}^{n} (Y_i - \hat{Y}_i)^2 = \sum_{i=1}^{n} (Y_1 - a - b_1 X_i - b_2 P_i)^2 \tag{4.11}$$

其中，n 是样本观测值数量。综上所述，我们将选择 a 、b_1和 b_2使公式（4.11）最小化。与简单回归一样，这些估计值被称作最小二乘法估计值。

计算机软件程序可用来计算这些最小二乘法估计值。基于表 4—3 中的数据，计算机输出结果显示，$b_1=1.758$，$b_2=-0.352$，$a=2.529$。因此，估计的回归方程为：

$$Y_i = 2.529 + 1.758X_i - 0.352P_i \tag{4.12}$$

B_1的估计值为 1.758，而我们以前对 B 的估计值为 1.504。也就是说，与简单回归方程（4.8）中的销售量增加额 1.504 百万单位相对比，营销费用增加 100 万美元，预计销售量将增加 1.758 百万单位。这些估计值不同的原因在于，先前的估计假定营销费用对销售量产生影响时价格保持不变，而现在的估计并没有假定价格保持不变。因为这一因素影响销售量，先前的估计就可能是营销费用对销售量影响的有偏估计②（关于回归系数的深入讨论详见本章附录）。

---

① 在简单回归中，我们假定 e_i的均值为 0，e_i的取值在统计上是独立的。回顾 4.5 节中的脚注。

② 当然，只有当 X_i和 P_i在一个有限的区间内变化时，该回归才会被认定是合适的。如果 P_i很大而 X_i很小，该回归就会产生一个负销售量，这显然是不可取的。但是，只要该回归在预测时，数值不超出表 4—3 中数据的范围，就不会有问题。为简单起见，假设在方程（4.10）中，在营销费用保持不变时，价格对销售量均值产生的影响在相关范围内成线性关系。另外，也可假设它是二次方程式或是弹性不变的需求函数，这在第 2 章中已经介绍过。

表 4—3　　米勒医药公司的销售量、营销费用和价格，9 年的样本

营销费用（百万美元）	销售量（百万单位）	价格（减去 10 美元）
2	6	0
1	4	1
8	16	2
5	10	3
6	12	4
4	8	5
7	12	6
9	16	7
8	14	8

4.10 软件包和计算机输出结果

除了少数几种情况外，回归分析常常在计算机上运行，而不是手工计算。因此，懂得解释计算机给出的回归分析结果是很重要的。由于用在回归计算方面“现成的”程序种类很多，所以输出结果也没有统一的格式或明细表。然而，不同类型的输出结果非常相似，其中值得深入研究的有两个——Minitab 和 SAS。

图 4—7 显示的是米勒医药公司销售量（C1）与销售费用（C2）和价格（C3）的多元分析结果，采用 Minitab 输出。根据输出结果，回归公式为：

$$C1=2.529+1.758C2-0.352C3$$

“Coef”一列显示每个自变量回归系数的估计值（在输出结果中称为 Predictor）。回归的截距是这一列最上方的数字（“Coef”一列中对应水平行中的“Constant”的数字）。可决系数（称作 R-sq）在输出结果的中间显示。在多元回归中，可决系数通常被称作多元可决系数。①

```
MTB > regress c1 on 2 predictors in c2 and c3

The regression equation is
C1 = 2.53 + 1.76 C2 - 0.352 C3

Predictor         Coef        Stdev      t-ratio        p
Constant        2.5294       0.2884         8.77    0.000
C2             1.75805      0.06937        25.34    0.000
C3            -0.35187      0.07064        -4.98    0.002

s = 0.3702        R-sq = 99.4%     R-sq(adj) = 99.2%

Analysis of Variance

SOURCE        DF          SS          MS          F        p
Regression     2     144.067      72.033     525.72    0.000
Error          6       0.822       0.137
Total          8     144.889

SOURCE        DF      SEQ SS
C2             1     140.667
C3             1       3.399
```

图 4—7　Minitab 的多元回归输出结果

① 多元可决系数的正平方根被称作多元相关系数，用 R 表示。有时候也用它来衡量多元回归方程对数据拟合程度的好坏。未经调整的多元可决系数——见图 4—7 中的 R-sq——绝不会随着另一个自变量的增加而减少；与之相关的不具有这种性质的另一个指标是调整后的多元可决系数——见图 4—7 中的 R-sq（adj），后者常被表示为 $\bar{R}^2$。

图 4—8 给出了 SAS 对于多元回归的输出结果。方程中的截距（2.529 431）可以通过“INTERCEP”行和“Parameter Estimate”列确定。营销费用的回归系数（1.758 049）可以通过“C2”行和“Parameter Estimate”列确定。价格的回归系数（—0.351 870）可以通过“C3”行和“Parameter Estimate”列确定。多元可决系数（0.994 3）是“R-square”右边的数字。

```
Dependent Variable: C1

Analysis of Variance

                          Sum of          Mean
Source          DF       Squares        Square        F Value     Prob>F

Model            2     144.06678      72.03339        525.718     0.0001
Error            6       0.82211       0.13702
C Total          8     144.88889

   Root MSE     0.37016      R-square       0.9943
   Dep Mean    10.88889      Adj R-sq       0.9924
   C.V.         3.39944

Parameter Estimates

                       Parameter        Standard        T for HO:
Variable      DF        Estimate           Error      Parameter=0    Prob > |T|

INTERCEP       1        2.529431      0.28842968            8.770        0.0001
C2             1        1.758049      0.06937127           25.343        0.0001
C3             1       -0.351870      0.07064425           -4.981        0.0025
```

图 4—8　SAS 的多元回归输出结果

4.11　解释统计软件输出结果

以下增加的统计内容也非常重要，包括估计的标准差、F 统计量和 t 统计量。下面分别给予简单介绍，更详细的内容请参阅任何一本商业统计教材。

□ 4.11.1　估计的标准差

表明回归模型准确度的一个常用的衡量方法是估计的标准差，它是每一个观测点对回归线分散程度的一种衡量。估计的标准差在图 4—7 的 Minitab 输出结果中以“s”表示。在图 4—8 的 SAS 输出结果中以“ROOT MSE”表示。比较米勒医药公司多元回归的这些输出结果，销售量的标准差约为 37 万个单位。当然，无论使用何种软件，这一结果都是一样的。

为了说明估计的标准差所衡量的内容，参见图 4—9。图 A 中估计的标准差是 1.5，比图 D 中的 0.25 高许多。这反映出图 A 中的点在回归线附近的分散程度远远大于图 D 中的点的分散程度。正如已经指出的，估计的标准差衡量的正是这种分散程度。显然，从图 A、图 B 到图 C，再到图 D，分散度依次降低。类似地，其估计的标准差也依次递减。

估计的标准差在构造预测区间时非常有用，也就是说，按照特定概率，这样的区间把因变量包含在内。如果给定概率为 0.95，可以构造出一个非常近似的预测区间：

$$\hat{Y} \pm 2S_e \tag{4.13}$$

其中，$\hat{Y}$ 是基于样本回归的因变量的预测值，S_e 为估计的标准差。例如，米勒医药公司销售量的预测值为 11 百万单位，则按 0.95 的概率水平，公司的销售量将在 10.26(＝

11－2×0.37）百万单位和 11.74（＝11＋2×0.37）百万单位之间。然而，必须指出的是，只有在自变量非常接近其均值时，等式（4.13）的近似度才较高；如果这一点无法满足，则必须满足更复杂的公式。①

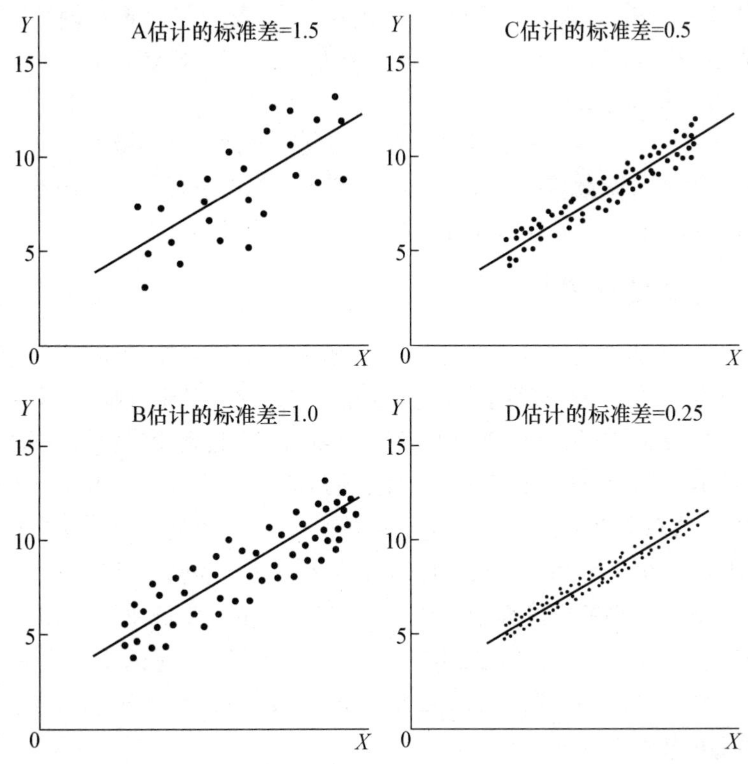

图 4—9　四种回归线：估计的标准差为 1.5、1.0、0.5 和 0.25

□ 4.11.2　*F* 统计量

管理者常常想知道某一自变量是否真正能够影响因变量。在米勒医药公司的案例中，营销总监可能会问数据是否能够显示营销费用或价格对公司销售量的影响。为了回答这一问题，可以使用 *F* 统计量，它也包含在计算机输出结果中。*F* 值在 Minitab 输出结果中位于数值的倒数第 5 行（见图 4—7），在 SAS 输出结果中位于数值的第 1 行（见图 4—8）。两个输出结果都显示米勒医药公司案例中的 *F* 值大约为 525.72。

---

① 估计的标准差公式为：

$$\left[\sum_{i=1}^{n}(Y_i-\hat{Y}_i)^2/(n-k-1)\right]^{0.5}$$

其中，k 为自变量的个数。

若误差项服从正态分布，则精确的预测区间（概率水平为 0.95）为：

$$\hat{Y}\pm t_{0.025}S_e\left[\frac{n+1}{n}+\frac{(X^*-\overline{X})^2}{\sum_{i=1}^{n}X_i^2-\left(\sum_{i=1}^{n}X_i\right)^2/n}\right]^{0.5}$$

其中，$t_{0.025}$ 是自由度为（$n-2$）的 t 分布中，概率为 0.025 的变量值，X^* 是自变量的值，n 为样本容量（附录 E 中介绍了 t 分布，登录 www.crup.com.cn 查找），这里假定只有一个自变量。

F 值大，说明至少有一个自变量对因变量有影响。F 分布表是以著名英国统计学家费希尔命名（或发明）的概率分布表，可用于确定在自变量对因变量不存在任何影响时，F 统计量的观测值变大的概率（参见附录 E，登录 www.crup.com.cn 查找）。这一概率在输出结果中也有体现。在 Minitab 中用“p”表示（F 的右侧），在 SAS 中用“Prob>F”表示（F VALUE 的右侧）。概率值为 0.000 1（SAS）或 0.000（Minitab），数值差异是由四舍五入造成的。

得到这一概率后，很容易回答营销总监的问题。显然，这一概率非常小，大约只有万分之一的概率说明自变量与因变量之间存在纯粹偶然的密切关系。因此，可以肯定营销费用或价格（或二者同时）实际上会影响公司的销售量。

□ 4.11.3　*t* 统计量

管理者与分析人员经常会对某一自变量是否影响因变量这样的问题感兴趣。例如，米勒医药公司的总裁可能想确定营销费用的分配是否真正影响到公司的销售量。正如我们从（4.12）式中看到的，B_1 的最小二乘法估计值为 1.758，这意味着营销费用对销售量有影响。但不同的样本给出的最小二乘法估计值是不同的，甚至有可能在 B_1 为 0 时，其估计值仍为正数。

为了检验 B_1 的真实值是否为 0，我们必须检查 B_1 的 t 统计量，这在输出结果中也有体现。在 Minitab 中，可知 B_1 的回归系数是 C2，C2 代表营销费用。因此，为了确定 B_1 的 t 统计量，必须找到输出结果中“Predictor”对应的 C2 行和“t-ratio”这一列的交叉项。如果使用 SAS，需要找到输出结果中“Variable”对应的 C2 行和“T for H0：Parameter=0”这一列的交叉项。如果回归的误差项（e_i）服从正态分布，那么 t 统计量服从一个著名的概率分布——t 分布。

在其他条件不变的前提下，t 统计量的值越大（绝对值），回归系数的真实值为 0 的概率就越小。在 t 分布的基础上，我们也可以计算出这样的概率：如果回归系数的真实值为 0，那么我们观察到 t 统计量（绝对值）很大。这一概率在输出结果中也有反映。对于 Minitab 和 SAS 来讲，这一概率都在 t 统计量的右侧。在 Minitab 中，它反映在“p”这一列；在 SAS 中，它反映在“Prob>T”这一列。无论使用 Minitab 或是 SAS，这一概率都大约为 0.000 1（参见图 4—7 和 4—8）。

给定这一概率后，我们可以回答米勒医药公司总裁提出的问题。总裁可能想确定营销费用的分配是否真正影响到公司的销售量。如上述结果所示，营销费用很可能影响到销售量。毕竟，根据上面的分析，只有万分之一的概率能够得到较大的 t 统计量值（绝对值）。[①]

---

① 注意：双尾检验是营销费用对销售量没有影响时所进行的假设。也就是说，与零假设相反的备择假设是：真实营销费用的回归系数可正可负。在很多情况下，单尾检验可能更加合适，例如，备择假设中真实回归系数只能为正。

管理者往往更愿意得到回归系数真实值的区间估计。换句话讲，他们想要得到以一定的概率水平包含回归系数真实值的一个区间。为了获得按概率水平（$1-\alpha$）包含这一真实值的区间，可计算：

$$b_1 \pm t_{\alpha/2} s_{b1} \tag{4.14}$$

其中，s_{b1} 是 b_1 的标准差（在 Minitab 的输出结果中的“C2”行与“Stdev”列的交叉项，或是 SAS 输出结果中“C2”行与“Standard Error”列的交叉项），$t_{\alpha/2}$ 是点 $\alpha/2$ 在自由度为（$n-k-1$）的 t 分布中的临界值（参见附录 E）。如果将 α 设为 0.05，则可获得一个以 95%的概率水平包含 B_1 的区间。在米勒医药公司的案例中，$B_1=1.758$，$s_{b1}=0.069$，$t_{0.025}=2.447$，B_1 的 95%的置信区间为：

$$1.758 \pm 2.447 \times 0.069$$

即从 1.589 到 1.927。进一步的讨论请参见任何一本商业统计教材。

4.12 多重共线性

多元回归研究中出现的一个重要问题是多重共线性，即两个或两个以上的自变量高度相关。在米勒医药公司的案例中，假设公司的营销费用和价格在历史上呈现出完全线性关系。在这一类情况中，不可能估计出两个自变量（X 和 P）的回归系数，因为数据没有提供关于在一个自变量保持不变时，与另一个自变量效果有关的信息。能够观测到的只是两个自变量共同作用的结果，并假定这两个自变量按照过去的方式一起变化。

回归分析是在其他自变量保持不变的条件下，观察一个自变量对因变量影响的大小来估计其效果。如果两个自变量以一种严格的同步方式共同变动，我们根本无法区分出每一个自变量的影响，所能观察到的只是二者共同作用的影响。如果有充分的理由使我们相信自变量在未来将像过去一样持续变动，多重共线性并不妨碍我们利用回归分析预测因变量的未来值，因为这两个自变量完全相关，实际上其中的一个就可以代表两个，所以在回归分析时只需一个自变量即可。然而，如果无法确定自变量是否继续按照同步方式变动，这种做法就十分危险了，因为它忽视了被排除的自变量的影响。

在现实生活中，管理者很少遇到自变量完全相关的情况，但自变量高度相关的情形却十分常见，以至于尽管可以估计每一个自变量的回归系数，这些回归系数的估计却不可能准确。为了解决这一问题，有时可以按照某种方式改变自变量以减少多重共线性。假定一位管理经济学家希望以某一商品的年需求量为因变量，该商品的平均价格和美国消费者可支配收入为自变量去估计一个回归方程。如果可支配收入按货币量计算（即没有根据价格水平变化进行调整），那么自变量之间就可能高度相关。但是如果按实际水平来衡量可支配收入（即根据价格水平变化进行调整），就可大幅度降低这种相关关系。因此，这位管理经济学家可能会使用实际收入而不是货币收入去衡量可支配收入，旨在降低多重共线性。

如果这种方法仍无法降低多重共线性，那么可能也没有其他办法了，唯有设法获取自变量之间不高度相关的新数据。

4.13 序列相关

除了多重共线性外，回归分析中可能会出现的另一个重要问题是误差项（e_i的值）不独立，序列相关。例如，图 4—10 给出了这种情况，若误差项在一个时期为正，则它在下一个时期几乎总为正。类似地，若误差项在一个时期为负，则它在下一个时期几乎总为负。在这种情况下，我们称误差项序列相关（或自相关，这是对该情况的另一种说法）[①]，因为它违背了回归分析的假设，所以察觉到它的存在是很重要的。（回忆一下回归分析假定 e_i的值相互独立。）

① 这是一个正序列相关的例子（在管理经济学中经常遇到这样的情况）。如果前一期误差项为负（正），下一期往往为正（负），这是负序列相关的例子。接下来会有更多的介绍。

为了观察回归分析中的误差项是否存在序列相关，我们可以使用杜宾-瓦特森(Durbin-Watson) 检验。设 $\hat{e}_i$ 是 Y_i 和 $\hat{Y}_i$ 之差，$\hat{Y}_i$ 是 Y_i 的样本回归估计值。为了应用杜宾-瓦特森检验，我们（或在大多数情况下，使用计算机）必须计算：

$$d=\frac{\sum_{i=2}^{n}(\hat{e}_i-\hat{e}_{i-1})^2}{\sum_{i=1}^{n}\hat{e}_i^2} \tag{4.15}$$

用杜宾-瓦特森表格检验 d 是否过高或过低可以使我们拒绝不存在序列相关的假设（注意，d 通常被称作杜宾-瓦特森检验统计量）。

假定我们检验这样一个假设，其备择假设为存在**正序列相关**(正序列相关意味着 $\hat{e}_i$ 与 e_{i-1} 正相关，如图 4—10 所示)。如果 $d<d_L$，我们将拒绝不存在序列相关的假设；如果 $d>d_U$，我们将接受这一假设。如果 $d_L\leqslant d\leqslant d_U$，则检验没有结论。$d_L$ 和 d_U 的值可在附录 E 中的表 E—7 中找到（要注意这些值依赖于样本容量 n 和回归分析中自变量的个数 k）。另一方面，假设备择假设为存在**负序列相关**。(负序列相关是指 e_i 和 e_{i-1} 负相关。) 如果 $d>4-d_L$，我们将拒绝不存在序列相关的假设；如果 $d<4-d_U$，我们将接受这一假设。如果 $4-d_U\leqslant d\leqslant 4-d_L$，则检验没有结论。[①]

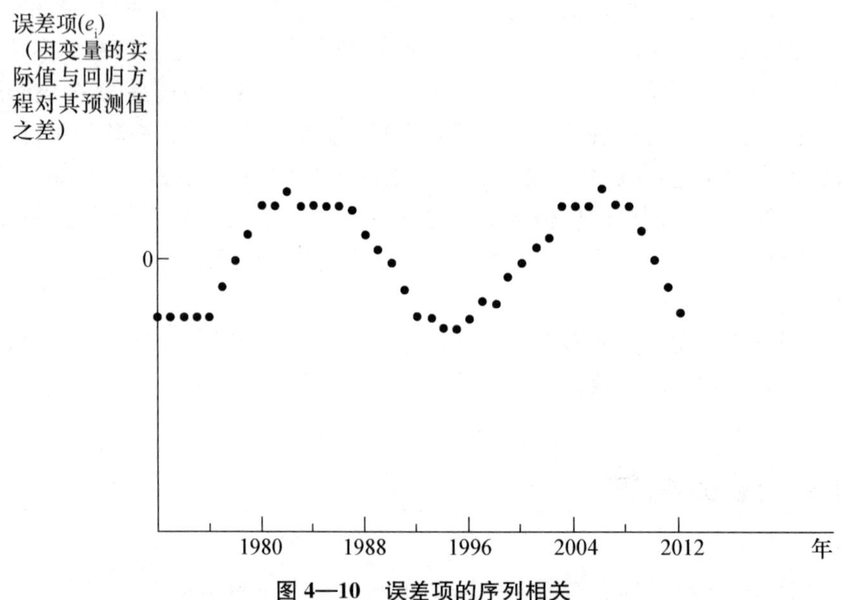

图 4—10　误差项的序列相关

注：若某一年的误差项为正，则未来一年的误差项几乎总是正的。若某一年的误差项为负，则未来一年的误差项几乎总是负的。

如果存在序列相关，处理方法之一是求得回归分析中自变量与因变量的一阶差分。例如，在米勒医药公司的案例中，我们可以取与上一年相比当年的销售量的变化

---

① 对正序列相关和负序列相关的一个双尾检验来讲，如果 $d<d_L$ 或 $d>4-d_L$，则拒绝不存在序列相关的假设；如果 $d_U<d<4-d_U$，则接受这一假设。否则检验没有结论。对于双尾假设，显著性水平是附录 E 中表 E—7 中显著性水平的 2 倍。

量（而不是销售量）作为因变量；同时取与上一年相比当年的营销费用的变化量（而不是营销费用）和与上一年相比当年的商品价格的变化量（而不是价格水平）作为自变量。①

4.14 残差的进一步分析

在上一节中，我们使用 $\hat{e}_i$（$\hat{e}_i$是 Y_i 的真实值与其样本回归估计值之差）来检验序列相关。因为 $\hat{e}_i$ 被用来衡量 Y_i 不能被回归解释的程度，因此通常称 $\hat{e}_i$为第 i 个观测值的残差。现在我们用残差，即用 $\hat{e}_i$ 的值来检验回归分析中的基础假设是否得到满足，从绘制每一个自变量的残差开始（为简便起见，我们假设只存在一个自变量），也就是说，绘制出自变量 X_i 对应的残差项 $\hat{e}_i$。

假设散点图如图 4—11 所示。如你所见，较大的 X_i 的残差的波动比较小的 X_i 的残差的波动更大。换句话讲，随着 X_i 增大，$\hat{e}_i$ 也在增加。回归分析假定，无论自变量的值如何，误差项的方差均相同，图 4—11 显然违反了这一假定。弥补这种情况的两种方法为：或者采用带权重的最小二乘法，或者采用改变因变量形式的方法。例如，我们可以使用 log$Y$ 而不是 Y 作为因变量。②

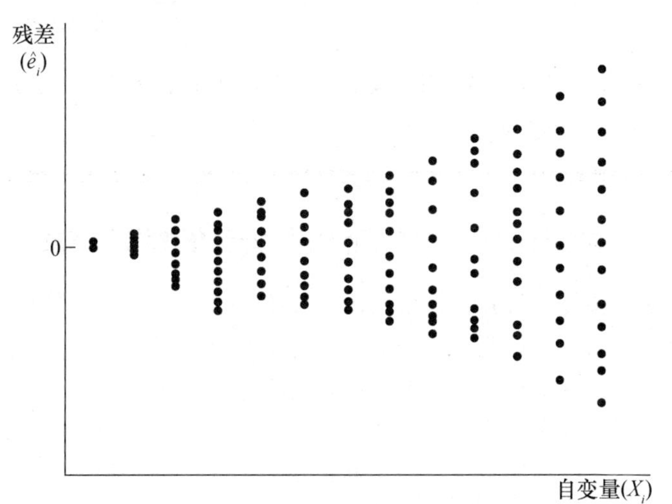

图 4—11　表明误差项的残差不固定

注：如你所见，较小的 X_i 的残差波动比较大的 X_i 的残差波动更小。

如果 $\hat{e}_i$ 与 X_i 的散点图如图 4—12 所示，这意味着自变量与因变量的关系并非线性的。当 X 很小或很大时，线性回归高估了因变量的值，如图所示，此时残差趋向负值。当

① 一阶差分的使用，尽管在某些情况下有效，但并不总是有效的。进一步的探讨请参考约翰·斯顿的《计量经济学方法》。

避免特征误差也是很重要的，当一个或更多重要的解释变量没有包含在回归分析中时，会出现特征误差。如果出现特征误差，回归系数的估计值有可能存在偏差，回归方程也无法作出很好的预测。同时，如果回归方程中的自变量含有重大测量误差，那么也会出现问题，因为这些变量的回归系数往往偏向零。

② 更为详细的解释，请参见 Johnston，*Ecorometric Methods*。

X 值居中时，线性回归低估了因变量的值，如图所示，此时残差趋向正值。看上去一个二次方程比线性方程更符合图中的数据形状。因此，与其假定（4.2）式成立，不如假定：

$$Y_i = A + B_1 X_i - B_2 X_i^2 + e_i$$

使用前面介绍的多元回归方法，可以求出 A、B_1 和 B_2 的估计值。

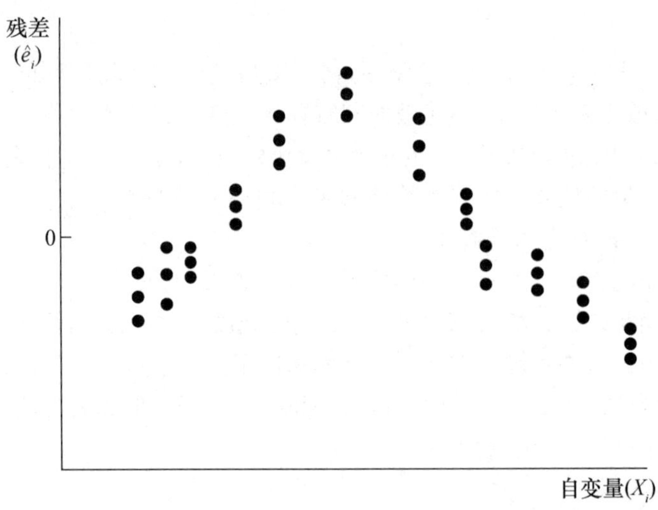

图 4—12　因变量与自变量之间的关系是非线性的，而不是线性的时

注：当 X 值很小或很大时，残差为负，当 X 值居中时，残差为正。

问题环节

美国联邦储备委员会经济学家如何预测汽车产量

由于汽车行业购买的橡胶占据橡胶市场的一半以上，同样主导着这个国家钢铁、铝和其他很多矿产品的消费，因此很多企业、政府机构以及汽车企业本身都对预测汽车产量感兴趣。纽约的联邦储备银行曾发表过一篇文章，文中采用本章介绍的回归分析方法对汽车产量做了估计。根据文章作者哈里斯的观点，汽车的季度产量取决于 5 个变量：(1) 实际可支配收入，(2) 零售汽车存量与销售量之比，(3) 新车的平均价格（相对于全体消费者价格指数），(4) 非汽车类耐用品的价格水平，(5) 最优惠贷款利率（银行对其最佳顾客所收取的利率）。

回归结果如下表所示。如果回归系数的真实值等于零，这里得出的每一个回归系数 t 统计量（绝对值）的概率都小于 0.01，但不包括非汽车类耐用品价格。

可调多元可决系数的值为 0.862，估计的标准差是 532，杜宾-瓦特森统计值 d 是 2.26。根据哈里斯的报告，用回归方程估计的汽车产量，其误差平均值（绝对值）大约为 6.9%。

问：(a) 你能否预测出存量—销售量之比的回归系数是负的吗？如果能，为什么如此？(b) 我们是否有理由相信存量—销售量之比的回归系数真实值是非零的？为什么是？为什么不是？(c) 有证据表明误差项的序列相关是正值吗？(d) 我们能够使用回归方法预测出汽车的需求曲线吗？

解答：(a) 能够预测。如果相对销售量而言，汽车的存量较大，人们会希望汽车企业少生产一些汽车，存量就会减少。(b) 是。根据前面的讨论可知，如果回归系数真实值等于零，存量—销售量之比的回归系数的 t 统计量达到 6.1（绝对值）的概率将小于 0.01。因此，如果回归系数的真实值等于零，t 统计量（绝对值）极不可能等于或大于它的观测值。(c) 没有。因为 n 大约等于 50，而 k 为 5，如果显著性水平是 0.025，附录 E 中的表 E—7 表明 $d_L=1.26$，而 $d_U=1.69$。统计量的观测值是 2.26，大于 $d_U=1.69$；这意味着我们将接受假设：不存在正的序列相关现象。(d) 不能。一项重要的指标，汽车价格回归系数，为正值，显然，该回归方程不能用于汽车需求曲线的估计。

变量	回归系数	t 统计量
常量	−22 302	−4.5
可支配收入	12.9	6.6
最优惠贷款利率	−97.8	−3.2
存量—销售量之比	−19.9	−6.1
汽车价格	230	5.0
非汽车类耐用品价格	6.0	2.1

小　结

1. 如果把不同时期的价格与需求量在散点图上表示出来，可能会出现识别问题，它们之间的关系常被用来估计需求曲线。由于非价格变量并非保持不变，需求曲线可能会随着时间移动。不过，可用复杂的计量经济学方法估计需求函数，而且，市场调研和消费者调查也有一定的价值。例如，管理者有时在不同城市或地区采用不同价格，以观察对需求量的影响。

2. 回归分析在估计需求函数和其他经济关系方面十分有用。回归线表示因变量与自变量之间的平均关系。最小二乘法是检验回归线与一组数据拟合程度的标准方法。假设回归线为 $Y=a+bX$，而且 a 和 b 是通过最小二乘法计算的，即：

$$b=\frac{\sum_{i=1}^{n}(X_i-\overline{X})(Y_i-\overline{Y})}{\sum_{i=1}^{n}(X_i-\overline{X})^2}$$

$$a=\overline{Y}-b\overline{X}$$

b 常被称作回归系数的估计值。

3. 相对于简单回归只包含一个自变量，多元回归包含一个以上的自变量。与简单回归相比，多元回归的优点之一是：如果使用一个以上的自变量，通常可以更准确地估计因变量的值。而且，如果因变量受到超过一个以上自变量的影响，因变量对一个自变量的简单回归可能导致该自变量对因变量的有偏估计。

4. 多元回归分析的第一步是要识别自变量，然后按照因变量的均值与自变量的关系确定方程的数学形式。例如，如果 Y 是因变量，X 和 P 被确定为自变量，我们可以得出：

$$Y_i=A+B_1X_i+B_2P_i+e_i$$

其中，e_i 是误差项。为了估计 B_1、B_2（被称为 X 和 P 的真实回归系数）以及 A（回归方程截距），我

们选择使 Y_i 与 $\hat{Y}_i$ 的离差平方和最小的值。其中，$\hat{Y}_i$ 为回归方程对因变量的估计值。

5. 在简单回归中，可决系数被用来衡量回归线的拟合程度。在多元回归中，多元可决系数 R^2 起到了同样的作用。R^2 越接近 0，拟合程度越差，R^2 越接近 1，拟合程度越好。

6. F 统计量可以用来检验任何一组自变量是否对因变量有影响。估计的标准差可以用来显示回归模型预测因变量的能力如何。每一个自变量回归系数的 t 统计量可用来检验这个自变量对因变量是否存在影响。

7. 多元回归可能出现的一个难题是多重共线性，即两个或两个以上的自变量是高度相关的。如果存在多重共线性，将不可能准确地估计特定自变量对因变量的影响。另一个常会遇到的问题是回归中的残差序列相关，可通过检验来确定是否存在这一问题。残差图可以帮助我们发现误差项的变化并非保持不变，呈非线性而不是线性的。

习　题

1. 克莱因公司的营销部利用回归分析估计出公司的需求函数为：

$$Q=-104-2.1P+3.2I+1.5A+1.6Z$$
$$R^2=0.89$$

估计的标准差等于 108，其中，Q 为公司产品的需求量（吨），P 为公司产品的价格（美元/吨），I 为人均收入（美元），A 为公司的广告支出（1 000 美元），Z 为竞争产品的价格（美元）。回归分析基于 200 个观测值。

（1）根据统计软件，如果 A 对 Q 没有影响，则观测到回归系数 A 的 t 统计量（绝对值）的概率为 0.005，请解释这一结果。

（2）如果 $I=5\,000$，$A=20$，$Z=1\,000$，则克莱因公司产品的需求曲线如何？

（3）如果 $P=500$，且问题（2）中的其他条件保持不变，估计克莱因公司产品的需求量。

（4）这一回归方程对数据的拟合程度如何？

2. 由于霍金斯公司的成本（除广告费用外）基本上是固定成本，所以管理者希望使总收益最大化（广告费用净值）。根据公司管理者提出的回归分析（基于 124 个观测值）：

$$Q=-23-4.1P+4.2I+3.1A$$

其中，Q 为公司产品的需求量（打），P 为公司产品的价格（美元/打），I 为人均收入（美元），A 为公司的广告支出（美元）。

（1）如果产品价格为每打 10 美元，该公司应该增加广告费用吗？

（2）如果广告预算固定为 10 000 美元，而人均收入等于 8 000 美元，该公司的边际收益曲线如何？

（3）如果广告预算固定为 10 000 美元，而人均收入等于 8 000 美元，管理者对于产品的定价应该是多少？

3. 7 家服装公司 2012 年的销售额和利润如下表所示。

公司	销售额（10 亿美元）	利润（10 亿美元）
麦克斯公司	5.7	0.27
布勒公司	6.7	0.12
戈登公司	0.2	0.00
德莱克斯公司	0.6	0.04
庄园公司	3.8	0.05
L&T 公司	12.5	0.46
东景公司	0.5	0.00

(1) 计算简单样本回归线，其中，利润为因变量，销售额为自变量。

(2) 估计一家 2012 年销售额为 2 亿美元的服装公司的平均利润。

(3) 这一回归线可以用来预测该家服装公司在 2026 年的利润吗？请予以解释。

4. 查理制造公司的总工程师观察了 10 个钢铁焊件的随机样本，并在每种情况中都对焊件的剪力和直径进行了测量，其结果如下表所示。

剪力（磅）	焊件直径（1/1 000 英寸）
680	190
800	200
780	209
885	215
975	215
1 025	215
1 100	230
1 030	250
1 175	265
1 300	250

(1) 这两个变量之间存在正相关关系还是负相关关系？这与常识相符吗？为什么是或为什么不是？这种关系是线性的吗？

(2) 计算剪力对焊件直径的最小二乘法估计。

(3) 请画出回归直线，并用这一回归直线估计焊件直径为 0.2 英寸时的平均剪力。使用这一回归直线估计焊件直径为 0.25 英寸时的平均剪力。

5. 克莱姆公司的营销经理以该公司产品的需求量（以 C1 表示）为因变量，以产品价格（以 C2 表示）和消费者可支配收入（以 C3 表示）为自变量进行回归。这一回归的 Minitab 计算机输出结果如下所示：

```
MTB > regress c1 on 2 predictors in c2 and c3
The regression equation is
C1 = 40.8 - 1.02 C2 + 0.00667 C3

Predictor        Coef        Stdev      t-ratio         p
Constant      40.833        1.112       36.74       0.000
C2           -1.02500      0.06807     -15.06       0.000
C3           0.006667     0.005558       1.20       0.244

S=1.361               R-sq=91.62%            R-sq(adj)=90.8%
Analysis of variance

SOURCE            DF           SS         MS          F          p
Regression         2       422.92     211.46     114.11      0.000
Error             21        38.92       1.85
Total             23       461.83

SOURCE            DF       SEQ SS
C2                 1       420.25
C3                 1         2.67
```

(1) 回归线的截距是多少？

(2) 产品价格回归系数的估计值是什么？

(3) 可支配收入回归系数的估计值是什么？

(4) 多重可决系数是多少？

(5) 估计的标准差是多少？

(6) 假定两个自变量对因变量都不存在任何影响，F 统计量的观测值变大的概率是多少？

(7) 如果价格回归系数的真值为零，t 统计量（绝对值）大于观测值的概率是多少？

(8) 如果可支配收入的回归系数的真值为零，t 统计量（绝对值）大于观测值的概率是多少？

(9) 简要描述这个回归方程的含义。

6. 铁路公司的经理必须知道货运站发生的成本与货运站产出之间的相关关系。货运站最主要的两项服务是转换和运送，而且可以使用一定时间内转换的车组数目和运送的车厢数目作为衡量产出的指标（一个车组被看作在同类铁轨上运行的连接在一起的一组车厢的一个单位，它常常被作为转换产出的单位）。美国国内最大的铁路公司最近进行了一项研究，并假定：

$$C_i = A + B_1 S_i + B_2 D_i + e_i$$

其中，C_i 为货运站第 i 天发生的成本，S_i 为货运站第 i 天转换的车组数，D_i 为货运站第 i 天运送的车厢数，e_i为误差项，可得 61 天有关 C_i、S_i 和 D_i 的数据。根据本章介绍的方法，可使用这些数据获得 A、B_1和 B_2的估计值，对应的回归方程为：

$$\hat{C}_i = 4\,914 + 0.42 S_i + 2.44 D_i$$

其中，$\hat{C}_i$ 为回归方程的估计成本（美元）。

(1) 如果要求你对这一研究进行评价，你将采取什么步骤来判断其是否满足回归分析的主要假定？

(2) 如果你认为已经满足了回归分析的假定，上述回归方程对铁路公司有什么用处？请具体说明。

(3) 在使用回归方程进行研究之前，你还希望获得什么统计量？为什么？

(4) 如果杜宾-瓦特森统计值等于 2.11，是否有证据说明误差项存在序列相关？

7. 玛丽·帕姆奎斯特，华尔街证券分析员，希望确定智利的国内生产总值（GDP）和卡尔顿公司税后利润之间的关系。她获得了每个变量的相关数据：

年度	国内生产总值（10 亿美元）	卡尔顿公司的利润（百万美元）
2001	688	355
2002	753	339
2003	796	361
2004	868	357
2005	936	278
2006	982	363
2007	1 063	510
2008	1 171	573
2009	1 306	661
2010	1 407	705
2011	1 529	688
2012	1 706	931

(1) 以卡尔顿公司的利润为因变量，GDP 为自变量，真实回归线的截距和斜率的最小二乘估计值是多少？

(2) 平均而言，GDP 增加 1 美元，它对卡尔顿公司的利润产生什么影响？

(3) 如果帕姆奎斯特女士认为明年的 GDP 将为 20 000 亿美元，根据回归分析，她对卡尔顿公司利润的估计值是多少？

（4）GDP 与卡尔顿公司利润之间的可决系数是多少？

（5）前几个问题的结论能证明卡尔顿公司利润的变动来自 GDP 的变动吗？我们能否确信卡尔顿公司的利润是 GDP 的线性函数吗？还有什么形式的函数可能和线性函数一样好或比线性函数更好？

（6）如果你是财务分析人员，你认为这一回归线是一个适合预测的模型吗？为什么是，为什么不是？

8. 在纺织行业中，纱包在织布的过程中不应该突然断裂。我们有一种直接测量断裂情况的方法，但实施起来费时、费力且不经济。此外，还有建立在实验室测试基础上的间接方法。布洛克威纺织品公司希望能够确定间接方法与直接方法之间的相关程度。如果相关程度足够高，公司就可以采用间接方法取代直接方法。

就测量 18 批纱包的断裂情况的直接方法和间接方法进行了一次试验，其结果如下表所示。

批	直接方法	间接方法	批	直接方法	间接方法
1	31	6.2	10	0	10.7
2	31	6.2	11	35	4.1
3	21	10.1	12	63	3.5
4	21	8.4	13	10	5.0
5	57	2.9	14	51	4.5
6	80	2.9	15	24	9.5
7	35	7.4	16	15	8.5
8	10	7.3	17	80	2.6
9	0	11.1	18	90	2.9

（1）两种测量方法之间的可决系数是多少？

（2）基于间接方法预测直接方法数值的线性回归模型是什么？

（3）根据你的发现，写出一份报告说明在决定是否采用间接方法替代直接方法时应该考虑的因素。

9. 金斯敦公司聘请了一位顾问来估计其产品的需求函数。该顾问使用回归分析方法估计出的需求函数为：

$$\log Q=2.01-0.148\log P+0.258\log Z$$

其中，Q 为金斯敦产品的需求量（吨），P 为金斯敦产品的价格（美元/吨），Z 为金斯敦竞争产品的价格（美元/吨）。

（1）计算金斯敦公司产品需求的价格弹性。

（2）计算金斯敦公司产品和竞争产品的交叉弹性。

（3）根据该顾问的结论，$R^2=0.98$，估计的标准差是 0.001。如果观测值的个数为 94，请对回归分析的拟合程度进行评价。

10. 新希望和艾维兰短线铁路公司进行了一次试验，在一年内将运费下调了大约 28%，目的是估计需求的价格弹性。这样大幅度的价格削减并没有影响铁路公司的收益。

（1）在进行这种试验时会遇到什么问题？

（2）根据所获取的数值，需求的价格弹性大概是多少？

11. 由于消费者偏好的变化，高质量红葡萄酒的市场需求曲线大幅度向右移动。如果市场供给曲线（具有向右上方倾斜的斜率）不变，在一定时期内将出现这种葡萄酒的价格和销售量同时上升的情况。

（1）如果画出价格对销售量的散点图，得到的关系近似于市场需求曲线吗？

（2）如果不是，这一关系近似于什么？

12. 布伦南公司利用回归分析获得了对其产品需求函数的如下估计：

$$\log Q=2-1.2\log P+1.5\log I$$

其中，Q 为需求量，P 为价格，I 为消费者的可支配收入。

（1）布伦南的总裁正考虑将价格下调 5%。他认为上述估计表明价格下降导致该公司产品销售量上升 6%。你同意吗？为什么？

（2）该公司的财务总监指出，假定 $\log P$ 对 $\log Q$ 没有影响，$\log P$ 的 t 统计量（绝对值）约为 0.5。他认为价格弹性的这一估计不可信。你同意吗？为什么？

（3）管理人员如何才能获得价格弹性更为准确的估计呢？

附录：可决系数和解释变量的概念

在本附录中，我们将对可决系数的含义和使用给出一个更加完整的解释。首先，我们必须讨论变差的概念，即离差的平方和。因变量 Y 的总变差等于：

$$\sum_{i=1}^{n}(Y_i-\overline{Y})^2 \tag{4.16}$$

也就是说，总变差等于 Y 与其均值离差的平方和。

为了衡量一条回归直线与数据的拟合程度好坏，我们将因变量的总变差分成两个部分：能够被回归线解释的变差和不能被回归线解释的变差。为了按这种方式分解总变差，我们必须指出对于第 i 个观测值有：

$$(Y_i-\overline{Y})=(Y_i-\hat{Y}_i)+(\hat{Y}_i-\overline{Y}) \tag{4.17}$$

其中，$\hat{Y}_i$ 是由回归线得到的 Y_i 的估计值。也就是说，如图 4—13 所示，Y_i 与 Y_i 均值之差可以分为两个部分，Y_i 与回归线上在 Y_i 正下方（或正上方）的点之间的差异，以及回归线上在 Y_i 正下方（或正上方）的点与 $\overline{Y}$ 之间的差异。

可表示为①：

$$\sum_{i=1}^{n}(Y_i-\overline{Y})^2=\sum_{i=1}^{n}(Y_i-\hat{Y}_i)^2+\sum_{i=1}^{n}(\hat{Y}_i-\overline{Y})^2 \tag{4.18}$$

上式的左端代表因变量的总变差。上式的右端的第一项用来衡量因变量没有被回归解释的变差。这是一个合理的解释项，因为它是实际观测值与回归线的离差平方和。显然，此项越大，回归方程的拟合度越差。上式的右端的第二项用来衡量因变量由回归解释的变差。这也是一个合理的解释项，因为它显示了因变量只在回归基础上变动的大小。

① 为了推导这一结果，我们将公式（4.17）两边同时平方，并按所有 i 值加总处理，得：

$$\sum_{i=1}^{n}(Y_i-\overline{Y})^2=\sum_{i=1}^{n}[(Y_i-\hat{Y}_i)+(\hat{Y}_i-\overline{Y})]^2$$

$$=\sum_{i=1}^{n}(Y_i-\hat{Y}_i)^2+\sum_{i=1}^{n}(\hat{Y}_i-\overline{Y})^2+2\sum_{i=1}^{n}(Y_i-\hat{Y}_i)(\hat{Y}_i-\overline{Y})$$

等式右端的最后一项等于零，因此公式（4.18）成立。

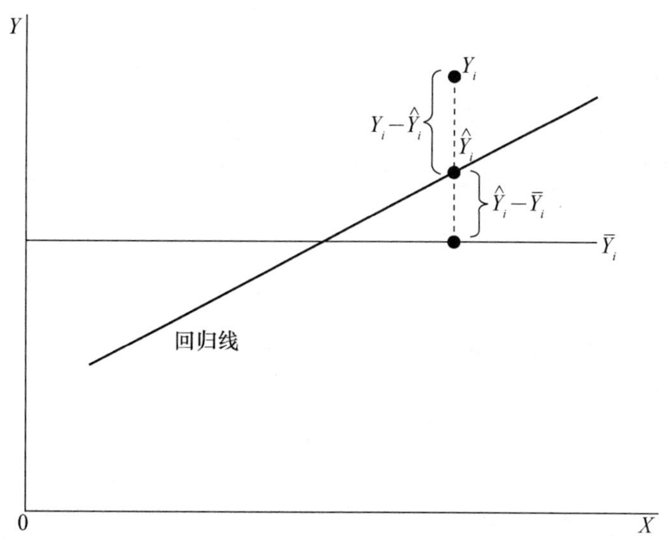

图 4—13 将 $(Y_i-\overline{Y})$ 分为两部分：$(Y_i-\hat{Y}_i)$ 和 $(\hat{Y}_i-\overline{Y})$

注：这样划分是为了衡量回归线对数据的拟合程度。

为了衡量简单回归线的拟合程度，我们使用可决系数，它等于：

$$1-\frac{\sum_{i=1}^{n}(Y_i-\hat{Y}_i)^2}{\sum_{i=1}^{n}(Y_i-\overline{Y})^2} \tag{4.19}$$

也就是说，**可决系数**等于：

$$1-\frac{没有被回归解释的变差}{总变差}=\frac{回归解释的变差}{总变差} \tag{4.20}$$

显然，可决系数是衡量回归线对数据拟合程度的合理指标，因为它等于因变量的总变差中被回归线解释的部分。可决系数越接近 1，拟合程度越好；越接近 0，拟合程度越差。

当计算多元回归时，可使用多元可决系数来衡量回归的拟合程度。多元可决系数可定义为：

$$R^2=1-\frac{\sum_{i=1}^{n}(Y_i-\hat{Y}_i)^2}{\sum_{i=1}^{n}(Y_i-\overline{Y})^2} \tag{4.21}$$

其中，$\hat{Y}_i$ 是由回归方程预测的因变量的值，因此，与简单可决系数一样：

$$R^2=\frac{回归解释的变差}{总变差} \tag{4.22}$$

这意味着 R^2 衡量的是因变量的总变差中由回归方程解释的部分。

第三部分

生产与成本

第5章

生产理论

虽然管理者确定了企业提供的产品与服务，但是他们的工作还远未结束。现在他们需要选择最佳的生产方式。管理者必须做到尽可能地有效率。资源是昂贵的，明智地使用资源是好管理者的一个标志。有效率需要对生产过程有一个全面的理解。简而言之，生产理论解释了如何使用稀缺资源（投入）进行产品或服务（产出）的生产。生产函数给出了投入与产出之间的具体关系。

生产问题不只局限于投入转化为产出的实际过程。在企业中，生产包括与产品和服务相关的一切活动，比如雇佣惯例、资本资源采集和生产分配。如今，像投资银行和咨询公司这样的企业，其管理者关心的则是有效地生产智力资源。

了解生产过程是洞悉成本分析的基础。对管理者而言，为实现最佳利润，必须控制成本和了解需求。成本来自生产过程，若不了解生产过程，管理者也就不大可能了解成本结构。

战略环节 ☞

扬基队签下亚历克斯·罗德里格兹

2004 年 2 月，纽约扬基队签订了最为昂贵的球员交换合同，用扬基队的球员交换得克萨斯骑士队的游击手亚历克斯·罗德里格兹。而罗德里格兹于 2000 年与骑士队签订的为期 10 年、金额高达 2.52 亿美元的合同尚未到期。所以，球员互换合同一经公布，新闻媒体就纷纷猜测这个互换在经济上是否划算。事实上，从潜在的经济价值来看，扬基队是以相对较低的价格买到了最优秀的棒球手。

首先，扬基队从骑士队那里收到了 6 700 万美元的现金。这是棒球史上最大的一笔球员互换金额，这使扬基队应付给罗德里格兹的金额减至大约 1.12 亿美元。通过互换，扬基队免除了本应向球员支付的大约为 1 330 万美元的薪金。2004 年，罗德里格兹预计的收入是 1 500 万美元，但他同意其中的 100 万美元可以延期支付。这样，2004 年扬基队实际上只支付罗德里格兹约 75 万美元。

在未来几年里，扬基队应支付给罗德里格兹的金额如下：接下来的 3 个季度为 1 500 万美元；2007—2008 年为 1 600 万美元；2009 年为 1 700 万美元；2010 年为 1 800 万美元。罗德里格兹在前 4 年每年延后得到 100 万美元，但不收取分文利息，并可在 2011 年一起收取延期支付的 400 万美元。

由于工资费用高昂，所以扬基队必须缴纳奢侈品税（其他棒球队也要分担这项税款）。2004 年，扬基队的薪金总额估计可达 1.9 亿美元（比薪金最低的 10 支球队之和还要高）。1.9 亿美元的薪金总额应缴纳 2 100 万美元的奢侈品税。

2004 年，扬基队的总收益估计为 3.3 亿美元。其中，约 1.1 亿美元来自 350 万名掏钱购票的观众（2004 年的票价平均上涨了 10%）。另外，扬基队从 YES 网得到了 6 000 万美元，从 WCBS 电台收取了 1 000 万美元，以及从全国性的电视转播、许可证及赞助商处收到了 3 000 万美元以上的收入。同时，球队还从地方性赞助以及比赛场地租赁业务中获得收入。

扬基队预计罗德里格兹加入后，即使提高票价，观众人数仍会增加（球员互换交易公布后，售票处的订票量急剧增加）。同时，追随他而来的球迷还可能在比赛时消费更多的零食、饮料和其他商品。

综合考虑之后，多数专家相信扬基队的边际利润大于签约罗德里格兹所支出的额外成本。

资料来源："Sports Business：Steinbrenner Has Got It，and He Loves to Flaunt It，" *New York Times*，February 17，2004.

5.1 一种投入变量的生产函数

生产函数可用表、图或公式表示，生产函数是指从任何一组特定的投入中获得的最大产出。生产函数概括了某一时期已有的技术特征，表明了管理者面临的技术约束。任何管理者都应该希望使用已有的最有效的生产过程，所以我们假定管理者预先设定了技术有效率。遗憾的是，很多管理者把生产过程看作是静态的。实际上，生产过程是动态的：方法、设计和要素成本都是变化的。变化引发变化，并且要求不同投入的混合。

考虑一个带有两种投入的生产过程。如果 X_1 是第一种投入的水平，X_2 是第二种投入的水平，生产函数为：

$$Q=f(X_1,X_2) \tag{5.1}$$

其中，Q 是企业的产量。

从认知角度讲，最简单的情况是一种投入数量固定，另一种投入数量可变。固定投入在短期内不发生变化。事实上，经济学家假设必须改变一种资产的时期为长期。固定投入常指资本（建筑物、机器和土地等）。可变投入在短期内也可能发生改变，比如说劳动。从长期角度看，所有的投入都是可变的。

约翰·托马斯是一位企业家，现拥有 5 台数控机床，也是一家航空公司的承包商。他想知道如果雇用不同数量的机械师对于年产量有何影响（请注意一年的产出量以百为单位）。托马斯估计一位机械师每年生产 4 900 个零件，雇用更多的人就能够生产更多的零件，如表 5—1 所示。该表说明当托马斯机械公司有 5 台机床时所对应的生产函数。直观效果更好的是图 5—1 中的曲线，它表达了相同的结果。事实上，表 5—1 中的数字是从生产函数 $Q=30L+20L^2-L^3$ 中推导得来的。L 是机械师的数量。

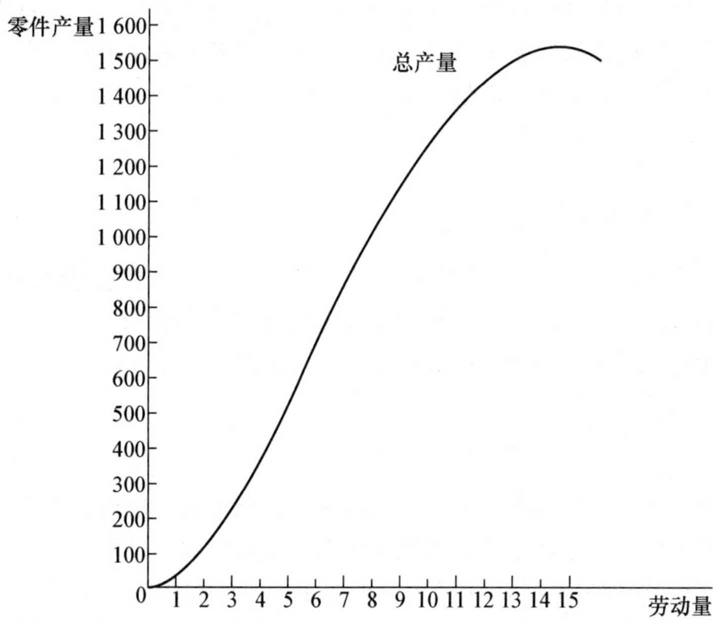

图 5—1　托马斯机械公司使用 5 台机床时劳动量与零件产量的关系

注：随着劳动投入量的增加，总产量以不断增加的比例上升（直到 6.67 单位的劳动），然后以不断下降的比例增加（直到稍微超过 14 单位的劳动）。之后，产量随着更多单位劳动的投入而减少，若是后一种情况，管理者绝不会任意投入劳动。生产函数表示产量（在这种情况下是生产的零件数量）与投入（在这种情况下是劳动单位）之间的关系。

表 5—1　　托马斯机械公司把不同数量劳动运用到 5 台机床时所得到的金属零件的产量

劳动量（L）	资本量（机床数）	零件产量（Q，100 件）
0	5	0
1	5	49
2	5	132
3	5	243
4	5	376
5	5	525
6	5	684
6.67	5	792.59
7	5	847
8	5	1 008
9	5	1 161
10	5	1 300
11	5	1 419

续前表

劳动量（L）	资本量（机床数）	零件产量（Q，100 件）
12	5	1 512
13	5	1 573
14	5	1 596
15	5	1 575

我们可以把生产函数视为管理者在技术运用上的深刻见解。托马斯对机械师数量的改变会如何影响产出变化的问题十分感兴趣。很多管理者常常使用的一个衡量方法是每人的产量，经济学家称其为**平均产量**（Average Product，*AP*）。因为，如果改变机械师数量，那么每人的产量或者平均产量就是：

$$AP=\frac{Q}{X_1},X_2\text{保持不变}$$

平均产量告诉托马斯每个机械师平均生产多少单位的产出。如果他想用更好的衡量标准去估计每个人的效率，他应该采用经济学家称为**边际产量**（Marginal Product，*MP*）的方法。投入的边际产量等于因投入量的微小变化而带来的产量变动：

$$MP=\frac{\Delta Q}{\Delta X_1},X_2\text{保持不变}$$

对于机械师来讲，边际产量代表每改变一个单位的机械师对产出造成的影响。如果托马斯增加了一个机械师，问题便是“如果我雇用的这位机械师是最后一个工人，将多生产多少个单位的产量?”如果他必须让一位机械师走掉，问题则为“如果我让这位机械师离职，我们将少生产多少单位的产量?”边际产量也是托马斯想要衡量的问题。

基于生产函数 $Q=30L+20L^2-L^3$，我们可以计算劳动的平均产量和边际产量。当然，如果把 5 台机床配置给机械师，上述两者都会发生变化。如果 $Q(L)$ 是每年 L 单位劳动对应的总产量，平均产量就为 $Q(L)/L$。当每年的劳动数量处于 L 和 $L-1$ 之间时，劳动的边际产量为 $Q(L)-Q(L-1)$。从表 5—2 可见，第一个机械师的平均产量为4 900 个零件，且第一个和第二个机械师之间每单位机械师的边际产量是 8 300 个零件。雇用其他数量机械师的对应结果如表 5—2 所示。

表 5—2　　托马斯机械公司劳动的平均产量与边际产量

劳动量（L）	资本量（机床数）	零件产量（Q，100 件）	平均产量（Q/L）	边际产量（ΔQ/ΔL）[a]	边际产量（dQ/dL）[a]
0	5	0	—	—	—
1	5	49	49	49	67
2	5	132	66	83	98
3	5	243	81	111	123
4	5	376	94	133	142
5	5	525	105	149	155
6	5	684	114	159	162
6.67	5	792.59	118.89	162.89	1 623.33
7	5	847	121	163	163
8	5	1 008	126	161	158

续前表

劳动量 (L)	资本量 (机床数)	零件产量 (Q, 100 件)	平均产量 (Q/L)	边际产量 (ΔQ/ΔL)[a]	边际产量 (dQ/dL)[a]
9	5	1 161	129	153	147
10	5	1 300	130	139	130
11	5	1 419	129	119	107
12	5	1 512	126	93	78
13	5	1 573	121	61	43
14	5	1 596	114	23	2
15	5	1 575	105	−19	−45

a. $\Delta Q/\Delta L$ 列的数字表示每一个标出的劳动单位的产量与前一个小于它的劳动单位的产量之差。dQ/dL 列的数字表示连续边际产量，即 $dQ/dL=MP_L=30+40L-3L^2$。

定量方法

更准确地讲，投入的边际产量是产量关于投入量的导数。也就是说，假设 Q 是产量，x 是投入量，如果其他投入量保持不变，则投入的边际产量等于 dQ/dx。

机械师的平均产量和边际产量如图 5—2 所示；数字可从表 5—1 中获得。曲线是大多数生产过程的代表。机械师（使用 5 台机床）的平均产量先上升，达到一个最大值后（当 $L=10$ 时，$Q/L=130$）再下降。劳动的边际产量的趋势也与其相似，开始时上升，达到一个最大值后（当 $L=6.67$ 时，$MP=163.33$），再下降。这也是大多数生产过程的典型状况。图 5—2 表明当平均产量取得最大值时，边际产量等于平均产量；也即当 $L=10$ 时，$MP=AP=130$。

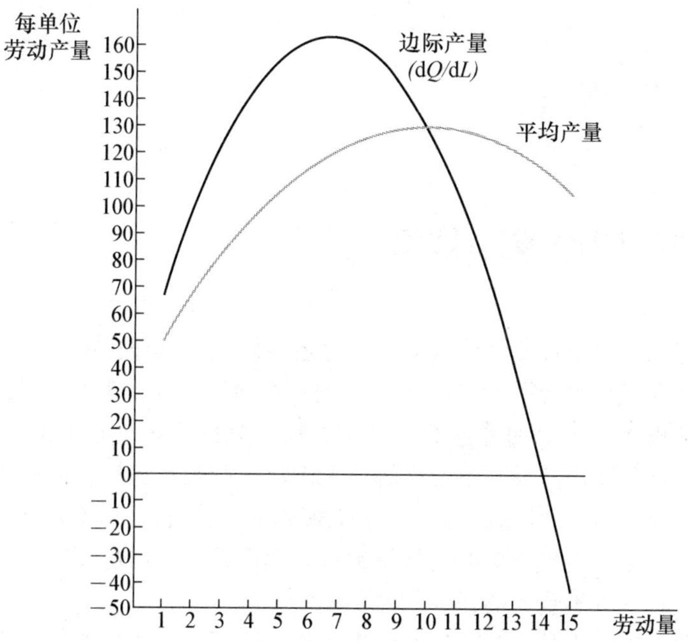

图 5—2　劳动的平均产量曲线与边际产量曲线

注：当平均产量处于上升阶段时，边际产量大于平均产量；而当平均产量处于下降阶段时，边际产量小于平均产量（每单位劳动产量以 100 个零件为单位）。

在表 5—2 中，我们使用了边际产量的两种定义。第一种是（$\Delta Q/\Delta L$），它假定托马斯以离散的单位雇用劳动力，例如，1 个机械师或 1 个机械师小时，这要根据雇佣法或与劳动者签订的合同来确定。第二种是 dQ/dL，它假定托马斯以连续的单位雇用劳动，如 1.25 个工人或 1.33 个工人，当雇用兼职工人或工作时间多于或少于标准工作日的工人时就会出现这种情况。

我们必须理解为什么当 AP 最大时，$MP=AP$。一个简单直观的例子可能会有所帮助。假如你的教授正在批阅试卷，为了计算考试成绩的平均值，她每批阅完一份试卷后更新一次平均分。3 份试卷被批阅后，得到的平均分是 86 分。如果接下来的一个（边际）分数高于 86 分，则平均分一定增加；如果低于 86 分，则平均分一定降低。这是数学的自然规律。只要 MP 高于平均产量 AP，则平均产量一定上升。当 MP 低于平均产量 AP 时，平均产量一定下降。当平均产量 AP 最大时，MP 与 AP 相交。

定量方法

如果 x 是投入量，Q 是产出量，那么平均产量为 Q/x，边际产量为 dQ/dx，并有：

$$\frac{d(Q/x)}{dx}=\frac{x(dQ/dx)-Q(dx/dx)}{x^2}=\frac{1}{x}\left(\frac{dQ}{dx}-\frac{Q}{x}\right)$$

当平均产量最大时，$d(Q/x)/dx$ 等于零。

则有：

$$\frac{d(Q/x)}{dx}=\frac{1}{x}\left(\frac{dQ}{dx}-\frac{Q}{x}\right)=0$$

因此：

$$MP=\frac{dQ}{dx}=\frac{Q}{x}=AP$$

5.2 边际收益递减规律

边际收益递减规律是管理经济学中一个著名的约束，也是管理者需要了解的一条重要规律。它教会管理者保持平衡。对于大多数生产过程，假定其他投入水平保持不变，若管理者对一种投入连续增加等量的改变量，所得到的产量增量（MP）将逐渐减小，即如果达到极致，就适得其反。不难理解，大多数生产函数都具有边际收益递减规律。

由表 5—2 可见，当托马斯雇用第 8 个机械师时，边际产量将下降。为什么？因为托马斯只有 5 台机床。当雇用更多的机械师时，他们将不得不受限于机床的数量，新雇用的人员将被安排一些不重要的任务。

选择最优投入组合不是一项轻松的管理工作。管理者不能只让一个变量变化，而令其他变量保持不变；而且他们也不能指望增加更多的投入总会使产量大幅提升。正如我们在后面将会看到的，这不是件简单的工作。

5.3 两种投入变量的生产函数

现在我们想使托马斯的世界复杂一些。在一个较长的时间跨度里，原先的固定投入5台数控机床将发生变化。表5—3给出了需要考虑的额外投入组合。尽管托马斯将不得不考虑更多的选择，但该过程与只有一种投入变量的情况仍很相似。

表5—3　　托马斯机械公司的两种可变投入的生产函数

劳动量（单位数）	机床数量（每年生产的零件以100件计）			
	3	4	5	6
1	5	11	18	24
2	14	30	50	72
3	22	60	80	99
4	30	81	107	125
5	35	84	130	144

为了便于说明，假定托马斯正考虑是否购买更多的数控机床。工程师预计出额外机床的生产函数并推导出了表5—3。每一台机床或每一位机械师的平均产量可以通过用总产量除以所使用的该机床的数量或是机械师的数量得到。每种投入的边际产量可以通过令其他投入保持不变来计算得到。例如，当使用4单位机械师和3台机床时，机床的边际产量为5 100个零件；当使用3单位机械师和4台数控机床时，机械师的边际产量为2 100个零件。如果X_1是第一种投入的数量，X_2是第二种投入的数量，该生产函数为：

$$Q=f(X_1,X_2)$$

其中，Q为公司的产量。第一种投入的边际产量为$\Delta Q/\Delta X_1$，第二种投入的边际产量为$\Delta Q/\Delta X_2$。

定量方法

对于过分挑剔的人，我们给出：

$$MP_1=\frac{\partial Q}{\partial X_1}\quad MP_2=\frac{\partial Q}{\partial X_2}$$

显然，生产函数可用一个曲面来表示，如图5—3所示。生产函数曲面是$OAQB$。[①]该曲面上点的高度代表任何一组投入组合对应的产量。从产量面上的一点向“底面”作垂线可以确定对应的投入组合。例如，生产$G'G$个单位的产量需要$OB_1(=A_1G')$单位的机械师和$OA_1(=B_1G')$单位的机床。与此相反，我们也能取任意数量的机床和机械师，比如OA_2单位的机床和OB_2单位的机械师，通过衡量D'点对应的产量曲面的高度来确定产量水平，该点对应的机械师投入为OB_2，机床投入为OA_2。根据图5—3，该产量等于$D'D$。生产相同产量的投入组合具有相同的高度。

① 该曲面并不代表表5—3中的数值，但它通常代表这种产量曲面是如何形成的。

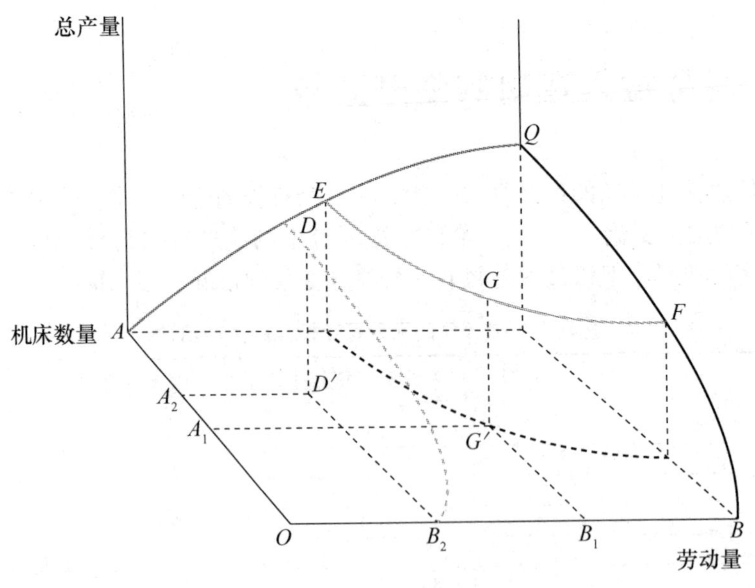

图 5—3　两种投入变量的生产函数

注：产量曲面 OAQB 表示由各种不同数量的机床与机械师组合得到的总产量。

战略环节

法律诉讼中资本对劳动力的替代

在法律诉讼中，双方必须向对方提交法庭要求和指定的文件。这可以帮助双方了解对方掌握的情况，并为指控和辩护做好准备。这个过程被称为提交证据。大型案件中辩方常用的策略是向原告提供超量的文件和 e-mail 等材料，其中包括辩方明知道与本案毫不相关的材料。原告必须把小麦从谷壳中分离出来，这常常是一项艰巨的任务。谁来完成这项工作？通常是律师和律师助手这支队伍，他们（尤其是律师）会因为很多小时的工作而获得数目可观的薪酬。在一个经典的案例（1978 年美国司法部针对 5 家电视台的反托拉斯案件）中，为查阅 600 万个文件花费了 220 万美元。

现在，人们步入人工智能和计算机的世界。一种叫做“e 发现”的软件能够根据关键词和关键短语快速搜索文件和 e-mail。除此之外，这类软件还能够从众多文件中分辨行为模式，并形成何人在何时知道何事的时间表。2011 年 1 月，黑石探索公司帮助分析了 150 万个文件，收费却低于 10 万美元。2010 年，Clearwell（一家“e 发现”公司）两天分析了 57 万个文件，提炼出与案件相关的文件 1 070 个。劳动力节省了 99%；换句话讲，以前需要 100 名律师完成的工作现在只需要 1 名律师即可搞定。Mike Lynch，Autonomy（另一家“e 发现”公司）的创始人，预言很快 1 名律师就能替代 500 名律师的工作，而新一代软件将能让 1 名律师替代 1 000 名律师。

十分有趣的是，坏事转化成好事。法律界人工智能的快速发展源自美国司法部在安然欺诈案件中积累的大量文件。案件涉及超过 500 万个文件。当研究人员着手进行工作时，他们了解了涉案人员是如何谈论罪恶行径以及其社会网络是如何形成的。

这里简单介绍一下程序的完成是多么复杂。编程需要关注“语言学”和“社会学”。语言学方面已经从仅仅查询关键词转向把这些词汇与相关词汇连接起来：一个词的同义词、反义词以及与该词有关联的活动等等。例如，如果搜索“猫”，可能会给出猫科动物、猫叫声、萌和老鼠等词语。社会学方面则追踪何人正与何人谈论何事，也能追踪交流时声调与内容的改变，甚至能分析特定词汇、短语或文件是否表明发送者或接收者的紧张程度。当交流从轻松到严肃或交流长度/频率发生改变时都能够被发现。像“让我们继续这种离线状态”通常说明某件事情正在进行。

人工智能也已经渗透进计算机行业本身。在计算机芯片行业中，软件取代了逻辑设计师和绘图师；目前，计算机完成了很多银行贷款专员和税务会计师的工作。这使得中层管理人员正面临风险，而且风险还有向高层管理者蔓延的趋势。

但是出现了质疑：计算机工作迅速，但是它真的好吗？一位重要化学公司的律师利用一件旧案例检验了“e发现”软件。他发现公司的律师与计算机相比只有60%的准确率。他认为原因在于人容易疲倦、烦恼、郁闷以及情绪低落等，而计算机不会。

资料来源：John Markoff，“Armies of Expensive Lawyers，Replaced by Cheaper Software，” *New York Times*，at www. nytimes. com/2011/03/05/science/05legal.

5.4 等产量线

等产量线表示能够生产既定产出水平的所有可能（有效）的投入组合。图5—3中的一条等产量线由生产曲面上高度相同的所有点构成。如果我们想找到一条与产量 $G'G$ 相对应的等产量线，就需要在 $G'G$ 的高度切割与底面平行的产量曲面，结果得到曲线 EGF，然后从 EGF 向底面做垂线，显然会形成一条曲线，而该曲线包含了可以生产 $G'G$ 数量金属零件的机床和机械师的全部有效组合。利用方程（5.1）中的符号，一条等产量线可表示成与某一产出量 $f(X_1, X_2)$ 相对应的所有 X_1 和 X_2 的组合。

图5—4给出了代表不同产量的多条等产量线。坐标轴用来衡量要素投入量。与前面的图形不同，在此图中，我们假定劳动和资本不再是机械师和机械工具（劳动和资本的一种具体形式），它们是相关的投入。这些曲线表示能够生产100、200和300个单位产

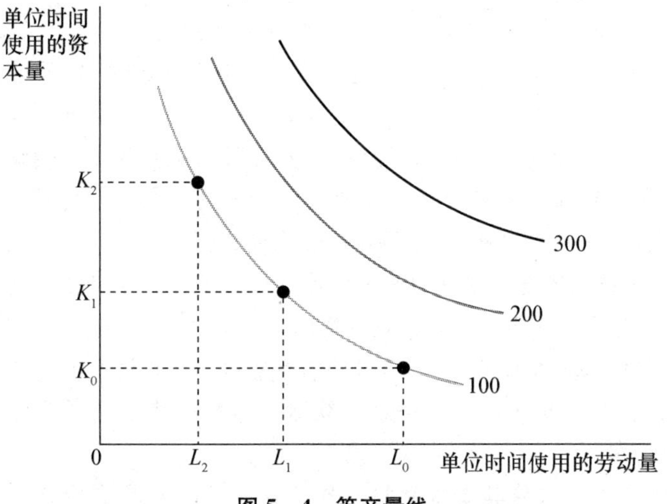

图5—4 等产量线

注：这三条等产量线表示可以生产100、200和300个单位产出的资本和劳动的不同组合。

出的各种不同投入组合。例如，考察产出单位是100的等产量线。根据这条等产量线，如果每个时期使用L_0单位劳动和K_0单位资本，就能得到100单位的产量。不仅如此，如果每个时期使用L_1单位劳动和K_1单位资本，或者L_2单位劳动和K_2单位资本，也可获得这个产量。

图5—4表明了等产量线的几个性质。距离原点较远的等产量线代表的产量较高。由于我们假定生产函数是连续的，则可以根据任意的投入组合绘出一条等产量线。每条等产量线代表无数个可能的投入组合。等产量线总是向下倾斜的，并且凸向原点（下一小节将解释原因）。

战略环节

纽科公司如何保持其生产函数

纽科公司是美国最大的钢铁公司，尽管它从20世纪60年代才开始专注于钢铁生产。在2011年的前39个星期里，公司的净销售额为150多亿美元。更出乎意料的是，该公司已连续154个季度支付现金股息。这一业绩远远超出了传统（综合）钢铁制造商，比如美国钢铁公司。例如，当美国一般的综合性钢铁公司每位雇员生产400吨钢材时，纽科的每位雇员生产980吨钢材。纽科公司的管理者究竟采取了什么措施从而获得了如此骄人的业绩呢？

第一个与众不同之处就是，纽科是一家“小作坊”，而不是一家综合性钢铁企业。小作坊与综合性大企业的生产能力不同。纽科利用电弧熔炉从废金属中提炼钢铁。2007年，它成为美国最大的钢铁回收企业，每两秒钟加工1吨钢材。

纽科取得杰出业绩的另一个主要原因是，公司强调资源的有效使用。管理层坚决实行让公司保持有效生产函数的战略。有效不能靠偶然的运气，显然，它取决于管理决策，并需要一个完整的配套政策。在纽科的案例中，该公司雇用了大约12 000人，而纽科的管理层是如何使员工始终专注于有效生产呢？

纽科公司采用了以下多个方面的措施：

1. 它保持了鼓励分散决策的精简高效的组织结构。大多数分部只设三个管理层。每个分部都被看成利润中心，并要求取得25%的总资产回报。

2. 公司是建立新厂的总承包人。它位于地价便宜的偏远地区（工会力量薄弱），而且，每家工厂都靠近水源并至少有两条运费低廉的铁路。纽科公司招募新员工建设工厂；在这个过程中它可以观察新员工的工作习惯。当工厂建成后开始运作时，那些具有良好工作习惯的人会被招聘进入新工厂工作。公司同时从其他工厂抽调员工（他们已经具备建厂经验）加入新工厂的建设团队。通过这些方法，纽科公司能够以低于竞争对手的成本和少于竞争对手大约33%的时间建成一家新工厂。

3. 所有员工都被纳入与业绩挂钩的薪酬计划中。例如，生产工人可获得基于其工作小组生产效率的奖金。运用团队方案，纽科降低了监督成本，因为员工会互相监督。奖金以产出能力和员工平均基本工资的80%～150%为基础。团队的产出越多，奖金就越高。

4. 纽科对待员工一视同仁。无论组织级别，福利一律相同。公司没有专车、经理餐厅，或专用直升机。

5. 公司强调产量并未使其质量受损。员工致力于生产具有价格竞争力的最高质量的钢材。为强化公司员工的质量意识，大多数纽科分部都通过了ISO9000质量认证*。

6. 最后，纽科视自己为技术领袖。它是第一家生产薄板铸钢的小作坊公司，并在全世界范围内寻找生产钢铁的新方法。公司扁平的组织结构有利于强化对创新的重视。企业也能够迅速制定决策和贯彻决策。

* ISO9000 是一套质量标准。为获得 ISO9000，管理者必须达到 ISO9000 的各种质量保证要求，并接受外部注册官审核。如果公司的质量保证体系获得了外部注册官的批准，那么，该公司就可获得 ISO9000 质量认证证书，并可向所有顾客宣传它所获得的认证。

战略环节 ☞

替 代

如今，企业赋予管理者的头衔在几年前并不常见。其中的一个头衔就是首席创新长官。Linkedln 的一项研究发现，公司中至少有 700 人拥有这样的称呼，并且另外有大约 25 000 人的职位中含有创新这个词语。谁知道还有多少具备不同职位称呼的人正在从事创新工作呢？那么，创新中的"新"到底是什么？开发似乎分为三个层面。(1) 纵观和想象；(2) 想创业就要像硅谷中的那些人；(3) 倾听顾客的所想所要，并努力满足这些需求。因此，创新者希望开发与生产新的产品和服务，并使已有的产品和服务更具效率。

例如，考虑上段中的开发层面 (1) 和 (2)。惠好公司（生产纸张和纸浆）发现了一种名叫木质素的化学合成物的新用途。它是用树木生产纸浆时产生的一种副产品，在造纸过程中一直被当作燃料加以回收。但是一些分析人员指出它能够用于生产碳纤维，而汽车制造商正在使用碳纤维替代金属（目的是降低汽车重量，以此改善油效）。木质素在碳纤维生产中的价值要高于它在造纸厂作为燃料时价值的 10～20 倍。汽车行业正在通过用碳纤维替代金属来改变生产函数，而纸浆行业正在通过用其他燃料替代木质素来改变生产函数。

花旗银行的主要创新长官正运用开发层面 (3)，把银行的注意力从银行产品转向消费者，咨询消费者希望要什么而不是询问花旗银行想要卖什么？富裕的消费者被分成四个同质组，从有潜力的人（30 多岁）到即将退休的婴儿潮一代，以及介于两者之间的两个小组。然后，消费者服务和营销策略都根据消费者的需求作出调整。

新型银行是数字式的触屏工作站，可以和金融专家视频交流。新型银行实际上是虚拟无纸化的（传统银行使用不少于 100 种表格）。因此，资本取代了劳动，虚拟银行取代了用纸的银行。银行的生产函数也发生了改变。

资料来源：Steve Lohr，"Innovate，Yes，but Make It Practical，" *New York Times*，at www. nytimes. com/2010/08/15/business/15unboxed. html.

5.5 边际技术替代率

一般地，某一特定产量可由很多的投入组合来实现。当我们沿着一条特定的等产量线移动时，**边际技术替代率**（marginal rate of technical substitution，*MRTS*）表示的是一种投入替代另一种投入的比率（产量保持不变）。如果利用（5.1）式，即产量是两种投入的函数：$Q=f(X_1, X_2)$，那么边际技术替代率可表示为：

$$MRTS = -\frac{\Delta X_2}{\Delta X_1} \tag{5.2}$$

假定 Q（产量）保持不变。

从几何意义上讲，边际技术替代率是－1乘以等产量线的斜率。这一点很重要，因为 $\Delta X_2/\Delta X_1$ 衡量的是斜率，它是向下的或是负的（X_2 在 y 轴上，X_1 在 x 轴上）。

对于管理者而言，把 $MRTS$ 看作是投入1和投入2的边际产量比例，即 MP_1/MP_2，是有益的。管理者需要效率。边际产量的优点是，可以指出最后一单位投入带来的产出增量。管理者的本意是，投入的增多应该伴随着相对较高的产量，尽管他必须同时考虑投入成本。

两种投入间的比例实际上是可变的。在某些生产过程中，一种劳动能够被另外一种轻易取代；在其他生产过程中，有时还需要专业化的投入。在一些极端情况下，投入彼此根本无替代的可能性，当生产一单位产品时，每种投入的数量必须是固定的，而且投入比例也必须固定不变。图5—5显示了这种情况下的企业等产量线；如图所示，它们都呈现出90°的直角。尽管只有极少数生产过程中投入完全不存在替代的可能性，但有时替代量的确非常有限。如果投入要素间存在完全替代性，等产量线就是连接两条坐标轴的直线。

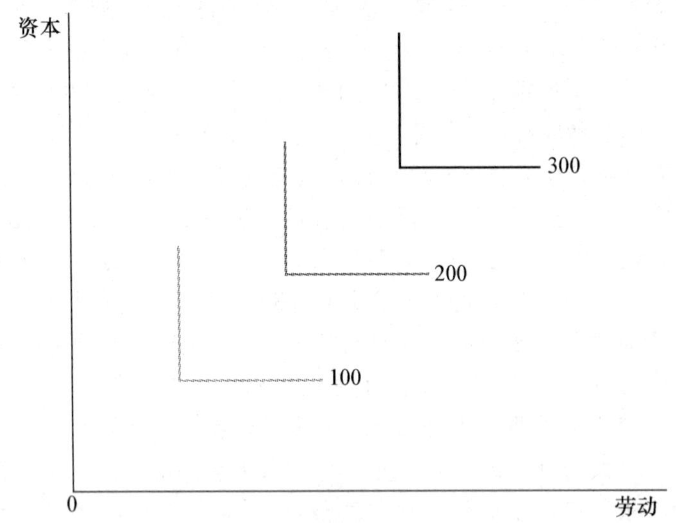

图5—5　固定比例情况下的企业等产量线

注：如果投入必须按固定比例使用，等产量线就是直角形状。

定量方法

趣味时间！

因为：

$$dQ = \left(\frac{\partial Q}{\partial X_1}\right) dX_1 + \frac{\partial Q}{\partial X_2} dX_2 = 0$$

所以

$$\frac{dX_2}{dX_1} = -\frac{(\partial Q/\partial X_1)}{\partial Q/\partial X_2} = -\frac{MP_1}{MP_2} \tag{5.3}$$

从数理角度讲，等产量线可能有正斜率部分或是向后弯曲部分，如图 5—6 所示。在 OU 的上方和 OV 的下方，等产量线的斜率均为正。这意味着，为了维持某一产出率，资本和劳动都要增加。如果出现这种情况，一种或另一种投入的边际产量必定为负。在 OU 曲线上方，资本的边际产量为负值；因此，当劳动水平保持不变时，降低资本使用量，产量就会增加。在 OV 曲线的下方，劳动边际产量为负值；因此，当资本水平保持不变时，减少劳动使用量，产量就会增加。OU 和 OV 这两条曲线叫做**脊线**。

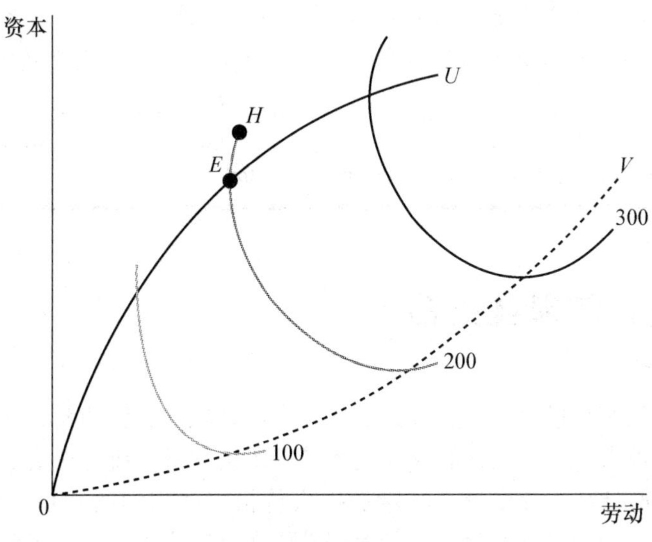

图 5—6　生产的经济区域

注：追求利润最大化的企业不会在 OU 和 OV 之外的点上进行生产活动。

追求利润最大化的管理者不会在脊线之外的点上从事生产活动，因为他能在减少两种投入要素数量的同时生产出同样的产量。这种投入肯定更便宜。考虑图 5—6 中的点 H，该点位于等产量线上斜率为正的部分（因此在脊线之外），它比同一条等产量线上脊线内的其他点（比如 E 点）需要更多的劳动和资本。由于资本和劳动的价格都是正值，在 E 点上从事生产活动肯定比在 H 点上更便宜。其寓意为：如果要实现利润最大化，就不要在脊线之外的点上从事生产活动。

战略环节 ☞

产品和服务的支付创新

收银机是过去时了吗？收银员现在已经不用再键入产品价格，可直接扫描商品条码。虽然收银员可能只需收钱和找零，不过很多付款还需使用信用卡和借记卡。有些商店，比如家得宝，已经提供了自主结账通道。那接下来会发生什么？当你推着购物车通过出口时，附近的大拱门如何扫描你购买的所有商品？如何把总费用计入你的信用卡中？或者如何在你的银行余额中扣除你的购物金额？这有些像百货商场或是其他零售商购物的“快易”通道。

如何通过刷智能手机进行支付？德国电信、法国电信、谷歌、Visa 卡以及其他公司正在争先进入所谓的近距离通信技术（near-field communication，NFC）支付系统，该系统将允许消费者在街边购物，而只要刷一下手机即可付款。电信企业希望它们现有的客户支付系统和计费装置具备与谷歌（其虚拟计费技术无人能比）这样的技术巨人进行竞争的第一优势。到 2014 年，估计 NFC 市场将占领全球移动交易市场的三分之一（13 000 万美元的市场份额）。不只是收银机，信用卡也可能被替代。

谷歌的安卓系统、三星的 Nexus S，以及苹果（知道如何发账单）的投资商都可能进入 NFC 市场，该领域的未来将非常有趣。

基础设施投资将十分重要，需要设置许许多多的销售终端，而所有的手机也得与 NFC 兼容。电信专家和金融服务行业的合作是实现这一目标的最有效方法。

资料来源：Matthew Campbell and Jonathan Browning，"Mega Payments Race Google，Visa Against Phone Operators，" *Bloomberg News*，February 21，2011，at www.bloomberg.com/news/2011-02-20/-mega-payments-race-pits-google-visa-against-phone-operators.html.

5.6 投入的最佳组合

前面的分析没有包括投入的成本。由于要素的稀缺性，管理者必须考虑成本。希望利润最大化的管理者力求以最低的成本生产某一既定产量，或者在给定成本水平上实现产出最大化。① 假定管理者接受了既定的投入价格，使用的两种投入要素是资本和劳动，它们在不同时期会发生变化。如果管理者要在既定成本水平上实现产量最大化，应该如何选择资本和劳动的组合呢？

在给定成本的条件下，需要确定可获得的各种投入组合。如果资本和劳动是投入要素，劳动的价格为每单位 P_L、资本的价格为每单位 P_K，则可得到投入组合的总支出 M：

$$P_L L + P_K K = M \tag{5.4}$$

其中，L 为劳动水平，K 为资本水平。给定 M、P_L 和 P_K，可得：

$$K = \frac{M}{P_K} - \frac{P_L L}{P_K} \tag{5.5}$$

给定 M、P_L 和 P_K 时，能够购买的资本和劳动的各种组合可以通过图 5—7 中的直线来表示（纵轴表示资本，横轴表示劳动）。这条直线在纵轴上的截距等于 M/P_K，斜率为 $-P_L/P_K$，该直线叫做**等成本线**。它表示在总支出一定时，可获得的所有的投入组合。

如果我们把有关的等产量线放在企业的等产量图上，就可通过图形确定成本给定条件下产量最大时的投入组合。一位有效的管理者应该选择最高等产量线与等成本线相切的点，例如，图 5—8 中的点 R。由于等成本线的斜率是负的 P_L/P_K，等产量线的斜率

① 产量给定时成本最小化的条件与成本给定时产量最大化的条件是一样的，本节将阐述这一内容。因此，我们可以采用上述任何一种方式来看待企业问题。

是负的MP_L/MP_K，因此，投入的最佳组合就是满足$P_L/P_K=MP_L/MP_K$的组合。或者换一种说法就是，该企业应该选择满足$MP_L/P_L=MP_K/P_K$的投入组合。

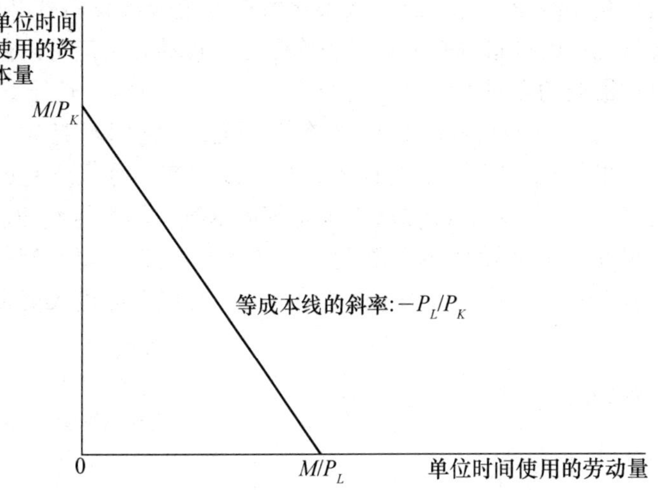

图 5—7 等成本线

注：等成本线表示总支出为M时，可以得到的投入组合。

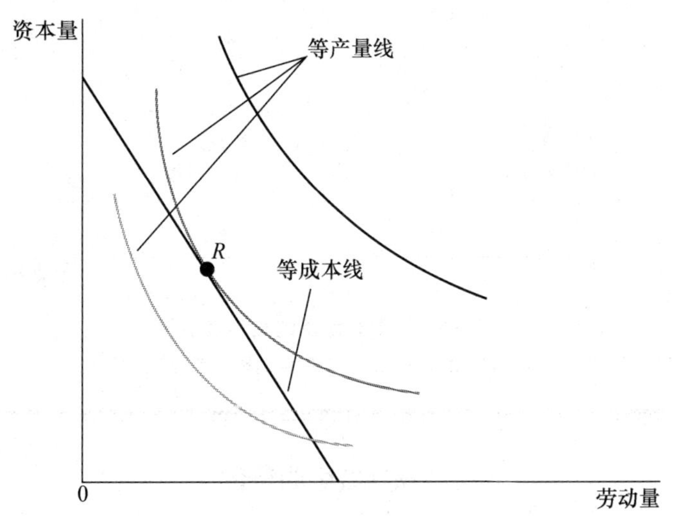

图 5—8 成本既定下的产量最大化

注：要实现成本既定下的产量最大化，企业应该选择R点的投入组合。

这样看来，有效的管理者需要选择的投入组合是1美元劳动的边际产量等于1美元资本的边际产量处的组合。如果不是这样的组合，管理者应该提高比1美元边际产量更高的投入的使用量。

如果存在两种以上的投入要素，管理者将按照花费1美元的某种投入的边际产量与花费1美元的其他任意一种投入的边际产量相等的办法，在各种投入要素之间配置成本，从而实现产量最大化。也就是说，管理者需要按照如下条件选择投入要素组合：

$$\frac{MP_a}{P_a}=\frac{MP_b}{P_b}=\cdots=\frac{MP_n}{P_n} \tag{5.6}$$

其中，MP_a，MP_b，…，MP_n分别是投入 a，b，…，n 的边际产量，而 P_a，P_b，…，P_n分别是投入a，b，…，n 的价格。

为了确定生产某一既定产出时成本最小化的投入组合，我们可以使用像图 5—8 那样的图形。沿着与规定的产量水平相对应的等产量线移动，一定可以在等产量线上找到一点，而这点也在最低的等成本线上，例如图 5—9 中的 S 点。位于 S 点下方的等成本线C_0上的投入组合，比 S 点的投入组合要便宜，但是，它们不能生产出令人满意的产量。位于 S 点上方的等成本线 C_2 上的投入组合可以生产出令人满意的产量，但是比 S 点的投入组合成本要高。显然，最佳点 S 就是等成本线与等产量线的切点。因此，要使产量既定而成本最小，或者使成本既定而产量最大，企业必须使MP_L/MP_K 和P_L/P_K相等；这就意味着 $MP_L/P_L=MP_K/P_K$。如果需要两种以上的投入要素，管理者必须满足方程（5.6）。

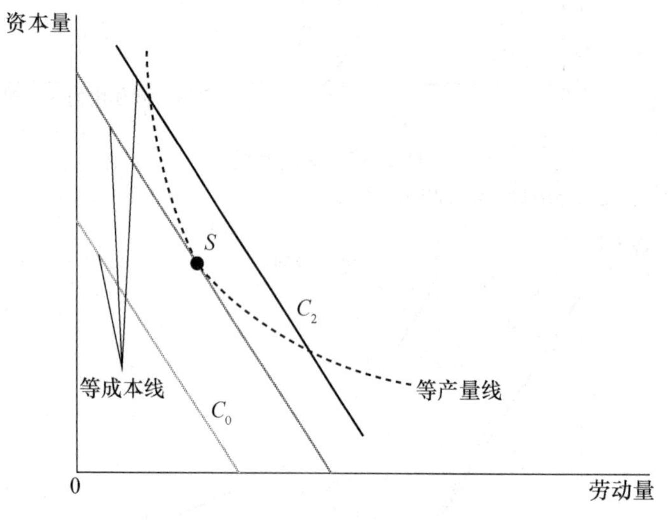

图 5—9　产量既定下的成本最小化

注：要实现与这条等产量线相对应的产量最大化，企业应该选择 S 点的投入组合。

战略环节 ☞

棒球比赛中的替代

常规的棒球赛季要经历 162 场艰苦的比赛，然后有 8 支球队进入复赛，最终，有两支球队参加世界职业棒球大赛。要在 162 场比赛中生存，并成功到达复赛，既需要运气，也需要技巧。投球占据了比赛大部分进程。大多数球队要进行 4～5 个先发投手的循环（这意味着每个投手参加 30～40 场比赛之后，才可以休息四天左右，之后再次投入比赛）。在整个漫长的赛季中，投手需要时间恢复，以避免手臂受伤。

然而，一旦球队进入复赛，事情就开始发生变化。因为比赛的战略调整，投手只有很短的时间恢复，直到淡季的时候才能够休息，球队只能用他们最好的三（或四）个而不是排名第四或第五名的先发投手。通过使用最好的投手，在最近 15 年的 13 届比赛中，复赛的投手防御率一直低于常规比赛中的投手防御率。2001 年，复赛的投手防御率低于常规比赛 1.3 分（约下降 30%）。

哪一类投手是复赛中最好的投手呢？强力型投手，如乔希·贝克特、约翰·史摩兹、卡斯坦·查尔斯·沙巴西亚、科特·席林和兰迪·约翰逊，都是最好的投手。虽然也有一些技巧型投手表现出色，包括克里夫·李和科尔·汉梅尔斯，及其他常规赛季的技巧型投手，诸如格雷戈·马达克斯和汤姆·葛拉文等，但他们在复赛阶段的表现常常有失水准。而真正的强力型投手在复赛中往往处于领先地位。

为什么管理层（即经理和教练）用强力型投手替代技巧型投手？约翰·史摩兹——一名原强力型投手，复赛中最有价值的球员，在复赛中保持 15∶4 的胜负记录和 2.67 的投手防御率，如今是美国棒球解说员，他认为，如果我要组建一支球队，前面的循环投球我要使用强力型投手，而不管他们在本赛季常规比赛中的表现是否出色，因为他们有更好的把握在短时期内控制局面。坦帕湾光芒队的投手教练吉姆·希奇说，我想每个球队宁愿选择强有力的手臂。如果你得到一个控制型的投手能够三振出局，那么就没有必要选择其他人。强力型投手依靠三振出局掌握自己的命运，而技巧型投手选择让击球手与球接触，因此出现了击中或不击中的可能性。

资料来源：Jorge L. Ortiz, "Pitching Rules in Playoffs: ERAs Drop, Strikeouts Go Up," *USA Today*, October 5, 2010. at www. usatoday. com/sports/baseball/playoffs/2010-10-05.

5.7 拐角解

与第 3 章中的消费者理论一样，这里也存在拐角解，也就是说，仅有效利用了一种投入的最佳投入组合。假设生产技术和投入价格既定，等产量线和等成本线不相切。在两种投入的情况下，这意味着只有一种投入以最便宜的方式用于生产（或者成本既定时产出最大）。如果只使用资本投入，等式（5.6）将变为不等式 $MP_K/P_K>MP_L/P_L$；如果只使用劳动投入，等式（5.6）将变为 $MP_K/P_K<MP_L/P_L$。前者在图 5—10 中有所体现。

5.8 规模收益

我们已经看到了管理者如何利用生产函数表示技术运用，并使用诸如边际产量和平均产量这样的概念去有效运作。我们希望继续这一主题并考察管理者可能面临的一些长期问题，比如规模。基本的问题是，当管理者增加资本和劳动的投入时，产量的变化是多少？

假定我们考察一种长期情况，其中所有的投入都是可变的，而且管理者按照同样的比例增加所有的投入。产量将会发生什么变化？显然，有三种可能：第一，产量也许会比投入以更大的比例增长；例如，所有的投入增加 1 倍可能会带来超过 1 倍的产量。这是**规模收益递增**的情况。第二，产量也许会比投入以更小的比例增长；例如，所有的投入增加 1 倍可能会带来低于 1 倍的产量。这是**规模收益递减**的情况。第三，产量也许会与投入恰好以相同的比例增长；例如，所有的投入增加 1 倍可能会带来增加 1 倍的产量。这是**规模收益不变**的情况。

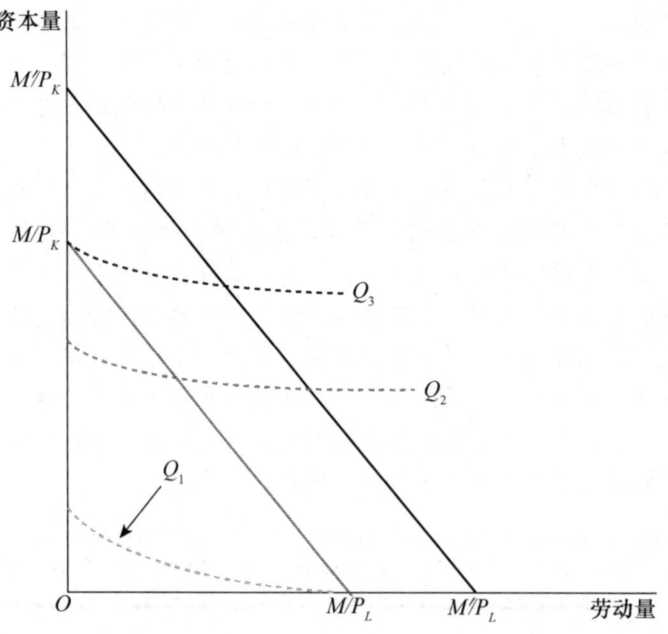

图 5—10　只使用一种投入时的拐角解

注：总支出 M 既定，如果只使用资本投入（M/P_K 单位），可获得最高产量 Q_3。总支出 M 既定，如果只使用劳动投入，企业只能获得产量 Q_1。获得 Q_3 个单位产量的最便宜的方法是只使用 M/P_K 单位的资本，而不使用劳动。若要达到产量 Q_3，也可同时使用资本和劳动，不过总支出 $M'>M$，这种方式并不有效。

问题环节

我们需要什么技巧？

考虑拜斯万格公司的例子。这是一家从事工程分析的小型公司。拜斯万格公司的总裁认为公司每月的产量 Q 与其雇用的工程师的数量（E）和技术员的数量（T）之间的关系可以用如下方程描述：

$$Q=20E-E^2+12T-0.5T^2 \tag{5.7}$$

工程师每月的工资为 4 000 美元，技术员每月的工资为 2 000 美元。如果总裁每月向工程师和技术员总共支出工资 28 000 美元，那么，他应该雇用多少工程师和多少技术员？

如果这位总裁希望产出最大化（28 000 美元是他的预算），他必须按如下方式选择工程师和技术员的组合，即：

$$\frac{MP_E}{P_E}=\frac{MP_T}{P_T} \tag{5.8}$$

其中，MP_E 是工程师的边际产量，MP_T 是技术员的边际产量，P_E 是工程师的工资，而 P_T 是技术员的工资。对等式（5.7）考察其对 E 和 T 的改变量，我们会发现：

$$MP_E=\frac{\Delta Q}{\Delta E}=20-2E \tag{5.9a}$$

$$MP_T=\frac{\Delta Q}{\Delta T}=12-T \tag{5.9b}$$

用上述两个等式替换掉等式（5.8）中的 MP_E 和 MP_T，已知 $P_E=4\,000$ 且 $P_T=2\,000$，

可得：

$$\frac{20-2E}{4\,000}=\frac{12-T}{2\,000}$$

$$\frac{2\,000(20-2E)}{4\,000}=12-T$$

$$10-E=12-T$$

$$T=E+2$$

由于拜斯万格公司每月付给工程师和技术员的工资总额为 28 000 美元，即：

$$4\,000E+2\,000T=28\,000$$

用（$E+2$）替代 T，可得：

$$4\,000E+2\,000(E+2)=28\,000$$

这就意味着 $E=4$（且 $T=6$）。于是，在支付 28 000 美元工资总额的基础上，若使产量最大化，总裁应该雇用 4 名工程师和 6 名技术员。

问题环节 ☞

管理者的有效思路

管理者需要找到既满足给定产量又实现成本最小化的投入组合。直觉上，他们必须平衡投入的产出与投入的成本。正如我们将在第 6 章中看到的，管理者可以使用更简单的衡量方法，比如成本。不过，通过理解生产函数可以提高控制成本的能力。考虑米勒公司管理者面临的问题，该公司每小时产量 Q 与工人数量 L 和每小时使用的机器数量 K 之间的关系可表示如下：

$$Q=10\,(LK)^{0.5}$$

工人的工资为每小时 80 美元，机器的价格为每小时 20 美元。如果米勒公司每小时生产 800 单位的产品，那么管理者应该使用多少工人与多少机器呢？

根据（5.8）式，米勒公司应当选择一种投入组合，并满足：

$$\frac{MP_L}{P_L}=\frac{MP_K}{P_K}$$

其中，MP_L 是工人的边际产量，MP_K 是机器的边际产量，P_L 是工人的工资，P_K 是使用一台机器的价格。由于 $Q=10\,(LK)^{0.5}$，故有：

$$MP_L=\frac{\Delta Q}{\Delta L}=5\left(\frac{K}{L}\right)^{0.5}$$

$$MP_K=\frac{\Delta Q}{\Delta K}=5\left(\frac{L}{K}\right)^{0.5}$$

这样，若 $MP_L/P_L=MP_K/P_K$，则有：

$$\frac{5\,(K/L)^{0.5}}{80}=\frac{5\,(L/K)^{0.5}}{20}$$

上式两端同时乘以$(K/L)^{0.5}$，可得：

$$\frac{5K}{80L}=\frac{5}{20}$$

这就意味着$K=4L$。由于$Q=800$，可得：

$$10(LK)^{0.5}=800$$
$$10(L(4L))^{0.5}=800$$
$$L=40$$
$$K=160$$

因此，为使成本最小化，米勒公司的管理者应当雇用40名工人，并使用160台机器。

乍看起来，某些管理者可能会相信生产函数必然会出现规模收益不变的情况。毕竟，如果一个管理者可以建立两家具有同样规模和同类工人的工厂，难道总产量不会是一家相同工厂产量的2倍吗？但事情并不是这样简单。如果一个管理者将其工厂规模扩大1倍，也许就能够使用在较小规模的工厂中不能使用的技术。有些投入在较小的规模上无法使用，例如，我们无法安装半个机器人。由于这种不可分性，规模收益递增效应就可能产生。因此，当管理者考虑效率选项时，构建一家大型工厂也许比拥有两家相对较小的工厂更有效率。

大型企业也允许管理者将任务再细化，更严格地使用投入。这种专业化策略提高了生产效率；所以投资银行家专注于专属领域，而航空公司致力于用计算机控制资源。大型企业也可能出现概率性效率；例如，由于许多顾客的总体行为往往较为稳定，因此，企业的存货也许不必根据销量来增加。

由于某种特定的几何关系，规模收益会发生递增。由于一个2×2×2英尺盒子的体积是1×1×1英尺盒子体积的8倍，因此，前一个盒子的容积是后一个盒子的8倍。但是2×2×2英尺盒子6个面的面积是24平方英尺，1×1×1英尺盒子6个面的面积为6平方英尺，而前一个盒子所需的木材只是后一个盒子的4倍。

不过，大的不一定总是好的；管理者也许会经历规模收益递减。最常见的问题是大企业在协调方面面临的挑战。即使是小企业中的管理者，也很难获得作出重大决策所需的全部信息；在大型企业中，这种困难将变得更大。正如我们将在第15章中介绍的，在大型企业中，管理者在设计高效的激励制度时常常会遇到很多困难。尽管大型企业的优势十分明显，但规模也会导致无效率。例如，在某些研发项目中，大的设计团队往往比小的设计团队效率更低。

规模收益不变、递增，还是递减，是一个必须逐项解决的经验性问题，但却不存在一个简单又包罗一切的答案。在某些产业中，有证据表明，收益递增出现在一定的产出范围内；不过答案也有可能取决于对产量的仔细考虑。在低产出水平上，规模收益可能递增，但在高产出水平上，规模收益可能不变或者递减。除此之外，管理者必须掌握当投入不总是按照同样的比例增加或减少时，产出是如何变化的。

5.9 产出弹性

要衡量规模收益是递增、递减还是不变的，需要计算产出弹性。**产出弹性**的定义是，所有的投入增加 1%所引发的产出变化的百分比。如果产出弹性大于 1，则规模收益递增；如果产出弹性等于 1，则规模收益不变；如果产出弹性小于 1，则规模收益递减。

为了加以说明，考虑一家飞机零件制造商孤星公司，其生产函数如下所示：

$$Q=0.8L^{0.3}K^{0.8}$$

其中，Q 为每年生产的零件数量（以 100 万件为计量单位），L 为雇用的工人数量，K 为使用的资本数量。这是一个常用的柯布-道格拉斯生产函数（查尔斯·柯布和保罗·道格拉斯最先使用该函数，所以用他们的名字命名）。

为了计算孤星公司的产出弹性，让我们看看如果把两种投入都乘以 1.01，将会出现什么结果。显然出现了 Q 的新值，即 Q' 为：

$$\begin{aligned}Q'&=0.8(1.01L)^{0.3}(1.01K)^{0.8}=0.8(1.01)^{1.1}L^{0.3}K^{0.8}\\&=(1.01)^{1.1}(0.8L^{0.3}K^{0.8})=(1.01)^{1.1}Q\\&=1.011\,005\,484Q\end{aligned}$$

因此，如果两种投入都增加 1%，产出的增加会稍高于 1.1%；这意味着产出弹性大约为 1.1。当投入的变化无限小时，产出弹性恰好为 1.1。但由于 1%的变化要大于无限小，所以产出弹性的增加要稍稍高于 1.1。

5.10 生产函数的评价

管理者需要评价生产函数。评价生产函数的第一步便是选择它的数学表达式。管理者通常会使用柯布-道格拉斯生产函数。它只有两种投入，表达式为：

$$Q=aL^bK^c \tag{5.10}$$

其中，Q 为每年生产的零件数量（以 100 万件为计量单位），L 为雇用的工人数量，K 为使用的资本数量。该表达式的一个优点是，每种投入的边际产量取决于投入水平。这往往是很实际的。考虑劳动的边际产量等于：

$$\frac{\Delta Q}{\Delta L}=baL^{b-1}K^c=b\left(\frac{Q}{L}\right)=b(AP_L)$$

显然，劳动的边际产量取决于 L 和 K 的值。而另一个优点则是，如果对（5.10）式两端同时取对数，即：

$$\log Q=\log a+b\log L+c\log K \tag{5.11}$$

于是，可以用第 4 章中的回归方法来估计 b 和 c 的值（以及 $\log a$）。

注意，如果管理者使用柯布-道格拉斯生产函数形式，就能够很容易地估计出规模收益。如果指数之和（即 $b+c$）大于 1，就表明规模收益是递增的；如果指数之和等于 1，就表明规模收益是不变的；如果指数之和小于 1，就表明规模收益是递减的。这是因为，如果柯布-道格拉斯生产函数成立，产出弹性就等于指数之和。例如，前面提到的孤星公司的产出弹性是 1.1，它等于指数之和（即 0.3 与 0.8 的和）。

评价哪一种数学表达式为最佳的方法并没有意义，因为答案往往取决于具体情况。通常，一个有效的方法是尝试多种数学形式，考察哪一个数学表达式与数据拟合得最好。更重要的是，选定的表达式能够如实地反映实际情况。为此，一个行之有效的方法是观察每个参与评价的生产函数在多大程度上能够准确预测由实际使用的投入组合带来的相应产量。

定量方法

$$\begin{aligned}\partial Q/\partial L &= baL^{b-1}K^c = baL^{b-1}K^c(L/L) = baL^bK^c/L \\ &= b(Q/L) = b(AP_L)\end{aligned}$$

问题环节 ☞

寻找最佳组合

考察肉食仔鸡生产行业，该行业是美国的一个大型行业（该行业 2010 年的产值为 208 亿美元）。在某家公司，管理者进行了一项试验，试验中，肉鸡被喂食不同数量的玉米和大豆油粕，并测量每只鸡增加的重量。然后，管理者用回归方法估计了肉鸡的生产函数如下所示：

$$G=0.03+0.48C+0.64S-0.02C^2-0.05S^2-0.02CS \qquad (5.12)$$

其中，G 是肉鸡增加的重量（每只鸡按磅数计算），C 是每只鸡吃的玉米磅数，S 是每只鸡吃的大豆油粕的磅数。多元可决系数 R^2 很高，大约为 0.998。

利用（5.12）式，管理者能够估计家禽生产的等产量线。假定他们希望得到关于每增加 1 磅重量的等产量线，换句话讲，他们想要找出使每只家禽增重 1 磅时所使用的玉米和大豆油粕的不同组合。为了找到这些组合，假设 $G=1$，即：

$$1=0.03+0.48C+0.64S-0.02C^2-0.05S^2-0.02CS \qquad (5.13)$$

然后我们设定 C 取不同的值，并确定其对应的每一个 S 的值。假设 $C=1$，可得：

$$1=0.03+0.48(1)+0.64S-0.02\,(1)^2-0.05S^2-0.02(1)S$$

或是

$$1=0.03+0.48-0.02+(0.64-0.02)S-0.05S^2$$

求解 $0.05S^2-0.62S+0.51=0$，可得：

$$S=(0.62\pm(0.62^2-4(0.05)(0.51))^{0.5})/(2(0.05))$$

$=(0.62\pm(0.3844-0.1020)^{0.5})/0.1$

$=(0.62\pm(0.2824)^{0.5})/0.1$

$=(0.62\pm0.5314)/0.1$

故 $S=1.1514/0.1=11.514$，或 $S=0.886$。因此，如果一只鸡要增重 1 磅，就必须喂 0.886 磅的大豆油粕和 1 磅的玉米。[a]

如果我们假设 $C=1.1$，可用 1.1 替代（5.13）式中的 C 并得到对应的 S 值。如果我们假设 $C=1.2$，也可用 1.2 替代（5.13）式中的 C 并求解出对应的 S 值。按照这种办法，我们可以在增重一磅相对应的等产量线上找到越来越多的点。最终形成下图中所示的等产量线。这种等产量线对管理者非常重要。加上有关投入价格的数据后，可以用它们来确定哪一种投入组合使成本最小（回忆图 5—9）。

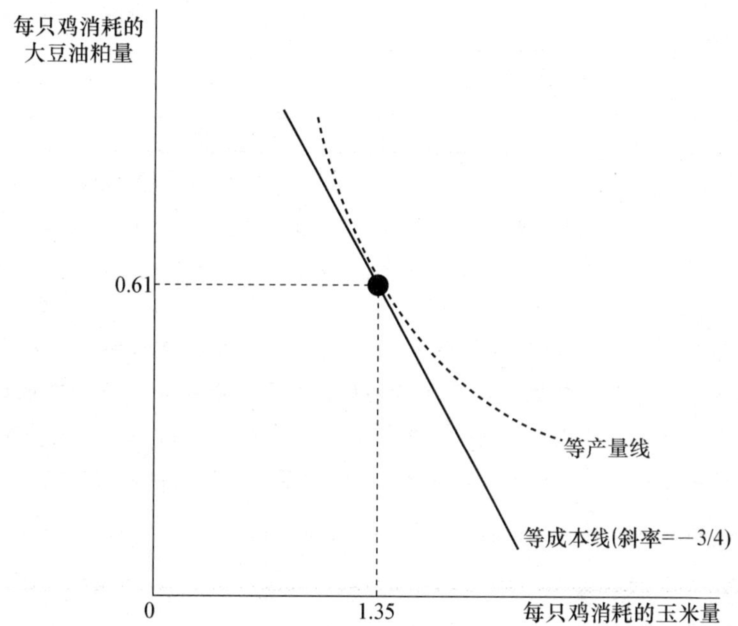

当玉米价格为大豆油粕价格的 3/4 时，一只鸡增重 1 磅时的等产量线

注：最佳投入组合是 1.35 磅玉米和 0.61 磅大豆油粕。

管理者使用图中的等产量线可以确定为使一只肉鸡增重 1 磅，要喂食多少玉米和大豆油粕。为考察如何确定，假设每磅玉米价格为每磅大豆油粕价格的 3/4 。这样图中每条等产量线的斜率就是−3/4，因为，如上图所示，该斜率等于−1 乘以横轴（玉米）表示的投入价格再除以纵轴（大豆油粕）表示的投入价格。为了使增重的成本最小，等成本线应该与等产量线相切；这意味着等产量线的斜率应该等于−3/4。如图所示，当玉米为 1.35 磅，大豆油粕为 0.61 磅时，就会出现这种情况。因此，如果每磅玉米的价格是大豆油粕价格的 3/4，该点即为最佳投入组合。

a. S 还有另外一种可能取值，其结果是在 $(b^2-4ac)^{0.5}$ 的前面使用加号（而不是减号），但是此值在这里并无实际意义。

资料来源：OECD，Interdisciplinary Research.

油轮中的经济学

世界上超过65%的原油都是通过油轮运输的。石油是跨洋贸易的最大宗货物，大约占海洋货运总重量的40%。油轮被看成大型的油罐。虽然油罐的表面积与其容积不成比例，但表面积随着容积的增大以递减的方式增大。一艘载重300 000吨的油罐仅是载重30 000吨油罐的长、宽、高的2倍。

自20世纪70年代起，油轮的规格开始变大，如下表所示：

年份	油轮的平均规格（千吨）
1973	64.0
1978	103.0
1985	146.0
2000	220.0
2008	273.0
2011	300.0

建造大型油轮的成本很高，该成本主要基于钢的成本。管理者只用4倍于原来油轮的用钢量就可以生产出8倍于原来油轮的容积。280 000吨油轮的建造成本大约是8 500万美元，而28 000吨油轮的建造成本却大约为2 000万美元。

大型油轮的船务人员相对较少。如今，200 000吨油轮的船务人员只有24人——大约是20世纪80年代10 000吨油轮的船务人员的一半。大型油轮的陆上人员成本也相应较低，因为人员配备基于油轮的数量，而不是油轮的吨位。最后，大型油轮的燃料成本也相对较低。例如，一艘60 000吨的油轮一般需要16 000马力行驶15海里，而一艘260 000吨油轮则需要42 500马力行驶同样的路程。可见，动力相差2.7倍的油轮的货运量却相差4.3倍。

资料来源：www.oceanatlas.com/unatlas/users/transportation.

小　结

1. 生产函数定义的是各种投入变量和所能生产的商品的最大产量间的关系。管理者研究生产函数以获得对企业成本构成的深入了解。

2. 等产量线是一条表示给定产量的所有可能（有效的）投入组合的曲线。边际技术替代率表示，在产量保持不变的前提下，一种投入替代另一种投入的比率。追求利润最大化的管理者不会在等产量线斜率为正的点上组织生产活动。

3. 为实现给定产量的生产成本最小化，管理者应该按照使用的所有投入的边际产量与所有投入的价格之比都相等的方式生产，在各种投入之间分配其支出。从图形上看，是指选择相关的等产量线与等成本曲线相切处的投入组合。

4. 如果管理者按照相同比例增加所有投入，而产出的增长大于（或小于）这一比例，就会出现规模收益递增（或递减）。规模收益递增产生的原因是投入的不可分性、不同的几何关系或是专业分工等。规模收益递减也可能发生，最常见的原因是大型企业管理的困难性。规模收益不变、递增还是递减是一个视具体情况而定的经验性问题。

5. 管理者已经评估了许多企业和产业的生产函数。很多研究表明柯布-道格拉斯生产函数与数据最相吻合。

习　题

1. 在埃尔温公司，产量 Q 与熟练（S）和非熟练劳动力（U）的小时数之间的关系如下所示：

$$Q=300S+200U-0.2S^2-0.3U^2$$

熟练劳动力的每小时工资是 10 美元，非熟练劳动力的每小时工资是 5 美元。按照这种工资标准，企业可以雇用到它所需要的任何劳动量。

（1）埃尔温公司的总工程师建议企业雇用 400 小时的熟练劳动力和 100 小时的非熟练劳动力。请评价这个建议。

（2）如果埃尔温公司决定用总额 5 000 美元去雇用熟练劳动力和非熟练劳动力，每种劳动力应当雇用多少小时？

（3）如果每单位产出的价格是 10 美元（它不随产量变动），该公司应当雇用多少小时的非熟练劳动力？

2. 一家专门从事农业咨询的公司确定，可使每只羊羔增重 25 磅所用的干草和谷物的组合如下所示：

干草的磅数	谷物的磅数
40	130.9
50	125.1
60	120.1
70	115.7
80	111.8
90	108.3
110	102.3
130	97.4
150	93.8

（1）该公司的总裁希望估计在饲养羊羔的生产中每磅谷物的边际产量。在这些资料的基础上，他能够做到吗？

（2）该公司的总裁认为，在饲养羊羔的生产中占优势的是规模收益不变。如果的确如此，生产中饲养每只羊羔所用的干草和谷物是仅有的投入，那么，当每只羊羔的干草消耗为 100 磅，而谷物消耗为 250.2 磅时，羊羔将增重多少？

（3）当每只羊羔消耗 40～50 磅干草和 130.9～125.1 磅谷物时，干草对谷物的边际技术替代率是多少？

（4）随着一项重大技术进步的出现，农民使一只羊羔增重 25 磅所用的干草和谷物比上表中所示的更少。如果边际技术替代率（每种投入的消耗率）与技术进步和之前一样，你能画出与每只羊羔增重 25 磅相对应的新等产量线吗？

3. 生产文具的阿斯科特公司雇用一位顾问来估计生产函数。该顾问的结论是：

$$Q=0.9P+0.06L$$

其中，Q 是阿斯科特每年生产的信纸磅数，L 是每年所用的劳动小时数，而 P 是每年所用纸张的磅数。

(1) 该生产函数看起来包含了所有的相关投入吗？请给出解释。

(2) 如果该生产函数使用 L 的所有可能值，该生产函数是合理的吗？请给出解释。

(3) 该生产函数表示边际收益递减吗？

4. 为六类农场估算柯布-道格拉斯生产函数。生产函数中包括 5 种投入：土地、劳动、设备、牲畜和饲料，以及其他资源服务。每种投入的指数如下所示：

农场类型	指数				
	土地	劳动	设备	牲畜和饲料	其他资源服务
农作物农场	0.24	0.07	0.08	0.53	0.02
养猪农场	0.07	0.02	0.10	0.74	0.03
牛奶场	0.10	0.01	0.06	0.63	0.02
综合农场	0.17	0.12	0.16	0.46	0.03
大农场	0.28	0.01	0.11	0.53	0.03
小农场	0.21	0.05	0.08	0.43	0.03

(1) 这六类农场都能够表现出规模收益递增吗？

(2) 哪类农场增加 1%的劳动带来的产量增加百分比最大？

(3) 根据上面的结论，如果该样本中的许多农场合并在一起，你认为产量会增加吗？

5. 按照佐迪亚克公司总工程师的看法，$Q=AL^{\alpha}K^{\beta}$，其中，Q 是产量，L 是劳动投入，而 K 是资本投入。统计分析表明，$\alpha=0.8$，$\beta=0.3$。企业所有者声称，其工厂的规模收益递增。

(1) 所有者是对的吗？

(2) 如果 β 是 0.2 而不是 0.3，她还是正确的吗？

(3) 每单位劳动的产量只取决于 α 和 β 吗？为什么是或者为什么不是？

6. 根据美国农业部获得的资料，奶牛的总牛奶产量与谷物数量之间的关系如下所示（这种关系还假定，草料投入固定不变，为 6 500 磅）：

谷物数量（磅）	牛奶产量（磅）
1 200	5 917
1 800	7 250
2 400	8 379
3 000	9 371

(1) 计算各种数量谷物的平均牛奶产量。

(2) 当谷物在 1 200～1 800 磅、1 800～2 400 磅以及 2 400～3 000 磅时，计算谷物的边际产量。

(3) 该生产函数表示边际收益递减吗？

7. 一家电子工厂的生产函数是 $Q=5LK$，其中，Q 是产量，L 是该厂每期使用的劳动量，而 K 是每期使用的资本量。每单位劳动价格是 1 美元，每单位资本价格是 2 美元。该企业的生产副总裁聘请你来决定：若工厂每期生产 20 单位产量，应当使用怎样的投入组合。

(1) 你将给出什么建议？

(2) 假如劳动价格增加到每单位 2 美元，这会对每单位劳动的产量造成什么影响？

(3) 该工厂是规模收益递减的吗？为什么是或者为什么不是？

8. 瑞典的沃尔沃汽车公司于 1988 年在乌德沃拉开设了一家新的汽车装配厂。其设想是组建一个高度熟练的工人小团队来制造整车。按照支持方的意见，这会减少传统装配线的沉闷枯燥，降低缺勤率并减少工人更换率。1991 年的报告称，在乌德沃拉装配一辆小汽车需要 50 小时的劳动，这与沃尔沃在比利时根特的传统装配厂用时 25 小时形成了鲜明的对比。如果你是沃尔沃的总裁，你将向乌德沃拉的管理者提出什么建议？你将采取什么措施？

附录：拉格朗日乘数与最优投入组合

本章指出，如果在给定支出水平上要实现产量最大化或者在既定产量基础上要实现成本最小化，（5.6）式必须成立。在本附录中，我们将使用拉格朗日乘数法说明如何推导出（5.6）式。为简单起见，我们假设管理者只使用两种投入。

□ 给定支出水平的产量最大化

假设企业的生产函数为：

$$Q=f(X_1,X_2)$$

其中，Q 为产量，X_1 为第一种投入的使用量，X_2 为第二种投入的使用量。企业将两种投入的总支出设定为 E^*。因此，有：

$$X_1P_1+X_2P_2=E^*$$

其中，P_1 是第一种投入的价格，P_2 是第二种投入的价格。管理者追求在给定支出水平上的产量最大化，所以想要产量 Q 最大，其中：

$$Q=f(X_1,X_2) \tag{5.14}$$

约束条件为：

$$E^*-X_1P_1-X_2P_2=0 \tag{5.15}$$

首先构造拉格朗日函数，（5.14）式的右端加上 λ 乘以（5.15）式的左端，即：

$$L_1=f(X_1,X_2)+\lambda(E^*-X_1P_1-X_2P_2)$$

其中，λ 是拉格朗日乘数。求出 L_1 关于 X_1、X_2 和 λ 的偏导数，并令其等于零，我们可得：

$$\frac{\partial L_1}{\partial X_1}=\frac{\partial f(X_1,X_2)}{\partial X_1}-\lambda P_1=0 \tag{5.16}$$

$$\frac{\partial L_1}{\partial X_2}=\frac{\partial f(X_1,X_2)}{\partial X_2}-\lambda P_2=0 \tag{5.17}$$

$$\frac{\partial L_1}{\partial \lambda}=E^*-X_1P_1-X_2P_2=0 \tag{5.18}$$

这些等式满足支出约束条件下的产量最大化。

MP_1 是第一种投入的边际产量，而 MP_2 是第二种投入的边际产量。通过定义，我们可知如下等式成立：

$$\frac{\partial f(X_1,X_2)}{\partial X_1}=\frac{\partial Q}{\partial X_1}=MP_1$$

$$\frac{\partial f(X_1,X_2)}{\partial X_2}=\frac{\partial Q}{\partial X_2}=MP_2$$

（5.16）式和（5.17）式可重新写为：

$$MP_1-\lambda P_1=0$$

$$MP_2-\lambda P_2=0$$

这意味着：

$$MP_1=\lambda P_1 \tag{5.19}$$

$$MP_2 = \lambda P_2 \tag{5.20}$$

用（5.20）式的两端去除（5.19）式对应的两端，我们会发现：

$$\frac{MP_1}{MP_2} = \frac{P_1}{P_2}$$

或：

$$\frac{MP_1}{P_1} = \frac{MP_2}{P_2} \tag{5.21}$$

当只有两种投入时，这就是（5.6）式中的决策准则。因此，我们可以解释，当满足支出约束时，如果目标是产量最大化，为什么管理者希望所有1美元投入的边际产量都相等。

□ 既定产量的成本最小化

假设管理者决定生产既定的产量 Q^*，也就意味着：

$$f(X_1, X_2) = Q^*$$

问题是如何使成本最小化，而成本等于：

$$C = X_1 P_1 + X_2 P_2 \tag{5.22}$$

它满足约束条件：

$$Q^* - f(X_1, X_2) = 0 \tag{5.23}$$

我们使用拉格朗日乘数法去解决这个问题。再次构造拉格朗日函数，也即用（5.22）式的右端加上 λ 乘以（5.23）式的左端，得：

$$L_2 = X_1 P_1 + X_2 P_2 + \lambda[Q^* - f(X_1, X_2)]$$

其中，λ 是拉格朗日乘数。求出 L_2 关于 X_1、X_2 和 λ 的偏导数，并令其等于零，我们可得：

$$\frac{\partial L_2}{\partial X_1} = P_1 - \lambda \frac{\partial f(X_1, X_2)}{\partial X_1} = 0 \tag{5.24}$$

$$\frac{\partial L_2}{\partial X_2} = P_2 - \lambda \frac{\partial f(X_1, X_2)}{\partial X_2} = 0 \tag{5.25}$$

$$\frac{\partial L_2}{\partial \lambda} = Q^* - f(X_1, X_2) = 0 \tag{5.26}$$

这些等式满足既定产出条件下的成本最小化。

在（5.24）式和（5.25）式中分别用 MP_1 和 MP_2 替换 $\partial f(X_1, X_2)/\partial X_1$ 和 $\partial f(X_1, X_2)/\partial X_2$，我们可得：

$$P_1 = \lambda MP_1 \tag{5.27}$$

$$P_2 = \lambda MP_2 \tag{5.28}$$

用（5.28）式的两端去除（5.27）式对应的两端，我们会发现：

$$\frac{P_1}{P_2} = \frac{MP_1}{MP_2}$$

或：

$$\frac{MP_1}{P_1} = \frac{MP_2}{P_2}$$

这就是（5.6）式中的决策准则。

第 6 章

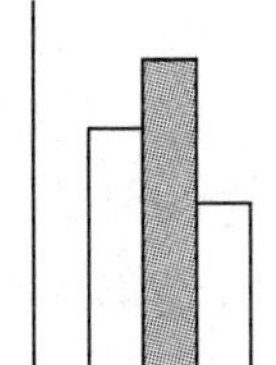

成本分析

如果缺乏成本信息，即使管理者完全掌握投入与产出之间的关系，仍无法制定最佳（利润最大化）决策。管理者必须考虑的一个核心问题是：如何把成本与产出联系起来？充分理解成本是必要的，因为从本质上讲，所有的管理决策都需要比较成本与收益。如果某项业务产生的额外（边际）收益超过其额外（边际）成本，管理者就会采取行动。正如我们将会看到的，为了追求利润最大化，管理者会在边际收益与边际成本相等处进行生产活动。显然，缺少对成本结构的计算是不可能实现这一点的。

成本（cost，像许多四个字母组成的单词一样）会引发多重解释。管理者发现看似很简单的一个概念常常会激起很多争议，如成本的本质如何、成本的定义如何、决策中成本的范围和关联性又如何（因此，它是所有 MBA 教学中成本会计学课程的基础）。对于各种基本的管理决策来讲，全面了解成本十分必要，这些决策包括：定价、产出、转移定价、成本控制，以及未来的生产计划等。

管理学考虑的成本包括短期成本和长期成本。如果只关注其中的一个，尤其是短期成本，可能给公司带来灾难性后果。如后面几章所述，大多数管理决策都需要考虑长期成本。

本章将介绍成本分析的基础，并阐述模型如何帮助管理者运用成本分析去创造竞争优势。

6.1 机会成本

管理经济学家把生产某种产品的机会成本定义为，利用该资源去生产下一个最好的替代品或服务时所能得到的收益。也就是说，机会成本是资源（投入）没有被最优利用时所放弃的收益。这是管理者希望尽可能高效地利用资源的一个原因；管理者必须降低机会成本。

人的一生都会遇到机会成本。那些被不止一所大学录取的学生遇到过机会成本，那些已经结婚或是处于订婚状态的人们也应该理解这个概念。

通用公司管理者作出生产大型燃气轮机决策的机会成本是：如果生产中的劳动、设备和原材料被用于生产通用公司的另一款产品，比如说债务融资，他们可能获得的收益；或者通用公司的管理者甚至可以在企业外进行投资。经济学家认为，投入的真正成本是当它们被用于最富成效的生产方式时的价值。这些成本和企业的生产成本一起（生产产品的会计成本），决定了生产的经济成本。这就是**机会成本理论**。

投入的机会成本也许不等于它的**实际成本**，实际成本是管理者购买投入时实际支付的金额。例如，一位管理者投资 100 万美元的设备很快过时了，与新设备相比效率很低，该设备的价值显然就没有 100 万美元了。尽管传统的会计准则把重点都放在实际成本上，但管理经济学家却相信实际成本可能具有欺骗性。

管理者必须关注两种类型的成本，二者都非常重要。第一种类型是**显性成本**，是指公司会计师记录的经常性支出项目，包括公司的薪金支付、原材料支付等成本。第二种类型是**隐性成本**，是指管理者没有最佳利用资源而放弃的收益（即机会成本）。遗憾的是，会计师和管理者在计算公司成本时，常常会忽略隐性成本。

回顾前面提到的 MBA 学生的机会成本。在沃顿商学院学习一年的总成本（包括食宿费用）大约是 10 万美元。这是大多数学生的现金支付项目。然而，很多 MBA 学生在来到学院读书前已经在工作。假设入学之前，每位 MBA 学生的平均薪酬是 7 万美元。如果我们问一位会计师在沃顿商学院学习的年平均成本是多少，他会回答大约 10 万美元。而如果我们向经济学家提出同样的问题，他们中的大多数将回答 17 万美元。

考察约翰·哈维，一家企业所有者的例子，他把自己的劳动和资本都投资到企业的业务中，这些投入的价值应当是，假如他把这些投入用于其他业务所能得到的价值量。如果他为别人打工可以得到 6.5 万美元的薪水，而如果他把自己的钱投资在其他公司中可以收到 2 万美元的红利，那么他应该按照这些价值来估计他的劳动和资本。排除这些隐性成本将是一种严重的错误。

经济学家也遵循**沉没成本理论**。沉没成本是指已经购买但却没有被收回的资源。例如，一家公司建厂投入 1 200 万美元，但是处理工厂时只要价 400 万美元，那么它的沉没成本即为 800 万美元。沉没成本等于资源成本与其未来售价之差。

对于管理者而言，忽视沉没成本是困难的，而事实上最令人困惑的是亲属或配偶关系。例如，很多人由于投资了时间而令自己处于一种不健康的人际关系当中。你也许把一生中最好的五年给了自己的配偶，但这不是维持你所不喜欢关系的一个理由。不论你怎么做，你都无法追回这失去的五年，所以在决定你的未来时，就只有忽略它。

理性的管理者必须忽略沉没成本，并在评价未来成本和收益的可能策略中进行选择。例如，如果一位管理者已经投入了 600 万美元用于广告宣传，这些成本就是沉没成本（它们无法被收回）。因此，不能争辩已经花费了 600 万美元，只需追加 100 万美元就会“出现转机”。用于广告宣传的这 100 万美元的预期收益必须与把这 100 万美元用于其他投资的预期收益进行比较。

6.2 短期成本函数

给定企业生产每一个产出水平的成本，我们就能够定义企业的成本结构。**成本函数**表明了投入成本与产出之间的各种关系。企业的生产函数和投入价格决定着企业的成本结构。

与我们学习过的生产函数类似，成本函数也包括短期和长期两种。**短期**是指管理者不能改变其某些投入的时期。随着时间长度的增加，越来越多的投入成为可变的。从根本没有投入变动到所有投入都可以变动之间的时间段被称为短期，然而，一个更加严格的定义是：短期是指管理者无法改变工厂规模和设备数量的时期。企业的**固定投入**决定了企业的**工厂规模**；而像劳动投入等，管理者可以在短期内改变其数量，这些被看作企业的**可变投入**。

我们考虑三个短期成本的概念：总固定成本、总可变成本和总成本。**总固定成本**（TFC）是每一时期由固定成本引发的总成本。由于固定成本不变（根据定义），企业的总固定成本不会随产量发生变化。工厂设备的折旧与财产税都是固定成本。表 6—1 给出了梅地亚公司，一家沙发生产商的固定成本是每天 100 美元。这一点也体现在图 6—1 中。如果 Q 是总产出，表 6—1 和表 6—2 中的数值来自总成本函数：

$$TC=100+50Q-11Q^2+Q^3$$

总可变成本（TVC）是由可变成本引发的总成本，随着企业产量的上升而上升，因为较高的产量需要更多的投入和更高的可变成本。例如，毛纺厂的产量越大，使用羊毛的数量就越多，羊毛的总成本也就越高。梅地亚公司的总可变成本如表 6—1 所示。图 6—1 也给出了对应的总可变成本函数。在达到某一产量之前（4 个产出单位），总可变成本以递减的比率增长；超过该水平，总可变成本就以递增的比率增长。总可变成本的这个特点服从于边际收益递减规律。在低产量水平，可变投入的增加可以提高产量，总可变成本随产量增加而增加，只不过是以递减的比率增加的。

表 6—1　　梅地亚公司的固定成本、可变成本和总成本

产出的单位数	总固定成本（美元/日）	总可变成本（美元/日）	总成本（美元/日）
0	100	0	100
1	100	40	140
2	100	64	164
3	100	78	178
4	100	88	188
5	100	100	200
5.5	100	108.625	208.625
6	100	120	220
6.64	100	139.6	239.6
7	100	154	254
8	100	208	308
9	100	288	388
10	100	400	500

最后，**总成本**（*TC*）是总固定成本与总可变成本之和。为得出表 6—1 中的总成本一栏，需要把每个产量水平上的总固定成本与总可变成本相加。图 6—1 显示了梅地亚公司的总成本函数。总成本函数与总可变成本函数具有相同的形状，因为它们只是相差一个常数，即总固定成本。

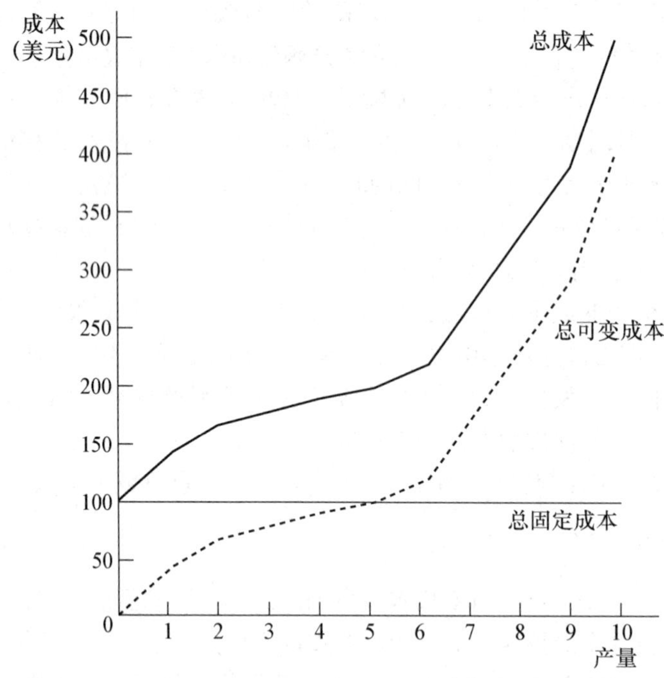

图 6—1　梅地亚公司的总固定成本、总可变成本和总成本

注：固定成本不会随产量不同而变化，所以固定成本曲线是一条水平直线。可变成本首先会随着产量的增加而以递减的速率增加，然后随着产量的增加以递增的速率增加。总成本曲线是总固定成本曲线和总可变成本曲线的垂直加总。总成本函数和总可变成本函数具有相同的形状，因为它们只相差一个常数，即总固定成本。

管理者希望有效地配置资源（要记住，资源是稀缺的）。他们想在既定产出基础上，以最低的可能成本选择投入组合。成本是生产过程和投入价格的函数，所以管理者需要理解随产量变化而发生的成本变化。平均成本和边际成本可以说明这种成本变化。

6.3　平均成本和边际成本

尽管生产产品的总成本十分重要，但从经营角度讲，掌握平均成本函数和边际成本函数才是关键。这些函数可以预测随产量变化而变化的成本。对应于三种总成本函数，有三种平均成本函数。**平均固定成本**（*AFC*）是总固定成本除以产量。平均固定成本随着产量的增加而下降。从数学意义上讲，平均固定成本函数是一条直角双曲线。表 6—2 和图 6—2 给出了梅地亚公司的平均固定成本函数。

平均可变成本（*AVC*）是总可变成本除以产量。该指标告诉管理者在平均水平上，每一单位产出的可变成本。对于梅地亚公司而言，平均可变成本函数可见表 6—2 和图 6—2。最初，产量增加引起了平均可变成本的下降，然而，随着产量的增加，超过了某一水平，就会引起平均可变成本的上升，也就是说每单位平均可变成本开始增加。

表 6—2　　梅地亚公司的平均成本和边际成本　　单位：美元

产出的单位数 Q	平均固定成本 TFC/Q	平均可变成本 TVC/Q	平均总成本 TC/Q	边际成本 $\Delta TC/\Delta Q$[a]	边际成本 dTC/dQ[a]
0	—	—	—	—	—
1	100	40	140	40	31
2	50	32	82	24	18
3	33.33	26	59.33	14	11
4	25	22	47	10	10
5	20	20	40	12	15
5.5	18.18	19.75	37.93		19.75
6	16.67	20	36.67	20	26
6.64	15.06	21.04	36.11		36.11
7	14.29	22	36.29	34	43
8	12.5	26	38.5	54	66
9	11.11	32	43.11	80	95
10	10	40	50	112	130

a. $\Delta TC/\Delta Q$ 列的数字适用于变量的数量与比该变量小一个单位的数量之间的情况。而 dTC/dQ 列的数字是指连续的边际成本，也就是说 $dTC/dQ=MC=50-22Q+3Q^2$。

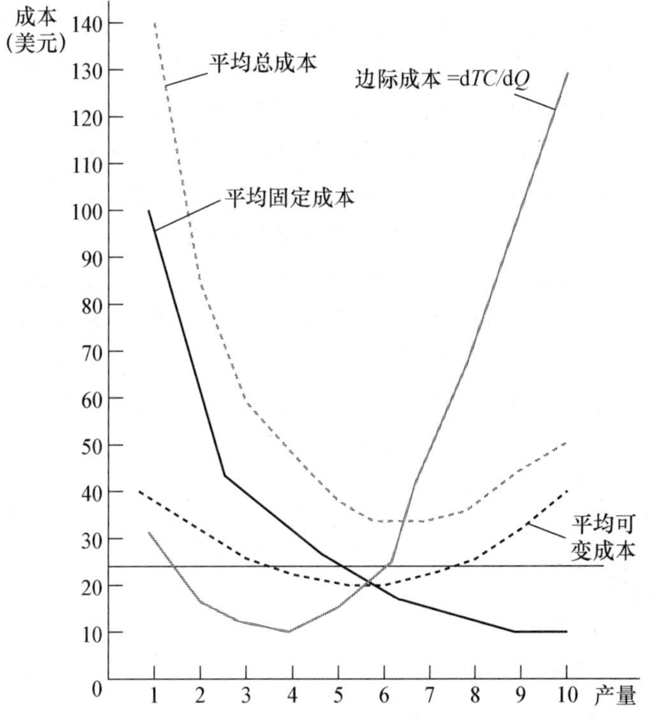

图 6—2　梅地亚公司的平均成本和边际成本

注：平均固定成本随着产量的增加而持续递减。平均可变成本和平均总成本先递减，达到最低点后，再随着产量的增加而增加。平均总成本的最低点相对于平均可变成本的最低点来说，出现在一个相对较高的产出水平上。平均总成本曲线是平均固定成本曲线和平均可变成本曲线的垂直加总。边际成本曲线穿过两条平均成本曲线的最低点，当边际成本位于平均成本的下面时，平均成本下降，反之亦然。相对于平均可变成本的产量水平 5.5 来说，平均总成本在一个比较高的产量水平 6.64 上达到最低点，因为达到某个点后，平均可变成本的增加将会大于平均固定成本的减少。

在上一章中，我们讲到成本变化很大程度上由生产函数决定。现在让我们看看原因是什么。平均可变成本简单地讲就是总可变成本除以产量（TVC/Q）。假设 U 是投入量，W 是每单位投入成本，则下式成立：

$$AVC=\frac{TVC}{Q}=W\frac{U}{Q}$$

在第 5 章中，我们定义了平均产量：

$$AP=\frac{Q}{U}$$

因此，AP 是 U/Q 的倒数。现在可将 AVC 写成：

$$AVC=\frac{TVC}{Q}=W\frac{1}{AP} \qquad (6.1)$$

这样，对于管理者来讲，一种思考平均可变成本的方法是将其视作平均产量的倒数乘以每单位投入成本。回忆一下平均产量的性质。起初，平均产量随产量增加上升，达到最大值后，又开始下降。由于倒数关系，平均可变成本是平均产量的镜面反射。当平均产量上升时，平均可变成本下降；当平均产量下降时，平均可变成本上升。所以我们预计平均可变成本先下降，达到最小值后，再开始上升。

平均总成本（ATC）是总成本除以产量。对于梅地亚公司而言，平均总成本函数如表 6—2 和图 6—2 所示。平均总成本等于平均固定成本和平均可变成本的总和。它的形状与平均可变成本相同，但高于所有产出水平的平均可变成本，原因在于存在固定成本。对于平均固定成本和平均可变成本都下降的那些产出水平而言，平均总成本也必定下降。不过，平均总成本最小值处的产量水平相对高于平均可变成本最小值处的产量水平，这是因为平均可变成本的增加会被平均固定成本的下降所抵消。

边际成本（MC）是最后一单位产量的增加而产生的总成本的增加量。如果 $C(Q)$ 是生产 Q 单位产出的总成本，则 Q 和 $Q-1$ 单位产量之间的边际成本就是 $C(Q)-C(Q-1)$。对于梅地亚公司而言，其边际成本可见表 6—2 和图 6—2。在低产量水平上，边际成本可能随着产量的增加而下降（如图 6—2 所示），但是，在达到最低点后，它又随着产量的进一步增加而上升（正如平均可变成本那样）。在前一章讨论了边际收益递减规律后，我们知道了这种变动的原因。如果 ΔTVC 是产量变化 ΔQ 所引起的总可变成本的变动，而 ΔTFC 是产量变化 ΔQ 所引起的总固定成本的变动，则：

$$MC=\frac{\Delta TVC+\Delta TFC}{\Delta Q}$$

但由于固定成本是不变的，ΔTFC 为零，所以：

$$MC=\frac{\Delta TVC}{\Delta Q}$$

这样，投入成本可以由 $\Delta TVC=W(\Delta U)$ 表示，其中，W 是每单位投入成本，ΔU 是由于产量增加 ΔQ 而引起的投入变化量。于是有：

$$MC=W\frac{\Delta U}{\Delta Q}$$

在上一章中，我们定义了 MP 为：

$$MP=\frac{\Delta Q}{\Delta L}$$

这样，我们可以定义 MC：

$$MC=W\frac{1}{MP}$$

与 AP 和 AVC 的倒数性质一样，MP 和 MC 也呈现出倒数关系。边际成本是每单位投入的成本乘以边际产量的倒数。让我们思考一下为什么这是正确的。假定每单位劳动成本为 10 美元。如果一单位劳动的边际产量 MP 是 10，生产最后一个单位产量的边际成本 MC 就等于 1 美元（10 美元/10）。当 MP 上升时，MC 则下降；而当 MP 下降时，MC 则上升。我们知道随着产出的增加，边际产量的变动是先上升，达到最大值后再下降；边际成本则正常是先下降，达到最低值后再上升。

定量选择

如果总成本函数是连续的，则边际成本为 dTC/dQ，其中，TC 是总成本。例如，假设梅地亚公司的总成本函数为：

$$TC=100+50Q-11Q^2+Q^3$$

其中，TC 以 1 000 美元为单位，Q 以产出数量为单位，则该企业的边际成本函数为：

$$MC=\frac{dTC}{dQ}=50-22Q+3Q^2$$

表 6—3 给出了生产与成本的关系。回顾上一章中提到的托马斯机械公司的生产函数 $Q=30L+20L^2-L^3$。如果工资是 390，表 6—3 表明了平均产量与平均可变成本，以及边际产量与边际成本之间的关系。正如表 6—3 所示，当 AP 最大时，AVC 最小。而且我们也会发现，当平均可变成本最小时，MC 等于 AVC。这是由于当 AP 最大时，MP 等于 AP。平均产量取最大值 130；平均可变成本取最小值 3；边际成本也等于 3。

表 6—3　托马斯机械公司的平均产量和边际产量与平均可变成本和边际成本之间的关系

L	Q	AP_L	$MP_L=dQ/dL$	W	$AVC=W/AP_L$	$MC=W/MP_L$
0	0	—	—	390	—	—
1	49	49	67	390	7.96	5.82
2	132	66	98	390	5.91	3.98
3	243	81	123	390	4.81	3.17
4	376	94	142	390	4.15	2.75
5	525	105	155	390	3.71	2.52
6	684	114	162	390	3.42	2.41
6.67	792.6	118.9	163.33	390	3.28	2.388（因为 MP_L 最大，所以 MC 最小）
7	847	121	163	390	3.22	2.393
8	1 008	126	158	390	3.10	2.47
9	1 161	129	147	390	3.02	2.65

续前表

L	Q	AP_L	$MP_L=\mathrm{d}Q/\mathrm{d}L$	W	$AVC=W/AP_L$	$MC=W/MP_L$
10	1 300	130	130	390	3.00（因为 AP_L 最大，所以 AVC 最小）	3.00
11	1 419	129	107	390	3.02	3.64
12	1 512	126	78	390	3.10	5.00
13	1 573	121	43	390	3.22	9.07
14	1 596	114	2	390	3.42	195.00
15	1 575	105	−45	390	3.71	—

当平均可变成本取最小值时，边际成本必定等于平均可变成本（因为当 AP 最大时，$MP=AP$）。如果托马斯公司的成本函数为 $TC=100+50Q-11Q^2+Q^3$，则该公司的 AVC 为：

$$AVC=\frac{TC}{Q}=50-11Q+Q^2$$

如果令 ΔAVC 除以 ΔQ 等于零，我们可求出 AVC 最小时的 Q 值，即：

$$\frac{\Delta AVC}{\Delta Q}=-11+2Q=0$$

$$Q=5.5$$

当 $Q=5.5$ 时，边际成本与平均可变成本都等于 19.75 美元（用 $Q=5.5$ 替代前面等式中的 MC 和 AVC 就可得到这个结果）。因此，可以指出当 AVC 取最小值时，$MC=AVC$。还需要注意的是，当平均总成本取最小值时，边际成本等于平均总成本。该公司的平均总成本为：

$$ATC=(100/Q)+50-11Q+Q^2$$

如果令 ΔATC 除以 ΔQ 等于零，我们可求出 ATC 最小时的 Q 值，即：

$$\frac{\Delta ATC}{\Delta Q}=\frac{-100}{Q^2}-11+2Q=0$$

或者

$$2Q^3-11Q^2-100=0$$

可以求出 $Q=6.64$。将 $Q=6.64$ 代入 ATC 和 MC，可得 $ATC=MC=36.11$。

定量方法

趣味运算！

$$\frac{\mathrm{d}AVC}{\mathrm{d}Q}=\frac{\mathrm{d}\left(\frac{VC}{Q}\right)}{\mathrm{d}Q}$$

$$=\frac{\left[Q\left(\frac{\mathrm{d}VC}{\mathrm{d}Q}\right)-VC\left(\frac{\mathrm{d}Q}{\mathrm{d}Q}\right)\right]}{Q^2}$$

$$=\frac{\left[\left(\frac{\mathrm{d}VC}{\mathrm{d}Q}\right)-\left(\frac{VC}{Q}\right)\right]}{Q}=0$$

这意味着：

$$\left(\frac{\mathrm{d}VC}{\mathrm{d}Q}\right)-\left(\frac{VC}{Q}\right)=MC-AVC=0$$

即

$$MC=AVC$$

问题环节 ☞

产量对飞机生产成本的影响

美国国家研究委员会对美国的飞机制造业进行了一项研究，旨在强调服务全世界市场的飞机制造商的重要性。作为一项证据，该委员会提交了以下图形。

问题：

1. 如图所示，生产 525 架某种型号飞机的单机成本比生产 700 架该型号飞机的单机成本要高出大约 10%。假设下图反映的是短期情况，那么生产 525 架而不是 700 架该型号飞机的平均固定成本会增加多少？

2. 如果生产 700 架飞机的平均固定成本是平均总成本的 30%，而生产 525 架飞机的平均固定成本是平均总成本的 36%，那么生产 525 架飞机的平均总成本会比生产 700 架飞机的平均总成本高出大约 10% 吗？

答案：

1. 如果生产的飞机数量是 525 架，而不是 700 架，平均固定成本是 $TFC/525$，而不是 $TFC/700$，其中，TFC 为总固定成本。于是，平均固定成本增长 33%。

2. 就 700 架飞机而言，平均总成本等于 $X/0.30=3.33X$，其中，X 为生产 700 架飞机的平均固定成本。就 525 架飞机而言，平均总成本等于 $1.33X/0.36=3.69X$，其中，$1.33X$ 为生产 525 架飞机的平均固定成本。于是，如果生产 525 架飞机，而不是 700 架飞机，平均总成本就增长大约 11%（从 $3.33X$ 到 $3.69X$）。

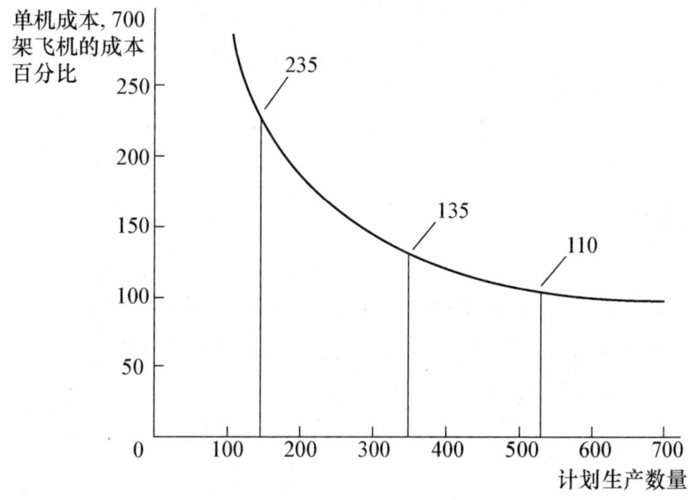

注意，我们给出了两个边际成本的定义。第一个定义在产量按照离散的单位计算时使用，比如像汽车和糕点行业。第二个定义在产量按照连续的单位计算时使用，如3.14 吨的谷物或是 10.33 加仑的汽油。管理者选用哪一个定义取决于具体情况：是受限于整数条件下的产量，还是能够用小数表示的产量。

问题环节 ☞

成本函数的管理学运用

为了说明企业长期成本函数与短期成本函数之间的关系，考察马丁公司，一家生产 MP3 播放器的生产商。管理者已被告知要降低成本，所以他们需要构建一个有效的投入组合。工程师确定该公司的生产函数为：

$$Q=4(KL)^{0.5} \tag{6.2}$$

其中，Q 是产量（以每月 1 000 台 MP3 播放器计），K 是每月使用的资本量（以 1 000 个单位计），而 L 是每月雇佣的劳动量（以 1 000 小时计）。因为每小时劳动是 8 美元，每单位资本为 2 美元，所以马丁公司的总成本（以每月 1 000 美元计）等于：

$$TC=8L+2K=\frac{Q^2}{2K}+2K \tag{6.3}$$

由（6.2）式可得：

$$L=\frac{Q^2}{16K}$$

在短期内，管理者不能改变资本水平，即 K 不变。公司如今使用了 10 000 个单位的资本（$K=10$）。用 10 替代（6.3）式中的 K，可得短期成本函数为：

$$TC_S=\frac{Q^2}{20}+20 \tag{6.4}$$

其中，TC_S 是短期总成本。因此，短期平均总成本函数为：

$$AC_S=\frac{TC_S}{Q}=\frac{Q}{20}+\frac{20}{Q}$$

且短期边际成本函数为：

$$MC_S=\frac{\Delta TC_S}{\Delta Q}=\frac{Q}{10}$$

在长期内，管理者可以购买新机器或是卖掉现有的机器，所以没有投入是固定不变的。如果马丁的管理者希望实现总成本最小化，他们就需要确定生产 Q 单位 MP3 播放器的最优资本水平。基于（6.3）式可得：

$$\frac{\Delta TC_S}{\Delta K}=-\frac{Q^2}{2K^2}+2$$

令上式等于零，可得使成本最小化的 K 值为：

$$K=\frac{Q}{2}$$

这一决策准则告诉管理者先估计预期需求，然后购买等于一半需求的资本即可。用$\frac{Q}{2}$替代（6.3）式中的K，可得长期成本函数为：

$$TC_L=2Q \tag{6.5}$$

其中，TC_L是长期成本。由于$TC_L/Q=2$，则长期平均成本为每单位MP3播放器2美元；而长期边际成本也是2美元，因为$\Delta TC_L/\Delta Q=2$。

这一数值表明了马丁的短期平均成本、边际成本和长期平均成本之间的关系。正如管理者期望的，短期边际成本函数穿过短期平均成本函数的最低点，在这种情况下，$Q=20$，$AC_S=2$。由于长期平均成本函数是水平的（由于规模收益不变），它与短期平均成本函数在后者的最低点处相切。不过许多长期平均成本函数并不都是水平的，相反，出现了规模经济：当工厂规模发生变化时，每单位产品的平均成本也发生了变化。正如下一小节将要讨论的，在各种市场和生产过程中都存在着规模经济（超过某一范围的产量）。聪明的管理者会使用这些规模经济去创造竞争优势。

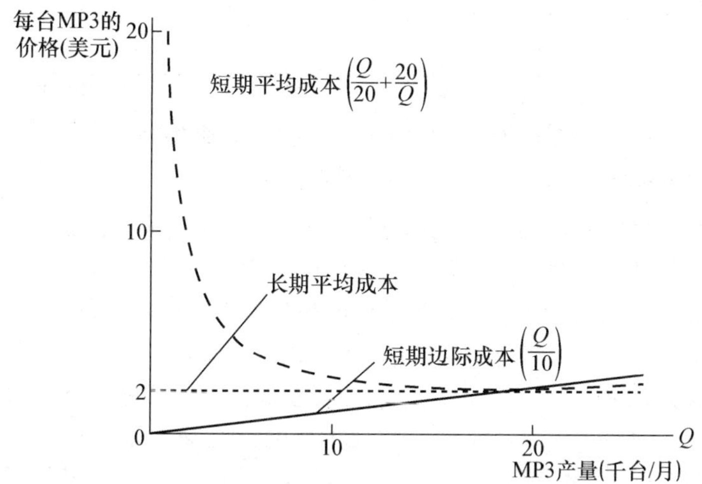

马丁公司的短期平均成本、边际成本和长期平均成本

注：由于长期平均成本函数是水平的，它与短期成本函数的最低点相切。

6.4 长期成本函数

在长期内，所有的投入都是可变的，管理者可以建立任何规模或类型的工厂。由于没有投入是固定的，所以不存在长期固定成本函数，也没有什么可以阻挡管理者尽可能高效地工作。长期要求管理者更多地关注目标，而不是过程。正如我们将在第11章和第12章介绍的，管理者需要积极地预测未来并深入思考。

当丰田公司的管理者考虑在美国建立一个新工厂时，他们可以在任何地方建立任何规模的工厂，他们有无限的选择。然而投资一旦确立，工厂类型、规模及设备在一个相当长的时期内就被冻结了。

假设管理者只能在三种工厂规模中选择建厂，每种规模工厂的短期平均成本函数由图 6—3 中的 $G_1G'_1$，$G_2G'_2$和 $G_3G'_3$表示。在长期内，管理者可以建立这些可能的工厂规模中的任何一种。哪一种规模最盈利？显然，答案取决于管理者针对长期产品需求的观点，因为必须按照最小平均成本进行生产。

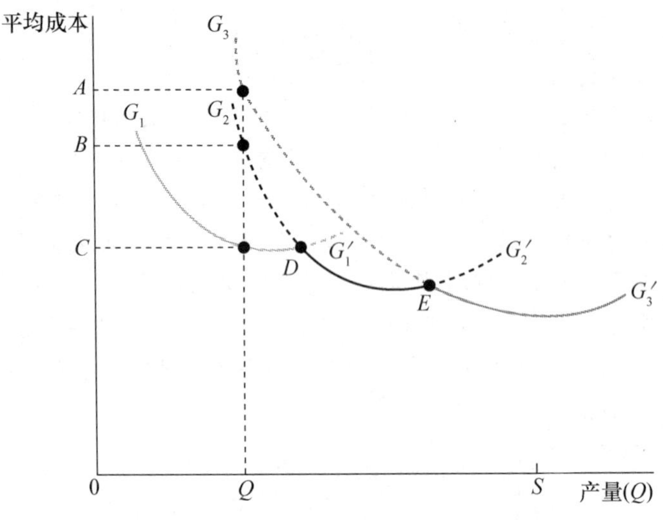

图 6—3　不同规模工厂的短期平均成本函数

注：长期平均成本函数就是短期平均成本函数中的实线部分，即 $G_1DEG'_3$。

从图 6—3 中我们可以看到，如果管理者期望产品的需求大约为 Q，就应该选取规模最小的工厂。因为在该规模上，每单位售出产品的平均成本为 C。如果这个管理者建立中等规模或是最大规模的工厂，则每单位产品的平均成本都将高于 C。但如果该管理者确定产品需求是 S，则应当选取规模最大的工厂（G_3）。

长期平均成本函数表明无论建立工厂的规模如何，它都能够体现每一产量水平的最小单位成本。在图 6—3 中，长期平均成本函数就是短期平均成本函数中的实线部分 $G_1DEG'_3$。长期平均成本函数上的任意一点也都在某一条短期平均成本函数上。事实上，这些点是给定每一产量水平所对应的短期成本函数的最低点。所以，当有足够自由时（也即长期），管理者希望选择使成本最小化的工厂规模。短期成本函数的虚线部分不包括在内，因为它们不是最低的平均成本，从图中可以明显地看出这一点。

丰田公司的管理者可以在三种工厂规模中进行挑选：他们的选择有无数种可能。然而，管理者必须认识到一旦建厂，就会立即转向短期成本函数。图 6—4 描述了这一决定。所有产出水平的最低平均成本均由长期平均成本函数 LL'确定。曲线 LL'上的每一点也是某一条短期平均成本函数 AC 上的点。LL'上某一产出水平对应的点为短期平均成本函数的最低点；这是高效管理者能够作出的最好选择。这两个函数在该点处相切（从数学意义上讲，长期平均成本函数是短期平均成本函数的包络曲线）。

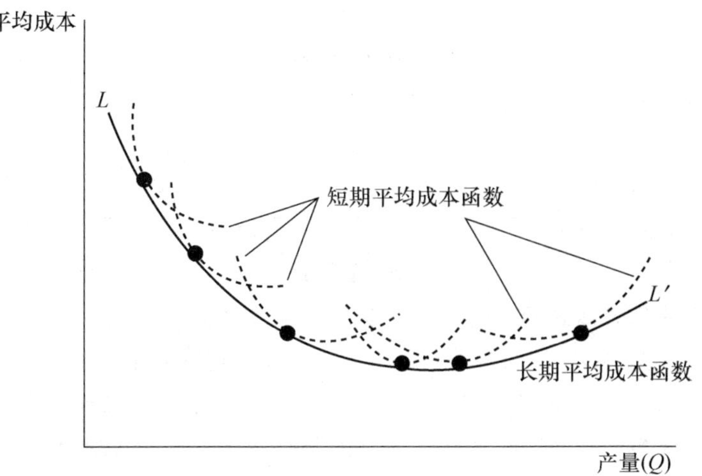

图 6—4　长期平均成本函数

注：长期平均成本函数体现了每一产出水平短期平均成本的最低点，是短期平均成本函数的包络曲线。

希望估计任意给定产量的长期平均成本的管理者能够轻易地推导出产量的长期总成本：长期总成本就是长期平均成本与产量的乘积。图 6—5 给出了长期总成本与产量之间的关系，这种关系就是长期总成本函数。

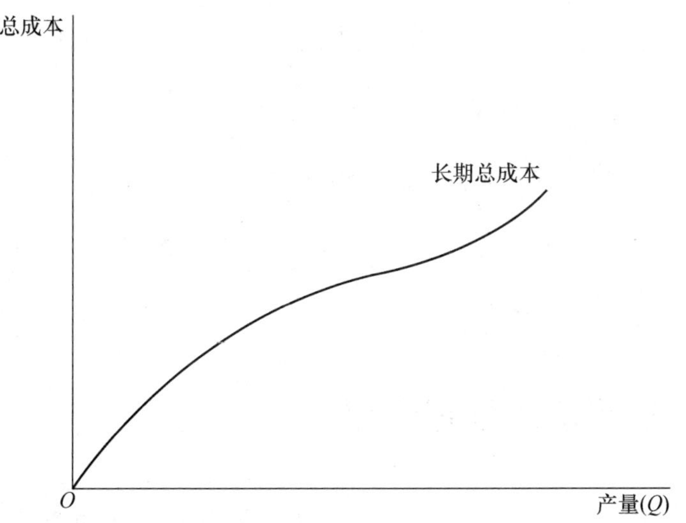

图 6—5　长期总成本函数

注：在给定产出水平下，长期总成本等于长期平均成本（见图 6—4）乘以产量。

管理者能够很容易地推导出**长期边际成本函数**。该函数表明，如果管理者已经选择了最有效的投入组合，那么变化的产量将如何影响生产最后一个单位产品时的成本。边际成本函数的变化与平均成本相似。当长期平均成本递减时，长期边际成本低于长期平均成本；当长期平均成本为最低值时，长期边际成本等于长期平均成本；当长期平均成本递增时，长期边际成本高于长期平均成本。当管理者为生产某一给定产量而建立规模最佳的工厂时，长期边际成本等于该产量的短期边际成本。

定量方法

$dTC_S/dQ=Q/10$

$dTC/dK=-(Q^2/2K^2)+2=0$

$dTC_L/dQ=2$

定量方法

要永远质疑你阅读到的任何东西，要始终寻找证据。

假设某一产量（Q）的长期平均成本是 $L(Q)$，其第 i 种规模工厂的短期平均成本是 $A_i(Q)$。设 $M(Q)$ 是长期边际成本，$R_i(Q)$ 是第 i 种规模工厂的短期边际成本。如果管理者想实现利润最大化，其正在运营的短期平均成本和长期平均成本就是相等的；换句话讲，$L(Q)=A_i(Q)$。这就意味着：

$$\frac{dL(Q)}{dQ}=\frac{dA_i(Q)}{dQ}$$

进而：

$$Q\frac{dL(Q)}{dQ}=Q\frac{dA_i(Q)}{dQ}$$

通过这些条件，可以很容易地证明长期边际成本 $M(Q)$ 等于短期边际成本 $R_i(Q)$。

$$M(Q)=\frac{d(QL(Q))}{dQ}=L(Q)+\frac{QdL(Q)}{dQ}$$

$$R_i(Q)=\frac{d(QA_i(Q))}{dQ}=A_i(Q)+\frac{QdA_i(Q)}{dQ}$$

从前面的内容可知，$L(Q)=A_i(Q)$，且 $Q(dL(Q))/dQ=Q(dA_i(Q))/dQ$；因此，$R_i(Q)$一定等于 $M(Q)$。

6.5 规模经济的管理运用

长期平均成本曲线告诉管理者是否更大的就是更好的，它们也表明是否在某种程度上，大型工厂比小型工厂具有成本优势。当企业的平均成本随产量增加而递减时，规模经济就出现了。为了加以说明，考虑养老院的例子，2011 年该行业的年销售量超过了 1 900 亿美元。图 6—6 表明了一家养老院的长期平均成本曲线。

如你所见，存在规模经济。如果一家养老院每年能够提供 10 000 患者日的服务，则每个患者日的成本差不多是 29 美元；如果它每年提供大约 50 000 患者日的服务，则该成本会低于 26 美元。像图 6—6 中的曲线是由工程师和经济学家为各种不同的工厂和生产过程构造的；旨在帮助管理者选择最优投入组合。

规模经济不仅局限于工厂。在全球经济当中，管理者常常会利用不止一家工厂来生产他们的产品。耐克就是一个很好的例子。这类公司的管理者有机会在企业层面上利用可能的规模经济。例如，如果耐克公司保持每家工厂的规模不变，平均成本可以随着公司

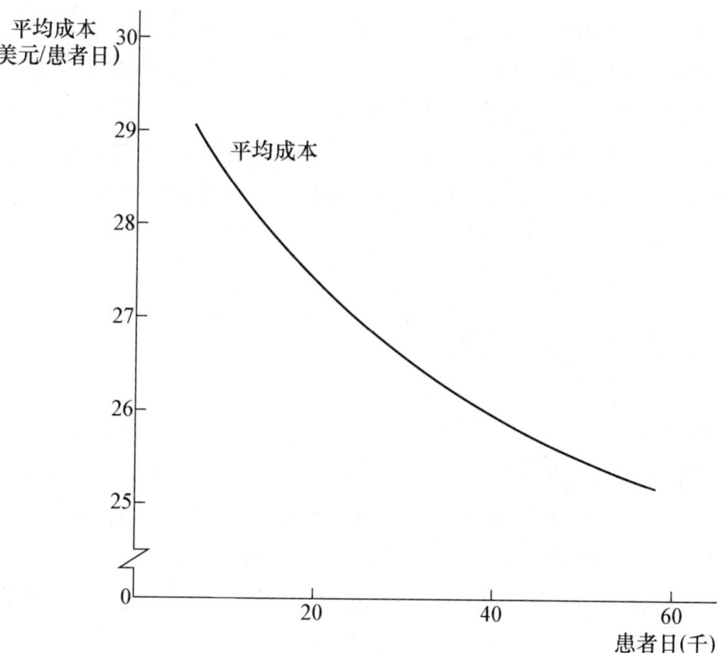

图 6—6　得克萨斯州养老院的长期平均成本曲线

注：对养老院来讲，在少于 60 000 患者日的情况下，会出现持续的规模经济。

运营工厂数目的增加而减少。管理者也能够从几个方面节约成本，包括集中购买、更好的管理方法以及提高建厂或租厂的能力。

管理者使用规模经济的很多资源来创造竞争优势。美国联合包裹服务公司（UPS）的管理者运用这些优势在分布式网络中降低成本。埃克森美孚公司的管理者运用这些优势在提炼与化学合成过程中降低成本。英国天空广播公司，一家英国付费电视商，由于其大型网络的规模经济，可以为某些节目支付更多。最后，游轮规模持续增长是因为较大的轮船由于规模经济而具有较低的单位乘客成本。2010 年，皇家加勒比推出的海洋绿洲号游轮将持续这一趋势；这艘 22 500 吨位的大船可承载 6 296 名乘客。当被问及为什么越大越好时，皇家加勒比的副总裁哈里·库洛瓦拉回答，"我们可以提供更多的甲板区域，拥有更多的'不动产'。这就意味着更多的娱乐选择及更好的设施和服务。"①

为了发现哪里最适合利用规模经济，管理者一定要了解自己的成本结构。如上所述，规模经济不只限于生产；它们也存在于分配、集资、广告和多数商业过程。所有的管理者都有机会使用某种形式的规模经济，只不过有些人还没有找到自己的机会。

然而，越大不总是越好。随着工厂、分布式网络或游轮规模增大，从某种程度上讲，管理也变得越发困难。不断增大的规模最终会导致规模不经济：每单位产量的平均成本增加，原因在于管理和协调全部必要行动的复杂性。

6.6　范围经济的管理运用

规模经济不是管理者能够利用的唯一的成本经济方法。生产多种产品的公司管理者

① J. Wise, "World's Largest Cruise Ship Pulls 360s with Joystick," *Popular Mechanics*, June 2007.

也能够使用一种叫做范围经济的成本效率策略。当生产两种（或更多）产品的成本小于分别生产其中每种产品的成本时，范围经济就出现了。例如，假设马丁公司的管理者每年生产1 000台铣床和500台机床，其成本是1 500万美元；而如果公司只生产1 000台铣床，其成本将是1 200万美元；如果只生产500台机床，其成本是600万美元。在这种情况下，同时生产铣床和机床两种产品的成本比单独生产一种产品的总成本要小。此时，存在范围经济。

管理者评估范围经济的一个简单方法是利用以下公式：

$$S=\frac{C(Q_1)+C(Q_2)-C(Q_1+Q_2)}{C(Q_1+Q_2)} \tag{6.6}$$

其中，S为范围经济度，$C(Q_1)$为单独生产第一种产品Q_1单位的成本，$C(Q_2)$为单独生产第二种产品Q_2单位的成本，而$C(Q_1+Q_2)$为同时生产Q_1单位第一种产品和Q_2单位第二种产品的成本。如果存在范围经济，S就大于零，因为同时生产两种产品的成本，$C(Q_1+Q_2)$，小于单独生产每种产品的成本之和$C(Q_1)+C(Q_2)$。显然，S衡量了同时生产而不是单独生产所节约下来的百分比。于是，马丁公司的管理者可以做如下运算：

$$S=\frac{1\,200\text{ 美元}+600\text{ 美元}-1\,500\text{ 美元}}{1\,500\text{ 美元}}=0.20$$

这意味着范围经济已经把成本降低了20%。从战略角度讲，与生产单一产品的公司管理者相比，马丁公司的管理者创造了20%的成本优势。显然，S的值越大，范围经济就越大。

与规模经济一样，管理者能够在各种市场、生产过程和生产行为中利用范围经济。石油公司像埃克森美孚公司和英国石油公司同时生产汽油和化工产品；制药公司像默克和葛兰素史克公司同时生产疫苗和镇静剂；出版公司像诺顿公司同时发行经济学教材和文学教材。可口可乐和百事可乐都使用单一卡车提供各种口味和不同容量的饮料。大多数航空公司同时运送乘客和货物。通过生产多种产品而不是单一产品，管理者运用范围经济创造成本优势。由于多个产品共享过程（比如分配）或资源（比如零件），所以产生了成本节约。然而，如同规模不经济，也存在范围不经济。很多企业集团，比如通用公司，当生产某一特定产品不再有利润时，将会缩减业务范围。

战略环节

广告代理商的范围经济

最近几年，在广告行业中一直存在着有关范围经济的激烈争论。广告代理商可以提供多种媒体服务，包括网络电视、大众杂志、报纸、收音机、户外广告、因特网及移动电话。

研究人员考察了几百家广告代理商提供的联合产品成本下降的百分比，并发现了以下成本节约情况。

产品组合带来的成本节约范围为从0到大约86%，这取决于所分析的广告商的情况。成本节约的平均值大约是26%。显然，广告行业中存在着巨大的范围经济；并且小广告代理商比大广告代理商更能够从较大的范围经济中获益。

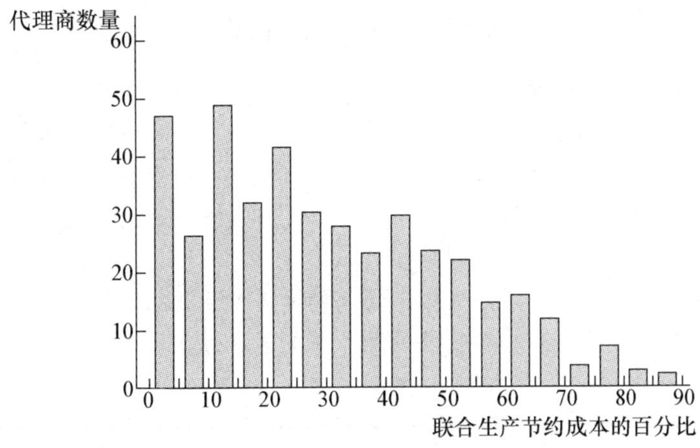

战略环节 ☞

范围经济

我们首先讨论了个体企业，然后分析了企业集团，现在再次回到关注核心竞争力的个体企业上来。

企业集团讨论的是范围经济，也就是说，对于供给方，联合生产 X 和 Y 的成本（$C(X, Y)$）比单独生产 X 和 Y 的成本要便宜（$C(X)+C(Y)$）。提供投资组合的企业集团要为投资需求方提供多样化"共同基金"。企业集团的领导者是 ITT，在 20 世纪 60 年代，它拥有超过 300 家的独立企业。

但是有些人认为皇帝没有衣服穿，企业集团支出过多（通常是溢价收购），很多管理者对其收购企业的错综复杂性了解很少。企业集团内部并没有实现范围经济，事实上，却出现了不经济的证据，想起戴姆勒-克莱斯勒了吗？如果投资者想要使其投资组合多样化，可以增加购买独立公司的股票或是购买已有的共同基金来进行投资组合。

最近，ITT、财富品牌、马拉松石油公司、嘉吉公司及其他公司已经宣布和它们的合伙人分手。这将产生附带发展，其中一个附带发展便是，母公司（比如 ITT）专门发行它希望继续发展的子公司股票，然后将股票按照比例分配给母公司的股东。这些股东可以持有股票或者出售股票。当母公司不能卖掉子公司时，就会使用这种方法。有时母公司只需承担很少的管理和债务就可采取这种行动。附带发展的成功运用没有秘诀。

一些企业集团，比如通用电气、伯克希尔·哈撒韦公司及联合科技公司，都曾经通过增加新的子公司和摆脱旧的子公司而获得历史性成功，并持续性地自我改造，只不过目标总是实现范围经济和分散风险，而不是为了成长而增长。最近的几起收购，比如迪士尼对惊奇公司的收购、易趣网对贝宝公司的收购，由于需求的互补性，从范围经济角度讲，似乎是明智的。

资料来源：Steven M. Davidoff，"A Test to See If the Parts Are Worth More Than the Whole," *New York Times*，January 18，2011，at http://dealbook.nytimes.com/2011/11/18.

企业集团中公司的协同作用

为什么有些企业的组织形式是企业集团，而其他公司就只生产一种产品？后者主张“核心竞争力”——只做它们自己最擅长的，而前者支持范围经济和风险分散。那些解散企业集团的人认为整体没有个体之和更有价值（例如，山登公司，成立后被亨利·西尔弗曼解散）。那些喜欢企业集团的公司，比如，通用电气和西门子，却持相反意见，倾向于协同作用观念并充分利用不同公司员工的能力。

在风险分散方面，批评者指出资本市场已经变得更为复杂、更加全球化和更具流动性，而基金管理者则坚持他们能够分散风险，并能够通过在多个企业购买有价证券来提高收益。

6.7 交易成本的多种表现形式

再来考虑我们的消费者，帕帕韦奇女士。她也许不知道第 3 章中食品的准确价格，但她可能知道从最高价格到最低价格的大致范围。假设现在她发现一种价格为 P_{F2} 的食品，P_{F2} 在最高价格附近。在知道可能会发现更低的价格后，她也许会继续寻找更合适的食品。然而，搜索需要花费时间（即便是网络查找），而且也许会发生交通成本（行走于潜在的供应商之间）。帕帕韦奇女士应该怎么办呢？她应当更在乎较多搜索的预期收益（低价位），还是更在乎搜索成本（时间和金钱）呢？

当管理者面对不同的投入成本问题时，可应用同样的分析方法。比如，管理者应该在 X 校、Y 校或 B 校，还是只在 X 校进行面试呢？如果在 X 校发现了最合适的人选，以后也许就不会再到其他学校了。不过，如果其经历是有时 X 校会出现最佳人选，而有时 Y 校也会出现最佳人选，那么就可能选择两所学校都去。可谁又知道去 B 校会出现什么情况呢？当然，去的学校越多，成本就越大，比如企业做招募工作的机会成本——旅游、住宿费用等。作者总是惊讶于到费城做公司展示和讲解的投资银行和咨询公司管理人员的数目。与帕帕韦奇女士一样，招募者必须考虑伴随更多搜索利益而出现的更多的搜索成本。

另外一种交易成本是谈判。考虑第 17 章案例中的哈登啤酒厂和樱桃山化工有限公司。在这个案例中，在缺乏谈判成本的情况下，对于哈登啤酒厂来讲，解决问题最便宜（和社会最优）的方法是，如果樱桃山化工有限公司不应该对其排放工业废水造成的破坏负责，哈登啤酒要付钱给樱桃山化工有限公司用以净化工业废水；或者，如果樱桃山化工有限公司应该对环境破坏负责，它自己出钱净化废水。

假设樱桃山化工有限公司不应该负责，谈判成本是 10 001 美元，其中，樱桃山的成本是 N_C，哈登的成本是 N_H，且 $N_C+N_H=10\,001$，或 $N_H=10\,001-N_C$。假设樱桃山净化其产出废水的成本是 4 万美元，而哈登净化使用水的成本则达 5 万美元。

既然樱桃山不应该负责，它就有权获得 50 万美元的利润。樱桃山如果净化其排放的废水，哈登公司必须支付给樱桃山至少 4 万美元的净化成本（因为樱桃山没有义务这样做)，称此支付为 P。显然，哈登给樱桃山的支付不会超过 5 万美元（因为哈登自己用 5 万美元进行净化)。由于哈登公司目前用 5 万美元净化其使用水，哈登的利润为 20 万美元。如果哈登要进行谈判，其必须获得比现有 20 万美元利润更高的利润。

而樱桃山想要与哈登公司进行谈判，必须满足下列条件：

$$500\,000\text{ 美元}-40\,000\text{ 美元}+P-N_C\geqslant 500\,000\text{ 美元}$$

或 $$P-N_C\geqslant 40\,000\text{ 美元}$$

若哈登公司想要与樱桃山进行谈判，则必须满足下列条件：

$$250\,000\text{ 美元}-P-N_H\geqslant 200\,000\text{ 美元}$$

或 $$250\,000\text{ 美元}-P-(10\,000\text{ 美元}-N_C)\geqslant 200\,000\text{ 美元}$$

或 $$240\,000\text{ 美元}-P+N_C\geqslant 200\,000\text{ 美元}$$

或 $$40\,000\text{ 美元}\geqslant P-N_C$$

显然，$P-N_C$ 不可能同时既大于 4 万美元又小于 4 万美元，这样，如果谈判成本大于 1 万美元，就会阻碍社会最优产出（这将导致使用更昂贵的方式处理污染问题，也就是说，哈登公司需要支付 5 万美元净化使用水)。

交易成本包含的重要教训可能改变我们的某些产出。如果谈判成本低于 1 万美元，将会有最有效的解决方法（樱桃山公司以 4 万美元成本进行污水净化)。

当我们考察第 9 章和第 10 章中的复杂定价时，“细化和封闭”市场就显得很有必要了。细化比单一垄断定价需要更加复杂的需求分析。这样的分析需要更多的时间和金钱来实施。第一级价格歧视（第 9 章）要求买者和卖者之间能够进行讨价还价。与单一定价策略相比，这需要更多的卖家。除此之外，复杂定价者必须封闭市场以阻止原来的低价卖家变成高价卖家再去销售。这需要很多层面的分类，比如迪士尼的方法是要求参观者在进入公园时出示驾照。这种分层成本很昂贵，因为需要额外的时间检查每位车主。在第 9 章的例子中，只要细化和封闭市场的额外成本不超过 15.5 美元，就将实施第一级价格歧视。由于现实中有如此多的公司实施价格歧视，我们认为从实施复杂定价中获得的利润要超过这样做的交易成本。第 13 章中拍卖的一个优势是消除了产品讨价还价的交易成本，当卖家很难鉴别潜在买主的保留价格时。

公司曾使用交易成本去锁定消费者。考察长期移动电话合同的案例。如果你与 X 公司签订了 2 年的合同，即使看到 Y 公司出台了对新买主更具吸引力的新电话和新收费标准，你也不可能转向 Y 公司。这是因为与 X 公司解除合同的潜在成本会超过与 Y 公司签订合同后获得新电话/新计划的利益。大多数消费者，在杂货店看到高露洁和佳洁士牙膏时，如果一种品牌高于另一种 0.5 美元，会立即购买便宜的那款。我们都应记得进行利润/交易成本分析时的沉没成本。

考虑一下你的导师在更换教材时面临的交易成本。导师对现有版本已经非常熟悉了，并根据教材调整了注释和例题。每本新教材将会有不同的注释和例题。此外，出版商提供幻灯片、教学指南、试题库，以及与教材相关的案例链接。但是采用新教材意味着要去学习如何使用这些新的系统并作出新的注释。这些都是成本。另外一本教材的好处真的足以抵消这些更换成本吗？当人们考虑更换文字处理系统或电子表格程序时，同样会出现这种情况。

博弈论（第 12 章）包括的战略思考是，如何才能达成对自己最有利的协定？在 1980 年解除规制后，很多大型铁路公司廉价出售了很少使用的铁路支线，宁愿成为集中于主要干线的批发商。过去，对于大型铁路工会来讲，使用支线非常昂贵，因为较低的流量密度以及较低的行驶速度（由于糟糕的铁轨条件）使它耗尽了合法的工会劳动时间。非工会的短线占据了大多数这样的线路。事实上，同一短线运输中不会同时存在出发地和目的地，那么短线路出发/终止的交通去向/来自哪里呢？它们一般始于支线的原始拥有者。很多条短线运输只拥有一个交通连线，这降低了短线运输从交通中争取利益份额（称为“分配”）的讨价还价的能力。即使当支线与多条主要干线有交通连线时，出售主要干线的合同仍需要将短线运输投标给原来拥有其的铁路公司。这是一种“强盗”效应，对从事短线运输业务来讲，它是一种额外的成本。而出售铁路是一个聪明的策略，现在人们是在主要干线和短线运输的交叉路口集中运送和装载汽车（想想批发），而不是像以前非常昂贵的零售业务那样，一次只能装载和运送一辆或两辆汽车。

交易成本也涉及信息不对称（第 14、第 15 和第 16 章将有介绍）。没有意识到这些成本存在的个人和公司，如果知道了这些成本，也许会作出不同的决定。比如贷款立法中的事实让贷款人知道借款的真正成本。吸烟有害健康的警告让人们知道吸烟除了购买香烟成本外，还会带来医疗成本。在你被允许支付保险金之前，保险项目也许要求你做特定的医学鉴定；如果你想继续投保，可能还要求有一定的后续支付或进行鉴定调查。除了保费之外，这些都是人们需要考虑的成本。

实际上，本书中讨论的所有行为都会产生引发交易发生（或是阻止交易发生）的交易成本。这些成本高于我们曾讨论的显性成本。为了简化分析，我们集中在类似“成本”或“价格”的简单概念上，因为基本概念总是相同的：如果收益高于成本，你就会做某事；反之，你则不会做某事。

例如，考察本章最后一个战略环节中的全部交通成本。如果我们假设货运量是运输货物成本的函数，我们的结论是这两项负相关。而这个成本是什么呢？它不仅是由运输方式决定的货运价格，还包括运送的时间成本（运送中存货的机会成本——毕竟，货物是用美元记账的）、运送时间的可靠性（这将影响到安全库存——为预防运输货物不能按时到达而备用的库存量）、丢失和损坏成本，以及包装成本等。货运量需求建模要考察上述全部成本，而不只是运输公司收取的货运费。

6.8 网络经济

很多行业都涉及网络。如果华生没有电话，你能想象亚历山大·格雷厄姆·贝尔用电话问华生“是你吗?”或者如果美国航空公司只从达拉斯沃斯堡的航空枢纽飞到达拉斯沃斯堡？或者如果你去上脸谱，却发现只有你一个人在那里，如果只有你自己，你怎么推特呢？这样的清单可以不停地罗列下去。正因为有很多人参与，这些行业才有价值。网络越大、参与的人越多，它们的价值才会越大。由于价值的秘密在于网络的规模，所以市场的第一个准入者肯定拥有较大的优势。

假定有一个 6 人世界，其中两人是上面提到的贝尔和华生。如果只有他们两个有电话，然后当这两人可以电话联络时，其他四人无法被联络并且这四人也不能彼此联络。但如果贝尔让其余四人加入到他的电话网络中来，那么每个人都能够与其他人讲话了。这就意味着可能有 6×5=30 个电话连接。从 2 人通话到 6 人通话将导致潜在的电话连接量增长 15 倍。为额外的顾客服务引发的成本增长也许会小于 15 倍（尤其是当这些人距离都很近时）。贝尔先生可以利用规模经济和范围经济的优势。他的一个固定成本是从一个顾客到电话中心的布线，但是投资结束后，如果再增加新的顾客，电话中心只需做微小的调整，也即从街道到新顾客家里的额外布线。

假设有第 7 位顾客加入该区域，而且有一个潜在的新的进入者正在考虑从事电话服务。这位新进入者不得不重复贝尔先生的投资，并确信新的顾客能够使用电话。如果贝尔绑定了前 6 位顾客，那么新顾客就不会加入新公司（没法打给别人），只有加入贝尔先生的电话网络。注意，对于贝尔先生现有的顾客来讲，他的网络现在变得更加具有吸引力了，因为将有 42（=6×7）个可能的电话连接。增加第 7 位顾客（增加 16.67%），可提高潜在产出 40%。对于已有的电话商来讲，这些优势持续增长。当已有 100 位顾客时，多增加一位顾客，即顾客增加 1%，而潜在连接则从 100×99 变为100×101，即增加 2.02%。如果现有 n 位顾客，多增加 1 位顾客（增加 $1/n$），潜在链接数目将增加 $2/(n-1)$，优势继续存在（只有当 n 趋向无穷大时，才接近零）。

为了定义网络，要继续上面的逻辑过程，考虑联邦快递的一个例子。假定现有 5 个城市为了一单位的某产品需要夜间航空服务。其中的 4 个（A 点到 D 点）位于边长为 1 的正方形四角上，而第 5 个（E）位于两条主对角线的交叉点上。方案如图 6—7 所示。

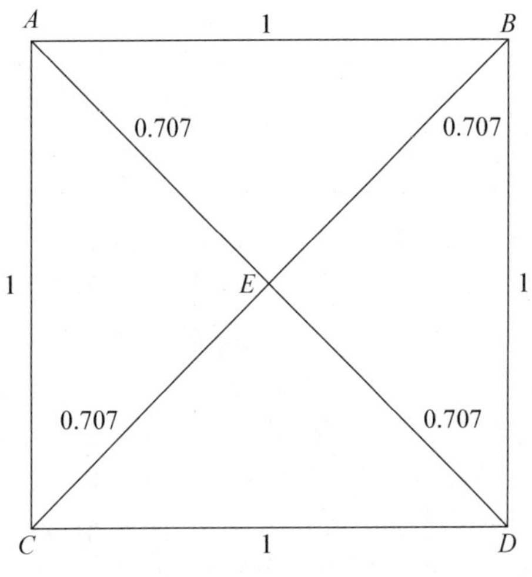

图 6—7　联邦快运的网络图

每对城市的距离如图 6—7 所示。A 到 D，B 到 C 的距离都是 1.414 个单位。

假设飞机运输成本昂贵，并且一单位距离花费一单位时间。每架飞机能够飞行 1.6 个单位距离，并能够在一夜之间携带产品从始发地飞到目的地。同时假设每座城市都想向其他每座城市运送一单位的产品。假定能够购买到任何型号的飞机，驾驶大型飞机较为昂贵，但成本增加比例低于飞机规模增加的比例，因为任何飞机都需要驾驶员/副驾驶员。运送四个单位产品的飞机运营成本等于一单位的距离成本，同时运送一单位产品的飞机运营成本为一单位距离成本的 0.75 倍。

一种可能性是（不是唯一的）为每对城市提供点对点服务。如果这样做，每晚就有 5×4 即 20 个货物。这将需要 20 架飞机与如表 6—4 所示的总成本。每架飞机容量为一个单位。执行这一系统的运营成本是 14.484。

表 6—4　　如果采用点对点服务，每个城市的运营成本

路径	运营成本
A 到 B	0.75=1×0.75
B 到 A	0.75
A 到 C	0.75
C 到 A	0.75
A 到 D	1.060 5=0.75×1.414
D 到 A	1.060 5
A 到 E	0.530 25=0.75×0.707
E 到 A	0.520 25
B 到 C	1.060 5
C 到 B	1.060 5
B 到 D	0.75
D 到 B	0.75
B 到 E	0.530 25
E 到 B	0.530 25
C 到 D	0.75
D 到 C	0.75
C 到 E	0.530 25
E 到 C	0.530 25
D 到 E	0.530 25
E 到 D	0.530 25
总计	14.484

或者假设点 E 为航空枢纽机场。从 A 点起飞（飞往 B、C、D 和 E）的全部四个单位的货物被安置在一架飞机上，每架飞机按距离单位收取运营成本。这同样适用于来自 B、C 和 D 的全部 4 单位货物。一旦确定 E 为航空枢纽，E 就不再是目的地。A 到 B 的货物与 C 到 B 的货物、D 到 B 的货物以及 E 到 B 的货物结合起来，所有运往 B 的 4 单位的货物都使用来自 B 的飞机运输。这同样适用于货物目的地是 A、C 和 D 的情况。只要以 E 为基点排序的时间低于 1.6～1.414，就没有飞机会在飞行时间上超过 1.6 个单位。可见 4 架大型飞机能够完成 20 架小型飞机的工作（或者想象一下 4 名驾驶员和副驾驶员能够完成 20 名驾驶员和副驾驶员的工作）。该方案的总成本参见表 6—5。

与完成相同工作的点对点服务相比，使用航空枢纽网络可以节约 61% 的成本，因为只使用了 20%的飞机和 20%的驾驶员/副驾驶员。当把飞机成本、飞机的操作成本和航空枢纽的运营成本结合在一起时，可以发现把交通问题转向绝对的、积极的夜间运输是一种最便宜的方式。

表 6—5　如果利用 E 点作为航空枢纽机场，每个城市的运营成本

路径	成本
A 到 E	0.707＝0.707×1
E 到 A	0.707
B 到 E	0.707
E 到 B	0.707
C 到 E	0.707
E 到 C	0.707
D 到 E	0.707
E 到 D	0.707
总计	5.656

6.9　盈亏平衡分析的管理运用

盈亏平衡概念是一种基于成本的分析，既实用又简单。盈亏平衡分析考察的是成本和收益的相对位置；管理者运用盈亏平衡分析预计可能的定价变化如何影响企业行为。图 6—8 给出了马丁公司的部门经理面临的情况。公司的固定成本是每月 60 万美元，平均可变成本为每单位产出 2 美元。产品以每单位 3 美元出售。由于平均可变成本固定，一单位额外产出产生的额外成本（边际成本）也不变，并且等于平均可变成本。假设每单位产品价格为 3 美元，收益曲线是一条过原点的直线。通过绘制公司的总收益曲线和总成本曲线，马丁公司的管理者生成了一张盈亏图，图中标明了所有销售水平对应的月盈利。例如，图 6—8 指出，如果马丁的管理者每月销售 30 万单位产品，就会造成 30 万美元的损失。该图也给出了**盈亏平衡点**，即管理者为了避免亏损而必须达到的产量水平。它也是成本

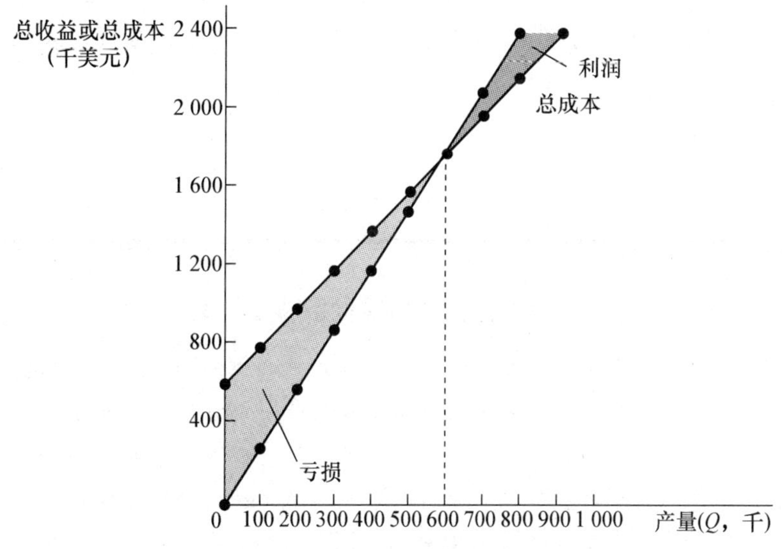

图 6—8　马丁公司的盈亏平衡图

注：为了避免亏损，产出水平必须达到每月 60 万单位，这就是盈亏平衡点。

第6章　成本分析

函数和收益函数的交叉点；图 6—8 中的盈亏平衡点是 60 万单位产出。描述每件产品价格与其平均可变成本之间差额的有效办法是计算需要“抵消”的固定成本的金额。一旦管理者抵消了他们的固定成本，这个差额就代表每单位产品的利润。对于马丁的管理者而言，他们出售的每单位产品能够抵消 1 美元的固定成本（3 美元－2 美元）。由于固定成本是 60 万美元，而 1 美元的差额既定，所以他们就需要出售 60 万单位的产品。当出售第 60 万个产品时，公司利润为零；而在 60 万产品之后，每出售一单位产品，利润增加 1 美元。

盈亏平衡分析为评价销售量与成本、收入和利润之间的关系提供了一个有用的方法。例如，管理者可以使用该方法去预测一个有计划的销售量下降将如何影响利润，或者评价价格变动会如何影响利润。像大多数模型一样，该分析也存在局限性。产品价格十分易变或者成本结构很难预测都会降低结果的准确性。

值得注意的是，尽管我们采用的是线性成本函数，不过这个假定很容易被放松。通常情况下，成本函数是曲线。但很多时候，对于产出的微小变化，线性估计就足够好了。这一原则已经得到了很多经验研究的支持，研究表明，只要管理者不按照其产能或接近其产能的水平运营企业，成本函数往往很接近线性。

定量方法

假设 P 是商品价格，Q 是销售量，AVC 是平均可变成本，TFC 是固定成本。盈亏平衡点是产量 Q_B，此时 $TR=TC$。因为 TR 等于 PQ，总成本为 $TFC+AVC(Q)$，可得：

$$PQ_B=TFC+AVC(Q_B)$$

$$(P-AVC)Q_B=TFC$$

$$Q_B=\frac{TFC}{P-AVC} \tag{6.7}$$

在马丁管理者的案例中，$P=3$ 美元，$AVC=2$ 美元，且 $TFC=600\ 000$ 美元，因此：

$$Q_B=\frac{600\ 000}{3-2}=600\ 000$$

战略环节 ☞

上司为什么严厉地责备马丁先生

约翰·马丁是一家制造和销售三种办公桌的小型公司的会计，他为公司从整体上构造了一张盈亏平衡图。他将每年生产的办公桌总量作为产量的一种衡量。为了估算一张办公桌的平均可变成本，他对三种办公桌各自的平均可变成本取平均值。为了估算一张办公桌的价格，他对三种办公桌各自的价格取平均值。运用这些数字，他构造了一张盈亏平衡图（基于线性总成本和总收益曲线），该图表明公司正在盈亏平衡点上方的产量水平上运行，其利润将随产量的增加而快速增长。

当马丁提供这些结果时，公司总裁苏珊·罗杰斯却说这些结果是误导，因为这一分析混淆了三种类型的办公桌。对于第一种类型的办公桌，工厂按其生产能力运行，如果增加产量，边际成本会增加。对于第二种类型的办公桌，很明显价格过高，产量将会减少。对于第三种办公桌，只能生产很少的数量，所以，在分析中，把它按与另外两种等同的权重进行衡量是不正确的。罗杰斯指出随着公司产量的增加，第一种和第二种类型的办公桌将在总产出中占据越来越大的份额。

马丁该如何回应这样的评论呢？（有些时候，仅仅承认错误并感谢总裁提供的信息就是最佳的回应。）事实上，产品随产量增加的混合变化是十分重要的，而且马丁应该早就注意到了这点。不过把三种产品混合在一起也容易产生误导。与假设线性总成本曲线不同的是，第一种类型办公桌的边际成本随产量的增长而增加。最后，马丁使用的第二种类型办公桌的价格并不是与其相关的价格。

注：本战略环节基于一个真实的案例，不过在数字和背景方面做了一些改动。

6.10 毛利分析

管理者也利用盈亏分析来理解价格和利润之间的关系；这种分析就是毛利分析。正如我们已经讨论过的，毛利是总收益和总可变成本之间的差额；以每单位产量为基础，它等于价格减去平均可变成本。在马丁公司的案例中，价格为 3 美元，而平均可变成本为 2 美元，所以每单位毛利是 3 美元减去 2 美元，即 1 美元。

假定马丁的管理者希望达到每月赚 100 万美元利润的销售水平。所需销售额如下所示：

$$Q=\frac{\text{总固定成本}+\text{目标利润}}{\text{毛利(每单位)}}=\frac{600\,000\text{ 美元}+1\,000\,000\text{ 美元}}{1\text{ 美元}}=1\,600\,000\text{ 单位}$$

或者，如果管理者每月只售出 50 万单位产品，公司亏损 10 万美元。营销部门希望落实 5 万单位的订单。这一订单将减少企业多少亏损？要找出答案，可用订货规模（5 万单位）乘以每单位毛利（1 美元），就能够得出利润的增加量（或亏损的减少量，这是本例中的情况）；结果是 5 万美元。

小　结

1. 管理经济学家定义产品的机会成本为：用于生产该产品的资金能够生产其他产品的价值。机会成本和历史成本不同，历史成本通常是会计报表的基础。

2. 在短期内，区分企业的固定成本和可变成本是重要的。管理者应当能够根据产量确定总成本、平均成本和边际成本。得出的成本函数，或是成本曲线（管理者常常这样称呼），表明了产量变化如何影响企业的成本。

3. 长期平均成本函数表示当任何理想规模的工厂建成时，生产既定产出水平时单位产量的最小成本。长期平均成本函数与每一个短期平均成本函数相切于工厂短期平均成本最优点处。长期平均成本曲线对于管理者十分重要，因为它代表着较大工厂与较小工厂所具有的成本优势范围。

4. 当联合生产两种（或更多）产品的成本低于分别生产这些产品的成本之和时，就存在范围经济。这种经济性的产生，也许是因为生产一种产品所使用的生产设备也能用来制造另一种产品，或是生产一种产品时产生的副产品能够用于制造其他产品。

5. 盈亏平衡分析以几何或代数的方法比较总收益与总成本。盈亏平衡图把总成本函数与总收益函数结合起来，并且将二者通常看作线性的，该图用于表示每一销售水平所产生的利润或亏损。盈亏平衡点是企业如果想要避免亏损就必须达到的销售水平。管理者往往发现使用不同类型的毛利分析是有用的。毛利是总收入与总可变成本之间的差额；以每单位产品为基础，毛利等于价格减去平均可变成本。

习　题

1. 麻省理工学院估算了以三种不同技术生产钢的成本：(1) 焦炭、鼓风炉、底部吹氧炉、铸块和精轧机；(2) 焦炭、鼓风炉、底部吹氧炉、连铸和精轧机；(3) 废钢、电弧冶炼炉、连铸和精轧机。在合理地假设相关投入价格的条件下，估算每吨钢的平均成本如下表所示（单位：美元）：

成本分类	焦炭、鼓风炉、底部吹氧炉、铸块和精轧机	焦炭、鼓风炉、底部吹氧炉、连铸和精轧机	废钢、电弧冶炼炉、连铸和精轧机
制造材料	148.34	136.19	122.78
能源	21.15	15.98	41.58
直接劳动	83.43	75.09	67.43
资本	102.06	99.93	54.08
其他	46.74	41.67	24.47
总计	401.72	368.86	310.34

(1) 麻省理工学院的报告的结论是：除非在其他技术上发生重大变化，电弧冶炼炉、连铸方式将在美国国内生产中居支配地位。为什么？

(2) 同时，报告也注意到废钢的价格（第三种技术中使用的）“将随着电弧冶炼炉生产的扩张而上升，因为需求增加了”。出现的相关问题是什么？

(3) 报告还作出结论，不管使用这些技术中的哪一种，如果工资是每小时 26 美元而不是每小时 2 美元，每吨钢的成本大约会高出 25%～30%。对于美国钢铁生产商同所付工资远低于美国水平的其他国家的生产商之间的竞争来说，这意味着什么呢？

(4) 如果上述成本数字是长期平均成本，那么在什么条件下，它们也等于长期边际成本？

2. 哈弗福特公司正在考虑用三种类型的工厂去生产一种电子设备。工厂 A 的自动化程度比工厂 B 高得多，而工厂 B 的自动化程度又比工厂 C 还要高。对于每种类型的工厂，只要产量低于生产能力（即该工厂的最大产量），平均可变成本就是不变的。每类工厂的成本结构如下所示：

平均可变成本（美元）	工厂 A	工厂 B	工厂 C
劳动	1.10	2.40	3.70
原材料	0.90	1.20	1.80
其他	0.50	2.40	2.00
总计	2.50	6.00	7.50
总固定成本（美元）	300 000	75 000	25 000
年生产能力（台）	200 000	100 000	50 000

(1) 求出工厂 A 每年生产 10 万台、20 万台、30 万台和 40 万台设备的平均成本（由于产量超过了单一工厂的生产能力，假定可以建立一家以上的这类工厂）。

（2）求出工厂 B 每年生产 10 万台、20 万台、30 万台和 40 万台设备的平均成本。

（3）求出工厂 C 每年生产 10 万台、20 万台、30 万台和 40 万台设备的平均成本。

（4）运用第 1 问到第 3 问的结果，画出每年产量为 10 万台、20 万台、30 万台和 40 万台电子设备的长期平均成本曲线。

3. 电视机零售商阿布纳公司想要决定每个月必须销售多少台电视机才能获得 10 000 美元的利润，每台电视的价格是 300 美元，平均可变成本为 100 美元。

（1）如果阿布纳公司的固定成本是每月 5 000 美元，那么需要销售多少台电视机？

（2）如果公司制定每台电视机的售价是 350 美元，而不是 300 美元，则需要销售多少台电视机？

（3）如果价格是 350 美元，平均可变成本是 85 美元，而不是 100 美元，则需要销售多少台电视机？

4. 根据一项统计研究，在电厂的燃料成本 C 与其 8 小时生产能力的百分数 Q 之间存在着下列关系：

$$C=16.68+0.125Q+0.00439Q^2$$

（1）当 Q 从 50 增加到 51 时，这家电厂的燃料成本增加多少？

（2）从第 1 问中得到的结论会被电厂的管理者用在什么地方？

（3）推导电厂的边际（燃料）成本曲线，说明该厂的管理者如何使用它？

5. 下表是林肯公司的资料，请填空：

产量	总成本	总固定成本	总可变成本	平均固定成本	平均可变成本
0	50	____	____	____	____
1	75	____	____	____	____
2	100	____	____	____	____
3	120	____	____	____	____
4	135	____	____	____	____
5	150	____	____	____	____
6	190	____	____	____	____
7	260	____	____	____	____

6. 2012 年，迪林制造公司的短期平均成本函数为：

$$AC=3+4Q$$

其中，AC 是公司的平均成本（以每磅产品美元计），而 Q 为产量。

（1）求出该公司的短期总成本函数。

（2）该公司有固定成本吗？请解释。

（3）如果迪林制造公司产品的价格（每磅）为 3 美元，该企业是盈利还是亏损？请解释。

（4）推导公司的边际成本函数。

7. 塔克公司的总裁确信其工作人员进行的统计研究——公司的长期总成本曲线可由下式表示：

$$TC=\alpha_0 Q^{\alpha_1} P_L^{\alpha_2} P_K^{\alpha_3}$$

其中，TC 是公司的总成本，Q 是其产量，P_L 是劳动价格，P_K 是资本价格。

（1）塔克公司的总裁说，α_1 衡量成本对于产量的弹性，也就是说，由产量变动 1%所引起的总成本变动的百分比。他说得对吗？为什么对或为什么不对？

（2）他还说，如果 $\alpha_1<1$，就表明存在规模经济；而如果 $\alpha_1>1$，则表明存在规模不经济。他说得对吗？为什么对或为什么不对？

（3）根据塔克公司总裁的观点，α_3 可以通过 $\log(TC/P_K)$ 回归到 $\log Q$ 和 $\log(P_L/P_K)$ 上来估算。他说得对吗？为什么对或为什么不对？

8. 工程师有时会依赖“0.6 法则”。该法则是指，生产能力增加会带来相关成本增加 0.6 次方，即：

$$C_2=C_1(X_2/X_1)^{0.6}$$

其中，C_1 和 C_2 是两种设备的成本，X_1 和 X_2 为它们各自的生产能力。

（1）0.6 法则说明存在规模经济吗？

（2）一些专家认为，在化学工业和金属行业中，0.6 法则可以应用于整个工厂，而不仅是个别的设备上。如果情况如此，这些行业的长期平均成本曲线是负斜率的吗？

（3）你能想出方法来检验这一法则是否正确吗？

9. 狄琼公司的总可变成本函数如下所示：

$$TVC=50Q-10Q^2+Q^3$$

其中，Q 为产量。

（1）边际成本最小时的产量水平是多少？

（2）平均可变成本最小时的产量水平是多少？

（3）第 2 问中产量对应的平均可变成本和边际成本分别是多少？

10. 伯温公司正在考虑在其产品系列中增加一种新型产品。该公司有大量剩余的生产能力来生产这种新产品，而且增加该新型产品不会对其总固定成本产生影响。此外，公司的会计决定把现有的固定成本中一个合理的份额分配给新产品。具体而言，决定由新产品使用 30 万美元的固定成本。每制造和销售一单位新产品的可变成本为 14 美元，其具体构成如下所示（单位：美元）：

直接劳动	8.20
直接原材料	1.90
其他	3.90
总计	14.00

（1）如果能以 25 美元的价格销售大约 10 000 单位该种产品，伯温公司应该增加该新产品吗？

（2）如果能以 20 美元的价格销售大约 10 000 单位该种产品，它应该增加该新产品吗？

（3）如果能以 15 美元的价格销售大约 10 000 单位该种产品，它应该增加该新产品吗？

（4）对公司来讲，值得增加该新产品的最低价格是多少？

11. 乔尔森公司每年生产 1 000 套木制橱柜和 500 张木桌，总成本是 30 000 美元。如果该公司只生产 1 000 套木制橱柜，成本将是 23 000 美元。如果只生产 500 张木桌，成本将是 11 000 美元。

（1）计算范围经济度。

（2）为什么会存在范围经济？

12. 史密斯公司去年制造和销售了 10 000 张金属桌，当产量处于 5 000～10 000 张桌子之间时，其平均可变成本为 24 美元。在这个产量范围内，每张桌子的固定成本和利润占其收益的 60%。

（1）每张桌子的价格是多少？

（2）如果史密斯公司将产品价格提高 10%，第二年必须销售多少张桌子才能得到与该年同样的利润呢？

（3）如果史密斯公司将产品价格提高 10%，且平均可变成本因工资提高而增加 8%，那么第二年必须销售多少张桌子才能得到与该年同样的利润呢？

Excel 练习：市场与成本

假定你所属行业的工程师向你提供劳动与两个单位资本相结合的如下有效的技术方法：

资本	劳动	产量
2	0.00	0
2	0.25	1
2	0.60	2
2	1.05	3
2	1.60	4
2	2.25	5
2	3.00	6
2	3.85	7
2	4.80	8

你还知道每单位资本的成本（r）为 2.5，每单位劳动的成本（w）为 10。对于推导企业（以及其他企业）的总成本函数来讲，这个信息是否足够？答案是足够了。让我们看看 Excel 电子表格如何轻松地给出计算过程。

打开你的电子表格，在单元格 A1 中输入 2，然后单击单元格 A1 右下角并拖动至单元格 A9 再松开，应当出现一个含有 9 个数字 2 的数列。

然后在单元格 B1 中输入 0，在单元格 B2 中输入 0.25，在单元格 B3 中输入 0.6，依此类推，直到在单元格 B9 中输入 4.8。

然后在单元格 C1 中输入 0，在单元格 C2 中输入 1，依此类推，直到在单元格 C9 中输入 8。

这样，就将书中的表格复制到了电子表格中。

在单元格 D2 中输入=C2/B2，在单元格 D3 中输入=C3/B3，依此类推。你可以使用单击拖动方法将单元格 D3 到 D9 中的内容填完。现已计算了劳动的平均产量——$AP_L=Q/L$——著名的劳动生产率的衡量方法。

之后在单元格 E2 中输入=(C2−C1)/(B2−B1)，在 E3 中输入=(C3−C2)/(B3−B2)，依此类推。你可以使用单击拖动方法将单元格 E3 到 E9 中的内容填完。现已计算了劳动的边际产量——$MP_L=\Delta Q/\Delta L$。

然后在单元格 F1 中输入数字 10，并单击拖动直到单元格 F9。你应当得到一列数字 10，它是企业雇用的每单位劳动的工资（与含有数字 2 的那一列类似，企业也可以雇用小数单位的劳动，比如兼职工人）。

在单元格 G2 中输入=F2/E2，在单元格 G3 中输入=F3/E3，可以通过单击拖动方法直到单元格 C9。现在 G 列中出现了企业的边际成本。回忆一下教材中介绍的 $MC=w/MP_L$。

在单元格 H2 中输入=F2/D2，在单元格 H3 中输入=F3/D3，可以通过单击拖动方法直到单元格 H9。现在 H 列中出现了企业的平均可变成本。回忆一下教材介绍的 $AVC=w/AP_L$。

然后在单元格 I1 中输入数字 2.5，并单击拖动直到单元格 I9。你应当得到一列数字 2.5，它是资本的单位成本。

在单元格 J1 中输入=A1 * I1，在 J2 中输入= A2 * I2，依此类推，使用单击拖动方法可得到一列数字 5，这是企业的固定成本（$FC=rK$）。

在单元格 K1 中输入=B1 * F1，在 K2 中输入= B2 * F2，依此类推，使用单击拖动方法可得到一列数字，这是企业的可变成本（$VC=wL$）。

在单元格 L1 中输入=J1+K1，在 L2 中输入= J2+K2，依此类推，使用单击拖动方法可得到一列数字，这是企业的总成本（$TC=FC+VC$）。

你甚至可以得出可变成本和产量的关系。注意 K 列的每个数字（使用 C 列的 Q 值）是通过公式 $VC=2Q+0.5Q^2$ 计算而来的。因此，企业的总成本是 $TC=5+2Q+0.5Q^2$。

但是无须知道这种关系，因为你可以列举企业的各项成本，方法是利用你的行业工程师提供的生产函数以及上表中各投入的单位价格，即 r 和 w。

附录 A：盈亏平衡分析与经营杠杆

管理者必须持续比较备选的生产系统。一种类型的工厂应该被其他类型替代吗？你的工厂如何与竞争对手进行较量？盈亏平衡常用于帮助作出有效的比较。在本附录中，我们将阐述基于工厂可能的自动化与机械化程度，管理者如何分析总成本和利润的变化。这是一个重要的话题，因为高水平的管理者常常不得不作出这样的比较。

首先，认识一些工厂是很有必要的，因为它们比其他工厂的机械化程度高，有着相对较高的固定成本，但却相对较低的平均可变成本。考虑图 6—9 中的企业Ⅰ、Ⅱ和Ⅲ。企业Ⅰ的工厂每月的固定成本是 10 万美元，高出企业Ⅱ和Ⅲ的工厂非常多；然而，它的平均可变成本只有 2 美元，大大低于企业Ⅱ和Ⅲ的工厂。事实上，企业Ⅰ已将劳动和原材料用资本作了替换。管理者建立了一个高度自动化的工厂，该工厂有着高固定成本和低平均可变成本。

而在另一个极端，企业Ⅲ的管理者建立了一个低固定成本但高平均可变成本的工厂。由于他们没有在工厂和设备上作大量的投资，所以每月的总固定成本为 25 000 美元，与企业Ⅰ和Ⅱ相比低了很多。然而，由于相对较低的工厂自动化程度，企业Ⅲ的平均可变成本是 4 美元——与另两家工厂相比高出许多。相比于企业Ⅰ，企业Ⅲ使用了较多的劳动和原材料，以及较少的资本。

企业Ⅱ的工厂在这方面处于中间位置（介于企业Ⅰ和企业Ⅲ之间）。它的总固定成本是 60 000 美元，低于企业Ⅰ但是高于企业Ⅲ。它的平均可变成本是 3 美元，高于企业Ⅰ但低于企业Ⅲ。它的工厂自动化程度不如企业Ⅰ，但却好于企业Ⅲ。

比较这些工厂，一个重要的概念是经营杠杆度，它被定义为售出产品的单位数量变化 1% 能够引起的利润变化的百分比。具体地讲：

$$\text{经营杠杆度}=\frac{\text{利润的百分比变化}}{\text{销售量的百分比变化}}=\frac{\Delta\pi/\pi}{\Delta Q/Q}=\frac{\Delta\pi}{\Delta Q}\left(\frac{Q}{\pi}\right)\text{或}\frac{d\pi}{dQ}\left(\frac{Q}{\pi}\right) \tag{6.8}$$

其中，π 为企业的利润，而 Q 为销售量。

因为可以衡量给定的销售量的变化如何影响利润，所以经营杠杆度就显得非常重要。如果企业Ⅰ每月的销售量为 40 000 单位，若设定 $\Delta Q=10\,000$ 单位，经营杠杆度则等于：

$$\frac{\Delta\pi}{\Delta Q}\left(\frac{Q}{\pi}\right)=\frac{50\,000-20\,000}{10\,000}\left(\frac{40\,000}{20\,000}\right)=6$$

图 6—9 显示，若 $\Delta Q=10\,000$ 单位，则 $\Delta\pi=50\,000$ 美元$-20\,000$ 美元。（为什么呢？因为如果 Q 从 40 000 单位变为 50 000 单位，π 就会从 20 000 美元变为 50 000 美元。）可见，若销售量增加 1%，则利润增加 6%。

如果总收益曲线和总成本函数均为线性的，如图 6—9 所示，当产量为 Q 时，就存在一种计算经营杠杆度的简单方法，也就是如下公式：

$$\text{经营杠杆度}=\frac{Q(P-AVC)}{Q(P-AVC)-TFC} \tag{6.9}$$

其中，P 为销售价格，AVC 为平均可变成本，而 TFC 为总固定成本。可见，如果总收益曲线和总成本函数都是线性的，等式（6.9）与等式（6.8）的结果相一致。因此，对于企业Ⅰ，如果 $Q=40\,000$ 单位，等式（6.9）告诉我们经营杠杆度等于：

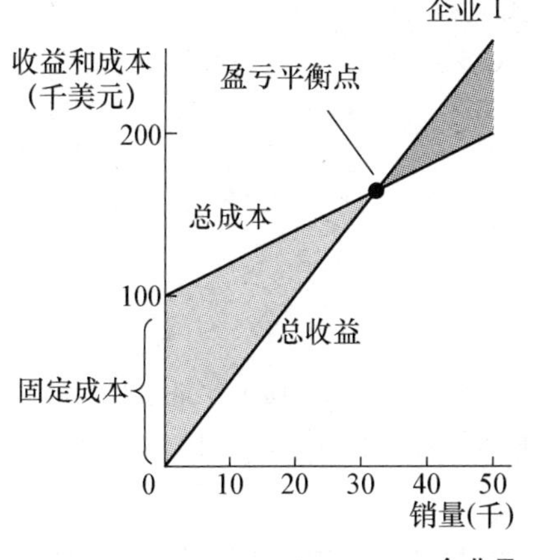

总固定成本＝100 000 美元

平均可变成本＝2 美元

销售价格＝5 美元

销售量	总收益（美元）	总成本（美元）	总利润（美元）
10 000	50 000	120 000	－70 000
20 000	100 000	140 000	－40 000
30 000	150 000	160 000	－10 000
40 000	200 000	180 000	20 000
50 000	250 000	200 000	50 000

总固定成本＝60 000 美元

平均可变成本＝3 美元

销售价格＝5 美元

销售量	总收益（美元）	总成本（美元）	总利润（美元）
10 000	50 000	90 000	－40 000
20 000	100 000	120 000	－20 000
30 000	150 000	150 000	0
40 000	200 000	180 000	20 000
50 000	250 000	210 000	40 000

总固定成本＝25 000 美元

平均可变成本＝4 美元

销售价格＝5 美元

销售量	总收益（美元）	总成本（美元）	总利润（美元）
10 000	50 000	65 000	－15 000
20 000	100 000	105 000	－5 000
30 000	150 000	145 000	5 000
40 000	200 000	185 000	15 000
50 000	250 000	225 000	25 000

图 6—9　盈亏平衡分析与经营杠杆

注：企业Ⅰ具有较高的固定成本和较低的可变成本；企业Ⅲ具有较低的固定成本和较高的可变成本；而企业Ⅱ居于二者之间。

$$\frac{Q(P-AVC)}{Q(P-AVC)-TFC}=\frac{40\,000(5-2)}{40\,000(5-2)-100\,000}$$

$$=\frac{120\,000}{120\,000-100\,000}=6$$

由于 P 为 5 美元，AVC 为 2 美元，而 TFC 为 100 000 美元，这一结果与上一段中的结果一样（两种情况中结果都为 6）。

比较三个企业的经营杠杆度是件有趣且重要的事情；这种比较在很大程度上揭示了每家工厂与其余两家工厂在经营上的差别。如果 Q=40 000，企业Ⅱ的经营杠杆度等于：

$$\frac{Q(P-AVC)}{Q(P-AVC)-TFC}=\frac{40\,000(5-3)}{40\,000(5-3)-60\,000}=4$$

对于企业Ⅲ，其经营杠杆度等于：

$$\frac{Q(P-AVC)}{Q(P-AVC)-TFC}=\frac{40\,000(5-4)}{40\,000(5-4)-25\,000}=2.67$$

因此，销售量增加 1% 将导致企业Ⅰ的利润增加 6%，企业Ⅱ的利润增加 4%，而企业Ⅲ的利润增加 2.67%。显然，企业Ⅰ的利润相对于销售量的变化比企业Ⅲ的利润相对于销售量的变化更加敏感；而企业Ⅱ在这方面处于二者之间。

战略环节

水，不是无处不在

在经济环境中，仍然存在很多指令性因素，如在中国，解决水缺乏的一种方法是由政府规定居民使用水的供应量。但是中国的市场正在成长，所以另外的解决办法是提高水价，而这也是过去十年中每个主要城市采取的方式；由于出现了超过供给的大量需求，保护水就需要提高价格，而民众却习惯了低水价。洛阳水价计划上涨 40%～48%，而 2009 年 6 月，上海的水价上涨了 25%，并计划于 2010 年再提高 22%。2009 年 4 月，郑州水费提价 25%，并宣称将不得不很快再次调整水费。2009 年 4 月，南京水价上涨了 12%。其他几个主要城市最近也提高了水价。即使最近水价没有上涨的城市，比如北京（5 年前水费已经翻倍），那里的居民认为自来水已经很贵了，不希望看到它涨价。

中国的官员现在认为，低水价是导致中国水缺乏问题的一个主要因素。较低的价格对于居民和企业审慎用水的激励很小。有估算表明 20% 的供应水因水管渗漏而流失。

为了方便对中国的自来水价格与世界其他国家进行比较，荷兰银行采用每立方米水的价格以美元表示的方法进行了估算，考察了世界上主要发达国家的水价。结果如下表所示：

德国	3.01 美元
英国	2.37 美元
法国	2.00 美元
澳大利亚	1.82 美元
意大利	1.58 美元
加拿大	1.02 美元
南非	1.02 美元
美国	0.74 美元
巴西	0.65 美元
中国	0.31 美元

德国的水价是中国的 10 倍。当然，这些价格反映的是每个国家不同的供需情况以及所有商品和服务的不同价格水平。尽管如此，中国水价过低却是一个共识。中国的人均可用水量为世界平均水平的四分之一。世界银行的一项研究表明，水缺乏使中国每年的经济产出损失 1.3%。而在中国，大量的水污染又使经济产出损失 1%。[a]

这里有一个供需经济学问题。如果价格上涨，人们将减少浪费，从需求角度讲，这会改善（价格体系的配置效率）不同使用者中的水配置情况。较高的价格也会鼓励项目投资，比如水淡化处理，这将会提高供给水平。事实上，“如果中国更积极地从供需角度考虑水价问题”，花旗公司的全球银行副主席、管理和预算联合办公室前主任彼得·欧尔萨格说，“这会给美国在运用市场经济解决环境问题方面上一课。”欧尔萨格指出，中国的水价太低以致不能保证得到有效使用及维持供应。一名花旗公司的分析师声称，在美国，从来没有高效率地对水进行定价（注意上表中的低收费），它需要政府的大量补贴。欧尔萨格认为，“市场力量能够为环境创造奇迹，但我们只有在得到政府的鼓励后才可以去创造这个奇迹。”[b]

a. Andrew Batson, “China Cities Raise Water Prices in Bid to Conserve,” *The Wall Street Journal*, July 31, 2009, at hip: //online. wsj. article/SB124897577003694405. html.

b. Peter Orszag, “Why We Care about the Price of Water in China: Peter Orszag,” *Bloomberg News*, July 6, 2011, at www. bloomberg. com/2011－07－06/why-we-care-about-the-price-of-waer-in-china-Peter-Orszag. html.

附录 B：短期成本函数的衡量：一种数学形式的选择

聪明的管理者有必要了解成本函数，在企业里，又常称其为成本曲线。估计成本函数的一个步骤是选定产量和成本间关系的数学表达式。作为一种初步近似，管理者通常假定短期总成本是产量的线性函数，它意味着在一定的产出范围内（参见图 6—10），边际成本往往是一成不变的。实际上，线性函数常常能够很好地拟合短期内某企业和工厂的数据。然而，管理者需要注意的是，尽管在一个宽泛的产量范围内，边际成本的变动也许非常小，但随着产量的增加边际成本始终也不会增加的观点并不可信。因此，线性函数可能只适合于一个有限的产出范围。

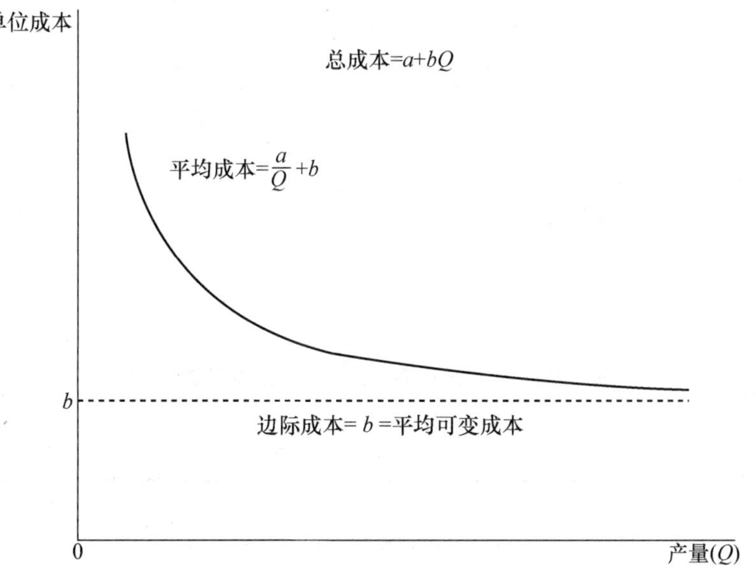

图 6—10　线性总成本函数：平均成本与边际成本

注：边际成本固定不变。

也可假定总成本是产量的二次函数或三次函数。如果选择了二次函数，边际成本会随着产量的增加而增加，如图 6—11 所示。如果选择了三次函数（c 足够大），边际成本将随着产量的增加先下降后上升，如图 6—12 所示。这两种形式是否比线性形式更好，取决于它们能否更好地与数据拟合。在许多情况下，它们在拟合数据方面稍好于线性函数。

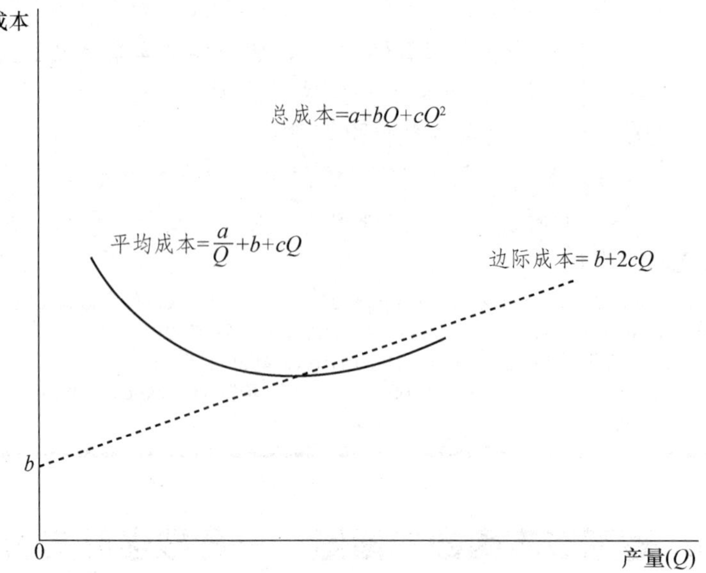

图 6—11　二次总成本函数：平均成本与边际成本

注：边际成本随产量增加而增加。

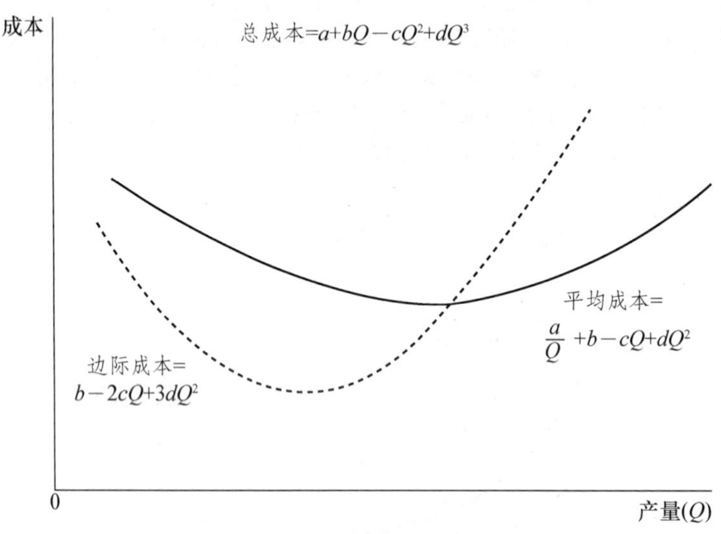

图 6—12　三次总成本函数：平均成本与边际成本

注：边际成本随产量增加先下降后上升。

战略环节

时间的价值和交通的全部价格

运输经济学家近年来使用一种与运输模式有关的计算成本的方法。它不仅包括票价或是油价和停车费，还包括花费在某种运输模式上的进入和离开的时间，与不可靠的交通时间有关的成本，如安全成本，以及选择一种运输方式时更换另一种运输方式的能力等。总体来讲，最重要的成本内容（至少对于高收入人群来说）是行程时间。

通过观察消费者有多项选择的市场中发生的情况，或许我们会得到一点理解。以加利福尼亚州的国道 91 为例。它在现有的快速干线中建造了多条收费线路。因为快速干线堵塞严重，高峰时段的驾驶经常要花费 2 个小时。然而，在收费线路中，同样的路程只需半个小时。这是高收费吗？周四下午 4 点至 5 点向东行驶收费 9.45 美元。那么节约的一个半小时价值多少呢？至少每小时 6.30 美元（也就是 9.45/1.5），或者一个理性的驾驶员不会使用该线路。这样的线路被不断地收费以维持“自由流通”的状态（按照规定的速度行驶）。此时，供给需求原则发生了作用。假如过多的汽车使用收费线路而使得规定速度无法保证，收费将会增加（只要他们愿意，使用者可以选择进入或不进入收费道路）。同样地，如果收费线路能够容纳更多的汽车并保证规定的车速，收费就会下降。

如果 9.45 美元看起来太多，可以考虑这样的政策是为了鼓励拼车。三座或三座以上的汽车在晚间高峰时段可以享受 50%的优惠，而在其他时段仍可享有最低收费 1.30 美元。多座汽车可以分开交费，以减少费用。加利福尼亚州对圣迭戈的 15 号州际公路也进行了收费。华盛顿州、弗吉尼亚州和得克萨斯州都正在考虑收费线路事宜。2007 年，布什政府的国情咨文提议收取拥堵费。新加坡已经实行了 36 年的收取拥堵费政策，8 年前的伦敦也决定收取拥堵费，最近的斯德哥尔摩也开始推行拥堵费政策。纽约市长彭博已经提议在曼哈顿南大街 86 号每周的黄金时间收费 8 美元。

不过，为了节约时间而进行的收费不仅局限于公路方面。你也许经历过在机场安检队伍中的漫长等待。你愿意避开这样的安检吗？即使安检队伍不是很长，你都不得不早早到达机场以防止队伍过长。在这种情况下，浪费在机场安检区域的大把时间，你也许更愿意花在别的事情上。

一家名为验证身份通道的企业允许英国航空公司的旅客免于这种一贯的安检等待(每年收费 99.95 美元)。一些航空公司（奥兰多、印第安纳波利斯、辛辛那提和圣何塞公司）对于建立这样的通道非常感兴趣，它们的乘客可以提前获得批准并只需通过指纹或者虹膜扫描来验证他们的身份。如果你是一位每年需 10 次飞纽约至伦敦线路的商人，支付 10 美元就可以节省每次航班前半个小时的安检时间。同一路线的每周通勤人员只需支付 2 美元就可以节约同样的半个小时。

花在安检上的时间，减少小型机场服务的时间，以及小型机场间所有的服务都要通过航空枢纽机场（其结果是为了相关航班而等待的时间）的事实催生了另一个行业：空中出租服务。随着相对低廉价格轻型喷气式飞机（价值 180 万美元～240 万美元）的问世，其可不间断飞行 1 200 英里，并可以在美国 5 000 个航空机场（现在几乎到处都有航空机场）降落，有几位企业家正考虑进入空中出租服务市场。

他们凭什么认为这将获利颇丰呢？原因在于往返于小型市场间的传统航空公司的全部成本很高。这样的出租服务将允许消费者从始发地直接飞抵目的地，把很多旅程变成 1 天，而不是现在的 2～3 天，后者还需要餐饮和酒店住宿。

这样的出租业务在一般的大城市郊区航空机场很容易实现；但是如果到达目的地后的返程费用不容易落实，也许就没人愿意承揽这种出租服务。

提供过所有商务类服务的几家航空公司曾经飞行过获利颇多的纽约至伦敦路线。他们将这一服务的标价定为 1 975 美元，与之相对比的是提供商务类服务的传统航空公司，比如英国航空公司、英国维珍航空公司和美国航空公司，它们的收费是大约 5 925 美元。不过传统的航空公司飞往伦敦的希思罗机场，而新的航班则飞往斯坦斯特德（远离伦敦中心)。除此之外，在斯坦斯特德转机的飞机，大多数来自廉价航空公司（像瑞安航空公司)；所以经历过跨大西洋的豪华旅程之后，远离伦敦的乘客将面临质量较低的服务。

但是为什么一位目的地是伦敦的商务旅客并不希望节约 3 950 美元的费用呢？它将再次涉及全部成本。英国航空公司每天运营 10 趟往返航班，维珍航空公司每天提供 5 趟往返航班，而只有商务舱的航空公司通常每天只有一趟航班。很多商务人士重视想飞就飞的能力；这被称作日程延迟，并通过旅客的随时出发时间与航空公司安排的飞机起飞时间之差衡量。不要忘了传统航空公司的忠诚奖和飞行里程数。人们可以在英国航空公司飞往世界的任何地方。最后，因为这样的服务只针对商务旅客，他们无须支付账单（都是公司支付)，商务支出是减免税的，所以成本差异并不像刚开始表现得那么明显。只做商务飞行服务的阿拉斯航空公司的业务确实正在下滑。在 2008—2012 年的经济危机中，随着商务出行人数的骤然减少，大多数只提供商务舱的航空公司已经破产。

对于非运输类商品和服务，存在隐藏的成本吗？由于大多数商品需要时间去消费，而且可能还需要其他费用（比如说，使用者组装的时间、用电及维修成本)，因此，所有的理性决策者都应该考虑每项产品与服务的全部成本。

资料来源：Timothy Egan,“Paying on the Highway to Get Out of First Gear,” *New York Times*, April 28, 2005, at www. nytimes. com/2005/04/28/natural/28toll. html; Patrick McGeehan, “For a Price, a Faster Way through Local Airports,” *New York Times*, December 5, 2006, at www. nytimes. com/2006/12/05/nyregion/05careen. html; Joe Sharkey, “Standing on a Runway Hailing an Air Taxi,” *New York Times*, February 28, 2006, at www. nytimes. com/2006/02/28/business/28road. html; Joe Sharkey, “transatlantic Luxury for Less,” *New York Times*, February 21, 2006, at www. nytimes. com/2006/02/21/business/21compete. html; and “Get Moving on Traffic Relief,” *New York times*, May 25, 2007, at www. nytimes. com/2007/05/25/25opinion/25fri2. html.

估计过程的关键步骤

当管理者选定了一种数学形式并决定将其应用到数据库时，应当仔细思考以下六项：

1. **成本的定义**。正如本章开篇所讲，对于管理者来说，成本的相关概念是机会成本，而不是基于会计数据的成本。我们必须谨慎确定会计数据，或工程数据，就这点而言，它们是成本函数估计的基础，这些数据是机会成本的合理指标。如果做不到这一点，就要调整这些数据。例如，假设有关企业折旧的历史数据基于税法，而不是有关设备的机会成本，管理者就需要修正成本数据以便更好地反映机会成本和税收条约。

2. **价格水平变化的矫正**。当管理者使用时间序列数据估计成本函数时，确认和衡量投入价格在时间上的变化是重要的。如果未来一年是需要分析的一个时期，管理者需要的就是以未来一年的投入价格为基础的成本函数。由于历史数据基于过去不同时期的投入价格，所以我们需要一个价格指数来调整各种投入价格的历史数据。由于各种投入可能经历了各种不同的通货膨胀率，管理者应该为每一种主要投入构建一个独立的价格指数。使用这些价格指数，管理者可以把得到的历史成本数据转变为反映未来一年投入价格的成本数据，而不是过去价格的成本数据。

3. **产出的相关成本**。为了相当准确地估计成本函数，重要的是正确地区分随产量变动的与不随产量变动的成本数据。许多类型的设备与其他资产的折旧取决于时间和使用的程度，单独以会计数据决定有多少折旧成本仅随产量变动是困难的或是不可能的。只要产量不超过某一标准水平，有些成本就不随着产量而变动。例如，在达到某一产量水平前，管理者仅仅需要一台特定类型的机床；一旦超过特定的产量水平，可能就需要增加额外的机床。

4. **时期的匹配**。重大错误的产生有时候是由成本数据与产量数据不属于同一时期造成的。为了理解这会导致什么损害，假定我们画出了某企业 2012 年的成本与其 2011 年的产出散点图。这样作出的图是企业成本函数的一个良好估计吗？当然不是。相反，管理者需要把企业在某一特定时期内的成本与它在同一时期的产出水平相关联。假如某一时期某些生产成本直到下一期到来前都没有出现，管理者就需要修正这一准则。这些延迟成本必须得到确认、衡量，并在产出发生时得到支付。比如说维修成本被推迟时，就应当按照这种方式处理。

5. **产品、技术和工厂的控制**。管理者估计企业的成本函数时，必须以企业产品不变、技术水平不变以及（对于短期成本函数来说）工厂规模不变等既定含义为基础。这意味着管理者应当谨慎确保企业的产品组合不会随时间发生明显的变化，而且，分析中所使用的观测数据也不应当包含属于不同技术水平（或者不同的工厂规模）的相当长的一个时期。

6. **时期长度和样本容量**。尽管管理者应当偏好较大的样本容量，但也不能包含太长时期的数据。没有简单的法则能够确定最佳的时间长度。但在决定时间长度时，管理者需要考虑诸如技术革新水平、季节因素以及产品革新等问题。

可用数据的性质和局限

在选择数学形式之后，管理着必须选定用于估计成本函数的数据类型。第一种可能是使用时间序列。第二种可能是使用横截面数据，把不同企业的总成本和它们的产出水平（在同一时期）相联系。图 6—13 绘制了 2012 年某一行业 8 家企业的产量与 2012 年的总成本，也可以用回归分析来估计这种关系。第三种可能是使用工程数据构建成本函数。

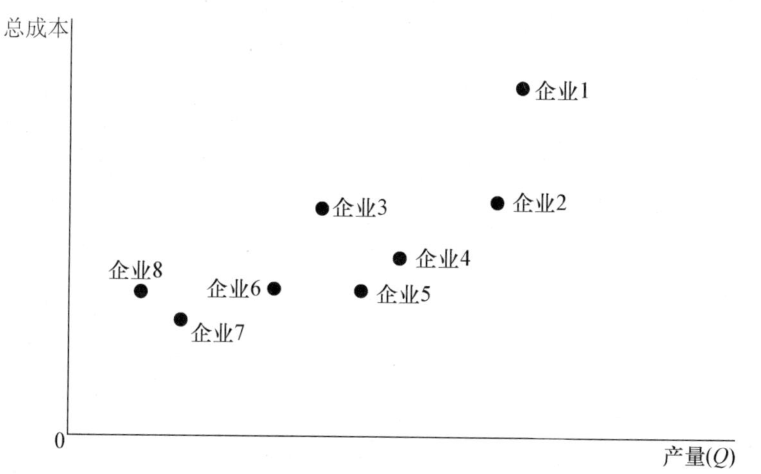

图 6—13　总成本和产量的关系：横截面数据图

不论选用何种数据类型，估计成本函数都会存在很多争议。会计数据，通常是能够得到的仅有的成本数据，却有很多潜在缺陷。比如，会计师可能随意分配一般管理费用和联合成本。一项资产的折旧在很大程度上取决于税法，而不是经济标准。很多投入是按照历史成本估价的，但却没有包括机会成本。

工程数据也存在潜在的问题。在有多种产品的企业中，若生产一种以上的产品，则分配联合成本时的内在任意性就不可避免。

第四部分

市场结构与简单定价战略

第 7 章

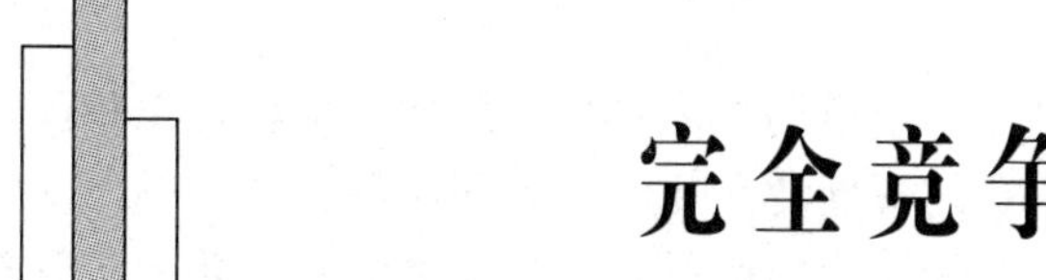

完全竞争

回顾一下前面的内容。首先我们学习了简单市场中的行为以及控制市场的供给和需求法则。接下来我们关注了市场供给方面，阐述了生产和成本结构，目的是提供有助于管理者改善经营效率的工具和知识。现在我们将转向市场需求方面，并考察管理者的行为和定价决策。管理者只有在掌握市场双方的情况后，才可以思考利润最大化问题。

我们的决策模型与大多数理性模型一样，都假设管理者希望最大化企业的价值。从最严格的意义上讲，这意味着最大化利润，尽管我们相信价值不仅仅是一个简单的财政衡量。管理者思考的长期声誉效应能够为企业带来价值。所有的决策都具有短期和长期结果；而预测企业的最大价值是判断管理能力的一个标尺。

管理者处于一个受约束的世界中。他们在各种限制下作出决策，比如技术、资源、经济学、政治学及贪婪等。定价决策中的主要约束是市场结构。市场结构十分重要，因为它很大程度上决定了管理者潜在的定价权力。我们之所以说是潜在的，是因为很多管理者无法进行最优定价。第 9 章和第 10 章中介绍的复杂定价将深入讨论这一话题。

管理者应当能够基于定价权力的大小来区分市场类型。一端是完全竞争市场，其中的管理者没有市场权力。另一端是垄断市场，其中的管理者不会面临竞争且拥有足够的市场权力。

我们从考察完全竞争市场的定价行为开始讨论。从战略角度讲，这样的市场并不有趣，因为个体管理者对价格没有影响力。不仅如此，他们还受到亚当·斯密所描述的“看不见的手”的控制。管理者是价格接受者：他们接受综合市场的决定。然而，完全竞争市场是衡量由管理者创造的任何价值的良好标尺。进而，它为我们穿越更有战略意义、更具乐趣的市场旅程奠定基础，那里的管理者必须思考和预测其他定价者的行为(消费者和竞争对手)。

在很多市场中，管理者运营时并无市场权力。例如，作为大型市场的一个小小的参与者，产品的价格由市场的供给曲线和需求曲线决定，管理者要在给定市场价格条件下实现企业利润最大化。另一个例子是当价格由政府指定或当企业只是价格的追随者时，产品的市场价格由价格领导者制定。没有市场权力的管理者没有价格控制权；他们对市场“百依百顺”。

如果发现自己身处这样一个市场，你应当期待如下情况：仍将面临有效生产和成本控制的供给方的挑战。所有的管理者在任何时候都会遇到此问题。从需求方看，管理者必须选择当价格既定时利润最大化的产量。在其他类型的市场中，管理者既可以改变产量，也可以改变价格。

在完全竞争市场中，管理者不能够拒绝由综合市场的供给曲线与需求曲线的交叉点确定的价格。单独的个体管理者无法影响价格，通常认为农场主就处于这样的情形。尽管不能控制价格，但农场主可以决定数量，也就是说，决定每种农作物的种植数量。这一决定必须在农作物上市之前作出。为使风险最小化，农场主可以提前销售在未来才交货的农作物，但大多数农场主不会这样做。在种植庄稼之后，农作物的价格会随着影响需求的条件（偏好、收入）和供给的条件（天气、灾害）的变化而变化。在收获季节，农场主第二次作出数量决定：收割多少农作物。农场主也可以在农作物成熟之前停止种植，重新耕地并种植其他农作物，只因为市场价格发生了变化。所有这些例子的共同点是，农场主只能作出数量决策，并且是基于其无法控制的价格作出的决策。

7.1 市场结构

本章考察四种市场结构之一——接受价格的生产商所面临的市场结构。本节我们先介绍这四种市场结构，然后在本章余下的篇幅中讨论完全竞争（价格接受者）类型。正如我们在第 1 章中指出的，市场是由一群企业和个人组成的，他们在市场中互相联系以买卖商品和劳务。经济学家一般将市场划分为四种类型，即完全竞争、垄断、垄断竞争和寡头垄断。在**完全竞争**和**垄断竞争**的市场中，有许多卖者，其中每个卖者只占生产行业产出的一小部分。在**垄断**市场中只有一个卖者。而**寡头垄断**则居于二者之间，即市场上只有少数几个卖者；这是当今商业领域中最普遍的类型。因此，美国水务公司为 32 个州和安大略总计 1 620 万消费者服务，由于在这个特定的市场中只有它一个供应商，因此该水务市场就是垄断市场。而因为汽车市场中只有几家汽车生产商，所以该市场是一个寡头垄断市场。

市场结构因管理者控制价格程度的不同而有很大差异。完全竞争市场中的管理者不能控制价格。例如，一位生产玉米的农场主不能控制玉米的价格。另一方面，垄断者却很容易控制价格。由于缺乏公共规制，美国水务公司对当地的水务服务定价具有相当大的控制权。垄断竞争或寡头市场中的管理者很可能比垄断市场中的管理者拥有更少的价格控制权，但却比完全竞争市场中的管理者拥有更多的价格控制权。

市场结构也因企业所属行业产品标准化（相同的）程度的不同而有很大差异。完全竞争市场中的企业全部生产相同的产品，如一个农场主的小麦与另一个农场主的小麦实质上是一样的。在一个垄断竞争行业中，企业生产的产品略有不同；比如衬衫制造业，一家企业的衬衫在款式和质量上与别家企业不同。而在寡头垄断市场中，企业有时并不都生产相同的产品；例如，在钢铁和铝制品行业，产品都相同，而在汽车行业，产品不尽相同。在垄断市场，企业生产的产品不会有差别，因为整个行业只有一家企业。

企业进入一个行业的难易程度视市场结构的不同而不同。完全竞争市场的**进入壁垒**很低。例如，进入农业市场只需一小笔投资。同样，垄断竞争市场的进入壁垒也很低。但是像汽车或炼油之类的寡头垄断市场，进入壁垒就相当高，因为建成一座汽车制造厂或炼油厂的成本极其昂贵。在垄断市场中，进入是被阻止的；如果发生进入，垄断就不复存在。

市场结构也因广告、公共关系以及产品特性，而不是围绕价格展开的竞争程度的不同而不同。完全竞争市场不存在非价格竞争。(如果所有农场主生产相同的玉米，且不得不接受市场价格，为什么还要花钱做广告呢?) 在垄断竞争市场中，管理者把非价格竞争放在重要位置上。这种非价格竞争很大程度上是以管理者区别其产品的能力为中心的；区别产品的能力赋予管理者拒绝市场价格的能力。生产不同产品的垄断市场的管理者也往往严重依赖非价格竞争，而生产无差别产品的垄断市场的管理者则不会这样。例如，计算机企业力图通过生产更好的计算机和广告宣传来提高它们的销售量，而钢铁公司则极少做广告。垄断厂商也从事广告和公共关系活动，尽管这不是与同行业其他企业抢夺市场（根本不存在其他企业），但却提高了市场总需求且消除了企业与垄断有关的负面形象。

表 7—1 概括了每一市场结构的许多关键特征。在继续学习之前，请详细阅读此表。本章讨论完全竞争。第 8 章介绍垄断和垄断竞争。第 9 章和第 10 章将垄断模型扩展到相当复杂的垄断定价战略。第 11 章将考察寡头垄断。

表 7—1　　完全竞争市场、垄断竞争市场、寡头垄断市场和垄断市场的特征

市场结构	例子	厂商数目	产品类型	企业控制价格的能力	进入壁垒	非价格竞争
完全竞争	一些农业部门	很多	标准化	无	低	无
垄断竞争	零售贸易	很多	有差异	一般	低	广告和差异化产品
寡头垄断	计算机，炼油，钢铁	很少	标准化或有差异	一般	高	广告和差异化产品
垄断	公共设施	独家	独有产品	相当大	极高	广告

7.2　完全竞争下的市场价格

正如第 1 章中所分析的，在完全竞争行业中，市场价格由供给曲线和需求曲线的交点决定。市场需求曲线表示单个消费者按任意价格愿意购买的产品数量的总和；市场供给曲线表示单个厂商按任意价格愿意提供的产品数量的总和。图 7—1 给出了完全竞争市场中某种商品的市场需求曲线和供给曲线，由于是一般情况，故市场供给曲线向右上方倾斜，也就是说，价格上升一般将导致企业产量增加，因为管理者发现这样做是有利可图的。同时，根据第 1 章和第 2 章中的内容，市场需求曲线向右下方倾斜，也就是说，价格上升一般导致产品需求量减少。

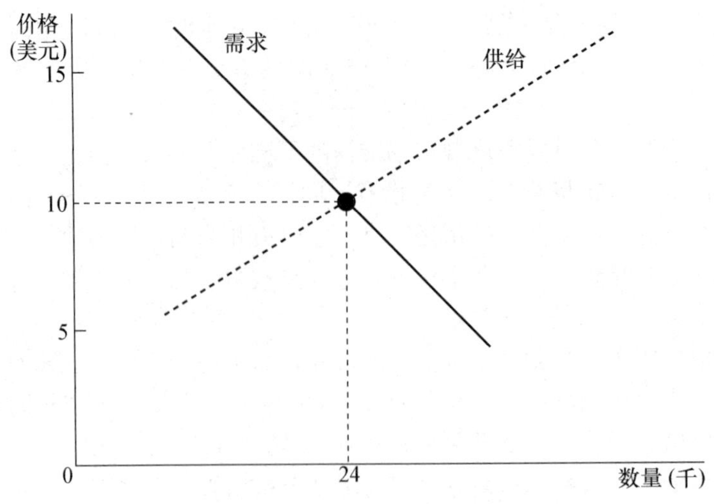

图 7—1　完全竞争市场中的价格决定

注：均衡价格为 10 美元，均衡产量为 24 000 单位。

为了确定均衡价格，即最终被市场接受的价格，我们必须找到市场中供给与需求相等的点。[①] 图 7—1 中的需求曲线为：

$$P=22-0.5Q_D \tag{7.1}$$

其中，P 为该商品的价格（美元），Q_D 为需求量（千）。图 7—1 中的供给曲线为：

$$P=4+0.25Q_S \tag{7.2}$$

其中，Q_S 为供给量（千）。均衡价格是供给 Q_S 与需求 Q_D 相等时的价格水平，即：

$$P_D=22-0.5Q=4+0.25Q=P_S$$

$$0.75Q=18$$

$$Q=24$$

将 $Q_D=24$ 代入（7.1）式，可得 $P=10$ 美元。（如果将 $Q_S=24$ 代入（7.2）式，结果相同。）因此，如图 7—1 所示，价格为 10 美元，产量为 24 000 单位。

尽管图 7—1 表示总需求量与总供给量都依赖于价格，但是这并不意味着单个管理者可以影响价格。根据市场需求曲线（7.1）式知：

$$P=22-0.5Q_D$$

如果市场中有 1 000 家企业，平均每家企业只生产 24 单位产品。即使一家企业的产量翻了一倍（从 24 到 48），其对市场价格的影响也微乎其微。具体地讲，产量增加 24 单位只导致价格下降 1.2 美分，或者说价格下降 0.1%。[②] 这意味着市场中的管理者实际上面对的是一条水平需求曲线。无论管理者卖出多少单位的产品，市场价格始终保持不变。尽管整个行业的需求曲线向右下方倾斜（如图 7—1 所示），但单个厂商的产品需求曲线却仍被看作水平的。

---

① 回顾第 1 章，我们了解到，均衡价格可以保持下去。如果条件不发生变化，实际价格往往等于均衡价格。

② 如果产量增加了 24 单位，Q 提高了 0.024，原因在于 Q 以 1 000 单位计数。如果 Q 增加 0.024，P 下降 $0.5\times 0.024=0.012$，根据（7.1）式规定的需求函数得出。P 以美元为单位，所以这一数值等于 1.2 美分。

7.3 供给曲线和需求曲线的移动

市场供给曲线或需求曲线的移动会导致价格发生变化（回顾第 1 章）。例如，图 7—1 中的供给曲线左移，则价格将上升。市场供给曲线和需求曲线的移动对企业的绩效有重要影响，管理者必须努力预测这些曲线的移动并作出最好的反应。

为达到上述目的，管理者必须理解影响人们所买卖商品的供给和需求曲线的各种因素。我们不必在这里详细介绍导致需求曲线变化的不同因素，因为在第 2 章中已经讨论过，但是有必要回顾第 1 章中提到的影响供给曲线移动的两个重要因素：技术进步和投入价格的变动。技术进步使商品的供给曲线右移，因为这可使管理者降低成本；而另一方面，投入价格的提高则使商品的供给曲线左移，因为这将推动企业成本的增加。

7.4 完全竞争企业的产出决定

一家完全竞争企业应当生产多少产品？虽然一家完全竞争企业的管理者无法影响产品的市场价格，但他们必须在市场价格水平上卖出任意数量的产品（在其生产能力之内）。为了说明管理者的这种情况，考虑表 7—2 中的例子。市场价格为每单位 10 美元，管理者可选择任意的生产量，于是企业不同产量的总收益可通过表 7—2 中的第 3 列给出。表中的第 4、5 和 6 列分别给出了企业的总固定成本（1 美元）、总可变成本（$2Q+Q^2$）和总成本（$1+2Q+Q^2$）。而表中的最后一列为企业的总利润。

表 7—2　完全竞争企业的成本与价格　单位：美元

每期产出	价格	总收益	总固定成本	总可变成本	总成本	总利润
0	10	0	1	0	1	−1
1	10	10	1	3	4	6
2	10	20	1	8	9	11
3	10	30	1	15	16	14
4	10	40	1	24	25	15
5	10	50	1	35	36	14
6	10	60	1	48	49	11
7	10	70	1	63	64	6
8	10	80	1	80	81	−1
9	10	90	1	99	100	−10

图 7—2 表示总收益、总成本和产量之间的关系。总收益曲线与总成本曲线之间的垂直差距即为对应的产量水平下的利润。在 1 单位产量之下与 7 单位产量之上，这个差距是负值。因为管理者可在同样的单位价格下卖出或多或少的商品，总收益曲线是一条穿过原点且斜率等于固定价格的直线（具体地讲，$TR=P\times Q$，由于价格不变，总收益与产出成正比）。还因为一个完全竞争企业的管理者也是价格的接受者，总收益曲线的斜率始终是市场价格。

企业的利润 π 可用总收益减去总成本来表示，即：

$$\pi=TR-TC$$

然后可得：

$$\frac{\Delta\pi}{\Delta Q}=\frac{\Delta TR}{\Delta Q}-\frac{\Delta TC}{\Delta Q}$$

如果：

$$\frac{\Delta\pi}{\Delta Q}=0$$

那么：

$$\frac{\Delta TR}{\Delta Q}-\frac{\Delta TC}{\Delta Q}=0$$

所以：

$$\frac{\Delta TR}{\Delta Q}=\frac{\Delta TC}{\Delta Q}$$

其中，$\Delta TR/\Delta Q$ 是企业的边际收益。它表示当产出变化很小（通常是 $\Delta Q=1$）时，总收益的变动，而企业的总收益等于价格乘以产出量，即 PQ，因此，边际收益为 $\Delta TR/\Delta Q=P$。可见，企业的边际收益等于产品的价格。这并不令人惊讶。如果企业卖出 5 单位产品，总收益为 $5P$；如果卖出 6 单位，其总收益为 $6P$；如果卖出 7 单位，其总收益为 $7P$；依此类推。每多卖出一单位产品，总收益就增加一个 P。在本例中，P 等于 10 美元，所以企业的边际收益为 10 美元（总等于价格接受者接受的价格）。

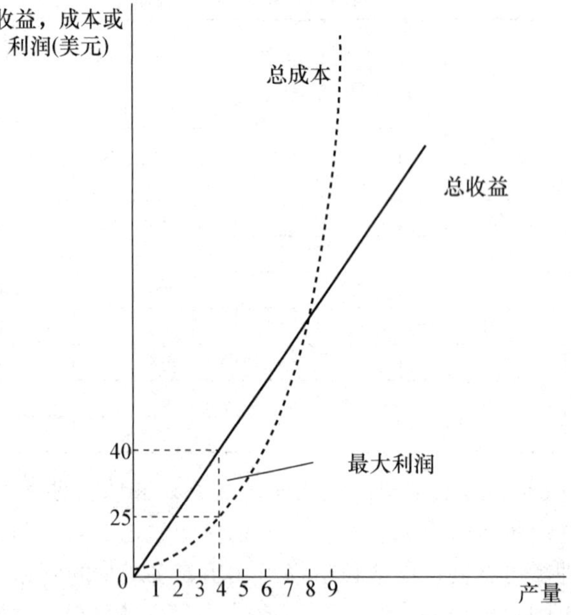

图 7—2　完全竞争企业的总成本与总收益之间的关系

注：企业利润最大化的产出水平是每期 4 单位产量，此时的利润（总收益减去总成本）等于 15 美元。

定量方法

$$\pi = TR - TC$$

$$\frac{d\pi}{dQ} = \frac{dTR}{dQ} - \frac{dTC}{dQ}$$

为实现利润最大化：

$$0 = \frac{dTR}{dQ} - \frac{dTC}{dQ}$$

所以有：

$$\frac{dTR}{dQ} = \frac{dTC}{dQ}$$

或者：

$$MR = MC$$

考虑企业的总成本（$TC=1+2Q+Q^2$），则有 $\Delta TC/\Delta Q=2+2Q$，而 $\Delta TC/\Delta Q$ 被称作企业的边际成本。它表示产量变化很小（通常是 $\Delta Q=1$）时，总成本（或可变成本）的变动。

条件 $\Delta TR/\Delta Q=\Delta TC/\Delta Q$ 可改写为 $MR=MC$；也就是说，为了实现利润最大化，管理者必须令边际收益等于边际成本（如果边际成本递增）。在价格接受者情况下，利润最大化的条件为 $P=MC$（因为 $P=MR$）。这就是管理者想要避开这些市场的原因：竞争的本质是使价格慢慢降到边际成本；竞争的压力是持续上升的。不存在正常的经济利润，管理者也不应该期待任何的经济利润（短期除外）。显然，管理者永远不应当在边际成本高于边际收益处生产任何产品，因此：

$$P=10=2+2Q=MC \quad 或 \quad Q=4 \tag{7.3}$$

实现利润最大化的另一个条件是必须满足 $P=MC$ 法则。这样，$\Delta(\Delta\pi/\Delta Q)/\Delta Q<0$ 一定成立。因为 $\Delta\pi/\Delta Q=P-MC$，这意味着 $\Delta P/\Delta Q-\Delta MC/\Delta Q<0$。因为 $\Delta P/\Delta Q=0$，所以 $-\Delta MC/\Delta Q<0$，或者 $\Delta MC/\Delta Q>0$。可见，边际成本必然递增。

表 7—2、图 7—2、图 7—3 及（7.3）式表示管理者在每期 4 个单位的产量处可以实现企业的利润最大化。在这个产量水平上，表 7—2 中最后一列中的利润值最高；图 7—2 中的总收益曲线与总成本曲线距离最大；而图 7—3 中的利润曲线最高。

定量方法

为实现最大化，利润函数的二阶导数必须为负：

$$\frac{d^2\pi}{dQ^2} = d\left(\frac{\frac{d\pi}{dQ}}{dQ}\right) = d\left(\frac{\frac{dTR}{dQ}}{dQ}\right) - d\left(\frac{\frac{dTC}{dQ}}{dQ}\right) = \frac{dMR}{dQ} - \frac{dMC}{dQ} < 0$$

因为 $MR=P$ 且不随 Q 的变化而变化：

$$\frac{dMR}{dQ} = 0$$

因此，dMC/dQ 一定为正，因为其前面是负号，所以整个式子一定为负。

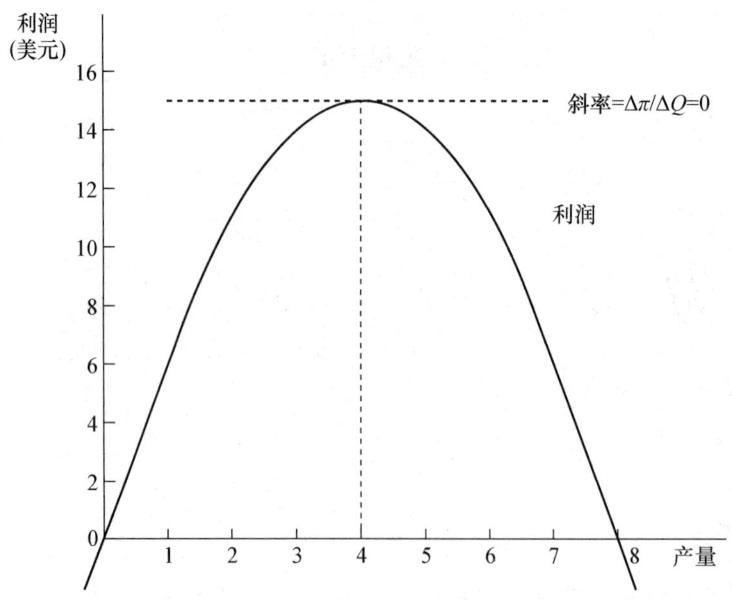

图 7—3　完全竞争企业的利润与产出的关系

注：每时期利润最大化的产量是 4 单位产品。为实现利润最大化，利润函数的斜率 $\Delta\pi/\Delta Q$ 一定等于零。

> **定量方法**
>
> 当然，企业的边际收益是 $\mathrm{d}TR/\mathrm{d}Q=P$，因为 Q 不是 P 的函数。边际成本为：
>
> $$\mathrm{d}TC/\mathrm{d}Q=2+2Q$$

有必要指出边际收益和边际成本曲线与总收益和总成本曲线。表 7—3 给出了不同产量的边际收益和边际成本。

图 7—4 描绘了不同产量的边际收益曲线和边际成本曲线。因为管理者被动接受价格，对所有产量水平来讲，价格始终不变（$P=MR$）。因此，边际收益曲线也是企业的需求曲线，它是一条水平直线（原因已经讨论过）。

核心问题是：在价格（或边际收益）等于边际成本的产量水平处，管理者能够实现利润最大化。表 7—3 中的数据与图 7—4 中的曲线都表明在产量水平为 4 单位时，价格等于边际成本，我们从表 7—2、图 7—2、图 7—3 及（7.3）式中也可发现利润最大化的产量。

7.5　边际成本等于价格

从前面我们可知，如果管理者希望企业价值最大化，他们应当使价格等于边际成本，且边际成本递增。这一点可从表 7—3 和图 7—4 中得到证实。①

① 回顾第 6 章，在短期内，$MC=w/MP$，其中，w 是劳动者的固定工资，而 MP 是劳动的边际产量。因此，如果管理成本递增，劳动的边际产量一定递减。于是，在价格接受者情况下，也就意味着短期劳动的边际产量递减。

表 7—3　　完全竞争企业的边际收益与边际成本　　单位：美元

每期产出	边际收益	边际成本*
0	10	2
1	10	4
2	10	6
3	10	8
4	10	10
5	10	12
6	10	14
7	10	16
8	10	18

*此列由计算而得。它假定产品能被售出且以非整数型、连续型的数量生产。许多商品符合这一标准，例如，汽油、熟食和大批农产品等。当这些商品以单位标价（加仑、磅）时，我们很少购买整数单位。而其他商品则以整数单位生产和消费，比如汽车、电视和光盘等。在这种情况下，产出水平为 n 时的边际成本是以产出为 n 时的总成本减去产出为 $n-1$ 时的总成本计算的。当 $Q=3$ 时，总成本为 16，当 $Q=4$ 时，总成本为 25，当 $Q=5$ 时，总成本为 36（见表 7—2）。因此，当 $Q=4$ 时，边际成本为 9，当 $Q=5$ 时，边际成本为 11（与表中的 10 和 12 不同）。在这些情况下，管理者希望生产第 4 个单位产品，因为这样做的边际收益（10 美元）超过了边际成本（9 美元）。然而，管理者却不愿意生产第 5 个单位产品，因为这样做的边际成本（11 美元）会超过边际收益（10 美元）。因此，在整数型和连续型生产的情况下，管理者生产 4 单位产品。

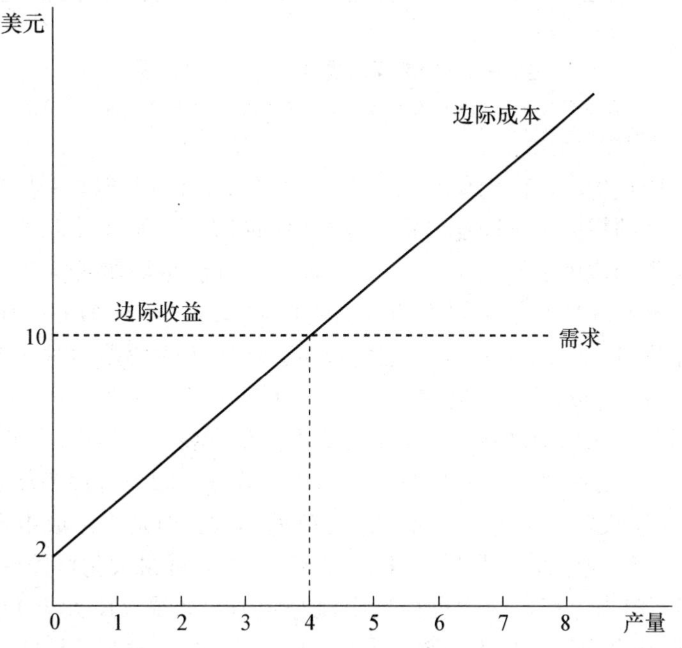

图 7—4　完全竞争企业的边际成本与边际收益之间的关系

注：企业利润最大化时的产量水平是每期 4 个单位。

完全竞争市场中的管理者常常赚不到利润，即便他们满足了前面的条件（$P=MC$，且 MC 递增）。若图 7—5 中的价格为 P_2，在任意可能的产出水平上，短期平均总成本均高于价格。因为短期的时间太短（根据定义），不足以让管理者改变工厂规模，所能做的只能是进行亏损生产或中断生产。决定停产时，管理者应当回答这样一个问题：产品价格是否可以弥补平均可变成本？对于任意价格超过平均可变成本的产出水平来讲，管理者应该生产，即使价格不能弥补平均总成本。如果不存在可使价格高于平均可变成本的产量水平，则企业最好还是停止生产。因此，如果平均可变成本曲线如图7—5所示，当价格为P_2时，管理者还可以生产；但如果价格为P_1，管理者则停止生产。

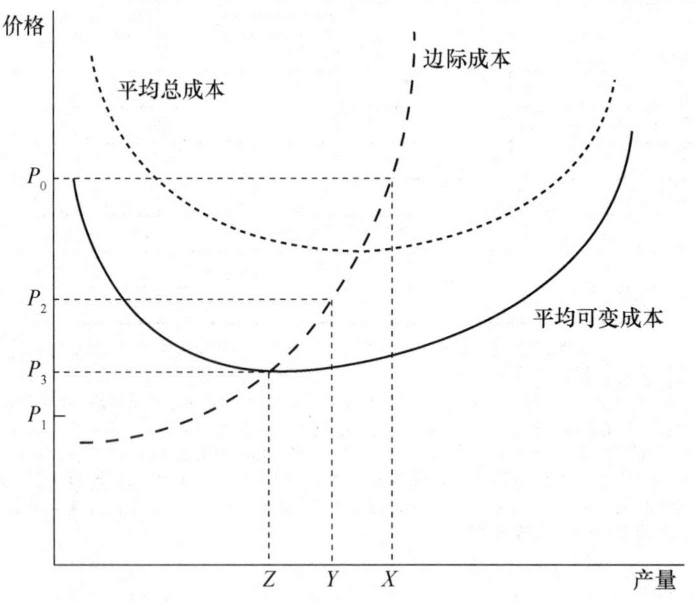

图 7—5 短期平均成本与边际成本曲线

注：若价格为P_0，企业生产 X 单位产品；若价格为P_2，企业生产 Y 单位产品；若价格小于P_3（P_3等于平均可变成本的最低值），企业则不生产。

即使管理者停止生产，他们仍然要支付固定成本，认识到这一点是很必要的。因此，如果生产带来的损失小于固定成本（停产时的损失），则这时生产仍比停产获利要多（与停产的损失相比更小的损失）。另外一种表示方法是，如果生产每单位产出的损失小于平均固定成本，生产也是划算的，也就是说$ATC-P<AFC$，其中，ATC是平均总成本，P是价格，而AFC是平均固定成本。将不等式两端同时加上P，上式可变为$ATC<AFC+P$。再从两端同时减去AFC，可得$ATC-AFC<P$，$ATC-AFC$是平均可变成本；可见，如果价格高于平均可变成本，生产要好于停产。

管理者必须管理他们能够控制的现金流，即总收益（因为管理者能够控制$P\times Q$中的Q）。他们也必须管理可变成本，因为它是Q的函数。但是固定成本不属于短期可控现金流的一部分。管理者希望TR尽可能多地超过VC，即最大化可控现金流。如果VC大于TR，他们不应当生产，因为可控现金流是负值。如果TR大于VC，他们应当生产，因为可控现金流为正值。对$TR>VC$两端同时除以Q可得$TR/Q=P>VC/Q=AVC$。这样，除了$P=MC$以外，P必须大于AVC。

当价格为P_3时，管理者如何选择并不影响结果。P_3等于平均可变成本的最低点(产出为Z)。点（Z，P_3）被称作停产点，因为在该点处，价格等于最低可变成本。价格也等于边际成本，因为它与平均可变成本交汇于此点。接下来就很清晰了：若管理者在此价格处生产，则亏损为固定成本，或者停产，其损失也为固定成本。因此，边际成本曲线（高于最低可变成本上方的部分）是企业的供给曲线；也就是说，如果价格为P_2，企业生产Y单位产出；如果价格为P_0，企业生产X单位产出。点（Y，P_2）和（X，P_0）也是企业边际成本曲线上的点。

竞争与价格等于边际成本

在美国的东部地区（特拉华州、伊利诺伊州，印第安纳州、马里兰州、新泽西州、北卡罗来纳州、俄亥俄州、宾夕法尼亚州、田纳西州、弗吉尼亚州、西弗吉尼亚州和哥伦比亚地区），电力能够在PJM联网（一个区域输电组织）中的电力公司之间传输。共有650家成员公司和1 325家发电站联网。它是世界上最大的竞争性批发电力市场。公司可将多余的电力出售给最高出价人，而需要更多电力的公司能够从联网中购买到相应的电力。联网运营商拥有一个独立的监管机构——监测分析机构。该监管机构报告PJM的价格定在边际运营产出等于或近似等于边际成本的水平。约瑟夫·鲍林，监测分析的主席认为，“这是竞争性行为和竞争性市场成果的证据”。这也正是经济理论告诉我们的。

历史上，国际铁矿石市场往往每年重新确定一次价格。购买者和供应商基于利率签订合同，全然不顾一年内在此价格水平下可能引发的供不应求或供过于求的事实。价格不会随意地在前一种情况中上涨或者在后一种情况中下降。但久而久之，现货市场形成了反映供求关系的实时市场条件。

马瑞斯·克洛伯斯，必和必托公司的总裁，是现货市场的主要倡导人。克洛伯斯指出，现货价格“在任意一个具体的体系中，如铁矿石、焦化或热煤以及锰市场中，意味着最高边际成本（卖家的最高保留价格）将会更有效地转化为全球价格。这同时表明，经过相当长的时期，最低成本运营商（持有最低卖家保留价格的人）可以确保全部需求中更大的份额和更好的价格。”关于对中国的出口，克洛伯斯相信真正的市场价格鼓励澳大利亚生产商更加积极地扩张（随着需求的增长），而且新的澳大利亚产品正在取代中国国内最昂贵的产品以满足中国膨胀的市场需求。“每次当有人（高边际成本生产商）被挤出市场时，最高边际成本就会下降，相关的价格也会随之下降。”哈，呈现出价格等于边际成本的妙处！

克洛伯斯在竞标收购加拿大钾肥公司时再次现身。如果收购成功，他的战略是按照其全部生产能力运营铁矿产。由于是低成本矿产，克洛伯斯相信这样的运营短期内会降低价格。不过，他也认为长期这样的生产会导致价格上升，“因为会引发竞争对手的边际高成本生产。”

随着新的生产商以更加低廉的价格进入市场，中非的三大水泥生产商的市场份额（最初是93%）已经下降了14%。新进入的工厂具有更低的维修成本和更高的能源效率。另外，它们还有着更低的煤渣（一种用于水泥生产的矿物要素）成本。最后，这些新的进入者已经在构建供给行业，能够将水泥加入它们现有的分配网络之中。更低的成本正传递到消费者身上，因为更低的边际成本已经使水泥的供给曲线向下移动并生成更低的水泥价格。

资料来源：“PJM Whotesale Power Price Rises in 2010，but Markets Still Competitive，Monitor Says，” *Platts Inside FERC*，August 16，2010，at www. lexisnexis. com/Inacui2api/；Matt Stevens，“Shift to Rational Pricing Will End Annual Conflict，” February 13，2010，at www. theaustratian. com. au/business/opinion/shift-to-rational-pricing-will-end-annual-conflict/story-e6frg9if-1225829866038；Andy Stevens and Brenda Bouw，“Chinese Bid for Potash Corp Would Cut Revenues，BHP Warns，” *The Globe and Mail*，September 21，2010，at www. theglobeandmail. com/globe-investor/potash/Chinese-bid-for-potash-corp-would-cut-revenues-bhp-warns/article1716883；Moses Michira，“New Cement Firms Ride on Low Prices to Grow Sales，” *Business Daily*，January 27，2011，at www. businessdaily africa. com/New-cement-firms-ride-on-low-prices-to-grow-sales/-/539552/1096296/-/oemr6i-index. html.

战略环节 ☞

鲑鱼价格的预测

一家生产多种食品的大型公司的管理者打算预测未来三年新鲜鲑鱼的价格。这样的预测是必要的，因为他们必须决定是否应当开展供应鲑鱼的业务。公司分析人员估计了未来三年的鲑鱼供给量。由于加拿大、智利、日本和爱尔兰计划扩大在大西洋和太平洋的鲑鱼养殖量，所以未来三年的供给量将比当前的实际供给量高出许多。另外，分析人员还预测了未来三年新鲜鲑鱼的需求量。结果显示，若三年内鲑鱼价格保持不变，则三年后的供给量将超过需求量15%。

公司的分析人员还估计出新鲜鲑鱼的需求价格弹性大约为－1.5，这一估计也是根据前面几章介绍的方法作出的。同前面其他估计一样，这个数据粗略却有用。

在他们决定是否进入鲑鱼市场之前，管理者需要估计鲑鱼的未来价格（公司的分析人员相信无论三年内的价格将发生怎样的变化，鲑鱼的供给量将近似等于预测量）。运用之前的估计，他们设想为了缩小需求量与供给量之间的差距，需求量需要增加15%。因为他们预计鲑鱼的需求价格弹性为－1.5，也即价格下降10%，需求量将提高15%。

资料来源：本战略环节基于一个真实的案例，不过在教学和背景方面做了一些变动。

问题环节 ☞

柯达公司

为了说明问题，以柯达公司为例（一家完全竞争企业），其总成本函数为：

$$TC=800+6Q+2Q^2$$

其中，TC 为总成本（美元），Q 为公司的每日产出。公司的边际成本则为：

$$\Delta TC/\Delta Q=MC=6+4Q$$

如果柯达公司的产品价格为30美元，管理者制定的产量应当满足：

$$MC=\Delta TC/\Delta Q=MC=6+4Q=30=P \quad (7.4)$$

也就是说，管理者应当使边际成本等于价格（30美元）。根据方程（7.4）求出 Q，我们可得出管理者应当每日生产6单位产品。为了确保该产量水平下的价格不低于平均可变成本，我们需注意公司的总可变成本为 $6Q+2Q^2$，于是，其平均可变成本 AVC 就等于：

$$AVC=(6Q+2Q^2)/Q=6+2Q$$

这样，若 $Q=6$，则平均可变成本等于 $6+2\times6=18$ 美元，小于价格30美元。

总之，如果管理者希望实现利润最大化或损失最小化，必须使其产量达到短期边际成本等于价格且边际成本递增的水平。但这一结论也会有例外：如果市场价格在任一产量水平上都低于平均可变成本，则管理者为了使损失最小必须停止生产。

定量方法

柯达的边际成本为：

$$dTC/dQ=MC=6+4Q$$

7.6 考察价格等于边际成本的另一种方法：利润最大化法则

如果一家企业有一个固定投入（比如资本）与一个可变投入（比如劳动），它应当使用多少可变投入呢？对企业管理者来讲，这或多或少都是一个重要问题。为了回答这个问题，我们必须定义可变投入的边际收益产量和可变投入的边际支出。

边际收益产量（MRP）是指由于使用额外一单位投入所带来的总收益的增加量。投入增加了总收益，因为它使管理者生产出更多的产量。设 MRP_L 是劳动投入的边际收益产量：

$$MRP_L=\Delta TR/\Delta L \tag{7.5}$$

其中，ΔTR 是企业使用的劳动投入 L 的变化引发的总收益变动。容易证明 MRP_L 等于劳动的边际产量乘以企业的边际收益。为了方便证明，请注意边际收益（MR）等于 $\Delta TR/\Delta Q$，其中，ΔQ 是企业产量的变动，故：

$$MRP_L=\Delta TR/\Delta L=(\Delta TR/\Delta Q)(\Delta Q/\Delta L)$$

而 $\Delta Q/\Delta L$ 是劳动的边际产量（MP_L），于是：

$$MRP_L=(MR)(MP_L) \tag{7.6}$$

这就是我们要证明的结论。下面验证一下我们的直觉。如果管理者使用了更多的劳动 ΔL，将获得更多的产量 ΔQ，即劳动的边际产量。如果管理者将这些额外的产量 ΔQ 推向市场，将得到收益 ΔTR（边际收益）。每单位边际收益乘以额外的产量数就是管理者使用额外一单位劳动获得的额外收益。

边际支出（ME）是使用额外一单位劳动所引发的企业总成本的增加量。于是，设 ME_L 为劳动的边际支出：

$$ME_L=\Delta TC/\Delta L \tag{7.7}$$

其中，ΔTC 是企业使用的劳动投入的变化 ΔL 引发的总成本变动。假设管理者以每单位 10 美元的价格购买到所需的全部劳动，那么 ME_L 就是 10 美元。然而，在某些情况下，管理者必须支付更高的价格才可以获得更多的劳动；此时的 ME_L 就超过了劳动价格（在第 8 章买主独家垄断中将有介绍）。需要注意 $\Delta TC/\Delta L$ 可被改写成（$\Delta TC/\Delta Q$）（$\Delta Q/\Delta L$），其中，$\Delta TC/\Delta Q$ 等于企业总成本的变化（ΔTC）除以企业产量的变化（ΔQ）。$\Delta TC/\Delta Q$ 是企业的边际成本（MC），或是当产量变化很小时企业总成本的变动。

定量方法

用更专业的术语表达：

$$MRP_L = \mathrm{d}TR/\mathrm{d}L$$

并且：

$$ME_L = \mathrm{d}TC/\mathrm{d}L$$

为实现利润最大化，管理者应当选择使边际收益产量等于其边际支出时的劳动。换句话讲，管理者应当设定：

$$MRP_L = ME_L \tag{7.8}$$

让我们再次验证直觉。为使利润最大化，只要边际利润超过边际成本，管理者就可以扩张其生产活动。而当边际利润（这里是 MRP_L）等于边际成本（这里是 ME_L）时，他们就应当停止生产活动的扩张。为进一步说明，可将（7.8）式变形为：

$$\left(\frac{\Delta TR}{\Delta Q}\right)\left(\frac{\Delta Q}{\Delta L}\right)=\left(\frac{\Delta TC}{\Delta Q}\right)\left(\frac{\Delta Q}{\Delta L}\right)$$

或者：

$$\frac{\Delta TR}{\Delta Q}=\frac{\Delta TC}{\Delta Q}$$

或者：

$$MR = MC$$

我们又一次验证了管理经济学中的一个重要法则：当边际收益等于边际成本时，管理者应当停止扩张生产。

在完全竞争市场中，$MR=P$。因此，我们的法则变成 $P\times MP_L = ME_L - P_L$，其中，$P_L$ 是每单位劳动的价格，再一次验证直觉。雇用额外一单位劳动需花费 P_L，该劳动生产了额外的产量 MP_L，管理者将此产量带入市场后，为企业增加了额外的收益 $P\times MP_L$。只要 $P\times MP_L > P_L$，管理者就应当继续雇用更多的劳动，而如果 $P\times MP_L < P_L$，他们就不能再雇用劳动。利润最大化的停产法则是 $P\times MP_L = P_L$。等式两端同时除以 MP_L，可得 $P = P_L/MP_L$。从第 6 章可知，$P_L/MP_L = MC$。因此，若在完全竞争市场中实现利润最大化，管理者应当扩大生产直至 $P = MC$。

7.7 短期生产者剩余

在第 3 章中，我们考察了消费者剩余并知道它等于市场价格与消费者愿意支付的价格（他们的保留价格）之差。现在，我们引入一个平行概念，从市场供给角度看，称其为生产者剩余。**生产者剩余**是市场价格与生产者愿意接受的商品或劳务的价格（生产者的保留价格）之差。从我们对完全竞争市场的分析中可知，生产者的保留价格是生产产品和服务的边际成本（位于企业盈亏平衡点之上）。图 7—6 中的图 A 中的阴影部分反映了这一剩余。核算固定成本之前的企业利润（可变成本利润为 $P^*BC'D'=P^*BE$）恰好等于总收益 P^*Q^* 减去可变成本 $D'C'Q^*O$。而可变成本恰好是边际成本上升到产量 Q^* 之前的面积，即 EBQ^*O。这一可变成本利润恰好是图 7—6 中的图 A 对应的阴影部分面积，即 P^*BE。要注意利润（P^*BCD）与生产者剩余的区别。要实现生产者剩余，管理者只需用总收入减去可变成本。而若要计算利润，就必须从总收益中减去固定成本与可变成本。因此，可变成本利润大于利润（它需要考虑固定成本），生产剩余等同于可变成本利润。因为完全竞争企业的边际成本代表其供给曲线，我们可将生产者剩余视为供给曲线与企业所接受的产品价格之差（图 7—6 中的图 B 对应的面积 B）。

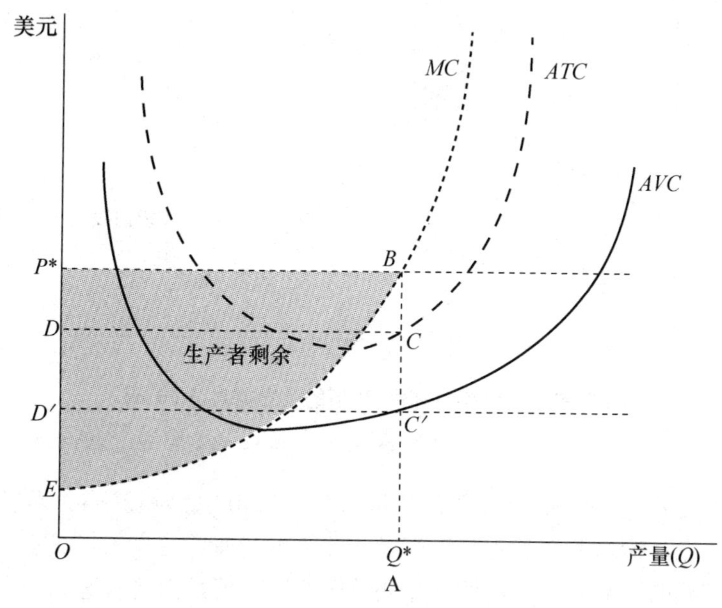

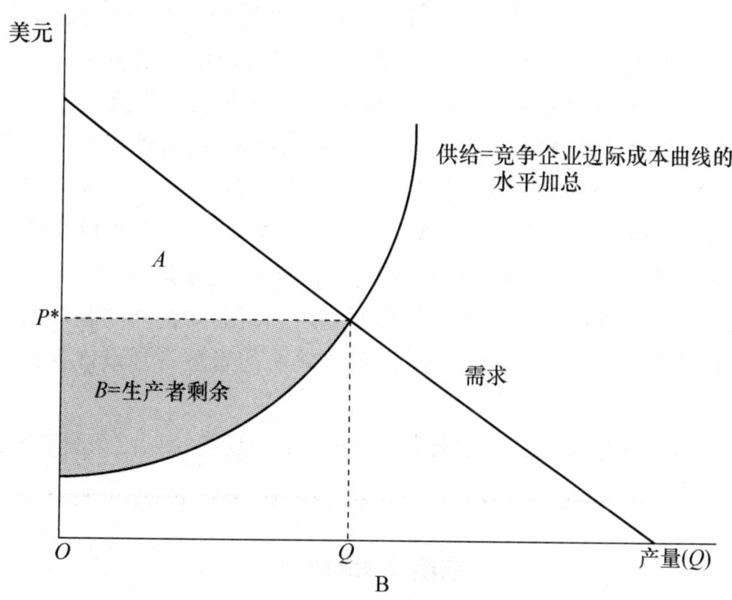

图 7—6　生产者剩余与可变成本利润

注：企业的生产者剩余是其可变成本利润，或总收益减去可变成本。市场的生产者剩余是供给曲线上方与产品价格下方的区域，因为供给曲线是竞争企业边际成本曲线的水平加总。

图 7—7 描述了市场均衡。正如市场需求曲线是商品的各企业需求曲线的水平加总，市场供给曲线也是商品的各企业供给曲线的水平加总。运用消费者剩余理论，从图 7—7 中可知，市场均衡价格 P^* 带来了消费者剩余 A 与生产者剩余 B。

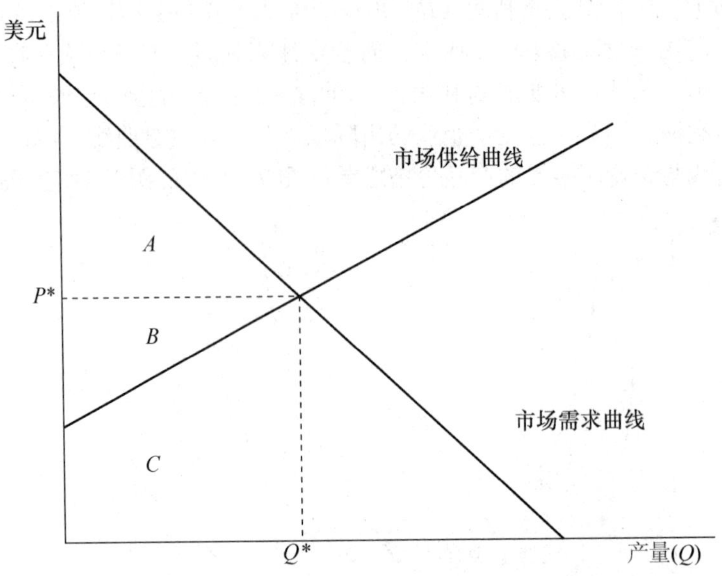

图 7—7　完全竞争价格 P^* 下的社会福利（A+B）

注：在给定价格水平（P^*）下的社会福利用消费者剩余（A）和生产者剩余（B）之和来衡量。

总剩余（A 与 B 之和）是经济学家在价格为 P^* 和产量为 Q^* 时，对社会福利的衡量。为理解这一点，请思考消费者与生产者分配给市场商品的收入与成本。对消费者而言，它是位于需求曲线下方、均衡产量左侧的区域，也就是消费者愿意为产品支付的总额（图 7—7 中的 A、B 和 C）。对生产者而言，供给量 Q^* 的总可变成本是位于供给曲线下方、均衡产量左侧的区域（图 7—7 中的 C）。在市场中，消费者支付和生产者接受的价格为 P^*，而 P^* 低于产品的总收益却高于可变成本。从此意义上讲，市场交易活动产生的价值体现为消费者剩余、生产者剩余与总剩余。在这种情形下，需求者愿意支付的（A、B 和 C）与供给者愿意接受的（C）之间的差额就是社会福利的衡量，即 A+B。显然，总剩余及其在消费者与生产者之间的分配取决于需求和供给曲线的形状。例如，若保持均衡点 P^* 和 Q^* 不变，供给曲线稍微向右上方倾斜就会减少生产者剩余，而需求曲线稍微向左下方倾斜则会减少消费者剩余。但需要记住的是，市场交易一般提供了获得收益的机会；正如后面我们将看到的，精明的管理者会设计各种方案来为企业获取更大的收益。

我们将运用衡量社会福利的方法解释第 17 章中的反托拉斯政策理论和贸易收益。

问题环节 ☞

伯格公司的产出

假定伯格公司的长期成本曲线为：

$$AC=200-4Q+0.05Q^2 \tag{7.9}$$

其中，AC 为长期平均成本（美元），Q 为企业的每日产量。因为伯格公司在完全竞争市场中运营，所以其长期产量是使 AC 最小的产量 Q。从图 7—8 中可知，长期平均成本曲线最低点处的斜率为 $\Delta AC/\Delta Q=0$，也就是说，图 7—8 中的直线 GG' 与 AC 在产出水平为 V 的点处相切。

从等式（7.9）可推导出 $\Delta AC/\Delta Q$，令其等于零，可得 $Q=40$。因此，伯格公司的管理者若追求利润最大化，可令其长期产量水平保持在每天 40 个单位。

如上所述，在此产量水平下，平均成本等于边际成本。为验证这一点，要注意总成本等于 Q 乘以 AC，即：

$$TC=Q(200-4Q+0.05Q^2)=200Q-4Q^2+0.05Q^3$$

其中，TC 为总成本。

企业的边际成本是 $MC=\Delta TC/\Delta Q$，因此，$MC=\Delta TC/\Delta Q=200-8Q+0.15Q^2$，因为 $Q=40$，故：

$$MC=200-8(40)+0.15(40)^2=120$$

另外，将 $Q=40$ 代入（7.9）式，可得：

$$AC=200-4(40)+0.05(40)^2=120$$

可见，当 $Q=40$ 时，边际成本等于平均成本（边际成本与平均成本都等于 120 美元，这也意味着长期均衡价格为 120 美元）。

7.8 企业的长期均衡

在长期中，一家完全竞争企业的管理者应生产多少产品呢？企业的长期均衡点位于长期平均总成本曲线[①]上等于价格的点处。若价格高于企业的平均成本，则可获得经济利润，且新企业会进入该行业。这将增加供给，并导致价格和利润下降。若价格低于某家企业的平均成本，则该企业将退出该行业。随着企业的退出，供给下降，引发价格和利润上升。只有在经济利润为零时（意味着长期平均成本等于价格），企业才会处于长期均衡状态。

回顾第 1 章可知，经济利润并不等于会计利润。企业的经济利润高于企业将现有资源投资于别处时得到的利润。因此，长期均衡发生在企业的收获不多于（也不少于）其将资源投资于别处的所得时。

更具体地讲，价格必须等于长期平均总成本的最低值，即在均衡状态下，管理者在长期平均成本曲线的最低点处进行生产。若要寻找原因，请注意如果管理者追求利润最大化，就必须在与长期边际成本相等的价格处运营。若满足这两个条件，则长期边际成

① 它也被称作长期平均成本曲线。因为在长期内，所有的成本都是可变的，所以无须在平均成本前面加上一个形容词“总”，但在短期内，为了区分平均总成本、平均可变成本与平均固定成本，却需要这个形容词。在长期内，只有平均成本。

本必须等于长期平均成本。如第 6 章所述，只有在长期平均成本的最低点处，长期边际成本才等于长期平均成本。因此，该点就是企业的平衡点。

为了说明平衡点的位置，请看图 7—8。做好所有的调整后，价格等于 G。由于价格不变，所以需求曲线是水平的，边际收益曲线与需求曲线一样，都是 GG'。企业的均衡产量为 V，其最佳生产规模通过短期平均成本曲线 AA' 和边际成本曲线 MM' 来描述。在这样的产量和规模下，我们可以看到长期边际成本等于短期边际成本等于价格，这就确保了企业的利润最大化。而且，长期边际成本等于短期边际成本等于价格还能够保证经济利润为零。因为长期边际成本与长期平均成本必须相等，所以均衡点位于长期平均成本曲线的最低点处。

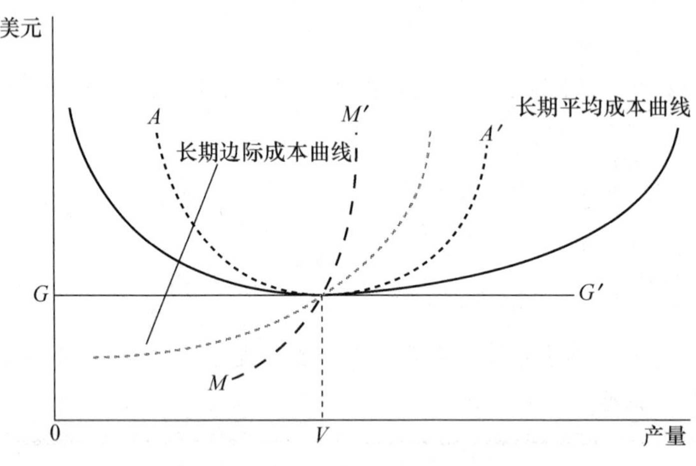

图 7—8　完全竞争企业的长期均衡

注：在长期均衡状态下，企业生产 V 单位的产品，价格＝边际成本（长期和短期两者）＝平均成本（长期和短期两者）。

7.9　长期调整过程：成本不变的行业

讨论过完全竞争企业管理者的短期和长期行为之后，我们来考察完全竞争行业的长期调整过程。假定这是一个成本不变的行业，即行业的投入价格不会随着生产的扩张而上升。图 7—9 给出了成本不变条件下的长期均衡。上方的图是行业中典型企业的短期与长期成本曲线。下方的图是市场中总的供给和需求曲线，D 为初始需求曲线，S 为初始供给曲线。我们假定整个行业处于长期均衡状态，即价格（每单位 6 美元）等于长期（和短期）平均成本的最低值。

现假设需求曲线移动到 D_1。短期内，企业数目固定，每单位产品价格从 6 美元升至 7 美元；每家企业的产出都从日均 5 000 单位变成日均 6 000 单位；每家企业都收获了经济利润，由于新价格 7 美元超过了每家企业日均生产 6 000 单位时的短期平均成本，结果有新企业进入该行业，从而推动供给曲线右移。在成本不变的行业中，新企业的加入不会影响已有企业的成本。本行业使用的投入，其他行业也在使用，所以新企业的进入不会出现投入价格上升导致成本上升的情况。当然，新企业的加入也不会降低已有企业的成本。

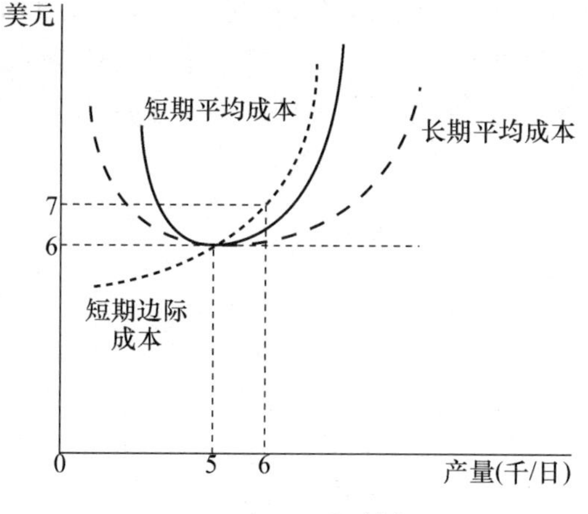

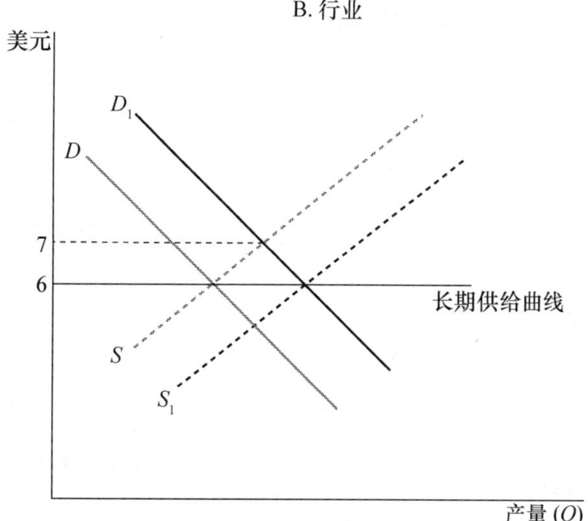

图 7—9　成本不变行业的长期均衡

注：如图 B 所示，成本不变行业的长期供给曲线是水平的。若需求曲线从 D 移动到 D_1，则价格的增加（升至每单位 7 美元）会导致新企业加入，并推动总供给曲线右移至 S_1，使价格回到了原来的水平（每单位 6 美元）。

因此，成本不变行业有着水平的长期供给曲线。由于产量会随着每单位 6 美元平均成本且日均生产 5 000 单位产品的企业数目的增加而增加，所以长期供给曲线是一条每单位产品 6 美元的水平直线。只要行业成本不变，产量就可以无限增加。若价格超过每单位 6 美元，就有新企业加入；若价格低于每单位 6 美元，就会有企业退出。可见，只有当价格为每单位 6 美元时，该行业的长期均衡才可能出现。根据需求情况，行业的产量可以增加或减少，但无须改变长期均衡价格。

7.10　长期调整过程：成本递增的行业

并非所有行业都是成本不变的行业。接下来，我们将考察成本递增的行业，即随着生产规模的扩大，企业的投入价格会上升。[①] 图 7—10 描述了成本递增的行业。最初的情况与图 7—9 相同，在图 B 中，D 为初始需求曲线，S 为初始供给曲线，均衡价格为每单位 6 美元，而且上方图 A 中的 LL'和 AA'为每个企业的长期和短期平均成本曲线。图 7—9 中的初始情况是长期均衡状态，因为价格等于长期（和短期）平均成本的最小值。

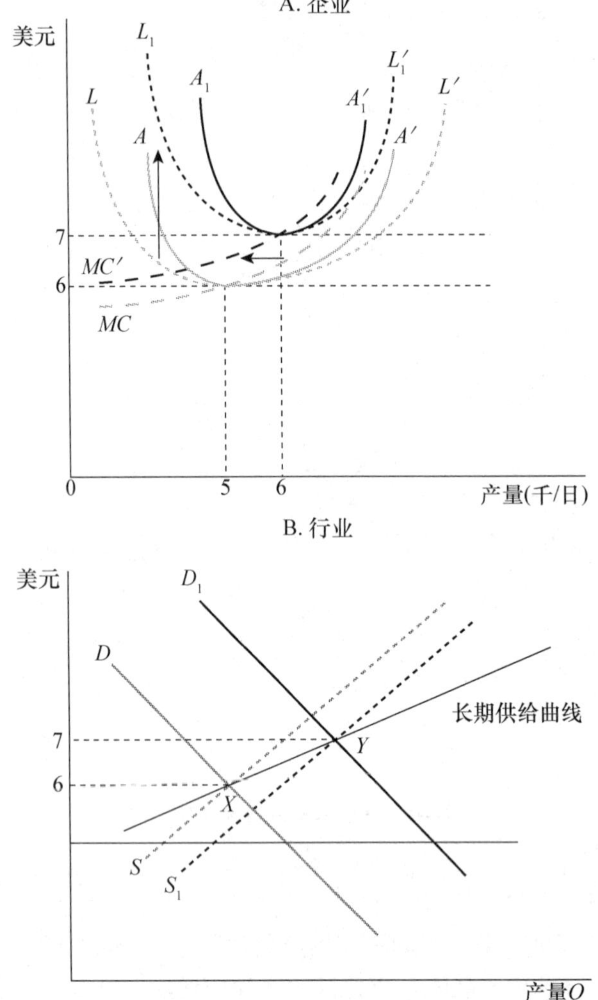

图 7—10　成本行递增业的长期均衡

注：如图 B 所示，成本递增行业的长期供给曲线的斜率为正。在达到长期均衡点之后，产量的增加要求产品价格上升。

现在假设随着产品价格上升，需求曲线移至 D_1，企业获得经济利润，吸引新企业加入。于是行业的投入需求越来越大，在一个成本递增的行业，投入价格会随企业的使用量增加而上升。因此，已有企业和新加入企业的投入成本都会上升，平均成本曲线移

---

① 除了成本不变行业和成本递增行业之外，还存在成本递减行业。但这是最不常见的一种情况，有时年轻的行业属于此种类型。行业扩张出现成本下降的外部经济性可能是成本递减行业存在的主要原因。例如，行业扩张可能改善运输并降低企业成本。成本递减行业的长期供给曲线斜率为负。

至 L_1L_1' 和 A_1A_1'。

若每家企业的边际成本曲线都因投入价格的上升而左移，则整个行业的总供给曲线也会左移，但这种趋势受供给曲线右移的企业数目增加的影响而被更多地抵消。后一影响必定大于前一影响，否则整个行业产出的扩大就不会实现（新资源也不会进入该行业）。这一调整过程会持续下去直至新的长期均衡点实现。在图 7—10 中，均衡点价格为每单位 7 美元，每家企业日均生产 6 000 单位。①

成本递增行业的长期供给曲线的斜率为正。也就是说，在达到长期均衡点之后，产量的增加要求产品价格上升。例如，图 7—10B 中的点 X 和点 Y 均在行业的长期供给曲线上。成本不变行业与成本递增行业之间的区别在于：在成本不变的行业中，由于需求的增加新企业加入该行业，直至价格回落至初始值；而在成本递增的行业中，新企业加入直至行业长期平均成本曲线的最低点上升至与新的更高的价格相等的位置。②

最后，一些行业既不是成本不变的行业，也不是成本递增的行业，它们是成本递减的行业。长期供给曲线的斜率为负。与成本不变行业和成本递增行业相比，这类行业比较少见。

7.11 完全竞争经济如何分配资源

对于管理者来讲，理解完全竞争经济如何配置资源是十分重要的。缺乏相关的理解，他们将无法解释或预测行业中的一些变化。我们采用一个简单的例子说明资源配置过程。在过去几年中，消费者变得更加偏好玉米，却愈加不喜欢大米。短期内会发生什么变化呢？对玉米需求的增加会使玉米价格上升以及玉米产出有一定程度的上升。不过玉米产出上升并不明显，因为短期内行业不会迅速扩大产量。同样，大米价格会下降，且产量也会有一定程度的下降。不过大米产量也不会有大幅度下降，因为只要能够抵消可变成本，企业就会一直进行生产。由于玉米价格的上升与大米价格的下降，玉米生产商会获得经济利润，而大米生产商会出现经济亏损。生产商会重新配置资源来纠正这种不平衡。

即使玉米和大米两个行业的短期均衡都已实现，但资源的重新配置仍未完成，原因在于生产商还没有足够的时间去配备新的生产能力或削减旧的生产能力。具体地说，两个行业都没有在最低平均成本处进行生产，导致玉米生产商的产量水平可能比平均成本最低点处的产量水平高；而大米生产商的产量水平可能比平均成本最低点处的产量水平低。

长期内会发生什么变化呢？消费者从大米转向玉米导致长期出现比短期相对较大的产出调整和较小的价格调整。在长期内，已有企业可能会退出大米生产，而新企业可能会加入玉米生产。随着企业退出大米市场，供给曲线左移，从而使大米价格高于短期内的水平。大米价格的上涨和生产成本的下降使亏损不再发生，这时，资源从大米行业退

① 我们无法保证企业总是如图 7—10 所示的那样，使新产量高于原产量。新产量低于或等于原产量也是有可能的。

② 这并不是成本递增行业实现均衡的唯一途径。投入价格的上升带来的平均成本的上升也可能高于需求增加带来的平均收益的增加。因此，企业可能会出现亏损，有些企业退出，余下的企业可以生产更多的产品。

出的过程也就停止了。

尽管大米生产失去资源，但玉米生产获得了资源。短期内生产玉米的利润会刺激企业加入到生产玉米行业。投入需求的上升抬高了投入价格和玉米行业的成本曲线，同时由于新企业的加入，供给曲线右移，玉米价格会下降。当经济利润不复存在时，企业的加入也就停止了。当实现长期均衡时，玉米行业中的企业数目和资源使用都会多于短期。

小　结

1. 完全竞争企业的管理者会把产出水平确定在价格与边际成本相等之处。如果存在价格高于平均可变成本的产量水平，管理者在短期内也会生产，尽管价格无法弥补平均总成本。但如果不存在价格高于平均可变成本的产量水平，管理者最好停止生产。长期内，管理者在长期平均总成本的最低点处进行生产。价格往往在市场需求曲线与市场供给曲线的交叉点决定的水平上。完全竞争企业的短期供给曲线是位于平均可变成本曲线最低点上方的那段边际成本曲线。

2. 生产者剩余等于企业可变成本利润，即总收益减去可变成本。生产者剩余是生产者接受的价格与其保留价格（其愿意出售产品的最低价格）之差。这是从生产者角度考虑的社会福利的一种衡量。与第 3 章中的消费者剩余相结合，生产者剩余与消费者剩余之和是对社会福利的衡量。我们可以使用这种衡量去比较不同价格方案的收益与贸易的收益（参见第 17 章）。

3. 成本不变的行业有着一条水平的供给曲线；成本递增的行业供给曲线的斜率为正。成本不变行业扩张时，投入价格不会出现上涨（或下降）；成本递增行业扩张时，投入价格则上涨。

习　题

1. 汉密尔顿公司是完全竞争行业中的一家企业。与行业中的其他成员一样，其总成本函数为：

$$TC=25\,000+150Q+3Q^2$$

其中，TC 为企业的月总成本（美元），Q 为企业的月产量。

（1）如果行业处于长期均衡状态，则汉密尔顿公司的产品价格是多少？

（2）企业的月产量是多少？

2. 2012 年，制箱行业属于完全竞争行业。每家同样类型制箱企业的长期平均成本曲线的最低点对应的价格为 4 美元，相应的产量为每月 1 000 只箱子。箱子的市场需求曲线为：

$$Q_D=14\,000-10\,000P$$

其中，P 为价格（美元/只），Q_D 为月需求量。箱子的供给曲线为：

$$Q_S=80\,000-5\,000P$$

其中，Q_S 为箱子的月供给量。

（1）箱子的均衡价格是多少？它是长期均衡价格吗？

（2）在长期均衡状态下，行业中有多少企业？

3. 布尔公司的总成本函数为：

$$TC=200+4Q+2Q^2$$

其中，TC 为总成本，Q 为产量。

（1）如果公司处于完全竞争行业，且产品价格为 24 美元，则最优产量是多少？

（2）在此产量水平处，利润是多少？

4. 梨的供给和需求曲线分别如下所示：

$$Q_S = 10\,000P$$

$$Q_D = 25\,000 - 15\,000P$$

其中，Q_S、Q_D 分别为供给量（吨）和需求量（吨），P 为梨的价格（100 美元/吨）。

（1）画出供给曲线与需求曲线。

（2）均衡价格是多少？

（3）均衡产量是多少？

5. 怀特公司是完全竞争行业中的一家制灯公司，灯的单价为 50 美元。企业的总成本函数为：

$$TC = 1\,000 + 20Q + 5Q^2$$

其中，TC 为总成本（美元），Q 为每小时的产量。

（1）利润最大化时的产量是多少？

（2）该产量对应的企业的经济利润是多少？

（3）该产量对应的企业平均总成本是多少？

（4）若行业中的其他企业与该公司有着同样的成本函数，则该行业是否处于均衡状态？为什么是或为什么不是？

6. 某种厨房刀具的长期供给曲线是一条价格为 3 美元的水平直线，其需求函数为：

$$Q_D = 50 - 2P$$

其中，Q_D 为该刀具的需求量（百万/年），P 为价格（美元）。

（1）这种刀具的均衡产量是多少？

（2）如果对每把刀具征税 1 美元，则这种刀具的均衡产量是多少？

（3）如果征税后每把刀具售价 3.75 美元，这是企业的均衡价格吗？

Excel 练习：完全竞争

假设你是一位市场价格的接受者，市场价格是 8（利用第 1 章中的市场需求与供给练习）。Excel 练习的总成本函数来自第 6 章的产量和成本关系，即 $TC=5+2Q+0.5Q^2$。我们知道对于价格接受者来讲，利润最大化法则是 $P=MC$。由总成本函数可得：

$$MC = \mathrm{d}TC/\mathrm{d}Q = 2 + Q$$

假定产量只能以整数计。

这样，企业可设定：

$$P = 8 = 2 + Q = MC$$

或者

$$Q = 6$$

企业的总收益为：

$$TR = P \times Q = 8 \times 6 = 48$$

企业的总成本为：

$$TC=5+2Q+0.5Q^2=5+2\times6+0.5\times6^2=5+12+18=35$$

企业的利润为：

$$\pi=TR-TC=48-35=13$$

假设你不知道上述法则，只是了解到市场价格是 8，以及下表列出的企业总成本：

产量	固定成本	可变成本	总成本
0	5	0.0	5.0
1	5	2.5	7.5
2	5	6.0	11.0
3	5	10.5	15.5
4	5	16.0	21.0
5	5	22.5	27.5
6	5	30.0	35.0
7	5	38.5	43.5
8	5	48.0	53.0
9	5	58.5	63.5
10	5	70.0	75.0
11	5	82.5	87.5
12	5	96.0	101.0

你仍然能够确定企业的利润最大化产量吗？当然能确定。下面介绍如何使用 Excel 电子表格来解决问题。

在单元格 A1 中输入 0，在 A2 中输入 1，依此类推，直到在 A13 中输入 12，即可把上表中的产量一列复制到电子表格中。

在单元格 B1 中输入 5，再单击该单元格右下角并拖动至 B13，这将出现一列数字 5，即企业的固定成本。

在单元格 C1 中输入 0，在单元格 C2 中输入 2.5，直到在单元格 C13 中输入 96，这将得到企业的可变成本。

在单元格 D1 中输入＝B1＋C1，再单击该单元格右下角并拖动至 D13，这将得到企业的总成本。

现在你已将上表中的内容全部复制到电子表格中。

在单元格 E2 中输入＝D2－D1，单元格 E3 中输入＝D3－D2，通过单击和拖动的方法会得到企业的离散边际成本，我们已经假定企业产出只能以整数计。

作为对比参照，我们将企业的连续边际成本（假定企业可以在连续区间内生产产品，想象一下天然气生产和天然气出售）放入 F 列，从上面可知企业的连续边际成本为 $MC=2+Q$。

在单元格 F1 中输入＝2＋A1，在单元格 F2 中输入＝2＋A2，通过单击和拖动方法会得到企业的连续边际成本。注意连续边际成本和离散边际成本是不同的，它们反映了不同的产量变化。连续边际成本大于离散边际成本。

在单元格 G1 中输入 8，单击并拖动至单元格 G13，你将得到一列数字 8，即产品的市场价格。

在单元格 H1 中输入＝A1 * G1，在单元格 H2 中输入＝A2 * G2，通过单击并拖动的方法会得到企业的总收益（$TR=P\times Q$）。

在单元格 I2 中输入＝H2－H1，在单元格 I3 中输入＝H3－H2，通过单击并拖动的方法会得到企业的边际收益，也就是企业额外卖出一单位产品后的总收益变化。

在单元格 J2 中输入＝H1－D1，单元格 J3 中输入＝H2－D2，通过单击并拖动的方法会得到企业的利润，$\pi = TR - TC$。

现在查找J列中的最大值。你应当发现是13，与之对应的产量为6。需注意当连续边际成本与价格相等且均为8时，产量也为6（从本练习开始处可知）。你也可以在单元格J14中输入＝max(J1:J13）找到最大值。

不过，我们得到了相同的结果。观察离散型产量，当产量为6时，边际收益（价格）为8，而离散的边际成本为7.5。企业当然愿意生产第6个产品，因为现金流8大于现金流7.5。再来观察第7个产品的边际收益为8，而生产第7个产品的边际成本为8.5。显然，管理者不愿意生产第7个产品，因为现金流8低于现金流8.5。

可见，采用两种方法，即连续型数据分析（使用微积分）与离散型数据分析（不使用微积分），得到了相同的结果。

第8章

垄断与垄断竞争

当拥有市场权力时，大多数管理者面临的问题是如何设置价格与产量。我们将会看到，若管理者具备市场权力，他们就有能力控制亚当·斯密所说的看不见的手。在这些市场中，由供给曲线与需求曲线交叉点确定的均衡价格很罕见。我们考察的第一个重要议题是当管理者拥有垄断权力时，他们的行为。拥有垄断权力的管理者无须考虑市场上竞争对手的行为，因为根本没有竞争对手。例如，美国航空公司是纽约州的伊萨卡与宾夕法尼亚州的费城之间唯一的航空运营公司。在冬天，库贝尔饭店是新泽西州巴尼加特莱特城唯一营业的饭店。在你生活的地区，也许只有一家超市是整夜营业的。费城天然气公司是宾夕法尼亚州费城中唯一的一家国有天然气供应商。

伊萨卡和费城之间的航空飞行市场需求曲线是美国航空公司的需求曲线。冬季在巴尼加特莱特城对饭店就餐的市场需求就是库贝尔管理者面临的需求曲线。同样，对整个夜晚在超市购物的市场需求，以及在费城对天然气的市场需求都是企业管理者面临的需求曲线。由于垄断没有市场内部的竞争，所以企业的需求就等于市场的需求。

垄断管理者面临的需求曲线向下倾斜，也就是说，当价格上升时，需求下降。与完全竞争市场相比，拥有市场权力的管理者面临的是一个既令人高兴又十分复杂的决策。他们必须既决定价格又决定产量；他们不再是市场价格的接受者。与完全竞争企业中的管理者相比，他们具有更多的战略权力并会获得更高的经济利润。现在我们想看看在这样的环境中，管理者如何实现利润最大化。

尽管作为垄断者，他们有着某种程度上的市场权力，但也并未赋予管理者全部的授权；他们需要管理其产品的需求特性。如果没有人想要在伊萨卡和费城之间飞行或是在巴尼加特莱特城冬天的凌晨3点购物或就餐，那么管理者的市场权力也就毫无意义。而且，即使管理者创造了产品需求，他们仍需有效管理成本和资源。最后，管理者还需考虑潜在的竞争对手。伊萨卡和费城之间只有183英里，所以开车或乘坐大巴对很多消费者来讲是另外的选择。而尽管巴尼加特莱特城只有一家冬季餐厅，但距离该城3英里外的一家餐厅和家庭用餐也是一种替代。很多杂货店在白天或傍晚开店营业，消费者可以轻松地在凌晨3点以外的时间购物。很多消费者选择使用燃油或电力为家里供暖或烧水，而无须使用燃气。交叉弹性（参见第2章）能够告诉我们什么产品、什么地点和什么时间可以作为“垄断”产品的替代品。

所以，即使没有市场内部竞争，如果替代产品、替代地点和替代时间存在的话，管理者仍然需要努力工作。管理者需要理解产品、空间和时间的竞争，否则他们可能会犯下严重的错误。另外，利润越高，就会有更多的人检验你的市场防御能力并试图进入你的市场。最后，如果管理者工作非常出色，产生了超额利润，权威机构可能就会试图在某些方面规制他们的行为。

在本章中，我们阐述当垄断管理者选择最优价格和数量组合时，必须考虑的议题。同时，将指出市场权力如何改变管理者的思考过程，尽管决策法则仍然是在边际收益等于边际成本处进行生产。这一简单法则决定了所有市场结构中的管理者行为。

我们也将讨论垄断竞争市场中管理者面临的利润最大化法则。在这些市场中，管理者仍将拥有市场权力，但他们必须应对市场内部的竞争者。尽管管理者仍会面临向下倾斜的需求曲线，但是进入壁垒的缺乏会吸引新的进入者。世界变得更加复杂；管理者必须在选择最优策略时考虑这些竞争者的行为，比如衬衫制造行业就接近垄断竞争行业。

8.1 垄断市场中价格和产量的决定

垄断企业的行为不同于第7章中的完全竞争企业。一家完全不受规制的垄断企业要使其利润最大化，会选择总收益与总成本之差最大时对应的点。例如，如果一家垄断企业的需求曲线为：

$$P=10-Q$$

其中，P 为每单位产出价格，Q 为该价格水平下的需求量。垄断企业的总成本曲线如下所示：

$$TC=1+Q+0.5Q^2$$

垄断企业的总收益为 $TR=P\times Q$，或：

$$TR=(10-Q)Q=10Q-Q^2$$

垄断企业在不同产出水平下的总收益和总成本请见表8—1。管理者在总收益超过总成本之差的最大值处实现了利润最大化。图8—1和图8—2给出了这一情况的图形表示。

表8—1 　**垄断企业的成本、收益和利润**　单位：美元

产出	价格	总收益	可变成本	总成本	总利润	可变成本利润
0	10	0	0	1	−1	0
1	9	9	1.5	2.5	6.5	7.5
2	8	16	4	5	11	12
3	7	21	7.5	8.5	12.5	13.5

续前表

产出	价格	总收益	可变成本	总成本	总利润	可变成本利润
4	6	24	12	13	11	12
4.5	*5.5*	*24.75*	*14.625*	*15.625*	*9.125*	*10.125*
5	5	25	17.5	18.5	6.5	7.5
6	4	24	24	25	−1	0
7	3	21	31.5	32.5	−11.5	−10.5
8	2	16	40	41	−25	−24
9	1	9	49.5	50.5	−41.5	−40.5
10	0	0	60	61	−61	−60

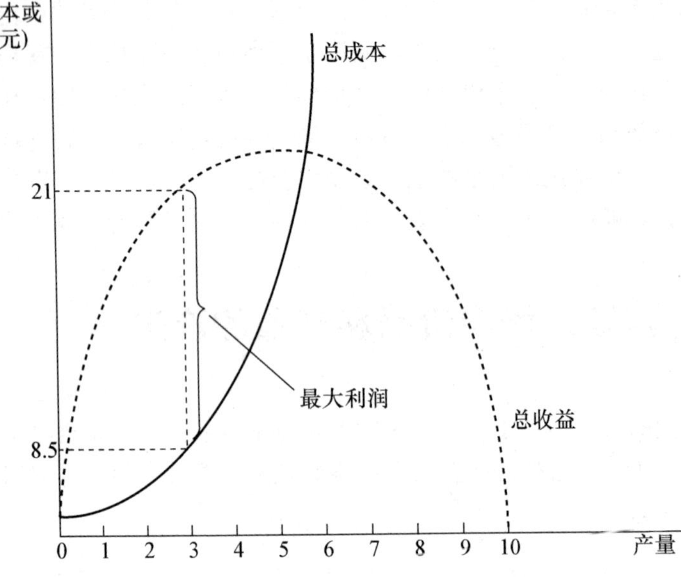

图 8—1　垄断企业的总收益、总成本和总利润

注：为实现利润最大化，垄断厂商选择每期产量水平为 3 个单位以及价格为 7 美元。

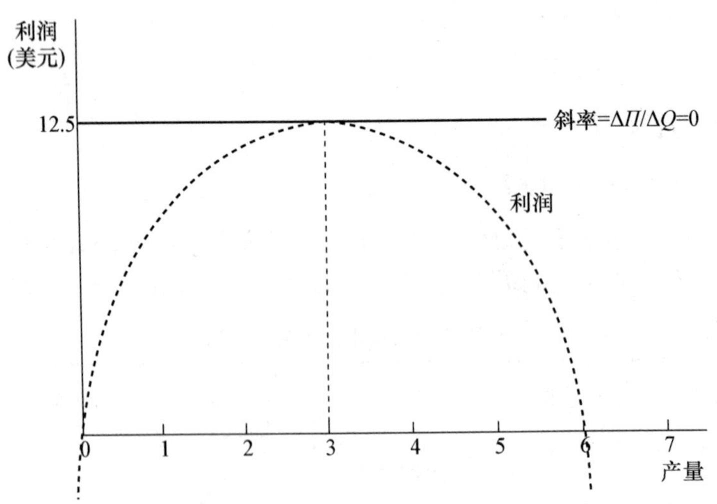

图 8—2　垄断企业的利润和产出

注：为实现利润最大化，垄断厂商选择每期产量水平为 3 个单位并得到 12.5 美元的利润。

与完全竞争市场一样，在垄断市场中，管理者将使其边际成本等于边际收益来实现利润最大化。如图 8—2 所示，当 $\Delta\pi/\Delta Q=0$ 时，利润最大化。回顾第 7 章可知 $\pi=TR-TC$（即利润等于总收益减去总成本），且有：

$$\frac{\Delta\pi}{\Delta Q}=\frac{\Delta TR}{\Delta Q}-\frac{\Delta TC}{\Delta Q}=0$$

这也就意味着 $MR-MC=0$，或者 $MR=MC$。

让我们更详细地考察表 8—1、图 8—1 和图 8—2，边际收益 $=MR=\Delta TR/\Delta Q=10-2Q$。

对于线性需求曲线来讲，线性收益曲线与需求曲线相交于同一美元水平（10 美元），但下降的速度却是需求曲线的 2 倍；即边际收益曲线的斜率是需求曲线的 2 倍。这一点对于线性需求曲线始终成立（我们总是使用这种方法来说明问题，当然，在现实世界中，需求曲线可以采用任何一种形式来表现价格与需求量的相反关系）。因此，如果一条需求曲线为 $P=250-12.5Q$，其对应的边际收益曲线则为 $MR=250-25Q$。①

定量方法

垄断企业的边际收益为：

$$\mathrm{d}TR/\mathrm{d}Q=MR=10-2Q$$

垄断企业的边际成本为：

$$\mathrm{d}TC/\mathrm{d}Q=MC=1+Q$$

总成本函数为 $TC=1+Q+0.5Q^2$，因此，边际成本为 $MC=\Delta TC/\Delta Q=1+Q$。

令边际收益等于边际成本，则有：

$$MR=10-2Q=1+Q=MC \text{ 或 } Q=3 \tag{8.1}$$

可得 $P=10-3=7$ 美元。

与完全竞争市场不同的是，垄断企业的边际收益不再固定不变；也不再等于价格。回顾第 2 章，可知：

$$MR=P\left[1+\left(\frac{1}{\eta}\right)\right]=P\left[1-\left(\frac{1}{|\eta|}\right)\right]=P-\left(\frac{P}{|\eta|}\right) \tag{8.2}$$

其中，MR 为边际收益，P 为价格，η 为需求价格弹性。因为 $\eta<0$，所以边际收益等于价格减去 $P/|\eta|$。这样，边际收益等于价格减去某个正数，故价格一定大于边际收益。另外，没有一个理性的管理者会让自己的边际收益为负值（负值意味着额外售出一单位产品将使总收益下降；因为多生产一单位产品将使成本上升，管理者无法实现利润最大化）。如果管理者将在边际收益等于边际成本处进行生产，一个负的边际收益意味着负的边际成本。当管理者增加产出时，总成本上升（而不是下降）。如果边际收益为正，从等式（8.2）可知 $\eta<-1$（即 $|\eta|>1$），这表明需求富有弹性。② 因此，垄断企业要实现利润最大化，就不会在缺乏弹性的需求曲线范围内生产了。

---

① 总收益为 $TR=(250-12.5Q)Q=250Q-12.5Q^2$，因此 $MR=\mathrm{d}TR/\mathrm{d}Q=250-25Q$。

② 由等式（8.2）可知，如果 $|\eta|>1$，那么 $1/|\eta|<1$，且 $[1-(1/|\eta|)]>0$。因为 P 必须为正，才使得 $MR>0$。

表 8—2 和图 8—3 给出了边际收益和边际成本函数的数值；它们证实了当边际收益等于边际成本时，利润可达到最大值。

注意，在产品是 3 个单位（价格为 7 美元）时的最优产量处，需求是富有弹性的（−2.33），而边际收益为正（4 美元）。这再次证明在垄断市场，价格必须高于平均可变成本。从表 8—1 中可知，当产出为 3 个单位时，AVC，即平均可变成本，为 2.5 美元；因为 $AVC=VC/Q=7.5/3=2.5$ 美元。如果不是这样，由于无法抵补可变成本，垄断企业应当停止生产以使损失降低直至等于固定成本。

战略环节 ☞

为什么垄断权力吸引沃伦·巴菲特

沃伦·巴菲特声称，他是基于企业提高价格的能力而非管理团队的能力对企业进行判断的。定价权力是他衡量企业的一个最重要标准。他说："如果你拥有了某个城镇中唯一的一家报纸，那么在过去 5 年里甚至更久，你拥有定价权力而不必再去办公室。"这就是垄断企业的情形：它赋予管理者在边际成本之上提高价格的能力。他还说："如果你拥有提高价格的能力而没有在业务方面输给竞争对手，那么你的企业就做得非常出色了。但如果你在把价格提高 10%之前，还不得不做祈祷仪式的话，那你的企业就非常糟糕了。"

所以，垄断是好的。当然，巴菲特也必须确保价格能够抵补可变成本，这与教材所述一致。缺乏成本控制的垄断权力不能给成功"打包票"。看看伯克希尔·哈撒韦公司的成功，你就能明白巴菲特非常善于抵补他的所有成本。

资料来源：Andrew Frye and Dakin Campbell, "Buffett Says Pricing Power More Important Than Good Management," *Bloomberg News*, February 18, 2011, at www. bloomberg. com/news/2011-02-18/buffett-says-pricing-power-more-important-than-good-management. hmtl.

表 8—2　　垄断企业的边际成本和边际收益　　单位：美元

价格	产量	边际成本[a]	边际收益[b]	总利润[c]	弹性
10	0	1	10	−1	−∞
9	1	2	8	6.5	−9
8	2	3	6	11	−4
7	3	4	4	12.5	−2.33
6	4	5	2	11	−1.5
5.5	4.5	5.5	1	9.125	−1.22
5	5	6	0	6.5	−1
4	6	7	−2	−1	−0.67
3	7	8	−4	−11.5	−0.43
2	8	9	−6	−25	−0.25

续前表

价格	产量	边际成本[a]	边际收益[b]	总利润[c]	弹性
1	9	10	−8	−41.5	−0.11
0	10	11	−10	−61	0

a. 边际成本通过等式 $MC=1+Q$ 计算而得。不过它假定产品以连续的数量生产，比如汽油。而如果产品以离散的数量生产，比如汽车，则产出 n 的边际成本将被定义为生产 n 单位产品的总成本减去生产 $n-1$ 单位产品的总成本。运用表 8—1 中的成本数据可知，生产 2 单位产品的边际成本为 2.5 美元（即 5 美元减去 2.5 美元）；生产 3 单位产品的边际成本为 3.5 美元（即 8.5 美元减去 5 美元）；而生产 4 单位产品的边际成本为 4.5 美元（即 13 美元减去 8.5 美元），为什么与此表中的生产 4 单位产品对应的边际成本为 5 美元有差别呢？这是由连续产出与离散产出的成本不同造成的。

b. 边际收益通过等式 $MR=10-2Q$ 计算而得。不过它假定产品可以连续的数量出售，比如汽油。而当产品以离散的数量出售时，比如汽车，产出 n 的边际收益将被定义为售出 n 单位产品的总收益减去售出 $n-1$ 单位产品的总收益。运用表 8—1 中的总收益数据可知，售出 2 单位产品的边际收益为 7 美元（即 16 美元减去 9 美元）；售出 3 单位产品的边际收益为 5 美元（即 21 美元减去 16 美元）；而售出 4 单位产品的边际收益为 3 美元（即 24 美元减去 21 美元）。

c. 注意，运用离散的边际收益与边际成本得到了与运用连续型分析相同的结果，即利润最大化时产量都是 3 个单位。在离散型分析中，企业显然会生产第 2 个单位产品，因为边际收益超出边际成本（7 美元＞2.5 美元），这样做能提高利润。同样，企业还将生产第 3 个单位产品，因为边际收益超出边际成本（5 美元＞3.5 美元），这样做也能提高利润。企业却不会生产第 4 个单位产品，因为边际收益将被边际成本超出（3 美元＜4.5 美元），这样做将会减少利润。

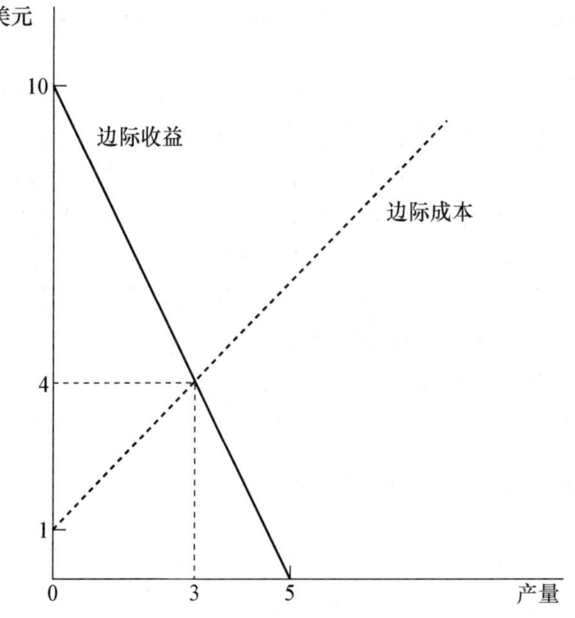

图 8—3 垄断企业的边际收益与边际成本

注：在垄断企业利润最大化的产量水平（3 个单位）处，边际成本等于边际收益（4 美元）。

从图 8—3 中容易看出管理者的价格和产量决定。图 8—4 给出了管理者要面对的需求曲线、边际收益曲线、边际成本曲线、平均总成本曲线和平均可变成本曲线。为使利润最大化，管理者必须在产量水平 Q_M 处生产，在该点处，边际成本曲线与边际收益曲线相交。如果垄断企业产量为 Q_M，则将制定价格为 P_M。由于是市场中的唯一成员，因此，垄断企业的需求曲线也就是行业的需求曲线。与完全竞争情况相反，后者中企业的需求曲线是水平的。垄断企业的需求曲线向右下方倾斜，如图 8—4 所示。

在图 8—4 中，管理者每单位产出的利润是 P_M-ATC，该结果再乘以产出数量 Q_M 就是图中的阴影部分面积，即总利润。应当注意 $P_M>ATC$，因此它也满足利润最大化的第二个边际条件。

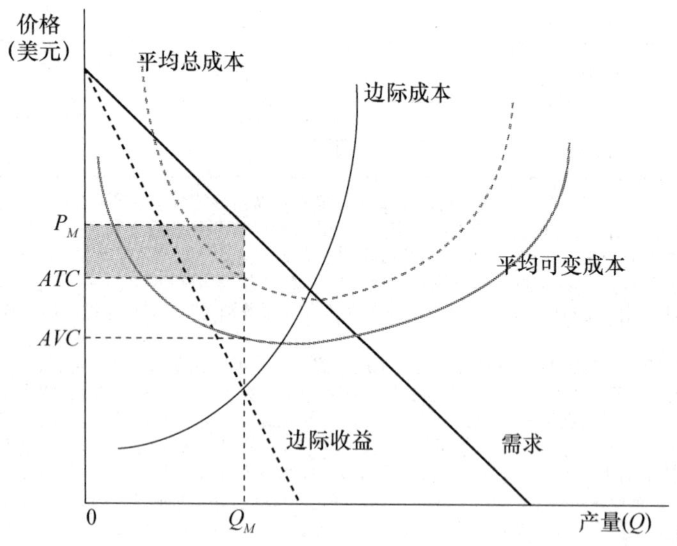

图 8—4　垄断企业的产量和价格决策

注：在均衡点处，垄断企业生产 Q_M 单位产品，将价格制定为 P_M（注意，与完全竞争中的情况不同，垄断企业的需求曲线向右下方倾斜）。

相比于完全竞争市场中的管理者，垄断者选择了更高的价格和更低的产出。这使得他们可以在高于边际成本的位置索要高价，并由此获得经济利润；而完全竞争市场中的管理者只能制定等于边际成本的价格。在前面的例子中，如果管理者被迫像完全竞争者那样行事，他们也设定与边际成本相等的价格；即 $P=10-Q=1+Q=MC$，这样可得 $2Q=9$，或者 4.5 个产出单位和 5.5 美元的价格，即 $P=10-4.5$。因此，在垄断情形下，产量减少（从 4.5 单位到 3 单位），价格上升（从 5.5 美元到 7 美元），而利润增加（从 9.125 美元到 12.5 美元），参见表 8—1。

为了说明垄断价格高于边际成本，回顾公式：

$$MR=P[1-(1/|\eta|)]$$

垄断企业使边际收益等于边际成本，因此有：

$$MC=P\left[1-\left(\frac{1}{|\eta|}\right)\right] \tag{8.3}$$

或者

$$P=\frac{MC}{\left[1-\left(\frac{1}{|\eta|}\right)\right]}$$

因为 $|\eta|>1$，则有 $[1-(1/|\eta|)]<1$，这意味着 P 一定大于 MC。

垄断企业的管理者获得超额利润的能力在于他们可以把价格制定在高于边际成本之上，而完全竞争企业只能将价格定位在与边际成本相等的水平。当然，两类市场的管理者都必须选择高于平均可变成本的价格。

战略环节 ☞

特许经营授权商与特许经营商

如果拥有垄断能力的特许经营授权商（franchiser）与特许经营商（franchisee）的

目标不一致，会出现什么情况呢？考虑麦当劳的例子，作为特许经营授权商，它是靠从每家特许经营连锁店的销售额或总收入中抽取一定比例而获得收入的（正式名称为“特许权使用费”）。因此，它希望每家连锁店的汉堡包销售都能实现总收入最大化（通过开设更多的店），从而实现麦当劳自身总收入的最大化。假设特许经营商期望实现自身利润最大化，为此，他们需要设定 $MR=MC$（在需求弹性范围 $|\eta|>1$ 内）。但若要实现总收入最大化，则需要 $MR=0$（即 $|\eta|=1$）。由于特许经营授权商与特许经营商的目标无法在同一价格策略上达成一致，冲突在所难免。这种情况如下图所示。[a]

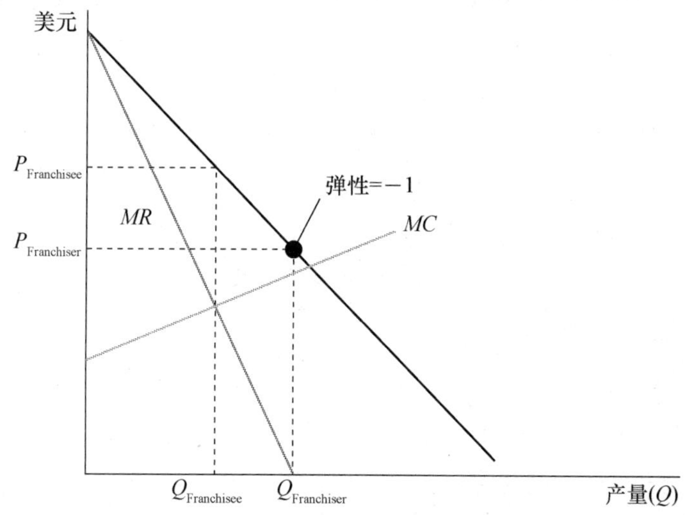

注：垄断企业在（$Q_{Franchisee}$，$P_{Franchisee}$）处进行生产，以满足边际收益等于边际成本的法则。而追求收益最大化者则在边际收益等于零处（$Q_{Franchiser}$，$P_{Franchiser}$）进行生产，此时 $|\eta|=1$。

注意，这种冲突比比皆是，比如出版业。通常作者会从书籍的销售收益中抽取一定的比例作为版税。可见，一方面，作者期望出版商实现总收益最大化；另一方面，出版商期望实现利润最大化。作者的目标是设定比出版商更低的价格；因此，千万不要由于此书的价格高而责怪我们。

一些主要特许经营授权商的特许权使用费率[b]（每月销售量的百分比）如下表所示：

麦当劳	销售总额的 4%
DQ 烧烤和冷饮店	销售总额的 4%
DQ Treat Center	销售总额的 6%
Motel 6 酒店	房间收入总额的 4%
Studio 6 酒店	房间收入总额的 5%
美联合包裹	销售总额与佣金总额的 5%
本-杰里冰淇淋	销售总额的 3%
吉飞润滑油	销售总额的 5%

除此之外，对于特许经营授权商，通常会有 2%～6% 的销售额作为营销或推广费（用于广告）以及一次性的特许权使用费。然而，约翰老爹的特许权使用费是净收入的 5%（因此，特许经营授权商与特许经营商的激励达成一致）。

垄断企业在（$Q_{Franchisee}$，$P_{Franchisee}$）处进行生产以满足边际收益等于边际成本法则；而追求收益最大化者则在边际收入等于零处（$Q_{Franchiser}$，$P_{Franchiser}$）进行生产，即 $|\eta|=1$。

a. *Businessweek*, June 2, 1997.

b. Company websites, May 2008.

麦克柯布公司

为说明管理者如何制定价格与如何确定产量以实现利润最大化，考察一家垄断公司，麦克柯布公司的情况，该公司按照如下需求曲线生产和销售产品：

$$P=30-6Q \tag{8.4}$$

其中，P 为价格（1 000 美元），Q 为公司产出（1 000 单位），公司的总成本函数为：

$$TC=14+3Q+3Q^2 \tag{8.5}$$

其中，TC 为成本（100 万美元）。

从需求函数（8.4）式中，我们能够确定公司的总收益（100 万美元）为：

$$TR=PQ=(30-6Q)Q=30Q-6Q^2$$

由此，边际收益为 $\Delta TR/\Delta Q=30-12Q$。

通过总成本函数（8.5）式，我们可以明确边际成本为：

$$\Delta TC/\Delta Q=3+6Q$$

令边际收益等于边际成本：

$$MR=30-12Q=3+6Q=MC$$

则有 $Q=1.5$。将此值代入需求表达式（8.4），可得 $P=30-6\times1.5=21$。因此，为使利润最大化，麦克柯布公司应该定价 21 000 美元，并生产和销售 1 500 单位产品。此时，企业的总利润为 $[30(1.5)-6(1.5)^2]-[14+3(1.5)+3(1.5)^2]=625$ 万美元。

8.2 成本加成定价

很遗憾，有关定价行为的学术研究一致显示很多管理者并未进行最优定价。相反，他们使用的是简单的、探索式的**成本加成定价**（参见战略环节：iPad2 的加成定价）。

很多管理者把成本看作价格的主要驱动力。尽管这一简单策略保证了价格高于估计的平均成本，却无法使利润一定最大化。虽然加成定价有许多种形式，但要遵循一个指导法则：价格被假定为成本的函数。首先，管理者按照既定的产出水平（比如 70%的生产能力）分配每单位产出成本；其次，加上一个利润增量，该增量通常是成本的百分比，并被加到预计的平均成本中，这个加成包括难以分配到特定产品中的成本与作为企业投资的回报。

运用最基本的代数式，这种加成的百分比形式可以表示如下：

$$加成=(价格-成本)/成本 \tag{8.6}$$

其中，分子（价格－成本）是利润增量。如果一本平装书的成本是 4 美元而价格是 6 美元，那么：

$$加成=(6-4)/4=0.50$$

也就是 50%。如果从等式（8.6）中推导价格，则结果是：

$$价格=成本(1+加成) \tag{8.7}$$

这就是前面所说的价格公式，则平装书的价格就是：

$$价格=4(1+0.5)=6 美元$$

因为加成是 50%。

管理者也可以选择自己希望获得的目标回报率，用它来决定产品的加成。例如，通用汽车公司当时的目标回报率是 20%。在目标回报率定价策略下，价格被设定为：

$$P=L+M+K+(F/Q)+(\pi A/Q) \tag{8.8}$$

其中，P 为价格，L 为单位劳动成本，M 为单位原材料成本，K 为单位营销成本，F 为总固定成本或间接成本，Q 为企业在相应计划期打算生产的产品数量，A 为总营运资产，π 为基于这些成本而期望得到的利润率。如果一个企业的单位劳动成本是 2 美元，单位原材料成本是 1 美元，单位营销成本是 3 美元，总固定成本是 10 000 美元，产量是 1 000 单位，营运资产是 100 000 美元，并且目标回报率是 15%，那么企业的产品价格将是：

$$P=2+1+3+(10\,000/1\,000)+[0.15(100\,000)/1\,000]=31 美元$$

对于生产一种以上产品的企业管理者来说，他们面临的一个问题就是间接成本，或者一般管理费。通常情况下，管理者将这种间接成本分摊在其产品的平均可变成本上。如果一家企业每年的总间接成本（对所有产品而言）估计为 300 万美元，每年的总可变成本（对所有产品而言）估计为 200 万美元，那么间接成本将以 150%的比例加到可变成本上。例如，如果产品 Y 的平均可变成本估计是 10 美元，管理者应增加1.50×10=15 美元的一个费用作为间接成本，并把这笔费用加到平均可变成本上，管理者预计全部分配的成本为 10 美元加上 15 美元，即 25 美元。然后，管理者制定的价格要高于这个成本才会产生利润。例如，如果加成是 40%，价格将是 1.40×25 美元，或者说 35 美元。

战略环节 ☞

iPad2 的加成定价

与 iPod 和 iPhone 一样，这款新 iPad 风暴般占领了手机市场并迅速销售一空，其速度与第一代 iPad 占领市场的强劲势头堪有一比。

此举回应了消费者的强烈需求与来自摩托罗拉、三星、移动研究公司、惠普及其他 59 家公司的竞争，iPad 俘虏了市场的想象（为许多第一次购买者带来享受）。

这样的垄断权力如何转化成超出成本的加成呢？根据环球通视（一家研究型企业）的研究，为满足移动通信全球系统的移动电话标准，生产带有 32G 内存的 iPad2 的原材料成本约为 326.60 美元。这只比早期款式的成本高出 2%。

而 iPad2 的价格范围在 499 美元～829 美元之间。因此，价格与成本之比大约在 1.53～2.54 之间，“年度最佳科技产品”只创造了微小的可变成本利润（不包括固定成本利润）。

资料来源：Adam Satariano，“Apple May Have Sold 500 000 iPad2 Tablets on Debut Weekend，Analyst Says，” *Bloomberg News*，March 14，2011，at www.bloomberg.com/news/2011-03-14/apple-may-have-sold-500-000-ipad-2-tablets-analyst-estimates.html.

8.3 瑟码-斯特腾公司的成本加成定价法

成本加成定价法被广泛应用于医药集团的采购组织。瑟码-斯特腾公司是一家支架生产商。其管理者通过估算平均可变成本（已包括间接成本）来制定价格。他们按40%的加成制定市场价格：

工厂成本/单位数=2 300 美元(按 20 000 单位生产)
40%的加成=920 美元
美国的价格=3 220 美元

这种探索式的定价方法略去了市场情况，从而简化了定价的复杂程度。例如，价格制定并没有考虑竞争产品的价格。当存在产品差异性时，这种定价方案较好。瑟码-斯特腾公司生产的支架在外形和表面结构上是很独特的。

8.4 网络公司和政府规制行业的成本加成定价法

许多网络公司似乎都已采用了加成定价法。考察 Onsale 公司，一家网上商铺，其管理者构造的定价策略被称作“按成本定价”，也就是批发价格加上固定运输成本（加成）。①

其他产品的网上商铺也采用了同样的定价方案。Basic Your Best Buy（www. bybb. com）的管理者按照成本加成定价销售家用电器（通用电气和热点公司的洗衣机、烘干机、冰箱和烤箱）和电子产品（东芝、三菱和索尼电视，以及 MP3 播放器），商铺向购买者展示了商品的批发价格。②

很多汽车零售商也采用了成本加成定价法，尽管向消费者准确解释成本的构成往往十分困难。汽车零售商的发票包含诸如区域补贴之类的内容，这对消费新手很难解释清楚，而且制造商的返利也没有包括在发票中。因此，消费者无法看到零售商为汽车支付的真实价格。另外，很多消费者还要交易他们的旧车。在与客户打交道时，零售商关心的是他们可以从旧车折价与新车销售两者的组合中获利多少。这使得与汽车零售商打交道要比与电器零售商（不存在折价问题）打交道更困难。

政府规制人员也使用成本加成定价法规制或控制相关行业。例如，印度的煤矿行业最近允许拉杰马哈煤田在其生产成本上每吨加成 143 卢比。③ 在政府规制行业中采取此种加成定价的危险在于，在利润得到保证的前提下，企业将失去降低成本的动力。这会导致需要设立更大的规制机构去监控成本。

---

① Henry Norr, “Egghead Whips up a $400 Million Deal with Onsale,” *San Francisco Chronicle*, July 15, 1999.

② Cost Appliance and Electronics: Lowest Price on the web, at www. bybb. com.

③ B. Sanyal, “Cost-Plus Pricing Helps Rajmahal Expansion,” August 26, 1996, at www. hindubusinessline. com/1996/08/26/BLFP. 08. html.

何时价格过高?

从教材中我们知道，垄断企业管理者制定的价格高于边际成本（而在完全竞争企业中，价格等于边际成本）。不过，他们（假定是理性的）不会让价格高于使垄断企业利润最大化的定价。但这样的价格/利润是否仍然过高呢？从社会福利角度讲，答案是肯定的（因为在边际成本处定价可使社会福利最大化）。然而，在我们的市场中，却有很多价格超过了边际成本，所以，我们应当何时干预并指出价格过高？

美国的铁路行业中存在无权选择的托运人规定，陆路运输委员会仍对基本上解除规制的美国铁路收取规制费。在与铁路整体收入充足性相关的一组具体条件下，可以出现规制，如收取的费用与运输中可变成本的比例、专门为无权选择的托运人建造独立铁路的成本，以及其他情况中的成本。基本上没有人声称铁路运营商收取的规制费过高（尽管托运人相信这一点，但他们也不可能在陆路运输委员会面前赢得诉讼）。

面对这样的问题我们并不孤单。最近，南非对到达理查兹贝的煤炭出口铁路线的收费，与去年相比，提高了26.3%。铁路客户已经同意提高费率。但一名律师却声称运输公司是南非主要的铁路运营商，收费应遵守国家竞争法案，该法案明确指出，主导集团不能索要高价而损害消费者的利益。该律师认为，这一案件的诉讼成功说明运营商在成本根本没有加重的基础上提高了收费。

在追寻问题的过程里，这似乎是一个答案。尽管铁路客户没有表示出抱怨，而运输公司却争辩成本的确增加了。维恩敏公司，一家指导矿业公司在法律与工程评估框架下遵纪守法的公司，其总裁提请人们注意，如果出现了建造和维护基础设施的成本，那么人们就必须为此买单。

至于在美国，这样的案例不会出现在公平竞争委员会面前，因为没有人能够确定什么样的价格是过高的，并且如果想要证明，那也是万分困难的。南非仅有的一个例子不会产生任何结论，各党派也不会用它来解决其他问题。

因此，尽管美国和南非的法律都是为了阻止铁路行业的价格（收费）过高（说明立法者相信确实存在价格过高的情况），实际上，这两个国家很少实施这样的法律（说明潜在的原告尽管相信价格过高的情况，也并不认为证明这种情况的存在是可能的）。

资料来源：Allan Seccombe，"Transnet Freight Rail Tariffs Run into Criticism，" *Business Day* (South Africa)，April 5，2011，at www. businessday. co. za/Articles/Content. apsx? id-139223.

8.5 成本加成定价法能否实现利润最大化

管理者需要考虑的一个重要问题是，如何运用探索式的成本加成定价法才能使其成为一个好的定价方法。迄今为止，成本加成定价法似乎不可能实现利润最大化。的确，这种定价方法看起来过于简单，因为它显然没有考虑需求与供给两方面重要的因素。它当然也没有考虑到需求的范围或者产品的价格弹性，以及竞争对手的定价行为。至于供给方面，它只看到了平均成本，而没有看到边际成本。尽管如此，如果使用得当，成本加成定价也能帮助管理者接近利润最大化。成本加成定价法成为一个好的探索式方法的可能性取决于管理者在确定加成比例或目标回报率时考虑到什么因素。例如，平装书的早期加成为什么是 50%，而不是 25%或 150%？

为实现利润最大化而选择加成，管理者必须估计书的需求价格弹性。要理解这一点的真实性，请回顾（8.3）式：

$$MC=P\left[1-\left(\frac{1}{|\eta|}\right)\right]$$

两端同时除以 $1-(1/|\eta|)$，可得：

$$P=MC\left\{\frac{1}{[1-(1/|\eta|)]}\right\}$$

因此，在制定价格时，如果管理者希望实现利润最大化，他们必须理解边际成本与需求价格弹性是如何结合的。形式上，管理者必须让价格等于产品的边际成本乘以

$$\left\{\frac{1}{[1-(1/|\eta|)]}\right\}$$

直观上，（8.7）式指出在成本加成定价法中，管理者选择的价格是成本乘以（1＋加成）。如果管理者使用边际成本（而非平均成本），那么加成又可写成：

$$\text{加成}=|\eta|/(|\eta|-1) \tag{8.9}$$

这样，加成定价法就会实现利润最大化。

换言之，管理者使用加成定价法能够实现利润最大化，只要加成等于（8.9）式确定的数值。（8.9）式清楚地指出了最优加成依赖于产品的需求价格弹性。为了帮助管理者思考这一点，我们构建了表 8—3，它给出了利润最大化加成对应的弹性值。例如，当产品的需求价格弹性为－1.2 时，最优加成是 500%。当弹性为－21 时，最优加成是 5%。应当仔细研究表 8—3，因为它提供的信息有助于管理者选择一个有效的价格政策。

要注意弹性和加成间的负关联。当需求价格弹性（绝对值）下降时，最优加成上升，表 8—3 对此有清楚的显示。为理解表 8—3 中加成与价格弹性之间的逆向关系是合理的，你应该反身自问：如果产品的需求量对其价格并不敏感，我应该制定相对高价还是相对低价呢？显然，如果想赚取尽可能多的钱，就应当制定高价。表 8—3 告诉了我们这一点，而这与常识是相一致的。

表 8—3　　最优加成与需求价格弹性的关系

需求价格弹性	最优加成百分数
－1.2	500
－1.4	250
－1.8	125
－2.5	66.67
－5.0	25
－11.0	10
－21.0	5
－51.0	2

问题环节 ☞

汉弗莱公司

为说明管理者如何使用加成定价法实现利润最大化，考虑一家办公家具销售商，汉弗莱公司。汉弗莱公司的一项主要产品是金属桌，每台成本为 76 美元，包括运输费用和相关成本。尽管汉弗莱公司的管理者要面对不同的管理和营销成本，但这些成本实际上都是固定的，所以边际成本接近 76 美元。假定汉弗莱公司所在的区域内有很多企业，都销售较为相似的金属桌，汉弗莱的管理者认为桌子的需求是相当富有弹性的，大约为 −2.5。根据表 8—3，管理者应当选择 66.67%的加成以实现利润最大化。

根据（8.7）式，最优价格为：

$$价格=成本(1+加成)=76(1+0.6667)=126.67\ 美元$$

结果是：如果管理者想实现利润最大化，他们应当选择的价格是每台桌子 126.67 美元。这样，管理者将接近实现利润最大化的行为。行为仅仅是接近的，因为像边际成本和需求价格弹性等因素的值都是估算出来的。既然已经意识到了这种情况，一旦看出市场对价格有反应，汉弗莱的管理者就应当准备对价格作出微小的调整。

8.6 生产多种产品的企业：需求之间的相互关联

生产多种产品的垄断企业的管理者面临的是一个更加复杂的决策。他们需要意识到，一种产品价格或销售量的变化可能会影响企业里其他产品的需求。例如，如果阿卡纳公司生产和销售两种产品，X 和 Y，其总收益（也就是销售额）可表示为：

$$TR=TR_X+TR_Y \tag{8.10}$$

其中，TR_X 是从 X 产品中获得的总收益，TR_Y 是从 Y 产品中获得的总收益。X 产品的边际收益为：

$$MR_X=\frac{\Delta TR_X}{\Delta Q_X}+\frac{\Delta TR_Y}{\Delta Q_X} \tag{8.11a}$$

Y 产品的边际收益为：

$$MR_Y=\frac{\Delta TR_Y}{\Delta Q_Y}+\frac{\Delta TR_X}{\Delta Q_Y} \tag{8.11b}$$

每个等式的最后一项代表两种产品需求之间的相互关联。（8.11a）式的最后一项表明 X 产品销售量的增加对 Y 产品收益产生的影响。这个影响可正可负。一方面，如果 X 和 Y 是互补品，影响为正，因为一种产品销售量的增加会使另一种产品的总收益增加。另一方面，如果 X 和 Y 是替代品，影响为负，因为一种产品销售量的增加会使另一种产品的总收益减少。

如果管理者不理解企业产品之间这种需求上的相互关联，或是没有给予足够的重视，都可能会犯下严重的错误。例如，如果 X 和 Y 是非常近似的替代品，而阿卡纳公司生产 X 产品的部门发动了一场促销活动，结果是对这个部门有利但对整个公司却有害。为什么？因为 X 产品销售量的增加在很大程度上是以 Y 产品销售量的减少为代价的。

问题环节

棕榈树餐馆腓力牛排的定价

如果你想在纽约吃一份牛排，最好的选择是去城里的四家棕榈树餐馆之一。它们归棕榈树管理公司所有，其在美国拥有26家餐馆（另外有一家在伦敦），并且所有餐馆的菜单都相同。2011年4月，公司在美国26家餐馆中的一份9盎司的腓力牛排的价格如下所示：纽约（4家）、芝加哥、东汉普顿、拉斯维加斯和洛杉矶（2家）均为43美元；大西洋城、波士顿、夏洛特、丹佛、休斯敦、迈阿密、纳什维尔、奥兰多、圣迭戈、圣胡安和华盛顿均为42美元；亚特兰大、达拉斯、费城、圣安东尼奥和坦帕均为41美元。

问题：

1. 假定棕榈树公司的管理层觉察到，不同城市如圣安东尼奥的居民远比其他城市的居民（比如纽约）更具价格敏感性，那么，当地的管理者必须知道制定什么样的价格才能在当地市场上更具竞争性。假设餐馆的食品在所有城市都是垄断竞争的，那么棕榈树餐馆腓力牛排的需求曲线在圣安东尼奥和在纽约是一样的吗？如果不一样，有何区别？

2. 假定公司管理层也注意到纽约的劳动力成本高于其他城市，如圣安东尼奥。棕榈树餐馆腓力牛排的边际成本曲线在圣安东尼奥和在纽约是一样的吗？如果不一样，有何区别？

3. 为什么纽约的腓力牛排价格要高于圣安东尼奥？

4. 如果纽约的边际成本比圣安东尼奥高出20%，而纽约的需求价格弹性为－3，圣安东尼奥的需求价格弹性为－4，那么你预期纽约和圣安东尼奥腓力牛排价格差距的百分比是多少？

解：

1. 不一样。根据公司管理层的描述，圣安东尼奥的需求曲线比纽约的更富有弹性。在圣安东尼奥，价格提高1%所减少的需求量要多于纽约减少的需求量。

2. 不一样。圣安东尼奥的边际成本曲线要低于纽约的边际成本曲线。

3. 如本书（8.3）式指出的，利润最大化的价格等于：

$$P=MC/[1-/|\eta|]$$

其中，MC 是边际成本，$|\eta|$ 是需求价格弹性（这一点在任何市场结构中都正确）。既然纽约与圣安东尼奥相比 MC 较高，而 $|\eta|$ 较低，那么纽约的利润最大化价格就高于圣安东尼奥的利润最大化价格。

4. 如果 P_S 是圣安东尼奥的价格，P_N 是纽约的价格；MC_S 是圣安东尼奥的边际成本，而 MC_N 是纽约的边际成本；η_S 是圣安东尼奥的需求价格弹性，而 η_N 是纽约的需求价格弹性，那么：

$$\begin{aligned}P_S/P_N &= \{MC_S/[1-(1/|\eta_S|)]\}/\{MC_N/[1-(1/|\eta_N|)]\}\\ &= \{MC_S/[1-(1/|-4|)]\}/\{MC_N/[1-(1/|-3|)]\}\\ &= \{MC_S/[1-(1/4)]\}/\{MC_N/[1-(1/3)]\}\\ &= \{MC_S/[3/4]\}/\{MC_N/[2/3]\}\\ &= \{(4/3)MC_S\}/\{(3/2)(1.2MC_S)\}\\ &= 1.33/1.8=0.74\end{aligned}$$

因此，我们可以预计圣安东尼奥的腓力牛排价格比纽约的腓力牛排价格要低26%。

资料来源：http://www.thepalm.com/files/files/AprilDinner, accessed on July 28,2011.

8.7 联合产品的定价：固定比例

除了在需求上相互影响外，有些产品在生产上也是相互影响的。例如，产品有时是按固定比例生产的，就如同从每头牛身上都能得到牛肉和牛皮一样。在这种情况下，从生产或成本角度讲，就没有理由去区分产品；管理者应把它们视为一个组合。一张牛皮和两片牛肉可以被看作是一头牛的产品组合，因为每头牛都能生产出它们。像这样联合生产的产品，就不存在经济上正确的方法把产品组合的生产成本分摊到每个单一产品上。

为了确定每一产品组合的最优价格和产量，管理者必须比较产品组合的边际收益和边际成本。如果边际收益，也就是从组合中的每种产品中获得的边际收益之和，大于它的边际成本，管理者应当扩大产出。假定有两种产品（A 和 B），图 8—5 表示每种产品的需求曲线和边际收益曲线，以及按照固定比例生产这两种组合产品（AB）的边际成本曲线。[①] **总边际收益曲线**是这两种产品（A 和 B）各自的边际收益曲线的垂直相加。所以，图 8—5 中利润最大化的产量是 Q，此时总边际收益等于边际成本。产品 A 的最优价格是 P_A，产品 B 的最优价格是 P_B。

注意，图 8—5 表明，当全部产出超过 Q_0 时，总边际收益曲线就与产品 A 的边际收益曲线相吻合，这是因为管理者永远不可能在边际收益为负值时出售产品 B。若边际收益为负值，意味着管理者可以通过更少的产品来增加收益。因此，如果全部产出超过 Q_0，管理者应当只出售产品 B 的部分产出；具体地讲，他们期望销售与产品组合的产出 Q_0 相对应的数量。因此，如果全部产出超过 Q_0，总边际收益曲线就只等于产品 A 的边际收益曲线。

如果图 8—5 中的边际成本曲线与总边际收益曲线相交于 Q_0 点的右侧，管理者应当怎样？特别地，假设管理者面对的情况如图 8—6 所示，其中的边际成本曲线低于图 8—5 中的情况（但是其他曲线不变）。利润最大化时产量为 Q_1，该点的边际成本曲线与总边际收益曲线相交。A 的全部产出都被售出，价格为 P_A；但是 B 的产出并未被全部卖掉。相反，销售量却被限定在 Q_0，所以产品 B 的价格保持在 P_B。B 的“多余”产出（也即 Q_1-Q_0）必须远离市场以免拉低市场价格。

① 为简单起见，我们假定产品 A 的需求曲线不受产品 B 的影响，反之亦然。

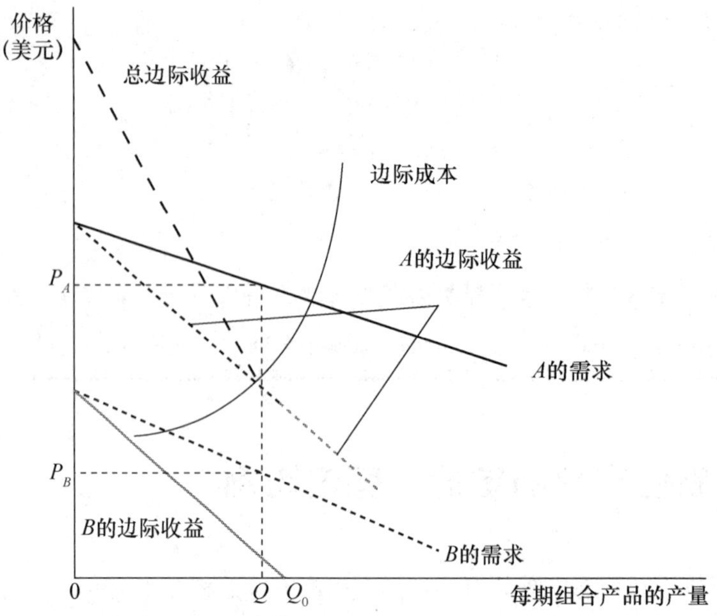

图 8—5 按固定比例生产的产品组合的最优定价（案例 1）

注：产品 A 的价格定为 P_A，产品 B 的价格定为 P_B，产量为 Q。

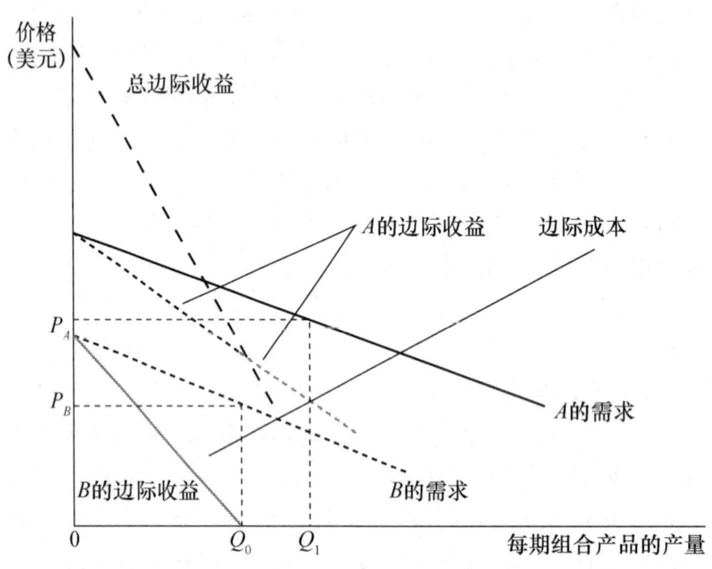

图 8—6 按固定比例生产的产品组合的最优定价（案例 2）

注：产品 A 的价格定为 P_A，产品 B 的价格定为 P_B，B 的产出并未被全部卖掉。

问题环节

汉弗莱的利润最大化

汉弗莱的管理者现在遇到的情况是，从同一块金属上切割下来的材料用于生产两种不同款式会议桌的桌腿。它们的款式不同，但以相同的数量联合生产。也就是说，每生产每一单位的现代款式，汉弗莱也要生产一个单位的古典款式。管理者的总成本函数为：

$$TC=100+Q+2Q^2 \tag{8.12}$$

其中，Q 是产量的单位数（以 10 计数）（每单位包括一个单位的古典款桌腿和一个单位的现代款桌腿）。两种产品的需求曲线分别为：

$$P_A=200-Q_A \tag{8.13}$$

$$P_B=150-2Q_B \tag{8.14}$$

其中，P_A 和 Q_A 是现代款桌腿的价格和产出（以 10 计数），而 P_B 和 Q_B 是古典款桌腿的价格和产出（以 10 计数）。

汉弗莱的管理者想知道为实现利润最大化，每款桌腿需要生产多少单位？企业的总收益等于两款产品的总收益之和：

$$TR=P_AQ_A+P_BQ_B \tag{8.15}$$

用（8.13）式和（8.14）式的右端替代上式中的 P_A 和 P_B，可得：

$$TR=(200-Q_A)Q_A+(150-2Q_B)Q_B=200Q_A-Q_A^2+150Q_B-2Q_B^2$$

假定汉弗莱公司的管理者希望卖掉全部两款产品，因为一种产品生产一单位时另一种产品也会生产一单位。因此：

$$TR=200Q-Q^2+150Q-2Q^2=350Q-3Q^2 \tag{8.16}$$

为了得到总利润 π，管理者必须从（8.16）式代表的总收益中减去（8.12）式代表的总成本，即：

$$\pi=[350Q-3Q^2]-[100+Q+2Q^2]=-100+349Q-5Q^2$$

为使利润最大化，我们必须令 $\Delta\pi/\Delta Q=0$，则有：

$$\Delta\pi/\Delta Q=349-10Q=0$$

或者

$$10Q=349$$

即

$$Q=34.9$$

换言之，为实现利润最大化，汉弗莱的管理者应当每款产品均生产 34.9 单位（以 10 计数）。（8.13）式告诉管理者，若要售出 34.9 单位（以 10 计数）的现代款桌腿，他们需要确定的价格是 165.10 美元：

$$P_A=200-34.9=165.10\text{ 美元}$$

而（8.14）式告诉管理者，若要售出 34.9 单位（以 10 计数）的古典款桌腿，他们需要确定的价格是 80.20 美元：

$$P_B=150-2(34.9)=80.20\text{ 美元}$$

管理者的分析并未结束。如上所述，我们假定汉弗莱售出了全部两款产品。为了验证此假设是否成立，我们必须验证如果 $Q=34.9$，两种产品的边际收益是否都是非负的。唯有如此，汉弗莱才会卖掉全部两款产品（回顾图 8—6）。根据（8.13）式和（8.14）式，我们能够确定 TR_A 和 TR_B。A 产品的总收益等于：

$$TR_A = P_A Q_A = (200 - Q_A) Q_A = 200Q_A - Q_A^2$$

B 产品的总收益等于：

$$TR_B = P_B Q_B = (150 - 2Q_B) Q_B = 150Q_B - 2Q_B^2$$

因此，A 产品的边际收益为：

$$MR_A = \Delta TR_A / \Delta Q_A = 200 - 2Q_A = 130.2 \quad \text{当 } Q_A = 34.9 \text{ 时}$$

而 B 产品的边际收益为：

$$MR_B = \Delta TR_B / \Delta Q_B = 150 - 4Q_B = 10.4 \quad \text{当 } Q_B = 34.9 \text{ 时}$$

由于当 $Q_A = Q_B = 34.9$ 时，两款产品的边际收益（MR_A 和 MR_B）都是非负的，故分析的假设是成立的[a]。

a. 当 $Q_A = Q_B = 34.9$ 时，若一种产品的边际收益为负，那么最优解中此种产品的产量大于销售量，如图 8—6 所示。企业只愿意销售边际收益等于零时的产量。而另一种产品的边际收益将用来决定最优产出水平，如图 8—6 所示。

定量方法

由 $d\pi/dQ = 349 - 10Q = 0$ 可得：$10Q = 349$，即 $Q = 34.9$。

A 产品的边际收益为：$MR_A = dTR_A/dQ_A = 200 - 2Q_A = 130.2$，当 $Q_A = 34.9$ 时；

B 产品的边际收益为：$MR_B = dTR_B/dQ_B = 150 - 4Q_B = 10.4$，当 $Q_B = 34.9$ 时。

8.8 联合产品的产量：可变比例

在讨论了两种产品按固定比例进行生产的情况之后，我们转向可变比例的联合产品生产。一般来讲这种情况更为实际，特别是假定一位管理者考虑了相当长的时间。以养牛为例，每头牛的牛皮和牛肉的比例是可变的，因为相对于一张牛皮来讲，饲养牛可以产出更多或更少的牛肉。

假设某企业生产和销售两种产品 A 和 B，并且每一条**等成本线**（图 8—7 中的 TC）都表示在同一总成本下生产的产品数量。TC=13 的等成本线表示当每天的总成本为 13 000 美元时，两种产品的各种组合——例如，可以生产 26 单位的 A 产品和 10 单位的 B 产品，或者可以生产 8 单位的 A 产品和 30 单位的 B 产品。

图 8—7 中还包括**等收益线**（图中的 TR），每条等收益线表示能带来相同总收益的两种产品数量的各种组合。例如，TR=52 的等收益线表示当每天的总收益为 52 000 美元时，两种产品的各种组合，比如点 S 和点 N 表示的产品组合所对应的总收益都为每天 52 000 美元。其他的等收益线分别代表能带来总收益 17 000 美元、25 000 美元和 37 000 美元的产品组合。

管理者面临的问题是：应当生产多少 A 产品和 B 产品。解决这个问题的第一步是观察是否等收益线与等成本线不相切的点上的产品组合就不可能是最优的。为了验证这一点，请注意，如果产品组合位于一个等收益线与等成本线不相切的点上（比如点 R），那么可以通过在等收益曲线上将该点移动至等收益线与等成本线相切的点（比如点 N）来增加收益（并没有改变成本）。因此，任何位于非切点上的产品组合都不可能是实现利润最大化的产品组合，正如我们刚刚说明的位于非切点上的企业是如何增加利润的。

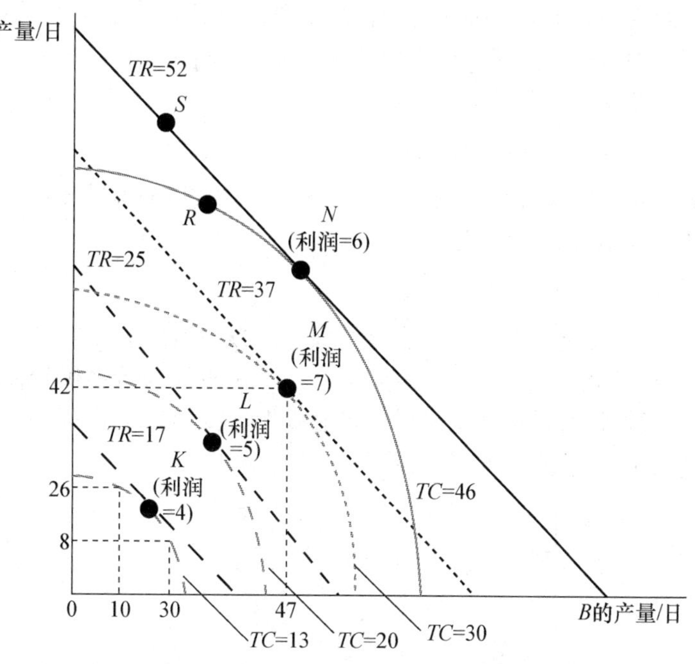

图 8—7　按可变比例生产的产品组合的最优定价产量

注：最优点必须是等收益线与等成本线的切点，在本图中是点 M，此时每天的利润是 7 000 美元。图中的 TR、TC 以千美元计。

假定情况是这样的，我们就可以通过比较每个切点的利润水平，并选择利润水平最高的点来确定最优产品组合。例如，图 8—7 中有 K、L、M 和 N 四个切点，这四个点对应的利润水平分别是 4 000 美元、5 000 美元、7 000 美元和 6 000 美元。如果我们必须在图 8—7 所示的等成本线中挑选最优产品组合，那么对于企业来讲，最优的产品组合是点 M，此时管理者每天生产和销售 42 单位的 A 产品和 47 单位的 B 产品，并获得 7 000美元的利润。

8.9 买方垄断

既然当只有一个卖家时垄断会出现，那么当只有一个买家时，**买方垄断**也会发生。与卖方垄断相似，买方垄断也能够控制价格。考虑纽约城餐馆的勤杂工。如果一家餐馆希望多雇用一名勤杂工，它可以支付现行工资，工资不会因为其雇佣行为而发生变化。然而，考虑一家工业区内的公司。当它想要多雇用一些工人时，由于需要雇用大量的劳动力，工资就会受到影响。

劳动需求是劳动的边际收益产量，也就是说，额外增加一名工人为公司产生的收益增量或雇用另一名工人所带来的额外收益。一般来讲，它等于公司的边际收益乘以劳动的边际产量。因为边际收益随着产量的增加而下降，且劳动的边际产量随雇用劳动的增加而减少（回顾第 5 章中的边际产量递减法则），所以，边际收益曲线是向下倾斜的。劳动供给曲线可表示为，$P=c+eQ$，其中，P 是劳动者工资，Q 是愿意在该工资水平下工作的工人数量。注意它是向上倾斜的，反映了买方垄断对现行工资的影响；也就是说，为了额外雇用一名工人，公司必须提高工资以吸引工人成为它的员工，或从另一个工作岗位离开（而且这样做还不得不向其所有员工支付更高的工资）。

公司的劳动总支出（总成本）为：

$$C=PQ=(c+eQ)Q=cQ+eQ^2$$

为实现利润最大化，管理者将使额外雇用一名工人的边际收益等于额外雇用一名工人的边际支出（边际成本）：

$$\Delta C/\Delta Q=c+2eQ=MC$$

图 8—8 说明了最优劳动数量与支付给独家买方垄断的工资。在 X 点处，工人数量为 Q_1，边际收益等于边际支出。从该点垂直向下做直线与劳动供给曲线相交，对应的工资为 P_1。注意，独家买方垄断限制了雇用的劳动数（Q_1），并导致比完全竞争劳动市场（Q_2，P_2）更低的工资（P_1）。

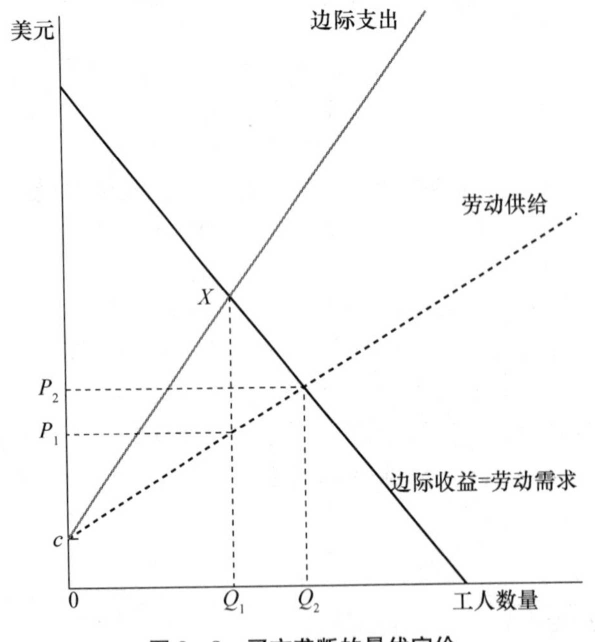

图 8—8　买方垄断的最优定价

注：买方垄断下雇用工人的最优数量（Q_1）低于完全竞争下雇用的工人数量（Q_2）；买方垄断下的最优工资（P_1）也低于完全竞争下的工人工资（P_2）。

8.10　垄断竞争

现在我们将注意力转向垄断竞争。从边际角度看，垄断竞争的核心特征是产品差异性。完全竞争企业管理者们销售的都是相同的产品，与完全竞争不同，垄断竞争销售的是相似但却不尽相同的产品。这样，消费者能够将某种产品与某家特定的企业联系在一起。例如，在零售市场中，美国服饰和盖普出售相似的女式背心装，但每家企业的管理者都使其产品和别的企业略有不同（颜色、材质、款式）。管理者也可以提供不同的服务或使用不同的销售渠道来分配他们的产品。由于产品的差异性，管理者会对产品价格有某些控制，不过价格差异相对很小，因为毕竟其他企业的产品与其产品非常相似。

在完全竞争市场中，行业中的企业很容易确定，因为它们全都生产相同的产品。但是当管理者能够使产品有某些差异时，准确定义某个行业就不那么简单了。每家企业生产的产品都有些许不同。尽管如此，把企业聚集起来生产相似的产品是有益的，可称之为产品集群。我们能够定义一个产品集群为领带集群、牙刷集群或衬衫集群。我们把企业组合成为产品集群的方式有些任意；因为没有一种方法可以决定一对替代品必须彼此相近到何种程度才能够同属于一个产品集群。显然，产品集群的定义越宽泛，它涵盖进来的企业数目就越多。

除了产品差异性外，一个行业也必须同时满足其他条件才有资格成为垄断竞争行业：

1. 产品集群中必须有很多企业。必须有 50～100 家以上的企业生产产品，而且在产品集群中，每家企业的产品与其他企业生产的产品替代性较强。

2. 产品集群中企业的数目必须足够大，以使每家企业都认为它们的行动不会被竞争对手注意，也不会被竞争对手的报复性举措所阻碍。因此，在制定价格与市场政策时，它们显然不用考虑竞争对手的反应。如果存在很多的企业，这个条件通常能够被满足。

3. 进入产品集群必须相对容易，产品集群的管理者之间必须没有定价或瓜分市场的共谋。如果存在大量企业，那么企业共谋即使不是不可能的，但也是相当困难的。

□ 垄断竞争下的价格与产量决定

每家企业生产存在差异的产品，每个管理者的需求曲线都是向右下方倾斜的。若企业略微提价，就会失去一部分顾客（跑到其他企业那里），但不是全部顾客。若企业略微降价，就会争取到一部分顾客（从竞争对手那里），但也不是全部顾客。

图 8—9 描述了垄断竞争企业的短期均衡。管理者在短期将价格定为 P_0，将产出定为 Q_0，因为这一组合可实现利润最大化。我们确定价格与产出的这种组合能够实现利润最大化，是由于在这一产出水平上，边际成本等于边际收益；也能够获得经济利润，因为价格 P_0 超过了平均总成本 C_0。像在垄断和完全竞争市场中那样，为使利润最大化，价格必须超过平均可变成本。

这些市场长期均衡的条件之一是：每一企业不存在经济利润或亏损，否则会有企业的进入与退出发生，而这不符合长期均衡的条件。长期均衡的另一个条件是每一企业使其利润最大化。那么什么样的价格和产出可以同时满足这两个条件呢？图 8—10 表明，价格 P_1 和产出 Q_1 对应的是长期均衡点。在价格和产出的这一组合点处，经济利润为零的条件得到了满足，因为在该产量水平下，企业的平均成本等于价格 P_1；而且利润最大化条件也得到了满足，因为边际收益曲线与边际成本曲线相交于点 Q_1。①

① E. Chamberlin，*The Theory of Monopolistic Competition*，Cambridge，MA：Harvard Vmiversity Press，1933.

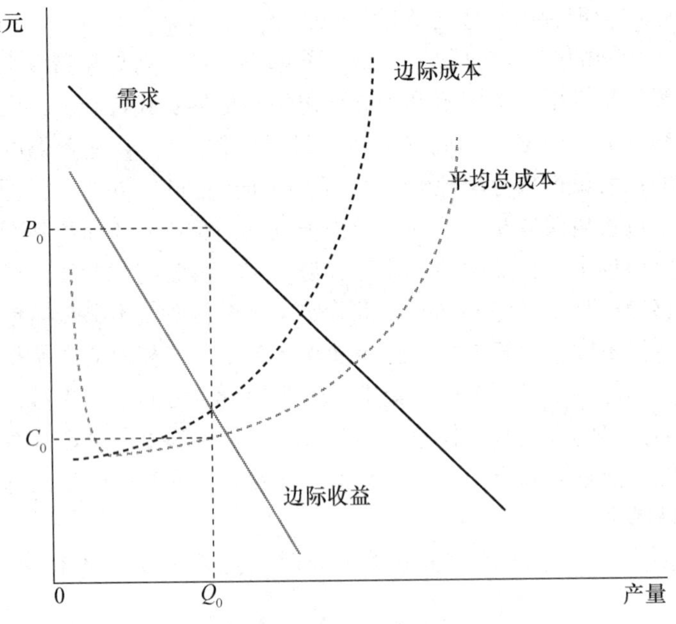

图 8—9　垄断竞争企业的短期均衡

注：企业在价格为 P_0，产量为 Q_0 处进行生产，因为此处的边际成本等于边际收益，并可获得每单位产出利润 P_0-C_0。

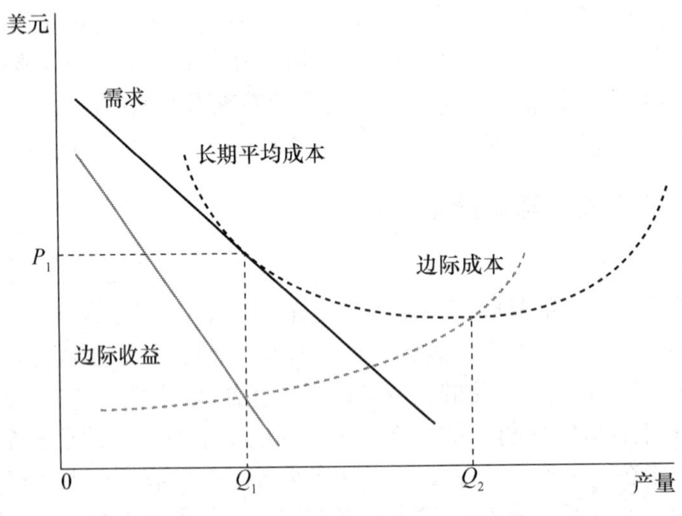

图 8—10　垄断竞争企业的长期均衡

注：企业在价格为 P_1，产量为 Q_1 处实现长期均衡。该点处的平均成本等于价格，所以经济利润为零。因为该点处产量的边际成本等于边际收益，所以实现了利润最大化。

8.11　广告支出：一个简单的管理者原则

垄断竞争市场中的管理者与其他市场结构中的管理者一样，都会在广告上支付巨额开销。追求利润最大化的管理者应该支出多少广告费用呢？本节将推导出一个简单的原则来帮助管理者回答这个问题。[①] 企业产品的销售量可以看作是价格和广告费用的函数。假设广告费用的边际收益递减，即某一点之后广告所导致的销售量增加将随广告费用的递增而减少。（表 8—4 描述了这一情况，表中每增加 10 万美元的广告费用所带来的销量增长越来越小。例如，当广告费用从 80 万美元增至 90 万美元时，销售量增加了 200 万件；而当广告费用从 90 万美元增至 100 万美元时，销售量只增加了 150 万件。）

表 8—4　　广告费用与销售量的关系

广告费用（百万美元）	产品销售量（百万件）
0.8	15.0
0.9	17.0
1.0	18.5
1.1	19.5
1.2	20.0

设 P 为产品价格，MC 为边际成本。如果我们假设广告费用的微小变动既不会影响价格的变动，也不会影响边际成本的变动，那么管理者会发现从额外 1 单位产品销售中获得的毛利润是 $P-MC$。为什么销售这额外一单位产品会获得毛利润呢？因为完全没有考虑销售这额外一单位产出需要多少额外的广告费用。为获得净利润，管理者还必须从毛利润中扣除这部分广告费用。

为使利润最大化，管理者必须将广告费用确定在某一水平上，使得超过该水平的 1 美元广告费用带来的毛利润增量等于这 1 美元的广告费用。若非如此，管理者则可通过调整其广告费用来使净利润增加。如果新增 1 美元的广告费用带来的毛利润大于 1 美元，则这 1 美元应当用于广告支出（因为净利润增加）。如果新增 1 美元的广告费用（以及最后 1 美元）带来的毛利润小于 1 美元，则管理者应当削减广告费用（因为净利润减少）。[②] 因此，如果 ΔQ 是新增 1 美元广告费用所带来的产品销售量增量，那么管理者设定的广告费用应当满足如下等式：

$$\Delta Q(P-MC)=1 \tag{8.17}$$

上式的右端是额外新增的 1 美元广告费用，而左端是由这 1 美元广告费用带来的毛利润的增量。

如果在等式两端同时乘以 $P/(P-MC)$，我们可得：

$$P\Delta Q=P/(P-MC) \tag{8.18}$$

由于管理者是最大化利润的追求者，因此会将产量设定在边际成本等于边际收益的水平。这样，我们可以用 MR 替换（8.18）式中的 MC，则有：

$$P\Delta Q=P/(P-MR) \tag{8.19}$$

根据（8.2）式，我们会发现（8.19）式的右端等于 $|\eta|$，即企业产品的负需求价格弹性。[③]（8.19）式的左端是额外增加 1 美元广告费用所带来的边际收益（它等于价

① 该法则由 R. Dorfman 和 P. Steiner 提出并应用到垄断企业、寡头企业（参见第 11 章）以及垄断竞争企业中。

② 为简单起见，我们假设新增 1 美元的广告费用带来的毛利润增量基本上等于最后 1 美元广告费用所带来的毛利润增量。这种假设不影响分析结果。

③ 回顾（8.2）式：$MR=P[1-(1/|\eta|)]$，所以 $[1-(1/|\eta|)]=MR/P$ 并且 $1/|\eta|=1-MR/P$；即 $|\eta|=1/[1-MR/P]=P/(P-MR)$，这恰好等于（8.19）式的右端。

格乘以额外增加1美元广告费用所带来的销售量增量)。为实现利润最大化，管理者设定的广告费用应当满足如下等式：

$$额外增加1美元广告费用所带来的边际收益=|\eta| \tag{8.20}$$

这一原则对管理者非常有帮助。[1] 再来考察汉弗莱公司，该公司估计自己产品的需求价格弹性等于-1.6。为实现利润最大化，根据(8.20)式的原则，管理者必须将从额外增加1美元广告费用中获得的边际收益设定为1.6。假设管理者相信额外增加10万美元的广告费用将带来20万美元的销售量增量，这意味着额外增加1美元广告费用所获得的边际收益大约是20万美元/10万美元，即2.0，而不是1.6。由于边际收益大于需求弹性的绝对值，管理者能够从增加的广告费用中增加利润。[2] 为了使利润最大化，管理者应当追加费用直至额外增加1美元广告费用导致的边际收益降到1.6为止，即需求价格弹性的绝对值。

8.12 利用图形来帮助确定广告费用

一种简单的图形方法可以帮助管理者明确最优广告费用。以赫茨菲尔德化工公司为例，图8—11中的曲线A表示的是产品需求价格弹性与管理者广告费用之间的关系。管理者应将价格弹性视为不同战略有效性的代表。广告是一个战略变量，管理者用它来传递不同的信息。图形描述了广告费用与价格弹性的曲线关系。若广告费用很少或没有，说明其产品与竞争对手的产品区别不大；因此价格弹性会很高(用绝对值描述)。

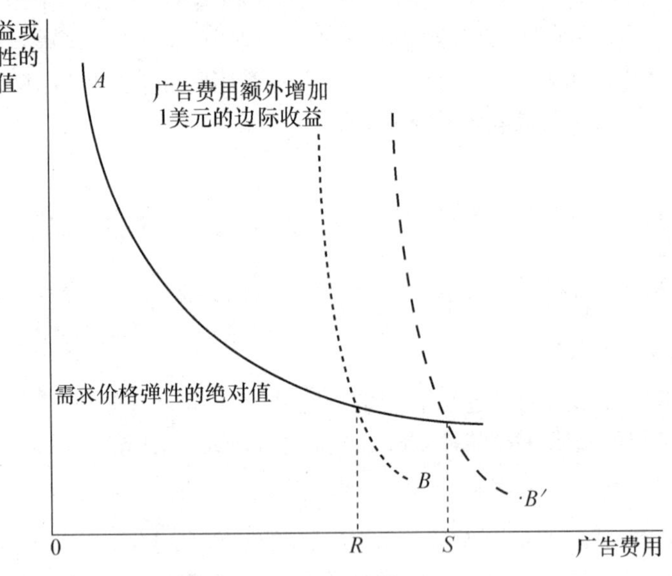

图8—11 最优广告费用

注：若边际收益曲线为B，则企业的最优广告费用为R。若边际收益曲线为B'，则企业的最优广告费用为S。

① 但是，该原则需要许多假设条件，并不是这一复杂问题的完全解。

② 假设汉弗莱的管理者相信新增1美元的广告费用带来的边际收益小于需求价格弹性，那么削减广告费用会增加利润。

但由于有效的广告能引导消费者关注产品特性的经济价值，所以增加广告费用可以大幅度减小（用绝对值描述）价格弹性（减少其他产品对该公司产品的替代性）。[①] 曲线 B 描述了在不同广告费用水平下，额外增加 1 美元广告费用所带来的边际收益。因为当公司的广告费用为 R 美元时，曲线 A 与曲线 B 相交，所以根据（8.20）式，R 为使企业利润最大化时的广告费用水平。

显然，最优广告费用水平取决于 A、B 两条曲线的形状和位置。在图 8—11 中，假设赫茨菲尔德化工公司的 B 曲线向右移至 B'。若管理者提高了广告的有效性，则该移动会发生。由于广告更加有效、边际收益递增，所以管理者会提高广告费用，于是，我们观察到最优的广告费用水平将上升（至 S 美元）。

8.13 管理行为的证据：广告、价格弹性和品牌资产

促销和广告就像一枚硬币的两面，尽管它们都在寻求改进市场的业绩，不过促销对价格敏感者有吸引力，而广告则可建立品牌忠诚度。促销使用价格导向信息来测试品牌忠诚度；广告解释了品牌价值，但没有提及价格。两个策略都影响价格敏感消费者的行为。促销提高价格弹性，但从长期看，它限制了消费者愿意为品牌质量支付的价格。理解对消费者行为的这些影响肯定能够帮助管理者更好地预测其行为的结果。

所以，在现实世界里，我们能够发现战略有效性的证据吗？答案是肯定的。大量证据表明促销提高了消费者价格弹性。[②] 这些研究也表明，对不同的消费者和不同的时间，弹性变化也是不同的。另外，品牌忠诚度的确起到了反对促销的作用：相对于没有品牌忠诚度的人，促销策略对于有品牌忠诚度的人来讲效果要差一些，并且促销效果会随着时间而减弱。如果消费者得到较高的折扣率，短期促销效果的减弱更是明显，或者说消费者有着非常短暂的记忆。

马勒、甘普塔和莱曼的报告认为，在一个成熟的市场中，用于促销的广告费用已从 2.5 亿美元减少到小于 1 亿美元，折扣也从少于 10%转变为高于 25%。他们发现对于没有品牌忠诚度的消费者来说，其平均价格弹性是有品牌忠诚度消费者的 2 倍。忠诚度通常用重复购买的频率来衡量。广告信息的减少对所有消费者都有影响，但对于没有品牌忠诚度的消费者影响更大。事实上，广告费用的减少导致了没有品牌忠诚度的消费者的大量增加。如果再不加强广告，品牌将会被价格侵蚀。频繁的促销会让没有品牌忠诚度的消费者变得对促销十分期待，这提高了他们的价格敏感度。对价格敏感的没有品牌忠诚度的消费者来讲，促销效果是有品牌忠诚度消费者的 4 倍。

鲍尔、汉森和赛达斯做了关于汤和酸奶的市场调研。他们对购买习惯研究了长达 2 年的时间，研究分析基于 69 万盎司的酸奶与 53.5 万盎司的汤。他们发现，在两个市场

---

① 这对某些产品可行，但对其他产品则不一定可行。在有些情况下，产品需求价格弹性与广告费用之间的关系是正相关的，而不是负相关的。

② K. Pauwells, D. Hanssens, and S. Siddarth, "The Long-Term Effects of Price Promotions on Category Incidence, Brand Choice, and Purchase Quantity," *Journal of Marketing Research*, vol. 39 (November 2002), pp. 421－436; C. Mela, S. Gupta, and D. Lehmann, "The Long-Term Impact of Promotion and Advertising on Consumer Brand Choice," *Journal of Marketing Research*, Vol. 34 (May 1997), pp. 248－262.

中，促销对价格敏感消费者的效果在促销实施最早的两周内最大。过了这个最初时期，效果减弱。对于促销的频率与折扣的数量，不同的公司各有侧重。这些发现也表明，品牌忠诚度较弱公司的管理者更频繁地进行促销。

小　结

1. 在垄断市场中，管理者通过在边际收益等于边际成本处设定产量以实现利润最大化，但它并不保证垄断市场的管理者总是获得显著的利润。如果垄断企业无法抵补可变成本，它也将像完全竞争企业一样停产歇业，即便是在短期内。

2. 一个行业若为垄断行业，通常会制定比完全竞争行业更高的价格和更低的产量。完全竞争企业在价格等于边际成本处进行生产，而垄断企业在边际收益等于边际成本（价格高于边际成本）处进行生产。

3. 实证研究表明，加成定价法被许多管理者采用。在此方法中，管理者要估算每单位产量（基于某些假定）的成本，再加上一个加成，此加成包括不能分配到任何特定产品上去的成本和企业的投资回报。表面上看，这种方法能否实现利润最大化是值得怀疑的；但是如果加成是边际成本（而不是平均成本），且加成大小实际上由产品的需求价格弹性决定（采用适当的方法），那么加成定价法可以实现利润最大化。

4. 一般来讲，企业不止生产和销售一种产品。管理者认识到不同产品需求之间的相互关系是很重要的，而且，产品在生产中是相互联系的。如果两种产品按照固定比例进行生产，那么利润最大化的产量就位于总边际收益曲线（单个产品边际收益曲线的垂直相加）与该产品组合的边际成本曲线的交点处，当然这里假定每种产品的边际收益均非负。

5. 如果两种产品是以可变比例联合生产的，那么我们可以构建等成本曲线，每一条等成本曲线代表在相同总成本下的各种产品组合。同样，也可以构建等收益曲线，每一条等收益条曲线代表可以产生相同收益的各种产品组合。最优产品组合必须位于等收益曲线与等成本曲线的切点上。为确定哪一个产品组合最优，需要比较位于切点之上的利润水平。利润最高的切点即为最优产量组合。

6. 当只有一个买家时，便出现了买方垄断。与卖方垄断相似，垄断买家限制购买数量，使其低于完全竞争市场中的数量，也把价格拉到低于完全竞争市场中的价格之下。

7. 与生产相同产品的完全竞争企业相比，垄断竞争企业出售的是不同的产品。企业使其产品不同于其他企业的产品。因此，每家企业的需求曲线都向右下方倾斜，与完全竞争企业水平的需求曲线完全不同。如果企业想实现利润最大化，每家企业都应当满足边际收益等于边际成本。

8. 垄断竞争企业的广告费用巨大。为使利润最大化，管理者应当将广告费用设定在从额外增加 1 美元广告费用中获得的边际收益等于需求价格弹性的绝对值处（在以上讨论的前提之下）。

9. 针对价格变动的广告宣传可以提高产品的需求价格弹性，这是因为广告宣传会让更多的消费者了解到这样的价格变动。品牌忠诚度的衡量可以用于指导某一品牌的促销决策。

习　题

1. 哈利·史密斯拥有一家不受管制的冶金垄断企业。经过大量的实验和研究，他发现企业的边际成本曲线接近一条直线：$MC=60+2Q$，其中，MC 为边际成本（美元），Q 为产量。需求曲线为 $P=100-Q$，其中，P 为产品价格（美元），Q 为产量。

（1）如果史密斯希望利润最大化，应当选择的产量是多少？

(2) 他制定的价格应当是多少?

2. 威尔森公司的营销经理确定了其产品的需求价格弹性为-2.2。她所做的研究发现，产品的广告费用与销售额之间的关系可用下表表示：

广告费用（美元）	销售额（美元）
100 000	100 万
200 000	130 万
300 000	150 万
400 000	160 万

(1) 若威尔森公司的广告费用为 200 000 美元，则从额外 1 美元广告费用中获得的边际收益是多少?

(2) 200 000 美元是否为公司的最优广告费用?

(3) 若 200 000 美元不是最优广告费用，那么你将建议公司追加还是削减广告费用?

3. 古力吉公司是生产某种特殊类型激光器的唯一厂商。其产品的需求曲线为：

$$Q=8\,300-2.1P$$

总成本函数为：

$$TC=2\,200+480Q+20Q^2$$

其中，P 为产品价格（美元），TC 为总成本（美元），Q 为月产量。

(1) 推导公司边际收益曲线的表达式。

(2) 为实现利润最大化，公司每月应生产和销售多少激光器?

(3) 若按照上述数量生产，公司的月利润是多少?

4. 麦迪逊公司，一家垄断厂商，收到一家咨询公司的报告，报告称公司产品的需求函数为：

$$Q=78-1.1P+2.3Y+0.9A$$

其中，Q 为销售量，P 为价格（美元），Y 为人均收入（1 000 美元），A 为公司的广告费用（1 000 美元）。公司的可变成本为：

$$AVC=42-8Q+1.5Q^2$$

其中，AVC 为平均可变成本（美元）。

(1) 能否确定公司的边际成本曲线?

(2) 能否确定公司的边际收益曲线?

(3) 若人均收入为 4 000 美元，广告费用为 200 000 美元，能否确定当边际成本等于边际收入时的价格与产量? 若可以，结果是多少?

5. 威尔考克斯公司有两家工厂，其边际成本函数分别如下所示①：

$$MC_1=20+2Q_1$$
$$MC_2=10+5Q_2$$

其中，MC_1、MC_2 分别为第一家与第二家工厂的边际成本，Q_1 与 Q_2 分别为第一家与第二家工厂的产量。

(1) 若在成本最小化的前提下，第一家工厂的产量为 5 单位，则第二家工厂的产量应为多少? 请给出解释。

① 该问题来自本章附录。

(2) 公司的总边际成本函数是什么?

(3) 能否根据以上数据确定工厂的平均成本函数?为什么可以或为什么不可以?

6. 若雷恩公司不考虑其他企业进入本行业的可能性,则它应当将其生产的一种动力工具定价为10 000美元。但如果这样,其他企业将开始进入该市场。在刚开始的两年中,该公司每年将赚取400万美元,但在之后的两年里,则每年只赚取100万美元。而另种一情况是,若公司定价为7 000美元,则将在这四年里每年赚取250万美元,且不会有其他企业进入。

(1) 若利率为10%,则雷恩公司应定价7 000美元还是10 000美元,为什么?(只考察未来的四年。)

(2) 若利率为8%,则雷恩公司应定价7 000美元还是10 000美元,为什么?(只考察未来的四年。)

(3) 在(1)题和(2)题中只对应公司未来的4年。公司管理者该如何扩大其计划期限?

7. 在经济衰退和经济困难时期,许多人——尤其是难以获得银行贷款的人,将通过当铺获得现金。但即使在经济繁荣时期,当铺的效益仍然很好,因为顾客的典当品(如珠宝、枪械或电吉他等)一般至少是典当价钱的两倍,所以卖掉它们通常可以获利。并且因为高利贷法允许当铺的利率上限高于其他租赁机构,所以当铺常常收取高利率。例如,佛罗里达当铺的月利率为20%以上。根据高盛投资公司的分析人员史蒂芬肯特提供的信息,当铺从没有归还的贷款中获利20%,而从归还的贷款中获利25%。

(1) 2012年,美国有15 000家当铺,这一数字比2007年高出很多,当时有12 000家当铺。当铺数目为什么增长了?

(2) 在一座小城镇中,典当行业是完全竞争的吗?如果不是,那么该行业属于什么样的市场结构?

(3) 典当行业的进入壁垒很高吗?(注意开设当铺的资金要求不超过250 000美元,但许多州发放典当许可证的要求很高。)

8. 1996年,奶农遭遇了十年的价格下降后,开始减少其畜牧量。而威斯康星州的农民凯恩却讲他能从每磅牛奶中获利16美元,而不是早期的12美元。①

(1) 价格为什么会上升?

(2) 奶牛常常用玉米喂养。当凯恩先生从每磅牛奶中获利16美元时,他要为一蒲式耳玉米支付5美元;但当他从每磅牛奶中获利12美元时,他要为一蒲式耳玉米支付2.5美元。这是否意味着凯恩先生在牛奶价格为16美元时要比在牛奶价格为12美元时赚的钱更少了?

9. 对钻石的需求可由下式描述:

$$P_Z = 980 - 2Q_Z$$

其中,Q_Z为当价格为P_Z时钻石的需求数量。德比尔公司(一家垄断企业)的总成本为:

$$TC_Z = 100 + 50Q_Z + 0.5Q_Z^2$$

其中,Q_Z为德比尔公司的产量。假设政府能够强制德比尔公司按竞争企业行动,也就是说,通过规制,使公司的钻石定价等于边际成本。

(1) 当德比尔作为一个单独的垄断企业行动时,社会福利是多少?

(2) 当德比尔作为一个完全竞争者行动时,社会福利是多少?

(3) 当德比尔从垄断进入完全竞争时,社会福利增加了多少?

10. 哈斯马公司生产两种联合产品,X和Y。总成本为500 000美元时的等成本曲线为:

$$Q_Y = 1\,000 - 10Q_X - 5Q_X^2$$

其中,Q_Y为Y产品的产量,Q_X为X产品的产量。X产品的价格是Y产品的价格的50倍。

(1) 如果最优产品组合位于这条等成本曲线上,那么X产品的最优产量是多少?

---

① *Philadelphia Inquirer*, September 14, 1996。

(2) Y 产品的最优产量是多少?

(3) 你能确定最优组合位于这条等成本曲线上吗? 为什么能或为什么不能?

11. 麦克德莫特公司估计当产量为 10 000 单位时，其平均总成本是每单位产品 10 美元，并使用了 80%的生产能力。公司的目标是从 250 000 美元的投资中获利 20%。

(1) 如果公司使用成本加成定价法，制定的价格应当是多少?

(2) 如果制定上述价格，公司能确保出售 10 000 单位产品吗?

(3) 支持或反对这种定价的依据是什么?

12. 莫里斯公司生产网球拍，球拍的边际成本是 20 美元。由于球拍有许多替代品，所以公司球拍的价格弹性为−2。在相关的产出范围内，平均可变成本非常接近边际成本。

(1) 莫里斯公司的总裁认为成本加成定价法十分适合，他定价的加成为 100%的平均可变成本。试评论这一定价过程。

(2) 由于高度的竞争，公司球拍的需求价格弹性变为−3。总裁仍使用成本加成定价公式。试评论这一方法的适用性。

13. 派卡斯公司生产两种产品，X 和 Y。公司每生产 1 单位的 X，就会同时生产 2 单位的 Y。公司的总成本函数为:

$$TC=500+3Q+9Q^2$$

其中，Q 为产出单位数（每单位的产出包括 1 单位的 X 产品和 2 单位的 Y 产品），而 TC 为总成本（美元)。公司两种产品的需求曲线分别为:

$$P_X=400-Q_X$$

$$P_Y=300-3Q_Y$$

其中，P_X 和 Q_X 为产品 X 的价格和产量，而 P_Y 和 Q_Y 为产品 Y 的价格和产量。

(1) 派卡斯公司每期生产和销售的每种产品的数量是多少?

(2) 每种产品的价格应当是多少?

Excel 练习: 简单垄断

假设垄断者对其需求曲线有着如下估计:

价格（P）	需求量（Q）
14	0
13	1
12	2
11	3
10	4
9	5
8	6
7	7
6	8
5	9
4	10
3	11
2	12
1	13
0	14

而对每单位产出可变成本的估计如下所示：

产量	可变成本
0	0
1	2.5
2	6.0
3	10.5
4	16.0
5	22.5
6	30.0
7	38.5
8	48.0
9	58.5
10	70.0
11	82.5
12	96.0
13	110.5
14	126.0

企业的固定成本为 5。

从第 1 章第一个 Excel 电子表格的练习中可知，需求方程为 $Q=14-P$，也可改写成 $P=14-Q$（方程两端都加上 P，再都减去 Q）。本书已经指出，给定需求曲线就可明确边际收益曲线 $MR=14-2Q$，也就是说二者的截距相同，而斜率是两倍的关系。

明确产量与可变成本之间的关系难度很大，但是可通过等式 $VC=2Q+0.5Q^2$ 来找到可变成本列中的每一个数值。从本书中可知，边际成本为 $MC=\mathrm{d}VC/\mathrm{d}Q=2+Q$，而且，为了实现利润最大化，企业应当满足 $MR=MC$。这样可得：

$$MR=14-2Q=2+Q=MC$$

或者

$$3Q=12$$

即

$$Q=4$$

将 $Q=4$ 代入需求曲线得 $P=14-4=10$。

企业的总收益（TR）为：$TR=P\times Q=10\times 4=40$；

企业的可变成本（VC）为：$VC=2Q+0.5Q^2=2\times 4+0.5\times 4\times 4=8+8=16$；

企业的固定成本（FC）为：$FC=5$；

企业的利润（π）为：$\pi=TR-TC=40-16-5=19$。

假设你不知道上述方程，也不会微积分，你还能否计算出利润最大化时的产量与价格呢？你将获得的利润有多少？

答案是肯定的，通过电子表格，完成计数问题是相当简单的。

打开电子表格并在单元格 A1 中输入 14，在单元格 A2 中输入 13，依此类推，直到你完成上面第一个表中按顺序排列的所有价格。

然后在单元格 B1 中输入 0，在单元格 B2 中输入 1，依此类推，直到你完成上面第一个表中与价格相对应的各个需求量。

然后在单元格 C1 中输入＝A1 * B1，这是企业的总收益，如果企业的销售价格是 14。你只需在 C1 中输入公式，之后单击单元格 C1 的右下角并拖动至 C15。这将在每个单元格中显示出正确的总收益公式。这时你能够从 C 列中发现总收益先是上升的，达到一个最大值后，接着开始随着价格的下降而下降了。

之后在单元格 D2 中输入＝C2－C1，得到的是从价格 $P=14$ 时的 0 个销售量到价格 $P=13$ 时的 1 个销售量——从卖出第一个产品中获得的边际收益。与收益情况相似，你不必每次都输入公式；只需用与得到总收益同样的单击加拖动的方法就可以。边际收益这一列能够让你看清楚随着销售量的增加边际收益是如何下降的，以及它最终如何变成负值（如 8.1 节所述，没有一个追求利润最大化的管理者会达到负值情况）。我们称此为离散的边际收益，因为假设人们只能以整数单位销售产品（想想购买的汽车或是整罐的咖啡豆）。

在上述各个公式版本中（$MR=14-2Q$），我们也可假设以连续单位购买产品（想想你购买的汽油或是熟食店的火腿）。可参考前面，在 E1 中输入＝14－2 * B1，依此类推，并比较连续的边际收益与离散的边际收益。与前面相同，你只需在单元格 E1 中输入公式，之后单击并拖动即可。

你会注意到离散的边际收益与连续的边际收益有着很大的不同。这反映了产量的整数变动与产量的微小变动之间的差异。注意到在最大总收益处，连续的边际收益为零，如战略环节之特许经营授权所示。

在单元格 F1 中输入 5，依此类推。这是企业的固定成本（FC）。使用单击并拖动法填完这一列。

在单元格 G1 中输入 0，在 G2 中输入 2.5，在 G3 中输入 6，依此类推；换句话讲，将第二个表中的可变成本（VC）中的数字输入完毕。

在单元格 H1 中输入＝F1＋G1，使用单击并拖动法填完这一列。H 列将是企业的总成本——$TC=FC+VC$。

在单元格 I2 中输入＝H2－H1，依此类推，通过单击并拖动法填完此列。这列衡量的是企业的离散边际成本，或者反映了总成本如何随着产量的整数变化而变化（如汽车的生产）。

为明确利润最大化的产量，上面所使用的公式（$MC=2+Q$）可以是连续的边际收益，假设你的产品能够以很小的增量（如汽油）生产。在 J 列，我们给出了与 I 列离散的边际成本相对应的连续的边际收益。在单元格 J1 中输入＝2＋B1，注意到离散的与连续的边际成本的差异，并且连续的边际成本大于离散的边际成本。

K 列是我们的目标。它是利润列，是总收益减去总成本。在单元格 K1 中输入＝C1－H1，通过单击并拖动法，即可填完该列。

现在在 K 列中查找最大值。如果前面你输入的每个数字都是正确的，你应当在利润列中找到 19，往左读，会发现在第 5 行，价格等于 10，产量等于 4。你也可以通过在单元格 K16 中输入＝Max(K1：K15) 来确定最大值。

这样，无须微积分，你也能够明确利润最大化时的价格与产量。注意，当 $P=10$ 时，离散的边际收益等于 7，而离散的边际成本等于 5.5。由于现金流 7 大于现金流 5.5，只能生产整数单位产品的生产者希望生产第 4 个产品。注意，当 $Q=5$ 时，离散的边际收益等于 5，而离散的边际成本等于 6.5。由于现金流 5 小于现金流 6.5，只能生产整数单位的生产者不再生产第 5 个产品。可见，无论是离散的还是连续的数值，都得到了同样的结论：当生产第 4 个产出单位、售价为 10 时，可以实现利润最大化。

从表中我们也会发现垄断者制定的价格高于边际成本（10 对比 6 或 5.5）。

L 列计算的是企业的需求价格弹性。回顾书中的公式：$\eta_D=(P/Q)(\Delta Q/\Delta P)$。从第一张表中可知 $\Delta Q/\Delta P=-1$，所以 $\eta_D=-P/Q$。在单元格 L2 中输入＝－A2/B2，通过单击并拖动法填完这一列。注意，追求利润最大化的企业在需求曲线的弹性范围内生产（参见 8.1 节），且当边际收益为正时，需求曲线富有弹性的范围是存在的（当边际收益为负时，存在需求曲线缺乏弹性的范围）。你也能观察到当价格在需求曲线富有弹性的范围与缺乏弹性的范围内变化时，总收益是如何变化的（参见 8.1 节）。

附录：在不同工厂之间分配产量

很多企业拥有和运营不止一家工厂。在本附录中，我们将介绍管理者在不同工厂之间如何分配产量。这是一个重要的决定，而且我们的结论有着主要的、直接的和实际的价值。考察一家垄断企业——约翰逊公司，会发现我们的结果对任何运用市场权力的管理者都适用。

垄断企业约翰逊公司，生产某种特定类型的固定装置，经营着两家工厂，其边际成本反映在表8—5中的第2、第3列，产量反映在第1列。显然，如果管理者决定每小时只生产1单位产品，他们应当利用工厂1，因为就从0到1单位产出的边际成本而言，工厂1要低于工厂2。因此，对企业整体而言，边际成本等于10（工厂1从0到1单位产出的边际成本）。同样，如果管理者决定每小时生产3单位产品，那就要2单位产品在工厂1中生产，1单位产品在工厂2中生产，且从2到3单位产出的总边际成本为14（也就是工厂2从0到1单位产出的边际成本）。或者，这3个单位的产品都在工厂1中生产（工厂1中从2到3单位产出的边际成本也是14美元）。

继续这种方式，我们能够得出企业整体的边际成本曲线，表8—5中第4列对应的数据。为实现利润最大化，管理者应当在边际收益等于企业的总平均成本处设定产出水平。这就是利润最大化的产量水平。在本例当中为每小时3或4个单位的产品。假定管理者选择生产4个单位产品①，为了明确定价，他们必须估算需求曲线上与该产出对应的价格。本例中的答案为23美元。

表8—5 约翰逊公司的成本 单位：千美元

产量（每小时）	边际成本		企业的边际成本	价格	边际收益
	工厂1	工厂2			
1	10	14	10	40	—
2	12	18	12	30	20
3	14	22	14	26	18
4	20	26	14	23	14
5	24	30	18	20.8	12

在该点处，我们已经解决了约翰逊公司的大部分问题，但不是全部。假设管理者将每小时生产4单位产品，他们应当在两个工厂之间如何分配产量呢？答案就是，他们必须使工厂1的边际成本等于工厂2的边际成本。表8—5表明这就意味着工厂1每小时生产3个单位而工厂2每小时生产1个单位的产品。两家工厂共同的边际成本值就是企业的总边际成本；如果企业希望实现利润最大化，这个数值就必须等于边际收益。

很多管理者利用这一方法在不同工厂之间分配产量。例如，根据这一理论，电力公司已经开发了计算机程序去完成工厂间电力需求（负荷）的配置问题。这些程序有一个中央调度员，其与工厂保持良好的沟通，迅速计算并在工厂间进行最优分配。

为了进一步说明，考察周公司，它在宾夕法尼亚州的阿尔图纳和北卡罗来纳州的海波因特都建有工厂。阿尔图纳工厂的总成本函数为：

① 无论生产3个单位还是生产4个单位产品，对企业来讲都是一样的。如果生产4个单位产品，总收益是92 000（23 000×4）美元，可变成本是50 000（10 000＋12 000＋14 000＋14 000）美元，对应的可变成本利润是42 000美元。如果生产3个单位产品，总收益是78 000（26 000×3）美元，可变成本是36 000（10 000＋12 000＋14 000）美元，对应的可变成本利润也是42 000美元。由于两家工厂早已存在，它们必须支付固定成本，因此短期内固定成本不会发生变化。长期内（如果预测出需求保持不变），企业则会放弃工厂2。

$$TC_A = 5 + 9Q_A + Q_A^2$$

其中，TC_A为此工厂每天的总成本（1 000 美元），Q_A为产量（每天的单位数）。

海波因特工厂的总成本函数为：

$$TC_H = 4 + 10Q_H + 0.5Q_H^2$$

其中，TC_H为此工厂每天的总成本（1 000 美元），Q_H为产量（每天的单位数）。

周公司的需求曲线为：

$$P = 31 - Q$$

而其总收益为：

$$TR = PQ = (31 - Q)Q = 31Q - Q^2$$

因此，周公司的边际收益曲线为：

$$MR = \Delta TR/\Delta Q = 31 - 2Q$$

注意，$Q = Q_A + Q_H$，P为价格，MR为边际收益（1 000 美元）。

为实现利润最大化，管理者选择的价格与产量必须同时满足：

$$MC_A = MC_H = MR \tag{8.21}$$

其中，MC_A为阿尔图纳工厂的边际成本（1 000 美元），MC_H为海波因特工厂的边际成本（1 000 美元）。

阿尔图纳工厂的边际成本为：

$$MC_A = \Delta TC_A/\Delta Q_A = 9 + 2Q_A$$

海波因特工厂的边际成本为：

$$MC_H = \Delta TC_H/\Delta Q_H = 10 + Q_H$$

根据等式（8.21），MC_A必须等于MC_H。因此：

$$9 + 2Q_A = 10 + Q_H$$

或者

$$Q_H = -1 + 2Q_A$$

而且，（8.21）式要求MC_A必须等于MR：

$$9 + 2Q_A = 31 - 2(Q_A + Q_H) = 31 - 2(Q_A - 1 + 2Q_A) = 33 - 6Q_A$$

或者

$$8Q_A = 24$$

因此，$Q_A = 3$；又因为$Q_H = -1 + 2Q_A$，可得$Q_H = 5$，而且$P = 31 - (Q_A + Q_H)$，故$P = 23$。简言之，管理者应当每单位产出要价 23 000 美元，并每天在阿尔图纳生产 3 单位产品，在海波因特生产 5 单位产品。

定量方法

周公司的边际收益为：

$$\mathrm{d}TR/\mathrm{d}Q = 31 - 2Q$$

定量方法

阿尔图纳工厂的边际成本为：

$$dTC_A/dQ_A=9+2Q_A$$

海波因特工厂的边际成本为：

$$dTC_H/dQ_H=10+Q_H$$

第五部分

复杂的市场定价

第9章

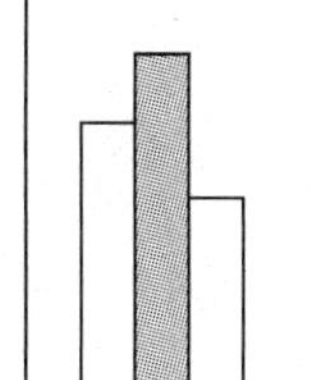

价格歧视的管理运用

价格歧视普遍存在于很多市场和产品之中。一位汽车经销商的目标是将每台车以能够出售的最高价格（只要价格高于其保留价格）卖出去。航空公司细分它们的市场，以极其不同的价格出售同样的座位，价格则取决于购票时间、是否可以退票以及改签是否有罚金等诸如此类的因素。大学的管理者也运用价格歧视政策发放助学金，针对学生有各种各样的资助措施。

一般地，管理者总是基于个体的价格需求弹性细分子市场。汽车经销商是一级价格歧视的范例，它们试图明确每位买主的保留价格。每位买主都是一个子市场。而航空公司一般将市场至少分成两个子市场：对价格相对不太敏感的商务群体以及对价格相对敏感的休闲群体。航空公司是三级价格歧视的范例，每家航空公司都尽力明确有着相似价格敏感度群体的平均保留价格。但航空公司的定价模型却不敌互联网企业，如探索公司，这类企业可从航空公司的数据库中搜索到最低的价格。消费者能够从中获得更多的有关机票价格的信息，并使消费者能够以低于直接从航空公司购票的价格买到机票。

9.1　价格歧视的动因

图9—1描述了单一价格垄断者的利润最大化价格与产量。通过索要价格 P_M，垄断者出售 Q_M 单位的产品。但是，除了保留价格是 P_M 的消费者外，其他消费者对产品的估价高于 P_M，也就是需求曲线的 AB 部分，却被要求只能支付价格 P_M。消费者能够保留相当大的消费者剩余——他们愿意支付给生产者却没有被要求支付的钱。这部分的消费者剩余是 V（图中的三角形 ABP_M）。

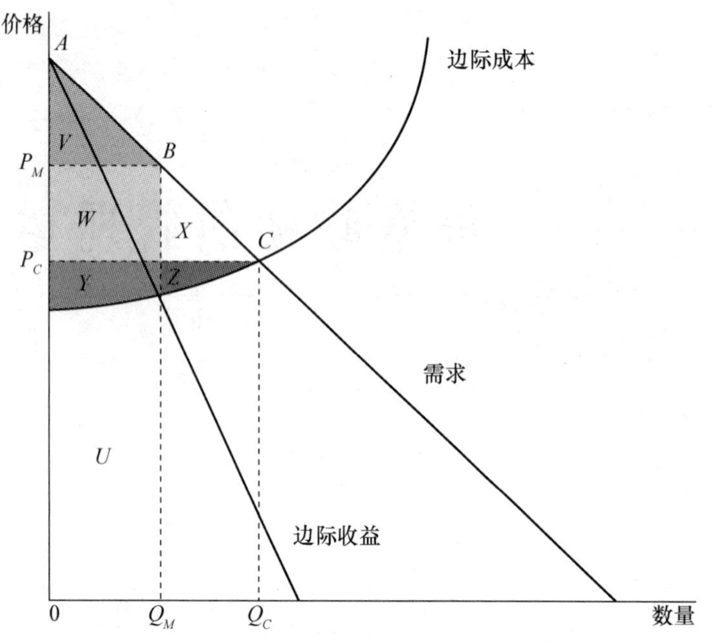

图 9—1　单一价格垄断者的利润最大化产量

注：单一价格垄断者定价于 P_M，生产和销售产出 Q_M 单位产品。AB 段上的消费者愿意支付比 P_M 更高的价格，但未被要求这样做。BC 段上的消费者不愿意为商品支付 P_M，但会支付高于生产者制造商品的边际成本的价格。这两种情况都是未加利用的可获得潜在利润的销售。

在需求曲线 BC 段上的消费者不愿意为商品支付 P_M，但却保有超过生产者制造产品边际成本的保留价格，因此代表了可获利的销售。单一价格垄断者并未达到这样的销售，他们将产量缩减至 Q_M，但可获利的销售应该是上升到 Q_C。那些潜在的销售所代表的利润为 $X+Z$。

相反，单一价格垄断者满足于可变成本利润 $W+Y$：图中的总收益区域为 $P_MQ_M=W+Y+U$，而可变成本则是位于边际曲线下方的区域 U（参见第 6 章）。

如果垄断者提高价格，超过 P_M，则可获得区域 V 中的某些消费者剩余，区域 $X+Z$ 将变大。如果垄断者降低价格，低于 P_M，则可获得区域 $X+Z$ 中的某些潜在利润，区域 V 将变大。我们知道管理者无法通过改变价格 P_M 来增加利润，因为它是单一价格垄断者的利润最大化价格。如果管理者想要获取部分（或全部）的区域 V 和部分（或全部）的 $X+Z$，就不能使用单一价格策略。管理者只有考虑两个或更多的价格战略才能获取额外区域 V 中的消费者剩余以及面积 $X+Z$ 中的某些利润。我们现在探讨应当如何运用这些战略，而获取区域 V 和区域 $X+Z$ 中的额外利润才是制定战略的动因。如果获取这些利润的收益超过这样做的成本（记住复杂定价比简单单一定价的实施成本要高），那么管理者就应当这么做。

战略环节 ☞

你什么时候讨价还价？

一般来讲，美国人讨厌讨价还价，但他们在汽车交易、不动产交易、房屋维修、合同谈判以及跳蚤市场中交易等情况下是讨价还价的；大多数人都购买明码标价的商品，而且大多数美国人接受这样的状况。然而，在世界的很多地方，讨价还价十分正常，如今的美国也出现了越来越多讨价还价的趋势。为什么会这样呢？

根据国家研究中心提供的报告，一项针对超过 2 000 名消费者的调查发现，在过去的 3 年里，61%讨价还价的商品为移动电话、家具、医疗账单、家用电器、家居设施、珠宝以及古董等。对于家居类商品的报告称，94%的人付费比商品标价低。而在那些成功讨价还价的人群中，报告称 61%的人节省了 50 美元～99 美元；26%的人节省了 1 美元～49 美元；14%的人节省了 100 美元或是更多。

我们的 MBA 学员与枫丹白露和新加坡的欧洲工商管理学院的 MBA 学员做了一系列管理经济学的游戏。由于枫丹白露的欧洲工商管理学院的学员是法国人，所以他们带来了上好的一瓶法国香槟酒以庆祝自己获得了最高分数。我也决定这样做。我讲授 12 个章节，因此需要 12 瓶酒。我们的一位员工先后去了新泽西的几家酒类商店，经过讨价还价，最终以低于商品标价的价格买下了香槟酒。

消费者报告给出了讨价还价的小窍门：

1. 运用时间权力。对于服务合同，在合同开始之初或更新之时，协商折扣或者特殊待遇。

2. 使用现金。信用卡和借记卡公司会向店家收取 2%～8%的费用。

3. 寻找不影响产品性能的瑕疵、刮痕和压痕，其可能被卖主隐藏或掩盖。

4. 购买较多数量的产品，并申请折扣。

对于没有按照标价购物的消费者来讲，存在讨价还价的机会是个好消息，因为标价超过了他们的保留价格。但是对于卖方来讲，这同样是笔好买卖，不然的话，卖方为什么同意协商呢?

然而，对于不在乎标价的人们来讲，讨价还价可能不是个好消息。如果购买高脚椅变得更像购买汽车，很多人将会讨厌购物了。即使你接受了高脚椅的标价（当有了购买汽车讨价还价的经验后，你知道该价格高于卖家的保留价格)，也会担心支付了高价钱；你还会担心邻居询问价钱，当获知她花了多少钱时，你瞬间可能就抑郁了。至少当你们两个支付了同样的标价时，你的感觉才会与她的一样。

资料来源："Haggle Even at Stores; Survey Shows It Works," *Philadelphia Inquirer*, May 18, 2008, p. M-2.

战略环节

奥尼斯特·桑杰使用的第一级价格歧视

我们现在来看第一级价格歧视与简单垄断定价的一个例子。奥尼斯特·桑杰是销售二手车的股东。二手车需求函数为 $P=12-Q$，其中，P 是以千美元为单位的价格，Q 是每月汽车的销售量。

桑杰有两种策略销售二手车。首先，他可以制定一个价格并仅支付总经理文书工作的报酬。在这样的安排下，销售每一辆汽车的总成本为 2 000 美元，所以桑杰的边际成本为 2 000 美元。这也是桑杰销售一辆汽车的可变成本。桑杰每月有 5 000 美元的固定成本。

在简单垄断定价下，最大化利润必须使边际收益等于边际成本。桑杰的总收入是

$TR=PQ=(12-Q)Q=12Q-Q^2$，桑杰的边际收益是 $MR=\Delta TR/\Delta Q=12-2Q$。

令桑杰的边际收益等于边际成本：$MR=12-2Q=2=MC$。

给定 $Q=5$，这意味着汽车的价格为 $P=12-5=7$ 或 7 000 美元。

桑杰每个月的总收益为 35 000（也即 $PQ=7\,000\times5$）美元，可变成本为 10 000（$(AVC)Q=2\,000\times5$）美元，固定成本为 5 000 美元，可见，在简单垄断定价下，桑杰每个月的利润为 20 000 美元。

其次，桑杰也可采用传统的方法销售二手车——顾客与销售人员讨价还价。桑杰可以雇用一支比较圆滑的销售队伍。通过与顾客闲聊，销售人员可以很好地估计顾客对一辆车的保留价格。比如，销售人员故意刚好走出来问顾客他们准备花费多少钱买车，或者更为巧妙地问"你从事什么工作？你想今晚开一辆车回家吗？"不擅长估计顾客保留价格的销售人员不会在汽车行业做得很久。总经理仍然需要负责文书工作，而对销售人员严格按佣金支付工资，即销售一辆汽车支付 1 000 美元佣金。在这种销售模式下，桑杰的边际成本是每辆车 3 000 美元。讨价还价模式是第一级价格歧视的例子。综上所述，使用价格歧视带来的成本在经理制定简单垄断价格时不会出现。

在这个模式下，桑杰销售二手车直至保留价格等于边际成本：$P=12-Q=3=MC$ 或 $Q=9$。

所有的消费者剩余（图中的 J）都被掠夺。桑杰的利润是总收益（$J+K$）减去总成本（可变成本 K 加上固定成本）。在本案例中，总收益为 67 500 美元[a]，可变成本为 27 000 美元，固定成本为 5 000 美元，因此，利润为 35 500 美元。

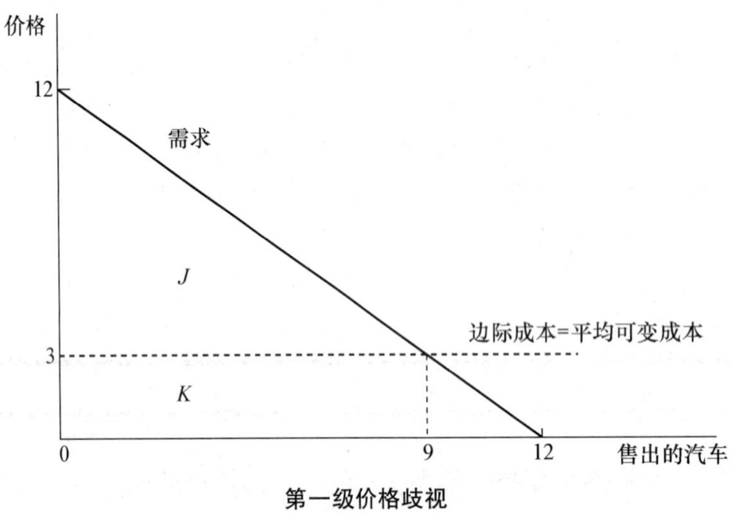

第一级价格歧视

注：第一级价格歧视掠取所有消费者剩余 J，并将其转化为生产者剩余（可变成本利润）。

a. 梯形 $J+K$ 的面积是其高的一半乘以上下底边之和，即 $0.5\times9\times(3+12)=67.5$。

定量方法

桑杰说，对专业人士来讲，边际收益为：

$$dTR/dQ=12-2Q$$

9.2 价格歧视

当同一种商品以不止一种价格出售时，就产生了**价格歧视**。例如，航空公司卖给商务旅行者的某一航班的机票会高于卖给大学生的价格。汽车经销商能够在同一天按差别很大的价格出售装置和型号完全相同的汽车。即使产品不完全相同，如果非常相似的产品按照边际成本的不同比例确定的价格来出售，也会形成价格歧视。因此，如果一家公司在富人居住区以 12 美元的价格出售贴有“质量保险”标签（成本为 2 美分）的糖果，而在穷人居住区却以 5 美元的价格出售不带有此标签的糖果，也会出现价格歧视。相似产品间的价格差别并不是价格歧视的证据，除非这种差别没有反映出成本差异。

□ 第一级价格歧视

管理者需要掌握三种基本类型的价格歧视：第一级、第二级和第三级。汽车经销商是第一级价格歧视的例子，而航空公司和糖果公司是第三级价格歧视的例子，对特定客户出售电力是第二级价格歧视的例子。通过非常详尽地学习价格歧视，管理者能够更好地理解如何运用这三种价格歧视。

重新观察图 9—1 中的简单垄断（单一价格）的利润最大化情况。我们重申，位于需求曲线上 AB 段的消费者愿意支付垄断价格之上的价格，而位于需求曲线上 BC 段的消费者愿意支付高于垄断者生产成本之上的价格——企业的边际成本。

简单垄断者得到了一个可变成本利润 $W+Y$，如图 9—1 所示，并留给位于 AB 段的消费者消费者剩余 V。如果管理者能够实行完全的价格歧视（也称第一级价格歧视），就能向位于 AB 段的消费者索要等于其保留价格的价格，完全占有消费者剩余并将之转化为生产者剩余（也就是可变成本利润）。注意，当管理者在 AB 段实行完全的价格歧视时，企业的可变成本利润将会增加到 $V+W+Y$。

第一级价格歧视让管理者扩大了销售量。因为管理者没有受到单一定价的束缚，他们也能够为 BC 段的消费者服务。因为 BC 段消费者的保留价格超过了制造 Q_C-Q_M 产出所需的额外成本，这样可变成本利润增加了 $X+Z$。通过对 AB 段和 BC 段实行完全价格歧视，管理者将企业的可变成本利润（因而是企业的利润）增加了 $V+X+Z$。这是图 9—1 中简单垄断者未能获取的区域。这种额外的潜在利润促使极具创造力的管理者思考如何制定定价战略以得到它。

如果管理者能够获取整个 $V+X+Z$，我们就说他们实行了第一级价格歧视。管理者总想找到运用第一级价格歧视的方法。实际上，这种战略允许他们向每一位消费者索要其保留价格。这样做，他们确保了消费者剩余为零。显然，管理者愿意将生产增至图 9—1 中的产量 Q_C。管理者售出的一单位额外产品产生的额外收益是消费者的保留价格。只要保留价格（管理者能够制定且消费者愿意支付）超过生产商品的边际成本，管理者就会将其卖给消费者。实际上，在完全价格歧视下，企业的需求曲线变成了企业的边际收益曲线。因此，管理者不会让销售量超过 Q_C，因为生产商品的边际成本超过了生产它们为企业带来的收益，即保留价格。

因此，在第 7 章和第 8 章中提出的利润最大化原则在此处依然成立。实行完全价格歧视的管理者进行生产直至边际收益（用需求曲线代表）等于边际成本，以此来实现利润最大化。

第一级价格歧视产生的一个有趣的结果是，其产量与垄断者好像在完全竞争市场中从事生产的产量相同，即 Q_C。二者的不同之处在于消费者剩余和生产者剩余之间的分配。实际上，运用第一级价格歧视，管理者烘烤了蛋糕并吃掉了它。在图 9—1 中，在完全竞争价格（P_C）下，消费者剩余是 $V+W+X$，而生产者剩余是 $Y+Z$。由于总福利是消费者剩余与生产者剩余之和，社会福利就是 $V+W+X+Y+Z$。在第一级价格歧视条件下，消费者剩余为零（它已被全部掠夺），而生产者剩余是 $V+W+X+Y+Z$。可见，两种定价机制的社会福利完全相同，即为 $V+W+X+Y+Z$，但是在完全竞争市场中消费者获利，而在第一级价格歧视条件下生产者得到全部福利。因为在每种价格机制中产量均相同，所以社会福利也相同。

对于第一级价格歧视，通常管理者面对相对较少的消费者，而且能够估计他们愿意接受的最高价格。另外，当我们讨论第三级价格歧视时，一些复杂的其他条件也要成立。因为这些原因，两段式关税定价方法（随后讨论）是实施第一级价格歧视的一个简单方法。

在美国，一般的零售市场没有很好地符合第一级价格歧视。市场上主要是标价出售商品，因此没有讨价还价（购买汽车，购买房屋，与建筑承包商以及土地出售商谈判除外）。在其他文化背景下，讨价还价十分普遍。比如，在亚洲的集市上，经常有买主与卖家讨价还价。在印度海德拉巴最好的珍珠市场（世界珍珠之都）上，买卖交易完全通过讨价还价（除非是一个毫不怀疑的消费者，他来自没有讨价还价且统一标价的国家，按照标出的珍珠价格付款）来完成。

□ 第二级价格歧视

第二级价格歧视在公用事业定价方案中最为普遍。对于一些政府部门，在很多公用事业——天然气、自来水、电力等方面的其他计划收费问题上①，第二级价格歧视扮演着重要角色。

考虑一家天然气公司，其每一个消费者都有如图 9—2 所示的需求曲线。如果消费者每月购买量低于 X 个单位，公司收取高价 P_0。如果每月购买量高于 X 个单位，公司收取中间价 P_1。如果每月购买量高于 Y 个单位，公司收取的价格会更低，即 P_2。因为消费者在价格 P_0 处购买了 X 单位产品，在价格 P_1 处购买了 $Y-X$ 单位产品，在价格 P_2 处购买了 $Z-Y$ 单位产品，所以，公司从每个消费者身上获得的收益等于图 9—2 中总的阴影面积。

通过对商品的不同消费量制定不同的价格，管理者能够增加收益和利润，毕竟，如果只制定一种价格且还想要卖出 Z 单位产品，就必须将价格定在 P_2。因此，公司的总收益只相当于长方形 OP_2EZ，这比图 9—2 中的阴影部分面积要小。通过制定不同的价格，管理者能够获得比单一定价更多的利润。与第一级价格歧视不同，管理者保留了消费者剩余 $A+B+C$。由于第二级（和第三级）价格歧视发生在群体层面，而不是个体层面，消费者仍能保留某些剩余。

① 当然，这里的假设被简单化了，假设每一个消费者购买 Z 单位产品，每一价格都高于企业的边际成本。而且，本章和下一章都做了这样的简化假设。

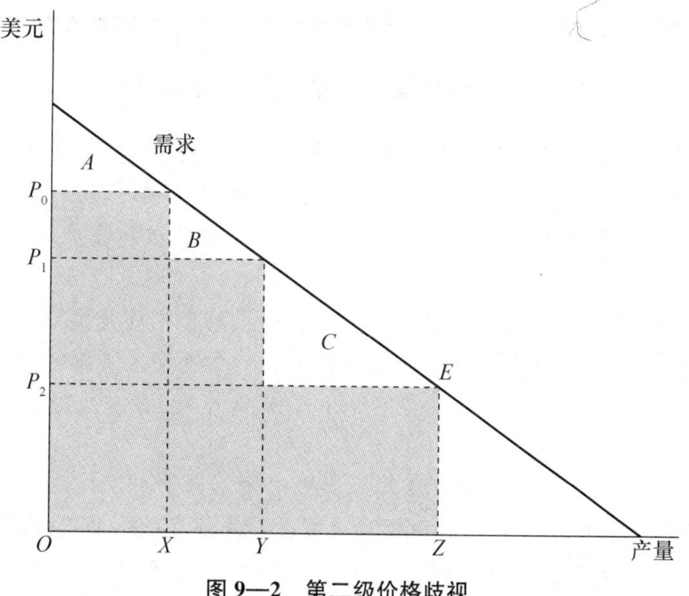

图 9—2　第二级价格歧视

注：根据消费量，公司制定了不同的价格，以此提高总收益和利润。

□ 第三级价格歧视

我们现在考察最为普遍的价格歧视：第三级价格歧视。成功运用这一价格歧视必须满足三个条件。需求必须是内生的、管理者必须能够细化和隔离不同的群体，以及确保市场一定完全封闭。正如我们前面所述，市场中的个体消费者对待一种商品有着不同的偏好。需求价格弹性的差异可能是由不同群体在收入水平、品味或替代品可获性等方面的不同所致。例如，富人对糖果的需求价格弹性（绝对值）要低于穷人。

思考一下：管理者非常愿意识别个体消费者的偏好（第一级价格歧视），但由于各种可能的原因，他们无法做到这一点（或者由于成本太高而不想这么做）。所以他们选择了次优的替代方法，即确认具有共同特点的个体，然后把他们看做一个群体。这样管理者就可以面向群体讨论问题了。

学生是第三级价格歧视的一个很好的例子。学生收入相对较低，其价格弹性高——他们是价格敏感者，所以很多时候都以较低的价格向他们出售商品或服务。他们可以得到折扣，但必须出示学生证件。

按照商品的价格弹性可将消费者分为不同的组别。管理者必须能够以合适的成本识别和隔离这些组别。而且，不同组别的购买者不能轻易地转换产品；否则，人们就可以通过低价格购买，再卖给高价格组别来赚钱，从而难以维持组别间的价格差异。我们分别称后两个条件为细化和封闭市场的能力。①

① 细化与封闭市场可能另有含义。2000 年，亚马逊的消费者（通过网络聊天室）发现，亚马逊销售的同款 DVD 的价格有很大差别。当他们表示了不满并将其公布于众后，亚马逊声明不会再如此定价。如果消费者没有发现这个价格差别，他们可能仍会很满意（对于购买的 DVD），亚马逊也可能仍然以不同价格出售同款商品。参见 David Streitfeld，"On the Web，Price Tags Blur，" *Washington Post*，September 27，2000。

亲爱的小老鼠真的是价格歧视者吗?

在格林湾漫长而寒冷的冬季，让我们奖励给孩子们一个在迪士尼乐园或迪士尼加州冒险公园的春天般的假期吧。他们会爱上米奇、美妮、唐老鸭和白雪公主，而且那里的气候也十分温暖。四口之家A（两位大人，两位5岁和7岁的小孩）收拾好行囊，奔向了阿纳海姆。

在度假天堂的另一边，我们应当去海边，去山里骑车，还是去迪士尼乐园或迪士尼加州冒险公园呢？对于一个来自洛杉矶的家庭来讲，如此多的选择，如此多的机会都是可行的。四口之家B（两位大人，两位5岁和7岁的小孩），马上跳进汽车也奔向了阿纳海姆。

两个家庭都购买了一天的公园联票（允许他们游览两家公园）。来自格林湾的格里斯沃尔德一家的票价是312美元；而来自洛杉矶家庭的票价是292美元。迪士尼为洛杉矶家庭和格林湾家庭提供的服务成本相同，可为什么会出现20美元的价格差异呢？迪士尼能告诉这两个家庭原因是什么吗？请注意，A家庭持有的是威斯康星州驾照，而B家庭的驾照显示其住在加利福尼亚州南部。那么市场是如何被封闭的，又是如何被细化的呢？

格里斯沃尔德一家从格林湾来就是为了看米奇，而爸爸也不准备为了区区20美元让孩子们失望；而另一方面，B家庭明天或是可以去海边，或是可以去山区，或是可以看米奇。简而言之，格里斯沃尔德一家的需求价格弹性要远远低于B家庭，后者有很多的替代品。

那只小老鼠可真是一个聪明的第三级价格歧视者！

资料来源：http：//disneyland. disney. go. com/disneyland/en _ US/reserve/ticketListing? year＝2007 for Southern California prices and http：//disneyland. disney. go. com/disneyland/en _ US/reserve/ticketListing? name＝Ticket for other prices.

如果管理者采用第三级价格歧视，他们就必须决定在各组别购买者之间如何分配产量以及定价。假设只有两组购买者。管理者已经确定了总产量，所以他们一定要在两个市场中分配产量。管理者通过在两个组别之间分配产量旨在使从一个组别获得的边际收益等于从另一个组别获得的边际收益，以此来实现利润最大化。比如，第一个组别的边际收益为25美元，而第二个组别的边际收益为10美元，这种分配就不是最优的。管理者可以通过对第一个组别增加一个单位而对第二个组别减少一个单位来提高利润。事实上，管理者希望对两个组别产量分配的边际收益相等。如果是这样，那么第一个组别与第二个组别的价格比例将等于：

$$\frac{P_1}{P_2}=\left[\frac{1-\left(\frac{1}{|\eta_2|}\right)}{1-\left(\frac{1}{|\eta_1|}\right)}\right] \tag{9.1}$$

其中，η_1 为第一个组别的需求价格弹性，η_2 为第二个组别的需求价格弹性。[①] 现在我们

---

① 回顾（2.15）式，边际收益等于 $P[1+(1/\eta)]$，其中，P 是价格，η 是需求价格弹性。因此，如果两个组别的边际收益相同，即 $P_1[1-(1/|\eta_1|)]=P_2[1-(1/|\eta_2|)]$，则有 $P_1/P_2=[1-(1/|\eta_2|)]/[1-(1/|\eta_1|)]$。

能够看出如果两组别价格弹性相同，则价格歧视就没有必要，因为 $|\eta_1|=|\eta_2|$，意味着$P_1=P_2$。而且，如果价格歧视可行，则需求缺乏弹性（绝对值低）类别的价格较高。

下面转向更加实际的情况，管理者必须决定总产量，显然，他们必须关注差别，即两个组别的需求。当全部产量的边际成本等于两个组别边际收益的共同值时，管理者就将获得最优利润。此时，企业的利润等于：

$$\pi=TR_1+TR_2-TC$$

其中，TR_1为组别 1 的总收益，TR_2为组别 2 的总收益，而 TC 为总成本。总成本是生产和销售的商品的总量（Q）的函数，并给组别 1 分配 Q_1，给组别 2 分配 Q_2。

垄断者有两种产量选择，当 $\Delta\pi/\Delta Q_1=0$ 和 $\Delta\pi/\Delta Q_2=0$ 时，可实现利润最大化。注意，$\Delta\pi/\Delta Q_1=(\Delta TR_1/\Delta Q_1)-(\Delta TC/\Delta Q_1)=0$ 且 $\Delta TR_2/\Delta Q_1=0$，因为组别 2 的收益独立于组别 1 的销售量。同样，$\Delta\pi/\Delta Q_2=(\Delta TR_2/\Delta Q_2)-(\Delta TC/\Delta Q_2)=0$ 且 $\Delta TR_1/\Delta Q_2=0$，因为组别 1 的收益独立于组别 2 的销售量。上述两个关系可重新写成：

$$\Delta\pi/\Delta Q_1=MR_1-MC=0$$
$$\Delta\pi/\Delta Q_2=MR_2-MC=0 \qquad (9.2)$$

注意，$\Delta TC/\Delta Q_1$ 和 $\Delta TC/\Delta Q_2$ 都等于 MC（而不是 MC_1或 MC_2），因为工厂管理者只知道当多生产一单位产品时成本会增加，而把商品分成组别 1 和组别 2 的决定是市场或销售部门的工作。

定量方法

当 $\partial\pi/\partial Q_1=0$ 和 $\partial\pi/\partial Q_2=0$ 时，可以实现利润最大化。当只有一种商品产量发生变化而另外一种没有时，可以使用偏导数。注意，$\partial\pi/\partial Q_1=(\partial TR_1/\partial Q_1)-(\partial TC/\partial Q_1)=0$ 且 $\partial TR_2/\partial Q_1=0$，因为组别 2 的收益独立于组别 1 的销售量。同样，$\partial\pi/\partial Q_2=(\partial TR_2/\partial Q_2)-(\partial TC/\partial Q_2)=0$ 且 $\partial TR_1/\partial Q_2=0$，因为组别 1 的收益独立于组别 2 的销售量。

（9.2）式表明，若要实现利润最大化，管理者必须选择产量以保证 $MR_1=MC$ 和 $MR_2=MC$，也就是 $MR_1=MR_2=MC$。假设有 n 个组别的需求者，利润最大化法则就变成：$MR_1=MR_2=\cdots=MR_n=MC$。为了说明两种组别的情况，考察图 9—3，其中，D_1 是组别 1 的需求曲线，D_2 是组别 2 的需求曲线；R_1 是组别 1 的边际收益曲线，R_2 是组别 2 的边际收益曲线；以及企业的边际成本曲线。把两条边际收益曲线水平加总就得到曲线 G，这条曲线表示，对每个边际收益水平，能够将每个组别的边际收益维持在这一水平上的总产量。因为边际成本必须等于从每个组别获得的边际收益的共同值，所以最优产量在图中就是曲线 G 与边际成本曲线的交点对应的产量 Q。如果实际情况并非如此，那么还可以通过增加产量（若边际成本小于边际收益）或减少产量（若边际成本大于边际收益）来增加利润。因此，管理者会生产 Q 单位产量，然后在组别 1 销售 Q_1 单位产量，而在组别 2 销售 Q_2 单位产量。组别 1 的市场价格为 P_1，而组别 2 的市场价格为 P_2。这种价格歧视带来的利润将高于企业在两种市场制定相同的价格所带来的利润。

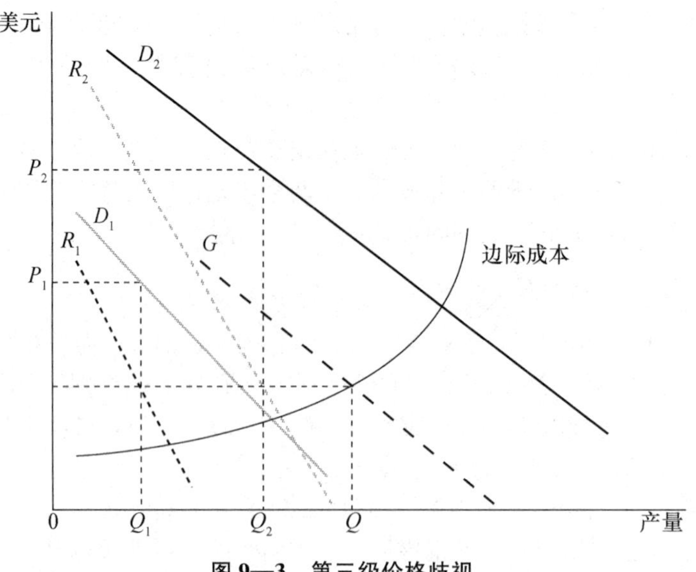

图 9—3　第三级价格歧视

注：为实现利润最大化，企业的产量应设定在 Q 个单位，并将组别 1 的市场价格定为 P_1，将组别 2 的市场价格定为 P_2。

战略环节 ☞

游乐园里，米老鼠的定价

去游乐场所通常意味着接受那里的定价（也许包括去公园里热门景点的额外收费），事实也的确是那样。价格是透明的。不过，你现在需要一个积分卡以便知道怎么玩以及什么价格合适。尽管在“9·11”之后，游客人数开始下降，但大多数公园还是提高了门票的基础价格。

一般来讲，门票是进入一家公园的最高收费。对于通过网络购买并打印门票的购买者有着 17%～27%的折扣。有公园对细心的买家提供更多的折扣。例如，加利福尼亚的纳氏草莓乐园的门票是 43 美元，网上售价是 35 美元，而在“所有人都能吃烧烤日”的门票则为 28.95 美元。弗吉尼亚州里士满北部的国王统治公园的门票是 43.99 美元，网上售价是 34.99 美元，若提前 4 天购票则只需 29.99 美元。加利福尼亚的 5 家竞争性公园（包括迪士尼和纳氏）联合销售城市通票，以较大的折扣允许游客进入这 5 家公园中的任何一家。一般来讲，多日游览票和年票也只能在网上购买。

有些折扣则与成本有关。由于不必在门口设置额外的售票人员以及消除了在门口排队购票而惹恼游客的可能性，在线购票为公园节约了成本。

公园也正在开发其他类型的门票。例如，有些人并不想利用公园的优惠政策而宁愿看见别人享受这一优惠——比如爷爷奶奶们，他们更乐意看见孙子孙女们享受这样的优惠而自己不肯坐“叛军之吼”过山车。全票价可能会吓跑来公园门口看一看的游客，而降低了价格的门票却可能意味着额外的利润，因为无须投入过多的成本。低票价可能有助于卖出更高的加成特价票和纪念品，也可能吸引本不想出门的家庭全家都到公园游玩。

很多不同的定价结构都是基于成本和需求而制定的。

资料来源：Eleena De Lisser, “A New Twist in Theme Park Pricing,” *The Wall Street Journal*, June 24, 2004, at online. wsj. com/article/SB108802974024445871. html.

收益管理和航空公司业绩

最近一份调查报告显示，收益管理是航空公司盈利的一个主要因素。运用收益管理模型，美国航空公司的管理者在 3 年里节约了 10 亿美元。收益管理模型是一个很好的例子，它可以证明仅有几个变量的数学模型，也能够明显地反映出社会结构的复杂性。模型显示了管理者的智慧结晶是如何为公司创造利润的。

收益管理模型是一种复杂的定价机制。它可以动态地体现出价格对顾客行为的反应。在任何时候，都有与不同价格相对应的若干种座位等级。每种价位通过实时需求预测模型来确定，这种模型能够先分析市场行为，然后优化定价行为。公司的定价像是第三级价格歧视。

通过简化处理，模型能够处理现实的复杂性——好像生活本该如此简单。收益管理模型只关注几个关键变量而忽略其他因素，大多数集中在超额预订、折扣分配以及交通管理等方面。管理者通过模型观察一项复杂定价和路线组合之间可以带来多大的潜在收益。

以超额预订为例。由于有些顾客从不履行他们的预订，所以航空公司必须多接受一些座位预订。如果航空公司不这么做，那么一些原本按照预订需求（顾客行为）可以满仓飞行的航班就会出现空位。因此，管理者要构建模型，使在更多顾客带来的收入增加与让超额乘客搭乘下一趟航班（理想状况）的成本之间保持平衡。

对这种情况建模并不容易。显然，超额预订过于普遍就会涉及信誉成本，这也会带来实际的经济成本。而对超额预订导致的不允许登机的乘客必须给予赔偿，如很多乘客可以得到日后乘机的折扣优惠券，而对有些乘客则必须向其提供餐饮和酒店住宿。

通过构建模型，管理者可以实现预期净收益最大化。最佳的超额预订规则是：飞机上再多出一位乘客所带来的预期边际收益等于再多一位乘客所引发的边际成本。实际的选择反映了对顾客满意度的关注，所以它要受到很多因素的制约。

运用相似的价格决策规则，也可用其他变量来建立模型。例如，在折扣分配模型中，目标是对特定价格机票需求的预期边际收益与所有其他价格机票的预期边际收益进行平衡。为了理解模型的复杂性，我们需要把包括机票全部售出的各种可能性考虑进去，将这些可能性运用在折扣模型中，并预测顾客是否会在不提供低价机票的情况下仍购买高价机票。

运用这些模型需要能够进行高效运算的复杂硬件和软件。像 SABRE 那样的信息预订系统构成收益管理的必要一部分。这些系统与市场相联系，它们获得和分析数据的能力使模型可以持续不断地更新价位。同时，它们还可以控制座位存量。

由于航空业竞争激烈，航空公司无法获得由收益管理项目产生的全部剩余。不过，这些项目倒是给航空乘客带来了一些好处：主要是更低的票价与更高效的飞机使用。

资料来源："Yield Management—A Growth Key Driver"; "Airline Ties Profitability Yield to Management," *The Travel Tightwad*, May 28, 2002.

□ 第三类价格歧视的管理应用

最常引用的第三级价格歧视的例子或许是航空公司的机票。实际上，与购买当天的航班或一个星期中特定某天的机票相比，航空公司常常向提前购票的人收取相对较低的票价。不过，如果取消或改变行程，就会对低票价者有一个惩罚性罚金。一个提供的服务相同但票价不同的例子是，2011 年的相同日期，从纽约到旧金山的往返旅游机票的价格从 580 美元～674 美元不等。

产生这种价格歧视的原因之一在于，对商务旅行的需求价格弹性远远低于对假期旅行的需求价格弹性。商务旅客经常必须尽快地在特定时间与委托人、供应商和其他相关人员见面，所以无论机票价格是多少（只要在合理的范围内），很多这样的航行都是值得的。而假期旅客在时间安排上比较灵活，而且他们对机票价格的细微差别也很敏感。从前面的讨论来看，为实现利润最大化，航空公司的管理者更愿意对商务旅客收取比假期旅客更高的价格。这也受刚刚提到的价格歧视的影响，因为商务旅客与假期旅客相比，不愿意提前购买机票，而且他们更注重能够灵活地调整其飞行时间。

与此同时，值得注意的是，如果需求是可以预测的（可以更好地安排设备和人员），那么航空公司就可以降低成本；如果旅行者提前订票，他们则会节省支出。而且，如果机票不可退，显然航空公司会从中获取比可退机票更多的利益，即使换机票的罚金费用相对较少。

最近几年，企业家已逐渐采用一种商业模式，它可以衡量某些航空公司实施第三级价格歧视的能力。网络公司，如探索公司，不断地从航空公司的数据库中搜寻便宜的机票。消费者通过探索公司及其竞争者，比如特价机票网或者速旅公司比较票价。这些额外的信息可以帮助消费者购买到比航空公司直接出售更便宜的机票。然而，事情并非总是如此。除了便宜外，消费者却必须花费时间去网站查询。由于航空公司经常更新票价，如果上述网站没有及时更新数据库，消费者就不可能买到最便宜的机票。最近对网上两家出售机票的公司进行搜索，几秒钟内两个网站显示的从费城到印度海德巴拉德的最低票价竟然相差了 500 美元。因为航空公司把座位放到网站上去销售，所以这还属于航空公司的管理定价计划（然而，如果这些网站不存在，该计划也会有所不同）。除此之外，有些网站采取的更像是第一级价格歧视。消费者被要求讲明自己的目标价格（假如是 X），如果价格在线公司的座位成本是价格 Y（低于 X），那么管理者就创造了剩余 $X-Y$。

9.3 使用赠券和折扣来实施价格歧视

管理者能够实施价格歧视的一种方法是使用赠券和折扣。基本上这些方法都能够降低商品的价格。但为什么管理者不简单地降低价格呢？主要是因为赠券是用来实施价格歧视的。不是所有的消费者都会使用赠券。2010 年，美国发放的 3 320 亿张赠券中，只回收了 33 亿张。同年，有 78.3%的消费者称自己使用了赠券。[1] 这一部分需求对价格更敏感，它位于需求曲线上富有弹性的部分。管理者之所以使用赠券和折扣来实行价格

① Santella and Associates, *Coupon Trends Report*, 2011, www.santella.com/Trends.html.

歧视，是因为其他消费者（位于需求曲线上缺乏弹性的部分）愿意支付更高的价格，也就是说，不使用赠券来购买商品。

通过估算需求弹性，管理者能够明确赠券的价格。假设巴尼格特公司在市场上销售一种螃蟹蛋糕。公司的管理者估计市场上存在两类消费者：第一类是较为富裕的消费群体（R），估计其对巴尼格特公司螃蟹蛋糕的价格弹性为$-2(|\eta_R|=2)$；第二类是相对不富有的消费群体（S），估计其对巴尼格特公司螃蟹蛋糕的价格弹性为$-5(|\eta_s|=5)$。公司管理者对产品进行了标价（P），也在报纸上给当地居民发放 X 美元的赠券。在商店销售收据上，每位购买巴尼格特公司螃蟹蛋糕的消费者名义上支付了 P 美元的单价，但销售收据的底部显示，持有赠券的消费者获得了 X 美元的积分。因此，尽管所有消费者名义上都支付了价格 P 美元，但实际上没有赠券的消费者支付了价格 P 美元，而持有赠券的消费者则支付了 $P-X$ 美元。P 和 X 的值是多少呢？根据我们的了解，为了实现利润最大化，每个市场的边际收益都应当相等，反过来，又应当都等于巴尼格特的边际成本（MC）。因此：

$$P[1-(1/|\eta_R|)]=(P-X)[1-(1/|\eta_S|)]=MC$$

假设公司的边际成本不变，是 2 美元，则：

$$MR_R=P[1-(1/2)]=P/2=2=MC,\text{即 } P=4\text{ 美元}$$

而且

$$MR_S=(4-X)[1-(1/5)]=(4-X)(0.8)=2=MC$$

或者

$$3.2-0.8X=2,\text{即 } X=1.5\text{ 美元}$$

管理者应当给螃蟹蛋糕定价为每只 4 美元，且提供价值 1.5 美元的赠券。较为富有的消费者为每只蛋糕支付 4 美元，而相对不富有的消费者则支付 2.5 美元去购买相同的一只蛋糕。弹性较高的消费者（相对不富有的人）使用赠券，而弹性较低的消费者（较为富有的人）不使用赠券。因此，通过发放赠券，管理者可以实行价格歧视（并提高利润）。

战略环节 ☞

第三级价格歧视

为了说明如何运用价格歧视，假定有一家以欧美为主要市场的药品制造商。由于法律限制，其不能在某一国家购买药品再到另一个国家出售。欧洲对药品的需求曲线为：

$$P_E=10-Q_E \tag{9.3}$$

其中，P_E 为欧洲市场价格（美元/磅），Q_E 为药品在欧洲市场的销售量（100 万磅）。而美国对药品的需求曲线为：

$$P_U=20-1.5Q_U \tag{9.4}$$

其中，P_U 为美国市场价格（美元/磅），Q_U 为药品在美国市场的销售量（100 万磅）。生产销往全球药品的总成本为：

$$TC=4+2(Q_E+Q_U) \tag{9.5}$$

来自欧洲与美国的企业总利润 π 为：

$$\begin{aligned}\pi &= P_EQ_E+P_UQ_U-TC\\ &=(10-Q_E)Q_E+(20-1.5Q_U)Q_U-[4+2(Q_E+Q_U)]\\ &=10Q_E-Q_E^2+20Q_U-1.5Q_U^2-4-2Q_E-2Q_U\\ &=-4+8Q_E-Q_E^2+18Q_U-1.5Q_U^2\end{aligned} \tag{9.6}$$

为实现利润最大化，Q_E 和 Q_U 必须满足 $\Delta\pi/\Delta Q_E=0$ 以及 $\Delta\pi/\Delta Q_U=0$。这样，我们就有 $\Delta\pi/\Delta Q_E=8-2Q_E=0$ 以及 $\Delta\pi/\Delta Q_U=18-3Q_U=0$。

解上述方程组，我们发现管理者应当在欧洲销售 400 万磅的药品，而在美国则应当销售 600 万磅的药品。

为求出在欧洲和美国的最优药品价格，我们可在（9.3）式和（9.4）式中用 4 替代 Q_E，用 6 替代 Q_U；结果是，欧洲的药品价格应当为每磅 6 美元，而美国的药品价格应当为每磅 11 美元。将 P_E 和 P_U 的值，以及前面得到的 Q_E 和 Q_U 的值代入（9.6）式，可得到企业的利润为：

$$\pi=-4+8(4)-4^2+18(6)-1.5(6^2)=66$$

即 6 600 万美元。

请注意，如果我们使用前一节介绍的作图法来求解，也将获得同样的结果。不论是作图法还是计算法，其结果都一样。

管理者产生的额外利润是多少？如果价格歧视无法实施（也许因为子市场无法细化或封闭），P_E 就将等于 P_U。令它们都等于 P，从（9.3）式可知 $Q_E=10-P$，而从（9.4）式可知 $Q_U=(1/1.5)(20-P)=(40/3)-(2/3)P$。因此，企业在欧洲和美国的销售总量为：

$$Q=Q_E+Q_U=(30/3)-(3/3)P+(40/3)-(2/3)P=(70/3)-(5/3)P$$

也即[a]：

$$P=14-0.6Q \tag{9.7}$$

当 $P\leqslant10$ 美元，或者当 $Q\geqslant20/3$ 时。（当 $P\geqslant10$ 美元，或者当 $Q\leqslant20/3$ 时，$P=20-1.5Q$，因为，如果价格超过 10 美元，就只有美国购买药品。）管理者的利润为：

$$\begin{aligned}\pi &=PQ-TC=(14-0.6Q)Q-(4+2Q)=14Q-0.6Q^2-4-2Q\\ &=-4+12Q-0.6Q^2\end{aligned} \tag{9.8}$$

由于 $Q=Q_E+Q_U$。

为实现利润最大化，管理者选择的 Q 必须满足 $\Delta\pi/\Delta Q=0$。这样：

$$\Delta\pi/\Delta Q=12-1.2Q。$$

通过对 Q 求解可知，管理者如果不采用价格歧视，他们选择的产量是 1 000 万磅（这与其采用价格歧视的产量一样[b]）。将 10 替换掉（9.7）式和（9.8）式中的 Q，可得：

$P=14-0.6(10)=8$ 美元

$\pi=-4+12(10)-0.6(10^2)=56$

由此可见，如果企业不实行价格歧视，其利润为 5 600 万美元，而实行价格歧视的利润为 6 600 万美元。

在两种定价方案下，产量均为 1 000 万磅，并且两者的生产成本均为 $4+2(10)=24$ 美元。所以，当没有价格歧视时，总收益为 80(=64+16)；而在有价格歧视时，总收益为 90（=66+24）美元。在不存在价格歧视的情况下，每单位产出的平均收益恰好等于价格（80/10=8 美元）；但在存在价格歧视的情况下，每单位产出的平均收益为 9(=90/10=9）美元。第三级价格歧视使利润增加的原因在于，它将平均收益提高到需求曲线上与给定产量相对应的价格之上。

如果细化与封闭市场是可能的但又昂贵的，前面的例子告诉我们管理者将愿意支付细化与封闭市场的两种定价方案的利润的最高差额（但不能更多）——不超过 1 000 万美元。

最后应当注意，当价格为 6 美元时，在欧洲售出的药品为 400 万磅（$Q_E=10-6$）；而当价格为 11 美元时，在美国售出的药品为 600 万磅（$Q_U=(40/3)-(2/3)11$）。同时，应注意，$\Delta Q_E/\Delta P_E=-1$ 且 $\Delta Q_U/\Delta P_U=-2/3$。回顾第 2 章中的弹性：$|\eta|=(P/Q)(\Delta Q/\Delta P)$，可知 $|\eta_E|=(6/4)(|-1|)=|-1.5|$ 和 $|\eta_U|=(11/6)(|-2/3|)=|-1.22|$。因此，对于缺乏弹性的需求者来讲，价格上升（从 8 美元到 11 美元）；而对于富有弹性的需求者来讲，价格下降（从 8 美元到 6 美元）——正如（9.1）式所预期的那样。

a. 也就是说，$(5/3)P=(70/3)-(3/3)Q$，或者 $5P=70-3Q$，或者 $P=14-0.6Q$。

b. 如果需求曲线为曲线形状，第三级价格歧视者与单一价格垄断者的产量不必相同，但所有市场中的价格都可能下降。

定量方法

通过设定 $\partial\pi/\partial Q_E=0$ 和 $\partial\pi/\partial Q_U=0$ 将实现利润最大化，因此，有 $\partial\pi/\partial Q_E=8-2Q_E=0$ 和 $\partial\pi/\partial Q_U=18-3Q_U=0$。

定量方法

切线法：

通过设定 $d\pi/dQ=0$ 将实现利润最大化，因此，有 $d\pi/dQ=12-1.2Q$。

9.4 高峰定价

对商品或服务的需求可能会随着每天、每周或每年中的时间不同而改变。例如，对高速公路和运输服务的需求在早晨和晚上的上、下班高峰是最高的，在中午则较低，而在午夜也很低。通往旅游胜地的道路需求，周末比工作日要高。在二月份，游人对迈阿密海滨酒店的需求也比美国各地气候都很暖和的时候要高出很多，因为二月份的美国北部还很冷。

因为在需求周期内，伴随这些需求时间的差异，生产能力不会发生变化，所以管理者在这些不同的需求条件下，应当在需求高峰期（高峰价格$=P_P$）和低谷期（低谷价格$=P_T$）收取不同的费用，而遵循的法则是边际收益等于边际成本。然而，在高峰时期与低谷时期的服务需求曲线不同，故边际收益曲线也不相同。高峰时期的边际成本通常很高，因为供应商在其生产能力水平上或在生产能力水平附近进行生产；低谷时期的边际成本通常很低，因为出现了过剩的产能。需要注意的是，这与第三级价格歧视不同。虽然高峰定价与第三级价格歧视对每个需求类别有着各自的边际收益，但是在第三级价格歧视条件下，不同需求类别却同时面临相同的供给者生产能力。因此，第三级价格歧视中的边际成本是 Q_1+Q_2 的函数，也就是说，这两类需求在影响边际成本方面是相互依赖的。但是在跨期需求案例中，需求者在不同时期使用不同的生产能力。因此，对于 Q_1 和 Q_2，各自存在独立的边际成本，也就是说，需求与其对边际成本的影响是相互独立的。第三级价格歧视的最优解是 $MR_1(Q_1)=MR_2(Q_2)=MC(Q_1+Q_2)$，而高峰定价的最优解为 $MR_1(Q_1)=MC_1(Q_1)$ 和 $MR_2(Q_2)=MC_2(Q_2)$。括号代表函数。这些情况在图 9—4 中有所体现。

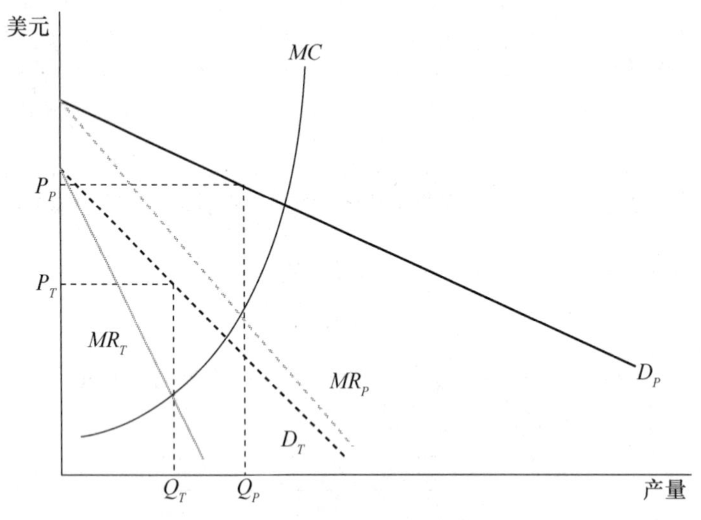

图 9—4 高峰和低谷价格的确定

注：当企业边际成本等于其高峰边际收益时，可以确定最优高峰价格（P_P）；当企业边际成本等于其低谷边际收益时，可以确定最优低谷价格（P_T）。

战略环节 ☞

未来就是现在：超级杯票价的未来市场

你支持的球队将要参加超级杯比赛，你也很想去。你可以在比赛之前买票，但是，直到他们赢得了联盟冠军赛（而且你也只对自己支持球队的比赛感兴趣），你才知道球队比赛的情况。于是你想上网看看能否在易趣网上购买到球票，或者找一个票券经纪人，或者找球场外的黄牛党。你也许在知晓谁将是上场队员之前，就已经购买了球票；当发现自己喜爱的球队没有比赛后，你也许会在易趣网上卖掉球票。

但是对你来说已经出现了一个新市场。商品出现在未来市场中已有若干年。现在就已经出现了一个超级杯比赛球票的未来市场。在该市场中，买家和卖家都能够锁定价格并减少不确定性。如果你一直等待自己支持的球队作出决定，你将不会知道球票的价格。

2006 年，Yoonew. com、TicketReserve. com 和 SuperbowlOption. com 三家网站出售了当年超级杯的未来购买权。一位客户支付 X 美元购买了某场比赛的球票购买权。如果他们的球队参加超级杯比赛，就可以获得这张球票；但如果球队没有参加比赛，购买权就将无效。这个未来合约专门针对一家球队，所以基于球队参加超级杯的可能性大小，不同球队的票价也不尽相同。随着获得更多的信息变成可能，价格也随之改变。例如，如果一支球队获得分赛区的冠军，那么就将保证它在决赛中的位置（并提高了参加超级杯的可能性）。这还可以提高球队购买权的价格。如果球队赢得了分区决赛首轮的比赛，则向超级杯比赛又前进了一步，也提高了球队购买权的价格。如果球队赢得了分区决赛第二轮的比赛，那么就进入了超级杯的比赛。之后，基于球迷观看比赛的综合需求，购买权的价值还会发生变化（而供给是不变的——体育场的容量固定）。有数据显示，博天堂的赌博胜算中有 96%是由于购买权市场价格的变动。

艾伦·克鲁格，一位来自普林斯顿的经济学家，就市场如何运作问题给出了如下例子。假设一位球迷的球队参加超级杯比赛的概率是 10%，未来合约的价值为 250 美元，尽管超级杯参赛队的公认票价为 2 500 美元。请注意，一张面值为 2 500 美元的球票的预期价值为 250 美元（0.1×2 500 美元）。假设一位风险偏好型球迷愿意支付 2 500 美元去观看他所喜爱的球队的比赛，而一位风险规避型球迷只愿意支付 250 美元去购买未来合约。不仅如此，一位风险规避型球迷愿意为未来合约支付更多。这如同保险政策，球票的未来以超出它们预期价值的加价方式出售，因为它们帮助风险规避者避免了不确定性。

怎样加价？通过购买每支参赛队伍的未来合约，球迷可以保证买到超级杯的球票。这是一个确定性事件。如果球迷是风险中立者，那么，这一确定性事件的价格等于预期比赛期间的球票价格（也就是 2 500 美元）。超出确定性事件价格 2 500 美元的部分就是对抵御风险的市场价值的一种衡量。2006 年的超级杯赛季期间，有关确定性事件票价的加价从 35%～60%不等（但没有超出定期保险中一些产品的风险加成）。然而，随着决赛的临近，加成会剧烈下降。克鲁格猜想：这种情况的发生是因为球迷在赛季早期过高地估计了自己支持的球队在超级杯比赛中的表现。

资料来源：Alan B. Krueger，"Wait Till Next Year，but Lock In the Ticket Price Now，" *New York Times*，February 2，2006，at www. nytimes. com/2006/02/02/business/02scene. html.

战略环节讨论的是电力需求的高峰和低谷。现在考虑公路的情况。得克萨斯交通委员会曾报告，在美国最大的 101 个城镇地区中，驾驶员在 2010 年的交通堵塞中平均要损失 40 小时。① 这说明了某些地方严重的汽车拥堵。最糟糕的地方是华盛顿特区，那里一般的驾驶员可以每年节省 74 小时，如果他们可以行驶在顺畅的道路上——当然以规定的速度行驶。一般地，造成严重交通堵塞的一个常见原因在于道路，而不在于美国的峰谷定价。新加坡从 20 世纪 70 年代开始在中心城市使用峰谷定价。2003 年，英国

① David Schrank and Tim Lomax，*The 2011 Urban Mobility Report* (College Station：Texas Transportation Institute，Texas A & M University，September 2011).

对行驶在伦敦中心的汽车收取 5 英镑（现在为 8 英镑，计划将收费区域扩大）。最初的报告称，交通量下降了 20%。（你是否惊讶于变化的方向？学习过边际经济学后，希望你不要再惊讶了。）加利福尼亚州奥兰治县的国道 91 最近正在建造车道（为保持车道通畅，而采取不同的实时收费），不过仍然可以免费使用现有的车道（交通高峰期汽车每小时行驶10～25 英里）。很多道路系统在高峰期比在非高峰期承载的车辆多出 10 倍以上。然而，很多交通系统对道路系统使用的收费标准并不取决于使用的时间。事实上，许多系统奖励高峰的方法是，与每辆通勤车购买每日单程通行相比，购买每周或每月的通行都会有折扣。因此，一些高峰驾驶者每次行驶的付费要低于非高峰驾驶者——而这正与我们讲述的最优解相反。① 有些系统，比如华盛顿特区的地铁系统，实施的就是峰谷定价。

了解一下跨时期定价的另一个例子。只要是在《纽约时报》上列出的畅销书目，一些消费者就一定会在第一时间购买（如果他们是真正的时髦人士，可能在畅销书被列出之前就已经购买了）。而其他人只有在电影上映后的周末（或在这之后不久）才会去看，比如最新的《哈利·波特》或是《丹尼尔·戴·刘易斯》，他们只能在下次鸡尾酒会上或在水冷却器旁谈论这些早已被别人讨论过的书籍或是电影。这些时髦人士的要求高，因此会为购买硬皮书和首轮电影支付高价。

另外一些人对这些书或是电影虽然同样感兴趣，但却不能接受赶时髦者支付的那种价格。一年之后，畅销书的简装本以精装本 20%～40%的价格出版了。而 6 个月之后，畅销电影的 DVD 版以大约低于首映式票价 1/2 的价格出售（你可以反复观看，当有事要做时可以暂停，当有喜爱的情节时可以回放）。

所以，图书和电影的供应商要认清在其服务的市场中的先行者和跟随者，以及明确如何迎合那些迫不及待的高价接受者与可以等待的低价接受者。

战略环节 ☞

为什么你应当早上三点洗衣服

格特鲁德·斯坦曾写下“玫瑰只是玫瑰而已”的句子。在美国大部分州，一度电就是一度电——但是在佛罗里达州、宾夕法尼亚州、华盛顿州和威斯康星州却不是这样。这些州允许居民选择不同时段的电力定价，即按照一天中的不同时段来确定电费标准。另外，消费者也可以继续沿用传统的电费方案，即全天每一度电的收费标准都一样。在最近的定价方案中，每度电的价格每隔几个小时就有变化（宾夕法尼亚州的一家电力公司，阿勒格尼公司正尝试实行每个小时不同的收费标准）。毫无疑问，在这些州，每逢用电需求的高峰期，每度电的价格就高；而每逢用电需求的低谷期，每度电的价格就低。在很多州，商业和工业用户可以在相当长的一段时期内使用时段定价。

在佛罗里达州，彭萨科拉海湾电力公司对夜晚、周末和假日的每度电定价为 4.2 美分。因为在这些时段，那些从事朝九晚五工作的人不用上班，所以用电需求量比较小。该公司还对工作日下午每度电定价为 10 美分，因为这时人们会大量使用空调，居民和商业用电需求将达到高峰。当电力供给非常紧张时，公司就会启动第三个收费率，即

① 这样的定价策略可能与运输竞争（高速公路系统）在波峰和谷底之间的一个零价格有关。

"临界收费率"，每度电为 30.9 美分。将这些收费标准与其他居民不分时间段、每度电均为 6.3 美分的统一定价进行比较。一位客户估算，通过运用时段定价，他把每年三分之一的用电转移到非高峰时段，这样做每年可节省 600 美元的电费。华盛顿州的普杰峡湾电力公司估计，人们在非高峰时段使用洗碗机可比在高峰时段节省 25%的费用。该公司（全州最大的居民时段用电的供应商）估计，1/3 的用户选择了非高峰时段用电方案，高峰时段的用电需求量已经减少了 5%，这可为能源公司节约一大笔钱。而一旦公司无法承受高峰时段的负荷量，则会在电力网市场中按现货市场利率（价格常常较昂贵）购买所需电力，或者把最低效的那部分能力都用上（价格最昂贵的部分）。为了避免启用这种高价替代法，公司利用价格来限制高峰时段的用电需求量。另外，通过鼓励低谷时段的用电需求，公司也可以更好地利用自己的电力资本。

资料来源：R. Gavin，"Cut Your Electric Bill：Do Laundry at 3 A. M. ，" *The Wall Street Journal*，August 22，2002.

9.5 两段式定价

管理者通常运用**两段式定价**使第一级价格歧视战略得以实施。管理者制定价格以使消费者先支付入场费，后支付其消费每个单位产品的使用费。两段式定价在商业界使用得非常普遍。高尔夫球俱乐部的会员费是入场费，而打完一场高尔夫球的果岭费则是使用费。无线电话使用者被要求先缴纳初始费，然后每个月再缴纳进网使用费。有些人甚至被要求为每一条信息缴费。其他的例子还包括刮胡刀和刀片、健康俱乐部以及计算机打印机等。两段式定价的一个创新性的（赚钱的）实用范例是体育场的个人座位许可证。当体育场正在建设时，球迷们就可以申请个人座位许可证。这是一个固定费用（一般是几千美元），它赋予球迷在观看比赛时的购票权。对于建设成本来讲，这是一笔重要的资金来源。事实上，管理者利用个人座位许可证能够从还没有建好的资产中创造收益。

战略环节 ☞

从加成定价到复杂定价的转变

帕克·汉尼芬公司出品的零件超过了 80 万个。很多（约三分之一）零件实际上是一种缺少或是根本不具备竞争力的类型，那么这些零件该如何定价？在 2001 年之前，定价方法一直是成本加成（生产成本加上 35%的加成）。复杂的计算机模型计算出每个零件的成本，然后加上 35%的加成（它是近似估算，使用某些既定的原则去指导竞争性销售，也便于消费者比较价格）。

相比于公司的最优利润定价，这种定价机会制引发了几种后果。第一，如果帕克提高了效率并降低了成本，则价格会自动下降。如果竞争对手降低其价格或者帕克的降价可以产生更多的商业利润，这样做是有意义的；但如果存在有限竞争，这样做则会损失利润。第二，如果帕克以相同的成本改进了产品，从而使消费者受益，并仍然维持原价，则帕克在提高产品价值的同时一无所获。据摩立特集团的托马斯·纳格尔估计，多达 60%的美国制造业采用成本定价法。

2001 年，当唐·沃什科维兹成为帕克公司的 CEO 时，他决定实施战略定价（基于消费者愿意支付的价格定价，而不是基于生产产品的成本定价）。自从帕克实施了战略定价后，公司的运营收入提高到 2 亿美元，净收入增长到 5.43 亿美元，投资回报率上升到 21%（原来是 7%），而且帕克的股价上涨了 88%（2002—2006 年期间）。

沃什科维兹将公司文化的改变比作拔牙。公司战略定价的副总裁则将其定义为公司基因困境。沃什科维兹不得不解雇一些无法适应新计划的总经理。目前，在公司的 115 个部门中，每家至少有一个定价负责人来实施战略定价。一位负责人把之前的成本加成定价政策描述为一个无人提出为什么的政策，比如为什么不加成 45%。

帕克公司将 80 万个零件分成 5 类。核心产品具有高度竞争性，并有外部参考价格。这类产品的价格下调较小（在某些情况下下降 3%），但也会上升（在某些情况下提高 5%）。B 类与 C 类产品存在某种程度上的差别（从市场角度看）。B 类产品把价值加到消费者身上；价格可提高 0%～5%。C 类产品专门针对某一客户群体，该类产品实际上不存在相似的竞争者；价格可提高 0%～9%。差异化产品体系的制定是为了改善客户的盈利性和生产率，这类产品的价格可提高 0%～25%。而最后一类产品由客户设计，但唯有帕克公司才能够生产，因此价格的上调可超过 25%。

尽管有些客户在上涨的价格面前有些犹豫，但实际上，全部客户都继续追随帕克公司，其主要原因在于帕克公司为客户改进了产品的增值性能。战略定价的运用也影响了帕克公司对新产品开发的思考。现在考虑的一个方向是每种产品产生价格溢价的能力。

随着帕克公司公布财务收入，有人想知道，其他 60%实施成本加成定价的公司正作何感想？

资料来源：Timothy Aeppel，“Seeking Perfect Prices，CEO Tears Up the Rules，” *The Wall Street Journal*，March 27，2007，p. 1.

管理者需要面临的一个决定就是：制定一个合适的预付费与可实现利润最大化的使用费。预付费的设计要能够攫取消费者的剩余价值，这样管理者就可利用它实施第一级价格歧视。乡村俱乐部就是这样一个例子（它实际上采取三段式定价）。在你打一轮高尔夫球之前，你必须申请成为会员。你需要一次性缴纳入会费和期限为一年的年费。你还没有打球，两项费用都已经被确定了，并且与你打几场球无关。在这个意义上，入会费和年费好比是管理者面对的固定成本。但是，如果你希望打一场高尔夫球、被选为会员并且是一位地位显赫的会员，你还必须支付果岭费（即俱乐部提供服务的使用费）。果岭费与管理者的可变成本相似。美食俱乐部、网球俱乐部、健康俱乐部以及娱乐俱乐部都采用了类似的定价策略。在一些游乐园，一种费用（入场费）允许你进入园区内，而在园区内很多旋转木马是不收费的，使用费等于零；而有些旋转木马（最新的和最流行的）通常需要收取额外的使用费。

其他市场的管理者也使用两段式定价。沃尔玛-萨姆俱乐部就是这样一个例子。人们缴纳了会员费之后，就可以在萨姆俱乐部的店铺里购买任何一款商品。另外的一个例子是，据说好事多公司超过 50%的利润都是从它的入场费中赚取的。这种制度对于好事多的顾客也是有利的，因为这意味着每款商品的价格非常接近其边际成本。

许多网络服务供应商也使用此种定价策略。缴纳月租费（入场费）后，你就可以进入网络。然后，每次在线时你都要缴纳费用（使用费）。在许多情况下，使用费在前 X 分钟内是免费的，一旦超出这 X 分钟，每分钟都要支付一定的使用费。

我们用一个简单的例子来说明这种定价原则。假设某一服务的所有需求者都是一样的；每个需求者的需求曲线都相同。也就是说，他们有着相同的偏好。我们假设需求曲线是线性的：$P=a-bQ$，其中，P 为每件商品的价格，Q 为在价格为 P 时该商品的需求量。另外，我们假设管理者有着固定的产品边际成本。

为获取最大利润，最优两段式定价要求使用费等于边际成本，由此产生的消费者剩余作为入场费的标准定价。考察图 9—5 中的情形。使用费（P^*）等于边际成本（MC）。在点 P^* 处，需求者将消费 Q^* 单位的产品，而产生的消费者剩余 A^* 则是最优入场费。① 使用费包括了当边际成本固定时为客户服务花费的企业可变成本（因为 $MC=AVC$ 以及 $(AVC)Q^*=VC$），并且服务客户的可变成本利润是 $A^*+P^*Q^*-(AVC)Q^*=A^*$（因为 $AVC=P^*$）。用 A^* 乘以需求者的数量再减去企业的固定成本就得到了企业的利润。

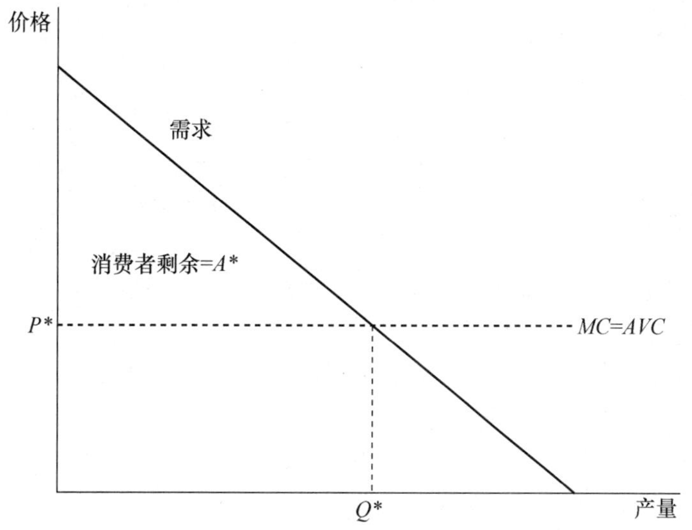

图 9—5　当所有需求者都相同时的最优两段式定价

注：当所有需求者都相同时，最优两段式定价是指等于边际成本（$P^*=MC$）的使用费和从该使用费中产生的等于消费者剩余（A^*）的入场费。

战略环节 ☞

使球迷支付两次：体育球队的个人座位许可证

夏洛特，位于北卡罗来纳州，是一座运动之城，它现在成为美国东南部的银行业中心。其他城市如果也想让自己的名字出现在地图上，有一个方法是获得职业运动的特许权。夏洛特城帮助夏洛特黑豹队争取到了美国全国橄榄球联赛的举办权，不过，它需要建造一个大型露天运动场。怎样才能为如此庞大的资本支出筹措资金呢？

人们向麦克斯·米雷曼咨询。此时的夏洛特城正为它的新球队兴奋，球迷也很支持新球队。米雷曼建议黑豹队可以通过出售个人座位许可证来筹集建造新运动场的资金。

① 从严格意义上讲，$A^*-\varepsilon$ 会打破消费者加入与不加入的无差异性。本章余下部分用 A^* 代表 $A^*-\varepsilon$。

他主张，球迷只有购买一张个人座位许可证才能购买观看黑豹队比赛的门票。个人座位许可证相当于入场费，而球赛门票的价格则是使用费。

事实上，球迷对许可证的需求非常大；出售的价格反映了球迷想拥有座位的意愿。一张个人座位许可证的平均价格是2 400美元。黑豹队售出了62 500张许可证。在进入运动场正式比赛前球队就获得了1.49亿美元的收入。这1.49亿美元的消费者剩余是球迷为了获得购买球赛门票的权利而愿意支付的费用。在获得许可证后，持有者购买的黑豹队与其他橄榄球队赛事的门票并无差异。最大的不同是，其他球队没有获得像黑豹队那样的消费者剩余。

为建造新体育场和改造已有体育场而筹资的许可证方法的使用正日益增多。新泽西州的价值16亿美元、由纽约喷气机队与纽约巨人队共享的体育场正在建造。尽管没有公开声明，但实际上所有的评论员和球迷都期待两支队伍运用许可证去帮助筹资建造体育场。如果他们出售许可证，那么可预计，俱乐部的9 200个座位（低于高端座位的级别）以及其他类型的座位一起，都将作为个人座位许可证而被出售。自20世纪90年代开始，全美橄榄球联赛的12支球队都使用了个人座位许可证，并在这一过程中筹集了大约9亿美元。费城鹰之队出售了2.9万张这样的许可证，价格从1 800美元至3 700美元不等，并为他们的新体育场筹集到7 000万美元的资金。达拉斯为它仍在建造中的体育场卖出了一张价值15万美元的许可证，而达拉斯其他高端座位的单张许可证则卖到1.6万美元、3.5万美元、5万美元以及10万美元。负责小牛队销售与营销的资深副总裁曾说过："那正是市场才能够拥有的内在感觉"，也是价格歧视包含的全部。4个月内，达拉斯的许可证卖出了一半。据估计，小牛队能够筹集到3亿美元。芝加哥公牛队售出了45%的座位许可证，且其最高价格为1万美元；而余下55%的座位则不属于个人许可证的出售范围。

尽管由于存在着活跃的转售市场，而使得有些球迷抱怨许可证，但其他的球迷（在城市中，观赛者的人数和对球票的需求都很高）仍将许可证视为正在升值的资产。有些芝加哥球迷（其中的55%不必购买许可证）支持公牛队并要求他们的座位被赋予许可权。公牛队这样做了。许可证正以很多方式被转售。一种方法是利用Seasonticketrights.com网站。该网站的创始人报告称，转售公牛队许可证的平均收益大约有8 300美元（这表示公牛队有意调低了他们的许可证价格）。为了说明球迷的保留价格比现有的票价高，我们用一位球迷的观点来结束本文。现在为每场球赛的球票支付80美元的一位巨人队球迷讲道："不管有没有许可证，我都将购买球票。但现在我会付钱购买许可证吗？不。"但他说将来也许会购买许可证。

资料来源：F. Klein，"Growing Plague：Buying the Right to Buy a Ticket，" *The Wall Street Journal*，September 26，1996；and Richard Sandomir，"Jets and Giants Fans May Pay for the Right to Pay for Tickets，" *New York Times*，March 22，2008，at www.nytimes.com/2008/03/22/sports/football/22seat.html? scp=1&sq="jets+and+giants+fans+may+pay+for+the+right+to+pay+for+tickets"&st=nyt.

战略环节

好事多与两段式定价

"人们曾嘲笑一种理念，一种向来到你的仓储商店购物的人收费的理念，但是我们每年的会员年费却高达 10 亿美元。”乔尔·贝诺利尔，好事多的一位资深副总裁讲道。在美国和加拿大，好事多的会员已经超过 2 400 万人。现在，每个人、每个家庭或每家公司的会员年费是 50 美元，而执行会员（可享受其他服务）的年费为 100 美元。请注意，2 400 万名会员，每人收取年费 50 美元，则总计有 12 亿美元，又因为其中还包含执行会员，那么 12 亿美元就只是个保守估计。

史蒂夫·霍克，沃顿商学院的营销学教授，声称好事多的大部分利润都来自会员的年费（入场费）。不过，利润还来自每款商品的成本加成。这里也存在着规模优势：好事多的会员越多，好事多售出的商品数量就越多。更大的购买力让好事多能够以更低的成本获得商品，从而以更低的价格供给商品。

资料来源：Julie Bick，“24 Rolls of Toilet Paper，a Tub of Salsa，and a Plasma TV，” *New York Times*，January 28，2007，at www.nytimes.com/2007/01/28/business/yourmoney/28costco.html?scp=1&sq=“24+rolls+of+toilet+paper”&st=nyt.

直观上讲，两段式定价使得管理者成为第一级价格歧视者。管理者通过入场费攫取了全部的消费者剩余并将其转化为生产者剩余（可变成本利润）。需要注意的是，管理者将持续生产直至价格等于边际成本。

对管理者来讲，实施两段式定价要比第一级价格歧视简单，因为他们无须对每单位商品向不同的消费者索要不同的价格。这种定价策略还提供给管理者两个好处。第一，入场费在需求初始阶段就可获得；而第一级价格歧视则需在顾客消费产品或享受服务时才可获得。先获得的收益要比后期获得的同样的收益更值钱。第二，尽管大多数管理者意识到产品有时价值较高（经过明尼苏达漫长冬季后的一场高尔夫球赛），而有时产品对消费者来讲价值又较低（大雨过后的一场高尔夫球赛），他们还是无法确定消费者个体的保留价格。运用两段式定价，一个管理者所必须了解的全部就是在整个需求阶段，消费者的保留价格肯定会发生变动。通过运用两段式定价策略，管理者无须再担心这种变动，因为他们已经从入场费中获得了消费者的全部剩余。

管理者也会通过两段式定价揭示消费者的偏好。由于诱使消费者展现他们需求函数的成本非常昂贵，很多管理者为消费者提供了一个定价菜单。考虑无线电话产业的例子，管理者为消费者提供了月租费和使用费不同的价格方案。消费者会选择自认为对其本身最优的价格方案；因此也就显示了他们的偏好。

□ 边际成本递增的两段式定价

如果边际成本递增而不是固定的，那么管理者又该如何呢？最佳规则仍然相同：制定与边际成本相等的使用费与由此产生的与消费者剩余相等的入场费。这里唯一的不同是，相对于不变的边际成本，管理者要意识到来自使用费（图中的 X^*）和入场费的额外利润，如图 9—6 所示。

按照 P^* 收取使用费的结果是售出 Q^* 单位商品，由此产生的收益是 $P^*Q^*=X^*+Y^*$。而出售给消费者 Q^* 单位商品的可变成本是边际成本下方的区域 Y^*。因此，使用费的收益比服务客户的可变成本要高。而且，管理者从使用费为 X^* 的客户服务中获取了可变成本利润，入场费则从使用费为 P^* 产生的消费者剩余（也就是 A^*）中获取。可见，服务这位客户的可变成本利润为 A^*+X^*。

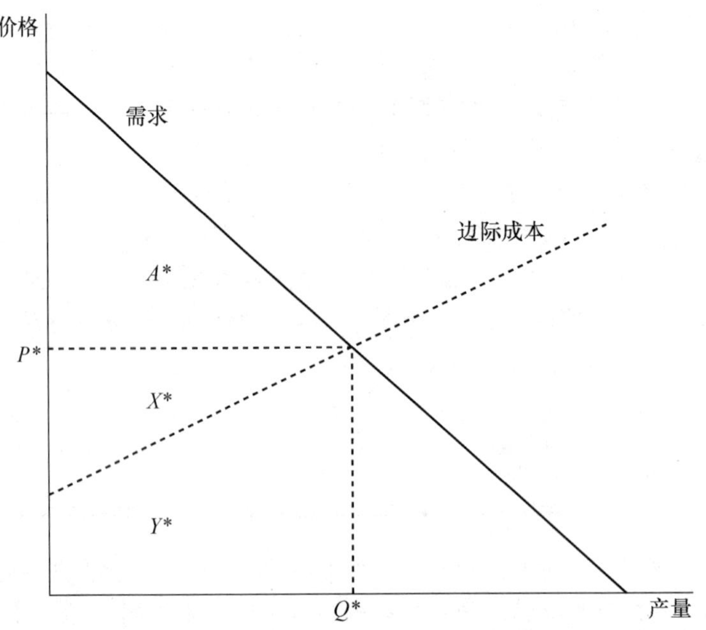

图 9—6 边际成本递增的最佳两段式定价

注：最优两段式定价按边际成本收取使用费 P^*，并按照由此产生的消费者剩余 A^* 收取入场费。因为企业的使用收益超过了它的可变成本 Y^*，企业的可变成本利润现在为 A^*+X^*。

战略环节

威瑞森电信的当地话费设计方案

电信服务是两段式定价的经典例子。用户每个月都要为获得拨号权向电信公司支付一定的费用，无论当月接听或拨出的电话是 0 个、10 个或几百个，用户都要支付这笔费用。这是获得电信服务的入场费（当然我们也可以通过使用街上的付费电话而省下这笔费用，虽然拨出电话的使用费要贵一点）。

电信公司的管理者在复杂定价策略的运用上变得越来越成熟。以威瑞森电信在新泽西州当地的通话设计方案为例。由于威瑞森的管理者不是十分清楚个体消费者的需求曲线，因此为消费者提供了一整套定价方案，从而了解消费者的偏好。尽管大部分方案主要是两段式定价，但管理者把这种定价策略与捆绑策略和价格歧视结合起来运用。

2008 年，威瑞森在新泽西州推广了以下当地话费设计方案：

- 低费率服务——每月 5.20 美元：用户每月可免费拨打 20 次电话，超出的部分每次 0.10 美元。当地通话每次 5 分钟。
- 普通费率服务——每月 7.40 美元：用户每月可免费拨打 75 次电话，超出的部分每次 0.065 美元。
- 统一费率服务——每月 8.95 美元：用户每月可以免费不限次拨打当地电话。
- 威瑞森当地服务套餐——每月 25.99 美元：用户每月可以免费不限次拨打当地电话，并且可追加最多三项电信服务。
- 威瑞森当地服务套餐超值版——每月 29.99 美元：用户每月可以免费不限次拨打当地电话，并且可追加四项或四项以上电信服务。
- 威瑞森区域套餐无极限——每月 38.00 美元：用户每月可以免费不限次拨打当地

电话和不限次拨打地区电话，并且可追加最多三项电信服务。

- 威瑞森区域套餐——每月 42.95 美元：用户每月可以不限次拨打当地电话和不限次拨打地区电话，并且可追加五项电信服务，其中包括家庭语音信箱。

特殊功能包括无限次查号服务和呼叫功能。一般功能包括来电显示，三方通话和呼叫等待。

资料来源：www. verizon. com，accessed on March 24，2008.

□ 不同需求曲线的两段式定价

在大多数市场中，消费者的需求函数都是不同的。当市场中存在很多不同类型的需求者时，最优的两段式定价是什么样的呢？考虑这样一个例子：市场中有需求强烈者与需求疲软者。在任意给定价格水平下，需求强烈者比需求疲软者购买的数量要多。管理者至少要考虑使用两段式定价。如果需求强烈者在任意给定的价格水平下，都愿意购买明显过多的产品，那么对他们按照边际成本收取使用费以及按照从中产生的消费者剩余收取入场费，就将获得更多的利润。这种策略从市场中排除了需求疲软者。需求疲软者的消费者剩余要低于需求强烈者的消费者剩余，所以需求疲软者不愿意支付入场费。从这一意义上讲，边际成本（入场费）要高于边际利润（消费者剩余）。管理者经常使用从市场中剔除需求疲软者的定价策略，在单一价格市场中不会出现消费者的保留价格低于市场价格的情况。

战略环节 ☞

两段式定价

让我们给出一个两段式定价的例子。C-帕尔产业的管理者有 100 个相同的个体，每个个体都有一个 $P=10-Q$ 的需求曲线。C-帕尔的固定成本是 500 美元，且生产每单位产品的边际成本固定，是 4 美元。C-帕尔的状况如下图所示。

C-帕尔的管理者向购买单位商品的消费者收取 4 美元（$=MC$）的使用费。消费者购买 6 件商品时，需求函数可写成 $Q=10-P=10-4=6$。C-帕尔的总收益中，一部分来自从每个消费者那里获得的使用费 $P^*Q^*=4$ 美元×6=24 美元，而服务每个消费者的可变成本是 $(AVC)Q^*=4$ 美元×6=24 美元。当每单位产品为 4 美元时，每个消费者的需求量为 6 单位。此时的消费者剩余是 0.5(10−4)6=18 美元，管理者把这个钱称作入场费。从一个消费者身上获得的总收益为 24 美元+18 美元=42 美元，而服务那位消费者的可变成本为 24 美元，由此，C-帕尔向每个顾客提供服务的可变成本利润为 42 美元−24 美元=18 美元，这就是转化为生产者剩余的消费者剩余。因为 100 个个体都是相同的，所以 C-帕尔的总可变成本利润就是 100×18 美元=1 800 美元。由于 C-帕尔的利润是可变成本利润减去固定成本：1 800 美元−500 美元=1 300 美元，所以，C-帕尔的利润就是 1 300 美元。

使用两段式定价的一个易混淆之处就是，当一个需求者把两段式定价视为单一定价时会出现什么情况？假如 C-帕尔的一位消费者支付 7 美元（按照平均水平）购买了一件商品——也就是说，4 美元的使用费与 3 美元（=18 美元/6）的入场费。但是，如果仅仅在每件商品上标出单一售价为 7 美元，那么消费者将只能购买 3 件（$Q=10-P=10-7=3$）商品。从第 3 章推导出的个体需求曲线可看出，此消费者为每件商品付出的费用是 7 美元。实际上，如果商品价格是 7 美元，那么，*C*-帕尔的消费者就只能购买 3 件商品，这个交易无法达成。因为能够购买此商品的唯一途径是先支付 18 美元的入场费，才能获得每单位价格 4 美元的商品购买权。消费者会选择购买 6 件商品，因为这样做所获得的收益与对应发生的成本相等，而这正是两段式定价的精明之处。该策略攫取了全部的消费者剩余（而这一点是单一定价策略所无法实现的）。

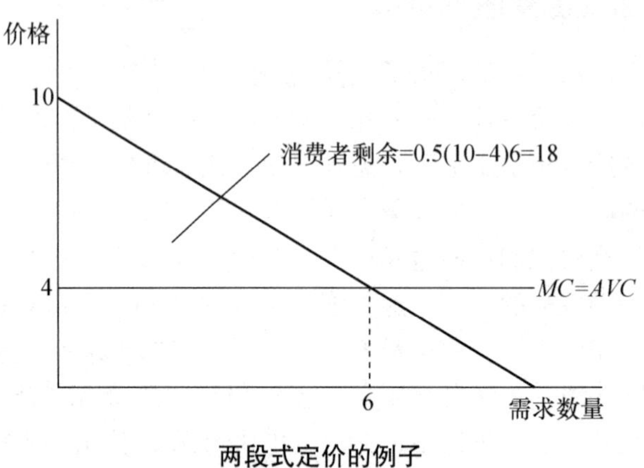

两段式定价的例子

注：*C*-帕尔产业的最优两段式定价为：需要按照每件商品 4 美元（$=MC$）的使用费与 18 美元的入场费标准进行收费。

战略环节

学术院校践行它们所提倡的理念

职业球队已经采用了被称为两段式定价结构的“个人座位许可证”，球迷购买座位许可证，即入场费，它保证球迷有能够购买到球票（使用费）的权利，一些大学的球队，比如加利福尼亚大学伯克利分校球队和堪萨斯大学球队，也变相采用了这种方法。使用个人座位许可证，球票的价格可以每年都有所不同。大学的版本（称为公平座位权）也包括入场费和使用费，但是公平座位权费用保证了其拥有者的使用费（票价）在一定时期内（堪萨斯大学的期限是 10 年，而加利福尼亚大学伯克利分校则为期 30 年）不会上涨。堪萨斯大学的座位权达 10.5 万美元，而加利福尼亚大学伯克利分校的座位权达 22.5 万美元。座位权的支付形式可以是一次性付清，也可以是与抵押相连的分期付款，即像 10.5 万美元的学费就可以采用本金与到期利息的年分期付款方式来完成。

购买者在拥有个人座位许可证期间的好处是什么呢？第一点好处是保证了使用费。第二点好处是购买价格的 70%可以从联邦税收中扣除，因为它被看作是对非营利院校的贡献，堪萨斯大学计划将收益的 20%用于学术研究项目，而将其余的 80%用于运动项目。到 2010 年 3 月份为止，加利福尼亚大学伯克利分校已经售出了 3 000 个座位权中的 1 800 个，共筹集 1.5 亿美元。堪萨斯大学的收益则稍逊色。

职业球队会沿着同样的方向发展吗？它们还没有走得很远。芝加哥小熊队拒绝这一理念，而萨克拉曼多国王棒球队的考虑则与热刺足球队（英超联赛）相同。

资料来源：David Sweet，"Cal's Unique Seat-pricing Concept，" *sportsbizonMSNBC.com*，November 19，2008，at www.msnbc.com/id/27788392/ns/business _ sports _ biz/t/new _ seating _ concept _ could _ net _ cal _ million/#. Ts8P13HWNsQ; and Associated Press，"Colleges Mortgage Top Seats，" March 30，2010，at http://cjonline.com/sports/2010-03-30/colleges _ mortgage _ top _ seats#. Ts8QGXHWNSQ.

与需求疲软者相比，需求强烈者的需求不是很强烈时，可使用另一种定价策略。在这样的市场中，管理者应当设定使用费等于或高于边际成本，入场费等于由此产生的需求疲软者的消费者剩余。此时，管理者不能对需求强烈者使用第一级价格歧视，而这类需求者会获得某些消费者剩余。这一情况参见图 9—7。

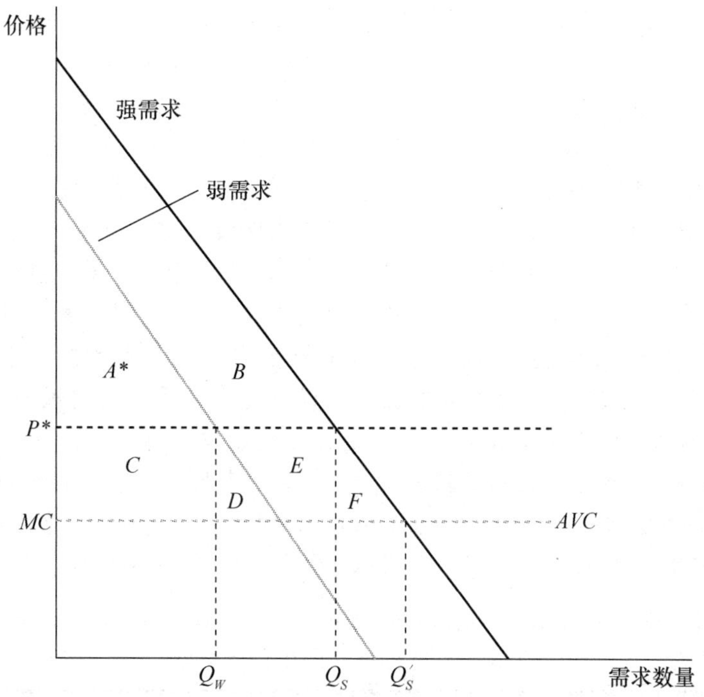

图 9—7　两种需求类型的最佳两段式定价

注：如果从 A^* 到 F 的区域超过了 $2A^*+2C+D+E$ 和 $2A^*+2C+2D$ 中的最大值，应当选择使用费等于边际成本处的产量，入场费等于由此产生的需求强烈者的消费者剩余（从 A^* 到 F 的区域）。而如果 $2A^*+2C+D+E$ 超过从 A^* 到 F 的区域，则应当设定使用费等于 P^*（$>MC$），且入场费应当等于需求疲软者带来的消费者剩余（A^*），或者如果上述条件不变，且 $2A^*+2C+2D$ 超过 $2A^*+2C+D+E$ 时，可设定 $P^*=MC$，并令入场费等于需求疲软者带来的消费者剩余（A^*+C+D）。

如果管理者想要排除需求疲软者，他们应当设定使用费等于边际成本（$=AVC$），而入场费等于需求强烈者带来的消费者剩余。这样，从使用费中获得的收益就等于向需求强烈者提供服务而获得的相应的消费者剩余，而可变成本利润即为入场费（从 A^* 到 F）。如果管理者想要包括需求疲软者，他们就必须选择 P^* 作为使用费，P^* 可使 $2A^*+2C+D+E$ 或者 $2A^*+2C+2D$ 最大化，无论这两者中的哪一个比较大。如果 $P^*>MC$，那么选择 $2A^*+2C+D+E$；而如果 $P^*=MC$，那么选择 $2A^*+2C+2D$。一旦选中 P^*，它就决定了消费者剩余（或者是 A^*，或者是 A^*+C+D）。

战略环节

科学定价——甚至对伟大的艺术品也如此?

很多公司一直在实施科学定价。航空公司已经利用其数据库在起飞之前获悉航班每个小时的预订趋势，并掌握了预订率是如何对不同时段的价格变动作出反应的。公司也关注一些前瞻性的信息，比如会议或是重要体育赛事的召开。隆格药房连锁店与达戈斯蒂诺超市已经为特定产品在特定商店制定了不同的价格（X 商品的价格在不同商店可能会有所不同，尽管这些商店距离很近）。基于民族特色的萨尔萨舞定价必须有别于毕加索这样的大画家的作品定价，难道不是吗?

显然不是，大卫·加伦森，一位芝加哥大学的经济学家（也是艺术品热爱者和收藏者），构建了一个用于解释伟大艺术品价值的模型，而且模型效果非常好。当收集到伟大的艺术家们的作品价格数据之后，加伦森发现了如下规律。年轻的、伟大的艺术家（如高更、毕加索、凡·高）似乎更有领悟力（每当身边发生某些事情时，他们都能够迅速地用油画记录下来）。在研究范围的另一端是年老的、伟大的艺术家（比如塞尚），他们的伟大作品则一般是对早期作品的修改和发展。加伦森声称这一标准同样适用于小说家。

当经济学家掌握了如何根据人们的行为（或是思想）进行建模并用数据进行验证时，行为学家却发现，人类的行为太过复杂而不能用回归方程进行处理。这种考虑在体育界也存在。很多职业运动队都会利用计算机分析每场比赛，并寻找教练在特定情况下发布运动指令的模式，以预测在最近的比赛中教练的行为。除此之外，他们还记录运动员在每场比赛中的表现。例如，他们想知道某棒球运动员 X 是面对左手投手还是右手投手（也就是哪一种投手）的击中结果更好，以及他在有压力的情况下是如何表现的。而老球员常讲赛场上你需要的感觉绝对不是计算机能够告诉你的。一些医生也会拒绝“基于证据的药品”，这里的证据是指诊断与恢复；这些医生更喜欢自己的临床判断。

与此同时，不要轻易对下一个伟大的艺术作品付出高价。老年毕加索的画作较年轻时毕加索的画作，没那么值钱；而塞尚在年轻时所画的作品也不如他成年时期的作品价格高。

资料来源：David Leonhardt，“The Art of Pricing Great Art,” *New York Times*，November 15，2006，at www. nytimes. com/2006/11/15/business/15leonhardt. html.

由于当 $P^* > MC$ 时，两类需求者都愿意支付 P^*，管理者实现的收益是 $2A^*$。来自使用费的收益超过了服务消费者的可变成本。当使用费为 P^*（$>MC$）时，需求疲软者想要 Q_W 单位的商品，而需求强烈者想要 Q_S 单位的产品。区域 C 代表了管理者认为使用费收益来自需求疲软者的可变成本利润，而区域 $C+D+E$ 代表了管理者认为使用费收益来自需求强烈者的可变成本利润。因此，如果 $P^* > MC$，向两类需求者提供服务可获得的总可变成本利润为 $2A^* + 2C + D + E$。

问题环节

不同需求的两段式定价

威尔和戴莲公司有一个需求强烈者（需求曲线为 $P_S = 8 - Q_S$）和一个需求疲软者（需求曲线为 $P_W = 6 - Q_W$）。公司的边际成本固定，是 2 美元。为提高公司价值，管理者正在考察几种两段式定价策略。首先，考虑收取 2 美元的使用费（公司的边际成本）和与需求强烈者带来的消费者剩余等值的入场费。我们能够重新改写需求强烈者的需求曲线 $Q_S=8-P_S$。如果使用费为 2 美元，强需求者将会购买 6 件商品，则产生的消费者剩余为 0.5(8−2)6=18 美元。管理者将其选择为入场费。在这一策略下，管理者获得一个 18 美元的可变成本利润。接下来，管理者的一个考虑是收取 2 美元的使用费和与需求疲软者带来的消费者剩余等值的入场费，因为我们也能重新改写需求疲软者的需求曲线 $Q_W=6-P_W$。如果使用费为 2 美元，弱需求者将会购买 4 件商品，则产生的消费者剩余为 0.5(6−2)4=8 美元。可见，如果以 8 美元作为入场费，两种类型的需求者都会付款，此时公司的可变成本利润将会是 16 美元。

最后，管理者要考虑的一个策略是：收取高于边际成本的使用费和与需求疲软者带来的消费者剩余等值的入场费。但管理者如何选择最优使用费 P^* 呢？如果管理者收取使用费 P^*，则强需求者将购买 $Q_S=8-P^*$ 件商品，弱需求者将购买 $Q_W=6-P^*$ 件商品。因为 $P^*>MC=AVC$，管理者将从其售出（他们共售出 $8-P^*+6-P^*=14-2P^*$ 件商品）的每件商品中得到的可变成本利润为（P^*-2）。从使用费中获得的可变成本利润为（$P^*-2)(14-2P^*)=-2P^{*2}+18P^*-28$。其中，$6-P^*$ 件商品出售给弱需求者，产生的消费者剩余为 $0.5(6-P^*)(6-P^*)=18-6P^*+0.5P^{*2}$。这是入场费；而由于两种类型的需求者都愿意付款，入场费带来的可变成本利润则为 $36-12P^*+P^{*2}$。于是，总可变成本利润为：

$$VC\pi=-2P^{*2}+18P^*-28+36-12P^*+P^{*2}=-P^{*2}+6P^*+8 \qquad (9.9)$$

而当 $\Delta VC\pi/\Delta P^*=0$ 时，总可变成本利润最大。因此：

$$\Delta VC\pi/\Delta P^*=0=-2P^*+6$$

得：$P^*=3$ 美元。

将 $P^*=3$ 美元代入（9.9）式，可得：

$$VC\pi=-(3^2)+6(3)+8=17 \text{ 美元}$$

比较从每一种策略中获得的可变成本利润，管理者选择了仅仅服务强需求者。因为这样可以获取最高的可变成本利润，18 美元[ab]。

管理者又制定了另外一个定价选择策略。假定该公司把价格歧视和两段式定价这两个理念联合运用。当使用费等于边际成本（2 美元）时，他们计算出弱需求者的消费者剩余为 8 美元，而强需求者的消费者剩余是 18 美元。因此，他们提出按边际成本设定使用费，把弱需求者的入场费设定为 8 美元，而将强需求者的入场费设定为 18 美元。使用费不存在价格歧视，但入场费存在价格歧视。

现在考虑一下现实世界中上述定价策略的应用情况。俱乐部里有正式会员、业余会员和初级会员等。每类会员都有一个不同的收费标准和期限。通常，在使用上都会有一定的限制（周三下午当医生打高尔夫球时，也许不是所有会员都可以参加）。但是，你能看出不同等级的会员背后存在什么玄机吗？

a. 如果强需求曲线为 $P_S=7-Q_S$，那么只服务强需求者产生的可变成本利润为 12.5 美元，但如果使用费等于边际成本，那么服务两种类型需求时的可变成本利润为 16 美元。如果使用费（最佳费用为 2.5 美元）超过边际成本，那么，由弱需求者带来的消费者剩余就是入场费（6.125 美元），可变成本利润则为 16.25 美元。这是三种选择中最好的一个。

b. 我们明确给出的情况是 $P^*=MC=2$ 美元，但我们没有必要这么做。如果 $P^*=MC=2$ 美元是利润最大化时的使用费，那么它是可变成本利润方程（9.9）式的最大解。

如果制定的使用费 P^* 等于边际成本，则需求疲软者所带来的消费者剩余为 A^*+C+D。两类需求者都会支付 P^*，而由于使用费等于边际成本（等于平均可变成本），所以使用费不会带来利润。管理者获得的利润只有 $2A^*+2C+2D$。我们必须比较 $2A^*+2C+2D$ 与 $2A^*+2C+D+E$，看看哪一个更大，再来决定使用费（如果能够服务两类需求者）是否超过或等于边际成本。一旦从服务两类需求者中确定了最好的利润，我们还必须比较该利润与单独服务需求强烈者时所获得的利润。当我们用微积分解决这个问题时，需求疲软者的两种计算都无效，而微积分表明，如果管理者服务两类需求者，无论 $P^*>MC$ 还是 $P^*=MC$，都能实现利润最大化。

定量方法

令 $dVC\pi/dP^*=0$，将使得利润最大化。因此，$dVC\pi/dP^*=-2P^*+6=0$

考察管理者最有可能采取的策略：基于入场费的完全价格歧视。管理者向所有需求者收取与边际成本相等的价格。需求疲软者将愿意支付的入场费是 A^*+C+D，需求强烈者将愿意支付的入场费是 $A^*+C+D+B+E+F$。管理者实现的利润是 $2A^*+2C+2D+B+E+F$。全部的消费者剩余都将转化为生产者剩余。我们看到很多管理者都正在使用这一策略。例如，健康俱乐部提供了银、金、白金和钻石等不同级别的会员费。

两段式定价方案可能会相当复杂。如果需求曲线相交，那么所做的分析将比现有的讨论更加复杂。本章的附录介绍了难度较大的情况。幸运的是，可以对复杂情况进行建模，从而把具有不同需求特点的需求者都考虑进来。管理者必须理解由两段式定价导致的潜在利润的增加。几个模型也检验了市场中更为复杂的需求。

小　结

1. 不论将同样的产品按照不同的价格出售，还是将相似的产品按照与边际成本不同比例的价格出售，销售管理者都实施了价格歧视。如果市场中存在具备不同需求价格弹性的各类消费者，这一策略就会成功；市场能够以较低的成本（低于增加的预计收益）识别和细化这些消费者；而且能够封闭市场以防止商品轻易地从一个组别转换到另一个组别。一旦管理者选择使用价格歧视策略，就可以通过配置产量来实现利润最大化，以使产品的边际收益彼此相同并等于总边际成本，这被称作第三级价格歧视。当管理者对销售量的增量按不同比例进行定价时，就会使用第二级价格歧视，通常在最初的销售量增量上收取高价格，然后随着消费者消费量的增加而降低价格。第一级价格歧视把每个商品的价格设定在其保留价格上。这种措施能够获得所有的消费者剩余并把它转化成生产者剩余。正是由于这一点，使该策略成为首选。然而，估计消费者的保留价格非常困难，而且与其他级别的价格歧视相比，该方案的实施更为昂贵。

2. 两段式定价是管理者实施第一级价格歧视的一种方法。在这种方法中，消费者支付“入场费”之后，才有权支付“使用费”，进行真正意义上的购买商品。在最简单的例子中，所有需求者都相同，最优使用费等于产品的边际成本，而入场费则等于由收取使用费而带来的消费者剩余。如果消费者有不同的需求曲线，管理者可以把需求疲软者排除在市场之外，而只对需求强烈者实施前面的方案。或者管理者可以把使用费定在边际成本之上而服务所有的消费者，同时将由这种使用费带来的弱需求者的消费者剩余作为入场费。当向所有消费者收取边际成本作为使用费时，管理者在入场费上实施价格歧视可产生最大化利润。

3. 消费者偏好往往趋向于短暂的变动（以日、周和季度计算）。要计算这些短暂行为的变化，很多时候，管理者在旺季收取高价，而在淡季收取低价（与在整个短暂周期中采取的单一价格不同）。管理者实施最优定价的法则是相关的边际收益等于边际成本。

习 题

1. 瑞吉威公司的管理者生产一种医疗器械，销往日本、欧洲和美国。运输成本在总生产成本中所占的比例可以忽略不计。该产品的价格弹性分别是日本为−4.0，美国为−2.0，而欧洲为−1.33。由于法律限制，产品一旦卖给某个国家的客户，就不能再卖给另一个国家的客户。

（1）公司的营销副总裁建议，该医疗器械在日本的价格应为1 000美元，在美国的价格应为2 000美元，而在欧洲的价格应为3 000美元。评价他的建议。

（2）他的建议被接受了。销售经理向公司总部提交的报告称，器械在美国的销量低于预期水平。评价他们的报告。

（3）经过激烈的讨论之后，美国市场的销售经理同意将价格降到1 500美元。这是一个明智的决定吗？为什么是？为什么不是？

（4）你是否确定管理者能够实现利润最大化？为什么是或为什么不是？

2. 安·麦卡瑟在一家生产滚珠轴承的公司做顾问。公司有两个不同的销售市场，并且这两个市场彼此完全封闭。第一个市场对公司产品的需求曲线为 $P_1=160-Q_1$，其中，P_1 是价格，Q_1 是第一个市场的销售量。第二个市场对公司产品的需求曲线为 $P_2=80-2Q_2$，其中，P_2 是价格，Q_2 是第二个市场的销售量。公司的边际成本曲线为 $5+Q$，其中，Q 是公司的总产出。公司要求麦卡瑟提交一个价格政策。

（1）她应该告诉管理者在第一个市场上销售的产量是多少？

（2）她应该告诉管理者在第二个市场上销售的产量是多少？

（3）管理者在每个市场上制定的价格是多少？

3. 孤星运输公司承运煤炭和制成品。煤炭生产商对其服务的需求曲线为：

$$P_C=495-5Q_C$$

其中，P_C 为煤炭每吨英里的运价（美元），Q_C 为运送煤炭的吨英里数（千）。而制成品生产商对其服务的需求曲线为：

$$P_m=750-10Q_m$$

其中，P_m 为制成品每吨英里的运价（美元），Q_m 为运送制成品的吨英里数（千）。公司的总成本函数为：

$$TC=410+8(Q_C+Q_m)$$

其中，TC 是总成本（千美元）。

（1）管理者运送煤炭应收取的价格是多少？

（2）管理者运送制成品应收取的价格是多少？

（3）如果规制机构要求公司对运送煤炭与运送制成品收取同样的价格，这会减少公司的利润吗？如果会，将减少多少？

4. 电力公司对它们的主要客户群通常收取5～10个不同的价格。大型工业用户支付的均价与住宅用户支付的均价有很大的不同。更进一步说，很多客户支付的电价基于其每天使用的时间。例如，纽约一家大型电力公司，联合爱迪生公司，与加利福尼亚的一家主要的电力公司，太平洋煤气与电力公司，收取的价格如下所示：

公司与用电时间	价格（美分/千瓦时）
联合爱迪生	
8:00—22:00（高峰时段）	27
22:00——8:00（非高峰时段）	4
太平洋煤气与电力	
夏天	
12:00—18:00（高峰时段）	28.3
18:00—12:00（非高峰时段）	9.2
冬天	
12:00—18:00（高峰时段）	11.3
18:00—12:00（非高峰时段）	8.0

电力公司一直用自己最便宜的发电机发电，直到需求上升时才启动成本较高的发电机。所以，在凌晨3点钟，一部成本为每千瓦时2美分的水坝发电机就可以满足需求。然而，在炎热的8月份，电力需求如此之大，以至于电力公司不得不开启它的最昂贵的发电机——也许要开动一个成本是每千瓦时7美分的发电机。

(1) 电力市场中是否出现了价格歧视?

(2) 为什么包括美国纽约公共服务委员会在内的一些州级规制委员会要求为住宅消费者制定一天中相应的用电分时段价格?

(3) 在很多地区，住宅和工业用户往往用电多时支付低价，而不是用电少时支付低价。这是价格歧视吗？如果是，管理者使用的是哪一级价格歧视?

(4) 解释一下为什么电力公司的管理者会使用价格歧视？①

5. 在Oz国的某个城市，有两类网球运动员：男巫和小精灵。男巫和小精灵没有社交往来，所以两类运动员不可能共同创立一个网球俱乐部并且二者都参加。小精灵有信贷能力但是对网球是弱需求者，需求函数如下所示：

$$P_I = 30 - Q_I$$

其中，如果一场比赛的价格是 P_I 的话，Q_I 则是他们愿意参加的比赛场次。

由于他们的信贷能力，他们可以为加入俱乐部支付入场费。

男巫们依靠薪水生活，也能够支付他们参加的每一场比赛的入场费。其需求函数是：

$$P_W = 40 - Q_W$$

其中，如果一场比赛的价格是 P_W 的话，Q_W 则是他们愿意参加的比赛场次。

男巫和小精灵的数目相同（为简单起见，假设每类只有一个）。每支网球队的边际成本不变，都是2。

你如何设计一个网球场地收费标准以吸引男巫或是小精灵（但不是二者都有）。你愿意吸引哪一类客户，每个“人”的利润又是多少?

6. 罗斯福（当地的高档酒吧）的管理者打算在周四的晚上收取入门费。他们正在周密考虑如何收费。存在两种选择：

选择1：仅仅收取饮料费；

① 进一步的讨论，请参见 W. Shepherd and C. Wilcox, *Public Policies toward Business* (Homewood, IL: Irwin, 1979), and *New York Times*, June 9, 1990。

选择 2：收取入场费（进入酒吧的费用）以及收取饮料费。

有两类人群常常光顾酒吧：21 岁以上的普通学生（S）和 21 岁以上有抱负的学生（W）。每个普通学生对饮料的需求函数为：

$$P=8-Q_S$$

其中，如果一份饮料的价格是 P 的话，则 Q_S 是饮料的需求量。每个有抱负的学生对饮料的需求函数是：

$$P=8-2Q_W$$

其中，如果一份饮料的价格是 P，则 Q_W 是饮料的需求量。

提供一份饮料的边际成本不变，都是 2。

为简单起见，假设每类人群中只有一人。罗斯福酒吧必须向所有人收取相同的入场费和相同的饮料费（每份）。销售的饮料不必以整数为计量单位，而价格也不以整数计算。

（1）假设选择 1，实现利润最大化时每份饮料的价格是多少？

（2）假设选择 2，实现利润最大化时两段式定价如何？

（3）罗斯福酒吧最优选择下的利润是多少？

7. 高尔夫球赛的需求强烈者的需求曲线为：

$$P_S=6-Q_S$$

其中，如果一场高尔夫球赛的价格是 P_S，则 Q_S 是强需求者的需求量。需求疲软者的需求曲线为：

$$P_W=4-Q_W$$

其中，如果一场高尔夫球赛的价格是 P_W，则 Q_W 是弱需求者的需求量。

为两类需求者额外提供一场高尔夫球赛的成本固定，都是 2。

每类需求者都只有 1 人。

俱乐部确定的最优定价政策是两段式定价。然而，你的工作是告诉俱乐部能够使其利润最大化的最优入场费和最优使用费。俱乐部不能够对入场费和使用费采取价格歧视。俱乐部的固定成本为 1。

俱乐部的最优入场费和最优使用费是多少？

8. 大学博物馆有两类参观者。一类是大学的职工，另一类是与大学无关的人。大学的所有职工对博物馆的参观需求都相同，可表示为：

$$P_P=30-Q_P\text{（对每一位大学职工）}$$

其中，如果参观价格是 P_P，则 Q_P 是参观者的数量。与大学无关的人对博物馆的年需求量也都相同，可表示为：

$$P_N=100-Q_N\text{（对每一位与大学无关的人员）}$$

其中，如果参观价格是 P_N，则 Q_N 是参观者的数量。博物馆可通过大学职工的 ID 卡来识别相同的大学职工，而与大学无关的人员则没有大学的 ID 卡。

实施两段式定价政策可实现博物馆的利润最大化。

政策 1：

- 大学职工：收取会员年费和每次参观的额外收费（只有大学职工符合年费条件）。
- 与大学无关者：收取每次参观的费用，没有年费。（每次参观的费用与大学职工每次参观的费用不必相同。）

政策 2：

该政策向不同类型的参观者每次收取不同的参观费，但都没有年费。

无论是哪一种参观者，其每次参观博物馆的边际成本固定，都是 6。为简单起见，假设目标人群中只有一名大学职工和一名与大学无关者。

最优政策创造的利润高出另一政策创造的利润多少？

Excel 练习：完全价格歧视

假设垄断者设置的需求曲线为 $P=14-Q$，并向每一位他愿意服务的需求者收取其保留价格。公司的总成本为 $TC=5+2Q+0.5Q^2$，而边际成本为 $MC=2+Q$。我们假设产品以连续的方式生产和销售，也就是说，以非整数的方式计数。

完全价格歧视的需求曲线成为公司的边际收益曲线（如前面所示）。因此，公司将把产量设定在边际收益 MR 等于边际成本 MC 的位置，即：

$$MR=14-Q=2+Q=MC$$

或者　$2Q=12$

即　$Q=6$

则出售给需求者最后一个产品的价格就是保留价格，8。

公司的总收益等于从 $P=14$，$Q=0$ 到 $P=8$，$Q=6$ 的梯形变化，也就是说：

$$TR=0.5\times(14+8)\times6=66$$

公司的总成本为：

$$TC=5+2Q+0.5Q^2=5+2\times6+0.5\times6\times6=5+12+18=35$$

因此，公司的最优利润为：

$$\pi=TR-TC=66-35=31$$

（它实际上比第 8 章中关于垄断的 Excel 练习结果 19 要好得多。）

我们可以运用 Excel 电子表格去完成完全价格歧视内容吗？答案是肯定的。

我们将假设产品只能以整数为单位进行生产和消费。

打开电子表格。在单元格 A1 中输入 14，在单元格 A2 中输入 13，依此类推，直到在单元格 A15 中输入 0 为止。然后在单元格 B1 中输入 0，在单元格 B2 中输入 1，依此类推，直到在单元格 B15 中输入 14 为止。通过 A 列和 B 列，输入了公司的需求曲线。

在单元格 C1 中输入 0，在单元格 C2 中输入＝A2，在单元格 C3 中输入＝C2＋A3。之后单击单元格 C3 的右下角并拖动至单元格 C15。这样，如果采用完全价格歧视，将得到公司在每个产量水平上对应的总收益，也就是说，按需求者的保留价格要价。

在单元格 D2 中输入＝C2－C1，在单元格 D3 中输入＝C3－C2，依此类推。之后单击单元格 D3 的右下角并拖动至单元格 D15。你将得到公司的边际收益曲线。注意，这样得到的结果与 A 列完全一样，也就是说，完全价格歧视垄断者的需求曲线与其边际收益曲线相吻合。

在单元格 E1 中输入＝5，然后单击单元格右下角并拖动至单元格 E15。这列数值是公司的固定成本。

在单元格 F1 中输入＝2 * B1＋0.5 * B1^2，然后单击单元格右下角并拖动至单元格 F15。这列数值是公司的可变成本。

在单元格 G1 中输入＝E1＋F1，然后单击单元格右下角并拖动至单元格 G15。这列数值是公司的总成本。

在单元格 H2 中输入＝G2－G1，然后单击单元格右下角并拖动至单元 H15。这列数值是公司的离散边际成本，每当多生产一单位产品时，这个额外成本便会发生。

从前面可知，公司连续的边际成本是 $MC=2+Q$。为了便于对比，我们将在第 I 列输入连续的边际成本曲线。在单元格 I1 中输入＝2+B1，依此类推，单击单元格右下角并拖动至单元格 I15。注意，两种边际成本是不同的，因为增量的变化（即整数型与连续型）不同，所以连续的边际成本高于离散的边际成本。

第 J 列是我们的目标，即公司的利润。在单元格 J1 中输入＝C1－G1，依此类推，单击单元格右下角并拖动至单元格 J15。然后在第 J 列中查找最大的数值。也可以在单元格 J16 中输入＝MAX(J1：J15)，用于查找最大值。单元格 J7 中的 28 是最大利润，当沿着第 7 行向左看时，你会发现，此时的生产量和销售量是 6 单位（这与上述连续型函数的需求量相同）。

对于连续型情况，当产量为 6 个单位时，边际收益等于 8，边际成本也等于 8。而对于离散型情况，在产出为 6 个单位时，边际收益为 8，而边际成本为 7.5，所以公司希望生产和销售第 6 个产品，因为现金流输入 8 大于现金流输出 7.5。在离散型情况中，由于第 7 个产品的边际成本 8.5 超出了边际收益 7，所以公司的生产不会超过 6 个单位，因为现金流输入 7 低于现金流输出 8.5，公司将不会生产第 7 个单位的产品。

为什么连续型模型的利润（31）与离散型模型的利润（28）不同呢？原因在于产量的变化不同。连续型需求函数是 $P=14-Q$，而离散型需求函数是一个阶梯函数。让我们看一下从产量为 0 到产量 1 时连续型需求函数的变化。在这个需求范围内，总收益是一个梯形面积：

$$TR=0.5\times(14+13)\times1=13.5$$

而离散型需求曲线在对应的需求范围内总收益却是 13（从售出 0 单位产品到售出 1 单位产品时的额外收益），它们相差 0.5。产出 1 个单位与两个单位的额外收益是 0.5，而 2 个单位与 3 个单位的额外收益还是 0.5。直到产出为 6 个单位。出现了 6 个 0.5。可知，$6\times0.5=3$，恰好等于利润差 31－28。

Excel 练习：第三级价格歧视

假设你知道产品的需求由需求强烈者与需求疲软者构成。强需求者的需求曲线为：

$$P_S=14-Q_S, Q_S=14-P_S$$

而弱需求者的需求曲线为：

$$P_W=10-Q_W, Q_W=10-P_W$$

则你的产品总需求可表示为：

$$Q=Q_S+Q_W=14-P+10-P=24-2P$$

或者 $2P=24-Q$。

即 $P=12-0.5Q$，当 $P\leqslant10$，且 $Q\geqslant4$ 时。

公司的边际收益曲线（如前所述）与需求曲线有着相同的截距但斜率是其 2 倍，即：

$$MR=12-Q$$

公司的总成本函数是：

$$TC=5+2Q$$

公司的边际成本是：

$$MC=\Delta TC/\Delta Q=2$$

公司的平均可变成本是：

$$AVC=VC/Q=2Q/Q=2$$

为使利润最大化，简单垄断企业将设定 $MR=MC$（如本书所述），即：

$$MR=12-Q=2=MC$$

即 $Q=10$。

将 $Q=10$ 代入需求曲线，可得：

$$P=12-0.5\times10=12-5=7$$

总收益为：$TR=P\times Q=7\times10=70$；

总成本为：$TC=5+2Q=5+2\times10=25$；

利润为：$\pi=TR-TC=70-25=45$。

如果企业遵循第三级价格歧视，它们将满足 $MR_S=MC$ 和 $MR_W=MC$（如本书所述）。换句话讲：

$$MR_S=14-2Q_S=2=MC$$

或者 $2Q_S=12$。

即 $Q_S=6$。

将 $Q_S=6$ 代入强需求曲线：

$$P_S=14-Q_S=14-6=8$$

而且，$MR_W=10-2Q_W=2=MC$。

或者 $2Q_W=8$。

即 $Q_W=4$。

将 $Q_W=4$ 代入弱需求曲线可得：

$$P_W=10-Q_W=10-4=6$$

注意，$Q=Q_S+Q_W=6+4=10$。

强需求市场的总收益为：$TR_S=P_S\times Q_S=8\times6=48$；

弱需求市场的总收益为：$TR_W=P_W\times Q_W=6\times4=24$；

全部市场的总收益为：$TR=TR_S+TR_W=48+24=72$；

总成本为：$TC=5+2Q=5+2\times10=25$；

利润为：$\pi=TR-TC=72-25=47$。

可见，实施第三级价格歧视可提高的利润是 2(47－45＝2)。

假设我们不知道利润最大化方面的微积分推导，但是我们的需求顾问给出了市场需求的如下估计值：

价格	强需求量	弱需求量
14	0	0
13	1	0
12	2	0
11	3	0
10	4	0
9	5	1
8	6	2
7	7	3
6	8	4
5	9	5
4	10	6
3	11	7
2	12	8
1	13	9
0	14	10

我们可以利用上述信息找出简单垄断价格吗？答案是肯定的。

打开你的电子表格。在单元格 A1 中输入 14，在单元格 A2 中输入 13，依此类推，直到在单元格 A15 中输入 0 为止，则 A 列为价格（P）。

在单元格 B1 中输入 0，在单元格 B2 中输入 1，依此类推，直到在单元格 B15 中输入 14 为止，则 B 列为强需求者的需求量（Q_S）。

在单元格 C1 中输入 0，在单元格 C2 中输入 0，在单元格 C3 中输入 0，在单元格 C4 中输入 0，在单元格 C5 中输入 0，在单元格 C6 中输入 1，在单元格 C7 中输入 2，依此类推，直到在单元格 C15 中输入 10，则 C 列为弱需求者的需求量（Q_W）。

在单元格 D1 中输入＝B1＋C1，依此类推，单击 D1 右下角并拖动至单元格 D15，则 A 列与 D 列给出了简单垄断的需求曲线，也就是说，强需求者与弱需求者两部分需求合并成为给定价格水平下的总需求曲线（$Q=Q_S+Q_W$）。

在单元格 E1 中输入＝A1＊D1，依此类推，单击并拖动直到 E15，则 E 列给出了简单垄断者的总收益（$TR=P\times Q$）。

在单元格 F2 中输入＝E2－E1，在单元格 F3 中输入＝E3－E2，在单元格 F4 中输入＝E4－E3，在单元格 F5 中输入＝E5－E4，在单元格 F6 中输入＝(E6－E5)/2，依此类推，单击并拖动至单元格 F15，则 F 列给出了简单垄断者的边际收益曲线，也就是说，从售出额外一单位产品中获得的额外收益为 $MR=\Delta TR/\Delta Q$。从单元格 F6 到单元格 F15 的内容都除以 2 的原因是当价格低于 10 美元时，价格每下降 1 美元，需求量的改变为 2。

在单元 G1 中输入＝5，依此类推，单击并拖动至单元格 G15，则 G 列数值是企业的固定成本（FC）。

在单元格 H1 中输入＝2＊D1，依此类推，单击并拖动至单元格 H15，则 H 列数值是企业的可变成本（VC）。

在单元格 I1 中输入＝G1＋H1，依此类推，单击并拖动至单元格 I15，则 I 列数值是企业的总成本（$TC=FC+VC$）。

在单元格 J2 中输入＝I2－I1，在单元格 J3 中输入＝I3－I2，在单元格 J4 中输入＝I4－I3，在单元格 J5 中输入＝I5－I4，在单元格 J6 中输入＝(I6－I5)/2，依此类推，单击并拖动至单元格 J15，则 J 列数值是企业的边际成本，从单元格 J6 到单元格 J15 的内容都除以 2 的原因是：当价格低于 10 美元时，价格每下降 1 美元，数量的改变为 2（$MC=\Delta TC/\Delta Q$）。

K 列是利润列（$\pi=TR-TC$）。在单元格 K1 中输入＝E1－I1，依此类推，单击并拖动至单元 K15，然后在第 K 列中查找最大的数值（或者在单元格 K16 中输入＝MAX(K1:K15)，让电子表格帮你查找最大值）。你将发现第 8 行单元格 K8 中的 45 是最大利润值。这与我们微积分版本的结果相同。

现在让我们来做第三级价格歧视。

从单元格 A17 与 B17 开始重新输入 A 列与 B 列的值，然后在单元格 C17 中输入＝A17＊B17，依此类推，单击并拖动至单元格 C31，则 C 列给出的是强需求曲线的总收益。

在单元格 D18 中输入＝C18－C17，依此类推，单击并拖动至单元格 D31，则 D 列数值是企业的强需求曲线的边际收益。

在单元格 E17 中输入＝2＊B17，依此类推，单击并拖动至单元格 E31，则 E 列数值是企业生产并销售给强需求市场的可变成本。

在单元格 F18 中输入＝E18－E17，依此类推，单击并拖动至单元格 F31，则 F 列数值是企业生产并销售给强需求市场的边际成本。

在单元格 G17 中输入＝C17－E17，依此类推，单击并拖动至单元格 G31，则 G 列数值是企业在强需求市场中的可变利润，也就是 TR_S-VC_S。然后我们在 G 列中查找最高值，可见当产出为 6、价格为 8 时，单元格 G23 中的 36 为最高值。这与微积分计算的结果相同。我们也可通过在单元格 G32 中输入＝Max(G17:G31) 来确定这一结果。

注意，当 $Q=6$ 时，边际收益为 3，边际成本为 2。从早期的讨论中，我们明确希望售出第 6 个单位产品，因为企业的现金流输入（3）大于现金流输出（2）。强需求市场不想出售第 7 个单位产品，因为第 7

个单位产品的边际收益为1，而其边际成本为2。可见，通过我们的法则确定了6是强市场的最优数量。

在单元格H18中输入=－A18/B18，依此类推，单击并拖动至单元格H31，则H列数值给出了强需求曲线在每一点的价格弹性。注意，当管理者选择的最优单一价格是7时，在强需求市场上出售7个单位产品的需求价格弹性为－1。

现在我们对弱需求市场做同样的处理。

从单元格A33与B33开始重新输入A列（市场价格）与C列（弱需求数量）的数值，从价格为10、数量为0时开始。然后在单元格C33中输入=A33 * B33，依此类推，单击并拖动至单元格C43，则C列给出的是弱需求曲线的总收益。

在单元格D34中输入=C34－C33，依此类推，单击并拖动至单元格D43，则D列数值是企业的弱需求曲线的边际收益。

在单元格E33中输入=2 * B33，依此类推，单击并拖动至单元格E43，则E列数值是企业生产并销售给弱需求市场的可变成本。

在单元格F34中输入=E34－E33，依此类推，单击并拖动至单元格F43，则F列数值是企业生产并销售给弱需求市场的边际成本。

在单元格G33中输入=C33－E33，依此类推，单击并拖动至单元格G43，则G列数值是企业在弱需求市场中的可变利润，也就是TR_W-VC_W。然后我们在G列中查找最大值，可见当产量为4、价格为6时，单元格G37中的16为最大值。这与微积分计算的结果相同。我们也可通过在单元格G44中输入=Max(G33:G43)来查找这一结果。

注意，这些结果与强需求市场的相似。当$Q=4$时，边际收益为3，边际成本为2；而当$Q=5$时，边际收益为1，边际成本为2。可见，4是管理者卖到弱需求市场的最优数量。

在单元格H34中输入=－A34/B34，依此类推，单击并拖动至单元格H43，则H列数值给出了弱需求曲线在每一点的价格弹性。注意，当垄断者选择了最优单一价格7时，在弱需求市场上出售3单位产品的需求价格弹性为－2.333。这验证了此书给出的结果，我们往往在最缺乏弹性的市场提高价格（从7到8），而在最富有弹性（弹性为－2.333的弱需求市场）的市场降低价格（从7到6）。

通过将两种可变利润相加可得到总可变利润（36＋16＝52），再减去企业的固定成本5，便可得到企业的利润为47，这是第三级价格歧视的结果。

附录：交叉需求的两段式定价

管理者在实施两段式定价策略时，可能会出现市场需求曲线是交叉的情况。此时，决定最优使用费和入场费就需要重新审视需求曲线，正如下面将要讨论的例子。

在我们的市场中存在两种需求者。消费者1的需求曲线为：

$$P_1=a_1-b_1Q_1$$

消费者2的需求曲线为：

$$P_2=a_2-b_2Q_2$$

边际成本是固定的，为常数c。

当使用费被设定在边际成本处时，管理者可以对任何需求者i估算消费者剩余，即当使用费等于边际成本时，消费者剩余为：

$$CS_i=(a_i-c)^2/(2b_i)$$

其中，$i=1$，2。

管理者的一个问题是，能否估算较低的消费者剩余的2倍大于较高的消费者剩余。如果是这样，那么，若边际成本等于使用费，则最优入场费即为较低的消费者剩余。如果不是这样，那么，若边际成本等于使用费，则最优入场费即为较高的消费者剩余。然而，使用费 P^* 高于边际成本有可能带来最高的利润。

在这样的使用费下，单位利润为 P^*-c。当价格为 P^* 时，i 市场上的需求量为：

$$Q_i=(a_i-P^*)/b_i$$

于是，当价格为 P^* 时，两个市场上的总消费量为：

$$Q=[a_1b_2+a_2b_1-(b_1+b_2)P^*]/b_1b_2$$

使用费带来的利润为：

$$[(a_1b_2+a_2b_1)(P^*-c)-(b_1+b_2)P^{*2}+c(b_1+b_2)P^*]/b_1b_2$$

即 $(P^*-c)Q$。

若选择 P^* 为使用费，则由此带来的消费者剩余将是：

$$CS_i=(a_i-P^*)^2/(2b_i)$$

如果较低的消费者剩余的 2 倍超过了较高的消费者剩余，管理者将选择较低的消费者剩余作为入场费。可我们如何决定哪一个消费者剩余有意义呢?

假设 $a_1>a_2$。当寻找的最优使用费价格大于边际成本时，为确定有意义的入场费，可将管理者的决定描述成将区间 $a_2>P_{use}>MC$ 分割成几个子区间。a_2 为上边界，原因是，若使用费高于 a_2，则 2 类需求者不会加入到市场中；MC 为下边界，原因是，除非产品的价格高于边际成本，否则管理者将不再生产。若存在一个 P_{use} 使 $CS_1=CS_2$ 成立，则任何一类消费者剩余都可成为入场费。令两类消费者剩余相等可得：

$$P=[(a_1b_2-a_2b_1)\pm\sqrt{(a_1-a_2)^2b_1b_2}]/(b_2-b_1)①$$

其中，$A=a_1b_2-a_2b_1$，$B=(a_1-a_2)(b_1b_2)^{0.5}$，且 $C=b_2-b_1$。

而 CS_1 与 CS_2 之间的关系可看作是使用费 P^* 的函数，如图 9—8 所示，此时 $(A+B)/C<(A-B)/C$。(这是我们考察的第一个例子。)

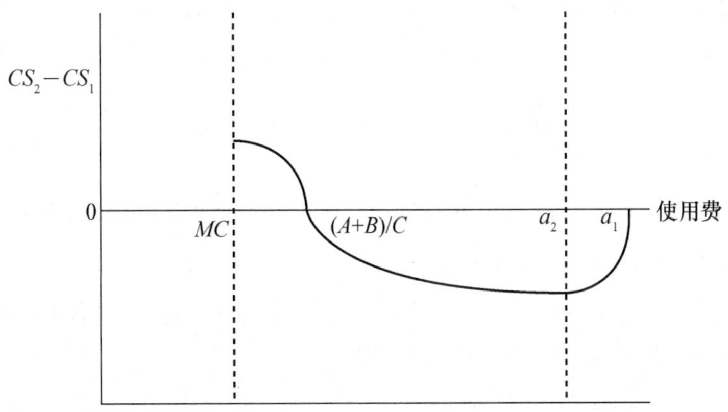

图 9—8 需求者的消费者剩余与使用费选择之间的不同关系

注：2 类需求者与 1 类需求者的消费者剩余之差随使用费的改变而变化。在本例中，当使用费高于边际成本时，1 类需求者的消费者剩余接近 2 类需求者的消费者剩余，直至使用费等于 $(A+B)/C$ 时，这两类消费者剩余才相等。而当使用费高于 $(A+B)/C$ 时，1 类需求者的消费者剩余超过了 2 类需求者的消费者剩余。从使用费 a_2 到使用费 a_1，只有 1 类需求者有消费者剩余。

---

① 原著中的解答为：$P=[(a_1b_2-a_2b_1)\pm\sqrt{(a_1-a_2)^2b_1b_2}-(a_1-a_2)^2b_1b_2]^{0.5}/(b_2-b_1)$，疑有误。——译者注

在 MC 与 $(A+B)/C$ 之间，$CS_2>CS_1$ 成立，所以将对两类需求者索价均为 1 类消费者的剩余价值（如果最优使用费在这个范围内）。因此，入场费将为：

$$P_{Entry}=(a_1-P^*)^2/(2b_1)$$

于是，这个入场费带来的利润将为：

$$\pi_{Entry}=(a_1-P^*)^2/b_1$$

因为两类需求者都将为此付款。

获得的利润为：

$$\pi=[(a_1b_2+a_2b_1)(P^*-c)-(b_1+b_2)P^{*2}+c(b_1+b_2)P^* \\ +(a_1^2b_2-2a_1b_2P^*+b_2P^{*2})]/(b_1b_2)$$

$$\Delta\pi/\Delta P^*=[(a_1b_2+a_2b_1)-2(b_1+b_2)P^*+c(b_1+b_2)-2a_1b_2+2b_2P^*]/(b_1b_2)=0$$

解出 P^*：

$$P^*=[a_2b_1-a_1b_2+c(b_1+b_2)]/(2b_1)$$

必须核实 P^* 是否满足下式：

$$MC<P^*<(A+B)/C$$

在 $(A+B)/C$ 与 a_2 之间，$CS_1>CS_2$ 成立，所以将对两类需求者索价均为 2 类消费者的剩余价值（如果最优使用费在这个范围内）。

定量方法

为了表述清晰，当下面式子成立时，利润最大化：

$$\mathrm{d}\pi/\mathrm{d}P^*=[(a_1b_2+a_2b_1)-2(b_1+b_2)P^*+c(b_1+b_2)-2a_1b_2+2b_2P^*]/(b_1b_2) \\ =0$$

该范围内的最优使用费将是：

$$P^*=[a_1b_2-a_2b_1+c(b_1+b_2)]/(2b_2)$$

当然，我们也必须核实 P^* 是否满足下式：

$$(A+B)/C<P^*<a_2$$

考察下面的例子：$P_1=9-3Q_1$，$P_2=8-2Q_2$，且 $MC=2$。令两种消费者剩余相等可得：

$$(A+B)/C=3.55 \text{ 且 } (A-B)/C=8.45$$

也就是说，$(-6+2.45)/-1=6-2.45=3.55<(-6-2.45)/-1=8.45$。可见，这满足图 9—8 中的条件。

若潜在的使用费满足 $MC<P^*<(A+B)/C$，则有：

$$P^*=(24-18+10)/6=2.67$$

又因为 $MC=2$ 且 $(A+B)/C=3.55$，所以价格满足约束条件。

若潜在的使用费满足 $(A+B)/C<P^*<a_2$，则有：

$$P^*=(18-24+10)/4=1$$

又因为 $(A+B)/C=3.55$ 且 $a_2=8$，可见价格不满足约束条件。

将 $P^*=2.67$ 代入利润函数，则利润等于 16.555 6。我们仍必须将这一结果与定价于边际成本的使用费相比较，与定价于较大的消费者剩余（大于较小的消费者剩余的 2 倍）或者较小的消费者剩余

(其 2 倍会大于较大的消费者剩余）的入场费相比较。如表 9—1 所示，如果企业制定的使用费等于边际成本，那么最优政策就是向两类消费者收取入场费 8.166 7，由此产生的利润为 16.333 3。可见，高于边际成本的使用费能够带来最高的利润。

不过，假设生产者采取不同的使用费（以及收取最优入场费），则对应的结果也在表 9—1 中有所体现。

表 9—1　　使用费与入场费的不同组合及其带来的利润

P_{use}	CS_1	CS_2	π_{use}	π_{Entry}	P_{Entry}	确定入场费的消费者	π
2	8.166 7	9	0	16.333 3	8.166 7	1	16.333 3
2.5	7.041 7	7.562 5	2.458 3	14.083 3	7.041 7	1	16.541 7
2.67	6.685	7.111 1	3.185	13.37	6.685	1	16.555 6
3	6	6.25	4.5	12	6	1	16.5
3.5	5.041 7	5.062 5	6.125	10.083 3	5.041 7	1	16.208 3
3.550 51	4.949 5	4.949 5	6.266 7	9.899	4.949 5	二者之一	16.165
4	4.166 7	4	7.333 3	8	4	2	15.333 3
5	2.666 7	2.25	8.5	4.5	2.25	2	13
6	1.5	1	8	2	1	2	10
7	0.666 7	0.25	5.833 3	0.5	0.25	2	6.333 3
7.5	0.375	0.062 5	4.125	0.125	0.062 5	2	4.25
7.937 25	0.188 2	0.001	2.289 6	0.002	0.001	2	2.291 5
7.937 25	0.188 2	0.001	2.013 3	0.188 2	0.188 2	1*	2.291 5
7.95	0.183 8	0.000 6	2.082 5	0.183 8	0.183 8	1*	2.266 3

* 这些情况中，仅向 1 类消费者提供服务。

正如我们看到的，当价格高于边际成本时，两类消费者中 1 类消费者的消费者剩余等于入场费。而当使用费为 3.550 51 时，每类消费者剩余都是相同的。当使用费高于 3.550 51，而小于 7.937 25 时，两类消费者消费产品时，消费者 2 的消费者剩余等于入场费。而在使用费为 7.937 25 处，按照与消费者 2 的消费者剩余相等的入场费出售给两类消费者所得到的利润恰好等于按照与消费者 1 的消费者剩余相等的入场费出售给两类消费者所得到的利润。显然，在价格 8 与 9 之间，这一点依然成立，但是最好的政策是在使用费达到消费者 2 的最大保留价格之前将消费者 2 排除在外。

现在来考察第 2 个例子，其中第 2 类需求者的需求函数为 $P_2=6-2Q_2$。这样，$(A+B)/C=-7.35$，此结果毫无意义，而 $(A-B)/C=7.35$，它超过了 a_2（$a_2=6$）。这种情况反映在图 9—9 中。

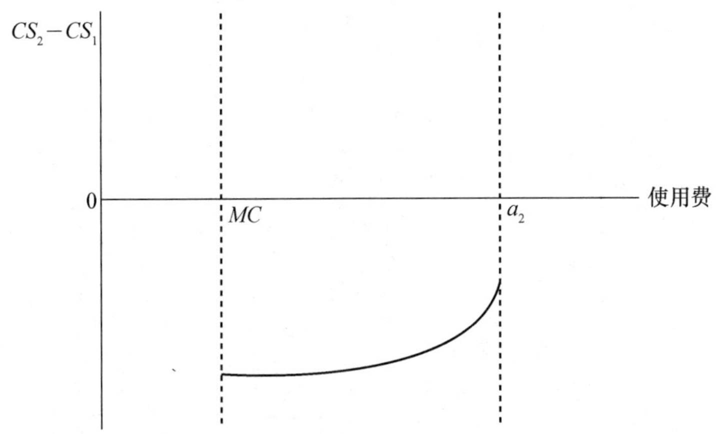

图 9—9　需求者的消费者剩余与选择的使用费之间的不同关系

注：在这种情况下，不存在与消费者剩余相同的使用费。但是我们得到一个拐角解，该点的最优使用费等于边际成本。

图 9—9 中相关的数字在表 9—2 中列出。

表 9—2　　使用费与入场费的不同组合及其带来的利润

P_{use}	CS_1	CS_2	π_{use}	π_{Entry}	P_{Entry}	确定入场费的消费者	π
2	8.166 7	4	0	8.166 7	8.166 7	1*	8.166 7
2.67	6.685	2.777 8	1.407	6.685	6.685	1*	8.09
2.95	6.100 4	2.249 4	1.915 8	6.100 4	6.100 4	1*	8.016 3
3	6	2.25	3.5	4.5	4	二者之一	8
3	6	2.25	2	6	6	1*	8
3.05	5.900 4	2.175 6	2.082 5	5.900 4	5.900 4	1*	7.982 9
4	4.166 7	1	3.33 3	4.166 7	4.166 7	1*	7.333
5	2.666 7	0.25	4	2.666 7	2.666 7	1*	6.666 7
6	1.5	0	4	1.5	1.5	1*	5.5

* 在这些情况中，仅向 1 类消费者提供服务。

在此情况下，最优解是使用费等于边际成本，而入场费等于 1 类消费者的消费者剩余，同时不向 2 类消费者提供服务。2 类消费者的疲软需求显然限制了企业的盈利。

第 10 章

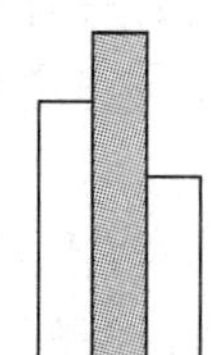

捆绑定价和企业内部定价

管理者使用的另一个复杂定价策略是捆绑。当管理者把不同的产品或服务联合构成一个组合，而消费者无法选择分项购买组合中的部分时，**简单捆绑**就出现了。简单捆绑的一个例子是产品服务合同。**混合捆绑**允许消费者在购买组合时，可以购买整体，也可以分项购买组合的一部分。组合的价格通常低于组合中各部分分项价格的总和。体育赛事的季度票或是麦当劳的超级套餐都是混合捆绑策略的例子。

当消费者的需求价格敏感性差异很大以及当市场条件让人很难作出价格歧视的时候，最好使用捆绑定价。管理者利用消费者对同一产品的不同评价（保留价格）来提高利润。当有些消费者对组合中的某款商品有着较高的保留价格，却对另一款商品有着较低的保留价格，而其他消费者又有着相反的偏好时，就存在**负相关**。将这些商品组合在一起，管理者（在一定条件下）能够获得比单独销售这些商品更高的利润。

当管理者将不同的产品或服务联合形成一个价格组合时，消费者就遇到了捆绑。经济学家将其分为简单（纯粹）捆绑——产品仅仅提供组合价格，与混合捆绑——产品有组合价格和单卖价格两种。相关的例子不胜枚举。形形色色的职业运动球队和歌剧公司就经常运用混合捆绑销售，比如单个表演的门票、季度票，多种（但不是全部）表演的预订票和其他捆绑票等。唱片公司把你最喜爱歌手的 12 支歌曲录在一张 CD（捆绑）上，你必须购买这张 CD 才可以听到你最想听的几首歌曲（同时得到了更多你并不想听的歌曲）。这类产品就是纯粹捆绑。

10.1 捆绑定价方案

管理者为什么普遍使用捆绑呢？其中的一个原因是，具有不同偏好的消费者可以提高销售者的利润。另外，当不能采用完全价格歧视（因为了解每个人的保留价格过于困难或过于昂贵），或是对同样的产品制定多种价格属于非法时，捆绑是一种模仿完全价格歧视的方法。通过使用捆绑，不必知晓每个消费者对每款商品的保留价格，而只需知道所有消费者对产品保留价格的分布（如同完全价格歧视）情况即可。

在选择捆绑方案时，管理者需要考虑以下几个问题。例如，对于消费者来讲，捆绑的价值等于单独购买捆绑中商品的保留价格之和吗？也就是说，产品是相互独立的吗？这一点将成为我们的假设。然而，考察产品间的互补性是比较容易的，这些捆绑产品的总体价值对消费者来说会比它们单独的保留价格的总和大——比如软件与硬件。也可以考虑产品的另外一种情况，即这些捆绑产品的总体价值要小于单独购买它们的保留价格之和。接下来，消费者的需求又是怎样的呢？假设消费者购买超过一单位的任何一种产品或超过一组的捆绑产品。从成本角度讲，管理者需要考虑在两种产品的生产中是否存在规模经济或范围经济。我们还可以假设生产成本都相同，而不管生产产品是为了单独销售还是捆绑销售；也就是说，两种产品的单个成本之和等于将二者作为捆绑产品的成本。最后一个问题是，产品是否可以在二级市场上出售。这里，我们假设消费者不可转售商品。

当然，管理者总是可以单独销售每种产品。如果管理者不能实施价格歧视但又必须为每一种产品定价，则假设这个价格是单独垄断的利润最大化价格。

可从下面三幅图中了解三种可能的定价策略。图 10—1 显示了分项定价策略。管理者为产品 1 和产品 2 选择了最优简单垄断价格（企业利润最大化的价格），称它们为 P_1^*、P_2^*。图 10—1 给出了取决于保留价格的消费者行为。例如，在右上角的单元格中，消费者在其最高保留价格水平上购买了两种商品。

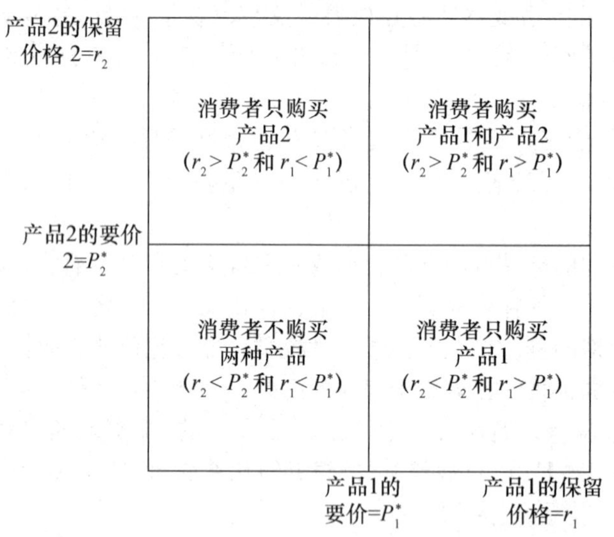

图 10—1　分项定价

注：消费者是否分项购买产品取决于其对该产品的保留价格与销售者制定的产品价格的比较。

图 10—2 显示了纯粹捆绑策略。管理者选择了最优纯粹捆绑价格（企业利润最大化的价格），称其为 P_B^*。在图 10—2 中，在 P_B^* 的右侧，消费者可以购买捆绑产品。

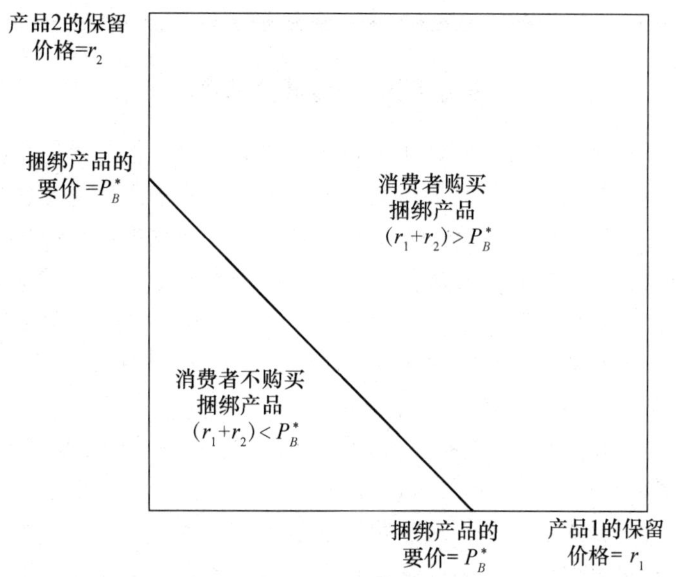

图 10—2　纯粹捆绑

注：消费者是否购买捆绑产品取决于其对该产品的保留价格的总和与销售者制定的捆绑产品价格的比较。

图 10—3 显示了混合捆绑策略。管理者选择了最优纯粹捆绑价格 P_B^*，为产品 1 和产品 2 选择了最优分项价格 P_1^* 和 P_2^*，这些是最大化企业利润的价格。图 10—3 还给出了取决于保留价格的消费者行为。它是有关管理者行为如何影响消费者行为的一个好例子。通过增加选择购买项目，管理者能够追踪市场中特定人群的行为。

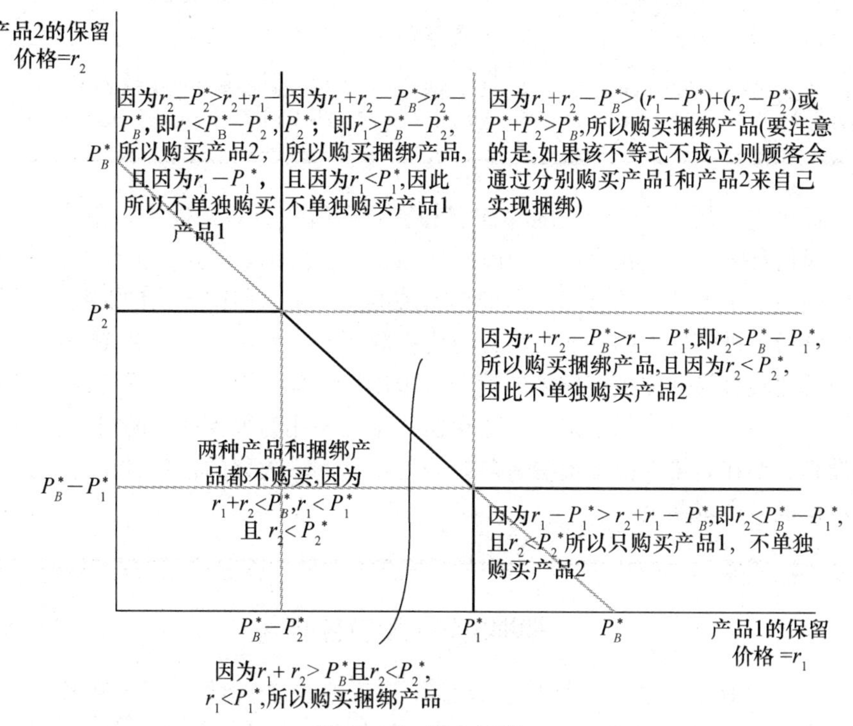

图 10—3　混合捆绑

注：消费者是否分项或捆绑购买产品取决于消费者剩余（消费者保留价格之差，或保留价格之和，或销售者定价）。消费者选择使其消费者剩余最大化的产品或捆绑。

战略环节 ☞

捆绑碳信用与煤气销售

高兹普罗姆公司是俄罗斯的一家能源企业，它向欧洲出售天然气并获得了丰厚的利润，但是现在它想知道如何获得更多的利润。一家伦敦的子公司（高兹普罗姆的营销与贸易公司）已经在巴西投资了生物质发电厂，该电厂为高兹普罗姆的营销与贸易公司赚取了二氧化碳排放信用（因为生物质使用的是可再生资源，并且是“碳中性”的，即作为燃料释放的二氧化碳量与作为农作物吸收的二氧化碳量相同）。高兹普罗姆公司将把这些信用与天然气捆绑在一起，并将这一组合作为一个整体产品出售给欧洲的电力公司。这些电力公司需要碳信用燃烧天然气。

制造这种捆绑的能力已经具备，原因是1997年出台的关于气候变化的《京都议定书》，它赋予俄罗斯巨大数量的碳信用，而2005年欧盟出台的“排污权交易”法案则允许“脏的”电力公司（重度污染）通过购买碳信用获得污染权，并允许“干净的”电力公司（低度污染）出售它们不需要的污染信用。尽管俄罗斯是温室气体最大的排放国之一，但相对较小的投资可使工厂明显地减少排放。这让高兹普罗姆公司获得了大量的污染信用（巴西的污染信用仅仅是高兹普罗姆公司的捆绑试验而已）。为了促进这项活动，高兹普罗姆的银行业子公司与德累斯顿银行构建了碳交易部门，碳贸易与金融。碳贸易与金融将对俄罗斯的污染企业投资现代化的高效设备来赚取信用，而高兹普罗姆公司把这种信用与它的天然气捆绑销售。

据估计，俄罗斯的碳信用价值在400亿美元～600亿美元之间。美中不足的是，如果《京都议定书》没有进一步的发展，碳信用将一文不值。

资料来源：Andrew E. Kramer，“Russian Energy Giant to Bundle Carbon Credits with Gas Sales，” *New York Times*，April 25，2007. at www. nytimes. com/2007/04/25/business/worldbusiness/25carbon. html.

最优解决方案是分项定价、纯粹捆绑和混合捆绑等方案中能产生最大利润的方案。管理者选择使利润最大化的行动。为简化问题，这些图没有显示生产产品的成本。显然，这些图给出了消费者的意图，但他们实现的交易是这些图给出的交易的子集，因为特定的定价行为被管理者的利润最大化行为排除了。求解图10—1和图10—2中的利润最大化问题比较容易，因为有较多的消费者限制性选择。图10—1只考虑了产品的个体保留价格；图10—2只把每个消费者的保留价格之和作为纯粹捆绑的候选价格，其他的价格则没有必要在表格中留下消费者剩余（追求利润最大化的销售者总想把这部分消费者剩余转化成生产者剩余）。

战略环节 ☞

捆绑出售大学教科书

几年前，斯迪克以学费和教科书价格等词语冲击了大学生（和他们的父母），学费和教科书费的价格上涨高于当时其他商品和服务通货膨胀率的二倍。教科书的花费可高达每年1 000美元。立法者，当然也有孩子，已经听到了其选民的意见并开始行动了。

顺便说一句，请不要责备我们这些谦卑的作者。如果按照我们的方式，教科书的出版商将在需求弹性等于−1处制定价格，此时售书的总收益最大（因为我们的版税也是总收益的一部分）。然而，出版商却希望利润最大化。这意味着价格将等于$[\eta/(\eta+1)]/MC$，而弹性却低于−1（$-1>\eta$，即需求富有弹性），也就是说，价格高于$\eta=-1$的情况。看见了吧，我们是站在你们这一边的。

出版商已经发现了提高利润的另一种方法。他们对教材进行纯粹的捆绑销售，捆绑的内容包括学习指导、在线图书馆等等。由于出版商可以进行混合捆绑，也就是说，提供现有的捆绑产品和分项销售捆绑产品，或者仅仅分项销售可捆绑的产品而根本不提供捆绑产品，但是绝不选择纯粹捆绑——纯粹捆绑必须保证最大的利润和能够从消费者那里获取最多的消费者剩余。

2010年7月，一条新的联邦法规生效，它要求出版商提供混合捆绑销售。有些学生可能出于方便而选择捆绑商品。你应当永远不要单独购买组合中的各个商品来组成自己的捆绑，因为那会花掉你更多的钱，而你可能不想或者根本没有必要得到捆绑中的全部商品，现在你也可以不必只为了教科书而购买它们。

资料来源：Tara Siegel Bernard, "How to Find Cheaper College Textbooks," *New York Times*, August 3, 2010, at http://bucks.blogs.nytimes.com/2010/08/03/how-to-find-cheaper-college-textbooks.

难度较大的计算是确定最优混合捆绑价格。如后面所述，最优价格不必是一件商品或是一个捆绑的保留价格。解决方案是经过检验的试错法，或是通过计算机程序①来查询全部的分项价格和纯粹捆绑价格，然后选择能产生最高利润的组合。试错法可以在消费者和产品极少的简单案例中使用。在很多消费者和产品的案例中，需要使用计算机程序。进行混合捆绑销售的关键是创造一个可信的混合捆绑产品。**捆绑的可信度**意味着管理者正确预计哪一类消费者将会购买捆绑产品或是单独购买产品。

下面的例子显示了在消费者保留价格完全负相关的条件下，三种捆绑策略类型；也就是说，所有的保留价格都在价格空间中斜率为−1的直线上。请注意，当顾客对两种产品的保留价格负相关时，他们对捆绑产品的估价没有差异：他们对捆绑产品的估价都是100美元。消费者保留价格反映在表10—1中，表中数据反映在图10—4中。

假设每种产品的单位生产成本不变，均为1。分项定价、纯粹捆绑和混合捆绑的情况如表10—2、10—3和10—4所示。

表10—1　　消费者A、B、C和D对产品1和产品2的保留价格

消费者	保留价格		捆绑价格
	产品1	产品2	
A	90	10	100
B	60	40	100
C	50	50	100
D	10	90	100

① Hanson and Martin, "Optimal Bundle Pricing," *Management Science* vol. 36 (2), 1990, pp. 155-174.

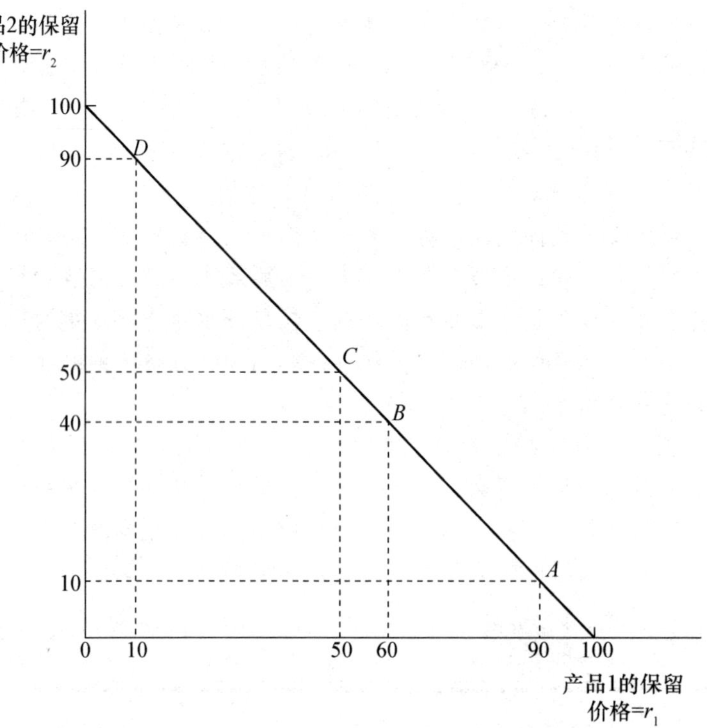

图 10—4　消费者保留价格完全负相关的例子

注：消费者 A、B、C 和 D 对每种产品的估价不同，但对两种产品的捆绑估价都为 100 美元。

表 10—2　为产品 1 和产品 2 制定最优分项定价

消费者	价格 1	成本/单位	利润/单位	单位数量	利润
A	90	1	89	1	89
B	60	1	59	2	118
C	**50**	**1**	**49**	**3**	**147**
D	10	1	9	4	36
消费者	价格 2	成本/单位	利润/单位	单位数量	利润
A	10	1	9	4	36
B	**40**	**1**	**39**	**3**	**117**
C	50	1	49	2	98
D	90	1	89	1	89

注：当 P_1＝50 美元，P_2＝40 美元时，最优分项定价策略的利润为 264 美元。

表 10—3　消费者 A、B、C 和 D 的最优纯粹捆绑价格

消费者	捆绑价格	成本/捆绑	利润/捆绑	捆绑数量	利润
A、B、C、D	100	2	98	4	392

注：当 $P_{捆绑}$＝100 美元时，最优纯粹捆绑策略的利润为 392 美元。

管理者总是可以在没有消费者购买产品的价位上制定一个混合捆绑。在某些情况下，但不只是上面的例子，有可能通过混合捆绑来提高利润。也就是说，混合捆绑总是比纯粹捆绑有着微弱的领先地位。

如果考察消费者实际消费捆绑产品以及其中至少有一种产品可以单独销售的混合捆绑，就会发现表 10—5 所示的定价策略是最优的混合捆绑。

请注意，消费者 A 没有消费捆绑产品，因为在 100 美元的价格上，她没有获得消费者剩余。然而，消费者 A 以 89.99 美元的价格消费了产品 1，因为她获得了正的消费者剩余（0.01 美元）。同样，消费者 D 也没有消费捆绑产品，因为在 100 美元的价格上，他没有获得消费者剩余。然而，消费者 D 以 89.99 美元的价格消费了产品 2，因为他获得了正的消费者剩余（0.01 美元）。我们将在另一个例子中进一步讨论这里的逻辑。

在前述例子中，纯粹捆绑是最优定价策略，当管理者获取了每一个消费者的全部消费者剩余时，完全价格歧视就得到了复制。这一方法被称作提取。另外，管理者也实践着排除方法：不把产品销售给对产品估价低于其生产成本的顾客。最后，管理者可能希望实行包含方法：把产品销售给对产品估价高于其生产成本的顾客。完全价格歧视提取了所有可能获得的消费者剩余，不销售给任何估价低于生产成本的消费者，销售给每一个估价高于生产成本的消费者。因此，完全价格歧视满足了这里定义的三个概念。这里的三个定价方案（分项定价、纯粹捆绑和混合捆绑）可以在提取、排除与包含三个方面与完全价格歧视进行比较。

表 10—4　　最优混合捆绑价格

消费者	捆绑价格	成本/捆绑	利润/捆绑	捆绑的数量	利润
A、B、C、D	100	2	98	4	392
消费者	价格 1	成本/单位	利润/单位	单位数量	利润
无	90.01	1	89.01	0	0
消费者	价格 2	成本/单位	利润/单位	单位数量	利润
无	90.01	1	89.01	0	0

注：当 $P_{捆绑}=100$ 美元、$P_1>90$ 美元且 $P_2>90$ 美元时，最优混合捆绑策略的利润是 392 美元。

表 10—5　　当消费者购买捆绑产品和至少一种分项定价产品时的最优混合捆绑价格

消费者	捆绑价格	成本/捆绑	利润/捆绑	捆绑的数量	利润
B、C	100	2	98	2	196
消费者	价格 1	成本/单位	利润/单位	数量	利润
A	89.99	1	88.99	1	88.99
消费者	价格 2	成本/单位	利润/单位	数量	利润
D	89.99	1	88.99	1	88.99

注：消费者购买捆绑产品以及其中至少一种分项定价产品，当 $P_{捆绑}=100$ 美元、$P_1=89.99$ 美元和 $P_2=89.99$ 美元时，最优混合捆绑策略的利润是 373.98 美元。

分项定价应该总是需要排除的；但是由于每一产品种类只有一个单一定价，它不会满足完全提取或包含的情况（对于斜率为负的需求曲线）。纯粹捆绑可以实行完全提取，但当所有需求者的保留价格之和不在斜率为−1 的一条直线上时（即存在一个低于保留价格的完全负相关），提取并不完全。混合捆绑介于分项定价与纯粹捆绑的中间某处。

纯粹捆绑可能也难以实现包含与排除。请注意，当生产成本变化时，最优价格策略是如何变化的。考虑刚才使用过的案例，但每一个产品的生产成本现在是 11 美元。表

10—6、10—7 与 10—8 给出了分项定价、纯粹捆绑和混合捆绑的解决方案。

表 10—6　　为产品 1 和产品 2 制定最优分项定价

消费者	价格 1	成本/单位	利润/单位	单位数量	利润
A	90	11	79	1	79
B	60	11	49	2	98
C	**50**	**11**	**39**	**3**	**117**
D	10	11	−1	4	−4
消费者	价格 1	成本/单位	利润/单位	单位数量	利润
A	10	11	−1	4	−4
B	**40**	**11**	**29**	**3**	**87**
C	50	11	39	2	78
D	90	11	79	1	79

注：当 P_1＝50 美元、P_2＝40 美元时，最优分项定价策略的利润是 204 美元。

表 10—7　　消费者 A、B、C 和 D 的最优纯粹捆绑价格

消费者	捆绑价格	成本/捆绑	利润/捆绑	捆绑的数量	利润
A、B、C、D	100	22	78	4	312

注：当 $P_{捆绑}$＝100 美元时，最优纯粹捆绑策略的利润是 312 美元。

表 10—8　　最优混合捆绑价格

消费者	捆绑价格	成本/捆绑	利润/捆绑	捆绑的数量	利润
A、B、C、D	100	22	78	4	312
消费者	价格 1	成本/单位	利润/单位	数量	利润
无	90.01	11	79.01	0	0
消费者	价格 2	成本/单位	利润/单位	数量	利润
无	90.01	11	79.01	0	0

注：当 $P_{捆绑}$＝100 美元、P_1＞90 美元且 P_2＞90 美元时，最优混合捆绑策略的利润是 312 美元。

然而，如果考察实际消费的捆绑产品以及至少有一种产品可以单独销售的混合捆绑，就会发现表 10—9 所示的定价策略就是最优的混合捆绑。

表 10—9　　当消费者购买捆绑产品和至少一种分项定价产品时的最优混合捆绑价格

消费者	捆绑价格	成本/捆绑	利润/捆绑	捆绑数量	利润
B、C	100	22	78	2	156
消费者	价格 1	成本/单位	利润/单位	单位数量	利润
A	89.99	11	78.99	1	78.99
消费者	价格 2	成本/单位	利润/单位	单位数量	利润
D	89.99	11	78.99	1	78.99

注：最优混合捆绑策略的利润是当消费者购买捆绑产品和至少一种分项定价产品时的利润，当 $P_{捆绑}$＝100 美元、P_1＝89.99 美元、P_2＝89.99 美元时，为 313.98 美元。

在这个例子中，排除概念超过了提取概念占据统治地位。纯粹捆绑 100 美元的价格完全攫取了全部消费者剩余。然而，若销售者出售产品 2 给消费者 A，消费者 A 对产品的出价仅为 10 美元，而销售者花费了 11 美元生产产品 2。同样，若销售者出售产品 1

给消费者D，消费者D对产品的出价仅为10美元，而销售者花费了11美元生产产品1。对销售者来讲，排除消费者A购买产品2和排除消费者D购买产品1是较好的选择。销售者可以通过混合捆绑来实现这一点。当消费者从购买定价为100美元的捆绑产品转向购买定价为89.99美元的分项产品（总计牺牲20.02美元）时，销售者在消费者A和D身上分别牺牲了10.01美元的消费者收益，但销售者通过不生产一个单位的产品1和一个单位的产品2而在成本上节约了22美元。这个1.98美元的差异是最优纯粹捆绑312美元的利润与最优混合捆绑313.98美元的利润之间的差异。包含与排除在这一混合捆绑例子中得到了完全的执行，但完全提取则没有体现。一般地，这三种方案中的最优定价方案就是在提取、排除与包含之间的权衡。

进一步假设每种产品的固定单位生产成本为55美元。分项定价、纯粹捆绑和混合捆绑的情况如表10—10、10—11和10—12所示。

表10—10　　为产品1和产品2制定最优分项定价

消费者	价格1	成本/单位	利润/单位	数量	利润
A	**90**	**55**	**35**	**1**	**35**
B	60	55	5	2	10
C	50	55	−5	3	−15
D	10	55	−45	4	−180
消费者	价格1	成本/单位	利润/单位	数量	利润
A	10	55	−45	4	−180
B	40	55	−15	3	−45
C	50	55	−5	2	−10
D	**90**	**55**	**35**	**1**	**35**

注：当P_1=90美元、P_2=90美元时，最优分项定价策略的利润是70美元。

表10—11　　消费者A、B、C和D的最优纯粹捆绑价格

消费者	捆绑价格	成本/单位	利润/捆绑	捆绑数量	利润
A、B、C、D	100	110	−10	4	−40

注：最优纯粹捆绑策略价格是任意超过100美元。没有人愿意购买捆绑产品，因此利润为0。

表10—12　　任何超过100美元（因此没有捆绑被购买）的纯粹捆绑价格上的最优混合捆绑价格

消费者	价格1	成本/单位	利润/单位	单位数量	利润
A	90	55	35	1	35
消费者	价格2	成本/单位	利润/单位	单位数量	利润
B	90	55	35	1	35

注：最优混合捆绑策略的利润是当$P_{捆绑}$>100美元、P_1=90美元且P_2=90美元时的利润，即70美元。

混合捆绑与分项定价利润相同的唯一原因是，制定的捆绑价格使得没有消费者会选择捆绑产品，即超过100美元的价格。在分项定价方案最优的案例中，捆绑产品可以被定价在没有人会购买该捆绑产品的价位上。因此，混合捆绑以微弱优势超越分项定价。我们前面的混合捆绑也微弱地超越了纯粹捆绑；从技术上讲，混合捆绑应该是任何捆绑战略的一部分，因为它带来的利润总是高于或等于分项定价或纯粹捆绑。

尽管当单位生产成本为55美元时，在这个完全负相关的保留价格例子中，纯粹捆绑攫取了全部的消费者剩余，但它在排除方面却完全失效。许多单位（5 单位）的产品被销售给低估其生产成本的顾客。混合捆绑，除了排除所有购买纯粹捆绑的消费者外，并不比分项定价做得更好。分项定价攫取了许多可盈利的消费者剩余，但排除了正确的消费者，即没有包括在产品 1 上出价 60 美元（生产成本为 55 美元）的消费者 B。

保留价格的负相关关系使得管理者能够在生产成本较低时从纯粹捆绑中提取全部的消费者剩余。如果我们提高生产成本但使保留价格维持完全负相关，则最初的混合捆绑是实现利润最大化的行动；而如果继续提高生产成本，则最终分项定价会实现利润最大化。

但是，捆绑为最优选择并不要求保留价格一定都满足负相关关系。假设某顾客对产品 1 和产品 2 的保留价格都服从 0 美元～100 美元的均匀分布。这将成为保留价格零相关的例子。若有 10 000 个这样的顾客，为简单起见，可假设产品的生产成本为 0。这样，最大化总收益就等同于最大化总利润。①

最优分项价格是 $P_1=50$ 美元和 $P_2=50$ 美元，利润则为 500 000 美元②，如图 10—5 所示。

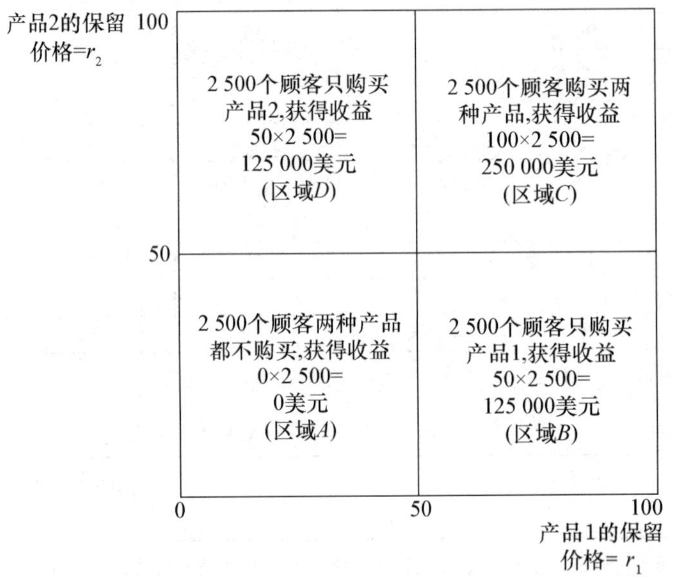

图 10—5　当消费者保留价格服从均匀分布时的最优分项价格

注：当消费者保留价格服从 0 美元～100 美元的均匀分布时，两种产品的最优分项定价都为 50 美元，利润为 50 000 美元。

---

① 下面的例子来自“Bundling: Teaching Note,” *Harvard Business School*, 5-795-168, rev. July 22, 1998。

② 令产品 1 的价格为 x。由于服从均匀分布，产品 2 的价格也为 x。当选定 x 后，就可以明确购买每种产品的消费者数量。考虑在横轴上选定一个 x。x 左侧的消费者不能购买产品 1，但是在 x 点及其右侧的消费者都可以购买产品 1。同样，在纵轴上选定一个 x。x 下方的消费者不能购买产品 2，但是在 x 点及其上方的消费者都可以购买产品 2。图 10—5 中的区域总面积是 100×100=10 000。考察所创建的四个子区域，可以计算出每个子区域占总区域面积的百分比。例如，区域 A 占总面积的 $x^2/10\ 000$。区域 B 占总面积的 $(100-x)x/10\ 000=(100x-x^2)/10\ 000$（与区域 D 情况相同）。区域 C 占总面积的 $(100-x)(100-x)/10\ 000=(10\ 000-200x+x^2)/10\ 000$。每个子区域中的消费者数量就等于各区域面积占总区域面积的百分比再乘以 10 000。而每个子区域中的收益就等于其中的消费者数量再乘以他们支付的价格。因此，区域 A 对应的收益为 $0x^2$，区域 B 对应的收益为 $x(100x-x^2)$，区域 C 对应的收益为 $2x(10\ 000-200x+x^2)$，区域 D 对应的收益为 $x(100x-x^2)$，总收益（TR）等于 $20\ 000x-200x^2$。我们再令 $\mathrm{d}TR/\mathrm{d}x=20\ 000-400x=0$，以确定最大的收益，可得 $x=50$ 美元。因此，总利润为 500 000 美元。

最优纯粹捆绑价格大约为 81.65 美元，利润大约为 544 331.05 美元[①]，如图 10—6 所示。即使没有负相关关系，捆绑也可以获得比单一垄断定价（即分项定价）更高的利润。

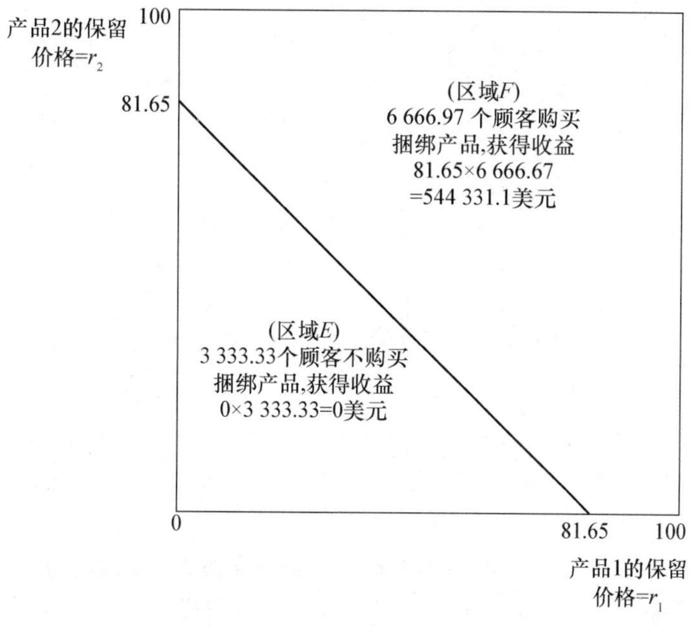

图 10—6　当消费者保留价格服从均匀分布时的最优纯粹捆绑价格

注：当消费者保留价格服从 0 美元～100 美元的均匀分布时，两种产品的最优分项定价都为 81.65 美元，利润为 544 331.05 美元。

最优混合捆绑价格近似为 86.19 美元，$P_1=66.67$ 美元，$P_2=66.67$ 美元，带来的利润大约为 549 201 美元。[②] 因此，混合捆绑甚至比纯粹捆绑更好，如图 10—7 所示。

---

① 令最优捆绑价格为 y。选定捆绑价格后，就确定了一条斜率为－1 的直线，该直线与纵轴和横轴的截距均为 y。图中区域 E 的面积为 $0.5(y)(y)=0.5y^2$，它占总面积的比例为 $0.5y^2/10\,000$，所以包含的消费者数量为 $0.5y^2$。而区域 F 则包含了剩余的消费者，即 $10\,000-0.5y^2$。于是区域 E 对应的收益为 $0(0.5y^2)=0$，而区域 F 对应的收益为 $y(10\,000-0.5y^2)$，来自纯粹捆绑的总收益（TR）就是 $10\,000y-0.5y^3$。令 $dTR/dy=10\,000-1.5y^2=0$，以确定最大收益，可得 $y=81.65$ 美元。因此，总利润即为 544 331.05 美元。

② 令 y 为捆绑价格，x 是产品 1 的价格（由于对称性，x 也是产品 2 的价格）。区域 $G+H+I=0.5y^2$。如前面脚注所述，这些区域的面积可以代表消费者的数量。由于面积 $H=$面积 $I=0.5(y-x)(y-x)=0.5y^2-xy+0.5x^2$，因此，面积$G=2xy-0.5y^2-x^2$。面积 $I+$面积 $J=$面积 $H+$面积 $L=(100-x)(y-x)=100y-100x+x^2-xy$，于是，面积 $J=$面积 $L=100y-100x+x^2-xy-(0.5y^2-xy+0.5x^2)=100y-100x-0.5y^2+0.5x^2$。面积 $J+$面积 $K+$面积 $L=10\,000-0.5y^2$。面积 $K=10\,000-0.5y^2-(200y-200x-y^2+x^2)=10\,000-200y+200x+0.5y^2-x^2$。面积 $I+$面积 J 中的消费者只购买产品 2，带来的收益为：$x(100y-100x+x^2-xy)=100xy-100x^2+x^3-x^2y$。面积 $H+$面积 L 中的消费者只购买产品 1，带来的收益为：$x(100y-100x+x^2-xy)=100xy-100x^2+x^3-x^2y$。面积 K 中的消费者只购买捆绑产品，带来的收益为：$y(10\,000-200y+200x+0.5y^2-x^2)=10\,000y-200y^2+200xy+0.5y^3-x^2y$。面积 G 中的消费者什么也没有购买，所以没有带来任何收益。总收益（TR）即为：$TR=10\,000y-200y^2+400xy+0.5y^3-3x^2y-200x^2+2x^3$。为实现总收益最大化，可令：$\partial TR/\partial x=0$ 以及 $\partial TR/\partial y=0$；由 $\partial TR/\partial x=400y-6xy-400x+6x^2=0$，可得：$400x-400y=6x^2-6xy$，或者 $400(x-y)=6x(x-y)$，或者 $6x=400$，即 $x=66.67$ 美元。由 $\partial TR/\partial y=0$，可得：$10\,000-400y+400x+1.5y^2-3x^2=0$，将 $x=66.67$ 代入 $10\,000-400y+400x+1.5y^2-3x^2=0$ 中，可得：$10\,000-400y+400(66.67)+1.5y^2-3(66.67)^2=1.5y^2-400y+23\,333.33=0$，解方程可得：$y=86.19$ 美元。把 $x=66.67$ 和 $y=86.19$ 代入 $TR=10\,000y-200y^2+400xy+0.5y^3-3x^2y-200x^2+2x^3$ 中可得：$TR=549\,201$ 美元。

当保留价格没有负相关关系时，最优定价策略是混合捆绑。①

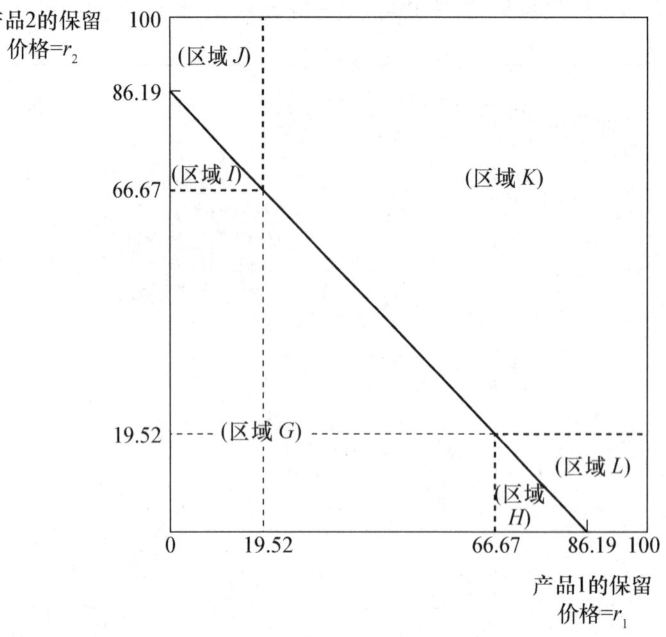

图 10—7　当消费者保留价格均匀分布时的最优混合捆绑价格

注：当消费者保留价格服从 0 美元～100 美元之间的均匀分布时，两种产品的最优混合捆绑价格分别为 $P_1=66.67$ 美元、$P_2=66.67$ 美元、$P_{捆绑}=86.19$ 美元，而利润为 549 201 美元。

我们也可以把数量折扣视为捆绑销售。假设生产产品的成本是 1 美元，表 10—13 显示了消费者对第一个和第二个单位产品的保留价格。消费者想要（至多）两个单位的产品。表 10—14 给出了分项定价的情况，而表 10—15 给出了纯粹捆绑策略的情况，最后表 10—16 给出了最优混合捆绑策略的情况。

表 10—13　　消费者 A 和 B 购买第一个单位产品和第二个单位产品的保留价格

消费者	产品的保留价格	
	第一个单位产品	第二个单位产品
A	4	1.5
B	3.99	3

表 10—14　　产品的最优分项价格

产品价格	成本/单位	利润/单位	捆绑数量	利润
4	1	3	1	3
3.99	1	2.99	2	5.98

① 如果保留价格成正相关关系，那么捆绑依然有效。考虑如下情况，消费者 A 认为产品 1 价值 11，产品 2 价值 24；消费者 B 认为产品 1 价值 15，产品 2 价值 45；消费者 C 认为产品 1 价值 16，产品 2 价值 15。保留价格成弱正相关（0.037）；线性回归线的斜率为 0.214。产品 1 的成本是 5，产品 2 的成本是 10。最优分项价格为 $P_1=15$ 美元，$P_2=45$ 美元，带来的利润为 55。最优纯粹捆绑价格是 $P_B=31$，产生的利润是 48。但是，最佳选择是混合捆绑价格 $P_B=60$ 和 $P_1=16$，并且不单独提供产品 2。消费者 B 购买捆绑产品，消费者 C 购买产品 1，消费者 A 什么也不购买。利润是 56。

续前表

产品价格	成本/单位	利润/单位	捆绑数量	利润
3	**1**	**2**	**3**	**6**
1.5	1	0.5	4	2

注：最优分项定价的价格为 3 美元，利润为 6 美元。

表 10—15　　两个单位相同产品的最优纯粹捆绑价格

捆绑价格	成本/捆绑	利润/捆绑	捆绑数量	利润
5.5	**2**	**3.5**	**2**	**7**
6.99	2	4.99	1	4.99

注：最优纯粹捆绑的价格为 5.5 美元，利润为 7 美元。

表 10—16　　单独一种产品的最优混合捆绑价格

捆绑价格	成本/捆绑	利润/捆绑	捆绑数量	利润
6.99	2	4.99	1（B）	4.99
产品价格	成本/单位	利润/单位	捆绑数量	利润
4	1	3	1（A）	3

注：最优混合捆绑和最优整体定价策略都是一单位的产品定价为 4 美元，而两个产品的捆绑定价为 6.99 美元。这会产生 7.99 美元的利润。

我们最后用一个捆绑的例子指出计算最优混合捆绑定价时可能出现的欺骗性。这个例子证明了以前的观点：只以顾客的保留价格作为最优分项定价的候选价格，只以顾客保留价格之和作为纯粹捆绑定定价的候选价格。它也说明了，最优混合捆绑定价不必等于任何顾客的保留价格（或保留价格之和）。而且，消费者选择给自己带来最大消费者剩余的单个产品或捆绑产品。

求解最优捆绑的复杂性在于，管理者没有 $\Delta\pi/\Delta Q=0$ 的公式来帮助推导最优定价方案。解决方法更多的是使用试错法，而不是推导法。混合捆绑定价组合包含各个产品的分项价格和作为捆绑产品（服务）的单一价格。管理者可以实现利润最大化，尽管单个产品或捆绑产品的价格不同于消费者的保留价格。而当考虑分项定价或纯粹捆绑时，这一点却不成立。我们制定的价格是否有别于保留价格或保留价格之和则取决于消费者眼中的消费者剩余和生产者眼中的生产者剩余之间的一种权衡。

考虑表 10—17 所示的情况。有三个消费者（或消费者团体）——A、B、C，为简单起见，每个团队中只有一名成员，每人在其保留价格或低于保留价格的价位上，想要的每种产品的数目不超过 1 个，且只有两种产品，X 和 Y。两种产品的固定成本都是 4 美元。最优分项定价的价格在表 10—18 中以黑体字给出，可见，其最优分项定价策略是 X 产品价格为 12 美元，而 Y 产品价格为 8 美元，产生的利润为 16 美元。最优纯粹捆绑的价格也以黑体字在表 10—19 中给出。而最优纯粹捆绑的价格为 13.33 美元，产生的利润为 15.99 美元。

表 10—17　　消费者对产品 X 和产品 Y 的保留价格　　单位：美元

消费者	不同消费者的产品保留价格		
	产品 X	产品 Y	X 和 Y
A	5.33	8	13.33
B	12	3	15
C	3	11	14

表 10—18　　最优分项价格策略　　单位：美元

	成本/单位	利润/单位	捆绑数量	利润
产品 X 的价格				
5.33	4	1.33	2	2.66
12.00	4	8.00	1	**8.00**
3.00	4	−1.00	3	−3.00
产品 Y 的价格				
8.00	4	4.00	2	**8.00**
3.00	4	−1.00	3	−3.00
11.00	4	7.00	1	7.00

表 10—19　　最优纯粹捆绑策略　　单位：美元

捆绑价格	成本/捆绑	利润/捆绑	捆绑数量	利润
13.33	8	5.33	3	**15.99**
15.00	8	7.00	1	7.00
14.00	8	6.00	2	12.00

注意顾客保留价格之间的负向（负相关）关系。还要注意，在考虑分项定价时，你无须考虑非保留价格作为候选价格。例如，假设你研究的产品 X 的价格为 5 美元。两个顾客都将按这个价格购买产品（A 和 B，他们的保留价格为 5.33 美元和 12 美元）。在这样的定价下，你的利润是（5−4）2＝2 美元。但是当你定价为 5 美元时，你只将消费者剩余留在了表格中（即没有实际获得这个剩余价值）。消费者 A 本来愿意支付 5.33 美元，而你没有要求她这样做。结果是你损失了 0.33 美元的利润（如果你提供 X 产品的价格为 5.33 美元，你不仅在消费者 A 身上，而且在消费者 B 身上也将损失利润）。若把价格降至 5 美元，你没有获得额外销售量，还损失了 0.66 美元的利润。如果你没有对顾客收取保留价格，你就不能通过分项定价策略实现利润最大化。这一点对于纯粹捆绑策略也如此。为什么你不能把 14.50 美元的捆绑定价作为候选价格之一呢？因为在 14.50 美元的价位上，只有顾客 B 购买捆绑产品，而她本来愿意以 15 美元的价格购买捆绑产品，所以你又把消费者剩余留在了表格中，而没有获得实际的消费者剩余。

现在考虑一个混合捆绑策略，为捆绑整体定价为 13.33 美元，其中，产品 X 的价格为 10.32 美元，产品 Y 的价格也为 10.32 美元。起初，可能所有的顾客都会以 13.33 美元购买捆绑产品（因为 B 将获得消费者剩余 15−13.33＝1.67 美元，而 C 将获得消费者剩余 14−13.33＝0.67 美元）。但是，如果 X 的价格是 10.32 美元，消费者 B 若单独购买产品 X 会获得更高的消费者剩余 12−10.32＝1.68 美元＞1.67 美元；如果 Y 的价格是 10.32 美元，消费者 C 若单独购买产品 Y 也会获得更高的消费者剩余11−10.32＝0.68 美元＞0.67 美元。但消费者 B 若不购买捆绑产品则不会消费产品 Y，消费者 C 若不购买捆绑产品则不会消费产品 X——难道不购买产品就没有价值吗？不是的，这样做仍然有收获，因为从只消费一个产品中可得到更大的消费者剩余。

假设消费者 B 有 15 美元，如果她以 13.33 美元购买捆绑产品，则有 1.67 美元的消费者剩余和两种产品。但如果她以 10.32 美元购买产品 X，则只拥有产品 X 和剩下的 4.68 美元。她的消费者剩余 1.68 美元来自产品 X，尽管没有产品 Y，但有 4.68 美元的现金（其中，3 美元不是来自产品 X 的消费者剩余）。然而，4.68 美元的现金对消费者

B来讲十分具有吸引力，因为产品Y对她来说只值3美元（并认为产品Y与3美元现金等同，这与产品X的消费者剩余毫无关系；回顾一下保留价格的定义，即买方所能接受的最高价格和卖方所能接受的最低价格）。因此，对于消费者B来讲，相比1.67美元现金与两种产品（对她来说只值4.67美元），4.68美元与产品X是更好的选择。类似地，对于以14美元开始的消费者C，3.68美元的现金与产品Y要好于0.67美元的现金与两个产品（因为对她来说产品X只值3美元）。

运用这样的混合捆绑，管理者能得到多少利润呢？表10—20说明了有17.97美元的利润。17.97美元的利润超过了来自最优分项定价时16美元的利润与来自最优纯粹捆绑定价时15.99美元的利润。关键在于你是否可以通过一个可信捆绑，将顾客从最优纯粹捆绑策略中拉出来，并且提高可信捆绑的利润。每位顾客的最优纯粹捆绑策略产生了5.33美元的利润。我们为顾客A保留这样的净利润，并将顾客B和C吸引出来以期获得更高的边际利润，以此提高企业的利润。在分项定价的情况下，我们需要考虑是否能够将顾客进行捆绑销售并做得更好。我们在消费者B身上牺牲利润（少于最优分项定价情况中的8美元），但我们通过从消费者A和C身上获得收益弥补了该损失，这两者在最优分项定价情况下每人只能产生4美元的利润（在消费者B处，利润下降了1.68美元，但在消费者A处，利润上升了1.33美元，在消费者C处，利润上升了2.32美元，因此总计增加了1.97美元的利润，即混合捆绑时17.97美元的利润与最优分项定价时16美元的利润之差）。

表10—20　　　　最优混合捆绑策略

捆绑组合价格	成本/捆绑	单位利润	总数量	总利润
13.33	8	5.33	1（消费者A）	**5.33**
X的价格	成本/单位	单位利润	总数量	总利润
10.32	4	6.32	1（消费者B）	**6.32**
Y的价格	成本/单位	单位利润	总数量	总利润
10.32	4	6.32	1（消费者C）	**6.32**
				利润之和 17.97

如果你将产品X定价为10.34美元，则顾客B并不会购买（只能产生12－10.34＝1.66美元的消费者剩余，而她可以通过购买捆绑产品获得15－13.33＝1.67美元的消费者剩余）。因此，将产品X定价为10.34美元和将捆绑定价为13.33美元并不是一个可信的混合捆绑策略，原因在于不希望购买捆绑产品的顾客（消费者B）反而购买了。

正如你所看到的，混合捆绑不需要按照消费者对各个产品的保留价格来制定价格。但是，我们在市场上看到了许多混合捆绑——因此知道这种实验性策略可以发挥重要的作用也是十分必要的，同时说明，纯粹捆绑定价与分项定价并不总是最优策略。

10.2　何时捆绑

请记住，捆绑的概念涉及捆绑产品不可能分项定价的情况。t时刻的最优定价策略并不意味着它在$t+1$时刻也是最优定价策略。管理者必须重新估计在不同时期的市场，以考察变化的条件是否符合了新的价格，包括商品的未捆绑价格。

表 10—21 显示了消费者 A、B 和 C 对产品 X 和 Y 在 t 时刻的保留价格。消费者对每种产品最多只要一个。每种产品的单位成本为 3，两种产品的捆绑成本为 6。消费者对捆绑产品的保留价格是其对单个产品的保留价格之和。生产者不能实施价格歧视。

表 10—21　消费者 A、B 和 C 对产品 X 和产品 Y 的保留价格以及产品 X 和产品 Y 的捆绑价格

消费者	保留价格		
	产品 X	产品 Y	X 和 Y 的捆绑
A	5	5.33	10.33
B	3	10	13
C	9	2	11

生产者的最优（利润最大化）策略是制定产品 X 的价格为 $P_X=8.32$，制定捆绑价格为 $P_B=10.33$，并且不单独提供产品 Y。该策略产生的利润为 13.98。而最优纯粹捆绑策略提供的捆绑价格为 $P_B=10.33$，由此产生的利润为 12.99。最优分项定价策略对应的是 $P_X=9$ 且 $P_Y=10$，产生的利润为 13。

图 10—8 显示了最优混合捆绑策略、最优纯粹捆绑策略、最优分项定价策略以及运用鱼尾纹方法[①]求解捆绑问题。

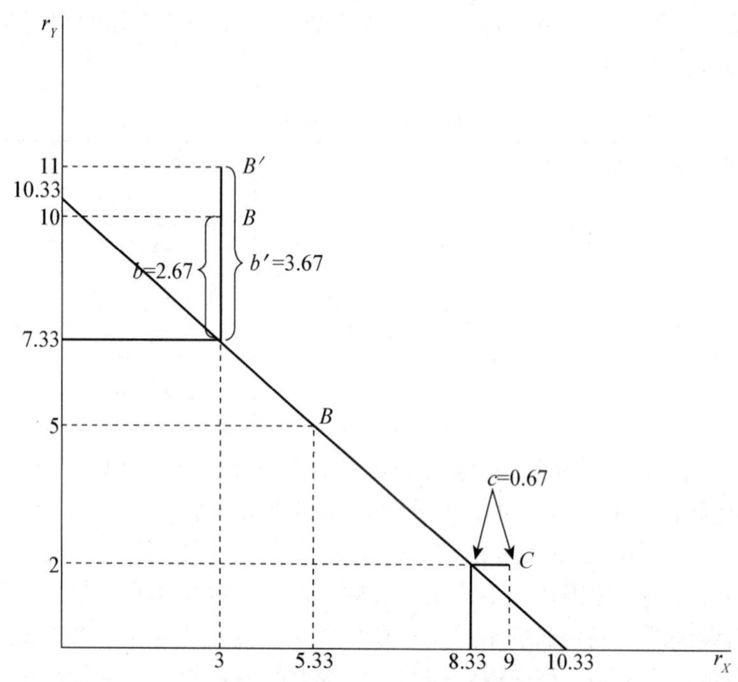

图 10—8　表 10—21 中捆绑问题的描绘

注：图中通过鱼尾纹方法解决了捆绑问题。当消费者对 B 对产品 Y 的保留价格从 10 提高到 11 时，鱼尾纹方法就被扩展了。

定价为 $P_B=10.33$ 的纯粹捆绑在三种定价类型中利润最低，只有 12.99。每位消费者贡献的利润为 4.33（=10.33−6）。如果管理者通过分项定价策略把消费者 B 从捆绑中吸引出来，他们将不得不向 B 提供比她从捆绑中收到的消费者剩余（现在是2.67=

① 以前在沃顿商学院工作的同事 Matt White 向我们介绍了“鱼尾纹”方法。

13－10.33）更大的消费者剩余，这样就必须提供大于 2.67 的消费者剩余才可能把消费者 B 从捆绑中吸引出来，即图 10—8 中的线段 b。这里只有产品 Y 参与，因为消费者 B 只愿意为产品 X 支付 MC（所以管理者不能降价获利）。因为 B 愿意为 Y 支付 10，如果管理者对 Y 进行降价处理，即降至 $10-2.67^{+}=7.33^{-}$，消费者 B 将获得的消费者剩余为 $10-7.33^{-}=2.67^{+}$；这高于从捆绑中获得的消费者剩余，所以她愿意从捆绑中退出。然而，这意味着管理者从 B 处获得的利润下降了，即 $7.33^{-}-3=4.33^{-}$，它比以前更低了（不改变消费者 A 和 C 的行为，因此他们贡献的利润也不变）。可见，管理者不应当将消费者 B 从捆绑中排除。

如果管理者想通过分项定价策略把消费者 C 从捆绑中吸引出来，他们将不得不向 C 提供比其从捆绑中收到的消费者剩余（现在是 0.67＝11－10.33）更大的消费者剩余，这样就必须提供大于 0.67 的消费者剩余以便把消费者 C 从捆绑中吸引出来，即图 10—8 中的线段 c。这里只有产品 X 参与，因为消费者 C 不愿意为产品 Y 支付 MC。由于 C 将为 X 支付 9，如果管理者将 X 进行降价处理，即降至 $9-0.67^{+}=8.33^{-}$，消费者 C 将获得的消费者剩余为 $9-8.33^{-}=0.67^{+}$；这高于从捆绑中获得的消费者剩余，所以他愿意从捆绑中退出。这意味着管理者从 C 处获得的利润上升了，即 $8.33^{-}-3=5.33^{-}$（高出 0.99^{+}），它比以前多了（不改变消费者 A 和 B 的行为，因此他们贡献的利润也不变）。可见，管理者的确想要把消费者 C 从捆绑中排除。

将消费者 A 从捆绑中排除既降低了从 A 处得到的利润，也降低了从其他消费者处获得的利润。为了将消费者 A 从捆绑中吸引出来，假设 P_X 降至 5^{-}，P_Y 降至 5.33^{-}，A 将单独购买每款产品，不过从 A 处获得的利润却降至 $5^{-}-3+5.33^{-}-3=4.33^{--}$（低于之前的值）。另外，不仅消费者 B 将从捆绑中退出（现在从产品 Y 中获得的消费者剩余为 $10-5.33^{-}=4.67^{+}$），而且消费者 C 也将从捆绑中退出（现在从产品 X 中获得的消费者剩余为 $9-5^{-}=4^{+}$）。从 B 中获得的利润降至 $5.33^{-}-3=2.33^{-}$（低于在捆绑产品中得到的利润），而从 C 中获得的利润则降至 $5^{-}-3=2^{-}$（低于在捆绑产品中得到的利润）。可见，混合捆绑要远远好于纯粹捆绑定价 $P_B=10.33$。

分项定价策略与混合捆绑策略相比又如何呢？在最优分项定价方案 $P_X=9$，$P_Y=10$ 的条件下，消费者 A 没有购买任何商品，因此其对利润也没什么贡献。若将 A 吸引到捆绑定价 10.33 中来，可将利润从 0 提高至 4.33。消费者 B 在价格 10 处购买了产品 Y，由此贡献的利润为 7，而消费者 C 在价格 9 处购买了产品 X，由此贡献的利润为 6。图 10—8 显示了当把消费者 B 吸引进捆绑之后，B 贡献的利润比之前的利润（10.33－6＝4.33与 10－3＝7 相比）少 2.67（线段 b）。产品 X 定价在 8.33^{-}，将使得消费者 C 无法加入捆绑（而产品 X 的价格仍维持在 9 时他就会加入）。这样，从 C 身上得到的利润减少了 0.67，也即图 10—8 中的长度 c（$8.33^{-}-3=5.33^{-}$ 与 9－3＝6 相比）。而剩下的总净利润有多少呢？混合捆绑增加了从 A 处得到的利润 4.33，减少了从 B 处得到的利润 2.67，也减少了从 C 处得到的利润 0.67^{+}，因此，利润的净增量为 $4.33-2.67-0.67^{+}=0.99^{-}$，可见，混合捆绑策略好于分项定价策略。

图 10—8 显示了 $P_B=10.33$、$P_X=8.33^{-}$ 且不单独提供产品 Y 的最优混合捆绑定价策略要好于 $P_B=10.33$ 的最优纯粹捆绑定价策略，也好于 $P_X=9$ 且 $P_Y=10$ 的最优分项定价策略。请注意这里用“鱼尾纹”所做的解释（在图 10—8 中，从 $P=10.33$ 出发呈放射状分布的线）。

假设需求条件发生变化。尤其是假设消费者 B 对产品 Y 的保留价格从 10 增长到 11，如图 10—8 所示（消费者的新位置用 B'表示）。请注意，消费者 B 对于捆绑的保留价格现在已经上升到 14（3＋11）。

如果消费者 B 购买的捆绑价格为 10.33，将得到的消费者剩余为 3.67(＝14－10.33)，贡献的利润为 4.33(＝10.33－6)。然而，如果管理者没有提供这一捆绑，他们将向消费者 B 收取其对产品 Y 的保留价格，因而从消费者 B 处获得的利润为 8(＝11－3)。与此同时，向消费者 C 收取他对产品 X 的保留价格，因而从消费者 C 处获得的利润为 6(＝9－3)。消费者 A 不会购买任何产品，所以不会对利润作出贡献。不过，现在的总利润为 14(＝8＋6)，它超过了 P_B＝10.33 时的纯粹捆绑利润 12.99，也超过了 P_B＝10.33、P_X＝8.33^- 且不单独提供产品 Y 时的混合捆绑利润 13.99^-。事实上，若消费者 B 对产品 Y 的保留价格增加到 10.98^+，则这一增长将使得非捆绑策略成为利润最大化策略。

当消费者 B 位于 B 点（而不是 B'点）时，分项定价利润 13.99^-－13＝0.99^- 则低于最优（混合捆绑）定价利润。对消费者 B 增加其对产品 Y 的保留价格 1 个单位，会使管理者为了利润而改变定价策略。请再次注意，“鱼尾纹”讲述了同样的道理。

这里的另一个例子是管理者希望非捆绑。如果消费者 C 对产品 X 的保留价格涨到 10（同时其他消费者的保留价格不变），管理者也可能采用非捆绑，并以每款 10 的价格销售产品 X 和产品 Y，从而获得 14 的利润（＝10－3＋10－3）。事实上，消费者 B 对产品 Y 保留价格增量与消费者 C 对产品 X 保留价格增量的任意组合超过 0.98，都会引起管理者对产品实施非捆绑，因而会单独销售各产品。

考虑消费者 B 对产品 Y 的保留价格涨到 11 的新情况。假设一个捆绑价格为 10.33。如果消费者 B 购买了捆绑，她得到的消费者剩余为 3.67(＝3＋11－10.33)，产生的利润为 4.33(＝10.33－6)。为了将 B 从捆绑中吸引出来，必须向其提供一个高于 3.67 的消费者剩余。这需要以低于 7.33 的价格销售产品 Y（即 7.33^-）。如此低的价格将使从消费者 B 那里获得的利润低于以捆绑价格 10.33 向其出售产品而获得的利润 4.33^-(＝7.33^-－3)。把产品 Y 的价格降到 7.33^-，不会有其他销售受到影响，但利润却因这种变动而减少。

通过从混合捆绑环节中取消捆绑选择，而只收取 P_X＝9 且 P_Y＝11，则图 10—8 给出了获得的利润。对于消费者 B，其购买可能的捆绑带来的利润从 4.33(＝10.33－6) 增加到8(＝11－3)，增加了 3.67(＝8－4.33)，即图 10—8 中的 b'。消费者 C 现在只购买价格为 9 的产品 X，产生的利润为 6(＝9－3)，尽管这低于混合捆绑，但他若以 8.33^-的价格购买产品 X，产生的利润为 5.33^-(＝8.33^-－3)。这样，从 C 那里得到的利润增加了 0.67^+(＝6－5.33^-)，即图 10—8 中的 c。如果没有可购买的捆绑，A 不会消费任何产品，因此她在混合捆绑下贡献给企业的利润 4.33，现在也变成了零。但是来自消费者 B 与 C 的利润之和 4.34^+(＝3.67＋0.67^+) 却超过了在 A 那里损失的利润 4.33，由此产生的净收益为 0.01^+(＝4.34^+－4.33)。该结果也等于前面分项定价利润 14 与混合捆绑利润 13.99^-之差。

因此，尽管有些形式的捆绑（纯粹或混合）会将企业的利润提高几倍，但非捆绑也能够增加利润。哪种方法更好完全取决于保留价格与生产成本。图解法说明了在管理者为利润而改变价格的情况下，如何衡量各种方法。

10.3 作为抢先进入战略的捆绑

除了作为提高利润的一个策略外，捆绑也被用于阻止潜在的对手进入市场。假设阿尔法公司的管理者已经提出了一个由产品 W 和产品 S 组成的捆绑，计划将捆绑价格设为 X 美元，对我们来讲需要给出的答案是：X 是多少？

贝塔公司正在开发一个产品 C，它是 W 的替代品。而伽玛公司也正在开发一个产品 N，它是 S 的替代品。贝塔与伽玛公司的管理者都想将他们的产品打入市场。不过，只有阿尔法公司具备同时生产捆绑中两种产品的财力。阿尔法的市场进入费是 30。为进入市场贝塔公司需花费 17，而伽玛公司也需要花费 17。如果阿尔法的管理者试图单独生产两种产品中的一种，则每种产品的市场进入费为 15。所有情况下的入场费都与销售的产品数量无关。请注意，阿尔法为每种产品花费的入场费为 15，而不管该产品是分项出售还是捆绑出售。

由产品 W 或 C 与由产品 S 或 N 提供的服务市场，以及这两种服务的捆绑情况都反映在表 10—22 中。假定消费者将贝塔的产品 C 与阿尔法的产品 W 作比较，同时将伽玛的产品 N 与阿尔法的产品 S 作比较。消费者可将自己组成的捆绑（购买贝塔的 C 和伽玛的 N）与阿尔法的捆绑 W 和 S 作比较。表中给出了消费者对每款产品的保留价格。每家生产商花费 2 去分配每款产品（因此阿尔法需要花费 4 去分配其捆绑产品）。

为简单起见，假设每类消费者只有 1 人，而表格中的数据代表对产品的长期需求。消费者对每款产品至多只需要 1 个。公司间不能形成合资。消费者的保留价格见表 10—22。

表 10—22　消费者 A、B 和 C 对产品 W 或 C、产品 S 或 N，以及 W 和 S 的捆绑或 C 和 N 的捆绑的保留价格

消费者类型	产品 W 或 C 的保留价格	产品 S 或 N 的保留价格	W 和 S 的捆绑或 C 和 N 的捆绑的保留价格
A	10	20	30
B	15	15	30
C	20	10	30

产品是完全负相关的，一般这意味着采用纯粹捆绑策略。的确，如果阿尔法是市场上唯一的参与者，那么纯粹捆绑策略（捆绑价格为 30）将吸引全部消费者去购买，而减去分配成本后的净收益为 $(30\times3)-(4\times3)=78$。阿尔法的进入成本为 30，则产生的利润为 48。这大大超过了 $P_W=P_S=15$ 的最优分项定价策略的利润，因为该策略产生的利润为 $22(=(15\times4)-(2\times4)-(15\times2))$；也超过了混合捆绑策略产生的利润 $32(=(30-4)\times1+(20-2)\times2-(15\times2))$。

但是如果阿尔法面临着来自贝塔与伽玛进入市场的威胁，它便不能把捆绑价位定在 30。如果这么做，贝塔也可以进入市场，只需要价（23/3）便可出售产品 C，并赚到钱。同样，伽玛也可以进入市场，也只需要价（23/3）便可出售产品 N，并也能赚到钱。如果贝塔与伽玛同时定价（23/3），则所有的消费者都会从贝塔公司购买 C，贝塔会收益 23。贝塔的进入成本为 17，它将产品 C 分配给消费者的成本为 $2\times3=6$，因而贝塔的总成本为 23。这种情况同样会发生在伽玛身上。贝塔与伽玛都将获得一个正常利润（零超额利润）。

如果阿尔法的捆绑定价略低于（46/3），也即（46^-/3），那么贝塔或者伽玛都不能进入市场，因为二者的成本不能超过（23/3）。阿尔法将如何行动？若所有三类消费者都将购买阿尔法的定价为（46^-/3）的捆绑产品，将为阿尔法带来 46^- 的收益。阿尔法的进入成本为 15×2=30，分配三个捆绑产品的成本为 4×3=12，而其总成本为 42，利润将为 46^-−42=4^-，这与 48 有着天壤之别，但它把阿尔法作为唯一的生产商留在了市场中。

市场进入威胁很明显降低了垄断利润，但与此同时，运用捆绑不仅可以阻止进入，而且可以为捆绑者保留盈利市场。

尽管缺少严格的解析解，但下面几个简单规则可以帮助管理者构建更有效的定价政策：

1. 如果产品的保留价格是正相关的，纯粹捆绑并不比分项定价更好（但混合捆绑可能）。

2. 如果生产一种产品的边际成本超过了其保留价格，一般而言，应当谨慎考虑将其卖出。①

3. 如果产品的保留价格完全负相关，生产产品的边际成本为零，则纯粹捆绑是最优策略。

4. 如果产品的保留价格负相关，当生产的边际成本递增时，混合捆绑可能比纯粹捆绑更好；随着边际成本进一步递增，分项定价可能更好。

但一切都真正取决于保留价格与生产成本，因此要记住高超的实验是一种解决捆绑定价的方法。其他方法，特别是当需求者或产品的数量很大时，可使用计算机程序来确定所有三种类型的定价和每种类型利润最大化时的价格。

战略环节

《纽约人》是如何运用捆绑销售的？

《纽约人》(*The New Yorker*) 是一份不错的杂志，内容诙谐，兼具咨询性和娱乐性。显然，高质量期刊的市场经历过艰难的时期，原因在于消费者的文化和媒体偏好发生了变化。

杂志的收入主要依赖于订阅和零售，但最重要的是广告收入，而广告收入取决于杂志的销售量，购买杂志的客户人群越多，则广告商支付的广告费就越多。

可是在过去的几年里，发行量和广告收入双双下降。《纽约人》看起来入不敷出。因此，康泰纳仕出版集团采取了一个捆绑销售的策略。康泰纳仕的出版物还包括《建筑学文摘》(*Architectural Digest*) 和《名利场》(都是畅销杂志)。捆绑策略是怎样的呢？康泰纳仕规定，如果一家公司想在《建筑学文摘》和《名利场》(*Vanity Fair*) 上刊登广告，它也必须在《纽约人》上刊登广告。事实证明这是一个有利可图的策略，《纽约人》至今仍在出版发行。

资料来源："There's Less Buzz and Less Lunch at *The New Yorker*," *New York Times*, Monday, June 28, 1999.

---

① 有些时候，尽管购买捆绑产品的消费者对捆绑中一种商品的保留价格低于该商品的生产成本，但以纯粹捆绑形式出售的该商品还是会产生利润。假设某企业正在考虑选择使用分项定价还是选择使用纯粹捆绑定价。针对产品 1 和产品 2 的保留价格（美元），从消费者 A 到消费者 F 分别给出了判断，即（70，30）、（80，20）、（75，25）、（75，15）、（84，16）和（90，10）。生产产品 1 和产品 2 的单位成本分别是 70 美元和 20 美元。最优分项价格是 P_1=80 美元，而 P_2 或者是 30 美元，或者是 25 美元，产生的利润是 40 美元。最优纯粹捆绑价格是 100 美元时产生的利润是 50 美元。购买了捆绑产品的消费者 E 和 F 对于产品 2 的保留价格均低于其成本，但他们并没有被排除在外，因为那样做会降低企业的利润。如果采用混合捆绑，排除问题可能得到解决。若捆绑价格为 100 美元，产品 1 的价格是 83.99 美元，则产生的利润是 57.98 美元，消费者 E 和 F 将只能购买其保留价格超过成本的产品（产品 1）。

何时捆绑销售?

2011 年 7 月，奈飞公司的管理者解除了流媒体 DVD 和邮寄 DVD 的捆绑方案，将其分成两款独立的产品并分项定价。以前，产品仅纯粹捆绑销售并每月要价 9.99 美元。现在，每款产品每月收费 7.99 美元；换句话说，购买自己组成的捆绑产品需要 15.98 美元。

奈飞公司顾客的最初反应似乎过于负面，《今日美国报》(*USA Today*) 非科学性的调查声称，74%的顾客将转向他处。负面反应震惊了奈飞公司的管理者。他们声明正在认真反思先前的决定。

让我们用教材中介绍的方法看一下，为使这个策略变得可行，管理者必须要做些什么？我们首先将只关注收益的含义，然后做一些成本假设。下面的图形显示了分项定价情况与纯粹捆绑情况。

在纯粹捆绑情况中，区域 B、C、D 和 E 中的消费者将购买捆绑产品。假设区域 A 中的是 A 类消费者，区域 B 中的是 B 类消费者，依此类推。这样，由前面的价格政策可知总收益（单位：美元）为：

$$[X] \quad 9.99B+9.99C+9.99D+9.99E$$

在分项定价情况中，区域 A、B 和 C 中的消费者将购买流媒体 DVD，而区域 C、E 和 F 中的消费者将购买邮寄 DVD。这样，从分项定价中获得的收益为：

$$[Y] \quad 7.99A+7.99B+15.98C+7.99E+7.99F$$

站在收益的角度，如果 $[Y]>[X]$，则奈飞公司的管理者选择了正确的策略，也就是：

$$7.99A+7.99B+15.98C+7.99E+7.99F>9.99B+9.99C+9.99D+9.99E$$

即：

$$[Z] \quad 7.99A+5.99C+7.99F>2B+9.99D+2E$$

流媒体 DVD 服务的边际成本非常低，而由于运费和手续费，邮寄 DVD 服务的成本要高一些。A 类需求者从不使用邮寄，所以他们在 Z 中的影响对于利润来说非常重要(假设服务此类消费者的边际成本约等于零)。F 类的顾客对于奈飞公司来说是新顾客，所以他们的净贡献为正（假设他们支付的 7.99 美元超过了运费和手续费的成本)。C 类顾客的手续费与以前相同，所以上方的 C 代表获得的利润。因此，Z 的左端肯定只有减去服务新型 F 类顾客的成本才会使 Z 从收益流转向利润流。B、D 和 E 之前都消费过捆绑产品，有些可能只用过流媒体（最可能是 B 类)，有些可能只用过邮寄产品（最可能是 E 类)。为了使 Z 式的左端从收益流转向利润流，我们必须从中减去服务 B、D 和 E 的成本。

可见，这个变动的好坏取决于每个区域中需求者的数量和为他们服务的成本。这才是奈飞的管理者在作出决策前应当考虑的问题。

他们是否作出决定我们不得而知。我们只知道三个月后，即当年的 10 月份，由于需求的严重下滑，奈飞公司的管理者屈从于公众对非捆绑产品的反对。大多数顾客看到非捆绑产品的价格上涨了60%。尽管里德·黑斯廷斯，奈飞公司的首席执行官曾公开表示价格上涨是必要的，但需求量的明显下滑却迫使他撤销了非捆绑策略。

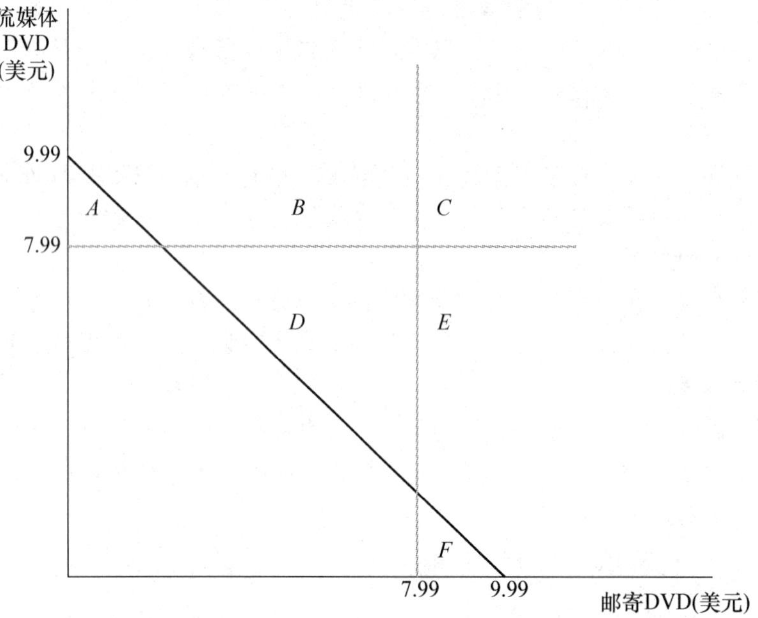

资料来源：Tiernan Ray，"Netflix Splits Streaming，DVD Plans，$15.98 for Both，" *Tech Trader Daily*，July 12，2011，at http：//blogs.barrons.com/techtraderdaily/2011/07/12/netflix-splits-streaming-dvd-plans-15-98-for-both/；Troy Wolverton，"Netflix Reverses Decision to Split Its Video Streaming and DVD Services，" *The Mercury News*，October 11，2011.

10.4 IBM、富士施乐与微软的搭售

一种与互补产品有关的捆绑形式被称为搭售。搭售是一种管理者销售附带互补品的产品定价方法。在搭售中，消费者一般被要求通过合约从销售主产品的公司购买互补产品。例如，一个人只能用iTune下载歌曲到苹果产品。美国与欧盟都曾控告过微软公司使用搭售策略强迫顾客使用其浏览器产品（Internet Explorer），而不是竞争对手的产品（Firefox）。微软公司将IE浏览器搭售到其Windows操作系统之中，并动用其市场权力迫使个人电脑制造商在其产品上只能安装微软的浏览器。

成功实施搭售策略一般要求公司能够行使市场权力。例如，苹果与微软的管理者都可以通过市场份额大规模控制市场。管理者实施搭售策略的原因有很多。首先，它是实施价格歧视的一种方法。通过把互补产品的价格设置在远超出其成本之上，管理者实际上可以从更经常使用互补品的消费者身上获得更高的价格。例如，假设消费者A每月使用惠普打印机打印10 000页，而顾客B每月只使用惠普打印机打印1 000页。惠普公司很难制定打印机的价格以便从高强度使用者顾客A处获得比顾客B处更多的收益。但是，如果惠普能够把打印机墨盒的销售与打印机的销售捆绑起来，则可以从顾客A

处得到比顾客B处更多的利润，因为公司在销售墨盒中从顾客A处获利比从顾客B处获利要多。

作为一个合法的商业战略，搭售一直饱受非议。直到最近，在大多数美国法庭中，搭售仍被视作违法的。然而，最近的决定暗示了法官正逐渐认识到由该战略带来的效率。

例如，搭售可以降低交易成本。大多数购买者更喜欢购买一台带有必要设备的“完整的”汽车，比如带有轮胎、引擎和座椅等。搭售可用于保护产品的完整性。它帮助管理者控制各部分产品的质量水平。

管理者使用搭售策略的另一个原因是维持其垄断地位。例如，自从1991年起，微软公司就占据了个人操作系统市场90%以上的份额。即使是竞争对手IBM投入几亿美元开发OS/2操作系统，也被迫从市场中迅速撤出。微软公司十分关注网景公司，因为其产品会对专为视窗操作系统书写的应用程序造成威胁，所以微软公司想要排除网景公司的产品。当被政府律师问及以下问题时，微软的管理者同意了律师的评估：

> 我正在努力形成支持的理由（将IE浏览器嵌入Windows操作系统），因为你也相信，如果有两个并行的浏览器可供顾客选择，在绝大多数情况下或在大多数情况下，使用者将因为你们已经确认的原因选择网景公司的产品，对吗？①

这一观点在一份微软公司内部的电子邮件中一再被重申。

> 显然，我们难以仅仅依靠IE浏览器本身的优点来提高其在市场中的份额，更重要的是通过操作系统资产的杠杆作用来使顾客选择IE浏览器而不是网景的产品。②

另外，管理者使用搭售策略以确保企业产品正确运营和企业品牌得到保护。为了达到这一目标，企业坚持让顾客购买其互补产品。例如，杰瑞电子公司是一家安装社区天线系统的公司，它要求顾客接受5年的维修合约以避免其设备出现因不正确服务导致的故障。麦当劳公司的特许经营商必须购买麦当劳的配方以保证汉堡包品质的统一性和公司的品牌不受损害。

战略环节 ☞

哪一个更贵，打印机还是墨水？

当打印机第一次进入市场时，它们十分昂贵，但随着越来越多的公司生产打印机，其价格就下降了。打印机是一次性的昂贵（对于打印机的整体寿命来讲），但墨盒的墨水用完了却必须更换。对于大用户，这种情况经常发生。为什么不以一个较低的价格吸引顾客购买您的打印机，把他们锁定之后，再向其收取较高的更换墨盒的价格，而墨盒只能在您的打印机上才能使用？这种方法已经在剃须刀上应用过（便宜的剃须刀，昂贵的刀片）。那么，为什么顾客不向空墨盒重新注入墨水呢？公司在墨盒中嵌入了一个豁口以防止这种行为，直到环境保护法强迫墨盒被回收。为什么不使用为打印机设计的杂牌墨盒呢？因为担心杂牌墨盒的质量，并且如果不使用生产商提供的墨盒，你可能会失

①② 1999年9月21日的审判记录。

去打印机的保修服务。惠普公司占据了全球彩色打印机市场40%的份额，从墨盒这一项中就赚取了很多钱。一名学生声称，当他的打印机没有墨时，他买了一台新打印机，因为这比买一个新墨盒还要便宜。

现在柯达公司正试图改变这一切，方法是引入一种成本为50美元的喷墨打印机，比竞争对手的打印机要贵，但其使用的墨水却比竞争对手的墨水便宜很多。施乐公司引进的一种彩色打印机价值900美元，比起竞争对手的产品更昂贵，但是打印彩色页面与黑白页面的成本却相同。

有些专家称，购买者想要低成本的硬件（打印机），同时通过控制打印数量来控制成本。柯达公司认为，如果墨水成本降下来人们将会打印更多，并报告了它的顾客每年平均购买9个墨盒，而行业平均值每年只有4个。柯达声称，听取到的顾客意见是，价位高的墨水限制了他们的打印。这对树木来说可能不是好消息，但使用者似乎很高兴，一家曾每年花费100万美元用于打印彩色印刷品的房地产公司现在公布，它的打印费是20万美元。

资料来源：Claudia H. Deutsch，"In a Switch，Charging More for Printers and Less for Ink，" *New York Times*，September 24，2007，at http：//www. nytimes. com/2007/09/24/technology.

10.5 转移定价

有些情况下，即使市场不存在也会出现交易；很多时候仅涉及企业的内部交易。假设某企业有上游和下游两个部门，其中的一种产品需要作为投入在上游单独生产，然后被下游产品的生产所使用。转移定价是为模拟一个外部市场而创造内部市场时产生的，而且转移定价允许公司的管理者在两个部门中同时作出实现利润最大化的决策。例如，汽车公司从它的组件部门购买投入品生产汽车。当上游部门的产品存在一个外部市场时，最优转移定价的决策规则是不同的，因为上游部门现在有了在外部市场出售产品的选择，而下游部门也有了在外部市场购买上游产品的可能。

转移定价十分普遍。最近的一项调查显示，《财富》(*Fortune*) 150家企业中有91%的企业实施转移定价，其中有1/3的企业管理者进行了4项或更多的企业内部交易。

考虑一个多部门企业拥有对下游产品的垄断权和一个为下游产品提供组件的上游供应商，比如一个发动机制造商为一个下游汽车制造商提供服务。我们假设最初发动机没有外部市场；也就是说，没有其他发动机制造商能给下游汽车制造商提供发动机，也没有其他汽车制造商使用上游发动机制造商的发动机。因此，管理者必须决定要制造多少发动机和汽车（制造的发动机要和汽车数量相同，因为没有发动机的外部市场）。[①] 由于汽车要销售到外部市场，所以下游运营受市场规律支配。但是因为没有上游产品的外部市场，在支付上游产品方面，两个部门间将以什么样的价格进行交易呢？支付的金额被称为转移价格，模拟一个没有正式市场存在的市场。

① 为简化问题，这里假设上游生产的所有产品在当期被全部出售，换句话说，上游产品没有库存。

在考虑转移定价政策时，管理者需要确保下游产品的利润最大化（从企业整体角度看）和上游产品的产量，然后，他们还必须确保上游管理者具有正确的动机，以最有效的方法生产使上游部门利润最大化的产量。

下面这个概念能够让我们考察管理者的转移定价问题。下游产品的需求曲线为：

$$P_D = P_D(Q_D)$$

其中，P_D为每单位下游产品的价格，Q_D是下游产品的数量，括号代表方程是里面内容的函数。回忆一下需求的互补品与替代品的影响被纳入到需求曲线的截距中，参见第2章。

下游运营商的生产函数为①：

$$Q_D = f(L_D, K_D \mid Q_U)$$

生产函数与第5章类似，但它是有条件的；也就是说，在给定上游重要投入Q_U时，使用劳动（L_D）与资本（K_D）才能生产Q_D。

这一生产函数引起下游产品Q_D的成本函数为：

$$TC_D = TC_D(Q_D \mid Q_U)$$

这是除了上游运营成本之外的下游部门的总成本。

最后，上游部门的总成本是Q_U的一个函数，可写成：

$$TC_U = TC_U(Q_U)$$

这是我们在第6章中介绍的成本函数。

该多部门企业的利润为：

$$\pi = TR_D - TC_D - TC_U \tag{10.1}$$

为了获得最大化利润，我们必须满足条件$\Delta\pi/\Delta Q_U = 0$。注意，Q_U是控制管理者行为的变量。没有上游部门生产的重要投入，下游部门什么也生产不出来。而且，无论上游部门生产什么，下游部门都要与其生产相同数量的产品；也就是说，若转移定价正确，则$Q_D = Q_U$。尽管我们试图明确上游部门（10.1）式中的总收益（$TR_U = P_U Q_U$，其中P_U是转移价格），但它也将会被下游企业发生的成本完全抵消（回忆一下，TC_D是排除了上游产品成本的下游产品成本）。因为这个净产出为零，所以它没有被包括到（10.1）式中。

对于（10.1）式，我们令$\Delta\pi/\Delta Q_U = 0$，并对此式的右边作出以下调整：

$$\frac{\Delta\pi}{\Delta Q_U} = \left(\frac{\Delta TR_D}{\Delta Q_D}\right)\left(\frac{\Delta Q_D}{\Delta Q_U}\right) - \left(\frac{\Delta TC_D}{\Delta Q_D}\right)\left(\frac{\Delta Q_D}{\Delta Q_U}\right) - \frac{\Delta TC_U}{\Delta Q_U} = 0$$

或者：

$$\left[\left(\frac{\Delta TR_D}{\Delta Q_D}\right) - \left(\frac{\Delta TC_D}{\Delta Q_D}\right)\right]\left(\frac{\Delta Q_D}{\Delta Q_U}\right) = \frac{\Delta TC_U}{\Delta Q_U} \tag{10.2}$$

① 符号“|”在本方程和后面的方程中不代表除号；而是提醒我们这些函数是以产量Q_U为前提的。

即

$$(MR_D - MC_D)MP_U = MC_U \tag{10.3}$$

注意，$\Delta Q_D/\Delta Q_U$ 是用于下游产品生产的上游产品的边际产量。

定量方法

当 $\partial \pi/\partial Q_U=0$ 时，可以实现企业利润最大化。于是：

$$\partial\pi/\partial Q_U=(\partial TR_D/\partial Q_D)(\partial Q_D/\partial Q_U)-(\partial TC_D/\partial Q_D)(\partial Q_D/\partial Q_U)-\mathrm{d}TC_U/\mathrm{d}Q_U=0$$

或 $$[(\partial TR_D/\partial Q_U)-(\partial TC_D/\partial Q_D)](\partial Q_D/\partial Q_U)=\mathrm{d}TC_U/\mathrm{d}Q_U$$

或 $$(MR_D-MC_D)MP_U=MC_U$$

注意，($\partial Q_D/\partial Q_U$) 是上游产品的边际产量。

(10.3) 式从直观上看简单易懂。如果公司在上游环节多生产一单位产品，它带来的额外成本是 MC_U。生产额外一单位上游产品使产业集团产生了更多的下游单位产品 MP_U。所产生的每一个额外的下游单位产品为公司带来在下游工厂中的额外成本 MC_D，但同时使公司获得额外收入（MR_D）。如果额外净收入可得，即（MR_D-MC_D）MP_U，它被看作是额外上游成本（MC_U）生产的结果，超过了额外上游成本，然后管理者希望生产额外单位的上游产品（因为利润增加了）。如果相反，则管理者不希望再生产该额外上游产品（因为利润下降了）。当生产额外一个单位上游产品带来的下游额外净收入恰好等于在上游生产额外一个单位产品导致的成本时，管理者实现了利润最大化。

但是 MP_U 等于 1，因为在上游每多生产一单位新产品，下游也可以生产一单位新产品。在上游公司必须生产多个单位的产品才可以满足下游公司能够生产一单位新产品的条件下，例如，要生产四个轮胎才能生产一辆汽车，我们通过生产捆绑产品（四个轮胎为一个组合）来满足生产一辆汽车的要求。显然，这种情况也可向另一个方向发展——例如，在上游的养牛场多产出一头公牛，则可使下游的牛肉加工部门多生产 X（$X>1$）份牛排。这里多产出一头公牛可让大产业集团多生产一份牛排组合（X）。

在 $MP_U=1$ 的情况下，(10.3) 式变为：

$$MR_D-MC_D=MC_U$$

或者：

$$MR_D=MC_D+MC_U \tag{10.4}$$

那么规则就成为大家所熟悉的产品的边际收益必须等于生产产品的边际成本。也就是说，生产下游产品的边际成本等于下游部门的运营成本（记住把上游部门的运营成本要排除在外）加上上游产品的边际成本。

解方程 (10.4) 得：$Q_U^*=Q_D^*=Q^*$，给出了上游产品与下游产品的正确产量。

现在，假设管理者制定了下游部门支付给上游部门的转移价格。他们将告诉上游部门的经理其生产的每一单位产品都将得到 P_U，则追求利润最大化的部门经理将通过设

定 $P_U = MC_U$ 来实现利润最大化，如第 7 章所述。但是管理者应当选择的 P_U 是多少呢？显然，是 P_U 主导了 Q_U^* 单位产品的生产，如图 10—9 所示。

管理者选择不同的 P_U 会带来什么差异？无论什么差异，它是否不仅会给上游部门带来 $P_U Q_U^*$ 的收益，而且会给下游部门带来 $P_U Q_U^*$ 的成本呢？实际上，这两项刚好相互抵消（因此，我们将它们排除在（10.1）式之外）。而从产业集团角度看，利润是相同的。然而，每个部门的利润却不相同。而且，因为管理者的奖金经常基于其部门利润来预测，这使得管理者对转移价格十分关心。如果产业集团的管理者决定了最优产量是 Q（即 Q^*），再令两个部门都据此生产，则产业集团可实现利润最大化，而不用考虑转移价格。

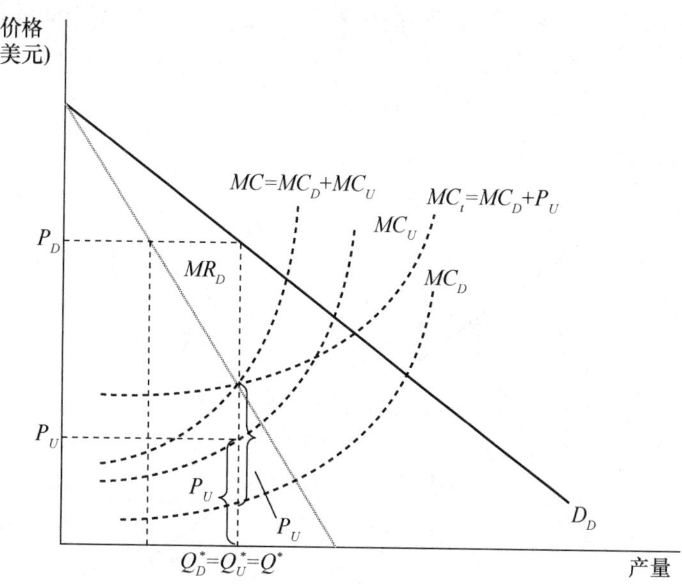

图 10—9　转移价格的决定：不存在转移产品的外部市场

注：最优转移价格是 P_U，它等于在最优产量 Q^* 下的边际生产成本。

但是，如果管理者正在努力实现利润最大化，那么选择正确的 P_U 是很重要的。如果 P_U 设定过高，上游部门就会生产过多的产品（回顾价格接受情况，其边际成本上升）。因为若所选择的 P_U 过高，下游部门的管理者将发现额外生产另一单位产品的边际成本（$MR_D + P_U = MC_t$）也会过高，并因此生产过少的产品。于是，不会实现利润最大化。如果所选择的 P_U 过低，下游部门的管理者将发现额外生产一单位产品的边际成本也过低，并由此希望生产超过最优产量的产品（但这一点不可能实现，因为上游部门只会生产低于这个产量的产品）。

10.6　转移定价：上游产品的完全竞争市场

在许多情况下，企业以外存在一个市场，它能够使其产品从一个部门转移到另一个部门。如果真是这样，那么下游部门和上游部门的产出水平则不再相等。如果下游部门对上游部门产品的需求超出上游部门的产出，那么它可以从外部供应商处购买一部分产品。如果上游部门的产量大于下游部门的需求量，那么它可以把一部分产品卖给外部的顾客。假设这种上游产品的市场是完全竞争的，我们就较容易确定管理者该如何制定转移价格。

图 10—10 给出了企业作为一个整体的最优价格与产出。由于上游部门产品市场属于完全竞争类型，所以上游部门的管理者就好似看到了一条水平的需求曲线，D_U，价格为 P_U，它也是该产品在外部市场的价格。为实现利润最大化，上游部门的管理者应当生产产量 Q_U，使其边际成本 MC_U 等于外部市场价格 P_U。就此意义而言，上游部门的行为就像是一个完全竞争厂商。

为最大化企业的整体利润，转移价格应当等于 P_U，也即企业之外的完全竞争市场中的上游部门产品的价格。因为上游部门的管理者可以按照价格 P_U 向外部的消费者随意出售产品，所以就不存在以低于 P_U 的价格将产品卖给下游部门的动力。同样，既然下游部门的管理者可以按照价格 P_U 随意从外部供应商手中购买产品，那么就不存在以高于 P_U 的价格从上游部门购买产品的动力。

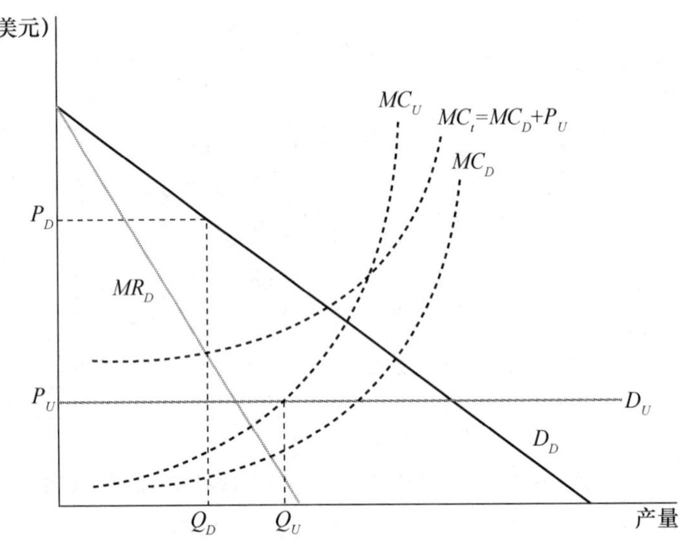

图 10—10　转移价格的决定：转移产品的外部市场是完全竞争市场

注：最优转移价格是 P_U，它等于转移产品的市场价格。

下游部门的管理者必须以价格 P_U 购买上游部门的产品，其边际成本 MC_t 是下游部门的边际成本 MC_D 与上游产品的市场价格 P_U 之和。为实现利润最大化，下游部门的管理者必须选择的产量水平为 Q_D，此时的边际成本 $MC_t(=MC_D+P_U)$ 等于边际收益 MR_D。图 10—10 显示出下游部门的产量 Q_D 低于上游部门的产量 Q_U；因此，这种情况下的最优方案是：产业集团的上游部门将其部分产量（具体地讲就是 Q_U-Q_D）出售给企业的外部客户。①

战略环节 ☞

实践中的转移定价

转移定价对管理者来讲有两个重要的作用。一个作用是，当产品或服务从集团内部

① 当然，$Q_D<Q_U$ 并不是总成立。这一情况是否出现取决于边际成本曲线（MC_D 和 MC_U）和需求曲线的形状、位置，以及外部竞争市场的转移价格。如果 $Q_D>Q_U$，那么下游部门需要在市场价格为 P_U 的外部市场上购买 Q_D-Q_U 的投入。

的一个部门转向另一个部门时，它可以在集团业务中合理配置资源。因为我们把价格看作是管理者决定生产多少和如何生产的一个信号，我们应当希望这些给部门经理的信号能够使集团的整体利润最大化。

为此，米哈尔斯基、邦杰和斯蒂勒考察了一个全程分析中转移定价的作用，即从为汽车生产燃料氢到向零售部门销售氢的过程。除非将过程看作一个系统，否则从生产到分配的过程中，产品各种切换的次优转移定价将影响整个过程的盈利情况（以及任何一个连续部分的盈利）。通过下面的分析你会发现这并不令人惊讶。

另一个作用体现在税收政策中。在 2011 年 1 月 20 日，厄恩斯特和杨发布了 2010 年全球转移定价调查：应对全球性挑战。调查主要发现，在 25 个国家的 877 家跨国公司中，转移定价仍然是这些重要的竞争性企业面临的最大挑战。面临创纪录赤字的政府，正在逐步监督和实施转移定价或是第一次引入转移定价。毕马威会计事务所公布了它自己的年度调查（全球转移定价回顾），并声称，日益增长的国际贸易正在给企业转移定价规则的标准化施加压力。在超过 200 页的报告中记录了 64 个国家的政策，并给出了从未有过的相关政策或是刚刚开始实施这项政策的 35 个国家的活动简介。

通过运用转移定价，逐步实施和阻止避税的进展如何？国家经济研究局[a] 的一篇文章审视了转移定价与其他机制的使用，比如在某些国家里，其被看作是公司，但在其他国家，却被视为流通实体的混合实体，使用它可以从高税收国家向低税收国家转移利润。文章还发现在过去的 20 年里，跨国公司极富热情地采取了“驻地所交换”策略。对 9 个发达国家 1989—2009 年充分观察后发现，有效税率平均下降了 12 个百分点。在日本，下降了 22 个百分点；在新西兰和英国，下降了 15 个百分点；在美国，则下降了 12 个百分点。布隆伯格估计，谷歌（在百慕大驻地）通过这样的努力，在过去的 3 年里节约了 31 亿美元。

尽管都有这样的机会（高税收国家的有效税率是低税收国家的 2 倍），还是有公司留在了高税收国家。驻日本的公司面临的是高有效税率，接下来是美国、法国和德国。综上所述，尽管有效税率已经下降了，但长期以来，有效税率的国家排名变动很小。

a. Kevin S. Markle and Douglas A. Shackelford，“Cross-Country Comparisons of Corporate Income Taxes，” Working Paper No. 16839.

资料来源：Jan Michalski，Ulrich Bunger，and Christoph Stiller，“Business Analysis of the Hydrogen Refueling Station Infrastructure and the Role of the Transfer Pricing System，” *International Journal of Hydrogen Energy* 36（2011），pp. 8152-8157；Terry Hayes，“Transter Pricing Remains Key Challenge for MNEs，” *Journal of International Taxation*，22 no. 4（April 2011），p. 8；KMPG，“Global Transfer Pricing Review” at www. snipurl. com/27pakr；Mythili Bhusnumath，*Economic Times of India*（*New Delhi*），“MNCs Lower Tax Burden by Swapping Domicile，” May 15，2011，at http：//economictimes. indiatimes. com/opinion/policy/mcns-lower-tax-burden-by-swapping-domicile/articleshow/8-309924. cms.

10.7 世界范围内的转移定价

转移定价是广泛存在的。许多企业都制定出集团内部一个部门购买另一个部门产品的政策，但转移价格的方式各有不同。1992 年，《财富》对 500 家公司的转移定价进行了调研，结果是，对于国内的部门间的产品转移，最普遍的定价方法是使用市场价格、实际的或标准的全部生产成本、全部生产成本加上加成以及协商价格；对于国家间的产品转移，基于市场的转移价格和全部生产成本加上加成是最普遍使用的方法。与1977年所做的早期调查相对比，国内与国际市场都出现了基于市场价格的转变。①

管理者在不同部门之间使用转移定价转移利润以减轻纳税义务。这种以各州与各国为整体的情况已经引起政府官员开始调查作为避税方法的转移定价。1999年，厄恩斯特和杨的一份调查显示，国际税务争议的第一话题就是转移定价。企业关注双重税收与违规的严重罚款。很多国家已经制定法律，以使税收机构增强查询转移定价的能力和对规制的执行力度。这些国家认为管理者利用转移价格减少在高税收国家的利润，并将这些利润转移到低税收国家。转移定价涉及的项目有商品、服务、财产、贷款与租约。幸运的是（这与本章阐述的理论一致），参与调研者注意到“制定转移定价政策的最重要因素是运营绩效的最大化，而不是税收安排的最大化”②。

假定下游国家的税率为 α，而一个上游国家的税率则为 β，其中，$\alpha>\beta$。假设这是一个没有外部市场的上游产品。下游国家的税后利润为：

$$(1-\alpha)(TR_D-TC_U-P_UQ_U)$$

而上游国家的税后利润为：

$$(1-\beta)(P_UQ_U-TC_U)$$

假设所有利润采用相同货币表示；也就是说，我们已经调整了汇率，而且设定 P_U 以保证实现税前利润最大化，则产业集团全部的税后利润为：

$$(1-\alpha)(TR_D-TC_D)-(1-\beta)(TC_U)+(1-\beta-(1-\alpha))(P_UQ_U)$$
$$=(1-\alpha)(TR_D-TC_D)-(1-\beta)(TC_U)+(\alpha-\beta)(P_UQ_U)$$

由于 $\alpha>\beta$，所以，如果 P_U 越大，则产业集团的税后利润就越高。但是税前利润最大化的最优价格就是 P_U（也有可能低一些）。

假设企业已经决定其最优产量为 $Q_D^*=Q_U^*=Q^*$，现在它想出了一个逃税的“花招 P_U”$=P_U^S$，方法是设定：

$$P_U^S=(TR_D-TC_D)/Q_U^*$$

运用这个 P_U^S，下游国家的税后利润就变成零，而产业集团的税后利润则变成：

$$(1-\beta)(TR_D-TC_D-TC_U)$$

也就是说，公司的全部利润以最低税率纳税。至此，我们了解了高税收国家的跨国公司接受转移定价政策的动机。

但是为什么转移定价已经在世界范围内变得如此重要了呢？存在四个基本的原因：日益加剧的全球化，不同国家的不同税收水平，税收机构的严厉监管以及不同税收司法权在规则和法律上的不一致。能够在国际背景下引发最少法律问题的转移价格

① Roger Tang, “Transfer Pricing in the 1990s,” *Management Accounting* vol. 73 (8), pp. 22-26.

② “Multinationals Face Greater Transfer Pricing Scrutiny According to New Ernst & Young Survey,” *Business Wire*, November 3, 1999.

政策是：（1）可比较的不受控制的价格，这些价格是相同的或者与“保持距离型”的交易价格是相似的；（2）成本加成价格，在公平交易中使用的加成加在了销售者的商品或服务的成本上；（3）转售的价格，它是销售部门决定一个公平利润的基础。①

问题环节 ☞

奥林公司

考察奥林公司，其上游的化工部门（P）生产一种产品，并将其转移给下游的营销部门（M）包装成最终产品销售给外部市场的客户。为了说明管理者如何计算出最优产出水平，假定奥林公司的需求与成本函数如下所示。假定奥林公司的下游营销部门所销售的最终产品的需求函数为：

$$P_M = 100 - Q_M \tag{10.5}$$

其中，P_M为最终产品的价格（美元/吨），而 Q_M为需求量（100 万吨/年）。扣除初级化工产品的成本，营销部门的总成本函数为：

$$TC_M = 200 + 10Q_M \tag{10.6}$$

其中，TC_M为部门的总成本（100 万美元）。

转向奥林公司的上游产品部门，它的总成本函数为：

$$TC_P = 10 + 2Q_P + 0.5Q_P^2 \tag{10.7}$$

其中，TC_P 为总生产成本（100 万美元），而 Q_P 为总产量（100 万吨/年）。与前相仿，我们假设初级化工产品（上游产品）属于完全竞争市场。假设其市场价格是 42 美元/吨。

在这些条件下，管理者可以轻易确定每个部门的最优产量以及初级化工产品的合理转移价格。生产部门可以按照其希望的每吨 42 美元的价格出售所有产品，所以它的边际收益等于 42 美元。从（10.7）式可知，$\Delta TC_P/\Delta Q_P = MC_P = 2 + Q_P$。

为找出使生产部门的利润最大化的产量，管理者必须让边际收益等于边际成本：

$$MR_P = 42 = 2 + Q_P = MC_P$$

即

$$Q_P = 40$$

因此，生产部门每年应当生产 4 000 万吨初级化工产品。

初级化工产品的转移价格应当等于公司外部完全竞争市场中的价格。既然市场价格是每吨 42 美元，那么转移价格也应当如此。而且，从前面我们知道营销部门的边际成本 MC_t 是边际营销成本 MC_M 与转移价格之和，即：

$$MC_t = MC_M + P_U$$

其中，$P_U = 42$ 美元，并且边际营销成本等于 $MC_M = \Delta TC_M/\Delta Q_M$。

从（10.6）式我们可知，$\Delta TC_M/\Delta Q_M = MC_M = 10$，因此：

① Brenda Humphreys, "International Transfer Pricing: More Important Than Ever Before!" *Cost Management* vol. 68 (4), pp. 24–26.

$$MC_t = 10 + 42 = 52$$

为实现营销部门的利润最大化，管理者必须使其边际成本等于边际收益。故营销部门的总收益为：

$$TR_M = P_M Q_M = (100 - Q_M) Q_M = 100Q_M - Q_M^2$$

营销部门的边际收益则为：

$$\Delta TR_M / \Delta Q_M = 100 - 2Q_M$$

上述表达式为边际收益，令它等于边际成本，我们可以发现：

$$MR_M = 100 - 2Q_M = 52 = MC_t = MC_M + P_U$$

即

$$Q_M = 24$$

因此，营销部门每年应当以 $P_M = 100 - 24$，即 76 美元的价格销售 2 400 万吨初级化工产品。

综上所述，奥林公司生产部门的管理者每年应当生产 4 000 万吨初级化工产品，其中，有 2 400 万吨应当转移给奥林公司的营销部门，而余下的 1 600 万吨产品应当以每吨 42 美元的市场价格出售给外部购买者。而转移价格应当与市场价格相同，也是 42 美元/吨。

定量方法

奥林公司的边际成本为：$dTC_P / dQ_P = 2 + Q_P$

定量方法

考虑这个问题的表面价值。

奥林公司的边际成本为：$dTC_M / dQ_M = 10$；奥林公司的边际收益为：

$$dTR_M / dQ_M = 100 - 2Q_M$$

小　结

1. 捆绑是管理者通过把两种或两种以上的产品联合在一起销售，从而提高利润的一种策略。一般来讲，如果商品的保留价格是负相关的，则捆绑效果更好；也就是说，一个群体必定对一种商品有着较高的保留价格，而对另一种商品有着较低的保留价格。即使如此，与对每个商品分项定价相比，捆绑也不一定产生更高的利润。当商品只能作为捆绑组合出售时就会出现纯粹捆绑；而当商品既可作为一个捆绑组合，也可分项出售时就会出现混合捆绑。没有一个分析模型可以解决捆绑定价问题，所以使用了试验法或者计算机模型。管理者也会利用捆绑作为市场进入壁垒。

2. 许多大型公司是多部门的，其中的一个部门会把其产品卖给同公司的另一部门。为实现整个公司的利润最大化，正确制定产品转移时的价格，即所谓的转移价格，是非常重要的。如果公司之外不存在转让产品的市场，转移价格就应该等于该转移产品在最优产量水平上的边际生产成本。如果外部市场是完全竞争市场，则转移价格应当等于市场价格。转移价格被跨国企业用来将利润从高税收国家转移到低税收国家。

习　题

1. 络卡斯特公司由一个营销部门和一个生产部门组成。生产一个单位产品的边际成本是 10 美元，而销售一个单位产品的边际成本是 4 美元。公司产品的需求曲线为 $P=100-0.01Q$，其中 P 为单位产品价格（美元），Q 为产量（单位）。由公司生产的这种产品不存在外部市场。

（1）管理者应当如何设定最优产量？

（2）管理者制定的价格是多少？

（3）生产部门的管理者应当向营销部门收取的单位产品价格是多少？

2. 泽克西斯公司由一个营销部门和一个生产部门组成。营销部门负责包装和分配一款由生产部门生产的塑料制品。由营销部门销售的最终产品的需求曲线为：

$$P_0=200-3Q_0$$

其中，P_0 为最终产品的价格（美元/磅），Q_0 为销售量（千磅）。不包括初级塑料制品的生产成本，营销部门的总成本函数为：

$$TC_0=100+15Q_0$$

其中，TC_0 为营销部门的总成本（千美元）。生产部门的总成本函数为：

$$TC_1=5+3Q_1+0.4Q_1^2$$

其中，TC_1 为生产部门的总成本（千美元），Q_1 为这种初级塑料制品的总产量（千磅）。存在这种初级塑料制品的完全竞争市场，价格为每磅 20 美元。

（1）生产部门的最优产量是多少？

（2）营销部门的最优产量是多少？

（3）这种初级塑料制品的最优转移价格是多少？

（4）营销部门以什么价格出售它的产品？

3. 诺克斯化工公司是生产异丙醇的最大的生产商之一。异丙醇被用来生产丙醇，是一种重要的工业化学品，也用于制造多种化学中间产品；诺克斯化工公司既生产丙醇，又生产这些化学中间产品，它使用了许多自己生产的异丙醇。诺克斯生产经理的诸多任务之一就是在公司内部为异丙醇设定转移价格。

（1）一般地，诺克斯的生产经理设定的转移价格等于市场的当时价格。这是一个合理的观念吗？

（2）当苯酚的生产迅速扩张时，丙醇就会被大量生产出来，因为丙醇是使生产苯酚的副产品。你认为这会对异丙醇的市场价格造成什么影响？

（3）生产 1 磅的苯酚，会产生 0.6 磅的丙醇。苯酚和丙醇是联合产品吗？

（4）它们是以固定比例生产的吗？①

4. 针对瑞奇·帕顿（一名拉丁国家西部的歌手）发行的光盘（CD），其三种类型需求者（A、B

① 进一步的讨论参见 E. R. Corey，*Industrial Marketing*：*Cases and Concepts*，3d ed（Englewood Cliffs，NJ：Prentice-Hall，1983）。

和 C）的保留价格（美元）如下表所示：

类别	CD1	CD2
A	11	8
B	8	9
C	9	10

生产和发行每张光盘需要花费 4 美元。公司可单独出售光盘，也可把它们放在一起按盒销售（即纯粹捆绑），或者也可以混合捆绑的形式出售（单独出售与成盒出售均可）。假定每类消费者在其保留价格（或任何更低的价格）水平上只想要每种 CD 中的一张，而且三种消费者的人数均相等。为简单起见，假设只存在上述提到的成本。

（1）你将建议瑞奇公司采取什么样的定价方法？

（2）最好的定价方法比起次优的定价方法，在利润方面要高出多少？

5. 鲍勃与罗恩音响公司出售电视与 DVD 播放器。它们已经对这些商品作了估计，并明确有三类（A、B 和 C）数量相同（为简单起见，假定每类中只有 1 人）的消费者，它们对两款产品的保留价格如下表所示。鲍勃与罗恩音响公司每台电视的成本与每台 DVD 播放器的成本均为 9。这样，鲍勃与罗恩音响公司生产一台电视与一台 DVD 播放器的捆绑产品将花费 18。

消费者类别	电视	DVD 播放器
A	28	12
B	29	4
C	30	10

任何一个消费者对电视与 DVD 播放器捆绑组合的保留价格是他们对每款产品的保留价格之和。消费者（最多）需要一台电视及一台 DVD 播放器。

（1）如果鲍勃与罗恩音响公司考虑将每款产品分项定价、纯粹捆绑定价，或者混合捆绑定价作为它们的定价政策，什么价格会使它们的利润最大化，并且利润是多少？

（2）如果鲍勃与罗恩音响公司能够对不同消费者实施完全价格歧视，那么这样所取得的利润比上一问题中的最优利润增加了多少？

6. 今年，宾夕法尼亚大学棒球队将与堪萨斯大学和佚名大学在宾夕法尼亚大学校园进行比赛。堪萨斯球队是一支全国排名靠前的知名队伍，而佚名球队则球技平平。

按照传统，体育部指导主任要为每支球队分项定价。你给他另外两种定价的选择。一个是只提供纯粹捆绑，也就是说，一张球票组合包括一张堪萨斯的票与一张佚名的票。第二个选择是混合捆绑。在这种情况下，有一个纯粹捆绑但是也允许比赛分项售票。若宾夕法尼亚球队单独售票，为每位观众提供一场比赛花费的成本固定，是 5 。但若宾夕法尼亚球队与堪萨斯球队和佚名球队捆绑售票，则为每位观众提供一场比赛花费的成本是 10。

存在三种类型的潜在观众（A、B 和 C）。每种类型的人数相同（为简单起见，假定每种类型只有一人）。他们对每场赛事的保留价格如下所示：

观众	堪萨斯	佚名
A	40	13
B	49	3
C	3	30

宾夕法尼亚球队的政策是不采用价格歧视。一位观众对两场比赛捆绑的保留价格等于他们对每一场比赛的保留价格之和。每位观众（至多）只想每场比赛去一次。

(1) 你给体育部指导主任的定价建议是什么（以使得主任能够最大化宾夕法尼亚球队的利润）？

(2) 假定宾夕法尼亚球队有现成的定价政策，你的建议为什么会让体育部主任认为值得采纳？

7. 吉姆公司有一种运动轮包和一种奢华的内饰包，考虑卖给它的汽车购买者。吉姆公司估计会有三种消费者（A、B 和 C，人员数量相等，为简单起见，每种类型只有一人）。对于每一种包，消费者（至多）想要一个。吉姆公司需花费 5 生产一个运动轮包以及需花费 10 生产一个奢华的内饰包。如果生产两种包的捆绑产品，则将花费 15。

消费者对每种包的保留价格如下所示：

消费者	运动轮包	内饰包
A	11	24
B	35	12
C	18	28

一位消费者对捆绑产品的保留价格等于他对两款产品各自保留价格之和。吉姆公司不实行价格歧视。

吉姆公司请你帮助它为轮包和内饰包定价，而你知道其可以对这两款包单独定价、纯粹捆绑或者混合捆绑。在这三个定价策略中，哪一个会带给吉姆最大的利润？你建议的价格是多少？最好的定价方法与次优方法相比，利润会超出多少？

8. 生命之粮公司生产了几种专门针对户外运动人员的健康食品。他们的三种基本产品为乳清粉、高蛋白能量棒与带有木屑味道的糊状膳食添加剂。研究表明这样的消费者分为两种（A 和 B），且他们对不同产品的保留价格如下表所示。每个消费者在其保留价格水平上对每款产品的需求不会超过一个。每个消费者都将按照不同产品的保留价格之和来衡量捆绑产品。生产每种产品的成本均为 3 美元。生产 3 种产品的捆绑成本为 9 美元。用于生活的食品没有价格歧视。

消费者	乳清粉	能量棒	膳食添加剂
A	10	16	2
B	3	10	13

每种类型消费者的人数相同（为简单起见，假定每种类型只有一人）。

你会向生命之粮公司推荐什么价格策略以实现利润最大化（要求在分项定价、纯粹捆绑和混合捆绑策略中选择）？为什么？要求捆绑只能从上述三种产品中产生。

Excel 练习：转移定价

假设下游产品的需求如下所示：

$$P_D = 100 - 0.1Q_D$$

下游部门的总成本如下所示（不包括上游部门的投入）：

$$TC_D = 5Q_D$$

而上游部门的总成本为：

$$TC_U = 20Q_U + 0.05Q_U^2$$

生产下游部门一单位的产量需花费上游部门一单位的投入；上游部门除了将产品卖给下游部门外，别无选择，而下游部门同样只能从上游部门购买其生产投入。上游部门的产品是唯一的，不存在生产该产品的其他生产商。

下游部门的总投入为：

$$TR_D = P_D \times Q_D = (100 - 0.1Q_D) \times Q_D = 100Q_D - 0.1 \times Q_D^2$$

下游部门的边际收益为：

$$MR_D = \mathrm{d}TR_D / \mathrm{d}Q_D = 100 - 0.2Q_D$$

下游部门的边际成本为（不包括上游部门投入的成本）：

$$MC_D = \mathrm{d}TC_D / \mathrm{d}Q_D = 5$$

上游部门的边际成本为：

$$MC_U = \mathrm{d}TC_U / \mathrm{d}Q_U = 20 + 0.1Q_U$$

为实现利润最大化，产业集团（上游和下游的合并）将设定：

$$MR_D = MC_D + MC_U$$

即

$$MR_D = 100 - 0.2Q_D = 5 + 20 + 0.1Q_U = 25 + 0.1Q_U = MC_D + MC_U$$

或者：

$$100 - 0.2Q_D = 25 + 0.1Q_U = MC_D + MC_U$$

因为一单位的投入对应一单位的产出，故 $Q_D = Q_U = Q$。于是，$100 - 0.2Q = 25 + 0.1Q$。这样：

$$0.3Q = 75$$

即

$$Q = 250$$

将 $Q = Q_D = 250$ 代入下游部门的需求曲线：

$$P_D = 100 - 0.1 \times 250 = 100 - 25 = 75$$

将 $Q = Q_D = 250$ 代入上游部门的边际成本函数，可得到最优转移价格，即下游部门应该支付给上游部门一单位产出的价格，也就是：

$$P_U = MC_U = 20 + 0.1 \times 250 = 20 + 25 = 45$$

下游部门的总收益为：

$$TR_D = P_D \times Q_D = 75 \times 250 = 18\,750$$

下游部门的总成本为（不包括上游部门的成本）：

$$TC_D = 5 \times 250 = 1\,250$$

下游部门从上游部门获得投入的成本为：

$$P_U \times Q_U = 45 \times 250 = 11\,250$$

下游部门的利润为：

$$\pi_D = TR_D - TC_D - P_U \times Q_U = 18\,750 - 1\,250 - 11\,250 = 6\,250$$

上游部门的总收益为：

$$TR_U=P_U\times Q_U=45\times 250=11\ 250$$

上游部门的总成本为：

$$\begin{aligned}TC_U&=20Q_U+0.05Q_U^2=20\times 250+0.05\times 250^2=5\ 000+0.05\times 62\ 500\\&=5\ 000+3\ 125=8\ 125\end{aligned}$$

上游部门的利润为：

$$\pi_U=TR_U-TC_U=11\ 250-8\ 125=3\ 125$$

产业集团的利润为：

$$\pi=\pi_D+\pi_U=6\ 250+3\ 125=9\ 375$$

假设转移价格是 65 而不是 45，将会发生什么变化？则下游部门使用的投入的边际成本就是 65，这样，下游部门会在 65 处取得最大利润：

$$MR_D=100-0.2Q_D=5+65=70=MC_D+MC_U=MC_D+P_U$$

或者：

$$0.2Q_D=30$$

即

$$Q_D=150$$

将 $Q=150$ 代入下游部门的需求曲线：

$$P_D=100-0.1\times 150=100-15=85$$

下游部门的总收益为：

$$TR_D=P_D\times Q_D=85\times 150=12\ 750$$

下游部门的总成本为（不包括上游部门投入的成本）：

$$TC_D=5\times 150=750$$

下游部门从上游部门获得投入的成本为：

$$P_U\times Q_U=65\times 150=9\ 750$$

下游部门的利润为：

$$\pi_D=TR_D-TC_D-P_U\times Q_U=12\ 750-750-9\ 750=2\ 250$$

上游部门的管理者将只生产 150 单位产品，因为这是下游部门管理者需要的产量（该产量对于外部企业来说毫无意义）。上游部门的总收益为：

$$TR_U=P_U\times Q_U=65\times 150=9\ 750$$

上游部门的总成本为：

$$\begin{aligned}TC_U&=20Q_U+0.05Q_U^2=20\times 150+0.05\times 150^2=3\ 000+0.05\times 22\ 500\\&=3\ 000+1\ 125=4\ 125\end{aligned}$$

上游部门的利润为：

$$\pi_U=TR_U-TC_U=9\ 750-4\ 125=5\ 625$$

产业集团的利润为：

$$\pi=\pi_D+\pi_U=2\,250+5\,625=7\,875$$

由于设定了错误的转移价格，联合公司的利润减少了 9 375－7 875＝1 500。

接下来看一看如何通过电子表格得到同样的结果。假定可获得市场价格、需求数量以及上游生产成本的相关数据。

这些数值可从下游产品的需求曲线（$P_D=100-0.1Q_D$）与上游产品的总成本曲线（$TC_U=20Q_U+0.05Q_U^2$）中得出。管理者通常使用如下离散模型估计需求。

价格	下游需求量	上游总成本
100	0	0
95	50	1 125
90	100	2 500
85	150	4 125
80	200	6 000
75	250	8 125
70	300	10 500
65	350	13 125
60	400	16 000
55	450	19 125
50	500	22 500

已知下游的边际成本等于它的平均成本 5。

打开 Excel 电子表格。在单元格 A1 中输入 100，在单元格 A2 中输入 95，依此类推，直至在单元格 A11 中输入 50。

在单元格 B1 中输入 0，在单元格 B2 中输入 50，依此类推，直至在单元格 B11 中输入 500。这样 A 列与 B 列就给出了下游产品的需求曲线。

在单元格 C1 中输入＝A1＊B1，然后单击单元格 C1 的右下角并拖动鼠标至单元格 C11，则 C 列就是下游部门的总收益。

在单元格 D1 中输入＝5＊B1，然后单击单元格 D1 的右下角并拖动至 D11，则 D 列是下游部门的总成本（不包括上游部门的成本）。

在单元格 E1 中输入 0，在 E2 中输入 1 125，依此类推，直至在单元格 E11 中输入 22 500，则 E 列即为上游企业的总成本。

在单元格 F1 中输入＝D1＋E1，然后单击单元格 F1 的右下角并拖动至 F11，则 F 列即为产业集团的总成本。

在单元格 G1 中输入＝C1－F1，然后单击单元格 G1 的右下角并拖动至 G11，则 G 列即为产业集团的利润。在 G 列中查询最大数（或者在单元格 G12 中输入＝Max(G1:G11)），则 G6 中的 9 375 为最高联合利润。沿着第 6 行向左看，你将看到产量为 250（在单元格 B6），而下游产品的定价为 75（在单元格 A6）。

在单元格 H2 中输入＝(E2－E1)/(B2－B1)，然后单击单元格 H2 的右下角并拖动至 H11。(E2－E1) 计算的是产量增加步长为 50 时，企业的离散型边际成本。用（E2－E1）除以（B2－B1），得到的是按照上述递增方式估计的每单位产品的边际成本。在最优产量处，在 200 与 250 之间生产 50 单位产量的边际成本为 2 125，在 250 与 300 之间生产 50 单位产量的边际成本为 2 375，而 2 375 除以 50 得 47.5，它就是生产一单位产品的平均边际成本。可见，如果上游产品每单位的转移价格定为 47.5，将会生产过多的产品（300）。但是，如果将转移价格设定为 42.5，将生产最优产量 250 单位。为什么我们的最优转移价格是 42.5，而不是前面微积分模型中的 45 呢？原因在于这一模型实质上是离散模型；该变量不是非常小，而是 50 单位。不过，需要注意的是，两个模型中的上下游的最优产量都一致，即 250 单位。

假设我们有着更为详细的数据并知道上游部门生产 249 个单位产品的成本是 8 080.05（见问题开始部分的上游部门的成本公式），那么上游部门生产第 250 单位产品的离散型边际成本将为 8 125－8 080.05＝44.95，而前面微积分情况中对应的结果为 45。

第六部分

管理者的战略世界

第11章 寡头垄断

现在我们来学习最后一种市场结构，也就是寡头垄断。寡头垄断是指只有少数企业的市场结构。按照一般规律，人们喜欢作为寡头垄断者从事管理，因为这样可以实现相对较高的利润。比如美国的石油行业，几家公司就控制了该行业的大部分炼油能力。寡头垄断者正从管理视角战略性地思考利润。由于只有少数几个参与者，所以竞争性企业的管理者之间存在着密切的相互依存关系。这使得管理者在制定政策时，必须考虑竞争对手的反应。美孚公司的管理者在把每加仑家用燃油的价格提高0.01美元或0.02美元之前，肯定要努力预测其他公司的反应。如果其竞争对手与之对抗，美孚公司的管理者可能会撤销涨价的提案；否则，其竞争对手将获得大量美孚公司的顾客。在下一章中，我们将给出管理者的博弈理论，作为这种市场结构的指导。

寡头垄断是一种全球性现象。例如，商业飞机市场被波音和空中客车统治。《金融时报》(*The Financial Times*)的维多利亚·塞伯格写了一篇关于澳大利亚百货市场双寡头垄断的文章。她注意到伍尔沃思与维斯法墨这两家有限公司占据了澳大利亚百货市场80%的份额。①

寡头垄断者能够统治市场很多年，原因有很多种，其中的一个就是管理者运用他们的合作市场权力设置较高的进入壁垒。小型竞争性企业的管理者声称，百货市场的双寡头利用他们的市场权力与房东签订合约，目的是阻止房东把场地出租给小型企业。塞伯格还发现，两家公司在彼此的店里设置的价格出奇地相似。

对于双寡头的存在，政府许可是一个原因。美国的石油行业一度是约翰·洛克菲勒控制的垄断行业。洛克菲勒，这位杰出的战略家把该行业转变成他自己设计的模式，但法院最终废除了竞争对手不能违约的要求。

一个更加普遍的原因是规模经济。随着产量扩张，成本下降，只有少数企业能够在市场中生存下来。因此，即使产出占领了大部分市场份额，这些企业的管理者仍然可以

① Victoria Thieberger, "Costco Plans Australia Foray to Challenge Duopoly," at www. reuters. com, June 24, 2008.

实现成本节约。洛克菲勒的成功大部分要归功于规模经济。由于内在的经济性，即使是法院也无权分割这样的行业。

寡头垄断策略的标志是它的行为本质。与有着单独统一模型的完全竞争者或垄断者相反，寡头垄断者的行为更加多变，而这种行为的差异性源自市场竞争对手间紧密的相互依存关系。

11.1 合作行为

寡头行业的条件往往鼓励竞争性管理者之间的合作。因为这样不仅可以提高利润、降低不确定性，还可以提高进入市场的壁垒。然而，维持合作却很困难，因为合作各方常常有“欺骗”的激励；而在多数国家，正式的共谋协定是非法的。

如果共谋协定公开并正式签订，则称之为卡特尔。在有些国家，卡特尔是被法律接受的；但在美国，大多数共谋协定，不论是公开的还是秘密的，都可根据《谢尔曼反托拉斯法》（第 17 章中会具体讨论）被视为非法的，该法案于 1890 年签署。但是，这并不意味着政府没有看到寡头垄断的合作价值。美国职业棒球大联盟就获得了由国会的一项法案赋予的免于美国反托拉斯法限制的权力，而且，政府也已经允许国际航空运输公司形成价格联盟，旨在运用规模经济降低成本。

如果所建立的卡特尔要为某一特定的（同质的）产品制定统一的价格，那么管理者制定的价格应当是多少呢？为了回答这个问题，管理者必须把卡特尔作为一个整体来估计其边际成本曲线。如果卡特尔扩张时投入价格没有增加，那么其边际成本曲线就是每个企业边际成本曲线的水平加总。假定得到的卡特尔边际成本曲线如图 11—1 所示。如果行业产品的需求曲线与相关的边际收益曲线都如图 11—1 所示，那么卡特尔成员实现总利

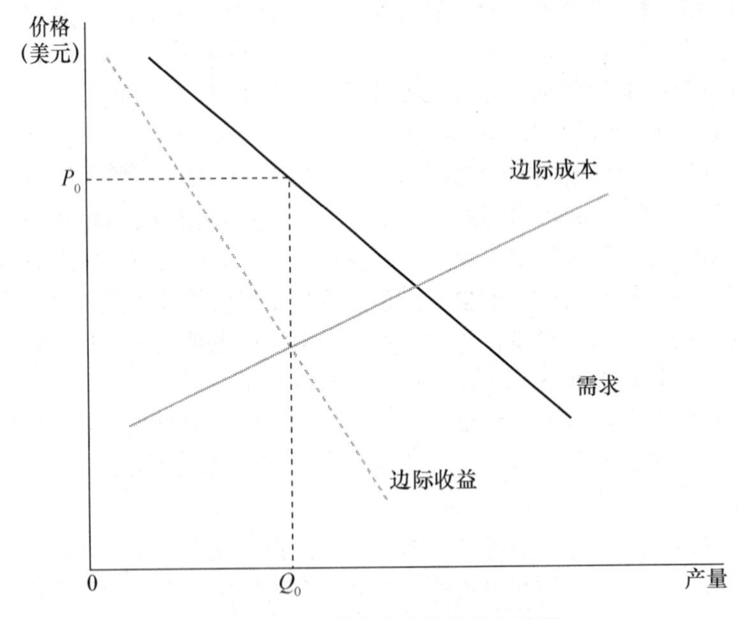

图 11—1 由卡特尔决定的价格与产量

注：卡特尔选择价格 P_0 与产量 Q_0。

润最大化的产量即为 Q_0。因此，为了获得最大的利润，卡特尔将选择价格 P_0，它是垄断价格。需要注意的是，该价格虽然使卡特尔获得的利润最大，但它并没有指出这一利润在卡特尔成员中该如何分配。

卡特尔管理者也要决定成员之间的销售分配情况；而这一过程使卡特尔变得相当不稳定。如果管理者的目标是卡特尔整体的利润最大化，就必须使各成员的边际成本都相等（或者反过来，各成员的边际收益都相等）。否则，卡特尔能够通过在各成员间重新分配产量来降低卡特尔的总生产成本，从而提高企业的利润。如果企业 A 的边际成本高于企业 B，卡特尔可以将企业 A 的部分生产转向企业 B，从而增加利润。

但产量的分配不可能实现，因为产量分配的决定是不同利益、不同能力的企业谈判的结果。这是一个政治过程，参与其间的管理者有着不同的影响力。那些最具影响力和最精明的谈判者很可能得到最大的销售配额，尽管这样会提高整个卡特尔的成本，而且，成本高的企业管理者愿意接受较大的销售配额而不愿意接受成本最小化的要求，因为他们通常不愿意接受成本最小化所对应的小配额。实际上，销售额的分配主要是依据企业过去的销售水平或生产能力确定的。卡特尔的管理者有时也根据地域来划分市场，这些市场专门负责某些国家或地区。

11.2 共谋协定的解体

我们将正式考察为什么卡特尔会不稳定，在此之前，必须了解卡特尔结构的弱点。观察图 11—2 中的企业。如果企业的管理者选择脱离卡特尔，其需求曲线为 DD'，而卡特尔中其他企业的价格仍维持在 P_0。这条需求曲线极富弹性，管理者降低很少的价格就可得到销售额的显著增加。即使管理者不能脱离卡特尔，也可秘密降低价格，从而得到相同的需求曲线。

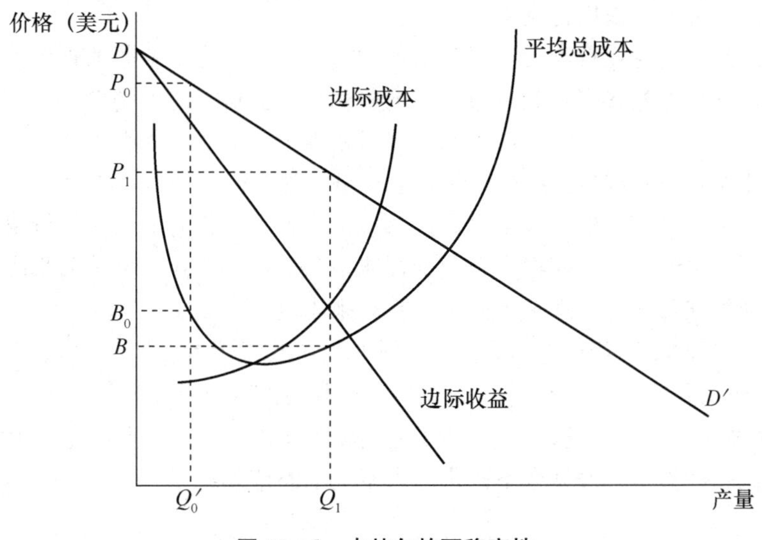

图 11—2 卡特尔的不稳定性

注：如果一家企业脱离卡特尔，将获得的利润是 $Q_1 \times P_1B$，这比它遵守卡特尔制定的价格和销售配额所带来的利润要高。

那些脱离卡特尔或者秘密降低价格的管理者，在价格为 P_1、销售量为 Q_1时，就可获得最大利润：此时的边际成本等于边际收益。得到的利润为 $Q_1 \times P_1B$，它一般比企业遵守卡特尔制定的价格和销售配额所带来的利润更高。① 脱离卡特尔，或者进行秘密欺骗的管理者可以提高他们的利润，只要其他企业不作出同样的事情并且卡特尔也不惩罚这种行为。但是，如果所有的管理者都这么做，卡特尔就解体了。所以，这对卡特尔的存在是一种持续的威胁。它的成员有着欺骗的激励，而且一旦有人这么做，其他人也会效仿。与其他关系一样，信任对卡特尔的存在十分重要。我们也将会看到，在很多非正式合作尝试中，都存在着欺骗的激励。

11.3 价格领导

在许多寡头垄断行业中，一家有着明显的市场权力的企业管理者能够制定自己的价格，而竞争对手只能接受这一价格。这被称为价格领导策略，像钢铁制造、有色冶金、农机具制造就是具有这种价格领导特征的行业。管理者应当了解在这些市场中制定价格时要考虑什么因素。我们假定市场由一个占据支配地位的大企业（价格领导者）与许多小企业构成。大企业制定了市场价格后，小企业能够在该价格水平上售出它们想要卖掉的全部产品。价格都是由处于支配地位的大企业来制定的，而不管小企业在该价格水平上无法供给的产量有多少。

在零售业中，随着大货仓商店的出现，新的价格领导形式出现了。沃尔玛或家乐福进入城镇后，小零售店、家居用品商店以及家具店等基本上都成为这些大商店定价的牺牲品。小商店可以采取差异化服务和高端产品的差异化策略，但是任何销售沃尔玛或家乐福正在经销的产品的商店都必须遵从"巨人们"制定的价格。一些小商店这样做并生存下来，不过报纸上仍充满了小商店倒闭的报道，因为它们不可能与大型仓储式商店在价格与商品多样性两方面进行竞争。

处于支配地位的企业管理者可以轻松地制定价格。因为小企业的管理者是价格接受者，他们扮演的好像是在完全竞争市场中的角色，接受既定的市场价格。因此，小企业的管理者应当选择在价格等于边际成本的产量处生产。这样，所有小企业的供给曲线可以通过每个小企业边际成本曲线的水平加总得到。这条供给曲线在图 11—3 中给出。而支配型大企业管理者的需求曲线则可根据每一价格水平的总需求减去该价格水平上小企业的总供给得到。于是，支配型大企业的需求曲线，d，就由行业需求曲线与所有小企业的总供给曲线在每一价格水平上的水平距离来决定。

为了说明 d 是如何推导的，假定支配型大企业的管理者设定了价格 P_0。小企业的供给为 R_0，而总需求为 V_0。因此，支配型大企业的供给量应当为 V_0-R_0，这对应于价格为 P_0时 d 曲线上的需求量 d_0。换句话说，d_0 等于 V_0-R_0。d 曲线上的其他点的确定与之完全相同，即将这一过程在不同价格水平上不断地重复。

---

① 在价格 P_0处，企业的利润为 $Q_0' \times P_0B$，它低于利润 $Q_1 \times P_1B$。因为需求曲线富有弹性，当价格从 P_0降到 P_1时，总收益显著增加。当产量从 Q_0'增加到 Q_1 时，总成本也随之上升，除非总成本上升非常快，否则总收益的增加会超过总成本的增加。

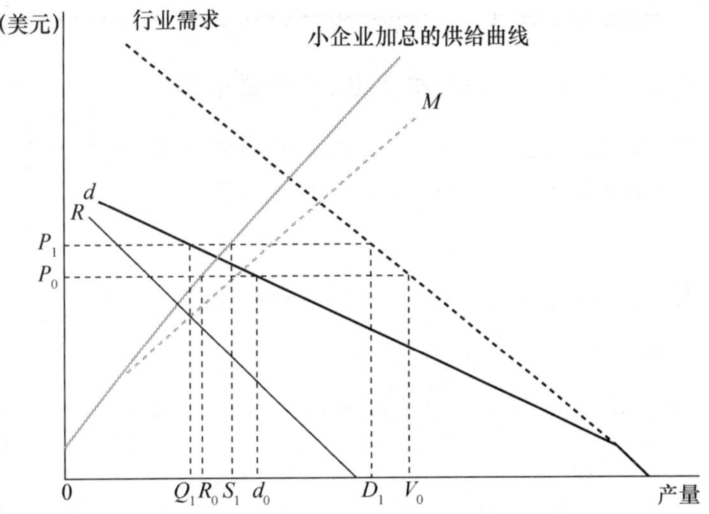

图 11—3　支配型大企业的价格领导

注：支配型大企业制定的价格为 P_1，供给量为 Q_1，行业总产量为 D_1。

知道了支配型大企业产品的需求曲线 d 与边际成本曲线 M 之后，管理者能够容易地确定实现利润最大化的价格与产量。通过常用的方法就可以从支配型大企业的需求曲线 d 中推导出边际收益曲线 R。支配型大企业的最优产量为 Q_1，而在此产量水平上，边际成本等于边际收益。如果管理者将价格设定为 P_1，则可实现该产量。行业总产量为 D_1，小企业的供给为 $S_1(=D_1-Q_1)$。

战略环节 ☞

小红莓：30%的市场生产者都是价格接受者

小红莓（一种神奇的红色浆果，它有助于预防膀胱炎，富含大量的维生素 C 以及抗氧化剂），由一家大型种植公司，即优鲜沛公司控制生产。

优鲜沛公司是价格制定者。当优鲜沛制定一个价格时（它占据美国小红莓果汁市场 60%的份额，新鲜小红莓市场和小红莓果酱市场各 70%的份额，小红莓果干市场 80%的份额），其他生产商（非会员）都会同意。在每年的 9 月末 10 月初，优鲜沛都会为在超市中出售的每箱 24 袋、每袋 12 盎司的小红莓制定价格。该价格基于市场中预期的和实际的供给情况与需求情况而制定。

假定优鲜沛制定了价格，那么其他生产商必须决定当年要收割多少小红莓用于销售，多少用于生产其他制品（像果汁），或者说要留下多少小红莓任其烂在泥里。

可见，优鲜沛是价格领导者，而余下 30%的小红莓种植者都是价格跟随者。无论优鲜沛制定的价格是多少，跟随者都会接受并按照该价格进行优化处理。

资料来源：Amanda Hesser, "The Case of the Vanishing Berries," *New York Times*, at www.nytimes.com/2000/11/22/dining/the-case-of-the-vanishing-berries.html. William A. Knudson, "The Economic Impact of Expanded Cranberry Production," The Strategic Marketing Institute Working Paper 01-1208, Michigan State University, circa 2006—2007 and the current website of the Oppenheimer Group, a distributor of cranberries in the U. S. and Canada, at www.oppyproduce.com/print2.cfm?page=cranberries_var, Which states that Ocean Spray has 70% share.

哥瑟尔公司：一个数值案例

为了说明支配型大企业如何确定利润最大化时的价格，我们考察哥瑟尔公司，该公司在某行业中占据支配地位。该行业产品的需求曲线为：

$$Q=100-5P$$

其中，Q 为需求量，P 为价格。该行业中小企业的供给曲线为：

$$Q_S=10+P$$

其中，Q_S 为所有小企业的总供给量。哥瑟尔公司的边际成本为：

$$MC=(8/3)Q_A \tag{11.1}$$

其中，Q_A 为哥瑟尔公司的产量。

为了推导出哥瑟尔公司产品的需求曲线，用 Q 减去 Q_S，得：

$$Q_A=Q-Q_S=(100-5P)-(10+P)=90-6P$$

$$P=15-(1/6)Q_A \tag{11.2}$$

请记住哥瑟尔公司的总收益等于 PQ_A，于是：

$$TR=(15-(1/6)Q_A)Q_A=15Q_A-(1/6)Q_A^2$$

因此，哥瑟尔公司的边际收益为：

$$\Delta TR_A/\Delta Q_A=MR_A=15-(1/3)Q_A \tag{11.3}$$

为实现利润最大化，哥瑟尔公司的管理者必须在（11.3）式体现的边际收益与（11.1）式体现的边际成本相等处进行生产，则有：

$$MR_A=15-(1/3)Q_A=(8/3)Q_A=MC_A$$

故 $Q_A=5$。根据（11.2）式，可得 $P=14.17$ 美元。

综上可知，如果哥瑟尔公司的管理者希望实现利润最大化，他们应当将价格设定为 14.17 美元。

定量方法

哥瑟尔公司的边际收益为：

$$dTR_A/dQ_A=15-(1/3)Q_A$$

11.4 只有几家竞争对手的市场可能行为

正如我们在后一章中将会看到的，管理者需要考虑其他人的行为。因为竞争对手行为的变化经常会引起你行为的变化。现在，我们考察市场上只有几家公司的管理者行为模型。为了方便说明，我们使用两家企业进行行为解释，而市场就被称作双寡头。接下来我们将介绍，这样的结果可以被一般化到更大型的寡头市场中。

两家企业生产相同的产品，而其管理者同时作出生产决策。彼此是竞争对手的管理者在不知道对方决策的前提下作出了决策，我们称此决策制定为同步的（稍后的一章将正式定义同步行为与序贯行为）。管理者常常会同时作出决策。当管理者进行一项密封投标拍卖时，他们的决策制定是同步的。若两家企业同时进入市场，并且其管理者在设计工厂能力时并不知晓对方工厂的情况，这也属于同步。

接着我们要考察序贯策略，也就是管理者在作出决策之前，已经知道了对方的决策。先于他人采取行动的管理者被称为率先行动者或市场领导者。市场领导者有很多原因先于他人加速行动。率先行动者通常由于其商业敏锐性而看到了其他人没有看到的东西，或是因为他们发明或申请了某种产品或生产过程的专利，或是因为企业家看到了其他人没有看出的机会。它也可以归因于幸运：颁发给第一家移动电话公司的特许经营执照就相当于政府彩票。而在某些机场的起降时段也要通过抽签进行分配。

□ 几家竞争对手：价格竞争

管理者普遍使用的战略是价格竞争。价格竞争通常导致降价的恶性循环，只有通过边际成本约束才能加以制止。伟大的战略家孙子指出，类似价格大战的行为就如同火攻中的焦土政策。管理者应当尽量避免这种行为。

假设有两家公司 A 和 B，同时生产相同的产品。假定两家公司具有相同的总成本函数：

$$TC_i=500+4q_i+0.5q_i^2 \tag{11.4}$$

其中，$i=A、B$，q_i 代表公司 i 的产量。

那么两家公司的市场需求函数为：

$$P=100-Q=100-q_A-q_B \tag{11.5}$$

其中，P 为单位产品价格，Q 为与价格 P 对应的需求量，且 $Q=(q_A+q_B)$。

公司 i 的边际成本为：

$$MC_i=\Delta TC_i/\Delta q_i=4+q_i \tag{11.6}$$

战略环节 ☞

巴菲特与双寡头

为什么奥马哈“圣人”会让伯克希尔·哈撒韦公司在评级机构穆迪中成为最大的股东呢？巴菲特提交给金融危机调查委员会的声明中称：“长期价值是……双寡头的……难以置信的定价权”。当然，双寡头中的另一个玩家是标准普尔。如果在评价证券时评级机构发生了错误（给出了超过其应得的较高级别），巴菲特的保险公司就能够从中盈利。例如，如果巴菲特的公司获得了较高的评级，他们就能够以较低的利率借到钱，并吸引那些正在寻找强大的、风险较低项目的保险公司顾客。

定价权是这样实施的：各州监管保险公司，并明确哪家评级机构可以评估保险公司的证券。保险公司从证券交易委员会提供的列表中选择国家指定的评级机构。即使是为了竞争投标，巴菲特也无权随意选择多家评级机构，仅可以选择由规制者明确指定的机构，而且这些机构通常是穆迪或标准普尔等少数几家公司。但是，巴菲特认为竞争不会产生质量评级，而会产生一场竞赛。他确信这些机构不仅会在价格上竞争，而且会在疏忽上竞争，也就是说，若选择我们，在给你们评估风险时，我们不会很严厉，同时垄断者也没有理由喜欢在价格或疏忽上竞争。可见，巴菲特喜欢双寡头，因为它能够给穆迪带来利润。事实证明，他也喜欢疏忽的情况。他讲道："我们真的期望证券的错评，因为那将提供获得利润的机会，如果我们不同意评级机构的评价方式的话。"当然，关于评级的选项可以存在合法差异，但是如果一家不严格的机构将劣等评为优等进而取得了利润，那么它就应该受到质疑。那也就是调查委员会该出面调查的事了。

从教材中我们知道垄断者不必进行价格竞争，因为他们决定价格，也没有理由对其产品质量严格要求（因为没人与其竞争）。我们已经指出双寡头可能非常具有竞争性，并且他们好像在竞争市场中那样制定价格。我们已经说明他们不采取合谋行为获得的价格和利润十分接近垄断结果。正是市场范畴的垄断驱使巴菲特走向了穆迪。这两个占据主导地位的评级机构很明显已经学会了如何把我们的双寡头游戏玩得很好。

资料来源：John Carney，"Warren Buffett's Anti-Competitive Profits，" CNBC. com，June 3，2010，at www. cnbc. com/id/37493375/.

定量方法

公司的边际成本为：

$$dTC_i/dq_i=4+q_i$$

如果两家公司的管理者打算进行价格竞争，竞争会导致价格降到各自的边际成本水平。管理者应当永远不让其价格降到边际成本之下，因为这样做会使得销售最后一单位产品的额外成本超出所得到的额外收益。

第一种产品的保留价格为 99 美元（＝100－1），每个厂商的成本是 5 美元（＝4＋1）。如果两家公司在价格上争抢顾客，那么尽管双方能够制定达 99 美元的高价位，但也能够接受 5 美元的低价位。事实上，如果只有一个顾客，且两家公司在价格上进行竞争，那么价格预计最终是 5 美元。假设 A 公司的产品以 99 美元卖给顾客（预计利润为 99－5＝94 美元）；B 公司的产品以 98 美元卖给顾客（预计利润为 98－5＝93 美元），那么，A 公司的管理者接下来将把价格降至 97 美元。正如我们将看到的，经过一系列降价，价格最后会降到 5 美元，然后就再也没有可能通过降价得到盈利的销售了（因为任何再低一点的价格都会被边际成本超过）。

因此，我们可以预期，价格等于边际成本是价格竞争中最后的解决方案。对于 A 公司，这就意味着：

$$P=100-Q=100-q_A-q_B=4+q_A=MC_A$$
$$2q_A=96-q_B$$
$$q_A=48-0.5q_B \tag{11.7}$$

对于B公司，这也就意味着：

$$P=100-Q=100-q_A-q_B=4+q_B=MC_B$$
$$2q_B=96-q_A$$
$$q_B=48-0.5q_A \quad (11.8)$$

我们可以将（11.8）式代入（11.7）式，解出 q_A（或者将（11.7）式代入（11.8）式，解出 q_B），从而得到价格竞争的最终结果。

$$q_A=48-0.5(48-0.5q_A)=24+0.25q_A$$
$$0.75q_A=24$$
$$q_A=32$$

将 $q_A=32$ 代入（11.8）式，得 $q_B=48-0.5(32)$，这不足为奇（因为两家公司有着相同的成本函数）。如果两家公司的产量都是32，那么总产量将是64。将 $Q=64$ 代入市场需求函数，可得价格为36美元（$=100-64$），即每家公司的边际成本是36美元（$=4+32$）。每家公司的总收益为1 152美元（$=36\times32$），而总成本是1 140美元（$=500+4(32)+0.5(32^2)$），留给每家公司管理者的利润是12美元。①

战略环节 ☞

卡特尔存在多种形式和规模

1997年，美国20家航运公司的经理们每隔一周就会在新泽西州的卢瑟福召开会议，讨论穿越北大西洋的船货运输的定价问题。尽管这种会议的参加人员应该是同一家海洋运输公司的经理们，但事实并非如此，参加会议的是来自20家不同公司的总裁。由于得到了美国反垄断法的豁免，他们可以相互联系，对价值上百亿的船货进行定价。这种情况一直被认为是违法的，但是据称如果可以，很多家公司都愿意选择合谋，而不愿意选择竞争。

不过他们的垄断能力是有限的，因为卡特尔还无法控制自己成员的船运载能力，而且一些航运公司还不是卡特尔的成员。尽管如此，据估计，卡特尔还是有能力将价格提高到比竞争价格高出18%～19%的水平。

当然，如今能够控制供给并由此创造垄断能力的典型组织当属OPEC，其在原油市场上有垄断能力。事实上，尽管该组织有12个国家（阿尔及利亚、安哥拉、厄瓜多尔、伊朗、伊拉克、科威特、利比亚、尼日利亚、卡塔尔、沙特阿拉伯、阿拉伯联合酋长国和委内瑞拉），它们也只占据了世界约40%的石油供给，但OPEC却决定了世界的石油价格。其他的石油生产国企业选择不加入或他们国家的反托拉斯法阻止其加入。这样，市场中余下的60%同意接受OPEC制定的高出边际成本很多的价格（因为这会带给这些国家或是这些国家的企业很高的利润）。

它们的垄断实力之所以如此牢固，是由于产品需求量很大且产品相对缺乏弹性，事

---

① 如果两家成本相同的企业其边际成本也相同，那么价格竞争能够引起价格下降到边际成本，并且利润为零（或者减去固定成本，如果固定成本存在）。例如，假设每家企业的边际成本都是4美元，则两家企业的总计产量就是96，即 $4=100-Q$，故 $Q=96$（每家都生产48）。两家企业各自的总收益均为192美元（$=4\times48$），而两家企业的可变成本也分别为192美元（$=4\times48$）。可见，所有的利润都输给了竞争。

实上，该组织的成员都是成本较低的国家。尽管这个卡特尔并不完美（完美就是所有的生产者都是组织成员，且它们的生产能力都可控），非成员国的生产成本都很高（对它们来讲挑战卡特尔很难——因为卡特尔可以通过降低价格迫使高成本生产者出局）。

2011 年，中东出现了大规模骚乱，而这种骚乱确实影响了利比亚的石油生产，但没有影响到阿尔及利亚（其反政府抗议组织宣布成功进行民主改革计划）、科威特（埃米尔发放给人们免费的食物和一个 4 000 美元的现金补助）、卡塔尔（在抗议埃米尔之后，事情便平静下来）、沙特阿拉伯（抗议很快得到平息）以及阿拉伯联合酋长国（160 名知识分子请愿进行全面改革）的生产。当然，如果伊拉克的局势继续下去，那里的生产将变得不稳定。其余大多数国家，比如尼日利亚，并未讲明其稳定性。

但是，中东的危机（不包括利比亚）还是出现在一些国家，如埃及、突尼斯、叙利亚和也门，不过，它们基本上都不是 OPEC 的成员国，也不是主要的石油生产国。

其他产业也试图效仿 OPEC。巴西和哥伦比亚（这两个国家也是主要的石油生产国，但不是 OPEC 成员）曾嫉妒它们的邻国委内瑞拉。相对于将黑色的液体转化成能源的提取成本，委内瑞拉能够获得非常高的收益（因为隶属于 OPEC）。巴西和哥伦比亚注意到它们自己也有一种产品，这种产品能够转化成产生能量的黑色液体，但不是石油，而是咖啡。所以它们形成了咖啡卡特尔。听说过吗？好像没有。因为它悲惨地失败了。两国抑制咖啡的供给旨在提高价格（像卡特尔理论讲述的那样），但当价格上升时，消费者会转向其他包括茶和富含咖啡因的可乐等饮品。虽然管理者可以成功地控制市场的供给，但如果存在相近的替代品，他们就不可能运用其垄断定价权。相近的替代品说明需求是相对富有弹性的，也就是说，消费者是价格敏感者。

并不是只有商品才存在卡特尔，服务行业也存在。在德国，工资设置卡特尔实际上得到了工会与企业的认可。该卡特尔维持着较高的工资水平与较低的劳动竞争力，它最终导致了德国人就业量的缩减。这恰恰是我们期望垄断去做的事情——提高价格（工资）与限制产量（工作）。

资料来源："As U. S. Trade Grows，Shipping Cartels Get a Bit More Scrutiny，" *Wall Street Journal*，October 7，1997；and "German Wage Pact Ends Up Costing Jobs，" *Wall Street Journal*，February 19，1997.

□ 几家竞争对手：共谋

如果我们的两位管理者都认识到了价格战的危险性，从而转向合作行动，他们应当怎样合作呢？让我们从问题的极端角度出发，假设他们能够形成合法的卡特尔。在这种情况下，市场需求曲线就是卡特尔的需求曲线，而卡特尔的边际成本曲线就是每家公司边际成本曲线的水平加总。① 重新给出每家公司的边际成本：

$$q_A = -4 + MC_A$$

① 因为我们希望衡量在卡特尔中，额外生产一单位产品需要花费的额外成本，所以采用了水平加总。为了以最便宜的方式生产额外一单位的产品，卡特尔愿意每个生产商都采取相同的边际成本。如果边际成本不同，卡特尔将把高边际成本企业的生产转向低边际成本的企业，直至所有企业的边际成本都相同，以此来降低总成本。参见第 8 章附录及本章之初。

$q_B = -4 + MC_B$

然后，将 q_A 与 q_B 相加，可得：

$$Q = q_A + q_B = -4 + MC_A - 4 + MC_B = -8 + 2MC$$

移项后，可得：

$$2MC = 8 + Q$$
$$MC = 4 + 0.5Q$$

此即为卡特尔的边际成本。

卡特尔像垄断者那样行动（参见第 8 章与本章之初），令其边际收益等于边际成本，则卡特尔的总收益为：

$$TR = PQ = (100 - Q)Q = 100Q - Q^2$$

而卡特尔的边际收益则为：

$$MR = \Delta TR/\Delta Q = 100 - 2Q$$

定量方法

卡特尔的边际收益则为：

$$dTR/dQ = 100 - 2Q$$

令卡特尔的边际收益等于其边际成本，可有：

$$MR = 100 - 2Q = 4 + 0.5Q = MC$$
$$2.5Q = 96$$
$$Q = 38.4$$

将 $Q=38.4$ 代入卡特尔的需求曲线中得到价格为 61.6 美元（$=100-38.4$）。卡特尔的总收益为 2 365.44 美元（$=61.6\times38.4$）。因为每家公司的边际成本方程都一样，所以每家公司都应当生产相同的产量，19.2，这样两家公司的边际成本就是 23.2 美元（$=4+19.2$），当然该结果也等于卡特尔的边际收益 23.2 美元（$=100-2(38.4)$）。两家公司将总收益分成两份，则每家公司都得到了 1 182.72 美元。而每家公司的总成本都是 761.12 美元（$=500+4(19.2)+0.5(19.2^2)$）；于是，每家公司得到的利润就是 421.6 美元，与企业进行价格竞争时 12 美元的利润相比，该结果是一个相当大的提高。但需要注意的是，合作行为明显限制了产量（从 64 美元降为 38.4 美元），却显著提高了价格（从 36 美元升到 61.6 美元）；不过从第 8 章中可知，那正是垄断者采取的行动。

□ 几家竞争对手：产量（生产能力）竞争

遗憾的是，形成卡特尔通常是违法的，而严格的价格竞争又是一个两败俱伤的策略，那么，管理者要怎样行动？除了价格外，他们还可以在其他方面竞争。管理者应当在影响利润的任何标准方面展开竞争，然后取得与价格竞争相比更高的利润。跃入脑海中的一个标准就是产量（或生产能力）。这种类型的竞争有时也被称为古诺竞争，它以一位法国经济学家的名字命名，是他最先推导出了这一性质。

古诺分析需要做如下假设：竞争性管理者同时行动，具有相同的市场需求，了解彼此的生产函数，与竞争对手选择同样的利润最大化产量。

与竞争对手拥有相同的市场需求通常是有争议的，而且有证据表明问题的出现超出了学生们的想象。在很多情况下，政府或商会给出的数据（宏观的和某些产业变量）被所有的分析人员使用，每家公司观察到的是相同的经济状况。一般来讲，管理者彼此之间的竞争是长期的，他们常通过各种职业关系获悉彼此的情况。尽管如此，两个（或更多）管理者根据相同的经济数据得出不同的结论或评估也是可能的。了解对手的成本函数，在有些情况下，可以就对方的成本作出较好的近似估算。例如，在航空行业中，仅存在两家大型飞机制造商（波音与空中客车），以及一些小型商用飞机生产商（如庞巴迪与巴西航空工业公司）。这些航空公司或者像对手一样驾驶着相同的飞机，或者在航空工业中领跑（即当航空公司考虑购买新的飞机时，它们会从生产商那里获得飞机的所有运行特征）。航空公司在人事安排方面（大部分）是统一的，工资也是众所周知的。所有的航空公司都从少数供应商那里购买燃料、食物与其他商品。因此，航空公司 A 对航空公司 B 的机群运营成本有着很好的估计（反之亦然）。另外，管理人才在行业内是流动的，当 A 公司的经理离开时，他带走的这家公司的高层情报很可能对 B 公司有用。[①]

最后的假设是，如果公司 B 的产量（生产能力）既定，公司 A 会优化自己的产量（生产能力）。这并不像听起来那样受限制。首先我们用一系列“若……则”句式来规范这种情况。若对手的产量是 X，则我将生产多少才能让利润最大化呢？事实上，在所有“若……则”可能性中，你选择什么样的产量水平，取决于你怎么样看待对手的实际安排（而你的对手也要经历同样的“若……则”过程）。在假定对手利润最大化的前提下，通过一个推导过程，管理者可以预计出对手最符合逻辑的产量。这就是古诺解决方法，我们会看到它将得出与博弈理论相同的解（参见 12 章）。

现在我们用两种方法考察上面的古诺解。首先运用一系列的“若……则”句式。将公司 A 看作我们的公司。显然，如果 A 的管理者认为 B 的管理者将放弃市场，自己就应当是一个垄断者了。由于垄断者的边际收益与前面所述的卡特尔的边际收益相同，而公司 A 的边际成本为 $MC_A=4+q_A$，则管理者可令 $MR=MC$，或者：

$$MR_A=100-2q_A=4+q_A=MC_A$$
$$3q_A=96$$
$$q_A=32$$

从而实现利润最大化。

因此，如果 $q_B=0$，那么公司 A 的管理者实现利润最大化的最优产量就是 $q_A=32$。

---

① 关于什么样的信息可以披露，我们把这个问题留给你的伦理课去讨论。为了考察如何获得竞争者的信息，可参见“They Snoop to Conquer”，*BusinessWeek*，October，28，1996。在一个超过底线的经典案例中，何塞·伊格纳西奥·洛佩斯离开通用汽车到大众汽车开始他的新工作，同时带走了含有通用汽车蓝图的公文包。即使没有上过伦理课，你也应该知道这样做是错误的。通用公司进行了起诉，案件于 1996 年判决。洛佩斯被迫从大众辞职，大众公司被判向通用公司支付 1 亿美元，并购买 10 亿美元通用公司的汽车配件。

如果管理者认为对手将生产 96 单位的产品，他们将只生产 4 单位（最多）。将市场需求曲线改写成 $Q=100-P$。公司 A 剩余的需求曲线（市场需求曲线减去公司 B 的产量），即公司 B 的管理者决定产量后给公司 A 剩下的部分为：

$$q_A=100-P-96=4-P$$
$$P=4-q_A$$

在这种情况下，公司 A 的管理者将不会生产，因为最高价格为 4 美元（当 $q_A=0$ 时），而他们的最低边际成本是 4 美元（当 $q_A=0$ 时）。因此，在正的产出水平上，价格永远不可能等于或超过公司 A 的边际成本。因此，如果 $q_B=96$，那么公司 A 的管理者要实现利润最大化的最优产量为 $q_A=0$。

假设公司 A 认为对手将生产 50 个单位产品，即 $q_B=50$。在这种情况下，剩余需求为：

$$q_A=100-P-50=50-P$$
$$P=50-q_A$$

公司 A 的总收益等于 $Pq_A=(50-q_A)q_A=50q_A-q_A^2$。于是，边际收益为：

$$MR_A=\Delta TR_A/\Delta Q_A=50-2q_A$$

定量方法

公司的边际收益为：

$$MR_A=\mathrm{d}TR_A/\mathrm{d}q_A=50-2q_A$$

为实现利润最大化，令 $MR_A=MC_A$，或者：

$$MR_A=50-2q_A=4+q_A=MC_A$$
$$3q_A=46$$
$$q_A=15.33$$

因此，如果 $q_B=50$，公司 A 的管理者实现利润最大化的最优产量为 $q_A=15.33$。

这样，我们知道了与研究的“若……则”相对应的利润最大化的最优产量（参见表 11—1）。

表 11—1　假设在公司 A 已经估算出公司 B 产量的情况下，A 实现了利润最大化的产量

若 B 生产	则 A 生产
0	32
50	15.33
96	0

通过更多的“若……则”情况假设，我们能够完成表 11—1 中公司 B 从 0 到 96 之间的产量。不过，我们也能通过下面的分析直接得到上述表格的等价结论。

当总收益 Pq_A 的最大值超过总成本 $500+4q_A+0.5q_A^2$ 时，公司 A 实现了利润最大化。总收益为：

$$TR=(100-Q)q_A=(100-q_A-q_B)q_A=100q_A-q_A^2-q_Aq_B$$

边际收益为：

$$MR_A=\Delta TR_A/\Delta q_A=100-2q_A-q_B \tag{11.9}$$

定量方法

公司的边际收益为：

$$\partial TR_A/\partial q_A=100-2q_A-q_B$$

为实现利润最大化，令 $MR_A=MC_A$，或者：

$$MR_A=100-2q_A-q_B=4+q_A=MC_A$$

$$3q_A=96-q_B$$

$$q_A=32-(1/3)q_B \tag{11.10}$$

(11.10) 式被称作公司 A 的反应函数；也就是说，它告诉管理者在已知竞争对手公司 B 产量的情况下，本公司利润最大化时的产量。将表 11—1 中左列的每个数值代入 (11.10) 式中，就可得到表 11—1 中右列对应的各个数值。

因为公司 B 与公司 A 有着相同的成本函数，并且两者的市场需求也相同，所以公司 B 的反应函数为：

$$q_B=32-(1/3)q_A \tag{11.11}$$

通过将公司 A 的反应函数 (11.10) 代入公司 B 的反应函数 (11.11) 并解出 q_B，我们可确定对手的利润最大化产量。同样，将公司 B 的反应函数 (11.11) 代入公司 A 的反应函数 (11.10) 中可解出 q_A。后者的结果是：

$$q_A=32-(1/3)(32-(1/3)q_A)$$

$$q_A=(96/3)-(32/3)+(1/9)q_A$$

$$(8/9)q_A=(64/3)$$

$$q_A=24$$

把 $q_A=24$ 代入公司 B 的反应函数 (11.11)，可得：

$$q_B=32-(1/3)24=24$$

可见 $Q=q_A+q_B=48$，并将 $Q=48$ 代入市场需求函数，可得价格为 52 美元，即 100—48。

可尝试这样思考问题：两家公司的管理者能够实现利润最大化的唯一方法就是，维持他们现有的反应函数不变。而且，在已知对手产量的条件下，这个函数向管理者明确了利润最大化时自己的产量。如果我们找到了两个函数的交叉点，这个唯一的方法就是可行的。交叉点代表的是一个管理者希望实现的产量，并且它也与另一个管理者期望的产量相一致。这就是著名的纳什均衡，由诺贝尔奖得主纳什——书和电影《美丽心灵》中的男主角提出。

在古诺竞争模式下，每家公司的管理者都生产 24 个单位产品并且对应的市场价格为 52 美元。每家公司的总收益均为 1 248 美元（$=52\times 24$），而每家公司的总成本为 884 美元（$=500+4(24)+0.5(24^2)$），因此，每家公司的管理者能够获得的利润是 364 美元。虽然这低于垄断（卡特尔）的利润额 421.6 美元，但比价格竞争中的盈利（12 美元）好得多，原因在于垄断市场增加了一个相同生产者，其具有强有力的影响。在这种情况下，价格下降了 15.6%（从 61.6 美元降至 52 美元），但产出却增加了 25%（从 38.4 增加到 48）。因此，增加的这个竞争者对缓和垄断能力起到了显著的作用。从另一个角度看，两家公司构成的古诺竞争，仍能够保持垄断（卡特尔）利润的 86.3%，并比价格竞争利润提高了将近 30 倍。公司 A 与公司 B 的古诺竞争反应函数见图 11—4。

管理者如何进入古诺竞争从而避免进入价格竞争呢？有些公司似乎无法避免后者；例如，航空公司经常进行的价格大战就极大地损害了彼此的利润。另一方面，有些管理者学会不要“杀鸡取卵”，而是产量（生产能力）竞争。比如通用电气公司和美国西屋公司在蒸汽涡轮发动机市场中的竞争，以及罗克韦尔公司与其他公司在水表市场中的竞争等。① 如前面所述，因为利害关系很强，所以这种产量（生产能力）竞争对只存在少数几家竞争对手的管理者来讲是一个值得学习的策略。

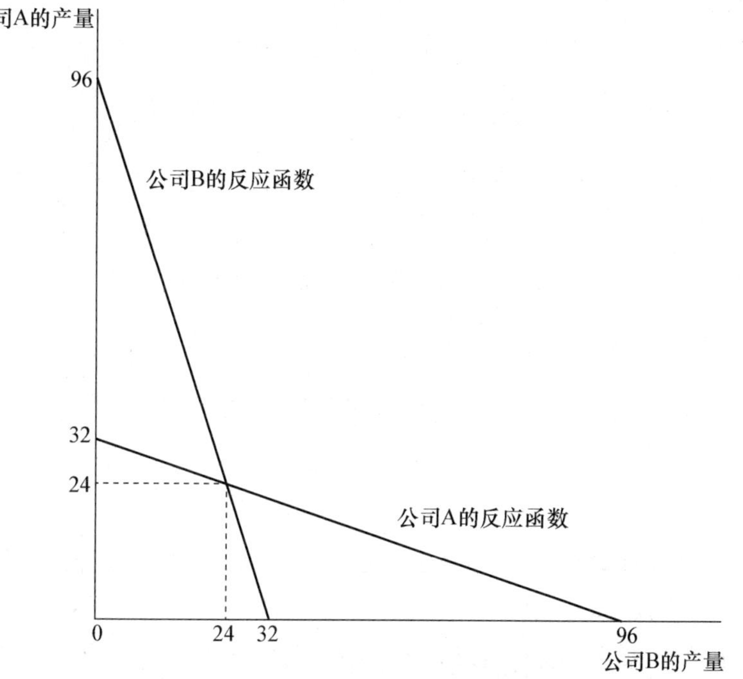

图 11—4　公司 A 与公司 B 的古诺竞争反应函数

注：古诺竞争平衡出现在两家公司反应函数的交叉点处。这仅仅是产量的联合，此处，两家公司彼此的预期值与自己最优化产量的预期值是一致的。此时，两家公司都生产 24 个单位的产品。

当必须进行大型资本投资时，这样的行为往往效果很好。一旦作出资本投资，必须明确相当合适的产量。航空公司不能很好地实施古诺竞争，因为通过租赁飞机可以轻易地改变生产能力（例如，所有大陆航空公司的飞机都可以被租赁）。原油提炼往往运营不错，因为建立一个新的炼油厂是困难的（将非常昂贵，会出现环境问题，而且没有人

① 参见 Nancy Taubenslag, “Rockwell International,” *Harvard Business School Case*, 9383-019, July 1983。

希望在附近建厂——美国最近建立的提炼厂是 1976 年完成的，建在路易斯安那州加利维尔的马拉松-阿什兰炼油厂）。

□ 超过两家公司的古诺竞争

假设某个市场包含 n 家相同类型的公司，市场需求曲线为 $P=a-bQ$，也就是说，$Q_i=Q/n$，其中，a 和 b 都是需求函数的参数，Q_i 代表第 i 家公司的产量。每家公司的边际成本均为 $MC_i=c+eQ_i$，其中，c 和 e 均为边际成本函数的参数。市场需求曲线可被重新改写为：

$$P=a-bQ_1-bQ_2-\cdots bQ_i-\cdots-bQ_n$$

第 i 个公司的总收益为：

$$\begin{aligned}TR_i&=P\times Q_i=(a-bQ_1-bQ_2-\cdots bQ_i-\cdots bQ_n)Q_i\\&=aQ_i-bQ_iQ_1-bQ_iQ_2-\cdots bQ_i^2-\cdots-bQ_iQ_n\end{aligned}$$

第 i 个公司的边际收益为：

$$\begin{aligned}MR_i&=\Delta TR_i/\Delta Q_i=a-bQ_1-bQ_2-\cdots bQ_i-\cdots-bQ_n\\&=a-2bQ_i-\sum_{k\neq i}^{n}bQ_k=a-2bQ_i-(n-1)bQ_i\end{aligned}$$

由于所有的公司类型都相同，即当 $k\neq i$ 时，$Q_i=Q_k$。

定量方法

我们可以运用前面介绍的公式：

$$\begin{aligned}MR_i&=\partial TR_i/\partial Q_i=a-bQ_1-bQ_2-\cdots 2bQ_i-\cdots-bQ_n\\&=a-2bQ_i-\sum_{k\neq i}^{n}bQ_k=a-2bQ_i-(n-1)bQ_i\end{aligned}$$

可将边际收益的表达式简写成 $MR_i=a-(n+1)bQ_i$。为实现最大化利润，管理者将令 $MR_i=MC_i$，或者：

$$MR_i=a-(n+1)bQ_i=c+eQ_i=MC_i$$

为求出 Q_i，有：

$$Q_i=(a-c)/[(n+1)b+e]$$

战略环节 ☞

双寡头的终点？

2011 年，在法国巴黎的航空展览会上，波音公司民用喷气机部门的负责人吉姆·阿尔博声称，巴西航空工业公司、加拿大的庞巴迪公司、中国商用飞机有限责任公司和俄罗斯的伊尔库特公司都有可能挑战双寡头的波音与空中客车，二者在过去 15 年里一直占领着100～200座的飞机市场。上述四家公司的后三家正经历着高速发展阶段，并拥有稳固的订单。中国与俄罗斯的订单主要来自国内的运输公司。阿尔博说道："飞机的双寡头时代结束了。"他是继空客的总裁汤姆·恩德斯之后，第二个这样认为的人。然而，恩德斯又补充道："由于出现了新的进入者，所以100～150座的飞机双寡头部分结束了……但新进入者想成为……不意味着整个产品范围内的双寡头都结束了。"

进入100～200座飞机市场（甚至是低端市场）的意义是：这种规模的飞机统领了商用喷气机市场。在未来20年里，大约有25 000架新型喷气机。恩德斯怀疑市场是否能够支撑6家公司，并预计可能会出现合并，而且我们也不要忘记印度在未来也会有进入市场的能力，很难想象中国在小型喷气机市场成熟之后，不会进入大型喷气机市场。

但是100座以下（波音与空中客车是不会参与的）的飞机市场又将如何呢？这样的市场需要支线区间飞机和涡轮螺旋桨飞机；该市场是一个三寡头：庞巴迪公司拥有38%的市场份额，巴西航空工业公司拥有36%，而法国太公司拥有26%。如果不包括涡轮螺旋桨飞机，就剩下庞巴迪和巴西航空工业公司的双寡头；而使这些飞机运行的引擎市场是通用公司与普惠发动机公司的双寡头市场，二者联合占据了相关市场的一半。

资料来源：Mark Odell, "Boeing and Airbus Call Time on Duopoly," *Financial Times*, June 21, 2011 at www.ft.com/intl/cms/s/55alfcf0-9b39-11eo-a254-00144feabdc0.dwp _ uuid-890486；Max Kingsley-Jones, "Numbers Game; We crunch the data and analyze how the battle between ATR, Bombardier, and Embraer played out in the space below the mainline jet sector during 2010," *Flight International*, March 29, 2011.

表11—2显示了多家公司（每家公司都与两家公司古诺竞争的情况一致）产量竞争时的情况。利用上面求Q_i的式子，令$a=100$，$b=1$，$c=4$以及$e=1$可得$Q_i=96/(n+2)$。第三家相同的竞争者进入了双寡头市场，它使价格比卡特尔垄断下降31.17%，产量却增加了50%。8个成本相同的竞争者进入双寡头市场后，会使价格比卡特尔垄断下降62.34%，而产量却增长100%。当古诺竞争者超过3个时，公司利润为负，原因是固定成本高（500美元）。如果固定成本较低（如50美元），则描述的所有情况（除了n值很高时）都会产生正的利润。

表11—2　　多家古诺竞争者的价格、产量与利润

竞争者数目	价格	下降百分比	产量/公司	利润/公司	总产量	上升百分比
卡特尔	61.6		19.2	421.6	32	
2	52	15.58	24	364	48	25
3	42.4	31.17	19.2	52.96	57.6	50
4	36	41.56	16	−116	64	66.67
5	31.43	48.98	13.71	−217.88	68.57	78.57
6	28	54.55	12	−284	72	87.50
7	25.33	58.87	10.67	−329.33	74.67	94.44
8	23.2	62.34	9.6	−361.76	76.8	100
9	21.45	65.17	8.73	−385.75	78.55	104.55
10	20	67.53	8	−404	80	108.33
n	$\frac{4n+200}{n+2}$		$\frac{96}{n+2}$	$(11\,824-2\,000n-500n^2)/(n+2)^2$	$\frac{96n}{n+2}$	
∞	4	93.51	0	−500	96	150

此分析显示了几家公司加入古诺竞争时会给市场带来怎样显著的价格竞争。即使新进入的公司成本较高，仍然会削弱原有公司的市场权力并带来显著的降价压力。

□ 管理者率先行动：斯塔克伯格行动

现在考虑一家公司的管理者比对手的管理者率先行动的情况。公司 A 的管理者选择并明确了生产能力；公司 B 的管理者在选择自己的生产能力时已经知道了公司 A 的决策。斯塔克伯格行动是由斯塔克伯格提出的，并以他的名字命名。公司 B 的管理者应当对公司 A 的管理者的产量决策做何反应呢？如果想最大化自己的利润，那么就必须要遵循他们的反应函数。该函数表示，在公司 A 的管理者的决策已知时，公司 B 的管理者应当如何行动以实现利润最大化。如果管理者拒绝遵循他们的反应函数，就不可能实现利润最大化。据此，公司 A 的管理者也可以预计公司 B 的管理者的产量选择。

公司 A 所面临的需求曲线为（用公司 B 的反应函数（11.11）式替换需求曲线中的 q_B，因为我们知道公司 B 会生产该产量）：

$$P=100-q_A-q_B=100-q_A-[32-(1/3)q_A]=68-(2/3)q_A$$

公司 A 的总收益为：

$$Pq_A=[68-(2/3)q_A]q_A=68q_A-(2/3)q_A^2$$

公司 A 的边际收益为：

$$MR_A=\Delta TR_A/\Delta q_A=68-(4/3)q_A$$

定量方法

公司 A 的边际收益为：

$$dTR_A/dq_A=68-(4/3)q_A$$

公司 A 的管理者令边际收益等于边际成本旨在实现利润最大化：

$$MR_A=68-(4/3)q_A=4+q_A=MC_A$$
$$(7/3)q_A=64$$
$$q_A=27.43$$

将 $q_A=27.43$ 代入公司 B 的反应函数，可得：

$$q_B=32-(1/3)27.43=22.86$$

因此，$Q=q_A+q_B=50.29$，然后将 $Q=50.29$ 代入市场需求曲线，得出的价格是 49.71 美元（=100－50.29）。公司 A 的总收益则为 1 363.55 美元（=49.71×27.43），而公司 A 的总成本为 985.93 美元［=500＋4(27.43)＋0.5(27.43^2)］；可见，管理者获得的利润是 377.63 美元（比古诺竞争的同时决策多出 13.63 美元）。作为一般的管理原则，如果你有足够的市场力量让对手放弃先行动的权力，那么你就利用这一点。公司 B 的总收益为 1 136.37 美元（=49.71×22.86），总成本为 852.73 美元［=500＋4(22.86)＋0.5(22.86^2)］；可见，获得的利润为 283.64 美元（比古诺竞争时少 80.36 美元，所以，

B 公司的管理者后行动一步付出了代价）。

如果 B 先采取行动，则利润结果恰好相反。在这种情况下，企业的成本相同，每家公司若率先行动都会获得相同的收益，即 93.99 美元（先行者的所得加上后行者的所失）。在公司成本函数不同的情况下，针对这里讨论的所有定价方案包括先行者的情况，低成本的公司比高成本的公司更有优势。低成本的公司可以通过先行动而获利最多，它们甚至能够负担得起取得先行动优势的花销，例如，开出比高成本公司更多的价钱去购买产品专利，或者建立比高成本公司规模更大的工厂从而在产出决策上先发制人。

让我们考察当管理者面对不同的成本函数时，利润是如何发生变化的。两家公司的需求函数仍未改变，为 $P=100-q_A-q_B$。但是，公司 A 的成本函数为 $TC_A=500+4q_A+0.5q_A^2$，而公司 B 的成本函数则是 $TC_B=500+10q_B+0.5q_B^2$（公司 B 的成本高于公司 A 的成本）。公司 A 的反应函数为 $q_A=32-(1/3)q_B$，公司 B 的反应函数为 $q_B=30-(1/3)q_A$。如果公司 A 的管理者先行动，则求出的斯塔克伯格解为：$P=51.143$ 美元，$q_A=28.286$，$q_B=20.571$，$\pi_A=433.43$ 美元，而 $\pi_B=134.78$ 美元。如果公司 B 先行动，则求出的斯塔克伯格解为：$P=51.43$ 美元，$q_A=23.714$，$q_B=24.857$，$\pi_A=343.55$ 美元，而 $\pi_B=220.86$ 美元。

现在，我们来说明低成本者如何利用先行动的优势。如果公司 A 的管理者先行动，他将得到 $\pi_A=433.33$ 美元，而如果他等到公司 B 的管理者行动之后再行动，则会获得 $\pi_A=343.55$ 美元。因此，公司 A 的管理者通过先行动可获益 433.33－343.55＝89.88 美元。如果公司 B 的管理者先行动，他将得到 $\pi_B=220.86$ 美元，而如果他在公司 A 的管理者行动之后再行动，则获益 $\pi_B=134.78$ 美元。因此，公司 B 的管理者通过先行动可获得 220.86－134.78＝86.08 美元。公司 A 的管理者先行动获益最大。假如为了从发明者手中获取专利权，公司 A 的管理者可以开出比公司 B 更高的价格（因为他们能出价 89.88 美元，而 B 的管理者只能出价 86.08 美元）。在升序拍卖中，所有的投标都是公开的，而且拍卖最后以毫无挑战性的标价结束，我们能够预计公司 A 的管理者获得专利权，并且只支付略高于 86.08 美元的价钱（因为他必须以略高于对手的标价获得专利）。

几家公司之间的垄断与竞争是如此常见，所以应当仔细研究这些情况。我们在对公司行为的分析中首次提出：管理者的最优策略取决于如何看待其对手的行为；也就是说，(11.9) 式表示的边际收益不仅取决于管理者做什么，还取决于管理者的对手做什么。因此，管理者对产品的接受价格取决于自己和对手的决策。这就是一个相互决策链；即我的行动依赖于你的行动，反之亦然。这种相互依赖关系是博弈论那一章（第 12 章）中讨论的战略基础。

战略环节 ☞

几家公司的竞争

以下三个相关的市场故事都是有限竞争类型。把它们放到一起介绍可显示出更具竞争性的市场有利于消费者，较强的市场集中度也会带来盈利。前两个故事是关于当大企业处于市场支配地位时，小型竞争企业如何努力进入市场、提高竞争力和改善进入策略[a]。在第三个故事里，竞争被合并取代，合并产生了一个公司，它占有菲律宾长途电话市场近70%的份额。

全球最大的几家会计机构（普华永道、安永、德勤和毕马威）占据了世界大公司审计市场约90%的份额，同时不少小公司正争夺着进入市场的机会。他们指出的问题是：一个大的失误可以毁掉一家大公司（如安然废掉了安达信）。这些小公司的管理者提出了几个战略旨在让市场变得更具竞争性，其中包括联合审计（大玩家认为这将提高20%的审计成本）和强制轮换审计。压力袭来。欧盟发布了一份名为《审计政策：从危机中汲取教训》的报告，而小公司也希望其中的建议（安排在2011年11月实行）为它们打开市场。

提升市场竞争力的第二个例子是在前面讨论的战略环节中，巴菲特在穆迪的投资与他关于双寡头的陈述。虽然穆迪与标准普尔各占有市场40%的份额，不过还有第三家公司，惠誉公司拥有20%的市场份额。案例将该行业视为寡头。另一个玩家，朱尔斯·科罗尔，也想加入市场。他之前拥有一家公司，然后以19亿美元的价格卖出，接着开办了另一家从事与第一家公司相同业务的公司——替一家公司调查另一家公司。他认为自己之所以能够进入这一市场是因为三家主要的评级机构已经失去了公司的信誉，它们在2007年金融危机之前没有对抵押贷款证券和其他结构性投资进行尽职的调查。他承诺评级时要“看看盖子的下面”，不过他认可证券发行人向评级机构支付开销的传统模式。这样，一个公司为得到证券发行人的评级业务而去迎合发行人的道德风险就出现了。科罗尔的目标是5年之内拿下10%的市场份额，而这些大公司并不担忧发生此事并指出，科罗尔缺乏地理覆盖区域以及相应的行业专业知识。

我们的第三个例子是菲律宾长途电话公司，它收购了菲律宾的数字电信业务，协议资本股票公司的一位分析师胡思提诺·卡来赛说，合并导致无线市场出现了双寡头，并且合并控制了无线业务市场60%～70%的份额。另一家主要的参与者是环球电信。亚洲太平洋大学资深的经济学家，赛德·特罗萨认为，合并具有潜在的优点与缺陷。优点是存在规模经济，缺陷是存在潜在的共谋行为。卡来赛认为，如果双寡头以消费者“为重”进行价格竞争，会有利于消费者。然而，如果一个参与者发展得过快，“它最终就可能是一个真正的垄断者”，经纪公司一级控股的管理主任，阿斯图·德·卡斯狄罗这样认为，“在菲律宾，双寡头的存在是有益的，因为这两家主要公司将慢慢形成良性竞争，而且未来的竞争将为消费者提供最为经济和便利的电信服务”。

a. 在本案例中，前四家会计机构占据市场90%的份额，前三家证券评级机构占据市场几乎100%的份额——请注意，四家公司占据市场80%的份额通常是衡量高度集中的一个标准。

资料来源：“Four for All, All for Four,” February 25, 2011; *Financial Mail* [South Afric]; Janet Morrissey, “A Corporate Sleuth's Eye Turns to Financial Ratings; Experienced Investigator Sees Chance to Compete with the Likes of Moody's,” *The International Herald Tribune*, February 28, 2011; J. D. T. Chua, “Popular Economics: When Only Two Firms Control the Market,” *Business World* [Philippines], April 26, 2011.

11.5 差异化产品的双寡头和价格竞争

价格竞争总是会导致两败俱伤吗？我们已经看到，如果市场产品之间没有差异，将的确如此。但如果管理者让其产品有所差别，又会如何呢？价格竞争会盈利吗？下面考察两个竞争者，它们生产有差异但是高度可替换的产品。为使分析简单化，这里假设产品的边际成本为零。公司 1 产品的需求函数为：

$$Q_1=100-3P_1+2P_2$$

其中，Q_1 为当公司 1 制定的每单位产品价格等于 P_1 时的产品需求量，而公司 2 则给产品定价为每单位 P_2。请注意，当公司 2 的产品制定的价格更高时，公司 1 产品的需求量就会由于消费者的转变而增加。这表明差异化只能缓解价格竞争；但由于购买属性，难以消除价格竞争。所以请再次注意，对公司 1 的产品需求不仅取决于其管理者的控制（自己的价格），而且取决于其竞争对手的要价（尽管他们可以影响竞争对手的选择）。

类似地，公司 2 产品的需求函数为：

$$Q_2=100-3P_2+2P_1$$

公司 1 的管理者希望利润最大化，在这种情况下，意味着公司的总收益最大化，因为单位成本为零。

而在古诺竞争中，如果管理者参与价格战，他们将在边际成本之下进行价格竞争，而利润终将为零。这样，价格战会导致两败俱伤。但是否存在这样一个古诺模拟，他们的价格竞争不会导致价格“自杀”？答案是，存在，而且它被称作伯川德模型。公司 1 的总收益为：

$$\begin{aligned}TR_1&=P_1^*Q_1=P_1^*(100-3P_1+2P_2)=100P_1-3P_1^2+2P_1P_2\\&=TR_{11}+TR_{12}\end{aligned}$$

其中，$TR_{11}=100P_1-3P_1^2$，而 $TR_{12}=2P_1P_2$。

为达到总收益最大化，我们构造了 $\Delta TR_1/\Delta P_1=(\Delta TR_{11}/\Delta P_1)+(\Delta TR_{12}/\Delta P_1)$，并令其等于零。$\Delta TR_{11}/\Delta P_1$ 与我们早期考虑关于 ΔQ 的形式一样，即 $100-6\mathrm{P}_1$（截距为 100，斜率为-3 的 2 倍）。在 $\Delta TR_{12}/\Delta P_1$ 中，称 P_1 为初始价格，P_1'为新价格，所以 $\Delta P_1=P_1'-P_1$，因此，$\Delta TR_{12}=2P_1'P_2-2P_1P_2=2P_2(P_1'-P_1)=2P_2\Delta P_1$，而 $\Delta TR_{12}/\Delta P_1=2P_2$。这样，公司 1 收益（利润）最大化的条件为：

$$\Delta TR_1/\Delta P_1=(\Delta TR_{11}/\Delta P_1)+(\Delta TR_{12}/\Delta P_1)=(100-6P_1)+2P_2=0$$

或者：

$$6P_1=100+2P_2$$

即

$$P_1=(50/3)+(1/3)P_2 \tag{11.12}$$

定量方法

收益（利润）最大化的条件为：

$$\partial TR_1/\partial P_1=100-6P_1+2P_2=0$$

类似地，公司 2 的管理者实现利润最大化的价格为：

$$P_2 = (50/3) + (1/3)P_1 \tag{11.13}$$

（11.12）式和（11.13）式给出了两个方程和两个未知量。将（11.13）式代入（11.12）式并求解可得：

$$\begin{aligned} P_1 &= (50/3) + (1/3)[(50/3) + (1/3)P_1] = (150/9) + (50/9) + (1/9)P_1 \\ &= (200/9) + (1/9)P_1 \end{aligned}$$

即

$$(8/9)P_1 = 200/9$$

可见，公司 1 的最优价格为 $P_1=25$。将 $P_1=25$ 代入方程（11.13），可得$P_2=(50/3)+(1/3)25=75/3=25$。两家公司的管理者制定的价格相同，因为产品差异化效果给对方的需求造成了相似的影响（记住他们的需求曲线都是在对手价格的前面乘以＋2）。将 $P_1=P_2=25$ 代入公司 1 的需求曲线，可得 $Q_1=100-3\times25+2\times25=75$，同样可得 $Q_2=75$。公司 1 获得的总收益（利润）为 $TR_1=P_1\times Q_1=25\times75=1\,875$，同样可得 $TR_2=1\,875$。该结果比价格战中的利润为 0 的情况好很多。最优解如图 11—5 所示。

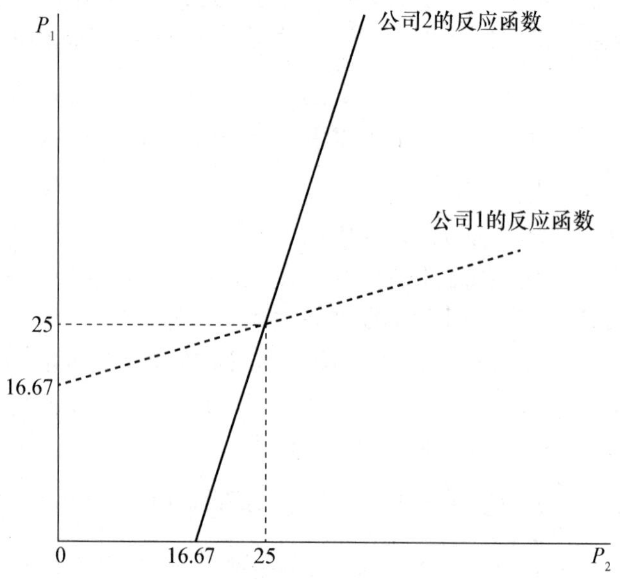

图 11—5　伯川德反应函数与公司 1 和公司 2 的均衡

注：当两家公司的反应函数交叉时，就会出现伯川德均衡。这个唯一的价格组合恰好符合两家公司的预期，即对方公司的价格与自己的最优价格相一致。在此情况下，两家公司的价格都是 25。

如果两家公司的管理者的行为比较复杂，比如共谋或合并，那么又会怎样？联合实体的总收益为：

$$\begin{aligned} TR &= TR_1 + TR_2 = P_1\times(100-3P_1+2P_2) + P_2\times(100-3P_2+2P_1) \\ &= 100P_1 - 3P_1^2 + 2P_1P_2 + 100P_2 - 3P_2^2 + 2P_1P_2 \\ &= 100P_1 - 3P_1^2 + 100P_2 - 3P_2^2 + 4P_1P_2 \\ &= TR_{11} + TR_{22} + TR_{12} \end{aligned}$$

其中：

$$TR_{11}=100P_1-3P_1^2$$
$$TR_{22}=100P_2-3P_2^2$$
$$TR_{12}=4P_1P_2$$

为实现总收益（利润）最大化，管理者将令 $\Delta TR/\Delta P_1=0$ 且 $\Delta TR/\Delta P_2=0$。

与推导出（11.12）式和（11.13）式的过程相类似，我们令：

$$\Delta(TR_{11}+TR_{12})/\Delta P_1=\Delta TR/\Delta P_1=100-6P_1+4P_2=0$$

或者：

$$6P_1=100+4P_2$$

即

$$P_1=(50/3)+(2/3)P_2 \tag{11.14}$$

通过令 $\Delta(TR_{22}+TR_{12})/\Delta P_2=\Delta TR/\Delta P_2=0$，$P_2$ 的最优价格为：

$$P_2=(50/3)+(2/3)P_1 \tag{11.15}$$

针对上述两个方程和两个未知量，我们可将（11.15）式代入（11.14）式得：

$$\begin{aligned}P_1&=(50/3)+(2/3)[(50/3)+(2/3)P_1]=(150/9)+(100/9)+(4/9)P_1\\&=(250/9)+(4/9)P_1\end{aligned}$$

或者：

$$(5/9)P_1=250/9$$

结果为 $P_1=50$ 和 $P_2=50$。将 $P_1=P_2=50$ 代入公司 1 的需求曲线可得 $Q_1=100-3\times50+2\times50=50$，同样地，$Q_2=50$。公司 1 获得的总收益（利润）为 $TR_1=P_1\times Q_1=50\times50=2\,500$，类似地，$TR_2=2\,500$。显然，共谋产生了更多的利润，但同时是违法的。管理者选择价格竞争的利润是选择共谋利润的 75%（=1 875/2 500），所以要避免价格战（和进监狱）。在我们讨论过的古诺竞争中，另一个竞争者的进入降低了价格（此例中是 50%）。这就是为什么管理者需要仔细思考竞争对可变利润的影响。竞争可以让消费者保持更高的消费者剩余，而减少生产者剩余。我们将在第 12 章中进一步讨论只有几家公司竞争时的战略定价问题。

定量方法

为实现收益（利润）最大化，公司令：

$$\partial TR/\partial P_1=100-6P_1+4P_2=0$$

且：

$$\partial TR/\partial P_2=100-6P_2+4P_1=0$$

11.6 管理者的黏性定价

古诺模型解释了为什么价格是“黏性”的；即管理者趋向最优位置并停留在那里。即使在同质产品市场中，管理者也没有显示要离开的激励。这种情况在成本与需求都很稳定或者容易预期的市场中，以及在已经竞争多年的市场中尤为真实。另一个行为模型解释了当产品稍有差异时，价格也可能具有黏性。

考虑面对有限竞争的管理者，他们目前的价格为 P_0，产量为 Q_0。如果管理者提高价格，需求将相当具有弹性（但并非完全弹性，因为产品存在差异性，对手的产品并不能完全被替代）。当价格上涨时，一些顾客会到别处购买，但仍有其他顾客对该产品有较高的评价。

另一方面，如果管理者降低价格，那么可预计需求弹性变小，因为对手也会降价以保护其产品销售。然而，如果降价后没有其他公司跟随降价，则降价公司的销售量可能增加；当其他公司也跟随降价时，利润下降，销量增加不足以弥补损失。

因此，管理者的需求曲线在（Q_0，P_0）弯折点上方斜率较小，而在弯折点下方斜率较大，表现为在点 Q_0（回忆在直线型需求曲线中，边际收益曲线具有相同的美元轴截距，但却以两倍的速度快速下降）处出现了不连续的边际收益曲线（参见图 11—6 中的 BC 段）。

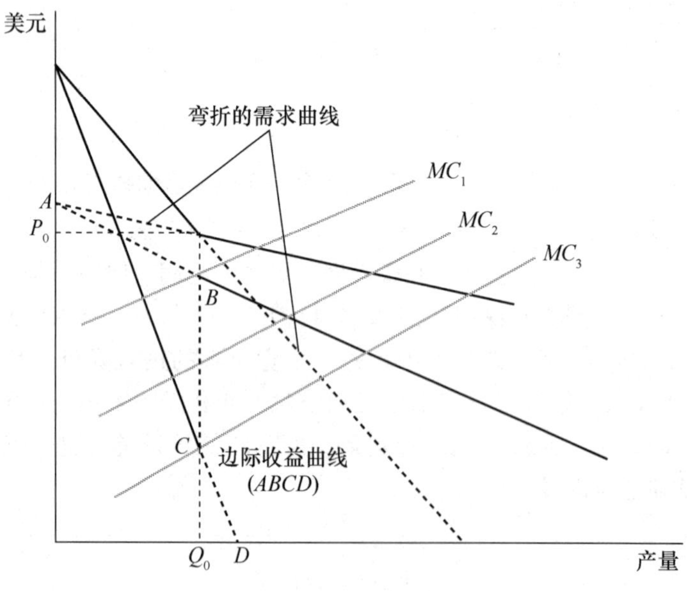

图 11—6 弯折的需求曲线

注：需求曲线的弯折点是（Q_0，P_0），弯折点之上弹性相对较大，而弯折点之下弹性相对较小。边际收益曲线在（BC 之间）处不连续而边际成本曲线在 BC 之间与边际收益曲线相交，使边际收益等于边际成本，生成最优价格 P_0 和最优产量 Q_0，尽管边际成本曲线有很大的变化。

因此，当边际成本曲线 MC_1 和 MC_3（以及两者之间的任何边际成本曲线，如 MC_2）与边际收益曲线（$ABCD$）在不连续处相交时，产生了能使利润最大化的相同价格 P_0 和

产量 Q_0。可见，成本可以变化相当大，但却不会改变使利润最大化的价格（使价格具有黏性）。

小　结

1. 寡头垄断市场的特征是市场中只有几家企业，而且它们之间存在大量的、实际的和可觉察的相互依赖性。寡头垄断的一个例子是美国的石油行业，其中的几家企业掌握着该行业主要的生产能力。

2. 寡头垄断行为不存在统一的模型；行为取决于条件和预期。寡头垄断的条件常常有利于促进对手间的合作，包括共谋。合作很容易形成，因为企业的数量很少，并且管理者了解与对手之间的相互依赖性。管理者从共谋中取得利益是显而易见的：增加利润、降低不确定性以及有更好的机会去控制新企业的进入。然而，共谋协定往往难以维持，因为一旦形成共谋协定，任何企业都可以违背协定来增加自己的利润。而且，卡特尔会发现很难形成一项让所有成员都满意的统一行动。

3. 寡头垄断行为的另一个模型是价格领导。该价格领导者在市场中是一家支配型企业。我们已经说明了在此情形下，作为价格领导者的管理者是如何确定价格以实现利润最大化的。该模型也解释了不完全卡特尔（并非所有生产者都是成员）的定价行为。

4. 当存在几家企业竞争时，管理者可能要进行价格竞争。这通常是两败俱伤的行为，因为价格会低于边际成本，使利润下降。古诺竞争（产量竞争或生产能力竞争）是获得较高卡特尔利润的主要战略，同时避免了价格竞争对利润的负面影响。当管理者同时行动并参与“若……则”流程时，就会出现古诺行为；例如，在已知对手产量的前提下，我的利润最大化产量是多少？通过跟踪有关对手产量选择的所有利润最大化反应，然后把你放在对方的位置上，并为他们作同样的分析，所有市场参与者的行为都可以是相同的。几家企业竞争的关键是相互依赖，其中你的最优产量是一个你和对手都想要的函数。

5. 如果一家企业的管理者能够比其他企业的管理者抢先行动，斯塔克伯格模型能够解释先行动者的最优（利润最大化）战略，并解释在序贯博弈中所有的后续行动者行为。一般地，与同时行动的古诺情形相比，先行动者会提高他们的利润，而后行动者则会损失其利润。如果低成本管理者先行动，他们将比高成本管理者获得更高的利润。如果管理者可以购买先行动的权利，则其为购买这种权利支付的价格就是他们作为先行动者获得的利润减去他们作为后行动者获得的利润。

6. 差异化产品的管理者可以实行价格竞争，而在价格低于边际成本时不实行价格竞争。如果只存在有限的几家竞争企业，可以确定自己与对手的反应函数。利润最大化的价格取决于对手的价格与自己的价格。管理者能够推导出最优价格，因为他们可以推导出对手的价格。如果卡特尔形成，最优价格就会远远低于管理者想要的价格，却会大大高于价格战中的价格。

7. 拥有差异化产品的寡头垄断的价格可能是黏性的（即往往是稳定的）。由于需求曲线在现有价格处弯折，黏性便发生了。在现有价格水平之上，需求曲线相当富有弹性，因为对手不会跟随提高价格；与此同时，在现有价格水平之下，需求曲线相当缺乏弹性，因为对手可能为了保障销售量而采取任何低价格。需求曲线的弯折导致了企业边际收益曲线的不连续性。因此，虽然边际成本曲线向上或向下做了很大的移动，但仍然在边际收益曲线的不连续处满足利润最大化条件，即边际收益等于边际成本。

习　题

1. 假设伯根公司与古滕伯格公司是仅有的两家生产和销售某种机械产品的企业。它们的产品需求曲线是：

$$P=580-3Q$$

其中，P 是产品价格（美元），Q 是总需求量。伯根公司的总成本函数为：

$$TC_B=410Q_B$$

其中，TC_B 是它的总成本（美元），Q_B 是其产量。古滕伯格公司的总成本函数是：

$$TC_G=460Q_G$$

其中，TC_G 是它的总成本（美元），Q_G 是其产量。

（1）如果两家公司共谋，并想最大化它们的联合利润，那么伯根公司应当生产多少？

（2）古滕伯格公司的产量应当为多少？

（3）古滕伯格公司会同意这一安排吗？为什么会或为什么不会？

2. 罐头行业由两家企业组成。假定罐头的需求曲线是：

$$P=100-Q$$

其中，P 是罐头的价格（美分），Q 是罐头的需求量（100 万件/月）。假设每家企业的总成本函数为：

$$TC=2+15q$$

其中，TC 是每月总成本（万美元），q 是企业每月的产量（100 万件）。

（1）如果企业设定的价格等于其边际成本，那么价格和产量各是多少？

（2）如果两家企业共谋，并像一个垄断者那样行事，那么利润最大化的价格和产量各是多少？

（3）如果两家企业共谋，所得到的联合利润是否比它们把价格定在边际成本处获得的利润要高？如果是，它们的联合利润要高出多少？

3. 销售某种机床的寡头垄断行业由两家公司构成，每家公司的管理者定价相同且拥有的市场份额也相同。每家公司的需求曲线（假定与另一家公司定价相同）与总成本函数如下所示：

价格（千美元）	日需求量	日产量	总成本（千美元）
10	5	5	45
9	6	6	47
8	7	7	50
7	8	8	55
6	9	9	65

（1）一家公司的管理者认为另一家公司的管理者会与其定价相同，如果这个观点是正确的，那么价格应当是多少？

（2）按照第（1）问的假设，每家公司的管理者设定的产量应当是多少？

4. 詹姆斯·皮索是某公司的一位总裁，该公司是行业的价格领导者；也就是说，如果该公司制定价格，则其他公司会按照此价格销售产品。换言之，其他公司的行为像是完全竞争者。该行业产品的需求曲线为 $P=300-Q$，其中，P 是价格，Q 是需求总量。其他公司的总供给量为 Q_r，其中，$Q_r=49P$（P 的单位为美元/桶，Q、Q_r 和 Q_b 的单位均为 100 万桶/周）。

（1）如果皮索公司的边际成本曲线为 $2.96Q_b$，其中，Q_b 为皮索公司的产量，那么能够实现公司利润最大化的产量是多少？

（2）皮索公司的定价应当是多少？

（3）在该价格水平下，行业的总产量是多少？

(4) 皮索公司在行业中占据支配地位吗?

5. 国际航空运输联盟(IATA)由108家飞越大西洋航线的欧美航空公司组成。许多年来,IATA作为一个卡特尔存在:它制定和强制执行统一的价格。

(1) 如果IATA想要最大化所有成员的总利润,统一的价格应当是多少?

(2) 在成员航空公司之间如何分配运输量?

(3) IATA会制定等于边际成本的价格吗?为什么会?为什么不会?

6. 1991年后期,德尔塔航空公司和川普航空公司,都推出了纽约与波士顿或华盛顿之间的往返服务。两家公司的单程机票价格均为工作日142美元,而周末92美元,若提前购买机票,票价还要低于高峰价格。在1991年9月,德尔塔公司赠与其老顾客每次旅行的往返旅程,其幅度是1 000~2 000英里,尽管从纽约到波士顿或华盛顿的实际距离只有200英里。德尔塔公司还向一天内往返的老顾客赠与1 000英里,将一天内可能往返的总里程提高到5 000英里。几乎同时,川普公司也开始赠与往返旅客里程(该公司与大陆公司及某些外国航空公司参与了一路通赠与计划)。你认为川普作出了什么类型的改变?为什么?

7. 联盟公司与班戈公司这两家企业都生产图像识别系统。该系统的需求曲线为:

$$P=200\,000-6(Q_1+Q_2)$$

其中,P为一套系统的价格(美元),Q_1为联盟公司每月生产和销售的系统数量,而Q_2为班戈公司每月生产和销售的系统数量。联盟公司的总成本(美元)为:

$$TC_1=8\,000Q_1$$

班戈公司的总成本(美元)为:

$$TC_2=12\,000Q_2$$

(1) 如果两家公司的管理者都确定使其利润最大化的产量,而假定对方公司的管理者保持其产量不变,那么均衡价格是多少?

(2) 每家公司的产量是多少?

(3) 每家公司的管理者获得的利润是多少?

8. 在英国,书店之间的价格竞争已被1900年签订的书本实价协定压制了100多年,而该协定制定的目的是防止价格战。然而,在1991年10月,沃特斯要求它所属的85家英国书店降低书价。根据沃特斯公司的运营主管理查德·巴克尔之言,之所以把大约40种书籍的价格都下调25%,主要是针对其主要竞争对手迪龙公司采取的降价行为作出的回应。

(1) 英国印刷者联盟主席认为,降价"是一个巨大的遗憾"并将"损害许多微利经营的售书者"。① 这段话是否意味着此类降价行为是与公众利益相违背的呢?

(2) 为什么迪龙公司想要降低价格?在什么情况下这会是一个好的战略?而在什么情况下这将是一个错误的战略?

9. 在20世纪60年代,宝洁公司认为一次性尿布可以成为一个大众市场产品,并可高速、低成本地生产尿布。后来的结果显示它的确占有了市场。根据哈佛大学的迈克尔·波特对该行业作出的一项仔细研究,宝洁公司通过以下方法阻止了其他公司进入市场。②

---

① Suzanne Cassidy, "British Book Shops in Price Skirmishes," *New York Times*, October 7, 1991, at www.nytimes.com/1991/10/07/business/the-media-business-british-book-shops-in-price-skirmishes.html.

② M. Porter, "Strategic Interaction: Some Lessons from Industry Histories for Theory and Antitrust Policy," in S. Salop, ed., *Strategy, Predation, and Antitrust Analysis* (Washington, DC: Federal Trade Commission, 1981); *New York Times*, April 15, 1993, and March 25, 1995; and *Business Week*, April 26, 1993, and September 19, 1994.

策略	宝洁公司的成本	进入者的成本
1. 通过公开声明、对零售商的评论等表达保卫尿布市场的决心	无	报复的可能性和范围的加大提高了进入的预期成本
2. 申请专利诉讼	法律费用	法律费用的损失以及宝洁公司赢得诉讼后竞争者的后续成本
3. 宣布市场扩张计划	无	降价预期风险的加大以及宝洁公司对于进入者报复的可能性
4. 宣布引入新一代尿布的计划	无	进入者被迫忍受可能的产品发展与偶然发生在新一代产品基本配置上的转换成本，增加了进入的预期成本

(1) 在考虑上述可能战略的同时，为什么宝洁公司还要关注自己的成本呢？

(2) 为什么还要关注进入者的成本呢？

(3) 截止到20世纪90年代，宝洁公司不得不用高品质、贴有私有商标的尿布进行竞争（与金佰利竞争，金佰利于20世纪70年代成功进入市场）。1993年3月，宝洁公司的尿布品牌已经占有市场份额的30%，它的乐芙适品牌已经占有市场的10%。乐芙适与帮宝适的价格已经超过打折品牌价格的30%以上。宝洁公司是否应该打折呢？

(4) 1993年，宝洁公司诉讼生产私有商标产品的帕诺根贸易品牌，声称该公司侵犯了自己的两项专利。这类法律诉讼是寡头竞争和对抗过程的一部分吗？

10. 在什么条件下，管理者认为提高产品质量是有利可图的？这些收益总会超过成本吗？为什么会或为什么不会？

11. 威彻斯特公司认为其产品的需求曲线为：

$$P=28-0.14Q$$

其中，P是产品价格（美元），Q是产量（千单位）。公司的董事会在召开了一次很长的会议之后，总结如下：公司至少会在一段时间内尝试增加总体收益，即便这意味着较低的利润。

(1) 为什么管理者会采取这样的政策？

(2) 如果管理者想实现总收益最大化，他们应该如何设定价格？

(3) 如果公司的边际成本是14美元，与利润最大化的产量相比，管理者应当生产更多的产品，还是更少的产品？应当多多少或者少多少？

12. 斯蒂芬·温从滨海区的亚特兰大城市购买了一块土地。在亚特兰大城市有很多关于新建赌场大楼被热炒的故事（比如吉姆也在谈论建立赌场的事情，冈普的第四家赌场正在开张），而有些讨论则围绕着温将会划分他新买的土地，并有可能在新址上建立三个赌场。

假定温把购买的土地划分成两个板块，在其中的一块上修建赌场，而把另外一块卖给一家已有的赌博企业。温预计在亚特兰大城市滨海区的赌博需求为（在统计完滨海区现有的两家赌场和核准完亚特拉大城市的其余赌场之后）：

$$P=750-5Q$$

其中，P表示与赌博有关的价格，Q表示赌博的数量（可把P看作是一位普通的参赌者送给赌场的净收益，是为赌博娱乐支付的金额，而Q是参与赌博的人数）。

直至他的赌场建好（或差不多建好），温才会把另一块地出售；这样，他可以有先动者优势。

温从事赌博的总成本TC_W为：

$$TC_W=10+40Q_W+15.5Q_W^2$$

其中，Q_W是来到温的赌场参加赌博的人数，而温的竞争对手从事赌博的总成本TC_R为：

$$TC_R = 20 + 50Q_R + 20Q_R^2$$

其中，Q_R 是去温对手的赌场参加赌博的人数，并且有：

$$Q_W + Q_R = Q$$

把这块土地分成两个独立的板块，还是就把这块土地作为一个整体出售给温？亚特兰大城市怎样做更好一些？（假定温准备划分土地，温和他的竞争对手不能共谋，而且温没有能力成为一个垄断者。）你可以假定温与其对手能够形成古诺双寡头。如果亚特兰大城市能够做得更好，给出原因以及可以好出多少？所有计算都精确到千分位。

Excel 练习：支配型企业的价格领导

假设某产品的市场需求函数可表示为 $Q_M = 15\,000 - 3\,000P$。价格跟随者都有着共同的边际成本：$MC_F = 3 + 0.001Q_F$。由于价格跟随者接受价格领导者设定的价格，若其公司实现利润最大化，则必须满足下列等式：

$$P = MC_F = 3 + 0.001Q_F$$

或者：

$$0.001Q_F = -3 + P$$

即

$$Q_F = -3\,000 + 1\,000P$$

领导者的需求曲线为 $Q_L = Q_M - Q_F$，即：

$$\begin{aligned} Q_L &= 15\,000 - 3\,000P - (-3\,000 + 1\,000P) = 15\,000 - 3\,000P + 3\,000 - 1\,000P \\ &= 18\,000 - 4\,000P \end{aligned}$$

或者：

$$4\,000P = 18\,000 - Q_L$$

即

$$P = 4.5 - 0.000\,25Q_L$$

领导者的边际收益与上式有着相同的截距，但是其斜率的 2 倍（如教材讲述的那样），故：

$$MR_L = 4.5 - 0.000\,5Q_L$$

假定价格领导者的边际成本（与平均可变成本）为 $MC_L = 2.5 = AVC_L$。假设价格领导者的固定成本为 $FC_L = 1\,000$。为实现利润最大化，领导者应设定 $MR_L = MC_L$，或者：

$$MR_L = 4.5 - 0.000\,5Q_L = 2.5 = MC_L$$

或者：

$$0.000\,5Q_L = 2$$

即

$$Q_L = 4\,000$$

将 Q_L＝4 000 代入领导者的需求曲线，可得：

$$P=4.5-0.00025\times4000=4.5-1=3.5$$

将 P＝3.5 代入跟随者的供给曲线，可得：

$$Q_F=-3000+1000\times3.5=-3000+3500=500$$

领导者的总收益为：$TR_L=P\times Q_L=3.5\times4000=14000$；

领导者的可变成本为：$VR_L=AV_L\times Q_L=2.5\times4000=10000$；

领导者的利润为：$\pi=TR_L-VC_L-FC_L=14000-10000-1000=3000$。

假设我们不知道可得出支配型企业最优行为的上述公式及微积分法则，却拥有从领导者营销团体中获取的如下估计市场需求及跟随者供给的数据。领导者企业的边际成本不变（等于平均可变成本 2.5)，且固定成本为 1 000。我们能否使用电子表格来回答这个问题？答案当然是肯定的。

价格	市场需求	跟随者供给
5	0	2 000
4.75	750	1 750
4.5	1 500	1 500
4.25	2 250	1 250
4	3 000	1 000
3.75	3 750	750
3.5	4 500	500
3.25	5 250	250
3	6 000	0
2.75	6 750	0
2.5	7 500	0
2.25	8 250	0
2	9 000	0
1.75	9 750	0
1.5	10 500	0
1.25	11 250	0
1	12 000	0
0.75	12 750	0
0.5	13 500	0
0.25	14 250	0
0	15 000	0

打开 Excel 电子表格。在单元格 A1 中输入 5，在单元格 A2 中输入 4.75，依此类推，直至在单元格 A21 中输入 0。

在单元格 B1 中输入 0，在单元格 B2 中输入 750，依此类推，直至在单元格 B21 中输入 15 000。

A 列与 B 列就代表了市场需求曲线。

在单元格 C1 中输入 2 000，在单元格 C2 中输入 1 750，依此类推，直至在单元格 C9 中输入 0。然后单击单元格 C9 的右下角并拖动鼠标直至 C21。A 列与 C 列就给出了跟随者的供给曲线。

我们知道，领导者将允许跟随者在其制定的价格水平上提供产品。正如我们从上表中看到的，当价格为 4.50 时，跟随者提供的产品数量与市场需求完全一致。而在高于价格 4.50 以上的两个价位上（4.75 和 5)，跟随者的供给量超过需求量。因此，在这些价格水平上（4.50、4.75 和 5)，将不会有对领导者产品的需求。然而，在低于 4.50 的价位上，跟随者的供给就会低于市场需求，这样，余下的部分就留给了领导者。于是，我们可以有如下操作：

在单元格 D1 中输入 0，在单元格 D2 中输入＝B3－C3，依此类推，通过单击与拖动，直至单元格 D21。D 列就给出了与 A 列中各价格水平相对应的领导者的需求量。

在单元格 E1 中输入＝A1 * D1，依此类推，通过单击与拖动，直至单元格 E21。E 列就给出了领导者的总收益。

在单元格 F1 中输入＝2.5 * D1，在单元格 F2 中输入＝2.5 * D2，依此类推，通过单击与拖动，直至单元格 F21。F 列就给出了领导者的可变成本。

在单元格 G1 中输入＝1 000，依此类推，通过单击与拖动，直至单元格 G21。G 列就给出了领导者的固定成本。

在单元格 H1 中输入＝F1＋G1，依此类推，通过单击与拖动，直至单元格 H21。H 列就给出了领导者的总成本。

在单元格 I1 中输入＝E1－H1，依此类推，通过单击与拖动，直至单元格 I21。I 列就给出了领导者的利润。然后在 I 列中查询最大值（或在单元格 I22 中输入＝Max(I1:I21)，让电子表格查找到最大值）。它将是单元格 I7 中的 3 000。这与用微积分公式推导出来的结果一致。沿着第 7 行向左，会看见领导者的产量为 4 000，而跟随者的产量为 500，此时的最优市场价格为 3.5（与前面运用基于微积分公式推导的结果相同）。

假设领导者管理团队的某些成员一直向产业集团施压，力图消除跟随者。这一点在价格等于 3 的时候就可以实现（注意，当价格为 3 时，跟随者的供给为 0）。这将消除竞争，提高销售量（从 4 000 到 6 000——提高了 50%），却仍然获得每单位 0.5(＝3－2.5）的正利润。领导者的管理层应该在价格为 3 时驱逐竞争者吗？电子表格告诉我们，不应该。因为价格为 3 时，管理者的利润已经下降了三分之一（从 3 000 到 2 000）。销售量的增加不足以抵消利润的下降。

常见的情况是，价格领导者容忍在市场中存在边缘公司。这并不是因为领导者是一个友好的实体，而是因为边缘公司的存在能够让领导者获得更多的利润。

Excel 练习：古诺竞争

假定某产品的市场需求曲线为 $P=14-Q$，或者 $P=14-Q_1-Q_2$。市场中有两家公司，每家公司的边际成本（MC）都为 2，平均可变成本（AVC）都是 2，固定成本（FC）都是 10。

公司 1 的总收益为：

$$TR_1=P\times Q_1=(14-Q_1-Q_2)\times Q_1=14Q_1-Q_1^2-Q_1Q_2$$

公司 1 的边际收益为：

$$\partial TR_1/\partial Q_1=MR_1=14-2Q_1-Q_2$$

为实现利润最大化，公司 1 令边际收益等于边际成本，也就是：

$$MR_1=14-2Q_1-Q_2=2=MC_1$$

或者：

$$2Q_1=12-Q_2$$

即

$$Q_1=6-0.5Q_2$$

这是公司 1 的反应函数。

在类似的情形中，公司 2 的反应函数为 $Q_2=6-0.5Q_1$。

将公司 2 的反应函数代入公司 1 的反应函数可得：

$$Q_1=6-0.5(6-0.5Q_1)=6-3+0.25Q_1=3+0.25Q_1$$

或者：

$$0.75Q_1=3$$

即

$$Q_1=4$$

将 $Q_1=4$ 代入公司 2 的反应函数可得：

$$Q_2=6-0.5\times4=6-2=4$$

故：$Q=Q_1+Q_2=4+4=8$。

将 $Q=8$ 代入市场需求函数可得：

$$P=14-Q=14-8=6$$

可见，每家公司都有如下结果：

总收益：$P\times Q=6\times4=24$

可变成本：$AVC\times Q=2\times4=8$

固定成本：$FC=10$

利润：$\pi=TR-VC-FC=24-8-10=6$

如果你掌握微积分知识，会了解这是古诺竞争解。但是如果你不懂微积分知识，而只有每家公司的信息：边际成本（MC）都是 2，平均可变成本（AVC）都是 2，固定成本（FC）都是 10，以及市场需求曲线如下所示：

价格	数量
14	0
13	1
12	2
11	3
10	4
9	5
8	6
7	7
6	8
5	9
4	10
3	11
2	12
1	13
0	14

假定你属于公司 A。你开始问自己“若……则……”的问题。这类似一个通关游戏。在游戏之初，你并不知道对手将要做什么，但是你要考虑到对手可能采取的所有行动以及你为实现利润最大化而采取的措施。现在我们用电子表格做这件事情。

假设你的对手放弃了市场，那么只有你面对市场需求曲线，并扮演实现利润最大化的垄断者的角色。

打开电子表格，在单元格 A1 中输入 14，在单元格 A2 中输入 13，依此类推，直至在单元格 A15 中输入 0。

在单元格 B1 中输入 0，在单元格 B2 中输入 1，依此类推，直至在单元格 B15 中输入 14。

现在 A 列和 B 列描述了公司需求曲线。

在单元格 C1 中输入＝A1＊B1，然后单击单元格 C1 的右下角并拖动鼠标直至 C15，将得到一列公司的总收益。

在单元格 D1 中输入＝2＊B1，然后单击并拖动鼠标直至 D15，D 列是公司的可变成本。

在单元格 E1 中输入 10，然后单击并拖动鼠标直至 E15，E 列是公司的固定成本。

在单元格 F1 中输入＝D1＋E1，然后单击并拖动鼠标直至 F15，F 列是公司的总成本。

在单元格 G1 中输入＝C1－F1，然后单击并拖动鼠标直至 G15，G 列是公司的利润。然后在 G 列中查询最大值（或在单元格 G16 中键入＝Max(G1:G15)，让电子表格为你找到最大值)，它将是单元格 G7 中的 26。沿着第 7 行向左，你将看见单元格 B7 中的产量为 6 单位。因此，你已经回答了一个“若……则……”问题：若对手产量为 0，则我的产量将为 6。

让我们完成另一个“若……则……”问题。若对手产量为 2，则你的产量为多少？如果市场需求小于 2，市场将为你余下多少需求？例如，当市场价格为 12 时，市场需求量为 2。若你的对手产量为 2，则市场什么也不会为你留下。在市场价格为 11 时，市场需求量为 3，若你的对手产量为 2，则市场为你留下的产量为 1。当市场需求量为 14 时，对手产量仍为 2，则市场为你留下的产量为 12。这样，在给定你对手的产量为 2 的前提下，得到了你的需求曲线，我们可以通过 A 列与 B 列得到市场需求曲线，而在任一价格水平上，都从 B 列中减去 2。由于价格为 14 和 13 时，出现了负的需求量（这没有意义），我们就考虑价格等于 0～12 的情况。

在单元格 H3 中输入 0，在单元格 H4 中输入 1，依此类推，直至在单元格 H15 中输入 12，则 A 列和 H 列为你生成了“剩余的需求曲线”，也就是若对手产量为 2，市场为你余下的需求量。

在单元格 I3 中输入＝A3＊H3，然后单击并拖动至单元格 I15，则 I 列就是在对手的产量为 2 时，你对应的总收益。

在单元格 J3 中输入＝10＋2＊H3，然后单击并拖动至单元格 J15，则 J 列就是你的总成本。

在单元格 K3 中输入＝I3－J3，然后单击并拖动至单元格 K15，则 K 列就是在对手的产量为 2 时，你对应的利润。在 K 列查询最大值（或让电子表格为你找到最大值)，它将是单元格 K8 中的 15。沿着第 8 行向左看，你将看见单元格 H8 中的最优产量为 5 单位。因此，若对手的产量为 2，你将生产 6 单位产品来实现最大化利润。

我们将继续下一个“若……则……”问题。若对手的产量为 4，则你的产量如何？而如果市场需求小于 4，市场将为你余下多少需求？例如，当市场价格为 10 时，市场需求量为 4。若你的对手产量为 4，则市场什么也不会为你留下。而在市场价格为 9 时，市场需求量为 5，若对手产量为 4，则市场为你留下的产量为 1。我们继续这个过程直至市场价格为 0，在该价格水平上，市场需求量为 14，可对手产量仍为 4，市场为你留下的可能产量为 10。这样，在给定对手产量 4 的前提下，得到了你的需求曲线，我们可以通过 A 列与 B 列得到市场的需求曲线，而在任一价格水平上，都从 B 列中减去 4。由于价格在 14～11 之间时，出现了负的需求量（这没有意义)，我们从价格等于 10 的情况开始。

在单元格 L5 中输入 0，在单元格 L6 中输入 1，依此类推，直至在单元格 L15 中输入 10，则 A 列和 L 列为你生成了“剩余的需求曲线”，也就是若对手的产量为 4，市场为你余下的需求量。

在单元格 M5 中输入＝A5＊L5，然后单击并拖动至单元格 M15，则 M 列就是在对手的产量为 4 时，你对应的总收益。

在单元格 N5 中输入＝10＋2＊L5，然后单击并拖动至单元格 N15，则 N 列是你的总成本。

在单元格 O5 中输入＝M5－N5，然后单击并拖动至单元格 O15，则 O 列就是在对手的产量为 4 时，你对应的利润。然后在 O 列查询最大值（或让电子表格为你找到最大值)，它将是单元格 O9 中的

6。沿着第 9 行向左看，你将看见单元格 L9 中的最优产量为 4 单位。因此，若对手的产量为 4，则你将生产 4 单位产品来实现利润最大化。

若对手产量为 6，则你的产量如何？如果市场需求小于 6，市场将为你余下多少需求？例如，当市场价格为 8 时，市场需求量为 6。若对手产量为 6，则市场什么也不会为你留下。而在市场价格为 7 时，市场需求量为 7，若对手产量为 6，则市场为你留下的产量为 1。我们继续这个过程直至市场价格为 0，在该价格水平上，市场需求量为 14，对手产量仍为 6，则市场为你留下的产量为 8。这样，在给定对手的产量为 6 的前提下，得到了你的需求曲线，我们可以通过 A 列与 B 列得到市场的需求曲线，而在任一价格水平上，都从 B 列中减去 6。由于价格在 14～9 之间时，出现了负的需求量（这没有意义），我们就从价格等于 8 的情况开始。

在单元格 P7 中输入 0，在单元格 P8 中输入 1，依此类推，直至在单元格 P15 中输入 8，则 A 列和 P 列为你生成了“剩余的需求曲线”，也就是说，若对手的产量为 6，则市场为你余下的需求量。

在单元格 Q7 中输入＝A7＊P7，然后单击并拖动至单元格 Q15，则 Q 列就是在对手的产量为 6 时，对应于你的总收益。

在单元格 R7 中输入＝10＋2＊P7，然后单击并拖动至单元格 R15，则 R 列就是你的总成本。

在单元格 S7 中输入＝Q7－R7，然后单击并拖动至单元格 S15，则 S 列就是在对手的产量为 6 时，你对应的利润。然后在 S 列查询最大值（或让电子表格为你找到最大值），它将是单元格 S10 中的数值－1。沿着第 10 行向左看，你将看见单元格 P10 中的最优产量为 3 单位。因此，若你对手的产量为 6，则你将生产 3 单位产品来实现利润最大化。你可能会怀疑在所有的产出水平上，为什么你的利润都为负值？假定固定成本 10 为沉没成本，那么你的可变利润（你控制的现金流）就是利润加上固定成本，也就是 9(＝－1＋10)。可见，你将继续生产。

若对手产量为 8，则你的产量如何？如果市场需求小于 8，市场将为你余下多少需求？例如，当市场价格为 6 时，市场需求量为 8，若对手产量为 8，则市场什么也不会为你留下。而在市场价格为 5 时，市场需求量为 9，若对手产量为 8，则市场会为你留下的产量为 1。我们继续这个过程直至市场价格为 0，在该价格水平上，市场需求量为 14，可对手产量仍为 8，则市场会为你留下的可能产量为 6。这样，在给定对手的产量为 8 的前提下，得到了你的需求曲线，我们可以通过 A 列与 B 列得到市场的需求曲线，而在任一价格水平上，都从 B 列中减去 8。由于价格在介于 14～7 之间时，出现了负的需求量（这没有意义），我们就从价格等于 6 的情况开始。

在单元格 T9 中输入 0，在单元格 T10 中输入 1，依此类推，直至在单元格 T15 中输入 6，则 A 列和 T 列为你生成了“剩余的需求曲线”，也就是说，若对手的产量为 8，则市场为你余下的需求量。

在单元格 U9 中输入＝A9＊T9，然后单击并拖动至单元格 U15，则 U 列就是在对手的产量为 8 时，对应于你的总收益。

在单元格 V9 中输入＝10＋2＊T9，然后单击并拖动至单元格 V15，则 V 列就是你的总成本。

在单元格 W9 中输入＝U9－V9，然后单击并拖动至单元格 W15，则 W 列就是在对手的产量为 8 时，你对应的利润。然后在 W 列中查询最大值（或让电子表格为你找到最大值），它将是单元格 W11 中的－6。沿着第 11 行向左看，会看见单元格 T11 中的最优产量为 2 单位。因此，若对手的产量为 8，则你将生产 2 单位产品来实现利润最大化。你可能会怀疑在所有的产出水平上，为什么你的利润都为负值？假定固定成本 10 为沉没成本，那么你的可变利润（你控制的现金流）就是利润加上固定成本，也就是 4(＝－6＋10)。可见，你将继续生产。

若对手产量为 10，则你的产量如何？如果市场需求小于 10，则市场将为你余下多少需求？例如，当市场价格为 4 时，市场需求量为 10。若对手产量为 10，则市场什么也不会为你留下。在市场价格为 3 时，市场需求量为 11，若对手产量为 10，则市场为你留下的产量为 1。我们继续这个过程直至市场价格为 0，在该价格水平上，市场需求量为 14，对手产量仍为 10，则市场为你留下的产量为 4。这样，在给定你对手的产量为 10 的前提下，得到了你的需求曲线，我们可以通过 A 列与 B 列得到市场的需求曲线，而在任一价格水平上，都从 B 列中减去 10。由于价格在 14～5 之间时，出现了负的需求量

（这没有意义），我们就从价格等于 4 的情况开始。

在单元格 X11 中输入 0，在单元格 X12 中输入 1，依此类推，直至在单元格 X15 中输入 4，则 A 列和 X 列为你生成了“剩余的需求曲线”，也就是若你的对手的产量为 10，市场为你余下的需求量。

在单元格 Y11 中输入＝A11＊X11，然后单击并拖动至单元格 Y15，则 Y 列就是在对手的产量为 10 时，对应于你的总收益。

在单元格 Z11 中输入＝10＋2＊X11，然后单击并拖动至单元格 Z15，则 Z 列就是你的总成本。

在单元格 AA11 中输入＝Y11－Z11，然后单击并拖动至单元格 AA15，则 AA 列就是在对手产量为 10 时，你对应的利润。然后在 AA 列中查询最大值（或让电子表格为你找到最大值），它将是单元格 AA12 中的－9。沿着第 12 行向左看，你将看见单元格 X12 中的最优产量为 1 单位。因此，若对手产量为 10，则你将生产 1 单位产品来实现利润最大化。你可能会怀疑在所有的产出水平上，为什么你的利润都为负值？假定固定成本 10 为沉没成本，那么你的可变利润（你控制的现金流）就是利润加上固定成本，也就是 1(＝－9＋10)。可见，你将继续生产。

若对手产量为 12，则你的产量如何？如果需求小于 12，市场将为你余下多少需求？例如，当市场价格为 2 时，市场需求量为 12。若对手产量为 12，则市场什么也不会为你留下。当市场价格为 1 时，市场需求量为 13，若对手产量为 12，则市场为你留下的产量为 1。我们继续这个过程直至市场价格为 0，在该价格水平上，市场需求量为 14，可对手产量仍为 12，则市场为你留下的产量为 2。这样，在给定对手产量为 12 的前提下，得到了你的需求曲线，我们可以通过 A 列与 B 列得到市场的需求曲线，而在任一价格水平上，都从 B 列中减去 12。由于价格在 14～3 之间时，出现了负的需求量（这没有意义），我们就从价格等于 2 的情况开始。

在单元格 AB13 中输入 0，在单元格 AB14 中输入 1，依此类推，直至在单元格 AB15 中输入 2，则 A 列和 AB 列为你生成了“剩余的需求曲线”，也就是若你的对手的产量为 12，市场为你余下的需求量。

在单元格 AC13 中输入＝A13＊AB13，然后单击并拖动至单元格 AC15，则 AC 列就是在对手的产量为 12 时，对应于你的总收益。

在单元格 AD13 中输入＝10＋2＊AB13，然后单击并拖动至单元格 AD15，则 AD 列就是你的总成本。

在单元格 AE13 中输入＝AC13－AD13，然后单击并拖动至单元格 AE15，则 AE 列就是在对手的产量为 12 时，你对应的利润。在 AE 列中查询最大值（或让电子表格为你找到最大值)。它将是单元格 AE13 中的－10。沿着第 13 行向左看，你将看见单元格 AB13 中的最优产量为 0 单位。因此，若对手的产量为 12，则你将生产 0 单位产品来实现利润最大化。当你的对手产量为 12 时，你将什么也不生产；而如果你对手的产量超过 12，你还是什么也不生产。

现在让我们总结一下曾经问过自己的“若……则……”问题。

若对手的产量是 Q_2	则我的产量是 Q_1
0	6
2	5
4	4
6	3
8	2
10	1
12	0

从上表中，我们注意到对手的产量每次递增 2 单位，而我只减少 1 单位产量。我们可以通过 $Q_1=6-0.5Q_2$ 来表示，或者我们可以用作图的方式来描述，Q_1 点在 y 轴上，Q_2 点在 x 轴上，则 y 的截距是 6（其中，$Q_2=0$），x 的截距是 12（其中，$Q_1=0$）。斜率是 y 轴上的变化除以 x 轴上的变化

（任意两点之间的“垂直改变量除以水平改变量”，即－6/12＝－0.5）。请注意这恰好是本练习开始时，从微积分方法中推出的公司 1 的反应函数。在这里，我们同样得出了这一结果，却没有使用微积分知识。

现在，为我们的对手做同样的分析，下面给出一个对照表。

若我的产量是 Q_1	则对手的产量是 Q_2
0	6
2	5
4	4
6	3
8	2
10	1
12	0

从上表中，可以看出当我的产量每次递增 2 单位时，对手只减少 1 单位产量；也可以利用这些点作散点图。不过，每种方法都能够得出公司 2 的反应函数是 $Q_2=6-0.5Q_1$。

之后，可以观察出两家公司唯一相同的产量，也就是二者的均衡产量，就是 4。若我的产量是 6，则我的对手就想生产 $Q_2=6-0.5\times6=6-3=3$。于是，基于自身的反应函数，我又将生产 $Q_1=6-0.5\times3=6-1.5=4.5$。而对手基于自身的反应函数，将生产 $Q_2=6-0.5\times4.5=6-2.25=3.75$。不过，如果我的对手生产了 3.75，我就将生产 $Q_1=6-0.5\times3.75=6-1.875=4.125$。可如果我生产了 4.125，对手又将生产 $Q_2=6-0.5\times4.125=6-2.0625=3.9375$。你能够总结出这一产量变化趋势吗？它将双方都引到产量为 4 的情形——当我们将反应函数彼此代入时，就会得到这一结果。

当双方的产量为 4 时，我们计算出市场价格为 6，而每家企业的利润也均为 6，与前面的结果一样。

若存在价格竞争，则公司又会怎样？它们将持续竞争下去，直到价格低于边际成本（＝2）。若市场价格为 2，则需求量为 $P=2=14-Q$ 或 $Q=12$。若每家公司的产量都是 6，则其总收益都为 2×6＝12，可变成本都是 2×6＝12，固定成本都为 10，且每家都会损失 10。显然，古诺竞争（双方利润都是 6）比价格竞争好很多。

若公司共谋或形成卡特尔会怎样？电子表格中的前 7 列显示，若只有一家公司服务整个市场，则那家公司将价格定为 8，产量为 6，而利润为 26。如果公司形成卡特尔，则产量将被分配，每家分到 3 个单位的产量。每家公司的总收益是 8×3＝24，每家公司的总成本是 10＋2×3＝16，获得的利润都是 8。这显然比古诺竞争中的每家利润为 6 要好。可为什么垄断解不稳定呢？

考虑公司 1 的反应函数（$Q_1=6-0.5Q_2$），如果我知道对手将生产 3 单位产品，我也将生产 3 单位产品吗？我的反应函数告诉我，最好是生产 $Q_1=6-0.5\times3=4.5$。如果确实是这样，那么 $Q=Q_1+Q_2=4.5+3=7.5$，将其代入需求函数，则有 $P=14-7.5=6.5$，而我的总收益就是 6.5×4.5＝29.25，我的总成本是 10＋2×4.5＝10＋9＝19，总利润是 10.25，它比我在卡特尔中得到的 8 要好一些。如果这是我的计算结果，那我的聪明对手又会得出什么结果呢？答案是同样的结果。若我的对手生产 4.5 单位产品，则我们会一起生产 9 单位产品。将 9 代入市场需求函数，可得 $P=14-9=5$。我们两个的总收益则为 5×4.5＝22.5，总成本是 10＋2×4.5＝10＋9＝19，总利润就是 3.25，这与古诺竞争中每家的利润 6 相比，少了很多。除非我们签订合法合约，约定双方各自生产 3 单位产品，否则垄断解是不稳定的。当然，两家公司不能都生产 4.5 单位产品。综上所述，如果一家公司生产 4.5 单位产品，另一家将生产 3.75 单位产品，依此类推，会引领我们走向古诺解，最终双方都将生产 4 单位产品。

Excel 练习：斯塔克伯格

在古诺竞争练习中，市场需求函数为 $P=14-Q_1-Q_2$，每家公司的边际成本（MC）都为 2，平均可变成本（AVC）也都为 2，固定成本（FC）都为 10，从中我们得出了每家公司的反应函数分别为：$Q_1=6-0.5Q_2$ 与 $Q_2=6-0.5Q_1$。

现假定公司 1 具有先动者优势。这就意味着公司 2 在准备行动时将会知道公司 1 生产多少。因此，为实现利润最大化，公司 2 将生产 $Q_2=6-0.5Q_1$。

如果已经了解了公司 2 的行为模式，如公司 1 获悉公司 2 将生产 $Q_2=6-0.5Q_1$，公司 1 便会将公司 2 的产量 Q_2 代入市场需求曲线，以此决定自己剩余的需求曲线（即公司 2 生产 $Q_2=6-0.5Q_1$ 后，市场给公司 1 剩下的需求部分）为：

$$P=14-Q_1-Q_2=14-Q_1-(6-0.5Q_1)=14-6-Q_1+0.5Q_1=8-0.5Q_1$$

于是，公司 1 的总收益为：

$$TR_1=P\times Q_1=(8-0.5Q_1)\times Q_1=8Q_1-0.5Q_1^2$$

公司 1 的边际收益为：

$$MR_1=\mathrm{d}TR_1/\mathrm{d}Q_1=8-Q_1$$

为实现利润最大化，公司 1 将令边际收益等于边际成本，也就是：

$$MR_1=8-Q_1=2=MC_1$$

即

$$Q_1=6$$

将 $Q_1=6$ 代入公司 2 的反应函数可得：

$$Q_2=6-0.5\times 6=6-3=3$$

这样，$Q=Q_1+Q_2=6+3=9$。

将 $Q=9$ 代入市场需求曲线可得：

$$P=14-9=5$$

公司 1 的总收益为：$TR_1=P\times Q_1=5\times 6=30$；
公司 1 的可变成本为：$VC_1=AVC_1\times Q_1=2\times 6=12$；
公司 1 的固定成本为：$FC_1=10$；
公司 1 的利润为：$\pi_1=TR_1-VC_1-FC_1=30-12-10=8$；
公司 2 的总收益为：$TR_2=P\times Q_2=5\times 3=15$；
公司 2 的可变成本为：$VC_2=AVC_2\times Q_2=2\times 3=6$；
公司 2 的固定成本为：$FC_2=10$；
公司 2 的利润为：$\pi_2=TR_2-VC_2-FC_2=15-6-10=-1$；
公司 2 的可变利润为：$V\pi_2=TR_2-VC_2=15-6=9$。

正如你所看到的，先行动者是有利的，因为公司 1 的利润 8 超过了同时行动的古诺利润 6。也要注意，后行动者是不利的，因为后行动的公司 2 的利润为−1，远低于古诺利润 6。如果固定成本是沉没成本，公司 2 仍将留在市场，因其控制的现金流为正（流入 15，流出 6）。如果公司仍然无法承担固定成本 10，它将成为一个可控的现金流，公司不再进入市场，因为现金流出 16 将超过现金流入 15。

这将使得公司 1 成为唯一的垄断者，并在价格水平 8 上，生产 6 单位产品，获得的利润为 26，正如古诺竞争练习的电子表格中前 7 列显示的。

如何运用电子表格来获得上述结果呢？我们已经从古诺电子表格中推得公司 2 的反应函数为 $Q_2=6-0.5Q_1$。不过，假定我们不知道上述结果，而只掌握古诺练习中所有“若……则……”问题的答案。回忆那些问题及其答案：

若我的产量是 Q_1	则对手的产量是 Q_2
12	0
10	1
8	2
6	3
4	4
2	5
0	6

打开电子表格。在 A1 中输入 12，在 A2 中输入 10，依此类推，直至在 A7 中输入 0。

在 B1 中输入 0，在 B2 中输入 1，依此类推，直至在 B7 中输入 6。A 列与 B 列给出了公司 2 的反应函数。

在单元格 C1 中输入＝14－A1－B1，然后单击单元格 C1 的右下角并拖动鼠标直至 C7，将得到一列与公司 1 与公司 2 的产量之和相对应的市场价格。

在单元格 D1 中输入＝A1 * C1，然后单击并拖动鼠标直至 D7，D 列是先行动者（公司 1）的总收益。

在单元格 E1 中输入＝10＋2 * A1，然后单击并拖动鼠标直至 E7，E 列是先行动者的总成本。

在单元格 F1 中输入＝D1－E1，然后单击并拖动鼠标直至 F7，F 列是先行动者的利润。

然后在 F 列中查询最大值（或在单元格 F8 中键入＝Max(F1:F7)，让电子表格为你找到最大值）。它将是单元格 F4 中的 8。沿着第 4 行向左，你将看见单元格 A4 中先行动者的产量为 6，而在 B4 中体现的跟随者（公司 2）的产量为 3。

在单元格 G1 中输入＝B1 * C1，然后单击并拖动鼠标直至 G7，G 列是跟随者（公司 2）的总收益。

在单元格 H1 中输入＝10＋2 * B1，然后单击并拖动鼠标直至 H7，H 列是跟随者的总成本。

在单元格 I1 中输入＝G1－H1，然后单击并拖动鼠标直至 I7，I 列是跟随者的利润。跟随者并不选择 I 列中的最高值。当先动者选择生产 6 个单位时，其命运就被确定了。跟随者的利润是单元格 I4 中的数值－1。

在单元格 J1 中输入＝10＋I1，然后单击并拖动鼠标直至 J7，J 列则给出了跟随者的可变利润。当先动者选择生产 6 个单位产品时，跟随者的可变利润是单元格 J4 中的数值 9。

可见，使用 Excel 电子表格得到的结果与通过微积分知识计算出的结果相同。

第 12 章

博弈论

12.1 制定战略和博弈论

正如我们所看到的，管理学的世界是与他人互动的世界。从某种角度讲，它是一种镜像生活的世界。在本章中，我们为管理者提供一个应对管理生活复杂性的工具。事实上，这种工具可以帮助人们处理生活中的大多数事情。在这里先稍作解释。我们可以将所有的管理决策区分成战略性的和非战略性的。非战略性决策不涉及其他人，所以其他人的行为不必加以考虑。例如，船运公司的管理者一般根据地图就可以确定最有效的运输路线，而无须考虑其他船运公司正在做什么。

战略性决策则不同。其特点是具有交互收益，这需要一个不同的认知框架。收益是交互的，管理者的决策结果取决于管理者自身的行为与其他公司的行为。例如，如果管理者决定进入一个新的市场，其收益就有赖于其他公司是否也跟随进入市场。

因此，当管理者思考战略性决策时，必须清晰地考虑其他公司将采取的行动。你的最优选择是否会发生变化取决于你对其他公司在管理学上的认识如何。可如果生活真是这样简单就好了：其他人与你思考的方式恰好相同。不过，这只是预期连锁反应中的第一个环节。你曾经因为考虑到其他公司已经预计到你的行为，而改变过战略决策吗？作出一个战略决策时，就好像站在一个布满镜子的大厅之中，除了需要考虑战略外，还要考虑其他人对你的看法。

博弈论帮助管理者处理他们的工作，但并不能解决所有的问题。该理论是数学家为了试图让复杂的生活有序化而提出的。博弈论的组织框架可以帮助管理者较好地、战略性地理解其他人。通过运用博弈论，管理者能够提高自己对其他人行动的预测能力。这种能力，反过来，增加了管理决策的收益——就好像管理者真的可以展望未来一样。

制定战略的一个基本法则是交互收益的直接结果：没有无条件的最优战略。不存在应对所有环境的最优战略；最优是有条件的，条件有赖于环境参数，而很多环境参数是由管理者控制的。尽管战略环境挑战着管理者的决策技巧，但它也为管理者提供了改变参数的机会，管理者可以控制这些参数以提高企业收益。管理者的责任是有序识别这样的机会与行动。例如，从短期关系转变成长期关系可以改变其他人的行为（本章后面的内容）。

如同任何持久存在的理论一样，博弈论加深了管理者对战略问题在不同层面上的理解。大多数人都能够理解地心引力理论，尽管很少有人能够引用它的数学公式。博弈论与其相类似，如果我们按照它阐述的原则行事，将会形成更好的决策。

这些原则是以道家理论为基础的，这些基础记载于 2 000 多年前的一系列经典著作当中，比如《孙子兵法》（*The Art of War*）。它们是战略之路，应当总是被遵守。按其行事的人会作出更好的决策。而管理者一定要记住的最重要的原则是：要控制他们的战略环境。由于存在交互收益，管理者的行动会诱使其他公司改变行为。正如我们讲过的，最优战略是有条件的。

因此，即使只是简单地遵照法则办事，没有确定出均衡解的管理者也将会提高自身作出决策的能力（虽然赶不上那些更加仔细思考者的能力）。这种条理性的加强来自身份识别与对游戏参数的组织。

由于我们希望帮助管理者更好地应对管理生活，所以讨论的许多环境都融合了冲突与相互依赖。这样的环境在商界中十分常见，如价格战、谈判、公司内部关系，而游刃有余的管理者可以理解其中的关系。

12.2 战略的基本要素

在游戏开始之前，我们需要了解一下相关规则；如同纸牌游戏一样。纸牌游戏有很多种玩法；规则决定了具体的玩法。游戏参数，比如要用多少张纸牌、玩牌程序，以及哪些牌比其他牌大，明确了具体的游戏规则。这对任何一个战略环境来讲都一样，规则（参数）决定了游戏。所以，在管理者行动之前，需要评估和了解相关规则。

孙子说过："兵者，国之大事，生死之地，存亡之道，不可不察也。"评估是一条基本的规则。虽然对大多数管理者来讲，它应当是显而易见的，但经验证据表明事实远非如此。例如，好的谈判者与差的谈判者之间的明显差别就是，他们为谈判准备得如何。较好的结果往往来自更充分的准备。

博弈论为管理者提供了评估框架。所有的博弈模型都是由 5 个参数定义的一个公共集合。博弈论也意识到了其他参数也可能影响到管理决策，但这里只介绍 5 个公共参数：

1. 参与者。参与者被定义为作出决策的实体；实体或者是个人，或者是团队。所有参与者的决策决定了结果。其他实体与你相处在同一间布满镜子的大厅里，与你面临相同的环境，只不过是从他们的视角出发的。模型描述了参与者的身份识别与参与者的数量；这两者中的其中一个发生了变化，游戏都有可能发生改变。由于世界的多样性，身份识别就显得十分重要。你需要准确地知道谁与你相处在同一间布满镜子的大厅。

(你不知道谁玩游戏不记分。)例如，当与父母而不是室友在一起时，你的行为是否发生了改变？如果是与一个完全陌生的人在一起又会如何呢？当与不同的个人（或团队）进行互动时，我们中的大多数人都会有不同的行为方式。模型清楚地认识到了这一点，所以才需要身份识别，而参与者数量上的变化也会改变战略。

2. 可行性战略集合。管理者很难预计，更难以评估他认为不可能发生的行为。因此，在模型中只评估出现概率不为零的行为。这些行为组成了可行性战略集合。要把这些行为看作是其他参与者的潜在行为，不包括在该集合中的行为则超出了本模型的分析范围。管理者仔细思考该战略集合是很重要的。一个自己没有考虑到的战略，若被其他参与者使用的话，都会令管理者处于战略劣势。从战略角度讲，吃惊是坏事；它意味着其他人的行为方式你没有预料到。如果没有评估过这种环境，那么你知道该如何去应对它吗？

3. 结果或后果。博弈模型形象地把前面两个参数的交叉点称作结果。每一个参与者都有一个由其潜在战略构成的可行性战略集（即行为），每一个参与者的每一个战略都会与其他参与者形成的所有战略结合，从而构成一个结果矩阵。一个特定的结果由每个参与者的战略选择决定，可以把这个结果矩阵想象成一个充满了所有可能未来状态的水晶球。在所有参与者选择并实施了他们的战略之后，矩阵识别未来的最终状态。就像一个算命先生那样，博弈论力图在事情发生之前预测哪一个状态会出现。

4. 收益。模型为所有结果都分配了每一个参与者的收益。因此，每个结果的收益可被描述为个体收益的一个向量，每一个可能的结果都有一个对应的收益。每个参与者的收益是以他们的偏好为基础的。博弈论的一个内在假设是参与者都是理性的：他们不想伤害到自身。如果选择与其他条件既定，他们会偏好高收益，而不是低收益。这也是参与者身份识别十分重要的另一个原因。而偏好是带有主观性的：一个不被某个参与者高度重视的收益可能被其他参与者高度重视。

5. 博弈顺序。把握时机在爱情与战争中同样重要。模型明确了参与者所选战略的顺序。如果所有参与者都在不了解其他参与者战略的条件下揭示其战略，则称模型是同步的。同步博弈并不意味着完全的时间依赖。所有参与者不需要在相同的时间宣布其决策。更多的是信息问题。如果所有的参与者在知道其他人的战略之前承诺遵守自己的战略，那么博弈就是同步的。而异步博弈是由顺序定义的。在任何一个序贯博弈中，模型都会明确博弈的顺序。

衡量模型有效性的一个方法是检测它与真实世界的一致性。这里我们总结了一个数学框架以帮助管理者确定模型是否抓住了所处世界的实质。在选择一个战略行动时，管理者要考虑下面的内容吗？

- 结果取决于自己的行动和其他人的行动。
- 决策涉及其他人的身份识别。
- 博弈顺序。
- 其他参与者对自己的决策将如何反应。
- 目标是获得有利于自己的结果。

我们相信大多数管理者肯定要去考虑这些问题。这会让博弈论接近他们的管理世界。博弈论正式地分析了管理者在制定战略时直观考虑的问题。构建一个博弈模型需要管理者已经知晓的信息，并要求对信息进行较好地分类——加强管理的战略重点。该理论的直观表示是帮助管理者明确战略重点的工具。

12.3 直观表示

博弈模型形象地把交互收益（结果）视为个体参与者战略的交叉点。这些收益可以用两种形式来表示：矩阵型或扩展型。这两种形式代表着相同的信息，但序贯博弈用扩展型表示起来更方便。矩阵型总结了所有可能的结果；扩展型给出了参与者决策的线路图。

图 12—1 显示了满足以下条件的矩阵型博弈。有两家公司：阿莱德与巴克利，它们的管理者都正在开发一个竞争产品的项目。他们可以选择继续保持当前的研发投入水平，或增加投入以加速产品研发并及早投入市场。预期利润是预期研发成本和收益的函数。

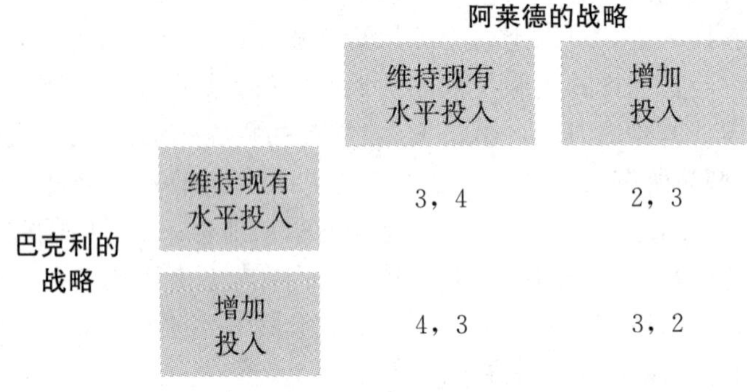

图 12—1　双人同步博弈

让我们看看矩阵是如何表达 5 个公共参数的：

1. 参与者：有两个参与者，阿莱德与巴克利。

2. 博弈顺序：同步——每个参与者必须在不了解另一个参与者决策的前提下作出决策。

3. 可行性战略集：每个参与者或者维持当前的研发投入，或者增加投入。

4. 结果：因为有两个参与者，每个参与者都有两个战略选择，所以有四种可能结果。

5. 后果：每个参与者每个可能结果的收益都被列举出来。博弈论的惯例是在每个单元格中先列出按行表示的参与者（巴克利）的收益，再列出按列表示的参与者（阿莱德）的收益。因此，如果阿莱德增加投入而巴克利维持不变，则阿莱德的预期利润为 300 万美元，而巴克利的预期利润则为 200 万美元。

扩展型博弈也被称作博弈树。这与我们将在第 14 章中遇到的决策树相似，同时在表现形式上相同。博弈树与决策树的根本差异是战略。博弈树是战略性质的，决策树则不是。决策树没有交互收益；收益是单个个体和性质的一个函数。

可以把任意一个扩展型博弈看作是一个决策路线图。只要从出发点开始，你就不会迷路。扩展型模型通过清晰地指出参与者选择的时机而比矩阵型模型提供了更多的细节。扩展型模型利用决策节点表示每个参与者的战略。该节点表明了参与者的身份识别和可行性战略集（即行为）。博弈的第一个节点（决策）用一个空心正方形代表，其他节点则用实心正方形代表。来自每一个节点的直线表示可行性战略集中的元素。如果博弈中其他参与者披露的战略滞后，从一个节点指向另一个节点的直线会显示出博弈的顺序。如果参与者是最后一个披露战略的人，则直线从节点指向一个收益结果。

图 12—2 显示了满足如下条件的扩展型博弈，单位为美元。阿莱德与巴克利的管理者必须为新产品选择一个价格战略。他们知道对方参与者将推出一个相似的竞争产品。预计巴克利比阿莱德稍微早一些进入市场，即巴克利率先（标记为空心正方形）公布价格，其管理者将选择以下三种价格之一：1.00 美元、1.35 美元或 1.65 美元。阿莱德管理者稍后公布价格。由于阿莱德第二个进入市场，管理者制定的可能价格为：0.95 美元、1.30 美元和 1.55 美元。收益（用利润表示的交互收益）是成本和收入的函数。

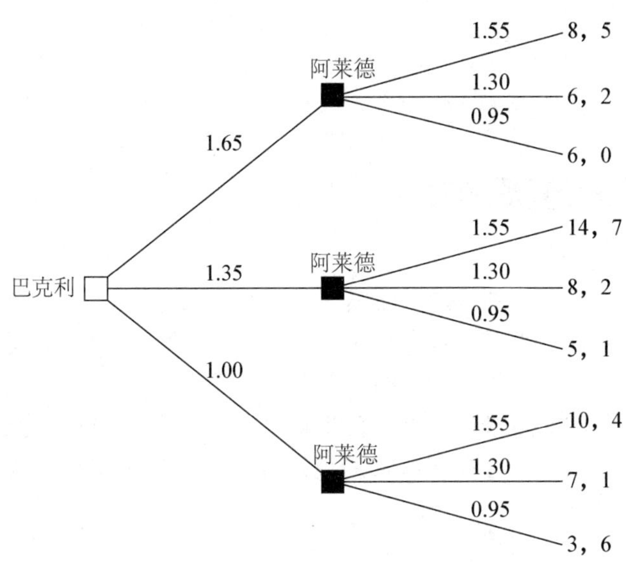

图 12—2　阿莱德-巴克利的定价：序贯型

扩展型模型也能表示同步博弈。它采用信息集的形式。所有的同步博弈都只能获得不完全信息；也就是说，当披露自己的战略时，一个参与者并不知道其他参与者的战略。这是同步博弈的实质。图 12—3 显示了图 12—2 中博弈的同步版本。它们唯一的差别在于围绕着阿莱德节点周围的虚线。虚线表示了阿莱德在披露战略时的信息集或知识，也标志着阿莱德的管理者了解自己正处于这三个节点中的一个——但还不知道是具体的哪一个，因为巴克利的管理者还没有披露他们的战略。

这两种类型的博弈显示了博弈论如何表达战略的情况。正如你看到的，需要的信息并不是很多，更需要的是一些思考和反省。模型提供了一个良好的组织框架，允许管理者以公共语言去更加清晰地沟通。模型非常善于考察“若……则……”问题，一个管理者喜欢的（和实用的）游戏。如果模型能够做到这一点，我们则认为学习模型的边际收益要远高于学习的边际成本。不过，最好的还没出现。模型更可以通过预计其他参与者（和他们自己）的行动，帮助管理者预测未来。理解好模型的基本战略方针十分重要。这一知识可以赋予管理者对人类和公司行为更好的洞察力。

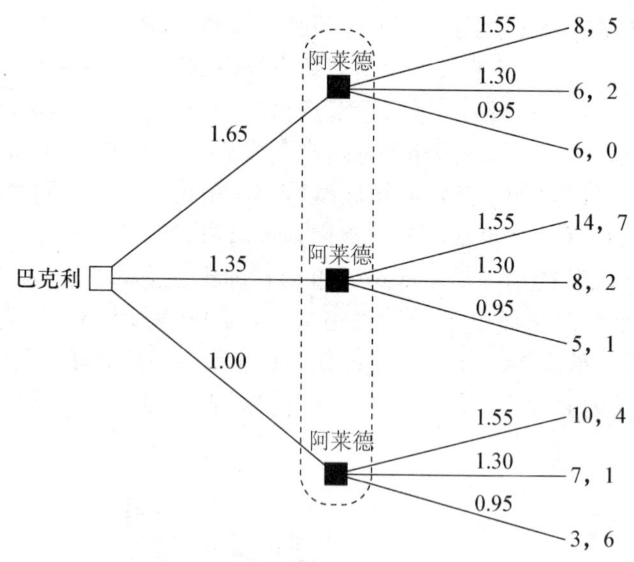

图 12—3　阿莱德-巴克利的定价：同步型

12.4　解决方案的概念

博弈论如何让管理者看到未来？通过（正确地）预测其他公司的行为。运用道家的传统理论，博弈论增加了正式的理念与参数。那么，模型如何预测行为呢？不像水晶球与塔罗牌，该理论给出了其预测能力的内在逻辑细节。

博弈论大部分预测能力来自解决方案的概念，它们是基本的行为规则。博弈论能够预测行为是因为它确信个体会按照既定的规则行动。不过，在我们阐述这些规则之前，需要理解均衡这个概念。

12.5　均　衡

均衡预测行为以下列方式存在。在一个均衡状态中，没有参与者具有单方面改变自己战略的动力。但这一行为规则并未指出个人应当如何实现这一状态；不过一旦到达，就不会再有人单方面行动了。就这样，博弈模型为每一个参与者预测了个人行为并确定了其未来（结果）。均衡概念把行为控制在一个合适的位置上。

参与者不会单方面改变行为是因为他们无法增加收益。在一个均衡状态中，在所有可能的选择里（可行性战略集），如果没有其他参与者的行为发生变化，现有的选择回报给参与者的是最高收益。换句话讲，以其他参与者的选择为前提条件，我们正在采取力所能及的（记住，收益是相互的）最好的行动。因此，假设行为受到偏好的指引。从这个意义上讲，人们是理性的，因为人们不想对自己不利，接受较低的收益。可见，均衡是理性的、最优的和稳定的。参与者的行为受到偏好函数的支配。如果其他参与者行为既定，每位参与者都极力争取最高的收益。一旦到达均衡状态，就没有参与者有单方面改变行为的动力。

博弈论在管理中的运用

管理者对博弈论的运用不断增多，这反映在商业出版物的文章中，它们运用博弈论分析了很多商业决策。

澳大利亚人，保罗·凯琳，针对必和必拓的首席执行官马吕斯·克劳波斯宣称支持在澳大利亚征收碳税的声明，使用博弈论进行了分析。克劳波斯以擅长运用博弈论分析公司的并购和其他商业决策而著称。克劳波斯对碳税的支持让很多人感到惊讶。毕竟，碳税一般不会得到公司首席执行官的支持，尤其是与碳相关的原材料供应公司。

根据凯琳的观点，理解克劳波斯支持碳税的关键在于，要思考政府会怎么选择。一个重要的选择是碳排放交易方案（ETS)。ETS 能够创造出一个市场，在市场中，管理者可以买卖特殊污染物的排放许可。与生产特殊污染物的企业相比，释放低水平排放物企业的管理者可以向排放超出规制水平的企业出售一些特殊“信用”。

如果每件事都是平等的，作为一个 ETS，税收应当产生与其相同的作用。但是，这两项措施在应用时却存在着根本的差异。关键的差别是价格制定机制。在 ETS 市场，价格由市场制定。而对于碳税，价格则由政府制定。显然，对克劳波斯来讲，与干预市场过程相比，影响政治过程更容易。因为他的说客应付的是一个新的、由少数人领导的政府，这对克劳波斯来讲是有利的。

从克劳波斯的角度看，ETS 市场的另一个缺陷是它透露了减少排放的边际成本信息。事实上，如果该市场有效，那么市场出清价格可以明确地反映减少排放的边际成本。这样，减少排放的边际成本较高的企业将会购买许可或信用，而减少排放的边际成本相对较低的企业就将成为净出卖者。如果制定碳税，政府就无法收集到有关减少排放的边际成本的信息。事实上，政府作出决定的唯一方法是向每一家污染企业的管理者询问他们的边际成本，然后找出最低的一个边际成本。当然，管理者没有动机去披露他们的真实成本。

克劳波斯也考虑到了最近的澳大利亚大选，格林党赢得了大多数的席位，而他们更喜欢 ETS。克劳波斯希望先发制人，因此他支持征收碳税，而支持碳税也让克劳波斯真诚地表达出他支持对环境友好的规制者。

在他发表声明的同时，有些人指责克劳波斯没有保护股东的利益。显然，那些批评克劳波斯的人不能理解决策的战略本质。克劳波斯被迫在两条道路面前作出抉择，他选择了更加能够控制的那一个。坦白地讲，他选择的道路可以提高企业的价值。[a]

2009 年 3 月，《华尔街日报》（*The Wall Street Journal*）的丹尼斯·伯尔曼运用一个博弈论模型分析了被提议的康卡斯特收购 NBC 的交易案。该模型由比诺·德·梅斯基塔博士提出，它分析了一个合并情况并预测了结果。在分析过程中，模型承认管理行为的复杂性。例如，首席执行官出高价购买的原因是，这样做符合他们自身的利益，虽然这并不符合股东的利益。模型也解释了当事人之间可感知的谈判能力。

作为管理行为现状的一个衡量，德·梅斯基塔设计的模型假设，所有参与人是纯粹自利的。这一点一定是准确的，因为根据解密的中央情报局文件，当中央情报局人员进行“后验测试”预言时，10 次有 9 次是正确的。

模型考察的一个问题是第三家公司，即威望迪公司的预期行为。它是康卡斯特-通用电气交易中的一个大障碍，因为威望迪拥有通用电气 20%的股份，威望迪可以把股票返还给通用电气，也可以创建一个首次公开募股。这一威胁的确影响了威望迪和通用电气之间的股票价格谈判。

模型的输入量包括定性数据与定量数据。例如，模型要求输入管理者的个性、动机和讨价还价的能力，然后建立和分析评估方案。

进行分析之后，模型发现威望迪最可能的行为是将股票以稍低于预期价值的价格卖给通用电气。在2009年12月3日，通用电气和威望迪达成购买协议。通用电气将以58亿美元的价格购买这20%的股票，比许多观察家预期的60亿美元稍低。[b] 这表明博弈论具有准确预计管理者未来决策的能力。若使用得当，博弈论是一个极有价值的管理工具。

资料来源：a. Paul Kerin，"A Game Theorist Plays a Trump Card，" *The Australian*，September 20，2010，p. 26.

b. Dennis Berman，"In NBC Deal，Learn from Game Theory，" *The Wall Street Journal*，October 13，2009，p. C1.

12.6 主导战略

驾驭战略思维复杂性的一种方法是使其具备更少的战略性。想象一下，如果没有其他人的行动，管理者将会怎么做？这会让管理者从布满镜子的大厅里走出来，并让他们只站在一面镜子前。过去，管理者在非战略情形下是取得最优收益的唯一负责人。如果在这种情况下，管理者还是没有选择最优战略，那么他们就应该自责。

但数学家并没有忽视生活中的互动行为；管理者会面临一项与他人有着强烈关联的选择，生活已经暗示我们很多次了。数学家把这种理念称为主导战略。① 一个主导战略在任何结果中的收益都会高于其他可行性战略的收益。管理者选择其主导战略以实现预期回报的最大化。尽管其他人的战略选择仍会影响管理者的收益，但还要考虑其他人不会改变管理决策的行为。一个主导战略在所有可能结果中的回馈收益要高于其他任何一个战略。如有可能，管理者应当总是选择主导战略。

运用矩阵形式更容易从直观上表示主导战略。再一次观察图12—1，阿莱德管理者的主导战略是维持现有的投入水平（左列）。如果巴克利的管理者也维持现有的投入水平，则阿莱德的管理者会收到400万美元的收益；如果巴克利的管理者增加其投入，则阿莱德的管理者会获得300万美元的收益。巴克利的管理者也面临着一项主导战略：他们将增加投入。如果阿莱德的管理者维持现有水平，巴克利的管理者则获得400万美元；如果阿莱德的管理者增加其投入，巴克利的管理者将获得300万美元的收益。

现在可以预测阿莱德的管理者将维持现有投入，而巴克利的管理者将增加投入。出现了一个主导战略均衡。为什么这样的结果占优？因为每家公司的管理者都有一个主导战略，并且运用这个主导战略能带来更大的收益。为什么他们不会改变自己的战略？因为任何对战略的改变肯定都会导致较低的收益。主导战略涉及理性所需的最低障碍。如

① 从未来收益角度讲，一个战略与其他战略同样好（并与其他战略一起获得最高收益）；或从现有收益角度讲，它比其他战略更好，那么这个战略就是稍微占优的。因此，一个战略只要稍微占优，参与者就会选择它。

果在知道主导战略的情况下仍选择被主导战略，那么你真正是在伤害自己。

主导战略是战略世界的释放压力者。它们减轻了制定决策的心理成本并简化了分析过程。有了主导战略，管理者可以忽视其他参与者的行动。考虑到管理者繁忙的时间安排，主导战略是一个伟大的时间节约工具，例如，第 13 章中将要讨论的拍卖。拍卖设计可以决定主导战略是否存在于一个特定的拍卖之中。在没有主导战略的拍卖中，管理者必须考虑其他人的出价情况，而在存在主导战略的拍卖中管理者则不必考虑。好的战略管理者理解其中的差异，就不会浪费时间思考一些与决策无关的事情。

不必惊讶，在博弈矩阵中占据主导地位的参与者率先寻找主导战略。即使博弈不能够通过主导战略的方式解决，这个过程也消除了与被主导战略相关的结果；我们从根本上要缩小参与者的战略集。切记，没有一个参与者会选择被主导战略，因为在选择主导战略时，他们总会获得更好的收益，所以在后面的思考中我们可以剔除被主导的战略。不过我们永远也不会遇到那些结果，因为被主导的战略不会被接受。从直观上看，我们的结果矩阵减少了行与列。从心理上讲，由于考虑更少的结果，分析被简化了。

更重要的战略意义是，当管理者剔除某个战略时，便缩小了可能的结果集，但这反过来可能将原来的某个非被主导的战略转变为一个被主导的战略。这一过程可能会反复进行，直到每一个参与者只剩下一个可参与的战略（即主导战略）。

图 12—4 是图 12—2 给出的博弈的矩阵形式。管理者总是能够构造出一个扩展型博弈或是一个矩阵型博弈。每种博弈形式都与另一种博弈形式链接，二者都具有相同的参与者、结果和收益。它们像是行动一致的异卵双胞胎。

		阿莱德的定价战略		
		0.95 美元	1.30 美元	1.55 美元
巴克利的定价战略	1.00 美元	3，6	7，1	10，4
	1.35 美元	5，1	8，2	14，7
	1.65 美元	6，0	6，2	8，5

图 12—4　图 12—2 的矩阵形式

现在，我们来考察阿莱德与巴克利管理者的战略。巴克利的主导战略是：1.35 美元主导 1.00 美元。对于任何一个阿莱德的战略，巴克利管理者定价 1.35 美元时可获益更多。因为如果阿莱德管理者定价 0.95 美元，巴克利的 1.35 美元获得 5，而 1.00 美元只获得 3；如果阿莱德定价 1.30 美元，巴克利的比例是 8∶7；如果阿莱德定价 1.55 美元，巴克利的比例是 14∶10。巴克利的管理者应当永远不会选择 1 美元，所以我们不必进一步考虑它的结果了。把矩阵有效地缩小为图 12—5 中的 A 情况。

由于我们排除了巴克利 1.00 美元的参与战略，阿莱德管理者现在面临的主导战略为 1.55 美元主导 0.95 美元和 1.30 美元。因此，矩阵被缩减成图 12—5 中的 B 情况。

阿莱德的管理者只有一个参与战略：要价 1.55 美元。可见，巴克利管理者现在有另一个主导战略选择。由于 14 比 8 大，巴克利管理者将索价 1.35 美元。这样，该博弈有了一个主导战略均衡：阿莱德管理者要价 1.55 美元，而巴克利管理者则要价 1.35 美元。

A. 巴克利的 1.00 美元战略被剔除

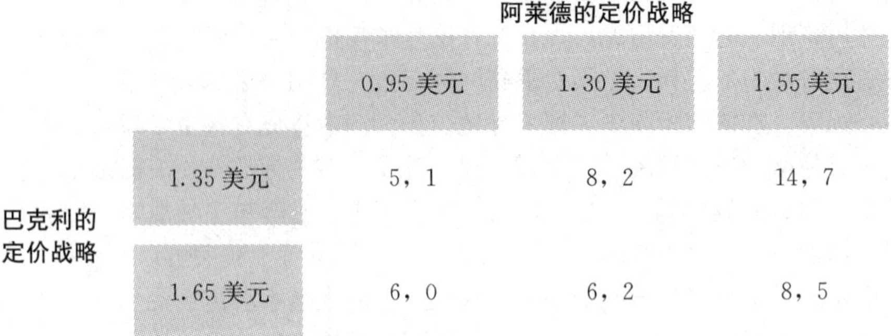

		阿莱德的定价战略		
		0.95 美元	1.30 美元	1.55 美元
巴克利的定价战略	1.35 美元	5，1	8，2	14，7
	1.65 美元	6，0	6，2	8，5

B. 阿莱德的 0.95 美元和 1.30 美元战略均被剔除

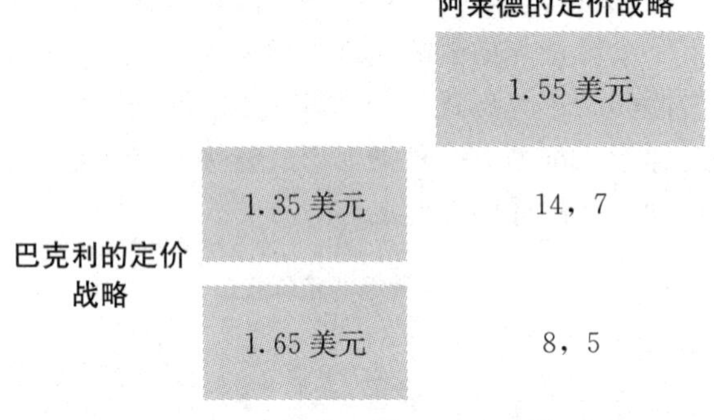

		阿莱德的定价战略
		1.55 美元
巴克利的定价战略	1.35 美元	14，7
	1.65 美元	8，5

图 12—5　叠加主导

虽然这个博弈与图 12—1 表示的博弈都存在主导战略均衡，但它们的理性程度却不同。大多数人把理性视作二分的：不是理性，就是非理性。而理性有连续的衡量方法，其中的一个衡量方法就是达到均衡所要求的理性程度。由于存在激励收益，我们既要担心自己的理性，又要担心对方的理性，所以，理性程度衡量的是达到均衡要求推测的数字。

例如，在图 12—1 中，管理者解决博弈问题，仅仅基于理性这个前提。如果你是理性的，你就会选择主导战略。不管其他人如何去做，这就是最好的反应。但是这个简单的理性程度不能确保管理者达到图 12—4 中的均衡。因为主导战略有多样性，管理者需要考虑其他参与者的理性情况。

让我们从巴克利管理者的观点来看看这个博弈。“好吧，我们知道自己是理性的。我们了解那 1.00 美元是被主导的，因此我们不采纳这个定价。嗯，我们关于阿莱德管理者的行为认识又该如何呢？他们会接受我们 1.00 美元的价格作为被主导战略的观点吗？若接受，阿莱德知道 1.55 美元的定价是他们的主导战略吗？”

在矩阵型博弈中，通过达到均衡所需的叠加主导回合次数来衡量理性程度。图 12—4 中的博弈需要 3 个回合。经验显示，很多人在理性程度低的博弈中行动时保持理性，但很少有人能理解理性程度高的博弈。

生活是复杂的。主导原则帮助我们更容易地管理生活，但是只有非常少的博弈才具备一个主导战略均衡；与他人的互动一般都是较为复杂的。如果没有一个主导战略均衡，管理者应当如何预计博弈行为呢？

12.7 纳什均衡

这是约翰·纳什于 20 世纪 50 年代早期向自己提出的一个问题（接上节）。他的回答是我们现已广泛使用的解决方案：纳什均衡。与主导战略相似，纳什提出了理性、最优和稳定的行为指南，尤其指出缺少一个主导他人战略的参与者行为。

参与者的目标是相同的，不论他有一个还是多个战略去实现收益最大化。由于收益是相互影响的，所以必须在考虑其他参与者的情况下进行选择。那么，其他参与者会遵循什么规则呢？如果他们也是一样（理性）的，那么其目标就与他人完全相同：实现与其他参与者选择相关的最大化收益。因此，每个人都会选择最大化自己的收益，同时明确认定其他人也有相同的想法。这就是约翰·纳什描述的具有超过一个可行性战略的参与者行为。

纳什概念的数学形式更加清晰。假设存在 N 个参与者，每个参与者都明确出一个战略：s_i^*，其中：$i=1$，2，3，…，N。一个结果代表一个战略数组 $s_i^*=(s_1^*, s_2^*, s_3^*, \cdots, s_N^*)$。设 $B_i(s^*)$ 是第 i 个参与者选择 s^* 时的收益，其中，i 是任意一个参与者，$i=1$，2，3，…，N。然后，纳什均衡就成为一个战略数组，即对于所有的结果都有：

$$B_i(s_1^*, s_2^*, s_3^*, \cdots s_N^*) \geqslant B_i(s_1', s_2^*, s_3^*, \cdots s_N^*)$$

上式左端说明，如果由一个参与者战略数组定义的结果存在，那么针对其他参与者的最优反应而作出的一个最优反应也存在。右端说明如果任何一个参与者改变了战略，她将得到一个较低的收益；也就是说，她选择了一个被主导的战略。对于一个复杂而混乱的过程而言，纳什均衡是一个很好的解决方法。它认为所有人的理性相同并且行为受限。主导战略依旧存在，尽管现在有条件约束。该解决方法对所有参与者和结果而言都是有限的博弈均有效。

在有解的主导博弈中，主导是无条件的。我们不需要考虑其他参与者的行为，因为考虑与否并无差别，但任何低于无条件主导的情况都需要预测。又因为收益是相互的，这种预测还要求对其他人有个通用的看法。因此，纳什均衡描述了一个行为规则。在假定其他参与者都会作出相同选择的条件下，最大化自己的收益。一个纳什解是主导战略，并以存在条件为前提。

请记住均衡一定是理性的、最优的和稳定的。纳什解是理性的，因为所有参与者都按照规定办事。它也是最优的，因为所有参与者都想要实现自己的收益最大化。它还是稳定的，因为没有参与者能够单方面改变战略而实现更好的收益。

对图 12—6 说明如下。数字代表利润（百万美元）。在前面我们知道巴克利率先进入市场，阿莱德紧随其后。两家公司必须引入新产品。每家公司都可以在几种产品中选择一种，但由于财务限制，只能选择一种产品。两家公司的管理者都了解这一点。他们引入新产品是有条件的，取决于他们认为对方将怎样做。纳什说，我们的行为是完全一样的，即我们在其他人也做同样事情的情况下最大化自己的利益。我们改变行为的目的是获得一个更高的收益，而不是更低的收益。

		阿莱德		
		产品 α	产品 β	产品 θ
	产品 λ	4，6	9，8	6，10
巴克利	产品 π	6，8	8，9	7，8
	产品 ξ	9，8	7，7	5，5

图 12—6 新产品引入

观察图 12—6，请记住我们的决策规则：寻找被主导的战略。这一点很快就能做到。确认没有一家公司采用被主导战略。现在使用如下算法：针对每个参与者的每个战略都给出其他参与者的所有行为。例如，假设巴克利的管理者（确切地）知道阿莱德将引入 α，他们将作何反应？巴克利的管理者若引入 λ，则得到 4；若引入 π，则得到 6；若引入 ξ，则得到 9（第一列每个单元格中的第一个数字）。因为 9 是这三个收益中最大的，所以巴克利的管理者在已知阿莱德将引入 α 的前提下，将引入产品 ξ。在 α 和 ξ 结果中写上 B。在 β 和 θ 结果中同样写上 B。现在对阿莱德采用同样的做法（参与者的顺序没有影响）。例如，若巴克利引入 ξ，阿莱德的管理者应当作何反应？若阿莱德管理者选择 α，将收到 8；若引入 β，则得到 7；若引入 θ，则得到 5，所以阿莱德的管理者在已知巴克利将引入 ξ 的前提下，将引入产品 α。在这一结果中标记一个 A。在 λ 和 π 结果中同样写上 A。上述矩阵结果可重新表示成图 12—7。

		阿莱德		
		产品 α	产品 β	产品 θ
	产品 λ	4，6	(B) 9，8	6，10 (A)
巴克利	产品 π	6，8	8，9 (A)	(B) 7，8
	产品 ξ	(B) 9，8 (A)	7，7	5，5

图 12—7 有其他参与者的新产品引入

同时标有 A 和 B 的单元格是纳什均衡。在该博弈中，纳什解为巴克利引入 ξ（并得到 9），而阿莱德引入 α（并得到 8）。接下来介绍为什么这一结果是由纳什均衡预测的。一个 A 或 B 代表一个有条件的主导战略，是对其他参与者某一战略的最好反应。纳什均衡是最好反应的一个集合——所有参与者都采用了有条件主导战略的结果。其结果超出个体本身，由整个团队获得。

参与者都注重自己的利益并想实现收益最大化，而没有选择纳什战略的参与者采用的是一个被主导的战略（假设其他参与者采用纳什战略）。因此，没有参与者有激励去单方面改变行为。例如，只要阿莱德生产 α，巴克利的管理者就会生产 ξ 并得到 900 万美元；如果生产 π，他们只得到 600 万美元；而如果选择 λ，则只得到 400 万美元。阿莱德面临同样的情况：任何行为的改变都会降低收益。交互收益使得双方成为对方的囚徒。

回顾我们在第 6 章中介绍的网络经济的例子。建立交通网络可能很昂贵但具有战略价值。一个新的进入者会遇到一个非常困难的任务，因为托运人想委托一个运输公司将包裹运往任何地方。正如弗莱德（美国联邦快递公司的首席执行官）曾经说的："你不会想打一个黄色的电话呼叫休斯敦，打一个绿色的电话呼叫伦敦，蓝色的电话呼叫洛杉矶……你只想用一种颜色的电话呼叫任何地方。"这是当成功的国际巨人敦豪快递试图进入包裹托运市场时学到的教训。他们于 2003 年购买了波音飞机并进入市场，由于当时缺少竞争性网络而运营惨淡。敦豪快递无法像竞争对手那样提供全方位的服务。敦豪快递试图克服这种缺陷，于是降低了邮费，但该战略并不成功。这一市场的另一个进入者是联邦包裹服务公司，他们能够利用已有的且非常有效的地面网络进行装运。联邦快递率先构建的网络最初在夜间市场形成了垄断，当联邦包裹服务公司进入后就形成了双寡头。美国邮政成为该市场的第三个参与者，其网络是委托管制的（正如我们明显感觉到了美国邮政的入不敷出）。

应当注意，当州际汽车运输于 1980 年被解除管制及州内汽车运输于 1995 年被解除管制时，美国联邦快递就进入了陆路交通市场。当联邦包裹服务公司整合其陆地和空中网络时，联邦快递则运营起两家独立的网络。不过，时至今日，联邦快递仍然拥有空中业务的最大市场（它是第一个进入者），联邦包裹服务公司仍然拥有陆路业务的最大市场（它是第一个进入者）。

让我们看一下 2002 年，敦豪快递进入美国小包裹（包裹平均等于或低于 150 磅）派送的国内市场时，是如何同联邦快递和联邦包裹服务竞争的。敦豪快递曾经是（现在仍然是）国际小型运输业的强者。美国联邦快递和联邦包裹服务公司则由美国国内消费者坚定支持（或高度认可），而且两家公司的服务都已扩展到了国际市场，尽管不如敦豪快递。

假设有两位顾客：A 和 B，来自国内两家小型货运公司。如果他们使用联邦快递或是联邦包裹服务公司，则二者均获利 100。假定敦豪快递实际上能够将他们的国际市场平移到国内市场，如果这两位顾客转移到敦豪快递，则每位顾客将获利 120。然后，如果一位顾客使用美国快递/联邦包裹，而另一位顾客使用敦豪快递，则每位顾客将获利 90（分开的市场降低了规模经济，因此单位成本增加，邮费也增加）。上述情况出现在下面的博弈矩阵中（见图 12—8）。

粗体字标明在顾客 B 的选择既定时顾客 A 的最优选择并用下划线标明在顾客 A 的选择既定时顾客 B 的最优选择，它们给出了两个纳什均衡：西北角的两位顾客使用他们现有的快递公司，联邦快递/联邦包裹，而东南角的两位顾客都使用敦豪快递。显然东南角的纳什均衡占优。

但是在敦豪快递进入市场之前，通过长期合同或是惯性（本人一直使用联邦快递/联邦包裹），联邦快递/联邦包裹都已经锁定了自己的顾客群。如果两位顾客彼此交流，他们将都趋向东南角的纳什均衡（因为 120＞100）。但是没有顾客愿意单方面离开他们

		顾客 B	
		使用联邦快递/联邦包裹	使用敦豪快递
顾客 A	使用联邦快递/联邦包裹	**100**，<u>100</u>	90，90
	使用敦豪快递	90，90	**120**，<u>120</u>

图 12—8 使用联邦快递/联邦包裹、敦豪快递的每位顾客的收益

现有的快递公司（因为 100>90）。但难点在于，快递系统的使用者成千上万。虽然两个人沟通容易：若你改变，则我就改变，但对于上千人搞这样的合作就太困难了。当然，国内媒体和出版商能够帮助传播信息以促进合作（有关小型运输行业的消费者类型报告）。

敦豪快递作为后行动者，有什么方法可以打破联邦快递/联邦包裹作为先行动者占据了优势后而对消费者造成的束缚呢？一种方法是当一位顾客使用联邦快递/联邦包裹时，把使用敦豪快递顾客的收益从 90 提高到 100 以上（即 100+）。这可通过实行敦豪快递服务费打折来实现（敦豪快递确实降价了）。

假定敦豪快递的降价把图 12—8 中的博弈矩阵改成图 12—9。

		顾客 B	
		使用联邦快递/联邦包裹	使用敦豪快递
顾客 A	使用联邦快递/联邦包裹	100，100	100^+，<u>100^+</u>
	使用敦豪快递	**100^+**，100^+	**130^+**，<u>130^+</u>

图 12—9 在敦豪邮费下降后，使用联邦快递/联邦包裹、敦豪快递的每位顾客的收益

采用黑体字和下划线来显示顾客 A 和 B 都转向使用敦豪的主导战略。他们不必合作，只需单方面做对自己最有利的事情就可以实现双方的改变。于是，联邦快递/联邦包裹的先动者优势被打破了。

如果这只是故事。哎呀，它可不是故事。敦豪的服务水平太差了，即使邮费降低了，其顾客觉察到的收益也没有达到 100^+。矩阵结果还是图 12—8 中显示的。敦豪快递可能再也不能占据美国国内小型运输市场的大部分份额了（最好时也许有 10%，且只是来自重价格而不重服务的顾客），它在美国市场只存在了 5 年（2003—2008 年，每年敦豪都宣称下一年将会盈利，但每年都损失大约 100 亿美元）。而有趣的是，另一家国际大参与者（TNT）却没有显示出任何加入美国国内市场的兴趣（大概是因为构建网络的成本与克服联邦快递/联邦包裹的先动者优势太困难）。

网络可以是单向的，也可以是双向的（如同电话与美国快递）。管道业务（石油、石油产品、天然气、自来水和下水道）则是单向网络。石油在管道中从 A 地流向 B 地但没有回程。对于现有系统中原来的顾客而言，增加更多顾客而获得的利益是有限的（除非现在的系统认购额不足）。而更多的顾客使用相同的产品，对顾客和管道业务都是有好处的。这是因为各种顾客使用的产品能够混合在一起而管道却不必为区分不同的产品而增加。但当网络拥堵时，顾客太多就成为缺点。

如果在管道建设之前，顾客及其流向就能够确定，新顾客的增加就只剩下优点了，因为管道直径增加一倍，管道横截面积就会增加四倍。这会产生规模经济，降低单位成本，从而潜在地降低费用。但是即使系统设置很合适，拥堵还是令人头疼。想想现在高峰时段的道路和航空网络的拥堵问题，当很多人访问同一网站时网站崩溃的情况，电源故障或断电时的温度上升。

网络不仅提供正外部性与连通性，而且提供互补性。考虑星空软件在互联网上的应用。如同电话服务，如果无人使用星空服务，则该软件毫无价值。但是随着网络的扩张，更多的服务将会出现。这样的例子有：奈飞公司的 DVD 流媒体，易趣网拍卖，网上购物，网上约会服务等等。

思考一下因网络出现而产生的其他网络互补性情况。电子网络催生了一个生产各种各样电子设备的巨型产业。高速公路网络（汽车行业对政府的敦促）加快了汽车行业及其互补产品行业的发展，如轮胎、服务站、汽车零售、公路边的汽车旅馆、AAA 贴膜、松树空气清新剂等。如前所述，互联网导致了软件开发产业。

下面介绍另一个与家庭有关的网络外部性的例子。假如你正在经营一项约会服务，可以思考一下网络的双向价值。签订第一个客户往往是很困难的，因为他们将询问与自己约会的对象是谁？但是当你签下不少客户时，就会出现很多客户只与一个客户相匹配的情况（数目可真是相当庞大）。也有人感到老式约会冗长乏味，想要去酒吧试试运气或者刊登了一个约会广告在等待回应，之后真的碰上了“心上人”。不过，接下来要讨论的问题将是，需要了解自己是谁，到底想找个什么样的人以及如何与心仪的人融洽地相处。人们依然看重某些问题（尤其是关于年龄、身高、体重、相貌等），可交往的对象真是不少，还要从寻找问题答案的过程中验证某些猜测。当然，预定约会服务的人数（互联网成员）越多，每位预约者找到“意中人”的概率就越大。同样的道理也可以应用到网络拍卖中。如果想要出售 X 款产品的人越多，对购买 X 款产品的人就越有利；如果购买 Y 款产品的人越多，对唯一的出售该款产品的卖者就越有利。

12.8 战略预见：使用反向推导

道家认为：“天下之大，必作于细。”好的管理者善于使用战略预见方法。古代的道家称之为“不见而名”。我们把战略预见定义为：管理者能够在今天制定适合未来形势的理性决策的能力。例如，一个管理者今天发展了额外的生产能力，因为他（正确地）认为不久的将来需求将会增加。记住，今天的决策永远不会影响你的过去——只会影响你的将来。在制定决策时，人们总是希望能够高瞻远瞩。使用战略预见能帮助管理者理解决策具有短期的效果和长期的效果。

博弈论通过被称为反向推导的方法来正式建立战略预见模型。在博弈论中，我们使用反向推导去求解博弈，首先展望未来、明确战略参与者将（预计）选择什么战略，然后基于这些观点选择一个理性行动。反向推导在扩展型博弈中最为常见，因为它更容易显示出参与者的选择。

图 12—10 给出了扩展型博弈。回顾图 12—7 中巴克利的管理者选择了产品 ξ，而阿莱德的管理者选择了产品 α。现在，他们必须决定是否扩充产品线。每家公司的管理者都可选择扩充与否。巴克利是市场领导者，所以假设它将首先作出决策。看到巴克利管理者的决策后，阿莱德的管理者再决定是否扩充。四种可能结果的收益如图 12—10 所示。

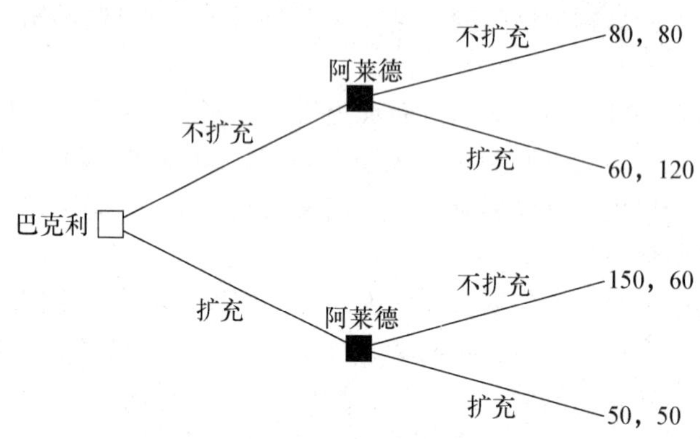

图 12—10　阿莱德-巴克利的扩充决策

让我们看看管理者如何用反向推导解决博弈问题。最左端的决策节点代表巴克利的管理者扩充与否的决定。如果他们选择扩充，阿莱德的管理者面临的情况由阿莱德底部的决策节点表示。如果巴克利选择不扩充，阿莱德的管理者面临的情况由阿莱德上方的决策节点表示。巴克利的管理者运用战略预见，他们希望按照既定的未来版本作出实现最大化收益的今日决策。巴克利的管理者意识到如果自己实施扩充，若阿莱德也扩充，其将有一个 5 000 万美元的收益；若阿莱德不扩充，其将有一个 6 000 万美元的收益。

因此，巴克利的管理者预计：如果自己扩充，阿莱德则不会扩充。但如果巴克利决定不扩充呢？若阿莱德扩充，将收到 1.2 亿美元的收益；若阿莱德不扩充，将收到 8 000 万美元的收益。这样，巴克利的管理者预计到如果自己选择不扩充，那么阿莱德将选择扩充生产线。可见，若巴克利扩充，则其预期收益将为 1.5 亿美元（因为阿莱德不扩充）。若巴克利不扩充，则其预期收益将为 6 000 万美元（因为阿莱德扩充）。因为 1.5 亿美元大于 6 000 万美元，所以，巴克利的管理者选择扩充其产品线。

使用反向推导，我们必须从未来开始返回。首先预计其他参与者的未来行动，然后在预计其他人行为的条件下，选择理性行动。

□ 反向推导与蜈蚣博弈

反向推导在战略思考中的作用清晰地体现在一个被称为“蜈蚣博弈”的简单博弈中。许多研究已经使用了蜈蚣博弈来考察参与主体是否了解并使用了反向推导的思维方式。博弈如图 12—11 所示。

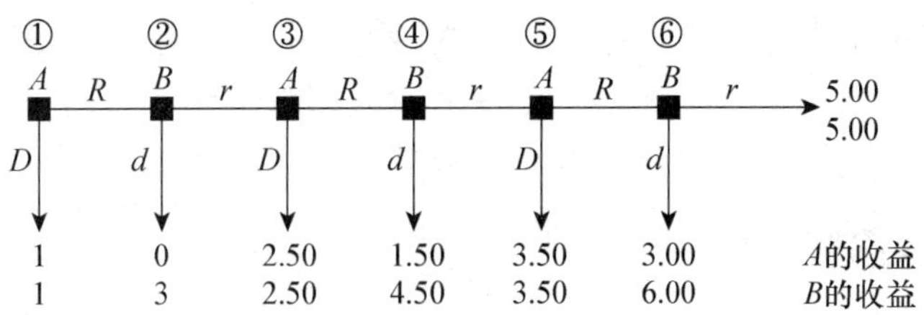

图 12—11　蜈蚣博弈

两个参与者（A 与 B）参与了这个序贯博弈。参与者 A 首先行动并可以选择向下（D）或向右（R）。如果参与者 A 选择 D，则博弈结束，双方均受益 1 美元。如果参与者 A 选择 R，则参与者 B 面临一个类似的选择，可以选择 d 或 r。如果参与者 B 选择 d，则博弈结束，而 A 获益 0 美元，B 获益 3 美元。如果 B 选择 r，则博弈继续，参与者 A 又要再次选择 D 或 R。博弈继续，直到一个参与者选择向下或参与者 B 被要求进行第三次选择。在这个点上，如果 B 选择 d，则 A 收益 3 美元，而 B 收益 6 美元。如果 B 选择 r，则双方都收益 5 美元。参见图 12—11，假设你就是参与者 A，你会选择什么战略？

我们通过反向推导来解决这个博弈。该博弈实际上是一系列的 6 个决策。参与者 A 在阶段 1、3 和 5 中作出决策，而参与者 B 在阶段 2、4 和 6 中作出决策。我们需要从博弈末尾开始倒推以便决策。先看阶段 6：参与者 B 可以选择向下的决策而获得 6 美元，或选择向右的决策以获得 5 美元。由于 6 美元多于 5 美元，我们预测参与者 B 会选择前者。因为我们已经知道了未来的阶段 6，所以能够反向推导至阶段 5。参与者 A 面临如下选择。如果 A 选择向右，他知道（预测正确）B 将选择向下，从而 A 将获得 3 美元收益；或者 A 能够选择向下并获得 3.5 美元收益。因为 3.5 美元多于 3 美元，所以 A 会在阶段 5 选择向下的决策。当参与者 B 了解到这一点后，应当在阶段 4 中怎样选择呢？参与者 B 可以选择向下并获益 4.50 美元或者选择向右并获益 3.50 美元（因为 B 预测 A 将在阶段 5 选择向下）。由于 4.50 美元高于 3.50 美元，参与者 B 会在阶段 4 选择向下。我们反向移动到了阶段 3。参与者 A 可以选择向下并获得 2.50 美元的收益或者选择向右而获得 1.50 美元的收益（因为 A 预计 B 会在阶段 4 选择向下）。由于 2.50 美元高于 1.50 美元，参与者 A 会在阶段 3 选择向下。我们现在到了阶段 2。参与者 B 可以选择向下并获益 3 美元，或者选择向右并获益 2.50 美元（因为 B 预测 A 将在阶段 3 选择向下）。这样，参与者 B 会在阶段 2 选择向下。最后，我们发现自己处于当前的状态；这正是决策的时刻。在阶段 1，参与者 A 可以选择向下而获得 1 美元的收益或者选择向右而获得 0 美元的收益（因为参与者 B 会在阶段 2 选择向下）。参与者 A 会在阶段 1 选择向下。基于我们对未来的预测，这是唯一理性的选择。参与者 A 在阶段 1 选择向下的策略，双方都将获得 1 美元的收益。古人所谓的远见，正是博弈论模型中的反向推导。

现在回到现实中的问题。参与者在博弈过程中的行为究竟是怎样的？最初，相对较少的参与者使用预测方法（或者他们对未来的看法存在误解）。参与主体显示出对收益增长规模的关注并努力沿此路径前行。在某个靠后的阶段，他们或者选择向下；或者与他们共同博弈的参与者选择向下。在下一次博弈中，大多数参与主体倾向于在更早的阶段中选择向下的决策（特别是当与之博弈的另一方在较早的阶段就选择了向下的决策后）。在第三次或第四次博弈时，大多数 A 终将接受这一事实——他们应当在阶段 1 就选择向下，之所以犹豫是因为他们看到了更大收益的路径选择，不过他们也知道了博弈的未来结果。经验已经显示出反向推导的明智性。

□ 承诺的可信度

反向推导有许多作用，其中一个是检测承诺的可信度。从威胁到承诺，从起绰号到唱赞歌，我们想知道自己是否应当相信他人。每当面对这些情况时，总是首先要检查可信度。那是一个主导战略，可信的承诺。如果一个承诺的虚假传递成本远大于相关收益，该承诺就是可信的。宣称自己的产品是最好的公司管理者并不可信。这样宣称几乎没有成本，而相关收益却很高。管理者还可通过提供产品保证书来使承诺变得可信。保证书提高了承诺成本（如果是虚假传递）。这种成本有很多作用。

考虑如下情况。回顾一下巴克利的管理者扩充了产品线而阿莱德却没有。阿莱德的管理者决定通过降价的方式还击巴克利产品线的扩充。然而，令阿莱德担心的是，如果他们降价，巴克利也会跟着降价。事实上，巴克利的管理者曾告诉两家公司的一个共同供应商，若阿莱德降价，他们也会降价。阿莱德的管理者应当怎么做呢？

阿莱德的管理者必须首先考虑巴克利的降价威胁是否可信。他们的做法如图 12—12 所示，并使用反向推导解决该博弈问题。巴克利的管理者可以保持高价，也可以降价。阿莱德对此也有两种相同的战略。如果阿莱德降价，会发生什么情况？巴克利可以选择维持高价位并获益 3 000 万美元，或者选择降价而获益 2 000 万美元。因为 3 000 万美元高于 2 000 万美元，所以若阿莱德降价，巴克利的管理者应当选择维持高价位。如果阿莱德仍维持其价格，会发生什么情况？巴克利可以选择维持高价位并获益 5 000 万美元，或者选择降价而获益 7 000 万美元。因此，若阿莱德的管理者维持其高价位不变，巴克利的管理者将会选择降价。假如巴克利的管理者能够预测阿莱德的行为，那么阿莱德应该怎么做呢？他们应当选择降价。显然巴克利的管理者不会也选择降价。这样，巴克利的管理者的降价威胁便是不可信的，从而可被忽略。如果被迫实施威胁，巴克利的管理者将会拒绝，因为这样做将使他们承担 1 000 万美元的损失。

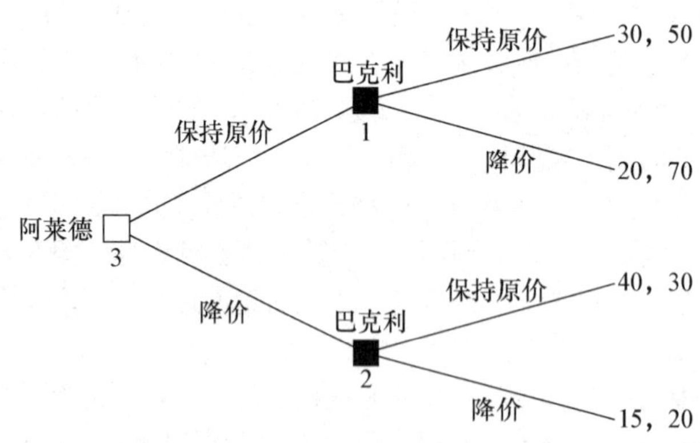

图 12—12　巴克利的威胁是否可信？

刚刚描述的博弈均衡是一个子博弈完全均衡。子博弈被定义为一个较大均衡中的一部分。子博弈在图 12—12 中有标识，如图所示，在总体博弈中，三个独立的子博弈构成了三块。在重复博弈中，所有的子博弈完全均衡都是纳什均衡，但并不是所有的纳什均衡都是完全均衡。那些基于不可信威胁的纳什均衡不是子博弈完全均衡。我们正式把子博弈完全均衡定义为在总体博弈 D 中的一个战略组合 s^*，对于任何阶段 h 来说，组合 s_h^* 是子博弈的一个纳什均衡。直观地讲，这说明在已知未来博弈均衡的条件下，任何子博弈都是理性的。例如，在蜈蚣博弈中，在我们知道未来博弈中将会发生情况的条件下，参与者 A 在阶段 1 选择 D（向下）战略决策是理性的。因此，这就是一个子博弈完全均衡。

12.9 重复博弈

商界的特征是重复博弈。在很多市场中，公司和管理者之间的相互竞争长达几十年。而在公司内部，管理者彼此间又长期互动。互动的观念如何影响行为呢？管理者需要了解未来的前景可以改变参与者的行动。我们再一次使用反向推导来帮助理解重复博弈的含义。

我们通过使用博弈课堂中的典型例子来说明重复博弈，即囚徒困境。假定阿莱德与巴克利生产同一款产品。它们具备相似的成本结构。双方的管理者都必须决定为产品制定高价还是低价。情况如图 12—13 所示。

		阿莱德的定价战略	
		高价	低价
巴克利的定价战略	高价	5，5	1，20
	低价	20，1	3，3

图 12—13　囚徒困境式定价

这个博弈的纳什均衡是两家公司都以低价格销售产品（每家获益 300 万美元）。尽管双方的管理者都意识到，如果每家都维持高价应该获益更多，但是他们也都担心对方降价来窃取市场份额。因此，双方的管理者都选择低价战略。如果阿莱德与巴克利的管理者只在一个单独的时间段内在同一个市场上竞争，我们预计二者都会保持低价。毕竟，这是理性的选择。

但如果他们作为长期的竞争对手又会怎样呢？不是只进行一次价格博弈，而是进行多次博弈。我们还能期待两家公司的管理者都选择低价吗？每家公司都看到了每期博弈会损失 200 万美元，仅仅因为一方不相信另一方会选择高价战略。正如爱默生评论的，“缺乏信任的代价是昂贵的。”

从战略角度讲，一次性博弈与重复博弈的区别关键在于：是否考虑未来。在一次性博弈中引入对未来的考虑是不可能的。信任、声誉、承诺、威胁及互惠等行为都需要引入对未来的考虑。对未来的考虑意味着收益并不局限于短期收益，我们现在面对的还包括长期的含义。背叛可能会带来现在的收益，但未来的损失可能会更加惨重。

重复博弈模型反映和说明了这一更大范畴的可行性行为。模型利用未来这一理念去构建让参与者实现互惠结果的标准。例如，在前面的情况中，这些标准帮助双方维持制定高价的均衡。未来惩罚的威胁会降低公司采用降价策略对抗竞争的风险。当然，这些威胁必须是可信的。下面，让我们了解一下模型是如何运作的。

这些模型的第一个特点是，不管时间区间是否为有限的区间。在一个无限时间范畴的博弈中，合作行为更易于保持，因为未来总会由于不断接近而存在。而在有限时间范畴的博弈中，随着我们临近最后阶段，时间变得越来越少。我们用图 12—13 描述一个无限时间范畴的博弈。如果阿莱德与巴克利的管理者相互合作并制定高价，每家公司都会在每期获得 5 的收益。如果其中一方可能食言而制定低价，则会在一个单独的阶段获得 20 的收益。另一方随后也会制定低价，则双方在之后的博弈中都只能获得 3 的收益。所以，8 个阶段中的损失 16 (＝(5－3)×8)，大于该阶段的收益增量 15(＝20－5)。事实上。在一个无限时间的博弈中，不存在单独一个阶段的非合作性收益会高于未来合作性收益之和。

无限时间博弈的长期影响产生了著名的民间定理。这一定理阐述了任何类型的行为都可以通过一个均衡来支持（只要参与者相信未来合作出现的概率较高)。出现对各种行为的支持，是因为未来在这些博弈中它们是非常重要的；因此，可信的威胁与可信的承诺能够改变参与者当前的行为。当然，这也使精确预测无限时间博弈变得更加困难。

有限博弈则根本不同，因为随着博弈的进行，未来的范畴注定变小。这些博弈中的行为是基于未来可信信号进行预测的，信号的作用随着未来可能性的减少而减弱。而在最后一个阶段中，信号不再有作用，因为没有了未来（重复博弈的最后一个阶段类似于一次性博弈)；可见纳什均衡与一次性博弈相同。在价格博弈中，这意味着两家公司的管理者都会制定低价战略。没有了可信信号与未来的约束，参与者应当可以预期其他参与者的机会主义行为。

如果我们知道两家公司的管理者都将在最后一阶段降价，这会如何影响他们最后阶段之前的行为呢？让我们再次使用反向推导。任何一家公司的管理者会改变最后一个阶段的降价战略吗？答案是会改变。不管使用哪种战略，两家公司都会制定低价。它们的战略命运是封闭的。如果这点属实，那么这一阶段的理性战略就是降价。正如我们在蜈蚣博弈中见到的，类似的推导可扩展到第一阶段。可见，重复博弈的均衡与一次性博弈的均衡相同。两家公司的管理者都应当降价。

但是不断接近的未来与可信承诺的使用又将如何？不应当改变行为吗？博弈论学者也有类似的想法，所以他们提出了这个理论来说明这些因素。相对于无限时间博弈而言，这是一个更为复杂的任务，因为他们必须考虑最后阶段。

博弈论学者持有的一种观点是，并不是每个人都是机会主义者。如果非机会主义者存在于博弈中，并且你（确定）不知道是否与之博弈，这会导致什么情况发生呢？又会如何改变预期的管理行为呢？

12.10 不完全信息博弈

这一问题催生了博弈论的一个分支，被称为不完全信息博弈。该博弈放松了对所有参与者拥有相同信息的限制性假设。不完全信息博弈的引入把合作视为一种均衡行为。现在，当我们进行反向推导时，低价战略不必是最后阶段的预期战略。而非机会主义参与者可能在最后阶段仍保持高价位，因为他们可以从合作中获得满足，所以并不关心未来，而只想合作。与在最初阶段制定低价相反，参与者可能想在早期阶段试验着制定高价，以确定是否在与一个非机会主义类型的参与者博弈。

参与者可能用来试验的一个战略被普遍称作“针锋相对”。参与者在第一阶段采用针锋相对的合作战略。在随后的所有阶段中，他们模仿其他参与者在之前阶段的战略。例如，假定巴克利的管理者使用针锋相对战略。在阶段 1，他们制定高价。在阶段 2，巴克利的管理者模仿阿莱德在阶段 1 的战略。在阶段 3，巴克利的管理者模仿阿莱德在阶段 2 的战略。巴克利的管理者在阶段 1 制定高价，然后只要阿莱德制定高价，巴克利就持续制定高价。如果阿莱德制定低价，巴克利在随后的阶段也会持续制定低价，直到阿莱德再次制定高价。利用这个战略，巴克利的管理者确定阿莱德的管理者是否为机会主义者，如果是，巴克利只会在一个阶段得到低收益。

在不完全信息博弈模型中，参与者拥有不对称信息。例如，巴克利的管理者可能比阿莱德的管理者知道更多关于自己成本函数的信息。不完全信息博弈模型用参与者的类型概括这些不对称信息，即一种不为他人所知的参与者特征。在商界，参与者类型可能由竞争属性组成，如成本函数。在个人关系中，参与者类型可能包括个性特征，如对一位重要人物信任的程度。

具体的类型由不同的收益（偏好）函数表示。因此，低成本类型与高成本类型相比，具有不同的成本函数。图 12—14 给出了一个简单的不完全信息博弈。阿莱德的管理者需要决定是否进入一个巴克利设置进入壁垒的产品市场。阿莱德的管理者不确定如果他们决定进入该市场，巴克利的管理者会作何反应。如果巴克利的管理者是“强硬的”，那么阿莱德的管理者预期他们会降低价格并保卫市场。如果巴克利的管理者是“温和的”，那么阿莱德的管理者预期他们会继续保持高价格，因而允许阿莱德进入市场。

当巴克利的管理者实际上很强硬时（见图 12—14 中的 A 部分），纳什均衡显示阿莱德不应该进入市场，而巴克利要采取降价战略。当然，巴克利的管理者将不会降低价格，因为阿莱德的管理者永远也不会进入市场。当巴克利的管理者实际上很温和时（见图 12—14 中的 B 部分），纳什均衡显示阿莱德进入市场，而巴克利采取高价战略（允许进入）。注意，阿莱德在 A 和 B 的收益完全相同。不完全信息是关于巴克利的管理者，而不是阿莱德的管理者。只有巴克利的管理者的收益会发生改变。

这样，在阿莱德的管理者知道了巴克利管理者的真实类型之后，他们的决定就容易多了。如果巴克利的管理者是温和的，他们就进入市场；如果对方是强硬的，就不进入市场。遗憾的是，阿莱德的管理者无法确定巴克利的管理者究竟是哪种类型，并且，即使知道了这一点，巴克利的管理者能够影响阿莱德的观念吗？

A. 巴克利的管理者是强硬的

		阿莱德的战略	
		进入市场	不进入市场
巴克利的战略	对抗（定价低）	6，2	8，3
	不对抗（定价高）	5，4	2，3

B. 巴克利的管理者是温和的

		阿莱德的战略	
		进入市场	不进入市场
巴克利的战略	对抗（定价低）	2，2	3，3
	不对抗（定价高）	4，3	7，3

图 12—14　强硬的或温和的巴克利管理者

问题环节

评级机构可以改善银行的资本结构吗？

假设 A 和 B 两家银行彼此竞争高财富客户，它们通过同时选择每家应持有多少资本来展开竞争。因为有高财富客户，这两家银行都没有被行业评级机构 Unstandard and Rich（U&R）评级或管制。如果两家银行都选择高资本，那么客户会感到两家银行都是安全的，系统性风险很小，且两家银行都将获得 50 的利润。如果两家银行都选择低资本，则每家银行都会降低其资本成本，并会被客户认为是风险较高的，每家公司将获得 20 的利润。如果一家银行选择低资本，而另一家选择高资本，那么低资本银行能够提供更具吸引力的条款并增加利润至 60，然而高资本银行将只能获得 10 的利润。

我们可以使用博弈论来确定每家银行将会选择何种资本水平。在第一个表中，给定 B 的选择，带下划线的数字是 A 的最优选择；给定 A 的选择，黑体数字是 B 的最优选择。

		银行 A	
		高资本	低资本
银行 B	高资本	50，50	10，<u>60</u>
	低资本	**60**，10	**20**，<u>20</u>

两家银行的纳什均衡是都选择低资本。这是一个囚徒困境的博弈。双赢的战略是双方都选择高资本；但是在每家银行的主导战略是低资本的前提下，这样的战略不会出现。

可否采用某种方式改变博弈以使两家银行都实现利润最大化，也就是，双方都选择高资本，这是可能的吗？假定银行 A 的董事会意识到，若没有管制和评级，则客户完全不会认识到某家银行的风险究竟如何，即使它采用了低资本。若被评级机构给出一个低的评级，客户将完全认识到真正的风险，利润也将比上面给出的利润数字减少 15％（无论对手采取什么战略，总会减少 15％的利润）。高资本对应的利润在前面已给出。董事会认为，如果他们选择自愿评级，那么决策不可逆，银行 B 也将被迫跟着评级。银行 A 的董事会决定由评级机构 U&R 进行评级的决定替银行有力地改变博弈了吗？事实上，的确如此，参见第二个表，给定 B 的选择，带下划线的数字是 A 的最优选择；给定 A 的选择，黑体数字是 B 的最优选择。

		银行 A	
		高资本	低资本
银行 B	高资本	**50**，50	**10**，45
	低资本	45，10	5，5

银行 A 选择评级，银行 B 将跟随评级。通过评级机构的评估，每家银行都选择高资本的主导战略。因此，双方都获得 50 的利润。

从中得到的经验是，提供评级信息有利于银行和客户提高收益。

12.11　信誉建立

未来不确定性和不完全信息的存在是建立信誉的原因。由于它们的存在，信誉成为一个可以产生租金的资产。例如，若巴克利的管理者使阿莱德的管理者相信他们在重复博弈的早期阶段是强硬的，则阿莱德的管理者在稍后的阶段就会远离市场。

在博弈论中，信誉是过去行为的历史。从直观上看，建立信誉模型与人类思维过程一致。当我们不确定其他人的特征时，就会寻求他们的过去以发现线索。我们使用这个信息来建立关于他人特征的可能印象。“我想我可以信任他，但我不会拿生命下赌注。”事实上，我们运用一个信誉模型从过去的行为推断未来的行动。例如，假设一个朋友让你借给她 100 美元。如果你以前借钱给她，你就会回忆她是否已经还钱给你。你更可能把钱借给之前有借有还的朋友。为什么？因为你的朋友偿还了之前的债务，你认为她将来偿还新债务的可能性会更高。如果之前的债务还没有偿还，你把钱再借给这个人的可能性就很小了。

因此，在未来和不确定信息的情况下，管理者需要构建信誉以获取未来租金。在所有这些情况下，管理者必须考虑现在的行为将如何影响未来。在债务上食言会产生即刻的收益（债务人获得所借的钱）和长期的后果（债权人在未来不大可能借钱给债务人）。虽然这些信誉模型比较复杂而不便于在这里解释，但其基本的理念却是简单的。在涉及未来的博弈中，参与者必须考虑当前和未来。管理者产生的收益包括两部分：即时收益及对未来收益的影响。

假如巴克利的管理者实际上是温和的，他们仍有激励在博弈早期表现出很强硬的态度。当然，这将使得他们在博弈早期获得的收益（3）低于他们若表现出是温和类型的收益（4）。如果他们早期就表现出强硬态势，阿莱德的管理者可能不会在后期进入市场，因为他们确信巴克利的管理者实际上就是强硬的。这使得巴克利的管理者在后期会获得收益（7）。不过请注意，随着未来的临近（如同有限时间博弈中必然会发生的），维持一个虚假信誉的价值会缩水。所以，在稍后的阶段，巴克利的管理者将会显示出他们真实的温和的面孔，这种可能性不断增加。在最后阶段，巴克利的管理者将展示出他们真正的温和。

建立信誉的例子随处可见。从产品质量到进入壁垒，从公司文化到诚实的审计员，这些模型有助于解释相关的行为。例如，在最近的公司欺诈丑闻曝光之前的很长一段时间里，博弈论学者就构建了模型用以研究审计公司的诚信度。模型预测到任何一家卷入丑闻的会计公司会失去它们高质量的信誉，并且其品牌将一文不值。恰如在安然会计丑闻出现之后，安达信带给人们的震惊。

12.12 合作博弈

对管理者来讲，与他人合作很有益处。合作对于一家公司的内部行为十分重要，并且对于市场结构来讲更是如此。管理者必须考虑合作的利润和成本。管理这项活动本身也是一项重要的任务。管理者要忙于很多博弈，所以了解自己的收益结构是非常必要的。

博弈模型代表了合作博弈，如果该博弈包含了不止一个纳什均衡。要意识到纳什均衡一般并无争议，有争议的是哪一方来进行选择。我们将看到随着博弈参数的改变，合作的障碍也会随之发生轻微的变化。博弈论通过收益结构的改变直观地描述了这些变化。

□ 匹配博弈

在匹配博弈中，参与者一般偏好同一个结果。然而，要实现这一结果会遇到障碍。障碍可能包括：沟通能力不足、实现一个目标的想法不同，或者信息不对称。图 12—15 显示的就是关于产品属性的博弈。

		阿莱德的战略	
		为消费者市场生产	为工业市场生产
巴克利的战略	为消费者市场生产	0，0	7，7
	为工业市场生产	12，12	0，0

图 12—15 产品合作博弈

该博弈有两个纳什均衡。我们期望一家公司为消费者市场生产而另一家公司为工业市场生产。虽然（7，7）显然低于（12，12），但前者也是一个纳什均衡。然而，需要注意的是，巴克利和阿莱德选择的收益都是 12 而不是 7。

□ 性别之战

在这种合作博弈中，参与者仍然希望合作，但希望获得不同的结果。由于偏好不同，每个参与者选择的都是对方不喜爱的收益。如果博弈重复进行，参与者会在不同的均衡中来回转换，以获取收益。然而，在如图 12—16 所示的一次性博弈中，其结果的预测却十分困难。

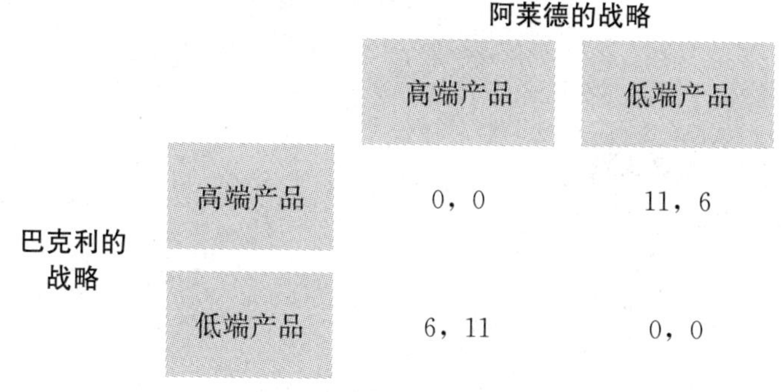

巴克利的战略 \ 阿莱德的战略	高端产品	低端产品
高端产品	0，0	11，6
低端产品	6，11	0，0

图 12—16　性别之战

与匹配博弈相类似，每个参与者都想进入对方没有进入的子市场，但是，现在收益并不相等。阿莱德和巴克利的管理者若都生产高端产品则收益会更好，所以还不清楚他们合作的结果。

□ 保证博弈

如图 12—17 所示的合作博弈被称为保证博弈或猎鹿博弈。法国哲学家卢梭讲了两个猎人的故事（实际上，是偷猎者），他们可以合作并捕捉到一只鹿或者食言而每人只能抓些野兔。尽管两人都偏好鹿，但战略风险在于一个猎人食言而另一个猎人什么都抓不到。参与者有相似的偏好，但也有合作的风险。

巴克利的战略 \ 阿莱德的战略	坚持旧标准	转向新标准
坚持旧标准	6，6	6，0
转向新标准	0，6	12，12

图 12—17　猎鹿博弈

这里我们构建一个决策模型以确定是否向新标准转换。当两家公司都想转换时，存在一家转换而另一家不转换的风险。我们说结果（12，12）是帕累托占优的（两家公司都取得好收益），而不是风险占优的（如果一家公司转换而另一家不转换，则改变的公司收益为零）。

□ 先动者博弈

我们可以使用合作博弈来说明先动者的优势。图 12—18 给出了一个序贯博弈，其中的两家公司的管理者都想合作，但是每家都有生产优质产品的激励（类似于性别之战）。然而，在该博弈中，存在加快产品开发而取得先动优势的可能。博弈描述了哪家公司将会先行动，以及该公司愿意为加速开发过程而支付多少。

		阿莱德的战略	
		生产优质产品	生产劣质产品
巴克利的战略	生产优质产品	25，50	110，70
	生产劣质产品	30，140	20，30

图 12—18　先动者优势

在此博弈中，两家公司的管理者都希望率先生产优质产品。博弈存在两个纳什均衡。阿莱德的管理者生产优质产品而巴克利生产劣质产品，或者相反。一旦一家公司生产优质产品，另一家只能退出去生产劣质产品。问题是：哪家公司愿意为生产优质产品而支付较高的价格？通过观察先动者的递增收益，我们可以回答这个问题。阿莱德的管理者生产优质产品的收益增量是其生产优质产品的收益（140 美元）与生产劣质产品收益（70 美元）之差，为 70 美元。巴克利的管理者若是先动者，则其收益增量为 80 美元（110－30）。我们预计巴克利会率先行动，因为它愿意支付 80 美元来获取率先行动权，而阿莱德只愿意支付 70 美元。

□ 鹰派与鸽派

这个有趣的合作博弈适用于人类与动物界的行为。假设有两个参与者在一场冲突中被关在一起。如果双方都像鹰一样行动，则冲突在所难免。然而，如果一个参与者像鹰一样行动，而另一个退让（像鸽子一样行动），则冲突可以避免。如果双方都是鸽子，则不存在冲突的威胁。博弈如图 12—19 所示。

		第一方的战略	
		像鹰一样行动	像鸽子一样行动
第二方的战略	像鹰一样行动	－1，－1	10，0
	像鸽子一样行动	0，10	5，5

图 12—19　鹰派与鸽派

博弈存在两个纳什均衡，这要求一方像鹰一样行动，而另一方像鸽子一样行动。问题是哪一方愿意退让并像鸽子一样行动，因为这样的一方将要承受较低的收益。

约翰·梅纳德·史密斯将类似的模型运用到动物王国中，并构建了动物打架的模型。一个有趣的例子是墨西哥蜘蛛的行为。在蜘蛛的王国里，蜘蛛网是稀有商品，因为在沙漠织网十分困难。然而，一只母蜘蛛需要一张网来产卵。因此，母蜘蛛为了现有的一张网而战斗（或威胁要战斗）。她们接近蛛网并猛力摇晃。在每只母蜘蛛都展示一番力量后，一只蜘蛛（鸽派）一般会离开蛛网。蜘蛛很少展开身体接触的战斗。史密斯与其他生物学家发现可以用特定的身体特性解释哪只蜘蛛是鹰派，哪只蜘蛛是鸽派。在蜘蛛的例子中，两个最重要的特性是责任和体重。较重的蜘蛛通常会获得蛛网，而较轻的蜘蛛则会退让。史密斯认为用力摇晃蛛网实际上是表明哪只蜘蛛是最重的一个（可信的）信号。

12.13 严格竞争的博弈

我们所考察的博弈都存在混合动因，从这种意义上讲就是冲突与依赖相结合。然而，有些博弈是严格竞争的，即一方参与者的任何收益都意味着另一方的损失。净收益总为零；一方获益，一方受损。这些博弈被称作“零和博弈”。例如，低增长（成熟）市场就可被视为零和博弈。因为市场规模相当稳定，一家公司市场份额的增加就意味着另一家公司市场份额的相应减少。图 12—20 给出了这样的一个例子。

零和博弈仍可以使用纳什均衡来解决。在图 12—20 中，阿莱德管理者的纳什均衡是采用行动方案 A，而巴克利的管理者采用行动方案 B。

		阿莱德的战略		
		行动方案 A	行动方案 B	行动方案 C
巴克利的战略	行动方案 A	−5，5	20，−20	−22，22
	行动方案 B	−3，3	7，−7	4，−4
	行动方案 C	−4，4	−6，6	−17，−17

图 12—20　广告活动

小　结

1. 战略决策包括交互收益。因为一个参与者的收益取决于自身的决策以及其他参与者的决策，所以参与者在制定一个最优化战略时必须预测其他参与者的行为。

2. 博弈论是一个能够帮助管理者预测其他参与者行动的数学框架。通过集中分析参与者、参与者的可行性战略、可能的结果以及与结果相关的收益，博弈论可以帮助管理者描述战略问题。

3. 在解决博弈问题时，管理者首先需要寻找主导战略。如果存在主导战略，那么参与者不必考虑其他参与者的行动。理性的参与者总是采用其主导战略。

4. 如果不存在主导战略，管理者需要尽力去预测其他参与者的行为，使用的方法是纳什均衡概念。这个概念假定所有参与者都能做到最好。它是博弈论中运用最广泛的概念。

5. 管理者应当使用战略预见；它是在预测其他人未来行动的前提下，当前制定理性决策的能力。博弈论通过反向推导构建了这一预测模型。运用反向推导，我们可以从博弈的末端开始确定参与者将会采取的战略，然后在这些未来预期的基础上，选择当前阶段的行动。

6. 管理者必须只关注可信的信号。博弈模型可以明确威胁、承诺和责任等的可信度。

7. 带有未来的博弈被称为重复博弈。当存在未来时，参与者可能会改变所选择的战略。一般而言，在重复博弈中与他人合作更加容易。

8. 博弈论学者提出了不完全信息博弈模型，可用来考察未来和其他参与者某些特性不确定的情况。在这些情况下，建立信誉十分重要，因为信誉可以产生未来租金。

9. 合作能力是很重要的一个管理品质。合作模型帮助管理者更好地了解合作的障碍和减少合作的成本。

习　题

1. 两家肥皂生产商，福特纳姆公司和玛森公司，在即将到来的广告活动中可以选择报纸或杂志。其收益矩阵如下所示（单位：百万美元）。

		玛森公司	
		报纸	杂志
福特纳姆公司	报纸	8，9	7，8
	杂志	9，8	8，7

（1）每家公司是否存在主导战略？如果有，是什么？

（2）每家公司的利润是什么？

（3）这个博弈是囚徒困境吗？

2. 尤利西斯公司和色诺芬公司是仅有的能够生产高精密相机的两家生产商。它们都可以在商业期刊上做高品质或低品质的广告。矩阵收益如下所示（单位：百万美元）。

		色诺芬公司	
		高品质	低品质
尤利西斯公司	高品质	12，13	11，12
	低品质	13，12	12，11

（1）尤利西斯公司会在商业期刊上做高品质还是低品质的广告？

（2）色诺芬公司会在商业期刊上做高品质还是低品质的广告？

（3）每家公司是否存在主导战略？

3.《纽约时报》报道，沃尔玛决定挑战奈飞公司并通过邮件进入 DVD 市场。由于存在规模经济，沃尔玛相对于奈飞公司有着轻微的成本优势。沃尔玛正在考虑用一个限制定价战略与奈飞公司在价格上进行较量。如果沃尔玛这样做了，且奈飞公司保持原价，则两家公司都会获利 500 万美元。但是，如果奈飞公司作出降价的决定，沃尔玛将不得不跟着降价并只会获利 200 万美元；奈飞则获利 300 万美元。或者沃尔玛可以采取一个低于奈飞公司的现价但高于其边际成本的价格进入市场，若果真如此，则奈飞公司会采取两种行动中的一种：把价格降到沃尔玛的价格之下，则沃尔玛只能获得 0 美元的利润，而奈飞公司则会获利 200 万美元；或者若奈飞公司维持原价，沃尔玛也可以维持原价并获得利润 600 万美元（而奈飞公司获得 400 万美元的利润），或者沃尔玛公司也可以提高价格并获得 200 万美元的利润，而奈飞公司则会获得 600 万美元的利润。

（1）画出博弈的扩展型并求解。

（2）画出博弈的矩阵型并确定纳什均衡解。

4. 两个竞争性的私募股权投资（PE）公司都对资助相同的两家初创公司感兴趣，但每家公司都不想因任何一家初创公司而进行竞价战争。假定收益如下所示。

		PE 公司 1	
		投资初创公司 1	投资初创公司 2
PE 公司 2	投资初创公司 1	10，10	60，40
	投资初创公司 2	25，55	20，20

两家公司管理者的保留价格是多少？竞价看起来像什么？

5. 两家软饮料生产商，约克可乐和雷诺可乐，秘密共谋定价。每家公司必须决定是否遵守协议或违反协议。收益矩阵如下所示（单位：百万美元）。

		约克可乐	
		遵守协议	违反协议
雷诺可乐	遵守协议	29，29	26，30
	违反协议	30，26	28，28

（1）每家公司将采取什么战略？每家公司的利润是多少？

（2）协议是一期或三期会产生什么影响？

（3）该博弈是囚徒困境的例子吗？

6. **部分Ⅰ：**公司 A 目前正垄断市场并获利 1 000 万美元。公司 B 是一个潜在的进入者，它正在考虑是否进入市场。如果 B 不进入市场，则它可获利 0 美元，而 A 则继续获利 1 000 万美元。如果 B 进入，那么 A 必须选择允许进入还是阻碍进入。如果 A 允许 B 进入，则 A 获利 500 万美元而 B 也获利 500 万美元。如果 A 阻碍 B 进入，那么两家公司都损失 500 万美元。画出博弈的扩展型并预测结果。

部分Ⅱ：重新考虑上述博弈。现在假定 B 的进入决策是可逆的，且按照如下方式进行。B 进入市场后，A 已经决定了是阻碍抑或允许，B 可以选择留在市场或是退出。所有的收益与上一个博弈相同。然而，如果 B 决定退出市场，B 则损失 100 万美元，而 A 将重新获得原来的 1 000 万美元的收益。画出博弈的扩展型并预测结果。

7. 罗斯公司是两家颜料经销商之一。该公司追求针锋相对战略。然而，它很难确定其竞争对手是否在秘密降价。这可能是什么原因导致的？

8. 考虑一个正在努力管教孩子的父亲，父亲坚持认为孩子必须跟家庭其他成员一起去看望祖母，而孩子更愿意与朋友去看电影。父亲威胁孩子若不去看望祖母就要受到惩罚。如果孩子随父亲一起去，则孩子和父亲各得到一个单位的效用。如果孩子拒绝去祖母家，父亲就会惩罚孩子，孩子收到一单位效应，父亲也收到一单位效应。如果孩子拒绝随父亲同往而父亲原谅了他（没有惩罚），则孩子收到 2 单位效应，而父亲什么也没得到。

（1）画出博弈的矩阵型。

(2) 画出博弈的扩展型。

(3) 运用向后推导求解该博弈。

9. 博客·雷顿公司宣布：如果它在某次购买行为之后降价，则之前的顾客可以得到一个回扣，以避免他们比降价之后的顾客支付更多的钱。

(1) 如果博客·雷顿公司只有一个竞争对手，并且它的竞争对手作出了同样的宣告，这是否会改变收益矩阵？如果改变了，以哪种方式改变？

(2) 这种宣告是否会倾向于不鼓励降价？为什么是或为什么不是？

Excel 练习：博弈论

20 世纪 70 年代后期，解除航空规制之后，许多新进入者将会进入或正在考虑进入市场。大多数新进入者都失败了，但是西南航空、捷蓝航空和穿越航空（现已并入西南航空）是少数成功者。当一个新的进入者试图进入或威胁要进入一个传统航空公司的枢纽机场时，传统航空公司（在解除规制前就存在的公司）采取了针对性的反击。一般来讲，新进入者的资本金不足，无法忍受某个重要时期的损失。

一些运营商进入了达拉斯沃思堡美国航空的枢纽。美国航空不得不考虑接纳这些进入者或者反击这些新进入者。假设以下矩阵代表了一个时间段的潜在多期博弈。

		潜在进入者	
		进入	不进入
美国航空	接纳	**2**，1	**3**，0
	反击	1，−1	2，0

下面进行分析，我们将看到美航对进入者有一个主导战略。潜在的进入者没有主导战略，但是当进入者让自己身处美航的境遇时，潜在的进入者确信美航具有一个让自己进入市场的主导战略。假设美航让其进入市场，它就将进入（因为 1>0）。

那么美航允许进入者进入达拉斯沃思堡吗？没有。这是一个多期博弈，美航知道这些潜在进入者无法忍受多期损失（因为它们资金不足，即钱不是太多），于是美航开始反击。在反击阶段，潜在的进入者每期在市场上损失−1。假定进入者能够挺住 2 期的损失，然后必须关门。

如果美航接纳潜在进入者，美航的时间利润流如下所示：

2,2,2,2,2,2,2,…

如果美航反击潜在进入者，美航的时间利润流如下所示：

1,1,3,3,3,3,…

所以问题是，第二个时间流的净现值是否比第一个时间流的净现值高，也就是说，是否有：

1,1,3,3,3,3,…>2,2,2,2,2,2,2,…

整理各项得：

0,0,1,1,1,1,…>1,1,0,0,0,0,…

在距离今天的第 t 个时期，确定净现值的离散贴现因子为 $1/(1+i)^t$，其中，i 为贴现率（可看作利率）。我们假定分析中第 1 期的时长大于 0。因此，上面谈到的净现值问题就是：

$$0+0*[1/(1+i)^1]+1*[1/(1+i)^2]+1*[1/(1+i)^3]$$
$$+1*[1/(1+i)^4]+\cdots>1+1*[1/(1+i)^1]+0*[1/(1+i)^2]$$
$$+0*[1/(1+i)^3]+0*[1/(1+i)^4]+\cdots$$

或者：

$$1*[1/(1+i)^2]+1*[1/(1+i)^3]+1*[1/(1+i)^4]+\cdots>1+1*[1/(1+i)^1]+0+\cdots$$

即

$$-1-1*[1/(1+i)^1]+1*[1/(1+i)^2]+1*[1/(1+i)^3]+1*[1/(1+i)^4]+\cdots>0$$

什么样的贴现率能够使得上式左端为正呢？交给 Excel 电子表格去找寻答案，这里我们只做 5 期的练习。

在单元格 A1 中键入＝－1－1* [1/(1＋A2)^1]＋1* [1/(1＋A2)^2]＋1* [1/(1＋A2)^3]＋1* [1/(1＋A2)^4]。然后，在单元格 A2 中输入不同的利率，直到单元格 A1 的值等于 0。

如果上述时期是年，那么大约 17.87％的年利率就可以让单元格 A1 中的式子为 0。这种水平的企业内部回报率是不常见的，所以任何高于它的利率都将使“反击进入”成为一个良好的长期战略。我们进行较少几期博弈（可获得较高的利率结果）或者年份更多的博弈（可获得较低的利率结果），我们也可以用上述博弈矩阵中美航的不同收益数字来进行操作。重点是许多“若……则……”问题可以通过电子表格快速计算。

反击战略的另一个好处是美航获得了总会反击任何进入者的信誉。如果信誉发挥作用，美航将不再面对 1，1，3，3，3，…的利润流，也不必反击，获得的利润流就是 3，3，3，3，3，…。

第13章 拍卖

为了说明博弈论对管理学的价值，让我们用它来考察拍卖行为。所有的拍卖，与市场类似，都被规则与程序控制。理解这些规则的管理者可运用它们去创造战略优势；例如，为获得更高的利润而设计拍卖，或者为获得更大的剩余价值而更加有效地投标。本章将集中讨论拍卖机制，因为这一参数能显著影响拍卖中的行为，同时将介绍管理者在拍卖设置中不必放弃复杂的定价战略。类似价格歧视这样提高绩效的战略在很多拍卖设计中原本就存在。对于管理者，理解拍卖设计与激励同样重要。

毋庸置疑，金融公司的管理者必须了解拍卖设计，因为它是金融市场的心脏。在金融领域之外的市场中，拍卖机制的发展要求所有管理人员必须了解拍卖市场的设计。在美国，自从2005年起，拍卖量大约每年增长10%。2008年的拍卖收益总计超过2 780亿美元，其中大概有102亿美元来自网上拍卖。① 管理者还将发现：对拍卖的正确理解也有益于其他领域。我们将使用这一理论在谈判与垄断市场中帮助管理者理解开发行为的含义。

13.1 拍卖的小历史

拍卖的首个书面记录来自希腊历史学家希罗多德描述的巴比伦年度婚姻市场。具有社会意识的巴比伦人组织拍卖实际上来确保所有想拥有丈夫的妇女能找到丈夫。最漂亮的女人最先被拍卖，其投标人是可以支付得起美人价格的有钱人。相貌普通的女人则参加一个负价拍卖会。出价最低的男人将会以他的出价得到这个女人。该价格由拍卖漂亮女人所产生的基金支付。这样做不仅保证了所有愿意结婚的女人可以出嫁，还给新婚夫妇提供了经济支持。

① Auction Industry 2010，Forrest Carter，Broad College of Business Report，2010.

古希腊人用拍卖授予矿业权，罗马政府用拍卖收集个人债务。西塞罗报告了公元前80年的一个法庭案件，案件涉及为了还债而进行的商品拍卖。在1556年，法国君主任命一个官员评估并拍卖已被国家处死的人留下的财产。佩皮斯报告了一个发生在1660年的蜡烛拍卖。蜡烛拍卖要求竞标者在有限的时间内竞标（直到蜡烛燃烧完），这是当今易趣网限时拍卖的先驱。

拍卖几乎导致了1812年战争的延续。在战争中，英国商品被禁止进口到美国，战争结束时英国商人大量涌入美国，英国商品满足了美国人长期压抑的商品需求。商品通过拍卖而销售，因为拍卖可以使商品快速配置。美国制造商声称英国人是在倾销商品（以低于成本的价格出售），并试图使拍卖非法化。报纸和美国贸易组织发动了一场气势高昂的斗争以迫使州立法者废除拍卖。这场斗争延续到美国国会，财政立法委员会提出了一项议案要求禁止拍卖。但幸运的是，国会始终没有通过这项议案。

尽管市场的成长远远超过拍卖的成长，但在配置水果、蔬菜、鱼类、皮具、烟草及牲畜等方面，拍卖却起到了主要作用。到20世纪80年代，每年都有50亿美元的商品通过拍卖进行销售。

拍卖的使用持续增多，在20世纪90年代后期，随着电子商务的发展，拍卖量激增。互联网拍卖就如同标价的大众零售业，技术与配置机制高效地结合在一起。互联网拍卖的使用可以显著地降低组织成本。在大多数拍卖中，如果一名管理者是卖家，那么购买者越多越好（正如本章后面将介绍的内容），预期收益并未随着竞标者的数量增加而减少。因此，能够减少使众人聚集在一起的成本的任何技术都会促进拍卖的使用。

战略环节 ☞

拍卖的拓展应用

本赛季的第一场棒球比赛——主场揭幕战——通常是一个赛季的“热门”比赛，门票需求量很高，因为很多甚至不是十分狂热的球迷都希望观看这场比赛。纽约大都会队想出了一个新奇的方法，在首场比赛42 000张门票中的100张上印上自己2009年建成的崭新的花旗球场。大都会队把这100个座位按照通常的分层定价结构分别标价为525美元、315美元、280美元和210美元。到中午比赛之前，最低报价分别是610美元、460美元、350美元和310美元。

在新泽西州的梅多兰兹，纽约喷气机橄榄球队有一个新的体育场（与纽约巨人队共享）。两支球队都使用个人座位许可证（两段式定价）方法来资助体育馆的建设并确定谁有权购买比赛的门票。问题是如何分配许可证以及按照什么样的价格卖给球迷。喷气机队通过在线拍卖（一个易趣网的子公司）出售了一些个人座位许可证。在2008年10月下旬的（纽约一个非常不景气的经济时段）9天拍卖中，成交了2 000个座位中的620个。平均价格是26 000美元，最高价格为82 000美元，而最低价格为10 500美元。喷气机队出售的个人座位许可证的收费从4 000美元至25 000美元不等。拍卖的座位价格被认为远远好于25 000美元的票价。在高调启动的在线拍卖中，喷气机队拍卖了两个50码线的座位，价格为200 000美元。虽然目的是希望拍卖所有2 000个座位，但鉴于目前的经济状况，无论是喷气机队还是在线拍卖都表示对结果感到满意。巨人队则以固定价格出售他们的个人座位许可证（最高时为20 000美元）。

一艘大型巴拿马船（只适用于当前的巴拿马运河）每天的运营成本超过 40 000 美元。当乘客需求量大时，排队等待的船只等候时间可长达一周。昂贵的集装箱货物具有较高的库存持有成本。有时船舶运营的高成本和货物等待配送的高持有成本使得船只渴望“插队”，成为队列的第一个。到目前为止，插队付费的最高纪录是 331 200 美元，由一艘迪士尼魔法游船支付（迪士尼公司拥有）。显然，最有价值的货物是人。之前的纪录由挪威的明珠号集装箱船保持，超过 313 000 美元，这些费用超出基于重量的正常运河费用。第一个开船通过的优先权可以被购买，如同我们在第 11 章中讨论的先动者优势。

资料来源：“Met Auctioning Tickets to Citi Field Opener,” at http：//msn. foxsports. com/mlb/story/9424844/；Darren Rovell，“NJ Jets Scale Back on PSL Auction：Sign of Economic Times?” at www. cnbc. com/id/27363426/；“Jets Earn Over ＄16 Million in Online PSL Auction,” at http：//nbcsports. msnbc. com/id/27421535/；“US Cruise Ship Pays Record to Cross Panama Canal,” at http：//panamasol. com/us-cruise-ship-pays-record-to-cross-panama-canal/454/.

13. 2　拍卖机制的类型

所有拍卖都包括一个竞标过程。在大多数拍卖中，服务和商品都可参与，而买者为它们的所有权投标。当买方宣布需要一种服务或商品时，卖方为把商品或服务出售给买方而出价（出价低者赢得拍卖），则逆向拍卖就产生了。无论是采用一般拍卖还是逆向拍卖，管理者主要使用四种拍卖机制：英式或升序拍卖；荷兰式或降序拍卖；密封拍卖；次高密封拍卖。

□ 英式或升序拍卖

在英式拍卖中，原始价格被设定为卖方的保留价格（称其为底价），然后买方以逐次增长的价格相互竞标，直到剩下最后一位竞标者。最后一位竞标者以其最终出价得到商品或服务。有几种方法管理竞标过程。一种方法是：拍卖者可以口头开价，竞标者通过摇头或者挥舞竞标牌来示意是否接受这个价格。这个方法通常被用于像昂佳士得和苏富比这类大型房屋拍卖中。另外一种方法是，竞标者自己出价。这种方法被用于许多商品交易所。单项商品被安排在被称为交易所的区域；商品交易人聚集到交易所里喊出他们愿意买卖的商品的价格。如果其他人愿意以此价格出售或者买入，则成交。然而，这样的英式拍卖正逐渐被越来越多的高效的电子拍卖所替代。《纽约时报》报道，交易所里的牲畜商品交易量的百分比从 2000 年的约 90％下降到 2007 年的 22％。[①] 而在此期间，中国香港、伦敦、悉尼及东京的电子市场却紧紧抓住了商品电子交易到来的机会。交易人员发现电子拍卖能够降低操作成本并产生更多的收益。

升序拍卖的两种特殊类型是日式拍卖和升序限时拍卖。大多数理论工作都是关于日式拍卖，竞标者一直竞标直到超过其保留价格，然后他们退出此竞标过程并不再回来，剩下的竞标者因此可以决定谁退出谁留下。而在升序限时拍卖中，竞标持续一段时间。

① Niko Koppel，“In Chicago，a Rowdy Trading Scene Grows Quieter，” *New York Times*，October 29，2007.

在这段时期结束时，高竞标者获得商品或服务（假定出价高于卖方的底价）。这种限时拍卖被广泛用于互联网拍卖网站。

通过设计拍卖，管理者影响拍卖行为的好例子是易趣网和投标王两家网站的升序拍卖。易趣网的管理者选择在预告的时刻结束拍卖。这种选择鼓励了**狙击行为**：投标者利用程序来确保他们在最后一秒提交最好的出价。很多时候这是他们唯一的标价。投标王的管理者也宣布了一个预定的结束时间。然而，他们使用了一个不同的规则来结束拍卖：只要有新的报价出现，投标王的拍卖就会继续下去。狙击只能延长开放市场的时间；投标王的规则是降低其有效性的一种策略。

□ 荷兰式或降序拍卖

在荷兰式拍卖中，原始价格被设定得非常高。在宣布价格的同时也公布设定的过期时间（例如，15 秒）。如果没有竞标者接受制定的价格，价格按照设定的步长降低（例如，1 欧元），并且程序会自己重复进行。价格降低直至有竞标者愿意接受公布的价格。一个降序系统常被称作荷兰式拍卖，因为它常用于荷兰的鲜花销售，拍卖大厅的面积超过 10 个足球场，每天拍卖成千上万只鲜花。即时价格显示在一个大屏幕上，竞标者接受价格的话就按下电子按钮。这一过程很快，每小时可以完成 500 多次交易。

□ 密封拍卖

在这种拍卖中，竞标者提交只有他们自己知道的竞标价格。与英式拍卖不同，竞标者不知道其他人的估价。在第一高价（最高价）密封拍卖中，竞标价格在预告的时间内公布，出价最高的竞标者按他们的出价获得商品。而逆向密封拍卖则常被用于采购商品或服务。一个州代理人可能要求公路建设招标，出价最低者为获胜的竞标者。

□ 次高价密封拍卖

这种拍卖是密封拍卖的变形。在次高价密封拍卖中，出价最高的竞标者按照次高的价格获得商品或服务。该拍卖也被称作维克瑞拍卖，是以威廉·维克瑞的名字命名的，他于 20 世纪 60 年代撰写了一篇关于这一主题的研讨论文，后来维克瑞凭此论文获得了 1996 年的诺贝尔经济学奖。正如我们将看到的，次高价密封拍卖具有引导竞标者揭示其真正估价的特征。

13.3 拍卖机制和收益产生

与市场配置类似，在拍卖中，管理者也希望实现利润最大化。并且，与机构参数的不同相似，差异化、进入壁垒和配置也解释了市场权力（和盈利）的不同，拍卖规则解释了产生收益的不同。市场拍卖的一个优势是，管理者可以通过拍卖规则相对容易地影响到结构参数。因此，管理者认识到设计拍卖可以影响收益是有意义的。首先，我们通过一个简单模型来考察拍卖规则对收益的影响，然后，放松模型的一些假设以显示规则如何影响收益。

我们的基本案例假设竞标者是对称的和风险中性的，而竞标基于来自常见分布的独立信号。这些假设的行为含义如下所示：

1. 竞标者是对称的。假设竞标者从可能的出价分布中选择一个估价（竞标）。竞标者采用相似的分布，即通常大家都知道的分布，因此，具有相同保留价格和观察到相同信号的竞标者提交同样的出价。我们要强调（如同在现实世界里）的是，竞标者之间保留价格的差异不受这种对称的限制。

2. 竞标者是风险中性的。也就是说，竞标者为了最大化预期价值而出价，而不是为了风险调整后的收益。大多数管理者都假设个体是风险规避的，然而，证据表明当个体作为公司代理人时，其行为却类似于风险中性者的行为。稍后将说明风险规避型竞标者在战略上是如何被利用的。

3. 信号是独立的。信号在两种情况下是独立的。一是在私有价值拍卖中，保留价格是信息和效用的函数。因为信号取决于信息空间，价值受限于个人信号。假定在一场拍卖中，一位管理者站到另一位管理者旁边。这两位管理者面对同一幅画的估价差异是他们个人经验的函数吗？或者一个人了解的东西（但另一位并不知道）会影响另一个人的估价吗？前一个条件听起来更合理些。它描述了一个具有独立信号的私有价值拍卖。

二是在公有价值拍卖中，所有的竞标者都对商品做了相似的估价，尽管彼此都不知道要竞标的商品的真正价值是多少。考虑一片土地下面的矿业权。无论地下有什么，这对所有人来说价值都相同（在既定的全球商品市场中），但没有人完全知道地下到底有什么。每一位竞标者开始对真实价值进行衡量进而形成不同的观点。如果信号是独立的，那么一位管理者的估价就不依赖于其他人的估计，虽然信号的分布是众所周知的。

对于任何拍卖形式，令 b=出价，p =拍卖赢家支付的价格。预期利润可简单表示为$(b-p)(Pr_W)$，Pr_W 表示在竞标水平上赢得这场拍卖的概率。因为管理者想要实现利润最大化，所以最优出价决定于估价（保留价格）。这样，对于任意给定的 b、Pr_W 组合，预期利润可由以下公式给出：

$$U(Pr_W,b,p)=(Pr_W)(b-p)$$

比较几种拍卖形式的利润函数，可以确定剩余（$b-p$）如何在买卖双方之间进行分配。我们假定利润函数的斜率等于赢得任何给定竞价的条件概率。这样，具有相同剩余函数（基于估价条件）的拍卖形式提供了在任何给定竞价中相同的赢取概率，因此，推荐了相同的最优战略。

这一关系被称作**收益等价定理**的基础。该定理说明管理者无论选择英式拍卖、荷兰式拍卖、密封拍卖或次高密封拍卖，其选择都不会影响拍卖中产生的总的预期剩余，因此也就不会影响卖方的预期收益。这一定理甚至可以扩展到其他拍卖形式。只要该形式确保了商品的有效配置，并对任何一个对商品估价为零（0 美元）的竞标者给予零利润，那么剩余函数就是相同的，并且被推荐的竞标战略也是相同的。例如，游说活动可被建模成“全支付”拍卖。所有的竞标者为商品付款，但是只有最高竞标者可以得到它。由于这种拍卖满足了规定条件，它的预期剩余与前面四种标准拍卖形式中任何一种的预期剩余都相同。

13.4 竞标战略

四种拍卖形式中的最优竞标战略是什么呢？在四种标准形式中，只有英式拍卖让竞标者了解到更多关于其他人保留价格的信息。在密封形式里，直到竞标结束，其他人的竞标才被公布。在荷兰式竞标中，一旦有某个竞标者透露其保留价格（通过对现有价格的接受），则拍卖结束。但是由于英式拍卖的升序本质与竞标的公开本质，竞标者掌握了很多其他人的保留价格。不幸的是，这样的信息对战略竞标者的价值有限，因为最优行为是由主导战略决定的。而且还要记住，好的战略并不担心正在使用主导战略的其他人的行为，因为它缺乏战略价值。因此，升序拍卖的最优行为永远不变：管理者应当总是愿意出价直到达到他们的保留价格。

如果使用这一规则，那么可以实现利润($b-p$)最大化。显然，管理者应当不会永远在其保留价格上竞标。这一战略产生的最大利润为零，并且如果出价超出保留价格，管理者将得到负的利润。管理者不想以高于必要的价格竞标，因为随着出价的上升，利润在减少。升序拍卖中的赢家不得不支付仅仅比次高竞标者的保留价格略高一点（即 ε）的价格，而明显高出这一价格的出价是无效率的（可暗示为欠缺经验的管理者）。最高竞标者与次高竞标者的最高保留价格之间的差异定义了可获得的剩余，并因此确定了利润。如果管理者想要最大化利润，他们必须抓住所有可获得的剩余。

拍卖的主导战略帮助管理者降低战略思想的复杂性。把这个战略看作是一项决策：管理者倾听每一个出价。如果出价低于其保留价格，他们将逐步报出高价。如果出价高于其保留价格，他们则不会出价。这一程序的简单性突出了主导战略的价值：流程效率。管理者在选择最优战略时，不必考虑其他人是怎么做的。因此，管理者可以集中（并简化）战略思想，并相信主导战略的完备性。

在任何一个升序拍卖中，管理者都应当按照他们的保留价格竞价。如果所有人都实行这个战略，则商品会以次高出价者的保留价格（实际上要超出 ε）销售。商品被卖给最高竞价者，他们的预期收入是总剩余，被定义为两个最高估价竞标者保留价格之间的部分。

因此，在一个升序拍卖中，最高竞标者以次高竞标者的保留价格获取了该商品。我们曾注意到这与维克瑞拍卖方式的预测相同。英式拍卖和次高密封拍卖都被同样的主导战略控制。虽然两个拍卖在过程上不同，但是博弈论学者预测了相似的结果。当然，前者比后者更透明。

我们现在看到了拍卖规则的不同是如何影响行为的。英式拍卖允许管理者公开多次出价；而在密封拍卖中，他们只可以私下竞价一次。英式拍卖让管理者可以回应其他人的出价；密封拍卖则不行。因为密封拍卖中的管理者只有一次出价的机会，他们应当按照保留价格出价。在两种拍卖中，负收益不会出现，因为管理者最坏的可能收益为零。拍卖中的赢家可确保获得所有可能的收益。因此，虽然不同形式拍卖中的主导战略都相同（管理者都应当按照保留价格出价），但是，次高密封拍卖中的出价规则仍导致不同的行为。当拍卖存在主导战略时，管理者就不应当担心其他人的行为（这样做毫无意义）；他们应当只关注自己的偏好，认真思考自己的保留价格，然后按其竞价。

次高密封拍卖是说明拍卖规则如何影响竞标行为的一个非常好的例子。这些拍卖中的规则鼓励所有的竞标者说出实情。事实上，如果管理者说真话会更有利。在稍后的讨论中，我们称这样的规则为激励相容。这种类型的规则鼓励管理者透露其真实偏好。

接下来考察降序（荷兰式）拍卖和最高密封拍卖。虽然两种操作的竞标规则不同，但它们还是有明显相似的地方。事实上，可把它们看成是行为方式不同的双胞胎。如果我们用简化型或矩阵型来为其建模，则它们会有相同的战略构成和收益。也就是说，在每一种收益中，任意给定的竞标都可产生相同的收益。它们不像升序拍卖或次高密封拍卖，不具备主导战略。在荷兰式拍卖或最高密封拍卖中，管理者必须考虑其他人的竞标价格。让我们看看这样的设计如何影响管理者的出价选择。

如前所述，在最高密封拍卖中，竞标者对其他人的估价了解甚少，因为直到拍卖结束，出价都是秘密的。但是，由于竞标者是对称的，所有人都知道估价的分布。这一信息使得管理者可以估计其他人的竞标战略。请注意，信息没有赋予管理者预测其他人出价的能力——仅基于私下了解的某些信息而作出对他人可能出价的一种猜测。

每位竞标者都面临同样的决策。如果一个人出价不是最高的，管理者则既无收益也无付出，所以剩余为零。但如果他们按照其保留价格竞标，那么出价就会为最高，剩余仍然为零。若出价高于保留价格则会导致零剩余（如果管理者是幸运的就会失去这次拍卖）或者若管理者赢得拍卖则得到的是负剩余。管理者相信他们的出价是最高的概率为正。因此，问题是：管理者如何构建他们的出价？

不像前面带有主导战略的拍卖，可行性战略集可以在降序拍卖和最高密封拍卖中运用无限时间。现在，管理者必须考虑其他人的出价如何。投标战略变得必须以知道其他人的投标战略为前提。世界变得越来越复杂。

因此，管理者应当如何减少复杂性？如果竞标者面临同样的复杂性，他们能够通过竞标行为的某些限制来帮助自己吗？经济学家相信理性可以帮助他们。理性的参与者在其他人行为既定的情况下，仅考虑每个参与者收益最大化的结果。要知道拍卖收益取决于所有人的拍卖。在其他人行为既定的情况下，除非每个管理者都选择自己的最佳战略，否则凭什么让所有管理者认同这一规则呢？如果我们接受所有管理者都是理性的这一规则，那么个体就不存在欺骗的激励而去改变战略。

正如第 12 章解释的，在纳什均衡中，所有人都正确预测其他人的行动并选择预期剩余最大化的行动。这样做可以简化可行性战略，并允许管理者集中在更少的环节。我们注意到纳什均衡的概念并没有保证全部收益最高。它只是简单地说明，在个体及其他人的属性都既定的前提下，每个人都最大化了自己的收益。

于是，根据纳什均衡，这些拍卖中的管理者应当如何竞标呢？管理者显然不应当按其保留价格出价。如果这样做了，他们的最高可能收益为零。纳什均衡假设管理者先思考保留价格再作出折扣。折扣应当接近他们对次高竞价者保留价格的估计。每位管理者将会按照比这个估价再高出 ε 的价格竞标。然后，如果出价最高，可得到正的剩余；如果出价不是最高，将一无所获。如同在升序和次高拍卖中，管理者必须考虑自己的保留价格；但是他们也必须考虑其他人的竞价，并以这些预计为基础进行出价。因此，在这些拍卖中，管理者的决策规则就是估计次高竞标者的保留价格，然后按照高于这个价格 ε 的价格竞标。

有关次高竞标者保留价格的管理理念会受到许多因素的影响。一个重要的影响因素是竞标人数。随着竞标人数的增加，管理者的出价就必须越来越接近他们的保留价格。也就是说，激烈的竞争减少了拍卖中的预期剩余。如果假设竞标价分布均匀，问题甚至能够变得更加清晰。这样，管理者的最优竞标战略即为：

$$b=v-\left[\left(\frac{v-L}{n}\right)\right]$$

其中，v 是竞标者的保留价格，L 是最低可能出价，而 n 是竞标人数。例如，假设我们对某一商品的估价是 3 美元，并且相信出价最终会在 10 美元～15 美元之间分布。然后在仅有另外一个竞标者的前提下，我们的最优出价为：

$$b=3-\left[\left(\frac{3-0}{2}\right)\right]=1.50\text{ 美元}$$

如果有另外两个竞标者，那么我们的最优出价是：

$$b=3-\left[\left(\frac{3-0}{3}\right)\right]=2.00\text{ 美元}$$

从哪里开始就从哪里结束。理论上，拍卖事件应当不会影响预期收益。四种设计中竞标者的最优反应产生了同样的预期收益。管理者在升序和次高拍卖中，所提交的最高出价应当不超过他们的保留价格，因为规则讲道，如果他们是最高出价者，那么仅支付次高竞标者的价格。而在降序或最高密封拍卖中，管理者应先考虑其保留价格，然后考虑降价直到我们相信出价等于次高竞标者的保留价格。

13.5 卖方的战略

现在我们来讨论卖方。有许多管理者利用拍卖来销售商品、服务和资产。在这种情况下，好的管理决策遵循标准的经济规律：边际收益等于边际成本时的利润最大化。当然，它对竞标规则还必须作出一定的修改。

市场中，管理者希望在 $MR=MC$ 处进行生产。这是明确定价点的数量决策。但是拍卖常用于出售数量很少（通常只有一件）的商品。当数量如此有限时，数量的概念则没有任何战略价值，而竞标者之间保留价格的分布决定了最优定价点。因此，管理者希望把注意力集中在分布问题上。

这是一个微妙而重要的差别，战略管理者必须意识到这一点。考虑一个升序拍卖。这一类型中的管理者行动与市场中的第三级价格歧视相类似。回顾前面的内容，有效分配的定义是市场中的边际收益都相等（$P_1/P_2=[1+(1/\eta_2)]/[1+(1/\eta_1)]$）。也就是说，管理者通过确保销售给对商品或服务进行最高估价的消费者来获取最大利润。总产量由水平加总的边际收益曲线与边际成本曲线的交叉点而定（参见图 13—1）。

卖方希望在拍卖中使用相似的战略。考虑一个独一无二的商品的拍卖。管理者通过向最高保留价格的竞标者出售商品来获得最大利润。因为，对于价格的任何变动，卖方的边际成本都不变，赢家的出价越高，剩余就越多。由既定价格产生的预期收益就只简单地等于价格乘以赢得拍卖的概率。当然，这是由竞标者之间保留价格的分布决定的。考虑竞标者 i 和分布 $F(b)$。给定 $F(b)$，我们可以决定任一出价 b 中标的概率可简单表示为 $1-F(b)$，如图 13—1 所示。函数 b 可按如下方式成为需求曲线。b 上的每一点都意味着该点成为中标出价的概率。预期收益则为 $b[1-F(b)]$ 或者任意一点 b 对应的边际收益函数下方的区域。设 b^* 是实际的中标价格（次高竞标者的保留价格）。从数学意义上讲，我们可以用 b^* 代表卖方的预期收益和中标者的预期边际收益。也就是说，在升序拍卖中，它们是相等的。

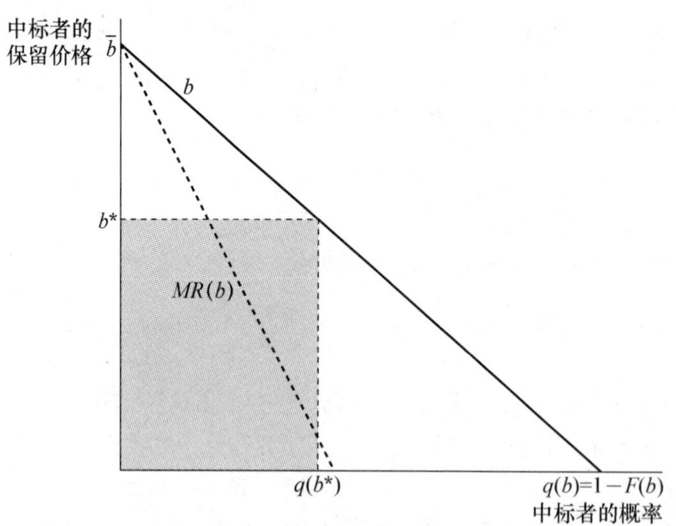

图 13—1　卖方的预期收益和中标者的预期边际收益之间的关系

注：如果 b^* 是中标出价，则卖方的预期收益就是阴影部分。这也等于中标者的预期边际收益。

战略环节

越来越多的管理者使用反向拍卖降低成本

我们首先讨论反向拍卖的使用，用一个 2004 年的在线拍卖网站的例子来说明这一机制。我们很高兴地报告越来越多的管理者采用这种定价战略来降低成本。管理学的使用目前正在从大型跨国公司蔓延到中型企业。同时，宽带的发展拓展了拍卖的消费市场。

到 2011 年 10 月 30 日为止，加特纳的分析师查出有超过 50 000 次的反向拍卖，与上一年相比，数量增长超过了 10%。管理者发现，当使用正确时，它们有助于降低采购成本，往往高达 20%。希门尼斯，诺华公司的首席执行官，用反向拍卖来降低购买商品和服务的成本。也有证据表明，中型公司使用反向拍卖可以产生显著的成本节约。例如，安娜亚麻在美国拥有 300 家连锁店。其经理在 2008 年率先使用反向拍卖，3 年后报告节约成本 600 万美元。

除了成本降低外，管理者还报告了其他好处，他们引用了增加市场的透明度、更好地了解定价范围的价值、接触质量更高的供应商以及较低的交易成本。像商品一样的货物或服务最适用于反向拍卖。

在拍卖之前，认真思考如何使商品或服务具有特殊性是很关键的。需要考虑的内容包括配送时间、质量、数量、规模等等。艾伦·格莱斯顿，安娜亚麻的首席执行官，除了拿出说明书之外，还在规定时间内提交了其他相关材料。在了解一些中标者为公司提供的他们需要的配送时间后，艾伦说，“我们已经添加了过程细节，而不仅仅是说明书。”类似的细节还包括资本与二级存货水平。

但反向拍卖也有成本。这与构建拍卖有一点关系，因为所有的互动都是交易。有些竞标者计算错误，而后发现他们无法按照自己的出价配送，虽然这可以通过勤奋来弥补。还有就是举行拍卖的增量成本。

宽带运用已经降低了邀请更多供应商加入拍卖的增量成本。这允许很多小型企业加入到“反向拍卖网络”，管理者可以在托管网站举行反向拍卖，企业只需支付一定的费用参加即可。在有些国家，消费者已经形成了自己的反向拍卖网站来引导开店者为工作而竞标。例如，Shiply. com 网站为全欧洲的配送服务举行反向拍卖。消费者描述他们就何事、何时及希望如何配送一个包裹，然后网络成员为得到这份工作而竞标。据推测，这种服务降低了消费者费用的 50%。该网站非常受到家长的欢迎，因为他们不得不在家与学校之间为孩子托运物品。有一个类似的网站叫 Whocanfixmycar. com。那里的消费者为机械师提供工作。中标者完成工作后，消费者为本次服务的质量评级。

反向拍卖正被印度人用于构建太阳能电站。在 2011 年 12 月 2 日举行的拍卖中，最低竞标者出价是每兆瓦时 147 美元。该出价比 2010 年 12 月份的最低出价低了 38%。据估计，2008 年，全球太阳能电厂的平均价格为每兆瓦时 208 美元。价格被拉低的原因是生产了大量过剩的光伏电池和设备。阿南德·马辛德拉，一家太阳能公司的常务董事认为，“制造商热衷于提供折扣和延期付款，因为现在的竞争如此激烈。成本下降才是竞标活动价值的真正体现。”

资料来源：Natalie Pearson，“India's ‘Astonishing Auction’ Pushes Down Global Solar Price,” *Bloomberg News*，December 2，2011；Constance Gustke，“Reaping Big Cost Savings with Reverse Auctions，” www. cnbc. com，November 15，2011；Ericvon Schaper，“Novartis's Jimenez Has Blockbuster Plans for Diovan After Patent Expires，” *Bloomberg News*，August 5，2011.

这对卖方来说意味着什么呢？在第三级价格歧视市场中，管理者必须向最高保留价格者（买方）销售。而且，因为希望双方都能够实现剩余最大化，管理者一定不会以任何低于边际成本的价格出售。在拍卖中，把边际成本考虑成卖方拒绝出售的价格。若高于这个价格，卖方会认为“如果那是所有人愿意出的价格，我会自己留着商品。”所以，卖方需要为拍卖设定保留价格（或者以其保留价格开拍）。这个价格应当是竞标者的边际收益等于卖方的边际成本时的价格（要知道竞标者的边际收益也等于拍卖的预期收益）。因此，一般地，在设定保留价格时，管理者应当考虑如下因素：

最优保留价格＝拍卖商品的价值,如果没有出售,
＋(管理者估计的最高保留价格除以 2)

例如，如果商品未售出，则价值为零，而管理者认为其最高保留价格为 300 美元，他们应当设定的保留价格为 150 美元。毕竟，卖方应当轻松以对。升序拍卖机制可实现预期收益最大化。与垄断定价不同，却与第三级价格歧视相似，拍卖常常比标价方案更有效。与标价方案相反，拍卖保证具有最高保留价格的竞标者将会购买到商品。但要注意的是，与第三级价格歧视管理的相似性并不仅局限于升序拍卖，收益等于升序拍卖的所有拍卖形式都具备这一性质。下面的例子解释了拍卖的效率。

假设一个拍卖方有四件商品，边际成本为 0 美元。市场中有六位消费者，他们的保留价格分别为 90 美元、60 美元、50 美元、40 美元、20 美元和 15 美元。表 13—1 说明如果卖方采用拍卖的形式，那么可得到的总剩余可分成买方剩余与卖方剩余。表 13—2 给出了卖方标价 40 美元时可得到的总剩余情况。

表 13—1　　　　　　　　　　　　　　　　拍卖

消费者	保留价格（美元）	中标价格（美元）
1	40	20.01
2	20	
3	15	
4	90	60.01
5	60	50.01
6	50	40.01
买方总剩余		69.96
卖方总剩余		170.04
总剩余		240

表 13—2　　　　　　　　　　　　　　　　标价

消费者	保留价格（美元）	中标价格（美元）
1	40	40
2	20	
3	15	
4	90	40
5	60	40
6	50	40
买方总剩余		80
卖方总剩余		160
总剩余		240

除了 40 美元的标价之外，其他标价对应的总剩余都减少了。而在 40 美元的价格处，剩余保持不变；与拍卖方式的剩余相比，标价方式的剩余百分比较低（160 美元与 170 美元$+\varepsilon$ 相比）。由于具有价格歧视性，使用拍卖可以提高卖方剩余。该机制本身可使消费者透露出自己的保留价格。

13.6　信息的价值

拍卖的偏好透露性质不仅保证了按最高保留价格出价的买方购买到商品或服务；也让买方在不知晓需求的情况下认清了自己。管理者可以在宣布价格之前，利用拍卖去搜集关于需求的更多信息。

□ 回购投标出价

回购投标出价（Repurchase Tender Offers，RTO）是拍卖的一个例子。管理者利用 RTO 从当前股东手中回购股份。由于股东不是必须出售股份，所以为了促使其出售，RTO 一般会提供高于市价的价格。直到 1981 年，才要求每一次 RTO 都被固定价格。管理者公布每股的回购价格，然后等待股东在此价格上的回应。自 1981 年起，改进的荷兰式拍卖 RTO 就成为管理者的选择方案。原因显而易见，与固定价格的 RTO 相比，改进的荷兰式拍卖通常以较低的总成本获得股份。几项研究表明，固定价格投标中收购股份的平均费用高达15%～20%，而在改进的荷兰式拍卖中平均费用仅为10%～15%。

不同于已经公布的价格固定的RTO，在改进的荷兰式拍卖中，管理者按照他们愿意回购的投标股份来公布标价范围。一般地，最低价格被设定为市场价格外加少许费用，而最高价格则接近于固定价格的RTO。当卖方向管理者发送一份定价表（多少股份按照X美元参与投标）时，任何一位愿意投标的股东都会透露其估价。管理者则依据个人股东的定价表格构建出一份市场供给表，然后他们决定需要多少股份并制定股价。所有对股份的估价低于管理者声明股价的卖方会得到声明的价格。请再次注意固定价格与改进的荷兰式拍卖中的RTO之间的时机差异，在固定价格的出价中，管理者在知道市场供给表之前就已经制定了价格；在改进的荷兰式拍卖中，管理者在看到供给表格之后才制定价格。

国民第一金融公司（Citizens First Financial Gorporation，CFFG）是一家储蓄和贷款公司，总部位于美国伊利诺伊州的布卢明顿，资产大约为3.25亿美元。它的管理者想要从股东手中回购391 000份股份。2000年10月31日，管理者宣布采用改进的荷兰式拍卖的RTO（当日股价为14美元）。他们将股价确定为每股15美元～17美元，高于市场价的7.1%～21.4%。股东直到12月1日才可以竞标其股份。在2000年12月11日，CFFG的管理者宣布他们以每股16美元的价格回购了391 096份股份（高出市场价格14.3%）。

现在我们来研究管理者可能面临的情况。许多时候管理者回购股份时相信股价被低估。管理者用RTO把公司的价值分给股东超过40亿美元。假设CFFG的管理者相信他们的股票不久后将会每股价值20美元，他们现在想要回购一些股票，但又不知道股东的估价。在明确了自己的想法后，管理者构建了表13—3加以概括。表中显示了有多少股份将在不同的价格上按三种可能的供给方案投标——强、中、弱，并给出了与每个供给价格相关的估价——供给环节。竞标价格与预期未来估价20美元之间的差异就是利润。

如果管理者选择固定价格的RTO，他们则必须在市场供给表出来之前制定价格。这样，可以基于预期价值（Expected Value，EV）来选择价格：

$$EV(15\text{ 美元})=2\,000\,000(0.40)+1\,550\,000(0.30)+1\,400\,000(0.30)=1\,685\,000\text{ 美元}$$

$$EV(16\text{ 美元})=1\,660\,000(0.40)+1\,600\,000(0.30)+1\,260\,000(0.30)=1\,522\,000\text{ 美元}$$

$$EV(17\text{ 美元})=1\,800\,000(0.40)+1\,245\,000(0.30)+1\,200\,000(0.30)=1\,453\,500\text{ 美元}$$

表13—3 **股东供给表**

价格（美元）	强	利润（美元）	中	利润（美元）	弱	利润（美元）
15	400 000	2 000 000	310 000	1 550 000	280 000	1 400 000
16	415 000	1 660 000	400 000	1 600 000	315 000	1 260 000
17	600 000	1 800 000	415 000	1 245 000	400 000	1 200 000
股东竞标的可能性	0.40		0.30		0.30	

如果 CFFG 的管理者使用这种分析方法，他们可能把竞标出价定位在 15 美元。

管理者如何把 RTO 构建成改进的荷兰式拍卖来提高公司价值呢？如果他们采用了这种拍卖方式，就只有在知道供给表之后才会选择竞标价格。拍卖战略的预期价值是多少呢？我们使用预期价值是因为当 CFFG 的管理者在 10 月 11 日宣布荷兰式 RTO 时，他们并不知道市场供给表。因此，如果股东竞标的愿望强烈，他们将宣布 17 美元的要价；如果愿望中等，他们将宣布 16 美元的要价；如果愿望很弱，他们将宣布 15 美元的要价。这样，改进的荷兰式拍卖的预期价值是：

$$EV(\text{拍卖})=2\,000\,000(0.40)+1\,600\,000(0.30)+1\,400\,000(0.30)=1\,700\,000\text{ 美元}$$

使用改进的荷兰式拍卖，管理者的获益一般会更好。他们促使股东透露其估价并因此能以低于固定价格的价格回购股份。这样会为余下的股东创造价值，因为一些股份已经以更低的成本退出市场了。竞标股份的预期股数是：

$$0.4(400\,000)+0.3(400\,000)+0.3(280\,000)=364\,000$$

战略环节 ☞

拍卖方式中复杂定价的使用

网上定价公司是管理者在拍卖方式中使用复杂定价的一个例子。在管理者帮助开发了一个计算机预订系统的软件后，公司于 1998 年 4 月创立。这种软件使航空公司的管理者能够基于空座位或竞争对手价格等因素来进行实时价格调整。每家航空公司只能看见自己的价格，但网上定价公司的管理者能够看到所有成员公司的价格。

航空公司的座位是极易失去价值的商品，一旦飞机离港，空座位就失去了价值，因为它们不能够再使用了，而飞机增加一位乘客的边际成本几乎为零，所以任何价格对航空公司都是有利可图的。正如网上定价公司的布莱恩所说："航空公司每天飞行的空座位达到 70 万个，在不影响零售票价结构的情况下它们自然乐意出售这些座位。"网上定价公司开发了一个拍卖机制使得各个航空公司能够做到这一点。自 1998 年以来，该公司出售的飞机票已达 500 多万张。

网上定价公司使用了一种反向拍卖机制。在反向拍卖中，买方说出他们愿意支付的商品或服务的价格，然后卖方决定是否接受或拒绝这一价格。网上定价公司的做法如下：消费者说明出发日期、出发地和目的地机场、愿意购票的价格和信用卡号。所有销售都是最后才决定。如果网上定价公司发现有机票等于或低于出价，该消费者有义务购买此票。在收到一个消费者的出价后，网上定价公司的管理者查看数据库以确定是否有任何一家航空公司提供等于或低于此价格的机票。如果有票，网上定价公司就会购买。网上定价公司的利润就是消费者愿意为机票支付的价格和航空公司对其收取价格的差额。

尽管网上定价公司声称其提高了消费者的市场能力（因为消费者可以自由要价），但是许多人并不认同这一说法。实际上，网上定价公司的反向拍卖让公司实现了价格歧视。同航空公司一样，网上定价公司对同一航班根据消费者的出价而有差别地卖票。例如，我对一张纽约到芝加哥的机票出价 300 美元，而如果我的朋友出价 250 美元，他将以更低的价格买到相同的产品（假设航空公司愿意以 250 美元销售机票）。基本上，网上定价公司的反向拍卖使得消费者透露其保留价格，然后网上定价公司依此收费。可见，反向拍卖并不能保证消费者以最低价格获得产品，它只保证消费者有机会按其保留价格购买产品。

网上定价公司的价格歧视拍卖也通过向消费者和竞争对手提供较不透明的降价折扣而改进了传统的价格歧视方案。航空公司不需要标出任何具体的价格，这减少了竞争对手参与灾难性的价格战。而且，公司可以选择性地实施价格歧视。例如，有证据显示网上定价公司愿意接受首次提出某一较低价格的消费者，随后为相同产品提交相同价格的消费者会发现，自己的要价被拒绝了。

与网上定价公司合作的航空公司也会获取有助于其定价决策的信息。网上定价公司整理了所有竞标信息（有成功的，也有失败的）并每周向航空公司更新。如布莱恩所说："他们能够看到所有的需求，每个消费者为每条航线的出价，直至降到 1 美元……这对航空公司来说是个好方法，使其能够私下出售更多在零售渠道没有售出的存货。"

13.7 风险规避

正如我们将在第 14 章中看到的，大多数个体都是风险规避型的。风险规避对竞标行为有什么影响呢？在次高价拍卖中，风险偏好并不影响竞标战略。这些拍卖的竞标者应当总是竞标直至到达其保留价格。然而，风险偏好在最高价拍卖中却对竞标行为有影响。

考虑最高价拍卖中一个风险规避型竞标者的选择。这类竞标者普遍面临的不确定性是：我的出价会赢得这次拍卖吗？因为最高价拍卖没有主导战略，管理者必须预计其他人的出价，所以只能部分控制这种不确定性。他们的控制机制就是竞标价格本身。一个较高的出价可以增加胜出的概率；风险规避型竞标者为了避免损失，只会通过"竞价保险"额来提高出价。因此，风险规避者比风险中性者出价要高。然而，他们对于确定性的追求适可而止，因为更高的出价也会减少他们的剩余。

如果竞标者是风险规避型的，那么风险中性型管理者可以通过改变拍卖规则来提高收益。如果竞标者有可能是风险规避型的，那么管理者应当使用最高价拍卖，因为这类拍卖将引出更高的出价。

如果角色发生逆转——竞标者是风险中性型而卖方是风险规避型的，又会怎样？这将如何影响管理者行为呢？此时，卖方同样选择最高价拍卖。虽然我们知道四种形式拍卖的预期收益均相同，但在次高价拍卖中风险更大。也就是说，尽管收益分布的均值相同，但是次高价拍卖收益的分散性可能更大。因为风险规避型管理者偏好规避风险，所以他们应当使用最高价拍卖。

13.8 竞标者数目

我们已经看到，在所有的拍卖形式中，预期出价是次高价竞标者的保留价格。因此，管理者应该考虑通过拍卖来提高价格，正如他们在市场环境中的做法一样。看起来容易控制的一个可能变量就是竞标者数目。

考虑市场的运作。随着卖方的数量增加（其他因素保持不变），均衡价格被向下推至边际成本（或者卖方的保留价格）。而在完全竞争市场中，长期均衡价格等同于边际成本。这些市场中有许多卖方，向消费者提供同样的商品或服务。而拍卖与这种情况相反：很多买方与一个（或极少数）卖方。对供给方起作用的因素对需求方同样适用。越来越多的竞标者（买方）涌入市场势必推动需求曲线向右移动，并提高价格。因此，管理者吸引的拍卖竞标者越多，卖者的预期收益就越大。

1 000 001 个竞标者是否就比 1 000 000 个竞标者要好呢？尽管这种情况可能发生，但情况并非如此。在大多数情况下，拍卖是有效的，所以即使是中等数目的竞标者也可使卖方的收益接近预期的最大估计值（以概率函数为条件）。管理者不会想要为吸引第 1 000 000 个竞标者参与拍卖而花费太多。下面的例子假设竞标者的保留价格服从均匀分布，最高价格为 100 美元。英式拍卖中卖方的预期收益则可表示为：

$$b=[(N-1)/(N+1)](\text{竞标者的保留价格})$$

其中，N 为竞标者数量。图 13—2 显示了卖方的预期收益如何随竞标者数目的增加而增加。

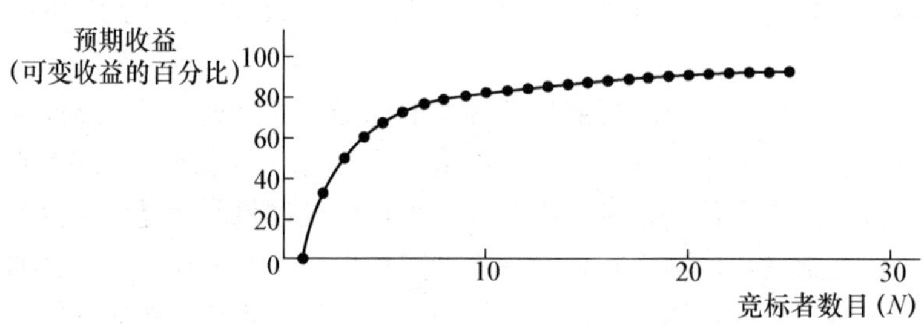

图 13—2　预期收益与竞标者数目

注：随着竞标者人数的增加，卖方的预期收益增加。

从直观上看，因为由额外竞标者引起的竞争加剧，所以卖方的收益增加了。在出价时，管理者必须在中标概率与他们将实现的剩余（保留价格－竞标价格）之间权衡。较低的出价会导致较高的剩余，但却降低了中标的概率：如果只有一个竞标者出价较高，则其他竞标者就会在竞标中失败。随着更多的竞标者加入拍卖，某个竞标者出价更高的概率就会增加得越快。因此，随着更多的竞标者加入拍卖，出价一定会更接近竞标者的保留价格（卖方的收益增加）。需要注意的是，在竞标者小于 30 人时，卖方预期收益接近其最大水平。

13.9 胜利者的诅咒

在某些拍卖中，要进行拍卖的物品或服务的价值并不确定，尽管对全部竞标者来说，它有着一个共同的价值。例如，美国联邦政府拍卖的土地矿产权。当卖方在这种情况下使用密封、最高价拍卖时，竞标者都处于胜利者的诅咒中。胜利者的诅咒是一个决策偏差，它对有些管理者来说代价异常高昂。因为管理者并不确定项目的真实价值，所以他们必须用规范的竞价战略来估计。那些作出高估计值的管理者很可能提交一个高的出价，所以过高估计真实价值的管理者具有较高的中标概率，但是他们的出价很可能也超出项目的真实价值。他们赢得了拍卖，但支出也许远远超出项目的真实价值，可见，他们掉进了胜利者的诅咒。让我们分析其中的原因。

所有竞标者面临同样的问题：他们必须在不知道其他人估价的情况下，估计拍卖物品的价值。假设每个竞标者都进行了估价，然后取平均值，这个平均值就近似等于准确值。那么这些估计值的分布可能与图 13—3 相似。如果管理者知道其他人的出价，一个真实值的无偏估计就将是虚线所示的平均值。假设竞标者之间的出价给定，出价的分布左移，即分布 A。如图所示，带有极端估计的竞标者（A 中的右尾）的出价超过了真实值的最佳估计。关键在于，他们不知道自己的估计是极端的（因为他们不知道其他人的估计）。因此，他们很可能中标但要支付远高于物品真实值的价格。

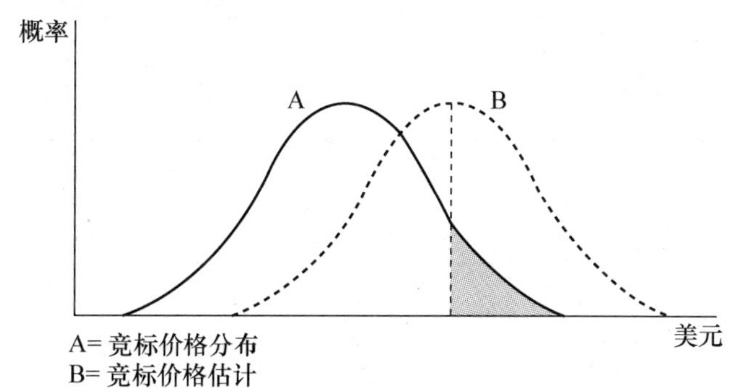

图 13—3　胜利者的诅咒

注：被拍卖项目的真实值并不确定，对其价值作出极端估计的竞标者可能以超出项目真实值的出价中标。

胜利者的诅咒是一种很普遍的现象；在很多领域中都有记载（参见战略环节：竞标石油钻井权时胜利者的诅咒）。在上述类型的拍卖中，尽管存在关于竞标行为的复杂算法，但它们实在过于复杂而无法在本书中加以介绍。不过，管理者在考虑其出价时，还是要思考如下问题：

- 与其他人相比，你有哪些关于资产价值的信息？与他人相比，你掌握的信息越少，就越要降低出价。
- 你对于评估物品的真实价值有多少自信？你越不自信，就越要降低出价。
- 竞标者数目有多少？拍卖中竞标者人数越多，就越需要降低出价。

战略环节 ☞

竞标石油钻井权时胜利者的诅咒

在职业生涯中，许多管理者经常会发现自己处于竞争激烈的竞标环境中。这些可能包括：为得到合适的工作、为生产投入、为收购其他公司，或为公司、个人的服务取得合同而竞标。若竞标属于密封拍卖，它会涉及具有共同价值的物品，管理者必须清醒地认识到胜利者的诅咒。

有关诅咒代价的例子可参见下表，它包括石油公司为获取政府所有的两块土地上的石油钻井权而参与竞标的实际出价（单位：百万美元），按出价多少降序排列。

该表清楚地指明这些土地里关于现存石油数量的估计范围。对土地 1 而言，中标价格比次高价格高出 84%；对土地 2 而言，这一百分比上升至 181%。如果我们考察每个拍卖中的高出价与低出价的比例，就会发现对于土地 1 的高出价是低出价的 10 倍；而对于土地 2，这一比例为 109。

当更多的竞标者进入拍卖时，管理者自然会提高出价。但是在这种类型的拍卖中，管理者应当降低出价，而不是提高出价。很显然，为土地 2 提交了中标价的管理者没有遵循我们的建议。在两个拍卖中，胜出的竞标者都遭受了胜利者的诅咒。没有一家公司从这两块土地中实现正的回报。

为在联邦土地上获得石油钻井权而出价

土地 1	土地 2
32.5	43.5
17.7	15.5
11.1	11.6
7.1	8.5
5.6	8.1
4.1	5.6
3.3	4.7
	2.8
	2.6
	0.7
	0.7
	0.4

战略环节 ☞

为什么管理者必须关注利润，而非市场份额？

除共有价值拍卖之外，还存在胜利者的诅咒吗？也许它还被称为赢得市场份额的竞赛。

可口可乐与百事可乐两家公司在碳酸软饮料市场中斗争了多年。可口可乐一度领先。后来，百事可乐超过了它。接着，可口可乐又夺回了第一名。而现在，健怡可乐已成为第二名。

有关商品获胜的意义具备两重性。从可口可乐的角度看，它又一次赢了百事可乐。从担心肥胖者的角度看，它是无卡路里饮料对无糖饮料、大型卡路里饮料对有糖饮料的胜利。健怡山露与健怡胡椒博士也上升到排行榜中。

但还是出现了坏消息。随着消费者转向了零卡路里的水、能量饮料、含咖啡因的非碳酸软饮料以及其他饮用液体，碳酸软饮料市场正在萎缩。去年的碳酸饮料市场份额减少了0.5%，而前年则减少了2.1%。这样的连续下滑使得目前的市场规模变得与1996年水平相同。

如果赢得市场份额的竞赛是盈利的，它就是一件好事情。作为一个糟糕学校的毕业生代表看起来似乎不错，尽管单从智力方面看，你不会取得真正好的成绩排名。与之相似，赢得市场份额的比赛可能是苦乐参半的，如果它并不盈利。

资料来源：Christina Cheddar Berk，"Why Diet Coke's Victory Is Bittersweet for Coca-Cola，" March 17，2011，at www.cnbc.com/id/42132085.

13.10 关注拍卖设计

在设计拍卖时，管理者必须意识到没有一种拍卖设计能够适用所有的拍卖情况。管理者需要仔细考虑拍卖设计与出现激励的联系。管理者在设计拍卖时必须注意的两个问题是：竞标者在拍卖中共谋的能力与拍卖对潜在竞标者的吸引力。①

竞标者在拍卖中共谋的能力减少了卖方的预期收益，并基本上使拍卖丧失有效性。一种常见的共谋方式是一组竞标者形成一个"圈"，圈里的竞标者彼此不竞争。圈里的一名成员被指定为竞标者并竞标拍卖物品。拍卖过后，圈里的成员开会并分配拍卖所得的物品。很多时候，分配的形式是成员自己形成的一种拍卖。

共谋也可能发生在多个同步拍卖中。在这些拍卖中，一个商品的多个组成单元被同步拍卖。在拍卖的早期阶段，共谋的参与者彼此用信号说明自己想要的部分。克莱勃伯认为，在德国的无限频道拍卖中曾出现过拍卖共谋。两家大型通信公司——曼内斯曼公司和T移动公司把10个无限频道区域分成两部分。每家公司以相同的低价购买了正好一半区域。

管理者还需要使自己的拍卖对潜在竞标者产生吸引力。如果拍卖没有吸引足够的竞标者，则拍卖产生的收益可能就会低于预期。例如，如果竞标者明显知道哪一个竞标者会中标，那么其他竞标者将不会参加拍卖，因为他们已经确定自己不会中标。这种情况在葛兰素史克公司对威康尔公司的收购中出现过。尽管其他公司也对威康尔公司感兴趣，但没有一家公司参加竞标过程，因为它们显然知道（从公司的声明中得到了证实）葛兰素史克公司将中标。

如果卖方设定的保留价格过高或过低，竞标者也可能被阻止前来参加竞标。定价过低实际上是鼓励竞标者共谋。如果定价过低并且存在一个实力强大的竞标者，该竞

① 参见 P. Klemperer，"What Really Matters in Auction Design，" *Journal of Economic Perspective*，16 (2002)，pp. 169-189。

标者可能发现与其他竞标者共谋并保持低价实际上非常容易（更加便宜）。基本上，如果竞标者不共谋，他们面临的是比其他竞标者出价更高的前景，这通常比共谋的代价更为昂贵。

小　结

1. 拍卖机制有四种类型：英式、荷兰式、最高价密封拍卖与次高价密封拍卖。

2. 私有价值拍卖机制的特点是对称性、竞标者的风险中立性与信号的独立性，选择何种拍卖机制没有区别，所有拍卖机制都产生相同的收益。

3. 在英式拍卖与次高价密封拍卖中，管理者没有必要考虑其他人的竞标战略。在英式拍卖中，管理者需要不断竞标直至达到其保留价格。在次高价密封拍卖中，管理者应当按照保留价格出价。

4. 在荷兰式与最高价密封拍卖中，不存在主导战略。这些拍卖中的最优行为以对其他人的战略评估为前提。在这两种拍卖中，管理者都必须考虑次高价竞标者的保留价格，然后在此价格基础上出价。

5. 当出售商品时，管理者应当按下面的指导原则选择保留价格：

最优保留价格＝拍卖商品的价值，如果没有出售＋(管理者估计的最高保留价格除以2)

6. 拍卖通常比标价方案更有效率，因为它能够更好地区分具有不同保留价格的消费者。大多数拍卖设计都能确保具有最高保留价格的消费者赢得拍卖。

7. 如果需求未知，那么拍卖非常有用。它们能够促使消费者在管理者确定价格之前透露他们的偏好。通过在定价之前了解需求，管理者可以提高收益。

8. 在最高价密封拍卖中，对于具有公共价值的拍卖品，管理者必须认识到出价过高的趋势。这种趋势会引发胜利者的诅咒，使赢得拍卖的高价竞标者付出高于物品真实价值的价格。

习　题

1. 一家网络顾问公司聘请商学院的教授作为虚拟顾问来回答相关问题。网络顾问公司希望通过发行私人股权筹集资金。遗憾的是，由于股票市场的波动，所以不能确定对其股票的需求。它希望以45美元或50美元的价格发行股票。需求被分成四种可能状况。下表显示了对每种状况的需求——价格组合以及每种可能状况发生的概率。网络顾问公司必须向帮助其识别潜在投资者的投资银行支付所筹集资金的10%。公司想要最大化它的筹集资金。

价格/股（美元）	状况1	状况2	状况3	状况4
45	1 750	1 975	2 220	2 445
50	1 200	1 415	2 001	2 305
概率	0.35	0.20	0.30	0.15

如果网络顾问公司在不知道未来需求状况的前提下制定其价格，发行股票的预期价值是多少？如果网络顾问公司通过改进的荷兰式拍卖能够确定其未来的需求状况，它的预期收益是多少？如果有人试图影响网络顾问公司并告诉管理者可以预测未来的需求状况，这一信息对他们来说价值是多少？

2. 你的公司正在计划拍卖一家位于亚洲的制造厂。公司要求你确定一个拍卖设计来为公司创造最高收益。你相信竞标者会独立对工厂估价。你会采取何种拍卖设计？为什么？

3. 在英式拍卖中有 100 名竞标者，从中抽取 40 名竞标者并给出如下保留价格：

竞标者数目	保留价格（美元）
1	10
3	20
6	30
5	40
8	50
6	60
7	70
3	80
1	100

假设出价服从正态分布。

(1) 100 位竞标者的出价均值是多少？

(2) 低于 80 美元的出价概率是多少？

4. 你的公司为获得一份服务合同而竞标，拍卖形式是最高价密封拍卖。你估价这份合同价值 1 200 美元。你相信出价服从均匀分布，最高价为 1 600 万美元而最低价为 300 万美元。在以下情况下你的最优出价战略是什么？

(1) 5 个竞标者。

(2) 10 个竞标者。

(3) 20 个竞标者。

5. 全美橄榄球联盟的费城鹰之队修建了一个新球场。球场建设中的一个收入来源是个人座位许可证（PSL），这是一种在球场建好之前，向季票持有人收取的一次性费用。它赋予购票人购买专座的权利。

鹰之队不确定新体育场的座位需求情况。他们为出售 PSL 设计了三种价位：6 000 美元、7 000 美元和 8 000 美元。管理者还估计对 PSL 的需求可能分为低、中和高三种，如下表所示：

价格（美元）	低需求，概率：0.4	中需求，概率：0.35	高需求，概率：0.25
6 000	售出 24 500PSL	售出 28 500PSL	售出 40 000PSL
7 000	售出 21 500PSL	售出 24 000PSL	售出 32 000PSL
8 000	售出 17 500PSL	售出 22 000PSL	售出 25 000PSL

新球场的部分资金由费城提供。由于鹰之队的球迷认为 PSL 正试图掠夺消费者剩余，于是，给政府施压以限制其使用。因此，政府设定 25 000 个 PSL 座位的目标。如果鹰之队出售的 PSL 少于 25 000 个，则政府为每个座位提供 10 美元的税收减免。如果鹰之队出售的 PSL 等于或多于 25 000 个，则取消减免税。一家咨询机构建议鹰之队最好采用改进的荷兰式拍卖来销售 PSL 座位。该机构评估召开此拍卖会带来的额外成本为 510 万美元。鹰之队的管理层向你求助。管理者想知道他们是否应使用该拍卖方式以及预期收益是多少？你的建议是什么？

6. 你的公司正在参加一个宽频许可证的拍卖。要求你提交一份最佳竞投方案。你预期竞标者对许可证都有着独立的私有价值，因为每个竞标者的拍卖结构不同。你相信这些许可证的价值位于 2 亿美元～7 亿美元之间，而你自己的估价为 6.5 亿美元。将要使用的拍卖形式还没有确定，因此，你必须对如下拍卖设计提出最佳竞标方案：

(1) 次高价密封拍卖；

(2) 英式拍卖；

(3) 荷兰式拍卖。

请说明你的战略。它是一个主导战略吗？

Excel 练习：拍卖

假设某家公司出售的股票为每股 65 美元。公司认为它的股价被低估了，并指出其真实股价应为每股 80 美元。公司认为回购其股票是一个好的投资方法（当然，要以低于 80 美元的价格收购）。但是如何回购股票并按照什么价格回购呢？

公司周密思考后提出两种方法。第一种方法是标价法。公司宣布它将以每股 X 美元的价格回购股票，有时还要给出将要回购的股票数额，但是它总是保留购买更多股票的权利。股东自己决定是否愿意按照上述价格出售（全部或部分）股票。该公司要在看到一份投标的股票之前才能宣布回购价格。

第二种方法是改进的荷兰式拍卖。它要求股东不仅要向公司公布其愿意投标的股票数额，还要公开其保留价格。他们愿意接受高出自己索要价格的任何价格。在已经观察到市场对竞标回购公司股票的反应之后，公司只需公布其愿意回购的股票价格即可。

假设在标价情况中，公司已经预测出下表中，在每个回购价格上股票的竞标情况，但公司还不确定市场对其回购股票的反应如何。它认为反应程度可分为强（概率为 30%）、中（概率为 50%）和弱（概率为 20%）。它也估计了每个回购价格参与竞标时的股票数额（单位：1 000）以及对每种情况的需求反应（参见下表）。

回购价格	需求反应		
	强，概率=0.3	中，概率=0.5	弱，概率=0.2
78	18	16	15
76	16	15	7
74	14	13.8	4
72	12	10	3
70	10	6	2

请注意，股票数量的定性意义是，对于任意给定的回购价格，预计参与投标的股票数目随市场反应的减弱而减少，换句话说，对于任意给定的需求反应，随着回购股票数量的增加，参与投标的股票也越多。例如，当参与投标的股票价格从 70 涨到 72 时，较高的价格吸引了额外的 2（000）只股票参与投标。若价格涨至 74，预计有 14（000）只股票参与投标，这里包括价格为 70 时的 10（000）只股票，价格为 72 时多出的 2（000）只股票，以及价格为 74 时多出的 2（000）只股票。

让我们看看在标价情况下，可以做些什么。

打开你的 Excel 电子表格。在单元格 A1 中输入 80，然后单击并拖动单元格 A1 的右下角直至单元格 A5，则 A 列就是公司股票的保留价格。

在单元格 B1 中输入 78，在单元格 B2 中输入 76，依此类推，直到在单元格 B5 中输入 70，则 B 列就是公司经过周密思考之后的回购价格。

在单元格 C1 中输入=A1−B1，然后单击并拖动至单元格 C5，则 C 列就是按照 B 列回购股票时对应的每股股票的利润。

在单元格 D1 中输入 18，在单元格 D2 中输入 16，依此类推，直至在单元格 D5 中输入 10，则 D 列就是在强需求情况下，根据每一投标价格预测的股票数额。

在单元格 E1 中输入=C1＊D1，然后单击并拖动直至 E5，则 E 列就是在强需求情况下，按照每一回购价格估计的公司利润。

在单元格 F1 中输入 16，在单元格 F2 中输入 15，依此类推，直至在单元格 F5 中输入 6，则 F 列就是在中需求情况下，根据每一投标价格预测的股票数额。

在单元格 G1 中输入＝C1 * F1，然后单击并拖动直至 G5，则 G 列就是在中需求情况下，按照每一回购价格估计的公司利润。

在单元格 H1 中输入 15，在单元格 H2 中输入 7，依此类推，直至在单元格 H5 中输入 2，则 H 列就是在弱需求情况下，根据每一投标价格预测的股票数额。

在单元格 I1 中输入＝C1 * H1，然后单击并拖动直至 I5，则 I 列就是在弱需求情况下，按照每一回购价格估计的公司利润。

根据每一个回购价格，公司的预期利润是多少呢？

在单元格 J1 中输入＝0.3 * E1＋0.5 * G1＋0.2 * I1，然后单击并拖动直至单元格 J5，则 J 列就是当公司选择对应的回购价格时，所得到的预期利润。观察第 J 列找到其最大值或在单元格 J6 中输入＝Max(J1:J5)。最优结果 73.6 将出现在单元格 J4 中。沿着第 4 行向左查看，你会发现这样挑选的回购价格是 72。

现在让我们看看改进的荷兰式拍卖，它要求在知道需求反应之后而不是之前设定回购价格。

在单元格 E6 中输入＝Max(E1:E5)，将确定单元格 E6 中的 100。然后在单元格 G6 中输入＝Max(G1:G5)，将确定单元格 G6 中的 82.8。在单元格 I6 中输入＝Max(I1:I5)，将确定单元格 I6 中的 30。这告诉我们如果需求反应强，公司将选择的回购价格为 70，因为 100 的利润是强需求反应下的最高预期值。而在中等需求反应情况下，公司选择的回购价格为 74，因为 82.8 的利润是中等需求反应下的最高预期值。如果需求反应为弱，公司将选择的回购价格为 78，因为 30 的利润是弱需求反应下的最高预期值。

因此，与同一回购价格相反，不同回购价格情况下的反应结果取决于更高的需求反应，而不是在标价情况下的需求反应。请注意，在改进的荷兰式拍卖中的任何一种需求情况下，最优价格绝不是标价情况下的价格（72）。

还应注意，当股东提交了他们的股票和保留价格时，这些关于股票的数字可能都不正确。但是，首先必须确定选择何种方法来作决策，决策的产生基于当时获得的最佳信息。另外要注意的一点是，两种方法可能会导致相同的回购价格（如果在任何一种需求情况下最高利润都只有一个回购价格，那么这个价格就等于标价情况下的最优价格）。

哪一种方法更好，也就是说，哪种方法会带来更高的预期收益呢？答案是改进的荷兰式拍卖，因为它在每一列中都挑选了最大利润，这与标价情况相反，它是为一个设定的价格挑选最大预期收益。

在改进的荷兰式拍卖中，预期收益是多少呢？在单元格 A7 中输入＝0.3 * E6＋0.5 * G6＋0.2 * I6，结果是 77.4。因为最高标价的预期收益是 73.6，所以改进的荷兰式拍卖将预期收益提高了 3.8(＝77.4－73.6)。

第七部分

风险、不确定性和激励

第 14 章

风险分析

正如你所知道的，管理世界是一个要随时准备与他人互动的环境。从这个意义讲，它是生活的再现。管理者遇到的风险和不确定性，以及他们面临的决策都具备两个特点：战略性质和不完全信息。我们在前面几章已经讨论了一些战略问题。

在不完全信息环境中，管理者并不拥有全部的相关信息。因而在制定决策时，管理者是不能够确定决策结果的。偶然性，或者其他人的行动，都可能会发挥作用。例如，营销一种新产品是有风险的，因为管理者不确定需求的程度。如果需求高，利润就大；如果需求不能保证足够抵消成本的销售量，利润就为负值。管理者能够确信其投资将会获得回报吗？通常不能。当他们着手实施决策时，未来仍是不确定的。

管理者面临的许多决策都存在诱人的高回报被更高的风险抵消的可能。钻油井或投资可替代能源都是有风险的。在作决策时，管理者必须形成对未来的理念。缺乏对未来的理解能力会让管理者无法行动。管理者需要运用决策工具洞穿各种可能的迷宫并作出明智的决策。

本章将给出多种工具以帮助管理者改善所作的决策。我们将从期望值的概念开始，它把一系列可能的结果概括成一个具有代表性的价值。之后我们考察决策树。很多决策都包含大量的可能结果，很多结果都是以纯粹的偶然性或其他人的行动为前提的。例如，一位管理者可能有这样的困惑，“如果利率低，竞争对手保持高价位，那么我的新产品需求量将会很高——可如果利率上升，竞争对手的价格下降，或新进入者加入市场，那又会怎样呢?”通过各种可能结果的网络图，决策树向我们提供了一个可视且直观的指导，同时它还可以帮助我们用一种简单且连续的方法制定各种决策。

我们也考察了降低不确定性的工具。工具和数据库能够提高我们预测未来的能力。例如，一位新产品的设计者针对消费者的接受度展开市场调查并分析相似产品的业绩，其目的是为可能的需求提供更多的信息。一家石油公司可以利用地理模型和卫星测试绘制出一个钻井地点及可能蕴藏石油地点的清晰分布图示。简单地讲，可以对有关未来的信息进行投资。我们指出了这样的信息到底有多少价值以及信息的质量如何完全取决于它的可靠性。

本章介绍的另一个主要概念是期望效用。人们对于风险的反应不一，就如同对真实商品有不同的偏好一样。如果在低预期回报率的安全投资与高预期回报率的风险投资之间作出选择，一些人会选择前者，一些人则会选择后者；这反映出他们对风险的不同容忍程度。我们将阐述如何运用期望效用分析管理决策中的风险容忍度。

14.1 风险与概率

在日常用语中，风险意为危险或损失。如果一家生物技术公司投资 200 万美元用于科研开发，并知道如果成功开发的产品没有上市，那么投资失败的可能性就相当大，他们正在从事一项风险投资。而且，损失的可能性越大或者潜在损失的规模越大，某一特定行为的风险就越大。

为了分析风险，需要定义概率。假设存在一种情况，其中会出现许多可能的结果。例如，如果一个赌徒掷出一枚骰子，可能出现的数字是 1、2、3、4、5 或 6。与每个可能结果出现相关的数值就是概率。如果重复这种情况，那么在相当长的时期内，每个结果出现的次数占所有结果出现次数的比例就是概率。掷骰子结果为 1 的概率是掷出骰子很多次之后，数字 1 出现的次数占总次数的比例；同样，掷骰子结果为 2 的概率是骰子掷出很多次之后，数字 2 出现的次数占总次数的比例；依此类推。

如果同一种情况被大量重复 R 次，而其中的一个结果 A 出现的次数为 r，那么 A 出现的概率是：

$$P(A)=\frac{r}{R} \tag{14.1}$$

因此，如果一枚骰子是“可靠”的（意思是骰子滚动时，每一面出现的可能性均相等），那么出现数字 1 的概率是 1/6，或 0.167，因为如果它被掷出很多次，出现 1 的次数将占总次数的六分之一。

战略环节 ☞

辉瑞公司和它的新胆固醇药物

当开发新的药物时，制药公司管理者就面临着包含巨大风险的决策。我们通过辉瑞公司的管理人员考虑的以下问题来说明管理者应该如何使用预期价值。

辉瑞公司已经投资 10 亿美元开发一种新型/潜在的重点药物，它可能使公司的市场价值增加数十亿美元。管理者知道所有的药物都存在人们并不想要但却可能带来不良后果的风险，任何药物的副作用都可能导致伤害或死亡，这会产生昂贵的诉讼费用。事实上，几家药物公司都在最近的诉讼中损失了很大一部分市场价值（如默克公司的药物伟克适）。管理人员使用临床试验来评估新药物的风险，2006 年，在辉瑞公司管理人员进行的试验中，有 15 300 名患高风险心血管疾病的人，或者服用新型药物，或者被分配到一个控制组，服用已有的药物立普妥。

试验结果是，服用新药而死亡的有82人，对照组服用已有药物死亡的有52人。由于试验主体有较高的心血管疾病风险，管理者预计到会有死亡现象出现。然而，在评估新药的效果和安全性时，需要知道的是这一额外的死亡是属于纯粹的统计偏差，还是表明新药物的确存在更大的风险。

管理者为试验事先制定的科研计划是：如果因新药而导致额外死亡的概率超过1%，试验就会停止。一份试验统计分析结果显示该阈值被超过了。换句话说，管理者有99%的把握确信这不是统计偏差，也的确说明新药比控制药物更具致命性。

辉瑞的管理者面临一个决策权衡。如果停止试验，他们就失去了获取高额利润的机会。如果继续试验并寻求监管部门的批准以生产和销售新药，公司可能面临来自患者的昂贵诉讼，因为他们会把受到的伤害或死亡归因于药物的缺陷而对公司进行起诉。辉瑞的管理者设计和量化了每个决策产生的结果（放弃抑或不放弃）。不过，辉瑞的管理者如何才能衡量这些未来结果实现的可能性呢？管理者对可能的结果经过讨论之后，形成了自己的看法，但管理者又该如何组织数据以便制定出一个明智的决策，来帮助公司和股东实现最佳利益呢？

在现实世界里，辉瑞的管理者放弃了这个试验，并损失了10亿美元的投资。而作为这个决策的结果，公司的市场价值下降了210亿美元。

刚刚介绍的就是所谓的概率的定义。在有些时候，概率这一定义应用起来是比较困难的，因为这些情况不能被一次次重复。2008年，肯德基测试了一款新型炸鸡产品，以便决定在2009年年初是否能将其推向市场。[①] 这个测试不能在完全相同的环境下重复进行，因为市场及其他条件每个月都在发生变化。如果肯德基推迟引进新产品，那么来自其他公司（如麦当劳）的相似产品、这些竞争产品的价格、其他公司的广告活动以及很多其他相关因素都可能发生改变。

在处理这类情况时，管理经济学家有时会运用概率的主观定义。根据这一定义，事件的概率是管理者认为该事件将会发生的可信度。如果管理者认为结果X比结果Y更容易出现，那么X发生的概率就高于Y发生的概率。如果管理者认为某一结果发生或不发生的可能性相等，那么与这一结果出现相关的概率就等于0.50。我们运用概率的这一定义来构建管理者的信息模型。

战略环节 ☞

2011年，主要的全球风险是什么？

世界经济论坛（以每年在达沃斯举办的经济峰会著称）每年就最有可能造成全球风险的事情发布清单和进行分析。这些风险将形成商业运营的环境。

“具有较高的影响度和关联度是两个尤为显著的风险。经济差异和全球治理失灵既影响着许多其他全球风险的进程，也压制着我们对其有效反击的能力。”

世界经济的排行榜是变化的，存在各种不平衡，现在仍有证据显示经济差异还在继续加大。而且，国与国之间就如何获得可持续发展的观点也存在差异。采取民族主义和

---

① Yahoo! News, March 24, 2008.

民粹主义运动的国家正在增多。

论坛还提出了三类重要的风险集群：

● **"宏观经济失衡"的关联：**该经济风险集群包括宏观经济失衡与货币波动、财政危机与资产价格崩溃，该风险出现在新兴经济体日益增长的财富和影响力与发达经济体的高债务水平的矛盾当中。国内储蓄与国家间的贸易失衡越来越难以为继，而无资金准备的负债对财政情况造成了长期的压力。解决这种不平衡的方法是进行全球性的合作行动，但在不同政府利益冲突的前提下，这样做是极具挑战性的。

● **"非法经济体"的关联：**这个关联考察的风险集群包括国家的脆弱性、非法贸易、有组织的犯罪及腐败。在网络世界里，治理失灵和经济差异为这类非法活动的猖獗创造了机会。据估计，2009年的全球非法贸易总值达1.3万亿美元，并且这一数字还在增长。这些风险，在对合法经济活动造成巨大成本、对社会发展构成威胁、破坏法治、让国家陷入贫困和不稳定周期的同时，也削弱了政府的治理能力。国际合作对供需双方都是迫切需要的。

● **"水—食品—能源"的关联：**快速增长的全球人口和持续增长的繁荣给资源造成难以支撑的压力。在未来的20年里，对于水、食品、能源的需求预计将增加30%～50%，而经济差异刺激了短期的生产和消费，也破坏了长期的可持续性。短缺可能会导致社会和政治不稳定、地缘政治冲突和无法挽回的环境破坏。任何只集中于水—食品—能源的关联而不考虑其交互关联风险的战略都会产生严重的、意想不到的后果。

最后，报告又提出了四类值得警惕的风险：

● "人口挑战"加剧了发达经济体的财政压力，造成新兴经济体社会不稳定等严重风险。

● "资源保证"问题引发了极端的动荡，以及长期能源和商品价格的持续上涨，假如供给不能再满足需求的话。

● "全球性紧缩"将通过民粹主义对经济差异作出反应，假如新兴经济体不占据领导地位。

● "大规模杀伤性武器"，特别是国家之间新的核扩散的可能性。

资料来源：World Economic Forum, "Global Risks 2011," Sixth Ed., eds Kristel Van der Elst and Nicholas Davis. {Quotations are from the Executive Summary.}

14.2 概率分布与期望值

如果列出所有可能的结果，并为每一个结果指定一个发生的概率，那么显示各结果的表格就被称为概率分布。例如，假设阿德普特技术公司，一家加利福尼亚州圣何塞市的机器人制造商，其管理者认为在一年内研制出一种新型机器人的概率是0.6，而研制不成功的概率是0.4。概率分布如下所示：

事件	发生概率
一年内研制出新型机器人	0.6
一年内研制不出新型机器人	0.4
	1.0

注意，各概率之和是 1，把所有结果或事件列出之后，结论一定如此。

如果阿德普特的管理者在一年内开发出这款新型机器人，公司将获利 100 万美元，但如果开发不成功，公司则损失 60 万美元，可以很容易地列出这款新型机器人利润的概率分布：

利润（美元）	概率
1 000 000	0.6
−600 000	0.4

而且，可以计算出利润的期望值：

$$1\,000\,000(0.6)+(-600\,000)(0.4)=360\,000 \text{ 美元}$$

期望值是对应于各种结果的利润的加权平均，每一利润值用其对应的概率来加权。

一般地，期望利润可用如下式子来表示：

$$\text{期望利润}=E(\pi)=\sum_{i=1}^{N}\pi_i P_i \tag{14.2}$$

其中，π_i 是与第 i 个结果相关的利润水平，P_i 是第 i 个结果发生的概率，而 N 是所有可能结果的数量。在阿德普特技术公司的案例中：

$$N=2,\pi_1=1\,000\,000 \text{ 美元},\pi_2=-600\,000 \text{ 美元},P_1=0.6,P_2=0.4$$

可见（14.2）式与前面等式的表述一样。

14.3 期望利润的比较

为了决定在若干行动中采取哪一些行动，管理者可以比较期望利润。假设一家汽车轮胎生产商，琼斯公司，它的管理者正在考虑提高其产品的价格，即每个轮胎提价 1 美元。管理者预计如下：如果提高价格，在现有广告活动成功的情况下，公司将实现利润 80 万美元；若广告活动推广失败，公司将遭受 60 万美元的损失。管理者认为当前广告活动成功的概率为 0.5，不成功的概率也为 0.5。

在这些条件下，假设管理者提高价格，则公司的期望利润为：

$$800\,000(0.5)+(-600\,000)(0.5)=100\,000 \text{ 美元}$$

可见，期望利润是获利（或亏损）额乘以每一结果发生的概率之和。在这一案例中，有两个可能的结果：(1) 公司目前的广告活动是成功的，(2) 是不成功的。如果第一个结果发生，我们用获利额乘以该结果出现的概率，结果是 800 000(0.5)；如果第二个结果发生，我们用亏损额乘以该结果出现的概率，结果是（−600 000)(0.5)。将这两个结果相加，我们得到了 100 000 美元，这就是如果公司提价的期望利润。

如果琼斯公司的管理者不提高产品价格，那么期望利润是多少？假如他们相信不提高价格，利润可实现 20 万美元。为简单起见，我们假设不提价的利润水平是确定的。如果管理者想要最大化预期利润，他们不应当提高价格，因为不提价的期望利润为

200 000 美元，而提价后的利润只有 100 000 美元。在本章后面的内容里，我们将详细讨论在什么条件下最大化期望利润是理性的，并且如果这样做是不理性的又该如何去处理。

14.4 决策路线

管理者经常遇到的情况是：在多种战略中做选择与取决于其他人所选行为的战略收益。由于准确估计他人的行为并不容易，管理者就需要形成自己关于未来的观念。为了分析这样的情况，决策树显得十分有用。

决策树是有助于管理者直观化其未来战略的一幅图。它表示一系列的选择，每个选择用一个分叉描述（有时被称作节点或分叉点）。一个决策点表示管理者必须作出承诺的一个战略选择。一个机会点表示可能影响结果的概率。为了区分决策点与机会点，用一个小方块表示前者而不是后者。

图 14—1 表示琼斯公司的管理者所面临的决策树。管理者正在考虑提价这个问题。从图中的左端开始，琼斯的管理者必须选择是否提价。我们用决策点代表这个选择，所以它是一个小方块。如果管理者不提价，其结果是确定的：管理者将获利 20 万美元。因此，20 万美元就写在这个分支的下面。如果管理者确定要提价，就会出现在两个结果中挑选一个的情况。如果现有的广告活动是成功的，那么消费者接受提价，管理者获利 80 万美元。这点用上面的分支表示。而下面的分支就表示活动不成功、消费者不接受提价，管理者损失 60 万美元的情况。基于历史经验，类似的活动中有 50%是成功的，有 50%是不成功的。

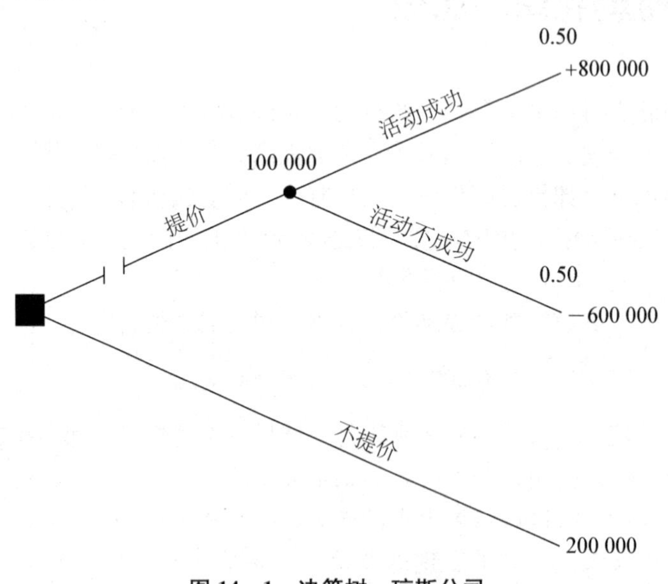

图 14—1　决策树，琼斯公司

注：如果琼斯公司提高价格，期望利润为 10 万美元。如果不提高价格，期望利润为 20 万美元。

决策树列出了多种选择，给管理者提供了一种简单的方法去比较各种战略的收益，然后我们能够较容易地确定管理者应当选择什么战略。在决策树的右端，显示的是利润数值。当管理者位于机会点时，第一步是计算期望利润，目的是立即返回到这些收益数值的左端。换句话说，管理者的这些期望利润是在假定可能性会影响随后的结果的前提下得到的。存在 50%的可能性使得随后的分支得到 80 万美元的利润，也存在 50%的可能性使得随后的分支遭受 60 万美元的损失，则该机会点的期望利润是：

$$0.5(800\,000)+0.5(-600\,000)=100\,000 \text{ 美元}$$

机会点上面的数值给出了当企业位于该节点时的期望利润。沿着决策树进一步向左移动，显然，管理者要在两个分支中作出选择；一个会带来 10 万美元的利润，另一个会带来 20 万美元的利润。如果管理者希望最大化期望利润，他们应当选择后者，也就是说，应当选择不提价；因为前一个分支不是最优的，所以我们在该分支上画上两条垂直线。

当然，分析琼斯公司定价问题的绘图过程与我们在前一节所做的计算结果相同。简言之，决策树让你将复杂的决策问题可视化。在琼斯公司的案例中，存在两种行动和两个概率。然而，当一个决策问题由于具有多个选择而变得更加复杂，每个选择又有多个可能结果时，我们就很容易迷失在复杂的迷宫里了，而决策树提供了一个简单、直观的路线图，将顺序与透明度引入复杂的决策结构中。

问题环节 ☞

金科公司的管理者是否应该钻油井?

刚刚介绍的概念的一个重要应用领域就是来自页岩地层的天然气和原油产品。有相当多的资金正准备投入这部分业务。管理者使用这些分析工具帮助制定决策。为了说明如何应用这些概念，考虑金科公司的管理者面临的一个情况，他们必须决定是否在宾夕法尼亚的某个地方钻油井。管理者拥有的信息包括钻井的成本、天然气和石油的价格以及地理学家关于这个引人瞩目的重要矿床的报告。地理学家的报告让管理者们相信如果钻到一口好井，结果是有 0.60 的概率发现没有任何矿藏，有 0.15 的概率发现大约有 1 万桶原油，有 0.15 的概率发现有 2 万桶原油，而只有 0.10 的概率发现会有 3 万桶原油。

尽管这些概率值很有帮助，但它们本身并不能帮助管理者选择是否钻井。管理者需要考虑与每个结果相关的收益。假设管理者估计，如果没有发现石油，他们将有 9 万美元的损失；如果发现 1 万桶原油，将有 10 万美元的利润；如果发现 2 万桶原油，将有 30 万美元的利润；如果发现 3 万桶原油，将有 50 万美元的利润。基于这些结论，管理者应当钻油井吗?

通过构建如下图所示的决策树，管理者可以回答这个问题。从图形的左端开始，管理者的第一个选择是钻井或者不钻井。如果随后的分支代表不钻井，期望利润则为零，该数值显示在该分支的末端。(为什么？因为如果不进行钻井，公司既没有收益，也没有损失。)如果随后的分支代表钻油井，我们将来到机会点：并不确定油井是否会出油，如果出油，将生产出多少原油呢？机会点随后的最高分支代表没有打出原油，在这一情况下，管理者损失 9 万美元，该数值显示在该分支的末端。机会点随后的下一个分支代表发现 1 万桶原油，在这一情况下，管理者获利 10 万美元，该数值显示在该分支的末端。类似地，机会点随后稍低的一个分支代表发现 2 万桶和 3 万桶原油，这些分支末端显示的数值都代表公司对应的利润。

决策树构建之后，如果立即移到盈利（亏损）数值的左侧，公司的管理者能够算出机会点的期望利润。如果公司位于该机会点，会存在 0.60 的概率分支损失 9 万美元，存在 0.15 的概率分支获利 10 万美元，同样存在 0.15 的概率分支获利 30 万美元，而存在 0.10 的概率分支获利 50 万美元。如果公司位于这个机会点，为计算其期望利润，公司的管理者应当用概率乘以对应的每一个盈利（亏损）额，然后相加。于是，公司在这个机会点的期望利润等于：

$$0.6(-900\ 000)+0.15(100\ 000)+0.15(300\ 000)$$
$$+0.10(500\ 000)=56\ 000 \text{ 美元}$$

如下图所示，这一结果写在机会点的上方，用来表示公司在这一节点的期望利润。

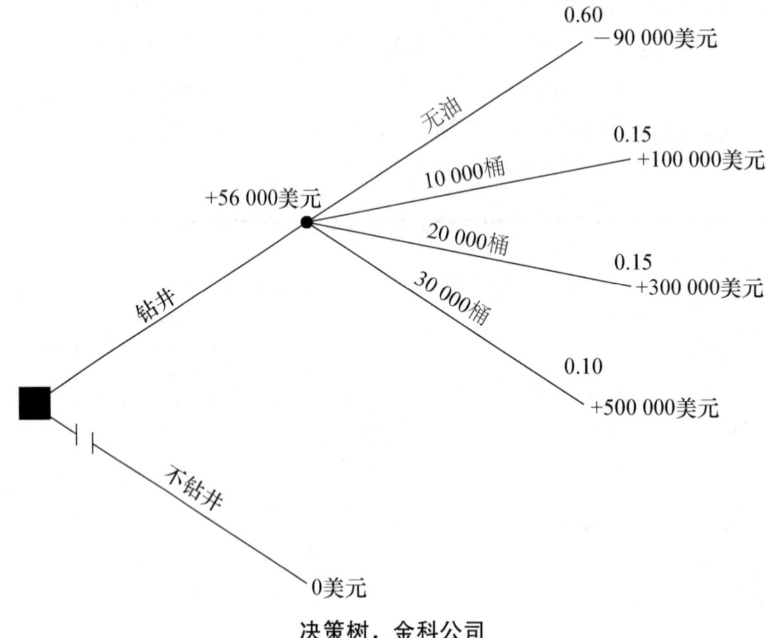

决策树，金科公司

注：如果金科公司钻油井，期望利润为 5.6 万美元；如果不钻井，期望利润为 0。

沿着决策树继续向左，管理者可以在两个分支中进行二选一：一个分支产生的期望利润是 5.6 万美元，而另一个分支的期望利润为 0。因此，如果管理者希望预期利润最大化，他们应当选择前一个分支——那就是，钻油井。

14.5 完全信息的期望值

有时管理者获得的信息可以帮助消除不确定性（至少在某种程度上）。如果管理者能够购买信息，他们应当为此支付多少钱？我们把完全信息的期望值定义成管理者能够从有关未来结果完全准确的信息中获得的期望利润的增加值。管理者一般愿意为提前了解这一信息而付出一定的成本。例如，琼斯公司的管理者发现，准确估计出其广告活动将会获得怎样的成功是一件非常有价值的事情。

为了说明管理者如何计算完全信息的期望值，我们回到琼斯公司的例子。从估计管理者能够获得完全准确信息的预期货币值开始，如果管理者能够获得完全信息，那么选择最优决策就变得容易了。若广告活动成功，管理者将提高价格并获利 80 万美元；若广告活动不成功，管理者则不会提价，而将获利 20 万美元。对于能够获得完全信息的管理者来讲，期望利润为：

$$0.5(800\,000)+0.5(200\,000)=500\,000 \text{ 美元}$$

尽管管理者能够获得完全信息，但直到他们为此付出成本之后这些信息才能够为其所用。可假设某个预言家就广告活动是否成功一事给出自己专家性（永远不会出现错误）的意见。这个预言家肯定会讲出广告活动成功的概率为 0.5，这种情况下管理者可以提高价格并获利 80 万美元。预言家还肯定会告诉管理者广告活动不成功的概率也有 0.5，这种情况下管理者不能够提高价格，但还可获利 20 万美元。因此，管理者获得可完全预测（支付以后可见）的期望利润是 50 万美元。

回顾一下，如果管理者没有完全信息，作出决策的期望利润是 20 万美元，而不是 50 万美元。二者之差（500 000 美元－200 000 美元）即为完全信息的期望值。它表明该值作为预期利润的增加值是管理者获得完全信息的一个结果；因此，30 万美元是管理者对这一信息的保留价格。

在很多情况下，管理者琢磨完全信息的价值是很重要的。管理者经常会接到来自测试服务、研究组织、新闻机构、信用评价机构和许多其他组织提供的信息。除非管理者知道某种类型信息的价值，否则理性决定应当购买哪类信息是很困难的。本节讲述的信息分析价值有益于指导这样的决定，因为它给出了管理者愿意为获得完全信息花费的最大值，而对于不完全信息价值的计算则更为复杂，这里不做介绍。当然，该结果小于为获得完全信息所支付的数额。而且，当信息的准确性降低至某一水平时，该信息对于管理者就没有什么价值了。

问题环节 ☞

对投资一家新化工厂的估价

为了说明完全信息期望值的作用，考察一个真实的案例：一家美国大公司的管理者通过构建决策树来决定公司是否应当投资建立一个新工厂。这家新工厂的主要产品是抛光剂；但运用一种新的加工方法，还可以生产一种很有价值的副产品。两种产品的确切产量无法确定，因为加工过程中所用原材料的少量杂质可能会极大地影响抛光剂和副产品的数量。而且，关于原材料成本和工厂效率也存在不确定性。

下表给出了有关副产品产量、杂质、原材料成本和工厂效率的完全信息的期望值。如你所见，主要的不确定性来自副产品产量与杂质程度的不确定性。例如，关于副产品产量的完全信息价值高达 620 万美元。另外，关于原材料成本与工厂效率的完全信息对于这个决策则没那么重要。实际上，关于工厂效率完全信息的期望值接近于零。基于这些结果，管理者决定在承诺建立新工厂之前，先研究与副产品产量及杂质程度有关的不确定性问题。

关于是否建立新化工厂的影响因素的完全信息期望值

因素	完全信息期望值（百万美元）
副产品产量	6.2
杂质程度	3.9
原材料成本	0.3
工厂效率	0.0

14.6 对风险态度的衡量：效用方法

在讨论琼斯公司与金科石油公司的管理者行为时，我们均假设管理者想要实现利润最大化。现在考察风险如何影响管理者的行为。假定一家小型公司接收到了如下选择信息：

1. 有把握的利润是 200 万美元。
2. 各有 50%的冒险机会：获利 410 万美元或者损失 6 万美元。

这一冒险的期望利润是：

$$0.5(4\,100\,000)+0.5(-60\,000)=2\,020\,000 \text{ 美元}$$

所以，如果管理者希望实现利润最大化，那么就应当选择冒险而不是有把握的 200 万美元。然而，看起来似乎很多管理者，尤其是小型公司的管理者，更愿意选择 200 万美元，因为这样的冒险有 50%的概率损失 6 万美元——对很小的公司来说，这是一笔巨资。然而，很多管理者认为，不论是 200 万美元还是 410 万美元，都是一样的工作，因此额外的利润不值得承担损失 6 万美元的风险。

战略环节 ☞

联邦快递与 ATA 控股公司的风险披露

继《萨班斯-奥克斯利法案》之后，作为典型的上市公司，联邦快递向其投资者及潜在投资者披露了自身的市场风险。由于安然、泰科和世通关于真实风险披露的信息不足，才导致了这样的披露。

联邦快递声称："我们没有关于改变长期债务利率的公开宣传，因为我们长期债务中主要部分的利率是不变的。"提到 2007 年 8 月到期的带有浮动利率的 5 亿美元的债务时，联邦快递声称，它不会使用利率套期保值来减少这种贷款的风险。公司的理由是，这一大笔浮动利率债务的利率提高 10%，将不会对其经营业绩有重大影响。在 2007 年 5 月 31 日，其突出的固定利率的长期债务中有一个估计 240 亿美元公允价值的债务。当利率增加 10%导致公允价值可能降低时，就需要估计这类债务（2006 年 5 月 31 日的估计值为 36 000 万美元）的市场风险。

联邦快递还公布了由于汇率波动引发的风险。公司的大多数交易都以美元计价，但也有大量的交易以欧元、人民币、加拿大元、英镑和日元计价。联邦快递声称，结算交易的外币分布情况是：在世界某些地区出现的货币贬值，往往被在其他地区出现的货币增值抵消。实际上，在2006—2007年间，联邦快递认为运营收入受到了外汇波动的正面影响。然而，有益的外汇波动也可能对已得的产品或服务的需求造成抵消的影响。在2007年5月31日，与上面提到的货币相关的美元价值提高10%，则将使2008年的运营收入降低1.51亿美元。请注意灵敏度分析的影响（假设利率与汇率的变化都是10%）。

最后，联邦快递公布了与其燃油价格变动相关联的风险情况。通过使用燃油附加费并把增加的燃料成本转嫁给客户，公司减轻了对应的风险。联邦快递总结出，燃油价格10%的增长不会实质性地影响它的收入。然而，在燃油附加费实施中存在一种滞后，即燃油价格发生实质性变化后，联邦快递才会发现自己的运营收入已经受到影响。

除此之外，公司还讨论了"很多风险与不确定性"：

1. 强大的声誉及品牌价值的维持。
2. 运营中的技术威胁/网络失败。
3. 用于处理业务的足够物质资本的保证。
4. 竞争对手的威胁。
5. 有效运作、整合、资金支持和收购企业的扶持。
6. 以合理价格获得燃料的能力。
7. 将联邦快递的地勤人员归类为独立承包人的必要性。
8. 提高安全成本的影响。
9. 国际规制环境的影响。
10. 运营/经济条件下，恐怖活动的影响。
11. 新的税收、会计、劳动力与环境法规/法律的影响。
12. 管理成本结构的能力。
13. 保持与雇员良好关系的能力。
14. 保证高素质劳动力的供给。
15. 医疗服务与其他员工福利的管理。
16. 业务量的变更、顾客需求参数和价格制定的管理。
17. 服务创新与生产线的扩张。
18. 控制法律费用和避免责任。
19. 适应和应对影响服务需求的技术变化。
20. 应对影响系统操作的不良气候条件/自然灾害。
21. 应对大规模流行病。
22. 确保金融资本在一个合理的价位。

现在考虑第11章中描述的资金状况不佳的公司破产的情况（例如，ATA控股公司于2008年4月3日终止了运营）。在2004年的10-K报表中，ATA指出，可能存在公司提供了错误估计未来的前瞻性报表的风险：

● 开发和执行修订后有利可图的业务计划的能力，其中包括重组航班计划、保证员工的支持，并调整飞机的轨距。

● 发展、执行、确认和完善与第11章相关的重组计划。

● 存在这种风险：第三方为寻求和获得经法院批准的破产，终止或缩短了提出和证实一个或多个重组计划的独立经营期，如第11章中受托人的委托，或是第7章中改变一种或多种资产。

- 获得与维护零售商和服务提供商的正常条款。
- 维护对运营起关键作用的合同的能力。
- 第 11 章中有关运营流动性或运营结果重组的潜在负面效果。
- 吸引与留住顾客的能力。
- 公司运营市场中的交通需求。
- 经济条件。
- 任何敌对或战争活动的影响。
- 薪酬成本。
- 航空燃料成本。
- 价格的竞争压力（尤其是来自低成本竞争对手的价格压力）。
- 天气情况。
- 政府法规与规制。
- 偶尔列举提交给美国证券交易委员会报告中的其他风险与不确定性。

事实上，ATA 最终还是无法维持军事合同和高昂的燃料成本。

资料来源：FedEx，Form 10-K，Annual Report，Filed July 13，2007，and ATA Holdings Corp. 10-K for December 31，2004.

在这种情况下，公司的管理者是否希望实现利润最大化取决于其对待风险的态度。如果决策中的股份数量与公司的整体价值相比，所占比重相对较大，管理人员的奖金可能会受到影响，他们可能被 50%的概率失去 6 万美元的想法吓倒，因为这可能会牺牲他们的奖金。另一方面，如果他们管理着一家大型公司，6 万美元的预期损失可能一点也不会令管理者不安；反而他们更喜欢选择冒险，而不会选择有把握的 200 万美元的利润。

幸运的是，我们不必假设管理者追求利润最大化，而是为管理者构建一个效用函数以衡量他们对待风险的态度。（我们不应当将其与第 3 章中讨论过的效用概念相混淆。如后面所述，它们是不同的概念。）通过这个效用函数，可以根据管理者对待风险的态度来判断其最优战略。

□ 建立效用函数

我们定义某位理性管理者是一个想最大化其预期效用的人，也就是说，管理者不想伤害她自己。管理者选择有最高期望效用的战略。但效用是什么（在本书的背景下）？它是与管理者所有可能的决策结果有关的一个值。管理者的效用函数表示其对每一个可能结果（或是利润，或是福利）的满意度。它是风险调整型的，所以也代表风险偏好。管理者如何计算期望效用呢？它是每一个结果的效用与该结果发生的概率乘积的累加。例如，如果一种情况有两个结果，A 和 B，结果 A 的效用为 2，结果 B 的效用为 8，每个结果出现的概率都是 0.5，则期望效用等于：

$$0.50(2)+0.50(8)=5$$

在前面的战略环节中，选择金科公司钻井的管理者的期望利润是多少？它等于：

$$0.60U(-90)+0.15U(100)+0.15U(300)+0.10U(500)$$

其中，$U(-90)$ 是与货币损失 9 万美元相关的管理者效用，$U(100)$ 是与获利 10 万美元相关的管理者效用，$U(300)$ 是与获利 30 万美元相关的管理者效用，等等。由于损失 9 万美元的概率是 0.6，获利 10 万美元的概率是 0.15，获利 30 万美元的概率是 0.15，获利 50 万美元的概率是 0.10，所以上式表示的是期望效用。如果管理者不去钻油井，他们的期望效用是多少？它等于 $U(0)$，因为在这种情况下，获利肯定为零。

为了发现管理者与每个可能结果有关的效用，可以从与两种结果任意相关的效用排序开始。设定最好结果的效用要高于最坏结果的效用。钻油井的管理者可以设定 $U(0)$ 等于 0，而 $U(500)$ 等于 50。效用范围是任意的。我们可以任意选择端点，不过一旦确认了范围，就必须遵照这个范围。因此，管理者可以设定 $U(-90)$ 等于 1，而 $U(500)$ 等于 10。这对于分析的最终结果没有任何差别。[①]

管理者应当考虑落在这些极端值之间的收益。他们需要思考在只有一种利润水平的确定事件与利润水平被任意设定的两个冒险事件之间选择。在钻油井的案例中，假定管理者希望得到 $U(100)$。为此，管理者应当考虑是宁愿选择获利 10 万的确定事件，还是概率为 P 的 50 万美元的获利和概率为 $(1-P)$ 的 9 万美元的亏损的冒险事件。他们应当考虑 P 的取值，以使得管理者在获利 10 万美元的确定事件与冒险事件之间没有差异。现在假定这个 P 值为 0.40。

如果管理者在获利 10 万美元的确定事件与冒险事件之间不存在差异，那么获利 10 万美元的期望利润与冒险事件的期望利润一定相等。为什么？因为管理者希望最大化预期利润。因此：

$$U(100)=0.40U(500)+0.60U(-90)$$

由于已经设定 $U(500)$ 等于 50，$U(-90)$ 等于 0，并满足：

$$U(100)=0.40(50)+0.60(0)=20$$

也就是说，获利 10 万美元的效用是 20。

管理者现在可以用效用衡量三个财富水平；$U(-90)$ 和 $U(500)$ 被任意设定为 0 和 50 以便确定效用函数的范围。然后我们基于这个范围推导出 $U(100)$ 一定等于 20。

运用同样的步骤，石油公司的管理者能够估计出 $U(300)$ 和 $U(0)$，这些效用可用来计算钻井成功或钻井不成功的期望效用。例如，为了获得 $U(300)$，管理者应该考虑是否宁愿选择有把握的获利 30 万美元而不选择冒险，这个冒险包括概率为 P 的 50 万美元的获利和概率为 $(1-P)$ 的 9 万美元的亏损。然后，管理者应当思考概率 P 在什么水平上使得确定获利 30 万美元与冒险之间并无差异。现在假定这个 P 值是 0.80，那么确定获利 30 万美元的期望效用与冒险的期望效用一定相等，即：

$$U(300)=0.80U(500)+0.20U(-90)$$

而由于 $U(500)$ 等于 50，$U(-90)$ 等于 0，所以可得 $U(300)=40$。

① 我们构建的效用函数并不唯一。由于我们任意设定两个效用，所以结果的变化取决于选择的效用值。如果 X_1，X_2，…，X_n 是 n 个可能货币价值的效用，那么 $(\alpha+\beta X_1)$，$(\alpha+\beta X_2)$，…，$(\alpha+\beta X_n)$ 也可以是它们的效用（其中，α 和 β 是常数，且 $\beta>0$）。

管理者的效用函数表示他们的效用和利润（或亏损）额之间的关系。利用如上方法估计 $U(-90)$（或 $U(0)$，$U(100)$，$U(300)$ 和 $U(500)$）的值，管理者能够在其效用函数上找到 5 个点，如图 14—2 所示。通过重复上述过程，管理者能够估算出很多类似的点。（根据图 14—2，$U(0)=10$。）

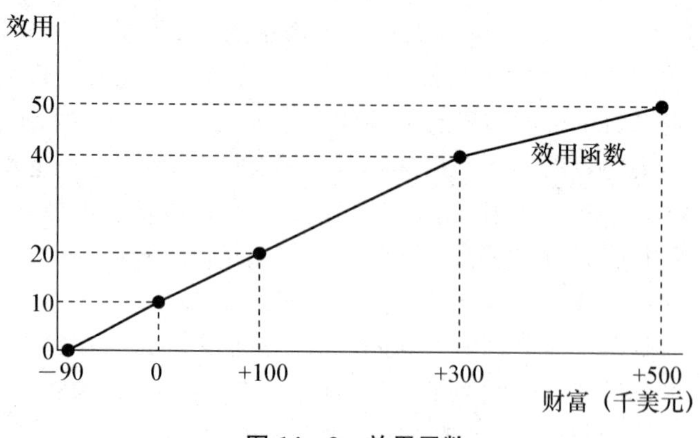

图 14—2　效用函数

注：在说明是否应当接受某种冒险时，可以运用决策制定者的效用函数。

问题环节

钻井还是不钻井？

管理者一旦估计出自己的效用函数，它就能帮助决定是接受还是拒绝特定的风险。考虑金科石油公司总裁，托马斯·布莱尔的实际案例。利用前面的过程，一位经济学家估计出了布莱尔的效用函数。假定结果如图 14—2 所示，布莱尔决定是否钻油井的情形参见金科公司案例中的描述。如果钻井的期望效用超过了不钻井的期望效用，他应当钻井。正如前一节指出的，如果钻井的期望效用为：

$$0.60U(-90)+0.15U(100)+0.15U(300)+0.10U(500)$$

他可用上式估计效用，方法如下。由于 $U(-90)$ 等于 0，$U(100)$ 等于 20，$U(300)$ 等于 40，而 $U(500)$ 等于 50，于是，如果钻井，其期望效用为：

$$0.60(0)+0.15(20)+0.15(40)+0.10(50)=14$$

效用函数衡量的是“财富”或“资本净值”的效用，而不是“收入变化”的效用，记住这一点非常重要。假设某人拥有 100 美元的财富，且面临冒险的选择：如果硬币人头朝上，将赢得 10 美元，否则输掉 10 美元。管理者可利用如下形式作出选择：

$$冒险的期望效用=0.5U(100\text{ 美元}+10\text{ 美元})+0.5U(100\text{ 美元}-10\text{ 美元})$$

与

$$不冒险的期望效用=1.0U(100\text{ 美元})$$

借用这种思想，金科公司的管理者应当考虑这些值：−90，100，300 或 500，并把它们看作财富，或者在不同情况下的公司资本净值。换句话讲，这些数字代表未来利润的现值，而不仅仅是记录某一年的利润。

如果不进行钻井，布莱尔的期望效用等于 $U(0)$，由图 14—2 可知它等于 10。因此他应当钻油井。为什么？因为若不钻井，期望效用是10；若钻井，期望效用是14。由于他追求最大化的期望效用，所以他应当选择带有更高期望效用的行动，即钻井。

14.7 对待风险的态度：三种类型

尽管管理者的期望效用随着货币收入的增长而增加，但效用函数的形式却依赖于个人偏好而发生很大的变化。图14—3描述了三种常见的效用函数。图14—3中图A的效用函数与图14—2中的效用函数在某种程度上有些相似，也就是说效用随财富增加而增长，但增长的速度是递减的。换句话说，随着财富的增长，货币收入每1美元的增长带来的效用增加额越来越小。拥有此类效用函数的管理者是风险规避者，即当风险带来的收益等于期望财富时，他们更倾向于选择确定性高的结果而不是确定性低的结果。①

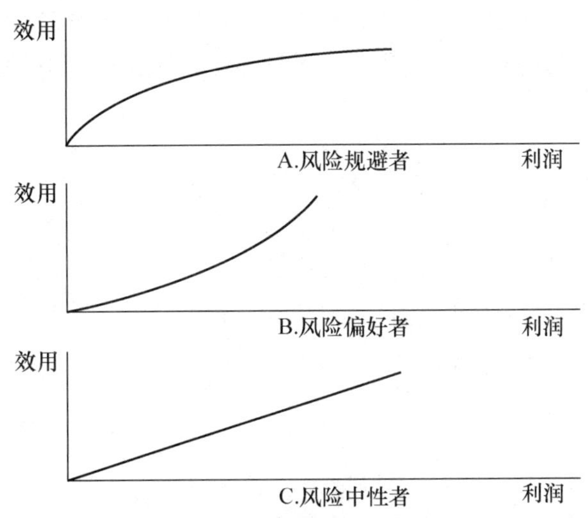

图14—3 效用函数的三种类型

注：效用函数的几种形状。图A的决策制定者是风险规避者；图B是风险偏好者；图C是风险中性者。

图14—3中的图B显示了效用随财富增加而增长，但增长的速度是递增的。换句话说，随着财富的增长，货币收入每1美元的增长带来的效用增加额越来越大。拥有此类效用函数的管理者是风险偏好者，即当风险带来的收益等于期望财富时，他们更倾向于选择确定性低的结果而不是确定性高的结果。②

最后，图C显示的情况是，效用随着财富的增加以不变的速度增长。换句话说，随着财富的增加，货币收入每1美元的增长带来的效用增加额不变。用解析式来表达，效用是财富的线性函数：

$$U=a+b\pi \tag{14.3}$$

---

① 假设一个冒险，其收益为π_1的概率是P，其损失为π_2的概率是$(1-P)$。如果某人一个冒险的期望利润效用$U(P\pi_1+(1-P)\pi_2)$大于该冒险的期望效用$PU(\pi_1)+(1-P)U(\pi_2)$，那么这个人是风险规避者。

② 如果某人一个冒险的期望利润效用$U(P\pi_1+(1-P)\pi_2)$小于该冒险的期望效用$PU(\pi_1)+(1-P)U(\pi_2)$，那么这个人是风险偏好者。

其中，U 是效用，π 是财富，而 a 和 b 是常量（当然 $b>0$）。此种类型的管理者是风险中性者[①]，即他们总选择最大化预期财富，而无论风险如何。这很容易证明。如果(14.3) 式成立，则有：

$$E(U)=a+bE(\pi) \tag{14.4}$$

其中，$E(U)$ 是期望效用，而 $E(\pi)$ 是期望财富。[②] 可见，期望效用与期望财富直接相关，当期望财富最大时，期望效用也最大。

14.8 标准差和变异系数：风险的测度

风险有许多含义。有些管理者采取行动时就仿佛风险可以采用负产出进行衡量一样。不过，管理者的确可以利用决策利润概率分布的离散程度对风险进行衡量。例如，假定琼斯公司的管理者必须决定是否投资建一家新厂。如果新工厂利润的概率分布如图14—4 中的图 A 所示，那么决定投资建新工厂的风险就远高于图 B 所示的风险。为什么？因为图 A 中新工厂的利润比图 B 中的利润更具有不确定性和可变性。

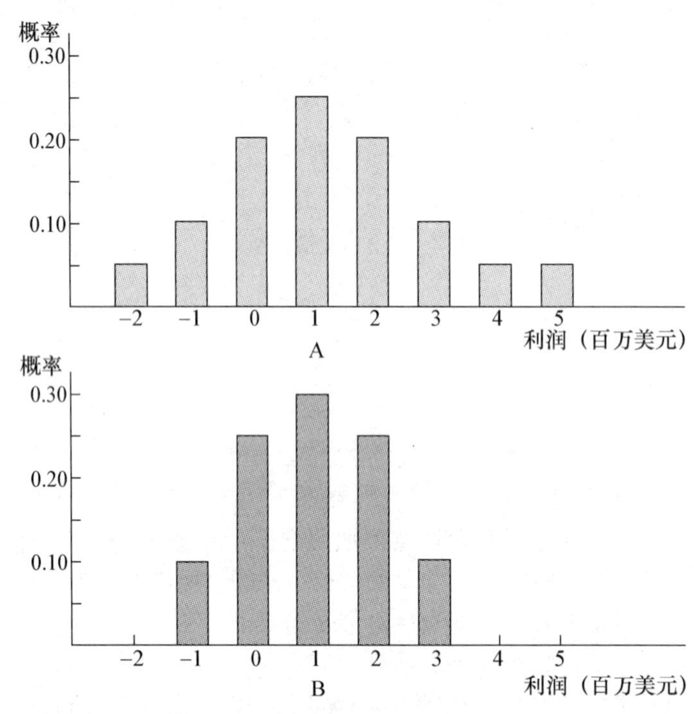

图 14—4 投资建新工厂利润的概率分布

注：图 A 的概率分布比图 B 的更为分散。

① 一个人在某些条件下可能是风险规避者，在不同条件下又是风险中性者，而在其他条件下又是风险偏好者。图 14—3 中的效用函数代表的是“纯粹的”情况，在这些情况下，至少在图中对应的范围内，一个人只可能属于其中的一种类型。

② 为了说明 (14.4) 式的正确性，假定 π 有两个取值 π_1 和 π_2，取值 π_1 的概率为 P，取值 π_2 的概率为 $(1-P)$。如果 $U=a+b\pi$，那么：

$$E(U)=P(a+b\pi_1)+(1-P)(a+b\pi_2)=a+b(P\pi_1+(1-P)\pi_2)=a+bE(\pi)$$

因为 $E(\pi)=P\pi_1+(1-P)\pi_2$。

作为衡量风险的一种方法，管理者经常使用标准差 σ，这是最常用的对概率分布分散度的度量。[①] 管理者需要考虑所有的可能选择以及与每种可能选择相关的未来的收益，然后把这些数据输入到软件中计算出标准差。软件对利润标准差的估计使用了利润的期望值 $E(\pi)$（回顾（14.2）式），然后用它减去每一可能利润的期望值，从而获得关于这个期望值的一系列离差（第 i 个离差就是 $\pi_i - E(\pi)$）。之后对每一个离差求平方，再用离差平方乘以其发生的概率 P_i，最后把这些乘积相加：

$$\sigma^2 = \sum_{i=1}^{N} P_i [\pi_i - E(\pi)]^2$$

对该结果求平方根就得到了标准差：

$$\sigma = \left(\sum_{i=1}^{N} P_i [\pi_i - E(\pi)]^2\right)^{0.5} \tag{14.5}$$

为了进一步说明，考虑某个公司的管理者必须决定是否投资新的加工技术。根据公司的工程师所言，这样一个投资有 0.3 的概率获得 100 万美元的利润，有 0.4 的概率获得 20 万美元的利润，以及 0.3 的概率遭受 60 万美元的损失。因此，来自这项投资的期望利润值为：

$$E(\pi) = 0.3(1) + 0.4(0.2) + 0.3(-0.6) = 0.2$$

即 20 万美元。根据（14.5）式，标准差为：

$$\begin{aligned}\sigma &= [(0.3)(1-0.2)^2 + (0.4)(0.2-0.2)^2 + (0.3)(-0.6-0.2)^2]^{0.5} \\ &= (0.384)^{0.5} = 0.62\end{aligned}$$

即 62 万美元。

较大的标准差意味着较大的风险。如果技术投资利润的标准差是 200 万美元，而不是 62 万美元，那么盈利就更缺少确定性。换句话说，投资盈利偏离其期望值的可能性就会更大。

当管理者使用标准差作为衡量风险的一种方法时，隐性地假设项目规模是不变的。如果一项投资的规模是另一项的两倍，投资利润的标准差将会不同。较大的投资通常伴有较大的利润标准差。为了考虑项目的规模，需要一种衡量相对风险的方法。这样一种衡量方法是变异系数，定义为：

$$V = \frac{\sigma}{E(\pi)} \tag{14.6}$$

例如，在新技术投资的例子中，不同利润水平的变异系数为 0.62/0.2，即 3.1。

14.9 风险评估模型的调整

根据第 1 章中讨论的基本评估模型，管理者必须持续关注其决策对公司未来利润现值的影响，现值为：

---

① 尽管标准差是衡量风险的一个十分有用的方法，但它不可能是最佳的衡量方法。这里以及本章接下来的几个小节中的讨论都做了必要的简化处理。我们介绍的衡量方法和技巧都比较粗糙，但是很多类似的方法在分析中同样有效。

$$PV=\sum_{t=1}^{N}\frac{\pi_t}{(1+i)^t} \tag{14.7}$$

但公司的管理者还是不能准确地知道在未来的 t 年里公司的利润（即 π_t）到底是多少，而只是知道能够使用的最好方法就是期望利润（$E(\pi_t)$）。可他们将如何运用（14.7）式说明风险呢？其中的 i 是风险调整贴现率。

一种方法是采用确定性等价值法，它与前面提到的效用理论有关。例如，公司管理者正在考虑投资一种新加工技术。假定管理者在净财富为 10 万美元的确定性事件（净财富即公司的财富）和与新技术投资相关的冒险事件之间并无差异。现在可将确定性等价值（10 万美元）与期望利润相比较（20 万美元）。如果确定性等价值低于期望净财富，那么决策制定者就是风险规避者；如果确定性等价值大于期望净财富，那么决策者就是风险偏好者；而如果确定性等价值等于期望净财富，决策者就是风险中性者。

基于决策者的效用函数，我们能够构建如图 14—3 所示的这类无差异曲线。每条无差异曲线都显示了确定性等价值与其对应的不确定性结果。图 14—5 显示的是价值 10 万美元的确定性事件与冒险事件之间的无差异性，其中的期望净财富为 20 万美元而风险采用变异系数来衡量，即为 3.1。使用这样的无差异曲线，我们能够估计任何一种不确定情况的确定性等价值。(与第 3 章中大部分的无差异曲线不同，这里的无差异曲线向右上方倾斜，为什么？因为管理者喜欢低风险而不是高风险。而在第 3 章中，消费者喜欢更多的商品而不是更少的商品。)

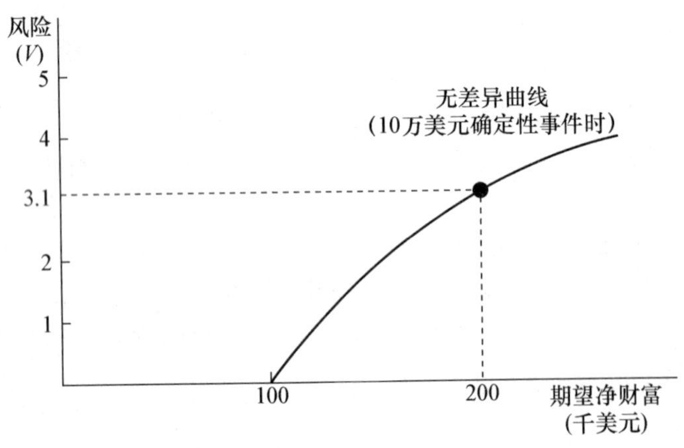

图 14—5　管理者在期望利润与风险之间的无差异曲线

注：管理者的效用在确定性事件和冒险事件之间并无差异。因此，她在 10 万美元的确定性事件与期望利润为 20 万美元、变异系数为 3.1 的冒险事件之间并无差异。而对不同于 10 万美元的无风险金额也存在类似的无差异曲线。

当然，在实践中要获得这样的无差异曲线并不容易，就如同获得以无差异曲线为基础的效用函数一样不容易。由于管理者的时间与耐心都是有限的，要获得超过一定限度的与他们关心的效用函数相关的信息量也许是不可行的，而且众多管理者中哪一个人是相关的也不总是十分清晰。如果很多管理者在某个决定中都扮演重要的角色，并且他们有着不同的效用曲线，那么他们就可能得出不同的结论。不过，还是要把这种情况预料到。实际上，持有不同风险态度的管理者，在不同的风险中作出选择时，如果没有得出不同的结论，这倒是令人感到奇怪的一件事。

战略环节 ☞

百事可乐的风险管理

由于商品（原材料和能源）价格、外汇和利率的变化，百事可乐面临着市场风险。但并不仅仅是商品价格风险才使得百事可乐与联邦快递的风险有所不同。下面看看百事可乐是如何应对这些风险的。

百事可乐利用衍生品为现金流或公允价值套期。它限制了潜在的对冲交易风险。所以，其衍生品的一个变化将被潜在的被套期项目值的一个反向变化所抵消，从而保护公司免受来自那些被套期项目的风险。如果对冲值没有得到被套期项目值变化的抵消，公司将无法充分保护自己不受风险的影响。这被称作一个无效的对冲。

除了衍生品的使用外，百事可乐通过固定价格合同和其他价格协议以及在不同地区购买商品来防止价格变动。另外，公司通过提高生产率的努力来达到降低经营成本的目的。衍生工具的使用往往被限制在不超过两年的时间里，主要用于天然气、柴油和水果市场。百事公司由于利用了这些工具以及外币工具，因而从未遭受过无效的对冲。

由于公司44%的净收益来自美国本土（接近一半来自加拿大、墨西哥和英国）之外，所以容易受到货币波动风险的影响。于是，百事可乐往往签订不超过2年的长期合约来应对这种风险。

公司集中管理其债务和投资组合，并考虑投资机会、税务后果和整体融资策略等。同时还使用利率互换和交叉货币利率互换来管理利息支出和外汇风险，这些工具改变了利率和货币性债务问题。当一个特定的债务工具发行时，对应的互换工具也同时发行。名义金额、支付的利息和掉期到期日对应的是本金金额、利率和原来债务证券的到期日。

资料来源：2007 Pepsico Annual Repor，pp. 38－39.

战略环节 ☞

风险调整贴现率的使用

将风险引入（14.7）式代表的评估模型的另一种方法是调整贴现率 i。与前面讨论的一样，该方法是以管理者的风险偏好为基础的。例如，假定下图表示一位管理者在期望回报率和风险之间的无差异曲线，显然曲线向右上方倾斜，说明当且仅当管理者能够得到更高的期望回报率时，他才愿意接受更大的风险。具体而言，他认为回报率为8%的无风险投资与期望回报率为12%的风险投资（$\sigma=2$）是无差异的。换句话讲，随着风险的增加，需要更大的期望利润来补偿更高的风险。

一笔特定的风险投资的期望回报率与无风险投资的期望回报率之间的差额被称作风险酬金。例如，下图中的管理者从无风险投资中获得8%的回报率，他需要4%的风险酬金去补偿对应于 $\sigma=2$ 的风险。这个额外的回报率是为了促使其进行这样一项风险投资。如果得到的风险酬金低于4%，他将不会进行这笔投资。

由于所需回报率取决于投资的风险水平，管理者可以通过调整贴现率 i、考虑风险因素来调整（14.7）式代表的基本评估模型。调整后的（14.7）式为：

$$PV=\sum_{t=1}^{N}\frac{\pi_t}{(1+r)^t} \tag{14.8}$$

其中，r 是风险调整贴现率。风险调整贴现率是无风险回报率与用来补偿投资风险的风险酬金之和。如果投资风险为 $\sigma=2$，那么下图中管理者的风险调整贴现率就为 12%。该风险调整贴现率等于 8%（无风险回报率）加上 4%（风险酬金）。

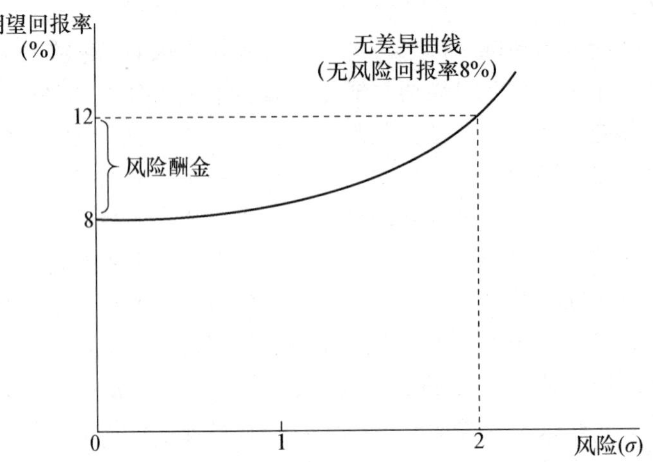

管理者在期望回报率与风险之间的无差异曲线

注：图中的管理者在 8%的无风险回报率与有期望回报率和风险的冒险之间是无差异的，而除了 8%以外的无风险回报率也存在类似的无差异曲线。

14.10 确定性等价值与保险市场

考虑在 2009 年初，管理者拥有当时价值为 900 百万美元的抵押贷款债务。他们预计市场有 25%的概率将变得更糟，债券价值将缩水至 400 百万美元。他们也预计市场有 75%的概率将相对平稳。债券的期望值因此等于：

$$0.25(400)+0.75(900)=100+675=775 \text{ 百万美元}$$

如果管理者是风险规避者，其效用函数可能是：

$$U=W^{0.5}$$

因此，债券的期望效用为：

$$0.25(400)^{0.5}+0.75(900)^{0.5}=0.25(20)+0.75(30)=5+22.5=27.5$$

确定性等价值是货币之和，它使得管理者在有确定性的货币之和与拥有债券（期望效用为 27.5）之间并无差异，即：

$$U=W^{0.5}=27.5$$

将上式两端平方，可得 $W=756.25$ 百万美元。该值应当是管理者出售债券的保留价格。

确定性等价值也被用于保险行业的度量。LBI 保险公司为个体提供了一个保险项目，正如其管理者描述的，它可以抵御灾难性事件。LBI 保险公司提供了全额保险——它将涵盖被保险人的全部损失（本例中为 500 美元）。若 LBI 保险公司是一个风险中性者，它应当对这个全额保单收取多少保费呢？

LBI 保险公司的期望收益为 125 美元，得到 500 美元收益的概率为 25%，收益为 0 的概率为 75%。因此，我们预计保费至少为 125 美元，这样 LBI 保险公司才能在保单上达到预期的收支平衡[①]。那么拥有抵押权的管理者愿意为这个保单支付的最高费用是多少呢？这与确定性等价值有关。如果 LBI 保险公司为此保单索要 143.75 美元，那么管理者应当确保剩余为 756.25 美元（900－143.75)。（如果损失没有发生，他们只需支付本金，所以他们还有 900－143.75＝756.75 美元；但是如果灾难性事件发生，管理者要失去全部 500 美元，在这种情况下，管理者将剩余 900－143.75－500＋500＝756.75 美元。）对于这份保单，管理者总是剩余 756.75 美元或是 $(756.75)^{0.5}=27.5$ 的效用。请注意，这个期望效用与前面介绍的没有保险时的效用完全相同。因此，花费 143.75 美元购买的全额保单与前面描述的债券市场的冒险并无差异，因为二者的期望效用都是 27.5。

LBI 保险公司对应的期望收益 125 美元与管理者愿意支付的最高保险费 143.75 美元之间的差额被称为风险酬金，也是管理者愿意向保险公司支付的高出损失期望值的数额。在本案例中，风险酬金为 18.75 美元。如果保险费 P 介于 125 美元与 143.75 美元之间，管理者更愿意购买保险（因为 $900-P$ 的效用＞27.5)，而保险公司也将出售这样的保单（因为 $P-125$ 的期望利润＞0)。如果 LBI 保险公司的行为像是一个垄断者，那么它将对保单定价为 143.75 美元（或者少那么一点点)，并从消费者那里攫取所有的管理者剩余。

小　结

1. 一个事件的概率是该事件在长期内发生次数占全体事件发生次数的比例。期望利润是每一事件发生的收益（或亏损）额与该事件发生概率的乘积之和。

2. 管理者可以使用决策树来表示一系列选择的决策问题，每个选择用一个决策点来描述。然而，该决策树也包括用来反映风险对每项选择影响的机会点。决策树可被用于确定具有最高期望利润的行动。讨论了许多案例，其中包括金科石油公司是否应当在宾夕法尼亚州某个地方钻井的决策。

3. 管理者的完全信息值是当他们能够获得关于结果（但他们仍然不知道这个信息将是什么）的完全准确信息时的期望利润的增加值，这是管理者为获得此类信息应当付出的最高值，并给出了一些计算完全信息期望值的方法。

4. 风险通常由利润概率分布的标准差或变异系数来衡量。管理者如何选择最大期望利润取决于他们对待风险的态度。我们用管理者的效用函数来表示其对待风险的态度。

5. 为了构建效用函数，管理者最初设定与任意两个货币值相关的效用，然后管理者在另外一个确定性的货币值与一个冒险之间进行选择，这个冒险包含的可能结果是两个货币值，其效用是任意设

① 这里我们做了简化处理。尽管该策略的期望收益是 125 美元，但为了在行业中立足，LBI 在运营过程中还会发生其他成本，比如，保单销售人员的工资、负责具体保险工作内勤人员的涨薪要求，以及高管的工资等。除此之外，还假设 LBI 是风险中性的，这样的假设也不是不合理的，因为 LBI 替很多人保险，客户出现灾难性事件的概率接近 25%（假定此分析中的管理者类型相同）。这样，LBI 可通过为很多人保险来分散风险。

定的。不断重复这个过程，我们就能够构建管理者的效用函数。

6. 管理者调整基本风险评估模型的一个方法就是使用确定性等价值替代（14.7）式中的期望利润值。为此，可构建无差异曲线（基于管理者的效用函数）来表示与各种不确定结果相对应的确定性等价值。

7. 管理者将风险引入评估模型的另一种方法是调整贴现率。为此，管理者应当基于效用函数构建期望回报率与风险之间的无差异曲线。利用这样的无差异曲线，管理者能够估计恰当的风险酬金（如果存在的话）。

习　题

1. 马丁公司的总裁正在考虑两个投资方案，X 和 Y。如果每项投资都得以实施，则有四种可能结果。净利润现值与每种结果的概率如下表所示。

结果	投资 X 净利润现值（百万美元）	概率	结果	投资 Y 净利润现值（百万美元）	概率
1	20	0.2	A	12	0.1
2	8	0.3	B	9	0.3
3	10	0.4	C	6	0.1
4	3	0.1	D	11	0.5

（1）投资 X 的期望现值、标准差和变异系数是多少？

（2）投资 Y 的期望现值、标准差和变异系数是多少？

（3）哪一项投资风险更大？

（4）马丁公司的总裁有如下效用函数：

$$U=10+4P-0.2P^2$$

其中，U 是效用，P 是净现值。她应当选择哪一项投资？

2. 威廉·J·布莱恩是一家电气设备厂的总经理。他必须决定是否要在工厂安装组装的机器人。这项投资是有风险的，因为管理层和员工都没有引进或操作这类机器人的实际经验。他的期望回报率与风险之间的无差异曲线如下所示：

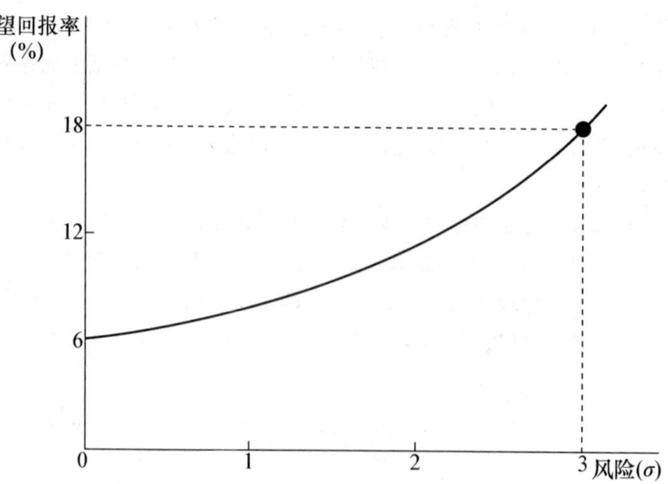

（1）如果这项投资的风险度（σ）等于 3，他可获得的风险酬金是多少？

(2) 无风险回报率是多少?

(3) 风险调整后的贴现率是多少?

(4) 在计算这项投资的未来利润现值的过程中，利率应当采用多少?

3. 左迪阿克公司正在考虑开发一种新型塑料。这种塑料开发能否成功取决于一所知名大学研究项目的结果。而左迪阿克公司的经理没有可靠的方法来评估这所大学研究团队成功的概率。左迪阿克公司的获利（或亏损）取决于大学研究项目的结果，如下表所示。

方案	大学研究项目的结果	
	成功	失败
左迪阿克公司开发塑料	50 000 000 美元	−8 000 000 美元
左迪阿克公司不开发塑料	0	0

基于上面的信息，你能计算出完全信息的期望值吗？为什么能或为什么不能？（你可假设左迪阿克公司是风险中性的。）

4. 伊莱克特罗公司，一家电视机的制造商，每年固定成本为 100 万美元。每售出一台电视机的毛利润，也就是价格减去平均可变成本，等于 20 美元。每年公司售出电视机数量的期望值是 10 万台，而每年售出电视机数量的标准差是 10 000。

(1) 公司年利润的期望值是多少?

(2) 公司年利润的标准差是多少?

(3) 公司年利润的变异系数是多少?

5. 理查德·米勒，一位华尔街的交易员，自称是风险中性者。我们假定 10 万美元对他的效用是 0，而 20 万美元对他的效用是 1。如果他所言属实，那么 40 万美元、4 万美元与−2 万美元对他来讲，效用分别是多少?

6. 一家出版公司的首席执行长官说，确定获得 7 500 美元，与一个有 0.5 的概率获得 5 000 美元和 0.5 的概率获得 1 万美元的冒险对她来讲并无差异。她还说，确定获得 1 万美元，与一个有 0.5 的概率获得 7 500 美元和 0.5 的概率获得 12 500 美元的冒险对她来讲也是无差异的。

(1) 画出这位管理者效用函数上的四个点（在坐标图上）。

(2) 她看起来是一位风险规避者、风险偏好者还是风险中性者呢？请给出解释。

7. 奥胡贸易公司正在考虑购买一家生产钟表的小企业。奥胡的管理者认为，如果奥胡购买该企业，将有 50%的概率能够使之成为洗衣机零件的高效生产商。如果这家企业能够按此转型，奥胡公司认为购买该企业可获利 50 万美元；如果它不能按此转型，奥胡确信将损失 40 万美元。

(1) 为奥胡公司构建一个决策树。

(2) 决策点是什么（是否多于一个)?

(3) 机会点是什么（是否多于一个)?

(4) 利用决策树来解答奥胡公司的问题，即假定公司想最大化期望利润，奥胡是否应当购买这家企业?

(5) 在奥胡公司就收购企业问题作出决策之前，公司的总裁得知这家钟表生产商无法转型成为洗衣机零件的高效生产商，但有 0.2 的概率可将其转卖给沙特阿拉伯的一家财团并获利 10 万美元（如果企业不能转卖出去，奥胡公司将亏损 40 万美元)。

i. 这一信息会改变决策树吗?

ii. 如果奥胡公司购买这家企业，你能想出三个互斥的结果吗?

iii. 这些结果的概率各是多少?

iv. 对奥胡公司来讲，每个结果的货币价值各是多少?

(6) 用（5）题中得到的结论来解决在新的条件下，奥胡公司遇到的问题。也就是说，在得到新信息的基础上，奥胡公司应当购买这家企业吗？

(7) 奥胡公司的执行副总裁发现，公司在估计买下这家企业并将其转型成为高效的洗衣机零件生产商所获得的收益时，存在一个误差。

i. 在 (4) 题的条件下，这个误差为多大时可以改变已定的决策？

ii. 在 (5) 题的条件下，这个误差为多大时可以改变已定的决策？

8. 美国国家航空航天局估计航天飞机失事的概率为十万分之一，然而事实上这一概率接近0.01～0.02，用一个决策树来决定是否进行航天飞机的发射，假设存在这样的决策树，这会有什么不同？

9. 东彻斯特·特里布恩出版社必须决定是否发行周日版。出版商认为周日版发行成功的概率是0.6，而失败的概率是0.4。若成功，则获利10万美元；若失败，则损失8万美元。

(1) 构建对应问题的决策树，并使用反向推导法解决该问题（假定出版商是风险中性者）。

(2) 列出你所构建的决策树的所有节点；然后说明每一个节点是否是决策点或机会点，并解释原因。

10. 诺伊·兰布在一块土地上拥有一个期权，并且必须在到期之前决定是进行土地钻探还是放弃这个权利。如果钻探，他认为成本将为20万美元；如果发现石油，则期望获利100万美元；如果没有发现石油，则将一无所获。

(1) 构建一个决策树表示诺伊·兰布的决策。

(2) 根据所得信息说明他是否应当进行钻探？为什么是或为什么不是？

如果在这块土地上进行钻探，兰布认为发现石油的概率为0.25，而找不到石油的概率为0.75。

(3) 根据所得到的信息说明他是否应当进行钻探？为什么是或为什么不是？

(4) 假设兰布先生已被证明是一位风险偏好者。他应该钻探吗？为什么应该或为什么不应该？

(5) 假设兰布先生是一位风险中性者。他应该钻探吗？

Excel 练习：预期效用

假设某位企业家有了一个令她兴奋的创意。她现在拥有10万美元的财富，效用函数为：

$$U=W^{0.5}$$

其中，W 是她的财富。

若要把这个创意引入市场，她需要投资10万美元。如果这个创意成功（她估计有50%的概率），她将收回10万美元的投资外加20万美元的回报；换言之，如果这个创意成功了，她的财富将变成30万美元。如果这个创意失败（她估计也有50%的概率），她将失去全部投资，换言之，她的财富将变为0。

部分1：这个创意的期望值是多少？如果为这个创意投资，她的财富期望值是多少？如果为这个创意投资，她财富的期望效用是多少？这个创意投资的确定性等价值是多少？她会为这个创意投资吗？

部分2：如果她的原始财富为100万美元，请回答上述问题。她还会为这个创意投资吗？

部分3：假设她的原始财富为10万美元。她能够把这个创意卖给拥有100万美元的一个投资者吗？这个百万富翁的最高出价可能是多少？记住，一旦这个百万富翁拥有这个创意，他就必须投资10万美元把这个创意引入市场。如果该企业家把这个创意以最高价格卖给百万富翁，她的效用是多少？

部分4：假设不存在百万富翁，但是有1 000个与我们的企业家具有相同背景的个体，也就是说具有相同的初始财富10万美元和效用函数 $U=W^{0.5}$。这些个体分别可以购买这个创意的1/1 000，换句话讲，可以为这个创意投资100美元，同时假定有50%的概率投资失败，也有50%的概率投资成功并收回 100 美元的投资外加投资回报部分（即 200 000 美元/1 000＝200 美元），他们愿意这么做吗？个体从这个创意中获得的一份期望效用是多少？如果他们进行投资，个体财富的期望值是多少？如果这些个体投资，确定性等价值是多少？如果他们投资，并为该创意的每一份（1/1 000）支付了最高价格，该企业家的效用是多少？

部分 5：假定该企业家感到她有 60％的概率成功，而有 40％的概率失败。然而，其他人相信概率应该是各 50％，企业家会完全投资自己的创意吗？她是该完全投资她的创意呢，还是保留 1 000 个份额中的 n 份，并按照部分 4 中确定的最高价格卖掉余下的 $1\ 000-n$ 份呢？现在企业家的期望效用又是多少？

让我们看看 Excel 电子表格如何为你回答这些问题。

打开你的电子表格。在单元格 A1 中输入＝0.5＊200 000＋0.5＊(－100 000)。该结果是这个创意的期望值。

在单元格 A2 中输入＝0.5＊(100 000＋200 000)＋0.5＊(100 000－100 000)。该结果是如果企业家投资，她的财富期望值。

在单元格 A3 中输入＝100 000，这是若她不为自己的创意投资而拥有的财富。

在单元格 A4 中输入＝0.5＊(100 000＋200 000)^0.5＋0.5＊(100 000－100 000)^0.5。该结果是如果企业家为自己的创意投资，她的期望效用。

在单元格 A5 中输入＝100 000^0.5。该结果是如果企业家不为自己的创意投资，她的期望效用。比较单元格 A4 与 A5，你会发现 A5＞A4，可见不投资的期望效用超过了投资的期望效用，所以这个创意不会被引入市场，除非投资后的财富增加；换言之，将单元格 A2 与 100 000 美元相比较。

在单元格 A6 中输入＝A4^2。该结果是若企业家为自己的创意投资，她的确定性等价值。与单元格 A2 中的 100 000 美元相比较，她确信不会为自己的创意投资。

在单元格 A7 中输入＝0.5＊200 000＋0.5＊(－100 000)。该结果是百万富翁对该创意的期望值。

在单元格 A8 中输入＝0.5＊(1 000 000＋200 000)＋0.5＊(1 000 000－100 000)。该结果是若百万富翁投资，其财富期望值。

在单元格 A9 中输入＝0.5＊(1 000 000＋200 000)^0.5＋0.5＊(1 000 000－100 000)^0.5。该结果是若百万富翁投资，其财富的期望效用。

在单元格 A10 中输入＝1 000 000^0.5。该结果是若百万富翁不投资，他的期望效用。比较后发现，单元格 A9 中的值超过了 A10 中的值，所以百万富翁将进行投资。

在单元格 A11 中输入＝A9^2。该结果是若百万富翁为这个创意投资，他的确定性等价值。该结果超过了 1 000 000 美元（不投资时的确定性等价值），比较后他确信将进行投资，而原来的企业家却不进行投资。从这一点你可以明白为什么对冲基金的操作者喜欢寻找富有的投资者了。他们这样做的原因是，富有的投资者愿意提供资金而小投资者则不愿意提供。

在单元格 A12 中输入＝0.5＊(1 000 000＋200 000－A13)^0.5＋0.5＊(1 000 000－100 000－A13)^0.5－A10。然后变换单元格 A13 的值直到单元格 A12 中的值等于 0 为止。你应当从约等于确定性等价值减去 1 000 000 的数值开始。

使单元格 A12 中的值等于 0 的单元格 A13 中的值正是百万富翁愿意为购买这个创意而支付的最高值。请注意，这个值也使得百万富翁在购买这个创意与仅仅保有 100 万美元之间并无差异。这个值大约为 44 375 美元。

在单元格 A14 中输入＝100 000＋A13。它代表若企业家以百万富翁愿意支付的最高价格卖出那个创意，她的财富值。

在单元格 A15 中输入＝A14^0.5。它代表若企业家以百万富翁支付的最高价格卖出那个创意，她的期望效用。

在单元格 A16 中输入＝0.5＊200＋0.5＊(－100)。它代表买下这个创意的单个股东（1 000 个股东之一）的期望值。

在单元格 A17 中输入=0.5 *(100 000+200)+0.5 *(100 000-100)。它代表任意一个个体股东的期望财富。

在单元格 A18 中输入=0.5 *(100 000+200)^0.5+0.5 *(100 000-100)^0.5。它代表任意一个个体股东的期望效用。

在单元格 A19 中输入=100 000^0.5。它代表某个个体没有成为股东之一的期望效用。你应注意到单元格 A18 的值大于单元格 A19 的值，因此，个体是希望成为股东的。

在单元格 A20 中输入=A18^2。它代表一个股东的确定性等价值。它超过了 100 000 美元，可以肯定个体应当成为股东之一。

在单元格 A21 中输入=0.5 *(100 000+200-A22)^0.5+0.5 *(100 000-100-A22)^0.5-A19。然后对单元格 A22 的值进行变换直到单元格 A21 中的值等于 0 为止。你应当从约等于确定性等价值的数值减去 100 000 后的数值开始。

使单元格 A21 中的值等于 0 的单元格 A22 中的值正是个体愿意为购买这个创意的第 1/1 000 份，也即一只股票，而支付的最高值。请注意，这个值也使得个体在买这个创意的第 1/1 000 份后再进行投资 100 美元与仅仅保有 10 万美元之间并无差异。这个数值大约为 49 944 美元。

在单元格 A23 中输入=100 000+1 000 * A22。它代表若企业家将创意以个体愿意支付的最高价格卖给 1 000 名个体，她的财富值。

在单元格 A24 中输入=A23^0.5。它代表若企业家将创意以个体支付的最高价格出售给 1 000 名个体，她的期望效用。

为什么将 1 000 只股票单独卖给 1 000 名个体要好于将 1 000 只股票卖给 1 个人呢？这是因为百万富翁比单一个体面临更多的风险。

用单元格 A8 减去 A11，即在单元格 A25 中输入=A8-A11。单元格 A25 代表百万富翁购买这个创意时一定会获得的风险酬金。用单元格 A17 减去 A20，即在单元格 A26 中输入=A17-A20。单元格 A26 代表每一个体投资这个创意的一只股票时将会获得的风险酬金。因为投资者的投资小（100 美元），风险也就小，而且他们基本上都是风险规避者。你将注意到他们的确定性等价值（单元格 A20）实际上与 100 000 美元+A22 相等；也就是说，他们的初始财富加上他们愿意为一只股票支付的价格。

现在假设企业家感到她的创意有 60%的概率获得成功。这可能是因为企业家对这个创意比市场（认为只有 50%的概率成功）有着更好的内在了解。

在单元格 A27 中输入=0.6 *(100 000+200 000)^0.5+0.4 *(100 000-100 000)^0.5。它代表这个企业家完全投资她的创意时的期望效用。

在单元格 A28 中输入=A27^2。这是该企业家完全投资她的创意时的确定性等价值。

比较 A27 与 A5，A28 与 100 000 美元，可见该企业家现在非常愿意完全投资她的这个创意，但是她真的应当这样做吗？是否存在另外一种方法让她获得更多的效用？你已经知道答案了。单元格 A24 的效用超过了单元格 A27 的效用，所以她应该把她的 1/1 000 份创意卖给 1 000 名个体。不过，如果她留下这 1 000 只股票中的 n 份，她能够做得更好吗？让我们看看。

在单元格 A29 中输入=0.6 *(100 000+200 * A30+(1 000-A30) * A22)^0.5+0.4 *(100 000-100 * A30+(1 000-A30) * A22)^0.5。这是若企业家保留 A30 只股票，而售出 1 000-A30 只股票，她所获得的期望效用。你发现 A29 的值超过 A24 了吗？换言之，该企业家从卖出 1 000-A30 只股票中获得的期望效用比卖出全部 1 000 只股票获得的期望效用更多了吗？

答案是肯定的。通过变换单元格 A30（或者你可以利用 Excel 来解决，它能帮助找出 A30 中令单元格 A29 最大的数值）的不同值，你可以进行试验。两种方法都能让你发现这个数值是 385，A30 最大化了企业家的期望效用。证券化这个项目把一个带有正期望值的创意引入市场，只有使该创意离开最初的企业家，它才能看到光明的一天。

在单元格 A31 中输入=A29^2。它是企业家的确定性等价值，如果她出售了自己的创意并保留了 385 只股票，那么就已经将其最初 10 万美元的财富连本带利地并入 156 000 美元的确定性等价值中。

企业家到哪里去发现 1 000 个投资者呢？可能要通过投资银行。因此，证券化项目中的一些利润就被投资银行以寻找意向投资者的名义拿走了。在世界上数亿名投资者中，发现 1 000 个喜欢我们企业家的人可行吗？非常可行。这里有另外的红利。当最初的企业家保留一部分股份时，投资者更喜欢这样，这意味着企业家不会拿了钱就走人。企业家在其中有自己的利益，并且更可能亲自勤奋工作以确保这个创意成功实施。

我们可以描述通过 Excel 如何轻松地查询到 A30 的最优股份额。

首先，将单元格 A29 中的公式复制到 A33 中，也就是：

=0.6＊(100 000＋200＊A34＋(1 000－A34)＊A22)^0.5
　＋0.4＊(100 000－100＊A34＋(1 000－A34)＊A22)^0.5

然后，在 Excel 上方的工具栏中点击“Tools”，将出现一个下拉菜单，单击“Solver”，将出现一个 Solver 参数框。在“Set Target”框中，输入 A33。在“Equal”框中单击“Max”。在“更改变量单元格”框中，输入 A34。然后单击“Solve”，在出现的“Solver Results”框中会显示求得的解。然后单击“OK”按钮。①

最后，在单元格 A33 中将出现最大效用值 394.92，而企业家应当自持的股票份额（385.163）将出现在单元格 A34 中。

① 在 Excel 2007 中文版本中，可通过“数据”→“假设分析”→“单变量求解”来实现这一操作过程。——译者注

第 15 章

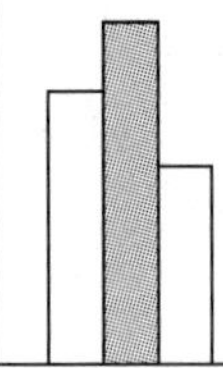

委托代理问题与管理薪酬

15.1 委托代理问题

如果给你几百万美元和去拉斯维加斯的机票，你会怎么做？同样的问题经常会摆在高层管理人员面前。我们假设管理者为股东寻找最大的价值；大多数时候这种情况是真实的。但是管理者也会面临自身的效用函数与作为企业代理人的效用函数相冲突的情况。这就是本章我们要讨论的委托代理问题的核心。当一个人、一个代理人代表另一个人、一个委托人做决定的时候，就会出现利益冲突，就会面临不确定性。对管理行为不能完全监管导致了这种不确定性。在公众持股的企业中，管理者（代理人）制定的决策影响着股东（委托人）财富。

当委托人与代理人的利益一致时，我们就不用担心这个问题。例如，在暴风雨中，一条船上的船长和水手需要互助以拯救船只。由于水手知道船长希望保护他自己的生命，所以水手们相信船长所作的决定也符合他们的最大利益。当利益和偏好不一致时，问题就出现了。委托代理问题不仅局限在商业界，它们在许多行业中都存在。例如，一位不在战场上的将军，他制定的战略会最好地为听从他指挥的士兵们着想吗？将军可能希望赢得战争，而士兵则希望生还。我们能够确信当选的政治家真的会为他的选民服务，而不会被利益集团推离这一目标吗？原告的律师会诱使其委托人上法庭（这可以提高律师的知名度）而不会接受一项令人满意的和解提议吗？医生会提出对病人最好的治疗方案，而不是利用病人来进行深入的研究或是提出能为医生带来最高报酬的治疗方案吗？

为了理解商业的委托代理问题，我们需要考虑不确定性与信息的影响。由于代理人的行为结果没有以一个完全确定的方式与他们的努力联系在一起，不确定性就出现了。

直接联系的缺乏是由信息不对称引起的；也就是说，委托人和代理人没有进行信息共享。

传统公司的治理结构比较简单。股东拥有公司的资产并承担做生意的风险。任何来自管理者行动的剩余利润都在股东之间分配。股东雇用管理者（代理人）开展业务。代理人从可供选择的多种可能性（如在企业内部配置资源）中挑选行动。行动会影响代理人和委托人双方的福利。然而，双方的利益不是必须一致的。

委托人和代理人进行的是非合作博弈。委托人制定规则，指定代理人的薪酬作为委托人观察到的公司业绩的函数。但是这里存在信息不对称：代理人（管理者）比委托人有着更多关于行动的信息。代理人的行动不会直接被委托人观察到，并且行动的结果也并不完全由代理人的行动决定。

第一个非对称信息问题是隐蔽活动或道德风险。道德风险术语出自保险业。例如，火灾保险降低了谨慎的激励却有可能引发纵火的激励。在公司里最常见的隐蔽活动是代理人努力程度的确定问题。努力对代理人无效用但对委托人却很有价值，因为它可以提高获取有利结果的概率。

本章我们将要讨论与大多数管理者相关的委托代理问题。我们的指导原则将帮助管理者预见这些问题并降低它们的破坏性影响。许多委托代理问题发生在公司的保护伞下，原因在于集体和个人之间的内在冲突。我们将阐述激励机制，比如奖金、股票和期权将如何帮助融合偏好并解决大部分冲突问题。

我们也将说明为什么管理者需要预见并控制股东和债权人之间的激励冲突。例如，这样的冲突可能会妨碍管理者采纳投资项目，尽管事实上这些项目会增加价值。

最后，在介绍产品责任法的形成过程中，我们将探讨委托代理问题可能产生的影响。尤其是，这些法律为管理者提供了生产安全产品的激励。然而，我们也介绍了在信息时代，产品责任法可能没有必要存在，价格机制却可以为消费者提供类似的保护。

15.2 所有者和管理者的不同路径

企业面对的最重要的委托代理问题之一是：企业的所有者与管理者之间的问题。典型的所有者是购买股票进行投资的股东，在共同基金中购买股份的投资者或将资产投资于很多公司的领取养老金者。大多数投资者可能对最大化投资价值感兴趣，即资产带来的收入最大化或者这些资产价值的最大化。

显然，股东们关心股票价值。我们可能要问的一个问题是：管理者是否也像股东一样在意股票价值的最大化呢？如果他们不在意，那么管理者的其他目标可能是什么呢？下面列出一个近乎合理，但却不一定完全的可供管理者选择的目标，它们可能阻止管理者一直采取最大化企业价值的行动。

● **努力最小化。**利润的增加往往要付出辛苦的工作。若给定休闲的机会成本，工作总是无效用的，所以管理者面临如下问题：我的辛苦工作会有回报吗？假定在两项活动中作出选择，一项只需很少的劳动而另一项需要付出很多的劳动，大多数管理者会选择哪项？管理者提供劳动，而所有者收获利润。管理者的行为大部分受到所有者如何建立薪酬结构的驱动。有些例子暗示，很多管理者的边际决策都倾向于较少的努力而不是更高的利润。

- **工作安全最大化。**许多管理决策都涉及风险。一般风险项目的特征都是潜在的高额回报与潜在的巨大亏损并存。管理者不愿意作出会危害其工作的冒险选择。假设一个投资决策具有获得回报的高概率和将会导致公司本身亏损的低概率。管理者可能更关注消极的一面（而没有分享获取利益的积极一面，因为消极一面的风险可能会让其失去工作），所以他们可能会极力避免这样的风险选择。
- **避免失败：**管理者会因为好的业绩而受到奖励，因为差的结果而遭受处罚。如果承担一个有风险的项目，若结果（在某种程度上归于运气）是有利的，管理者会受到奖励（由于某些机会）；若结果是不利的，管理者则会受到处罚。管理者通常认为关注坏的结果比关注好的结果要合理得多。因此，他们将不愿承担风险。
- **提高声誉和雇佣机会：**虽然我们有时认为管理者作出的对股东有益的事情能够提高声誉，但也并不总是这样。例如，一个有野心的担任公职的首席执行官可能更关心的是显示自己是个好公仆，而不是追求公司利润的最大化。因此，制定的价格可能会低于利润最大化水平下的价格。或者，一位正在与另一家公司商定合同条款的管理者，其部分目的是为寻找新工作而在搭建人际关系的跳板。
- **消费额外津贴：**比如像豪华旅行、办公室里昂贵的艺术品、向喜欢的慈善团体提供公司捐款以及雇用喜欢的人等。
- **薪酬：**管理者大概都是为了薪酬而工作；正如我们将看到的，薪酬组合的水平和结构构成了委托代理“故事”的重要部分。

15.3 委托代理问题

图 15—1 给出了委托代理问题的示意图。委托人雇用代理人去执行一项给委托人带来利益的任务。利益被称作产出。委托人必须向代理人支付薪酬。薪酬可能是固定数额，也可能取决于产出水平。产出水平取决于代理人的努力程度和努力质量。如果努力能够被委托人观察到，委托人就可以直接提出用某一特定的方法，检验代理人的努力程度，并据此向代理人提供报酬。但努力并非总是可观察或可衡量的。委托代理环境中，委托人不能够完全监控代理人的努力，因此也不能直接奖励这样的努力。有效解决这种问题需要对双方的利益作出一定的调解。通过这种方法，委托人即使无法完全看见代理人在做什么，仍能够确信对代理人有利的事对委托人也有利。

□ 委托代理问题的案例

回到本书更熟悉的一个主题，我们相信管理者通常会采取最大化公司价值的行动。这看起来合理一些，因为公司的所有者（股东）显然对他们的股票价值感兴趣，而这种价值有赖于公司的长期盈利。我们期待股东任命以追求利润为目标的董事会和管理团队。然而，公司的治理结构十分复杂。值得研究的一个主题是，董事会是否能够真正控制管理者或者恰好相反。虽然管理者对所有者负有长期的责任，但他们在制定决策时仍然有着相当大的自由裁量权。思考下面一些例子。

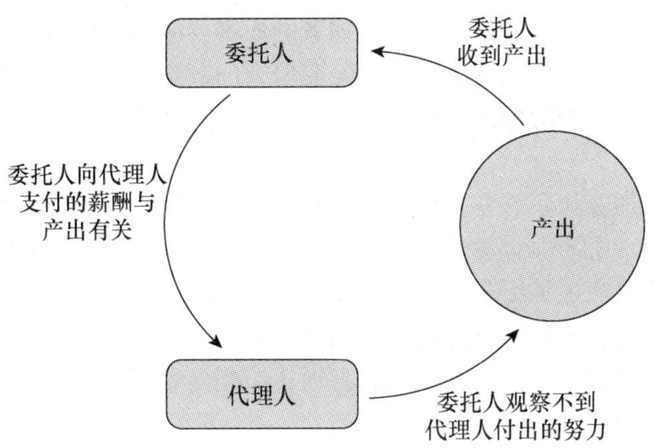

图 15—1　委托代理问题

注：委托人雇用一位代理人执行一项任务（为委托人生产产出）。代理人必须付出努力生产产出；努力越大，产出越多。因为委托人无法观察到努力，代理人倾向于“偷懒”，或者减少努力，这反过来降低了委托人的产出。

1. 一家寿险公司正在考虑销售新产品，在销售渠道方面有两个选择。一个是利用现有的分销渠道：由领取佣金的独立代理人组成的网络。这个方案很安全但期望利润较低。另一个选择是建立电子分销系统。这一方案很新且从未尝试过；如果成功，利润可能很高。如果电子商务渠道的利润足够高，该系统被认为对股东是最好的。股东可能会从更高的期望利润中获益。而且，他们可能不太关注风险，因为大多数股东还持有一些证券，可以分散风险。然而，管理者可能会更加担心风险，因为如果选择电子项目，而公司的运气不佳，管理者就会丢掉工作。因此，管理者可能很想安全地使用原有的分销网络，尽管电子分销对股东可能更加有利。

2. 许多公司的管理者进行慈善捐款，一定水平的捐款被认为有益于股东。这样做显然可以刺激对公司产品的需求，并让立法者与规制者对企业有个好印象。慈善捐款也可能在法庭上带来一些好处。例如，一家向研究安全问题的大学提供了大量捐款的汽车制造商发现，慈善捐款是致力于安全的重要信号，有助于在诉讼中辩护。再考虑一位有个人偏好的管理者：他是环境事业的坚决支持者。这位管理者不但增加了慈善捐款的数额，使该数额高出了对股东而言的最优水平，还把捐款转向他所喜欢的环境领域。

15.4　委托代理问题的风险效应、信息和薪酬

□ 管理行为与努力

在讨论努力成本之前，我们无法理解管理者的世界。为了获得目标利润，管理者要承受一些我们称之为努力的个人成本。努力可以仅仅是为了实现产出水平而要求管理者付出的时间，而管理者的成本是时间的价值，但时间不是唯一的方面。与其他任务相比，特定的任务要求从事不太愉快的工作。管理者对花时间与客户打高尔夫球的评价与花时间和工会进行工资谈判的评价是不同的。为了达到利润目标，管理者可能要牺牲其他一些东西。例如，为了提高期望利润，管理者也许要减少特权，要雇用最好的工程

师，而不是把工作交给其喜爱的侄子。管理者的成本可能是直接成本，也可能是间接成本。管理者作出决策的个人成本反映了其需要努力的数量与质量。假定要在不同活动中作出选择，大多数管理者会偏向于那些需要付出较少努力的任务。当然，股东喜欢管理者付出更多的努力。

下面将介绍管理者与所有者如何解决这些委托代理问题。为此，我们将利润最大化的方程看成与前几章中的内容相似。不过，在前些章中，我们常常看到管理者如何尽力选择使利润最大化的产量（及价格），或者购买成本最小的投入组合。在委托代理部分，所有者可以设计管理者的报酬以使其实现利润最大化；也就是说，所有者能够通过改变薪酬结构调整管理者的行为。为此，他们必须认识到向管理者支付的酬金将如何影响管理者选择的努力程度。

现在我们更精确地描述这种情形。企业的利润，π，取决于管理者的努力，e。我们把这个函数写成 $\pi(e)$，表示努力的影响。我们暂时假定利润是无风险的。一旦管理者选择努力，我们就能对利润作出肯定的预期。利润等于总收益减去总成本，通过改变总收益，管理者的努力可以影响利润。因此，我们把收益写成 $R(e)$，用来表示它取决于努力。最后，我们把总成本分成管理者的报酬 S 和其他成本 C。于是，利润现在可写成：

$$利润=(收益)-(成本)=(收益)-(管理报酬+其他成本)$$
$$\pi(e)=(R(e))-(S+C)$$

管理者的更多努力取得了更多的收益。然而，我们暂时假定 S 是固定工资，并相对于努力不会发生变化。为简单起见，我们也假定其他成本都不受管理者努力的影响。同时假定如果管理者更加努力，成本是可以降低的。但这将使我们的分析复杂化，而我们提出的主要观点无论如何都是一样的。

在扣除管理者薪水之前，利润为：$\pi(e)=R(e)-C$；而在扣除管理者薪水之后，利润则为：$\pi(e)=R(e)-S-C$，如图 15—2 中所示，利润向上倾斜。如果所有者选择他们

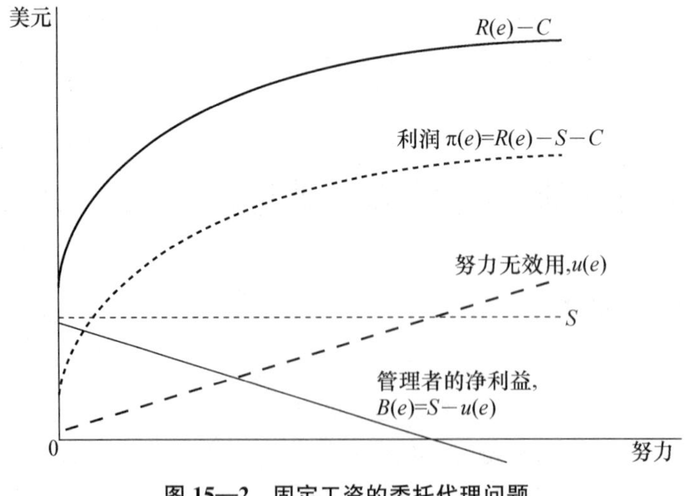

图 15—2　固定工资的委托代理问题

注：由于代理人的净利益等于薪酬减去努力无效用，随着努力的增加，净利益下降。因此，代理人会减少努力，进而减少收益。

希望管理者提供的努力水平，就应当选择可能的最高水平。然而，不是只要所有者选择努力水平 e 就可实现利润最大化，是管理者而不是所有者一定要选择 e。管理者有自己的目标，并选择努力水平以实现个人目标最大化。管理者不仅是集体中的一员，其本身也是利己主义的。

战略环节 ☞

私人股本公司解决委托代理问题

委托代理问题有许多方面。公司治理中的争议是，管理者是否按照公司所有者希望的方式进行工作。当所有者（委托人，即股东）不能直接监管其代理人（公司高层管理人员）的行动时，问题就出现了。由于股东有日常工作，没有多余的时间（或精力），所以委托人进行监管往往十分困难。当私人股本公司接管了一家公司时，很多委托人成为负责监管这家公司的人。如果管理者没有按照所有者的利益行事，则损失的利润部分就出自所有者的腰包（如公共的国有公司）。现在的差别在于，以前代理人的隐蔽行为从新的委托人的视角看就变得不再隐蔽了。

要做的第一件事情是什么？常常是处理公司商务机。一架商务机每年的操作成本平均是 100 万美元，而这样的商务机为高管提供了更多的保障，减少了延迟和换乘的时间，并使当日往返都市化程度较低的地区成为可能，等等，这些都在新委托人的监管之下。另一个要拍板的项目是高尔夫球俱乐部的会员资格、偏远又昂贵的度假村以及公司拥有的房子/公寓。当得州公用事业公司被私人股本公司 TPG 和 Kohlberg Kravis Roberts & Co.（KKR&Co.）购买时，湾流喷气机也被购买了。而当 KKR&Co. 收购雷诺·纳贝斯克后，8 架商务机中的 7 架以及超过 12 栋公司原有的房子/公寓被出售了。

资料来源：Jason Kelly, "Corporate Jets Often First Thing to Go After Leveraged Buyouts," *Bloomberg News*, April 8, 2011, at www.bloomberg.com/news/2011-04-08/corporate-jets-often-first-thing-to-go-after-leveraged-buyouts.html.

管理者的目标是使其工作的净利益最大化。管理者从工作中得到收入并期望收入更高。为了取得收入，管理者必须付出努力。管理者付出努力的成本函数可表示为 $u(e)$；管理者的净利益等于薪酬减去其为了得到报酬而付出努力的成本。所以，存在一个努力无效用函数，用来衡量管理者付出努力的成本。至少，管理者必须承受机会成本。较多的努力伴随较多的成本，或者无效用，这样，对管理者来说，$u(e)$ 是向上倾斜的。管理者以某一努力水平工作的净利益现在可表示为：

$$B(e)=S-u(e)$$

因为工资固定不变，无效用随努力递增，则净利益 $B(e)$ 一定向下倾斜，如图 15—2 所示。因此，承担所有努力成本的管理者没有获得任何奖励，他们最好尽可能少地付出努力——在这种情况下，是零努力。相反，得到管理者努力的全部好处而没有支付任何成本的股东则希望管理者的努力最大化。

当管理者只被支付单纯薪酬时，管理者与所有者的激励在图 15—3 中给出了一个概括。在图上方，委托人想要实现利润最大化但却不能控制管理者的努力。所有者支付固定工资。在图的下方，管理者想要实现工作的净利益最大化；由于获得的工资是固定的，若要获得这种净利益的最大化，只有减少努力。管理者倾向于减少努力，如果这种努力与更高的净利益无关。

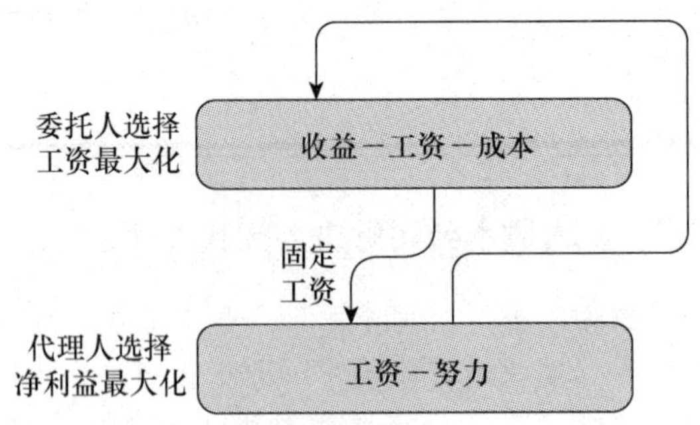

图 15—3　固定工资的委托代理问题

注：所有者向管理者支付固定工资。管理者选择减少努力；因此收益和利润都下降了。

□ 如果努力可以被观察到，激励冲突的解决

所有者如何激励管理者更努力地工作呢？如果所有者能够观察到管理者付出的努力，就可以直接根据努力奖励管理者，见图 15—4，除了包含激励支付外，它与图 15—3 相同。所有者给出的支付影响到了管理者的努力。现在管理者对于努力的选择更加复杂了。尽管努力本身没有吸引力，但它有提高管理者薪酬的补偿优势；所以管理者现在被说服增加努力，这反过来又增加了收益和利润。

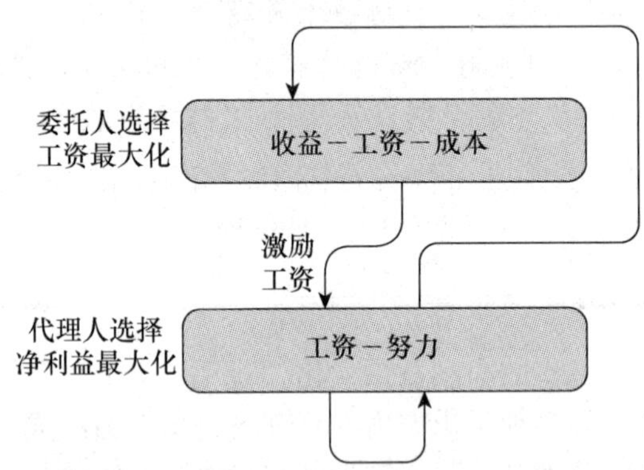

图 15—4　激励管理者，当努力可被观察到时

注：所有者基于努力直接支付激励薪酬。由于代理人的薪酬随着努力程度的提高而增加，所以代理人会提高其努力程度。这反过来又会增加企业的收益。如果收益的增加超过了薪酬的增加，则利润就会上升。

为了详细了解这是如何运作的，假设所有者把薪酬结构分成两部分。第一部分 K，是固定数额；$U(e)$ 是随着管理者的努力而变化的额外数额，代表企业为管理者的努力支付报酬，小写字母 $u(e)$ 代表管理者努力无效用的货币价值。当 $U(e)=u(e)$ 时，管理者的努力得到了完全补偿，我们即将看到这一点。由于薪酬是努力的函数，我们把它写成 $S(e)$：

$$S(e)=K+U(e)$$

如图 15—5 所示。利润现在是：

$$\pi(e)=R(e)-S(e)-C=R(e)-[K+U(e)]-C$$

所有者对于管理者的活动有着完全的信息，所有者能够容易分辨出管理者为最大化利润选择的努力水平。请注意只有 $R(e)$ 和 $U(e)$ 依赖于努力，所以最大化问题可通过下式求解：

$$\frac{\Delta\pi(e)}{\Delta e}=\frac{\Delta R(e)}{\Delta e}-\frac{\Delta U(e)}{\Delta e}=0$$

上式简单地说就是，来自努力的边际利益（用增加的收益 $R(e)$ 来表示）必须等于补偿管理者努力的边际成本。请注意图 15—5 中给出了在努力水平 e^* 处，利润获得了一个明显的最大值，这是因为利润既能反映股东的利益，也能反映所有者支付给管理者的成本。股东希望在努力水平 e^* 处取得最大的利润。

定量方法

管理者将实现利润最大化，当下式成立时：

$$d\pi(e)/de=dR(e)/de-dU(e)/de=0$$

现在管理者选择做什么？管理者收到了一个净利益，等于薪酬减去努力的成本：

$$B(e)=S(e)-u(e)=K+U(e)-u(e)$$

如果用来补偿管理者努力的薪酬 $U(e)$ 正好等于努力无效用 $u(e)$，那么：

$$B(e)=K$$

管理者现在付出的努力得到了完全的补偿，并且相当乐意提供任何水平的努力。我们如何让管理者恰好选择使股东利润最大化的 e^* 呢？简单的答案是，股东直接告诉管理者要达到 e^* 的努力水平。

理论上，如果所有管理者的行动都能够简单地被观察和被评价，那么管理者与所有者之间固有的利益差异就可以得到协调，而且管理者也能够被告知将按照什么方向采取什么样的行动。例如，所有者将允许管理者使用某些额外津贴，因为它们会给所有者带

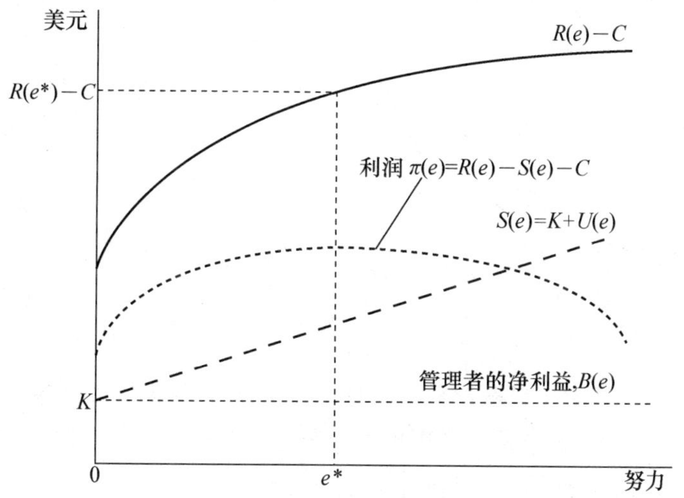

图 15—5　当薪酬是努力的函数时的委托代理问题

注：管理者得到了随努力而增加的激励薪酬。由于这抵消了管理者的努力无效用，所以管理者现在会投入更多的努力，从而增加收益和利润。

来利益，但却不会允许管理者消费另外一些津贴，因为它们对管理者有好处而对利润却没有改善的效果。

然而，这里还是忽略了主要问题。管理者，就其责任本质讲，在制定决策时总是比股东掌握着更多的信息。只是因为管理者有时间和能力，他们才会被任命去制定决策。股东没有时间管理他拥有股份的每一家企业；也没有经验去评价每一项决策。更不存在哪一个董事会能够管理每一项决策。管理者在经营权方面有着相当大的自由。长期来讲，从他们对企业管理的影响可以推断出管理是如何被执行的，但是长期可能是十分长的一段时间，因而可以使管理者在平衡自己的雄心与企业所有者的雄心之间有着较大的灵活性。这样的自由行动权意味着所有者无法观察到管理者的所有行动。事实上，所有者完全监控管理者努力的成本是非常昂贵的。

问题环节 ☞

当产出无风险且努力不可观察时设定最优薪酬

一家名为运动品的零售商店的周收益取决于管理者的努力；付出的努力越多，收益越高。努力表现为工作小时数。然而，由于许多工作时间并没有花费在店中，所有者无法直接了解管理者实际工作了多少小时。现假定，管理者即使没有提供努力，也有收益3 500。管理者的努力可促使收益上升 $100e^{0.5}$。于是，收益可写成：

$$R(e)=3\,500+100e^{0.5}$$

但是管理者提供努力的无效用为：

$$u(e)=853.55+[7.07]e$$

除了支付管理者的工资外，股东必须支付生产成本1 000。为了说服管理者为商店工作，必须让其收到1 000的净利益 $B(e)$。如果低于此值，管理者会离开而接受另一份工作。

- 管理者将提供多少努力 e?
- 产生的周利润 $\pi(e)$ 是多少?
- 向管理者支付多少利润?

首先，请注意，从周收益中，运动品商店的所有者能够推测出管理者提供的努力水平，通过反向求解收益等式便可做到这一点：

$$R(e)=3\,500+100e^{0.5}$$

$$\frac{R(e)-3\,500}{100}=e^{0.5}$$

$$e=\left(\frac{R(e)-3\,500}{100}\right)^2$$

所有者可以向管理者支付薪酬组合，它包括间接补偿其努力的部分 $U(e)$，与利润直接相关的奖金 $\alpha\pi(e)$。支付奖金之前的利润现在变为：

$$\pi(e)=R(e)-U(e)-C=R(e)-u(e)-C$$

如果薪酬部分足以补偿管理者的努力无效用，$U(e)=u(e)$，管理者将选择使自己的奖金最大化，这与使利润最大化一样，因为奖金与利润成正比：

$$\frac{\Delta\pi(e)}{\Delta e}=\frac{\Delta R(e)}{\Delta e}-\frac{\Delta u(e)}{\Delta e}=0$$

对于这类问题的求解我们已经很熟练了。管理者只需让边际益等于边际成本即可，则有：

$$\frac{\Delta R(e)}{\Delta e}=0.5(100)e^{-0.5}=\frac{\Delta u(e)}{\Delta e}=7.07$$

可得：

$$0.5(100)e^{-0.5}=7.07$$

因此：

$$e^{0.5}=50/7.07$$
$$e=50^2/7.07^2=2\,500/50=50$$

该管理者每周工作 50 个小时。我们可以把这个努力水平加到利润方程中，从而得出周利润：

$$\begin{aligned}\pi(e)&=R(e)-u(e)-C\\&=(3\,500+100e^{0.5})-(853.55+7.07e)-1\,000\\&=(3\,500+100(50)^{0.5})-(853.55+7.07(50))-1\,000\\&=(3\,500+707.11)-(853.55+353.55)-1\,000\\&=2\,000\end{aligned}$$

如果管理者得到的净利益 $B(e)$ 等于 1 000，显然这是利润的 50%，因此 $\alpha=0.5$。

□ 如果努力无法被观察到，激励冲突的解决：激励相容

大多数委托代理问题的实质是，当委托人无法观察到代理人的努力时，直接的奖励或处罚就变得很困难。所有者缺乏完全观察到管理者行为的这种能力使得管理者有一定程度的自由去追逐自己的目标，而并非总是为了委托人的最佳利益而行动。

让我们假设公司的收益，$R(e)$，是无风险的，并且仅由管理者的努力决定。股东可以询问，为得到这一收益水平需要什么样的努力水平？这样，股东通过观察收益来推出努力的水平。如果 $R(e)$ 向上倾斜，如图 15—2 和 15—5 所示，股东可以沿着纵轴从一个给定的 R 点反向推导，直到水平轴上对应的隐含水平 e。例如，如果股东在图 15—5 中观察到的利益水平为 $R(e^*)-C$，那么为达到这个利益水平而需要的努力水平一定为 e^*。

定量方法

$$d\pi(e)/de=dR(e)/de-du(e)/de=0$$

由于股东能够推断出努力水平，所以观察到的 R 与观察到的 e 一样好。我们现在能够计算出 e 是多少，因而就可以得出与之前一样的薪酬支付 $S(e)=K+U(e)$。然而，这

里还存在一个小问题。虽然这样做可以确保管理者得到的薪酬是对其努力的补偿，预见到对努力的奖励，管理者可能会努力地工作，但是，股东如何能够确保管理者将选择他们最喜欢的努力水平 e^* 呢?

股东可以对管理者的薪酬做一个简单却又重要的改动：给予管理者利润 $\pi(e)$ 的一部分 α，则新的薪酬变为 $S(e)=U(e)+\alpha\pi(e)$。他们用红利奖金替代固定数额 K。① 自然，管理者必须等到一期结束后才能拿到该奖金。因此，所有者选择的奖金水平使得总的薪酬组合具有竞争力并能够吸引和留住有能力的管理者。我们将管理者的酬金分成两部分：

$$S(e)=(\text{工资})+(\text{奖金})=[U(e)]+[\alpha\pi(e)]$$

$\alpha\pi(e)$ 是扣除工资后的利润的一部分，所以利润现在为：

$$\pi(e)=R(e)-U(e)-C$$

这使奖金成为企业中真正的权益股。

管理者的净利润现在为：

$$B(e)=S(e)-u(e)=U(e)+\alpha\pi(e)-u(e)=\alpha\pi(e)$$

最后一步是将努力的货币薪酬 $U(e)$ 设定在一个足以补偿努力无效用 $u(e)$ 的水平。得到净利益 $\alpha\pi(e)$ 的管理者与得到剩余 $(1-\alpha)[\pi(e)]$的所有者之间存在一个清晰的合作。目前双方都对净利润 $\pi(e)$ 最大化感兴趣。

通过给予管理者利润的一部分，所有者将自己的偏好与管理者保持一致。考虑相对于管理者将会选择的努力水平，所有者喜欢什么水平的努力呢？所有者得到的利润部分是 $(1-\alpha)[\pi(e)]$，而管理者得到的是 $\alpha\pi(e)$；所以无论 α 的水平如何，若 $\pi(e)$ 最大，则股东与管理者都将最高兴。我们将这个问题分成两个步骤：

1. 管理者选择使 $\pi(e)$ 最大化的努力水平，当努力的边际效益等于努力的边际成本时则可实现这一水平。

2. 企业的所有者选择一个水平 α，以使得薪酬组合具有竞争力。

我们已经介绍了一个重要的概念：激励相容。因为代理人与所有者共享企业的利润，所以，他们的激励一致且相容。我们把存在这种利益一致性的合约称为利润相容合约。

15.5 解决激励冲突：当产出有风险且努力不能被观察时

当收益有风险而努力又不能被观察时，所有者与管理者之间的激励问题便发生了改变。若没有风险，所有者可以从企业的利润中推测出管理者的努力水平。然而，当利润存在风险时，所有者很少能够确定高利润该归因于高水平的努力，还是好的运气（繁荣经济时），而低利润该归因于低水平的努力还是坏的运气。由于是随机事件，糟糕的管理偶尔也会在短期内实现高利润。同样，由于市场变化，不懈的努力有时也会带来亏损。

---

① 注意，我们已经设定薪酬中的 $U(e)$ 与努力有关。虽然没有办法直接观察到努力，但委托人还是能够从实际利润水平推测出努力水平。

□ 风险分担

当产出有风险且努力不可被观察时，所有者需要围绕两个相互矛盾的因素：风险分担和效率，进行管理酬金的构建。管理者倾向于关注自身的利益，所以，企业的所有者通过利润共享奖金、参股、股票期权及类似的工具使双方的激励结盟成为必要。然而，企业的利润和股权价值是不确定的。进一步讲，这种不确定部分处于管理者与所有者的控制之外。利润和股票价格受到诸如利率变动、就业、通货膨胀、外汇汇率及证券行情指数等宏观经济因素的影响。因此，奖金计划把一些风险分摊到管理者身上。

基于谁能以最小的成本忍受风险，或谁最不厌恶风险，所有者也能够设计管理酬金。所有者可以承受风险，因为管理者创造的一些价值在股东间分配，而这种价值又存在内部风险。该价值可表述为周期利润和股权价值。作为剩余权力的要求者，股东正常情况下都要接受风险利润或股权，但首先他们必须付给管理者报酬。股东应当拿出固定部分（固定工资）支付给管理者，还是只给管理者风险利润或期权的一部分呢？对于股东来讲，利润存在风险可能不是太大的问题。大多数股份由相当分散的个人投资者或机构持有。很多个人投资者在其投资组合中拥有多种资产，他们并不关心每只股票的风险，而担心是整个投资组合的风险。除非这些股票高度相关，否则投资组合的风险可能相当有限。因此，投资者如果能够进行多元化投资，就可以很好地忍受单只股票的风险。例如，如果其投资组合中有一只股票风险增加，投资者可以通过让资本覆盖更多的股票予以抵消。机构投资者的多元化投资常常比个人投资者的行动好很多，也更容易承受单只股票带来的风险。

相反，管理者往往降低多元化程度。对于一般的管理者而言，从雇主处得到的薪酬和股权在他们的总财富中占据的比例很高。奖金或股权价值的波动对管理者的净财富可能造成巨大的影响。因此，我们期待管理者在其薪酬计划中是高度风险回避者。这并不意味着他们不愿意接受有风险的薪酬计划。相反，他们需要得到对风险的补偿；他们需要风险酬金。

通过比较管理者与所有者行为，所有者似乎比管理者能够以更低的成本吸收企业利润和股权价值。按照这一观点，最优薪酬计划将把所有的风险都放在股东身上，也就是说，向管理者支付固定工资。但努力该怎么处理？

□ 风险分担与效率的权衡

所有者现在有两种方式向管理者支付酬金。一种方式为使委托人与代理人的利益结盟；也就是说，合约是激励相容的。另一种方式为把风险分配给更容易承担的一方。所有者能够整合这两种方式吗？首先，他们需要说明企业收益存在风险的事实。为此，所有者将收益分成两份。第一部分，$R_1(e)$，取决于管理者的努力：管理者的努力水平越高，这部分收益就越高。第二部分超出了管理者的控制，取决于诸如利率、经济波动等因素；我们称之为$\widetilde{R}_2$；R上的符号表示这部分收益是有风险的。因此：

$$R(e) = \underbrace{R_1(e)}_{\text{受管理者的控制}} + \underbrace{\widetilde{R}_2}_{\text{不受管理者的控制}}$$

完全基于风险分担的两种薪酬机制

考虑一家企业的风险性资产（注意，这些价值是扣除管理者薪酬之前的价值）：

风险性资产＝10 000 000 美元(概率为 0.5)
　或者 20 000 000 美元(概率为 0.5)

管理者是风险规避者。我们用第 14 章中的效用函数来表示管理者对风险的态度。为了说明风险规避者，我们需要介绍图 14—3 中的图 A 表示的效用函数，随着财富的增加，效用以递减的速度增加。这类凹面效用函数可以用一个平方根函数来描述，即：

$$管理者的效用=(财富)^{0.5}$$

管理者的唯一财富来自工作。为实现竞争，企业必须为管理者提供期望效用等于 1 000 的薪酬组合；否则，管理者就会离开并寻找其他工作。与管理者相反，股东是风险中性的，并对支付给管理者薪酬之后的风险性资产的期望值感兴趣。

1 000 000 美元的固定工资

管理者有着一个足以让其留在工作岗位的期望效用，即 $(1\,000\,000)^{0.5}=1\,000$。在支付给管理者工资之后，股东的期望资产为：

$$\begin{aligned}&0.5(10\,000\,000-1\,000\,000)+0.5(20\,000\,000-1\,000\,000)\\=&14\,000\,000\text{ 美元}\end{aligned}$$

占资产一定比例 x 的奖金

需要占资产的多大比例 x，才能向管理者提供 1 000 的期望效用呢？通过将期望效用设定为 1 000（管理者将收到 x 乘以 1 000 万美元或者 x 乘以 2 000 万美元的奖金），我们可以求解这个问题：

$$\begin{aligned}&期望效用=1\,000\\&0.5(10\,000\,000x)^{0.5}+0.5(20\,000\,000x)^{0.5}=1\,000\\&x^{0.5}[(10\,000\,000)^{0.5}+(20\,000\,000)^{0.5}]=2\,000\\&x^{0.5}=\frac{2\,000}{7\,634.4}\\&x=0.068\,63\end{aligned}$$

注意，支付给管理者的薪酬期望值现在为 0.068 63 乘以薪酬支付之前的资产期望值，即：

$$薪酬期望值=0.068\,63(15\,000\,000)=1\,029\,450\text{ 美元}$$

该风险薪酬向管理者提供了与 100 万美元固定工资相同的期望效用，而向管理者支付的风险酬金为 29 450 美元，用来补偿其承担的风险。

留给股东的资产期望值为：

$$股东的资产期望值=15\,000\,000-1\,029\,450=13\,970\,550\text{ 美元}$$

比较两种薪酬计划，我们会发现二者向管理者提供的期望效用都是 1 000，所以对管理者并无差异。然而，支付固定工资向股东提供的期望剩余资产值为 14 000 000 美元，而奖金计划留给股东的期望资产值则为 13 970 550 美元。因此，若只关注风险分担，固定工资显然更好。

问题环节

为管理者设定薪酬

一位女士在攻读 MBA 课程时，继承了家族的农场。她自己对经营农场既不感兴趣，也不具备这样的能力，她计划从事咨询工作。然而，由于这个农场历经其家族几代人，她不想卖掉它，而想把它传给自己的孩子，所以她希望雇用一位管理者。邻居告诉她，一个好管理者目前的薪水是 50 000 美元，不过她担心这一薪酬不能激励管理者充分发掘农场的潜能。她估计被合理激励的管理者能够提高农场的利润，如下表所示。表中的利润是薪酬费用的利润总额。

利润与管理者的努力　　单位：美元

	利润，低价格（概率：0.5）	利润，高价格（概率：0.5）
低水平努力	50 000	150 000
高水平努力	10 000	200 000

除了管理者的努力外，利润对谷物的价格也很敏感。价格低，利润就低；如果谷物价格上升，利润也会增加。从投资与职业的角度看，她对与农场收入有关的风险是中立的，因此她偏好期望利润最大化。管理者财富的唯一来源是农场薪酬。由于薪酬来源没有什么变化，所以管理者不是风险中立者，他更喜欢最大化期望效用。如果他提供低水平努力，则其效用函数为：

$$U=W^{0.5}$$

如果他提供高水平努力，则其效用函数为：

$$U=W^{0.5}-u(e)=W^{0.5}-46.3$$

其中，U 是效用，W 是财富。注意，若他努力工作，则需花费他 46.3 单位的满意度，这代表努力无效用 $u(e)$。

固定工资

首先，考虑如果支付固定工资，管理者将如何行动？

$$\text{低水平努力下的效用}=(50\,000)^{0.5}=223.6$$
$$\text{高水平努力下的效用}=(50\,000)^{0.5}-46.3=177.3$$

自然，如果管理者提供较低水平的努力，他的期望效用会更高。因为管理者不会从高水平的努力中获得奖励，所以他不会努力工作。

与利润有关的薪酬

若管理者被支付固定工资，人的本性则是尽可能不去努力工作。如果是这种支付方式，管理者为什么会付出努力呢？为了说服管理者努力工作，你希望向他支付利润的一部分。如果当地的劳动力市场对农场管理者是有效率的，你必须提供能够产生净满意度是 223.6 单位的薪酬。这将需要一个 50 000 美元的固定工资。为实现这一点，利润中的百分比 x 应当是多少？为了具有竞争性，x 应当满足下式：

$$\text{固定工资与低水平努力情况下的预期效用}=\text{利润中}x\text{部分的奖金与高水平努力情况下的预期效用}$$

$$223.6=(0.5)(100\,000x)^{0.5}+(0.5)(200\,000x)^{0.5}-46.3$$

$$2(223.6+46.3)=x^{0.5}[(100\,000)^{0.5}+(200\,000)^{0.5}]$$

$$\frac{539.8}{763.4}=x^{0.5}$$

$$x=0.5$$

注意，期望薪酬为 $(0.5)[(0.5)(100\,000)+(0.5)(200\,000)]=75\,000$。超出固定工资 50 000 美元额外的 25 000 美元是对管理者努力无效用与风险分担的补偿。

因此，如果管理者被支付了利润的 50%并努力工作，他将得到与 50 000 美元的固定工资与低水平努力工作一样的快乐。但我们还是不知道当得到利润的 50%时，管理者是否会选择努力工作。为了搞清楚他是否愿意，我们需要检查 50%的奖金是否会导致在高水平努力下的期望效用（EU）将高于低水平努力下的期望效用。

$$\text{高水平努力下的 }EU=(0.5)[0.5(100\,000)]^{0.5}+(0.5)[0.5(200\,000)]^{0.5}-46.3=223.6$$

$$\text{低水平努力下的 }EU=(0.5)[0.5(50\,000)]^{0.5}+(0.5)[0.5(150\,000)]^{0.5}=216$$

因此，管理者将选择努力工作。

需要回答的最后一个问题是，所有者最好向管理者支付 50 000 美元的固定工资还是利润的 50%。这不是一个小问题。如果支付奖金，他将更努力地工作，进而会提高农场收益。另一方面，如果支付了这 50%的奖金，还将向他支付较高的平均工资（这个奖金对应的平均收入为 75 000 美元）。为了提高净利润，来自高水平努力的额外期望收益一定要超过额外的期望薪酬。

期望净利润将为：

固定工资下：利润 $=0.5(50\,000)+0.5(150\,000)-50\,000=50\,000$

与利润相关的工资下：利润 $=0.5(100\,000)+0.5(200\,000)-75\,000=75\,000$

可见，50%的利润计划对委托人和代理人都有效。

所有者需要改变管理者的薪酬结构。由于他们观察不到努力，也无法从利润中推测，所以薪酬不能由努力直接决定。所有者需要重申薪酬由一个固定部分，K，它独立于努力，与一个奖金部分，$\alpha\pi(e)$，它依赖于利润（和努力），联合构成：

$$S=K+\alpha\pi(e)$$

相应地，利润（注意，我们只从利润中扣除直接薪酬——剩余薪酬、奖金是利润的一部分）则为：

$$\pi(e)=R(e)-K-C=R_1(e)+\widetilde{R}_2-K-C$$

其次，管理者的工作净利益也要做些改动，因为若其接受奖金，管理者就会暴露在风险之下。净利益现在由两部分组成。第一项说明了管理者从财富中获得的期望效用，我们认为财富只由工作薪酬 S[1] 构成。第二项就是努力无效用 $u(e)$，即：

$$B(e)=EU(S)-u(e)=EU[K+\alpha\pi(e)]-u(e)$$

战略环节

2008年危机过后的CEO薪酬价值

美国《商业周刊》(*Businessweek*) 发出如下声明，“在很多方面，2009 年注定成为美国公司薪酬与绩效挂钩的最糟糕的一年。”到底是怎么回事？我们的薪酬结构被假定为“激励相容”的。“对母鹅好的就一定对公鹅好吗？激励相容普遍适用吗？CEO 不仅仅因为绩效获得报酬，还因为他们增加了与其利益相关的股东们的价值。”

然而，在华尔街把世界带到悬崖边后的几年，华尔街的许多管理者得到的工资与奖金仍然比 2008 年高出 30%左右。迈克尔·杰夫里，阿贝克隆比 & 费奇的 CEO，正往家里带回更多的钱，即使其业绩表现如此糟糕以至于公司股票暴跌并解雇了不少员工。由于首席执行官的表现有些无法无天，美国已经任命“薪酬沙皇”决定七家公司的薪酬组合，包括花旗集团和通用汽车公司，它们曾接受过大量的联邦救助资金。对于承担巨大（也许还要多）风险的所有公司——金融机构，政府已考虑对它们的薪酬组合进行控制，而国会也吵着要开始采取行动。

由于认为最好的防御就是进攻，一些公司开始主动削减高层管理者的工资。戴维·春，伊奎拉薪酬公司的 CEO 声称，“CEO 的薪酬已大幅下降。”这些主动改变的另一个表现是，2006 年，美国大型公司中的 18%都作出了“返款”规定：在某些情况下，比如说渎职，会要求高管返回部分薪酬。到了 2009 年，这一数字上升到 64%。

不过，我们还是要对降薪作一下回顾。在 2001 年，互联网产业泡沫崩溃后，CEO 的薪酬下降了 14%。而美国经济大萧条之后，CEO 的薪酬只下降了 8%——这是美国大萧条以来最大的下降。

2008 年之后，薪酬部分（基本工资、奖金、股权）又是如何变化的？第一，基本工资没有增加，但是业绩奖金提升了。另外，《萨班斯-奥克斯利法案》的通过允许董事会变得更加独立，并在监督管理人员的薪酬方面具有独立性。“金色降落伞”依然存在，只不过降落伞仅仅打开了原来的三分之二；也就是说，高管收到的是两年的薪水，而不是三年的。附带的福利，像商务机也已经不见了。

在 2009 年，支付给 2008 年业绩的奖金下降了 10%。由于大多数公司的股票表现不佳，2008—2009 年之间的股票期权价值也骤然跌落了 15%～25%。基本工资基本持平，正如德尔夫斯集团的总裁唐纳德·德尔夫斯观察到的，高管向咨询公司付钱。

2010 年又发生了什么？从上面我们知道，2008 年和 2009 年的薪酬都在下降，但到了 2010 年，好像什么事都没有发生一样（如果你是一位 CEO，你就会明白）。根据伊奎拉所言，标准普尔 500 中的 334 家公司 CEO 的平均薪酬为 900 万美元，超出 2009 年 25%（平均 720 万美元），且高于繁荣时期所得的工资（平均 840 万美元）。获益最大者得到的是现金奖金。因为这 334 家公司的利润提高了 41%（主要通过成本降低而非需求增加），所以就有了很多的奖金。另外，2010 年股市上涨了 13%，自 2009 年 3 月份

[1] 很容易添加其他财富内容，比如储蓄、金融资产、不动产等等。

以来这两年几乎翻了一番。除了股票期权价值增加外，股票价值上升也提高了某些CEO 的奖金。伊奎拉考察的是 2009 年与 2010 年间具有相同 CEO 的公司。

谁是 2010 年最大的赢家？收入最高的是维亚康姆的菲利普·道曼，他赢得了 8 450 万美元（是其 2009 年总薪酬的 2.5 倍——当时只有 3 380 万美元）。10 大薪酬最高的管理者中有 6 位来自媒体和娱乐行业。第二名是 CBS 的穆维斯，他的薪酬为 5 690 万美元。总之，前 10 名赚到了 4 亿美元，远远超过了 2009 年前 10 名赚到的总额 3 亿美元。

资料来源："Executive Pay Trends for 2010," *Bloomberg Businessweek*, October 13, 2009, at www. businessweek. com/manging/content/oct2009/ca20091013-224531/htm; Associated Press, "CEO Pay Exceeds Pre-Recession Level," CNBC. com, May 6, 2011, at http: //cnbc. com/id/42929318/.

委托代理的激励冲突可表示如下：

1. 委托人的观点：所有者必须为管理者构建薪酬体制。他们知道无法完全观察管理者的行动，所以，薪酬不能够单独依赖于努力。然而，他们能够预计代理人在看到合约条款后所做的努力。因此，委托人将设法构建薪酬以使自己与代理人的利益结盟。

2. 代理人的观点：已经看到合约条款（尤其是将如何获得报酬），代理人选择一个努力水平。

3. 结论：在合约结束时，代理人行动的利润显露出来。代理人的奖金得到支付，而剩余的利润将支付给委托人。

图 15—6 描述了全部情况。所有者向管理者支付固定工资，以向风险规避型管理者提供一些确定的收入。另外，向管理者支付利润的一部分以确保其会提高努力水平，从而增加预期收益和利润。请注意，不存在与努力直接相关的薪酬，因为努力不可能被所有者观察到。相反，奖金会激励管理者，因为更多的努力会产生更高的利润，而管理者可以获得该利润的一部分。

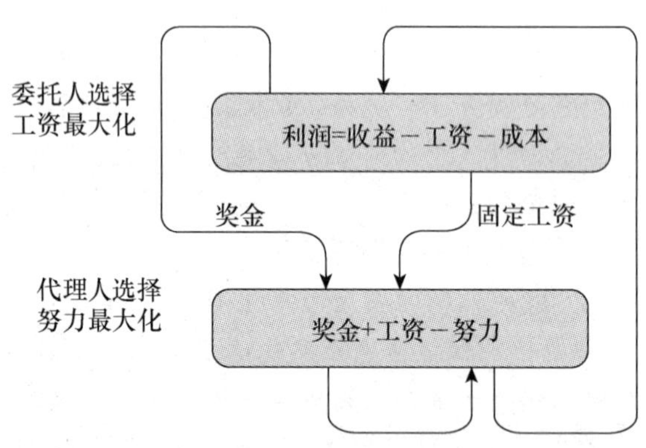

图 15—6 当努力不能被观察到时的委托代理问题

注：所有者支付了基于利润的奖金和固定工资。由于奖金的期望值随努力水平的增加而提高，所以代理人提高了努力水平，这反过来又会增加收益。如果收益的增加超过了工资的增加，利润就会上升。

战略环节

失败的首次公开募股中的委托代理问题
——CEO 可能过度妨碍 IPO 吗？

首次公开募股（IPO）对许多公司来讲都是一个重要的里程碑。这是它们进入资本市场的机会，该市场可在未来筹资发展机会中提供明显的优势，但并不是所有的IPO都能获得成功。最常见的失败原因是可怜的投资者对募股的反应，以及由此带来的对新发行股票的需求疲软。若IPO失败，公司要承担巨大的成本。公司不但失去了其成长所必需的资本收益，而且对公司利益相关者而言，失败本身就是关于公司前景认知的一个负面信号。

可怜的投资者的反应可简单归因于一个普遍恶化的资本市场——正是这些外部力量造成公司从IPO中退出。史葛·莱瑟姆和迈克尔·布劳恩最近的一项研究表明，IPO的失败还可能是由自利的CEO造成的，他们在对股东利益最佳的问题上不采取行动。这项研究表明了代理成本可能是多么地微妙。

考虑两种不同的委托代理问题，可称作“代理理论Ⅰ”和“代理理论Ⅱ”。代理理论Ⅰ认为，管理者与股东之间的利益差异可以被消除，当管理者拥有更多的股权时。拥有股权使所有者与管理者的利益保持一致，因此会引导自利的管理者去做对股东最有利的事情。当资本市场十分恶劣时，在IPO中这种理论该如何运用呢？尽管市场条件十分恶劣，但继续IPO可能仍然是股东们的利益。虽然他们将为新资本支付一个很高的价格，但长期来看还是会获利的，只要现在公司能够关注长期战略目标并进行投资。高股本参与的CEO将其利益与股东保持一致，如果CEO认为IPO对股东有利，他们就可能继续进行IPO。然而，没有高股本参与的CEO可能会放弃IPO；因为这样做可以使他们在管理劳动力市场中保持住声誉，而如果继续进行IPO并承担风险，可能会严重削弱他们的市场能力。这样的低股本参与管理者接近于风险规避者。

然而，代理理论Ⅱ的故事有些复杂。这个代理理论选择的是管理薪酬的另外标准。高股本参与管理者显然比他们的股东要缺少变化性。股东的投资组合中常常包括许多资产（事实上，许多是退休金计划或其他机构的投资者，他们代表其会员拥有大量的资产）。相反，典型的CEO拥有的大量财富可能都是其雇主的股票，而股票价值下降会严重损害他们的净财富。一个风险规避型的CEO，拥有大量的雇主股票，可能不愿意在一个低迷市场中承担进行IPO的风险；这与其自己承担的净财富风险十分相同。与之形成对比的是，在代理理论Ⅱ中，没有股本参与的CEO，其财富与IPO的结果关联很少甚至毫无关联，因而不会被未来的风险吓倒。

在IPO中如何运用这两种理论呢？莱瑟姆和布劳恩认为，理论Ⅰ意味着所有权的数量和企业放弃IPO的倾向之间存在一个负相关关系。因此，当市场条件恶化时，我们可以预见低股本参与的CEO常常会放弃IPO。但随着所有权增加，CEO面临越来越大的有规律的风险。这样，纵观企业，我们也可以预料，在某个股本参与水平较高处，CEO风险规避的情况将再次出现，从而调整（并最终逆转）了股本参与和放弃IPO之间的负相关关系。

理论上如此——实践中会发生什么？莱瑟姆和布劳恩观察了在互联网泡沫结束时上市的124家企业。然后研究了放弃IPO的企业和继续IPO的企业。尤其是，他们考察了参股与放弃之间的关系。而且，他们发现了与其理论预期明显一致的一个U形关系。

这项研究揭示了一项针对企业的重要战略决策，管理者的自利可能以微妙的方式慢慢改变着。虽然存在委托代理问题的部分解决方案，特别是通过参股而保持双方的利益一致，但出现的问题并没有完全消失。

资料来源：Scott Latham and Michaet Braun，2010，“To IPO or Not to IPO：Uncertainty and the Decision to Go Public，” *British Journal of Management* Vol. 21，666-683.

15.6 管理薪酬的一些完善

图 15—7 显示了当管理者采取低水平努力换来较高的效用时，他们的表现如何。较高的效用函数（实线）描述了当管理者提供低水平努力时的财富效用。较低的效用函数（虚线）表示了管理者投入高水平努力时的财富效用。曲线向下移动表示努力降低了整体的满意度。因此，在固定工资 B 处，管理者选择低水平努力并实现了效用 $U(B)$。

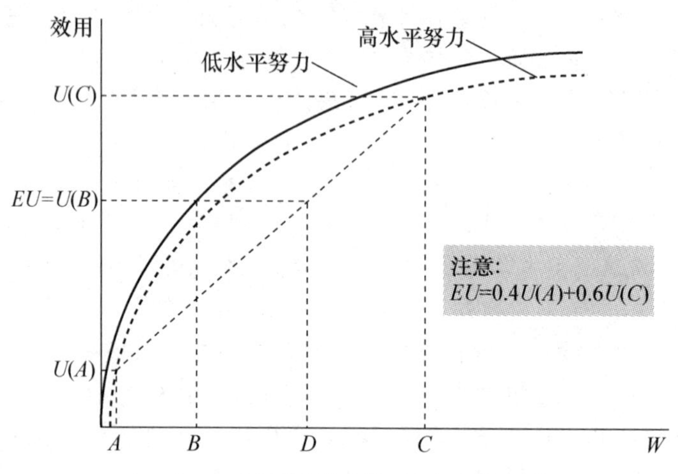

图 15—7　薪酬计划对管理者努力的影响

注：利润共享使管理者具有 40%～60%的概率收到薪酬水平 A 和 C，管理者提供高水平努力时的期望效用为 EU。利润共享计划如此设计是为了让努力工作带给管理者与其在固定工资和低水平努力工作时同样的期望效用。

□ 用利润共享来激励管理者

图 15—7 给出了利润共享计划如何影响管理者的努力水平。这些计划给予管理者一个企业利润的固定百分比。本案例中，管理者可获得利润的 2%(1/50)。企业的利润为：

A 的 50 倍,概率为 0.4
C 的 50 倍,概率为 0.6

由于可得利润的 2%，则管理者的收入为：

A,概率为 0.4
C,概率为 0.6

图中，管理者的期望薪酬是 $(0.4)(A)+(0.6)(C)=D$。该计划促进管理者努力工作。薪酬的期望效用（虚线）为 $(0.4)U(A)+(0.6)U(C)$，图中标记为 EU。它提供的期望效用与固定工资 B 和低水平努力下的期望效用完全相同，所以，对管理者而言，接受努力工作的薪酬与拿固定工资并逃避努力一样好。然而，期望薪酬从固定价值 B 增加到了期望价值 D。$D-B$ 的差异是补偿管理者承担风险和努力无效用的奖金。

□ 用收入保障和股票期权来激励管理者

注意，在图 15—7 中，管理者接受利润共享计划后，收入从 B 降到 A 的风险概率为 40%。在保护管理者免于遭受收入下降的风险时，我们还能够取得同样的效果吗？图 15—8 显示了所有者使用股票期权的情况。假设所有者采用底薪（有保障的最低收入）E 和一个股票期权替代激励计划，该股票期权获得大量现金 F 的概率很小。

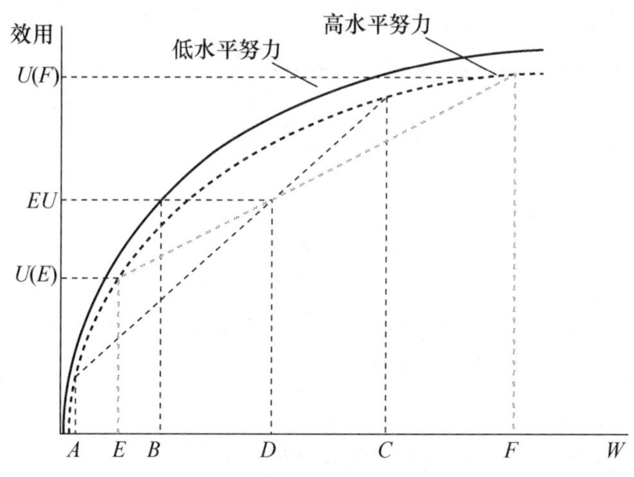

图 15—8　利用股票期权降低管理风险

注：可以向管理者提供最低工资和强大的效率激励，同时支付其固定工资 E 和股票期权，它能够保证股票价格大涨时的收益是 $F-E$。该组合向管理者提供了与图 15—7 中的利润共享计划相同的期望效用。

支付股票期权的概率是 35%。现在管理者的收入就是下列二者之一：

E,概率为 0.65

F,概率为 0.35

而 D 为期望值（与图 15—7 中的利润共享计划完全相同）。注意，该计划的期望效用是 $(0.65)U(E)+(0.35)U(F)$，与固定工资 B 和低水平努力下的期望效用完全相同。

为什么这项计划降低了下移的风险？首先，管理者被支付的固定工资是 E。该工资是无风险的。其次，管理者收到了一个企业股票的**看涨期权**，但这是有风险的。看涨期权赋予管理者在未来某一时期购买公司股票的权利。进一步讲，购买股票的价格（协定价格或执行价格）是事先确定的（参看本章标题为看涨期权的战略环节）。这些看涨期权现在的价格可能适中，但在到期日有可能一文不值，也有可能价格不菲。因此，它们向股东提供了一种向管理者支付奖金的方式，即适中的现值和较高的风险，如果股票价格大涨，则管理者收入颇丰。

□ 股票指数期权

利润共享计划与股票期权计划都会激励管理者投入高水平努力；但即使他们投入了更高的努力，也不能保证得到高回报。管理控制之外的因素（比如利率）也许会影响企业的绩效。因此，将风险引入薪酬，管理者可能因为超出其控制的糟糕的利润绩效而受到惩罚，或者由于市场整体好转而得到奖励。实际上，20 世纪 90 年代的高管薪酬计划中许多令人难忘的绩效不仅归功于繁荣的经济，同样归功于管理者的努力和竞争力。我们能够剔除这个外部或外生风险的绩效标准吗？

一个吸引注目的计划是股票指数期权。[①] 也就是给予管理者股票期权，但是股票价格并不固定。实际上它与股票价格指数相关，比如道琼斯指数。当指数上升时，期权的协定价格也上升。这保证管理者不只由于市场表现好才受到奖励。在市场低迷时，协定价格随市场指数下跌。这也保证了管理者不会由于糟糕的市场表现而受到惩罚。最后的净效益是：如果股票价格相对于市场上升，将收到可观的奖励。现在管理者的薪酬与他们能够控制的因素之间的关系更加紧密了。

战略环节 ☞

让董事会着眼长远

2006 年（于 2007 年 12 月修订），在沃伦·巴菲特的督促下，以及因为企业关注短期收益而遭到频繁的批评，可口可乐公司向董事会宣布了一个补偿外部董事（也即非可口可乐的雇员）的新方法。

董事会约定，每一位外部董事会成员都将得到“股权单位”（基本上就是在 2006 年 2 月 10 日当天以 17.5 万美元购买的股票单位数——按当天股票的最高价和最低价的平均价格测算）；然而，这些不是真正的股票，它们是“股权单位”。外部董事不能出售这些股票，也不能将其转换成现金，除非公司在随后的三年以一种特定的方式处理。如果在未来的三年里真正的股票支付红利，那么该红利就被视为“股权单位”，并被用于购买更多的“股权单位”。如果在三年到期时，可口可乐公司“修订”的每股价值以每年至少一个累计 8%的速度增长（即三年增长 25.791 2%），那么，仅仅在这之后，该董事才会获得其在 2006 年董事会上的服务报酬。如果如愿以偿，他将会被支付“股权单位”的现金值。如果没有实现目标，他在 2006 年的服务就不会收到回报。

然而，额外一个三年计划（2007—2009 年）将决定 2007 年的薪酬，并且有另外一个三年计划（2008—2010 年）决定 2008 年的薪酬，每名董事会成员有 3 个这样的薪酬计划。董事会收到 2006 年的薪酬为 195 617 美元（直到 2009 年 2 月才能获得），2007 年的薪酬为 219 861 美元（直到 2010 年 2 月才能获得），而 2008 年的薪酬为 208 554 美元（直到 2011 年 2 月才能获得）。

2009 年 1 月 1 日，一项新的薪酬计划出台并被当时的董事会采纳。新的计划需要为本年度的服务向董事直接支付现金 5 万美元，然后给他们基于 4 月 1 日当天或之后的第一个股票交易日（以较早者为准）股票价格 12.5 万美元的“股权单位”。这些“股权单位”与之前的一样，允许用红利“购买”更多的“股权单位”。

董事会成员离开董事会，他们将于离开后下一年的 1 月 15 日或者离开的 6 个月之后获得现金支付，以较迟者为准。这样，（如果可口可乐是成功的）董事会成员薪酬的主体部分被推迟支付了（在相当长的时间内，对于长期服役的董事会成员）。据推测，离开董事会至少 6 个月的延期支付可以阻止机会主义者的离开，比如当股票价值最高时离开董事会。

---

① 这些讨论参见 Nicholas G. Carr，“Compensation：Refining CEO Stock Options，” *Harvard Business Review*，Vol. 76（1998），pp. 15-18。

与以前的计划一样，董事会认为它使董事会的目标与股东的目标保持一致；也就是说，它最大化了股东的价值（因为双方都对可口可乐的股价感兴趣），并着眼于股东的长远利益——因为董事会成员直到他们离开董事会才可以获得薪酬（显然是这样）。

资料来源：www. thecoca-colacompany. com/investors/2011 _ coca-cola-proxy/pdf and the same document for 2006，2007，2008，2009，and 2010.

战略环节 ☞

看涨期权

看涨期权是一份合约，它赋予持有者一种权利（而不是一种义务），以事先约定的价格从对方（期权的卖方）处购买特定数量的公司股份。事先约定的价格被称为协定价格或执行价格。

例如，假定你有权在 6 个月内（也叫到期日）以每股 50 美元的协定价格购买 x 只股票。如果 6 个月后，该股票的实际市场价格为每股 42 美元，只要你愿意，你就可以行使期权，以每股 50 美元的协定价格购买股票（现有价值为 42 美元），但那样做是愚蠢的。你只需找到你的经纪人，然后以 42 美元的现行市场价格购买股票。为什么要使用期权去支付高于股票价格的金额呢？

现在假定股票价格上升，6 个月之后它值 74 美元。而你的合约允许你以 50 美元的价格购买股票，尽管它现在价值 74 美元。你将行使你的期权以 50 美元的价格购买该股票，这样每只股票会净赚 24 美元。

看涨期权的价值，也就是它的价格，取决于以下几个因素：

1. 协定价格越低，期权价值越高。向持有者支付的是到期时市场价格与协定价格的差额（若差额为正）；因此，较低的协定价格会增加收益和看涨期权的现有价值。

2. 股票的现有价格越高，其价值就越高。现有股票价格越高，到期价格就越有可能在协定价格之上。

3. 股价的风险或波动越高，期权价值就越高。风险增加了到期日价格非常低（下移风险）或非常高（上移风险）的可能性。下移风险的增加不会伤害到期权持有者，因为期权还没有被执行，但是上移风险的增加却提高了到期日的收益。因此，风险具有单方面的积极影响。

罗伯特·默顿和迈伦·斯科尔斯极大地发展了期权定价方法，他们也因此获得了 1998 年的诺贝尔经济学奖。

总之，如果到期日的股票价格高于协定价格，看涨期权就会使管理者获得利润。如果到期日的股票价格低于协定价格，看涨期权对管理者则毫无价值。因此，期权给予管理者没有损失风险的获利机会。自然，这样的期权是有价值的，管理者必须准备支付一定的成本（努力）从卖方手中购买。

战略环节 ☞

欧洲大陆的高管薪酬

由于 2008 年的金融危机，欧洲政客对“过度”补偿进行了宣战。让-克洛德·容克

(欧盟委员会主席)称过度支付是一个“社会祸害”并要求对此采取行动。法国前财政部部长克里斯汀·拉加德认为现有的法国薪酬制度是可耻的，并建议对其立即采取规制。法国总统尼古拉斯·萨科齐回应了这种情绪，德国总统霍斯特·科勒也公开指责高薪酬。

如果欧洲存在过高薪酬，那么美国的薪酬又将如何呢？让我们比较一下欧洲CEO与美国CEO的薪酬总额。

是嫉妒还是道德上的愤怒？欧洲的高管看了看美国的同行，然后问道：差异的原因是什么呢？对于美国前20名最高薪酬高管的收入是欧洲前20名最高薪酬高管的收入三倍的常规解释是，美国的高管管理的公司规模更大。但与许多传统认知一样，它不是真的。欧洲企业的年均销售额为655亿美元，而美国只有465亿美元，所以规模真的不重要。

传统认知的另一个解释来自戈登·盖柯（电影《华尔街》中迈克尔·道格拉斯饰演的角色）——贪婪。在过去10年间，欧洲高管已经感到美国CEO的薪酬一直是过度支付的。欧洲高管认为自己工资低的原因是他们一直关注社会公平。他们感到美国的同行是贪婪的。

普利娜·惠特克，金·斯伯丁律师事务所伦敦就业与效益实践的主管，讲述了其欧洲CEO客户的观点，“那只是时间问题，美国的公司——或是股东——严格控制过度补偿”。她也将欧洲和亚洲CEO的标准薪酬组合与美国的同行做了比较，但是，惠特克注意到，“总的来讲，他们还是输了。”事实上，她认为欧洲CEO的薪酬目前太高了（尽管实际上他们的薪酬明显低于美国CEO的薪酬）。造成这种错觉的一个原因是在过去10年中，英国CEO的薪酬与公司中最低薪酬的比率已经从47倍上升到127倍。而在1970年的美国，倍数是40，但在2009年，倍数是344。根据普渡大学拉曼尼亚的说法，2009年欧洲的倍数是20，而日本的倍数是11。

有些人认为这是一个世界市场，因此整个市场的标杆是相关的，尼基·登比，世界最大的薪酬咨询公司——韬睿惠悦，在伦敦办公室的一位代理人报告，2008年，也就是在全球金融危机爆发之前，随着美国的薪酬达到高峰，世界的趋势是平价补偿，但其他人（如后所示）则认为高薪酬正在卷土重来。

根据谬·兴·爱丽丝·奥，一位海德思哲的CEO所言，在美国被看成是主流的金色降落伞，在亚洲却“违背了亚洲高管精神世界的原则”。“对于在世界这个地区的CEO来讲，它没有什么意义”。事实上，一个在亚洲寻找黄金降落伞的申请人将被视为不合格的CEO。

其他人则认为，随着经济的恢复，我们又开始领跑世界高管的薪酬。而基本的前提是，在全球环境下需要一类特殊人才去进行管理。对于这类管理者的需求相当高，但供给却很低。按照供需规则，在现行价格水平上，当需求超过供给时，薪酬就会上升。据香港光辉国际报道，现在，向C级水平的新手推荐的薪酬都高于亚洲公司习惯采用（过去三年一直如此）的薪酬。

全世界薪酬的组成部分也正在发生变化。直到最近，股票期权才是一个美国的流行现象。如今，华盛顿特区高管薪酬中心的查理斯·萨普声称，基于股票的报酬几乎存在于所有的国际市场（他提到了西欧和印度，中东正迎头赶上）。海德思哲的奥女士在亚洲（到目前为止还没有包括中国）也看到了相同的趋势。在一些亚洲国家中，存在的问题是股权市场发展得并不完善；因此，期权的价值不容易被明确。这一点尤其引人注目，因为在美国和世界其余地区，CEO薪酬在基本工资方面差距不大，但在股票薪酬方面却差距巨大。股票期权的一个优势是将股东和CEO的利益保持一致；也就是说，高业绩导致高股价。

约翰·威尔科克斯，美国教师退休基金会的前企业主管，并不认为我们将会寻找世界范围内的CEO薪酬。他列举了几条原因：有些国家（如印度）的许多企业都有着明显的家族控制特点；有些企业主要被利益一致的股东集团所控制；有些企业易于被政府控制；企业有着不同的文化和历史（例如，欧洲文化注重公平）以及不同的董事会结构；而有些公司允许劳动者较大程度地参与董事会层面。

来自康奈尔大学薪酬研究机构的一项最近研究表明，通过对威尔科克斯列出的一些变量（例如，企业、所有权和董事会特征）做统计控制，“美国CEO的薪酬支付只比他的欧洲同行稍微高出一些。”除此之外，这项研究还发现工资与业绩的关联在美国要比在欧洲大部分国家紧密得多，而且由于美国高管一直获得某些时日的股票期权，所以美国的CEO比起他们的欧洲同行，其财富中有着更多的股票和股票期权。事实上，大多数的薪酬差异都来自股票期权（正如上面总结的）。适当的税收规定早已鼓励美国的期权使用了。

下表显示了欧洲和美国CEO薪酬的水平与构成。

	总额（万美元）		构成			
	均值	中位数	基本工资	奖金	股权	其他
比利时	1 328	884	64%	20%	6%	10%
法国	1 522	822	60%	21%	15%	**4%**
德国	2 606	1 739	39%	**42%**	9%	11%
爱尔兰	2 585	1 375	54%	9%	23%	15%
意大利	2 717	2 183	53%	19%	13%	15%
荷兰	1 526	1 166	49%	21%	17%	13%
瑞典	1 273	1 055	61%	16%	1%	22%
瑞士	3 636	1 336	57%	17%	12%	14%
英国	2 016	1 183	46%	18%	28%	9%
欧洲平均	1 989	1 200	50%	21%	19%	10%
美国	**3 784**	**2 414**	**29%**	20%	**46%**	6%

资料来源：“Pay Attention,” June 12, 2008, at www.economist.com/node/11543665; John Buchanan, “Are CEOs Worldwide Closing the Pay Gap with Their American Counterparts?”, *The Conference Board Review*, Spring 2010, at www.tcbreview.com/dont-look-back/php; Martin J. Conyon, Nuno Fernandes, Miguel A. Ferreira, Pedro Matos, and Kevin J. Murphy, “The Executive Compensation Controvery, A Transatlantic Analysis,” Institute for Compensation Studies, February 13, 2011, at http://digitalcommons.ilr.cornell.edu/ics/5; Gerlind Wisskirchen, “Executive Compensation in Europe,” CMS Hasche Sigle, Slide presentation, Coronado, California, March, 24-27, 2010.

我们可知，在CEO薪酬总额的均值和中位数这两项上，都是美国最高。均值高出瑞士4%，而中位数高出意大利10.6%。在总额方面，美国基本工资的百分比最低(29%)，低于倒数第二的德国10个百分点。在德国，奖金非常重要（占42%），但美国的奖金稍微低于它的一半（20%）。股权在美国CEO薪酬总额中占据46%，超出第二名英国 18 个百分点。瑞典薪酬总额中的其他薪酬占 22%，而在美国只占 6%。当欧洲整体联合在一起作为上述欧洲国家的一个加权平均值时，美国薪酬总额的均值和中位数大约是欧洲整体均值和中位数的二倍。欧洲 CEO 薪酬总额的 50%是基本工资（与此同时美国只有 29%）；欧洲和美国的奖金结构实际上是相同的，但股权在美国占 46%，而在欧洲只占 19%。

在许多欧洲国家，现在有一种“薪酬话语权”文化，它给股东一个关于高管薪酬的话语权。在美国，2010 年通过的规则要求，每 3 年每家上市公司必须让其投资者进行投票表决：应该支付高管多少薪酬。虽然这种投票没有约束力，它不过是个公共记录，但传媒的力量可能会造成一些压力。如果股东投票不支付高管薪酬，公司必须向监管机构披露解决方案是什么（也可能不会有什么改变）。在 2011 年，只有 12 家公司的股东投票反对薪酬支付计划（这是因为大型机构的投资者偏向于管理者）。下表给出了一些欧洲的例子。

	建议或约束	投票内容	实施时间	监管方式
英国	建议，每年	董事酬劳	2003 年	遵守或解释
荷兰	政策改变的约束	对采用高管薪酬政策进行约束投票和对现有政策进行重大改变	2004 年 10 月	遵守或解释
瑞典	约束，每年	资深高管的薪酬指导	2006 年 7 月	遵守或解释与监管的混合
挪威	约束，每年	未来一年资深高管的薪酬计划	2007 年 1 月	遵守或解释与监管的混合

资料来源：Gertind Wisskirchen，“Executive Compensation in Europe，” CMS Hasche Sigle，Slide presentation，Coronado，California，March，24-27，2010.

15.7 其他情况下的委托代理问题

类似的激励问题也存在于投保方与保险公司。这些问题被称为道德风险。如果你没有对火灾、车祸、疾病和其他生命中的意外事故进行保险，你可能会面临突然而又严峻的财务损失。这些未经保险的风险会让你变得小心谨慎。你应当小心驾驶，照顾好身体，并通过安装烟雾探测器和防盗自动警铃来保护你的家庭。虽然这些安全措施可能昂贵或不方便，但通过降低财务损失的可能性或强度可使你得到回报。你承担了安全成本（支付烟雾探测器）并得到了回报（避免了火灾的损失）。如果你购买了保险，安全的成本与利益就将分离。投保人可以承担安全设施的成本与不便性，但主要受益人却是保险公司，它现在面临着较低的期望损失。

保险公司的道德风险可以分成两类：事前道德风险与事后道德风险。事前道德风险是指投保人在保险公司有保险时，忽视对未来损失防范的趋势。缺少烟雾报警器与事先道德风险有关。事后道德风险同样重要；它指的是已经遭受了一些不幸的投保人不愿意控制事件成本的趋势。考虑一家公司，它购买了防止缺陷产品的责任险并正被受害人起诉。保单包括了公司就起诉进行辩护的法律成本及赔偿受害者的成本。由于是保险公司承担双方的成本，所以有些被告的管理者希望提供慷慨的解决方案，并把它看作是以保险公司高赔偿为代价而买回顾客好感的一种方法。而其他被告则持另一种观点。由于是保险公司支付法律成本，他们希望保险公司花费几乎无限的金额来保护生产者的声誉，即使责任看起来已相当明确。[①] 如果管理者没有购买保险，他们可能会在为起诉进行辩护而增加的成本与向受害顾客提供解决方案的成本之间很好地寻求平衡。

□ 资产置换[②]

我们的讨论关注的是企业的利害相关者：股东和管理者。但是在公司的保护伞下，还有其他利害相关者，委托代理问题也会在他们之间产生。现在考虑股权持有者和债权人之间的情况。为了集中阐述，我们假定董事会修改了管理者薪酬，并使股东与管理者的利益保持一致，因此，我们可以合理确信管理者代表公司所有者的行为。由于管理者控制（通过激励相容薪酬）了决策的制定过程，而债权人则没有，这时新的问题就出现了。

考虑一家药品公司，其现有的生产线使企业承受着某些风险。未来收入的期望现值为 100 或 200，二者的概率都为 0.5。这一风险可以反映关于顾客需求的不同情况或者反映药品存在不可预料的、潜在的副作用，它可导致受害顾客的重大诉讼。公司通过发行债券筹集资金，该债券的**票面价值**为 100。即使在最差的情况下，公司也值 100 并能偿还债务。因此，公司不可能发生拖欠。我们现在可以看一看股权与债券的价值为多少：

$$公司总价值=0.5(100)+0.5(200)=150$$

这个价值可以在股东与债券持有人之间分配，首先满足债券持有人，剩下的部分（剩余权益）才属于股东。因此，如果公司价值 100，偿还债务后，没有剩余留给股东。如果公司价值 200，偿还债务后，还剩余 100 留给股东：

$$债券的价值=0.5(100)+0.5(100)=100$$

$$股权的价值=0.5(0)+0.5(100)=50$$

公司现在面临一项新的投资决策。它可以引进一种新的治疗高血压的药物。其研究提供了两个配方。配方 A 效果中等，没有副作用，因此不太可能产生任何消费者诉讼。配方 B 效果更好，但出现无法预计的副作用的可能性更大。如果事情进行得顺利，公司可能从配方 B 中赚取更多的钱。然而，如果出现诉讼，公司可能会遭受损失。公司必须选择一项配方进行生产。每个项目的投资成本均为 200（如表 15—1 所示），将通过新的借贷来融资。第 3 列表示可能创造的价值。配方 A 未来收入的现值（present value，*PV*）是 220。因此，净收益（净现值或 *NPV*）是 220－200＝20。相反，配方 B 的总收益可能只有 20（如果有诉讼）或者达到 310（如果没有诉讼）。[③] 期望 *NPV* 是：

$$0.5(20)+0.5(310)-200=-35$$

---

① 虽然几乎所有的保险政策都采取了有限支付赔偿，但有些政策对投保人的法律辩护费采取的是无限责任。

② 参见 Hayne Leland，"Agency Costs，Risk Management，and Capital Structure，" *Finance* 53，pp. 1213-1243；and Neil Doherty，*Integrated Risk Management*，chaps. 7 and 8（New York：McGraw-Hill，2000）。

③ 这两个项目的收益独立于已有项目的收益。

表 15—1 **利用 *NPV* 选择项目**

	投资成本	收入现值（*PV*）	期望净现值（*NPV*）
配方 A	200	220	20
配方 B	200	20，概率是 0.5	−35
		310，概率是 0.5	

公司应当选择哪一个项目？显然，配方 A 看起来更好，因为它的 *NPV* 是 20，而配方 B 的 *NPV* 是−35。然而，股东可能对决策的看法截然不同。

战略环节 ☞

激励支付是好是坏？

许多年前，西尔斯汽车修理中心向汽车技师提供了激励支付。根据他们修理的配件数量进行支付，比如刹车，西尔斯感到技师们的生产积极性不高，因为他们无论工作是否努力薪水都相同。西尔斯推测，根据完成的工作进行支付将会提高生产力。激励相容——我们这样称呼它——西尔斯希望工人为他的利润而努力工作，而技师们希望提高自己未来的薪酬而努力工作。这听起来像是个好主意，并且在常规情况下它也是个好主意。但是在这个案例中，一些技师决定通过做一些不必要的修理提高他们的薪酬。一个轻信的和不知情的消费者被告知刹车接近失灵时，会毫无疑问地授权其进行维修。有许多消费者上当受骗；当事情败露后，给西尔斯造成了相当大的麻烦。

激励支付计划（奖金，股票期权）创造了一个潜在的说谎动机吗？或者它们提供了为股东的目标而努力工作的动机吗？

有些证据表明某些薪酬组合（尤其是大型股票期权组合）更可能使管理者乱报数量，并且股票期权的授权更可能导致企业的破产。

在 2005 年的管理学院会议上，有一篇论文在比较了 435 家被迫重申其财务报表的公司之后，认为这些公司没有必要重申其收入。期权占据管理者薪水的比例越大，企业必须重申其利润的概率就越高。当老板得到的薪酬中有 92%都是股票期权的话，在一个 5 年的期间内，有 20%的人都不会正确汇报利润，虚假结果的趋势是获得补偿并使得雇用他们的人感到高兴。如果去年是一个好年景，你就更加期待今年有一个好收成了。压力就这样产生了。

穆迪（证券评级机构）的一项研究揭示，高薪聘用管理者（受公司规模和业绩的控制）的企业出现拖欠债务或者出现债券评级大幅下降的概率较高。我们如何知道穆迪案例中的高管是否在进行欺骗呢？也许，高管承担了风险但投资也并不见效。包括董事会监管不力和激励性薪酬组合的多种解释“创造了最终导致欺诈的环境”。世通和安然就是后者的例子。

然而，董事会提供了足够的保护以防止滥用职权吗？并不总是这样。《纽约时报》的一位编辑问道，一位外部董事在其因不履行义务而面临法律制裁之前，是怎样不负责任的？这位编辑总结的答案是：非常、非常地不负责任。引用两个例子：一位特拉华的法官严厉批评了迪士尼董事会，因为他们聘用和解雇了迈克尔·艾斯纳但又断定他没有违法行为。一个卡卡圈饼的特别委员会（在卡卡股价大幅回落后由董事会成员任命）认为先前的董事并没有违法。许多人认为，当问题出现时，董事会从旁观者的角度已经观察到了，并且不经审查就批准的很多决策应当需要更尽职的监督。特别委员会声称，董事会没有采用适当怀疑的态度监督管理过程与管理决策——也就是说，他们没有针对知道的和确信的事情采取任何行动，尽管这些事情显然与卡卡的最佳利益相冲突，同样，也没有对得到不当个人利益的人采取任何行动。董事会不仅没有尽职调查，也没有承担什么法律后果。

业绩目标被清晰地列出并与可观的薪酬相联系（如果目标实现）。在 2005 年，拉斯维加斯的金沙公司的 5 名高管被多支付了 280 万美元。由于公司的业绩显著，董事会认为高额支付不是什么问题（尽管事实上公司的资本价值下跌了 18%）。

显然，薪酬超过业绩合同允许的金额而董事会却又赞成的例子非常普遍。其他的例子还包括哈里伯龙公司、安信龙公司、Mothers Work 公司和 Big Lots 公司。批评者关注的是最初设定的标准被降低（所以容易达到），即首次设定不是很高。

有些薪酬组合看起来产生了反向激励。在新闻集团，首席运营官如果在任何一年的收入超过了 15%，就会得到 1 250 万美元的奖金，而若收入下降 6.25%，则可得到 450 万美元的奖金；若下降 14%，还可得到 352 万美元的奖金。因此，即便首席运营官离开管理岗位 1 年，他离贫困仍差得很远。

规避奖金计算透明度的一个方法是采用一系列模糊的定义，它们可触发奖金支付。另外，董事会可以用其喜欢的任何一种方式来给这些项目赋予权重（包括 0 权重）。据说，方案模棱两可的原因是防止竞争对手从中计算出一位高管的薪酬，进而推测出公司的秘密数据，之后向这位高管提供一个薪酬组合再将其劝离。评论者说无论整个企业是好是坏，小心谨慎地挑选测量变量总可以触发奖金。

一位保险公司的高管得到了很好的薪酬支付，尽管公司由于飓风造成的突发事件的索赔而遭受了损失。飓风被称为上帝之举；可同样的上帝之举并没有使公司股东免受其持有的资本价值的损失。所有者由于拥有公司（利润有高有低）而必须承担风险，但工作在保险行业的高管也必须承担上帝之举带来的风险以及给他们薪酬带来的影响。如果飓风影响被排除，保险公司支付的奖金是其目标的 1.72 倍。

其他高管由于完成其常规职责的一部分而得到奖金，比如遵守萨班斯-奥克斯利法案。虽然 Mothers Work 和 Big Lots 两家公司都没有实现可以触发奖金的目标，但都向高管支付了奖金。支付的原因包括诸如其他活动目标得到了实现但该目标没有列在支付奖金的业绩标准之中，使管理者工资符合行业标准，以及保持管理团队的稳定性。有谁看到监督者正在监督他们应该监督的行动吗？

资料来源：Floyd Norris，"Stock Options：Do They Make Bosses Cheat?" *New York Times*，August5，2005，at www.nytimes.com/2005/08/05/business/05norris.html；Floyd Norris，"Inept Boards Need Have No Fear，" *New York Times*，August 12，2005，at www.nytimes.com/2005/05/12/business/12norris.html；Gretchen Morgenson，"Big Bonuses Still Flow. Even If Bosses Miss Goals，" *New York Times*，June 1，2006，at www.nytimes.com/2006/06/01/business/01bonus.html.

□ 如果选择项目 A 的企业价值

考虑选择每个项目时公司的总价值。选择项目 A，公司有来自现有运营的 100 或 200，加上来自该项目的额外的 220，总价值为 320 或 420。总价值在债券持有人与股东之间进行分配，公司欠债券持有人 300（原始债务 100，再加上公司为新项目借入的

200)。我们假定必须首先偿还原始的 100，因为它最先借入（称其为优先债务）。为新项目筹集的债务称其为次级债务，只有在优先债务偿还之后才能对其进行偿还。

注意表 15—2 中公司的最小价值为 320，但是它的总欠款为 300。因此，总是有足够的价值完全偿还债务。

表 15—2　　如果选择项目 A 的企业价值

公司价值	0.5(320+420)	=370
老债务	0.5(100+100)	=100
新债务	0.5(200+200)	=200
期权	0.5(20+120)	=70

□ 如果选择项目 B 的企业价值

如果选择项目 B，公司有来自现有运营的 100 或 200，加上来自该项目的 20 或 310。这使得可能的总价值为：

100+20=120
100+310=410
200+20=220
200+310=510

公司、债务与股权的价值如表 15—3 所示。

表 15—3　　如果选择项目 B 的企业价值

公司价值	0.25(120+220+410+510)	=315
老债务	0.25(100+100+100+100)	=100
新债务	0.25(20+120+200+200)	=135
期权	0.25(0+0+110+210)	=80

这里有一个问题。公司借入 200 投资在这两个项目之中。股东必须挑选要进行哪一个项目。选择应当是清楚的。股东认为项目 B 更好，因为它的股权价值为 80，高于股权价值为 70 的项目 A。看起来差的项目如何给股东实际上带来更好的收益呢？考虑这个问题必须提及有限责任。如果公司选择项目 A，它不会产生拖欠债务的风险。股东从新的项目中获得的全部 *NPV* 是 20（要注意，在进行该项目之前，股权价值为 50；之后，股权价值为 70）。但是如果公司选择项目 B，该项目有 50%的概率会失败，并导致价值只剩下 20。如果失败真的发生，公司会破产并不能完全偿还债务。如果该项目成功（股权价值为 310），股东会收获巨大的回报。因此，如果事情进行得顺利，股东保留所有的上移风险；但是如果事情进展得不顺利，股东则会绕过债务。股东们正在玩"我们赢在先，债券持有人输在后"的游戏。

这说明了一个重要的委托代理问题。当公司有着相当大的债务时，股东常常喜欢风险投资决策，看起来债券持有者是这些博弈中极不情愿的牺牲品。但是让我们再看一看债券持有者；他们并不总是无助的。债券持有者必须决定是否借钱给公司，以及期望的债务偿还额。在这种情况下，企业试图以 200 的面值来发行债券。如果你是一位投资者，看到了这家公司，你的思考过程可能如下所述：

如果我花费 200 购买这些债券，股东们将用这些钱去做什么？好吧，一旦他们有钱，股东的理想选择是项目 B，因为股票的期望价格为 80（与项目 A 的 70 相比较）。在这种情况下，我期望项目 B 会被选中，从而我的新债券将有风险，价值只有 135（参见表 15—3，当选择 B 时的新债务价值）。因此，我不愿意用 200 去购买这些债券，相反，我只愿意支付 135，因为它们就值这么多。

如果我们沿着这个逻辑再深入一步分析，会发现管理者不能进行任何一个项目。因为理性的债券持有者希望选择 B，但他们只愿意为这个新债务支付 135，尽管其面值是 200。由于项目 B 的投资成本是 200，则从债券发行中筹集的资金不足以投资这个项目。那是否意味着项目 A 被选中了呢？实际上，假定管理者声称他们有选择项目 A 的意向。遗憾的是，购买新发行债券的投资者仍然会理性地认定如果他们以 200 购买债券，股东将改变主意，会利用 200 为项目 B 进行投资。因此，投资者仍然会按 135 来认购新发行的债券。由于债券持有者预期股东试图选择净现值为负的风险项目，公司却将无法投资任何一个项目，它被迫放弃有风险的项目 B 和净现值实际是正数的项目 A。

□ 描述博弈论中的诱导转向法

图 15—9 给出了博弈论描述的这个问题。股东必须决定选择项目 A 或 B。债券持有者必须选择为新债券支付全部的 200，还是只支付 135。除非债券持有者支付全部的 200，否则管理者不能进行任何项目，股东只有 50 的初始股权价值（从已有的生产线获得）。然而，如果债券持有者支付了全部的 200 以用来作为项目成本，股东将从项目 A 中获得 70 的股权值或是从项目 B 中获得 80 的股权值。债券持有人的收益体现为他们在债券发行时支付的价格与现有债券价值之间的差额。如果债券持有者支付 200 而公司选择了 A，则债券价值为 200，而净收益为 0。但如果债券持有者支付了 200 而公司选择了 B，则债券价值只有 135，而净收益只剩下−65。如果债券持有者预见到诱导转向法，则他们只会支付债券价值，并有一个 0 的净收益。

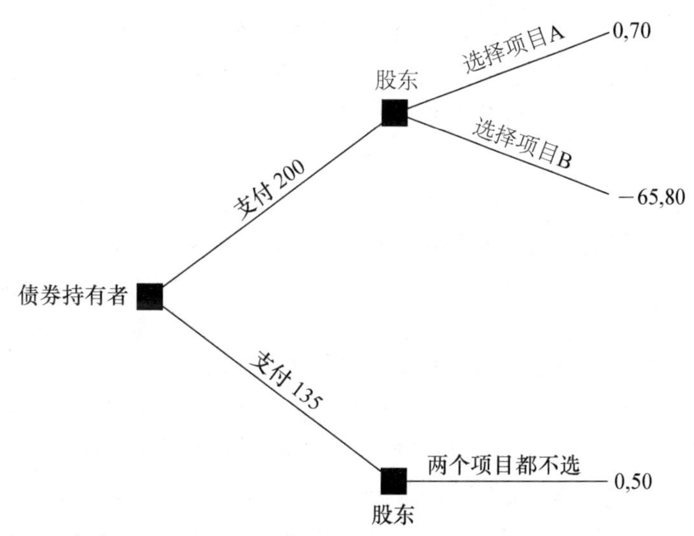

图 15—9　股东会采取诱导转向法吗

注：如果债券持有者支付 200，他们预计股东会选择项目 B。这些债券持有者将只支付 135。注意，每一个分支的第一个数字是债券持有人的收益，而第二个数字是股东的收益。

博弈是序贯的，而债券持有者最先行动。债券持有者预见到如果他们支付 200，那么股东将选择 B，因此，债券持有者将只支付 135，而股东无法从事任何项目并只剩下 50 的股权。股东可能向债券持有者作出如下承诺：如果你支付 200，我将保证选择项目 A。问题是这样的承诺并不可信。如果收到了 200，股东就会产生改变主意的动机。这是一个可信度问题，股东有实施诱导转向法的动机。

□ 资产置换问题的可能解决方案

有几种方法可以帮助管理者避免或最小化这一问题：

- 股权融资。问题的出现是因为管理者试图利用债务为项目融资。如果他们能够通过内部资金或发行新股来支付项目的费用，这一问题就减轻或消失了。
- 建立保护债权人的声誉。如果企业在制定决策时制定保护债权人利益的连续性政策，那么不进行未来风险项目的承诺可能被人们相信。
- 预先防御或为风险投保。处理这一问题的另一种方法有时是企业自愿为风险投保。因为项目 B 是有风险的，而风险会导致拖欠债务的可能。如果为该风险投保，那么债券持有者的利益将会得到保障。很多债务文件都要求企业承担为资产投保的法律义务。

战略环节 ☞

塞壬之歌

2008 年金融危机的一个最典型特征是金融机构发生的内爆，它由看上去过度承担的风险所导致。对于一些公司来说，它很快就结束了（贝尔斯登、雷曼、美联银行、诺森罗克银行），而且对于其他一些公司（美国国际集团、花旗银行、富通）则出现了大规模的重组与接受政府的资助。

这些机构的管理者正在其账目上承接着日益复杂的和高风险的有价证券。实际上，这些有价证券的价值只有通过相当复杂的数学模型才能够预测，然而，即使这样，模型仍有可能低估风险的真正水平[a]。这些机构的管理者常常使用被称为“举债经营”的财务策略来放大有价证券的内部风险，通过借钱来增加他们的所持股份。有些投资银行的举债比例为 30∶1，即 1 美元的股票对应管理者手中 30 美元的债务。运用债务，管理者承受着失去资产控制权的额外风险，因为他们无法偿还债务的本金或利息。利用历史研究方法，很多机构的管理者承担的举债经营的风险都处于异乎寻常的高水平。

很多观察家相信薪酬计划会鼓励管理者去承担额外的风险；反过来，也会促使他们从事道德风险方面的活动。考虑股票期权的作用，它是管理薪酬的一个常规部分。股票期权是可以在未来某个时间按协定价格购买企业股票的一种权利。高管可以接受这些期权来作为其整个薪酬组合的一部分。看一下战略环节“看涨期权”是如何评价期权的。理论上，这些期权应当提高管理者对长期结果的关注度，因为它们在未来的某个时期才会到期。

从行为观点看，期权赋予管理者从增加的股价中获得所有上升的潜力，却不会在股价下跌时有任何的损失。因此，股票风险越高，这些期权的价值越大。这一点在下图中也有描述。考虑一家企业的股票价格在一年内可能是 17 或 23 的概率各为 50%，则期望股价为 0.5(17)+0.5(23)=20。现在，协定价格为 19 的期权将有如下收益：

- 如果到期股票价格为 17，期权收益为 0，期权没有被执行。

● 如果到期股票价格为 23，期权净收益为 23－19＝4，期权被执行。

可见，管理者关于期权的期望收益为 0.5(0)＋0.5(4)＝2。

现在假定管理者制定了可导致不同风险预测的一系列不同的决策。在这些可供选择的决策下，到期的股票价格是 10 或 30 的概率各为 50%。注意，股票的期望价格与先前一样，即 0.5(10)＋0.5(30)＝20。现在，协定价格为 19 的期权将有如下收益：

● 如果到期股票价格为 10，期权收益为 0，期权没有被执行。

● 如果到期股票价格为 30，期权净收益为 30－19＝11，期权被执行。

可见，管理者关于期权的期望收益为 0.5(0)＋0.5(11)＝5.5[b]。通过改变股价的风险而不改变它的期望价值，管理者可以从到期期权那里大大提高他的收益。

这里存在道德风险问题。期权向管理者提供了强有力的激励去作出提高股票价格的决策，这也是它们被放在首要位置的原因。然而，一个副作用是，它们还为管理者提供了增加股票风险性的动机，因为这也增加了期权的价值[c]。

期权被金融机构广泛运用。实际上，大多数企业都得到了政府的支持，允许向 CEO 支付最高的薪酬。在 2007 年[d]，劳埃德·布兰芬，高盛公司的 CEO，收到了 5 400 万美元；摩根大通的 CEO，杰姆斯·戴蒙，拿回家 3 000 万美元；而甘乃迪·汤普森，美联银行的 CEO，则获得了超过 1 500 万美元的收入。如果你认为首席执行官会对激励作出反应，就不应该对管理者试图通过在这种高风险证券交易中最大化其期权价值并利用债务融资进行经营的风险行为感到惊讶。

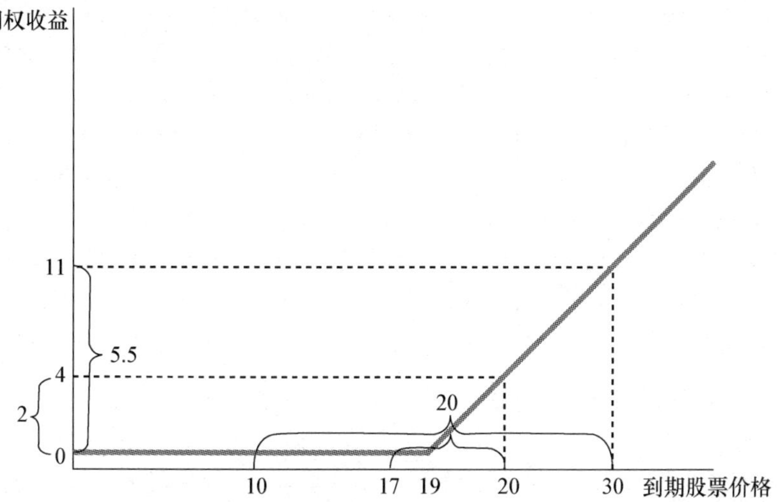

a. 最大的一个崩溃是保险巨头美国国际集团（AIG）的倒闭。除了常规的保险业务外，AIG 有一项特殊的业务，被保险人抵押贷款债务，它是通过被称作信用违约互换的复杂金融工具制定的。尽管有着非常复杂的和最先进的数学模型来跟踪其风险，AIG 仍无法避免灾难性亏损，并向联邦政府请求救助。参见 Carrick Mollenkamp，Serena Ng，Liam Pleven & Randall Smith，"Behind AIG's Fall, Risk Models Failed to Pass Real-World Test," *The Wall Street Journal*，October 31，2008。

b. 我们需要谨慎对待期权价格。价格制定相当复杂，它不是简单的支付预测。

c. 参见 Neil Doherty，Integrated Risk Management（McGrow-Hill，2000）。其中关于这种激励机制的讨论为，有很多经验研究表明拥有期权的高管往往是风险决策的制定者。另一个例子参见 Peter Tufano，"Who Manages Risk: An Empirical Examination of Risk Management Practices in the Gold Mining Industry," *Journal of Finance*，Vol. 51，pp. 1097－1137。

d. Cecilia Kang and Annys Shin，"Top Executives at Bruised Firms among Wall Street's Highest Paid," *The Washington Post*，September 24，2008，p. D03.

15.8 消费品的产品责任和安全

很多国家都有保护消费者抵御遭受次品伤害风险的法律。这些法律具有两个目的。首先，它们为受害者提供补偿。如果消费者被次品伤害，那么生产企业必须提供赔偿。其次，由于产品有缺陷的企业必须支付赔偿，所以企业存在生产更加安全的产品的动机。更加安全的产品引发更少的昂贵诉讼。这些法律解决了一个委托代理问题：企业就安全问题制定决策，若产品引起伤害，却要消费者承担受伤的成本。产品责任法是激励相容的，因为它使委托人（消费者）与代理人（生产者）的利益保持一致。

战略环节 ☞

道德风险与国家医疗服务之辩

有关医疗服务改革的国家辩论大部分集中在道德风险和委托代理问题上。医疗服务中的道德风险问题非常多。例如：

- 医生对患者治疗方案的选择是否受到支付方式的影响？比如，"按服务收取费用"的医生往往比"按人头收取费用"（每个患者的费用固定，不随治疗方案而变化）的医生开出更多的处方吗？
- 对昂贵设备有兴趣的医生会比对此没有兴趣的医生更喜欢使用它们吗？
- 有更多保险的患者——自付部分较低——比保险较少的患者倾向于看更多次病吗？

针对最后一种情况，相对自由的网络杂志，《石板》(*Slate*)，最近发表的一篇文章认为，参加部分支付医疗保险的人最近几年大量增加，而且正如经济学理论预测的，这已经引导人们开始理性关注自己的身体健康。可重要的问题是，这种理性是否减少了随意访问医生的次数，若是这样，那将是个好事情，或者部分支付保险是否妨碍了那些真正寻找治疗救助的人们（坏事情）。自由派和保守派各自的重点往往不同；保守派强调前者而自由派注重后者。作者注意到，老年人可能尤其愿意去医院看病，仅仅因为他们有很多的小毛病。但是，我们从英格兰最近的医学研究杂志上引用了一篇有关老年患者的研究，文章讲道：

> 假设为每名门诊患者平均补偿 60 美元，每名患者年均门诊就诊 7 次，每次就诊的平均自付部分增加 8.50 美元，对于每 100 名患者，一项医疗服务计划将从患者的自付部分收到额外的 5 950 美元，并且免收门诊费 1 200 美元，而对于这项医疗计划而言，节约的全部费用是 7 150 美元。

这是典型的道德风险讨论的开头与结尾。

然而，假设 2006 年 65～84 岁的住院患者的平均费用是 11 065 美元，我们的估计表明，在非卧床护理的自付部分提高以后，当年的医疗计划中每 100 名参加者的住院费用将增加到 24 000 美元。节约 7 150 美元，支出 24 000 美元。净损失为 16 850 美元。

资料来源：Timothy Noah，"Health Reform and Moral Hazard：Would Health Reform Boost Frivolous Doctor Visits?" *Slate*，Feb. 3，2010；Amal N. Trivedi，M. D.，M. P. H.，Husein Moloo，M. P. H.，and Vincent Mor，Ph. D，"Increased Ambulatory Care Copayments and Hospitalizations among the Elderly，" *New England Journal of Medicine*，2010；362：320-328.

□ 如果没有产品责任法，产品安全将如何

管理者应当在生产更安全的产品上投资多少？我们用 s 代表企业为生产更安全的产品承担的成本。因此，安全的总成本是 s，而边际成本仅仅为 1：

$$总安全成本=s$$

$$边际安全成本=\frac{\Delta s}{\Delta s}=1$$

安全的收益是：减少了伤害消费者的期望成本。假定这种伤害的期望成本为：

$$事故的期望成本=4\,000-20s^{0.5}$$

我们能够看到事故的期望成本取决于企业对 s 的选择。而且，随着 s 的增加，期望成本下降。这可以表示为安全的边际收益；因为安全收益是成本的一种减少，所以我们必须记住要改变符号：

$$安全的期望边际收益=\frac{\Delta[-(4\,000-20s^{0.5})]}{\Delta s}=\frac{10}{s^{0.5}}$$

然而，若缺少产品责任法，企业则不需要为消费者所受的伤害进行赔偿，这些成本直接落在消费者身上。管理者生产更安全产品的期望收益等于零。这样，企业支付所有的安全成本却没有任何收益。追求利润最大化的企业选择 $s=0$。但在这种情况下，产品通常是危险的。

定量方法

因为安全的成本为 s，所以安全的边际成本为 $ds/ds=1$。安全的期望收益为事故期望成本的负值——$Z=-4\,000+20s^{0.5}$。安全的期望边际收益则为 $dZ/ds=10/s^{0.5}$。

□ 产品责任法之下的安全

产品责任法可以被理性解释为向管理者提供生产更安全产品的一种激励。为做到这一点，事故的成本由企业承担，它们现在必须对受害者作出赔偿。因此，企业从花费在安全问题上的 s 中得到的期望收益是期望事故成本的降低。企业目前的最优安全水平处于边际成本等于边际收益那一点：

$$边际成本=边际收益$$

$$1=\frac{10}{s^{0.5}}$$

$$s=100$$

法律的介入使得企业的安全选择从 1 增加到了 100。因此，事故的期望成本就从 $[4\,000-20(0)^{0.5}]=4\,000$ 降到了 $[4\,000-20(100)^{0.5}]=3\,800$。显然，这看起来像是一种社会收益；但是真的必须借助法律才能实现这一目标吗？

□ 市场机制下的最优安全

显然，产品责任法是激励相容的，但是一个激励相容的解决方案在私有市场中会有发展吗？这里存在信息的一个市场地位，尤其是关于产品安全的信息在订阅的杂志、报纸和电视新闻中广为传播。这样的信息量还在增加，当信息可从互联网上获得时，降低传播信息成本与信息运用的方法也在增多。而且，如果没有产品责任法，这类信息将更有价值，甚至可以更广泛地获取。没有产品责任法，消费者将自己承担事故成本，安全将反映在产品的需求、进而反映在产品的价格上。

假定管理者出售一种产品，数量为 1 000，消费者如果知道该产品绝对安全，将愿意支付 30 的价格购买。企业的收益将为 $30\times 1\,000=3\,000$。事故的总成本为 $[4\,000-20(s)^{0.5}]$。若有 1 000 名消费者，则每个消费者的成本为 $[4\,000-20(s)^{0.5}]/1\,000=[4-0.02(s)^{0.5}]$。因此，当消费者知道产品是安全的时，将支付 30；如果可以得到关于产品安全的信息，消费者预计到事故成本，会将价格压低。消费者愿意支付的价格为：

$$价格=30-(4-0.02s^{0.5})$$

总收益变为：

$$总收益=1\,000[30-(4-0.02s^{0.5})]=30\,000-(4\,000-20(s)^{0.5})$$

现在，由于存在事故的期望成本，收益减少了。假设企业的其他生产成本是 10 000，则企业的利润变为：

$$\pi=总收益-安全成本-其他生产成本$$

$$\pi=30\,000-(4\,000-20s^{0.5})-s-10\,000$$

企业必须选择使利润最大化的安全水平，我们可令 $\Delta\pi/\Delta s=0$：

$$\frac{\Delta\pi}{\Delta s}=\frac{10}{s^{0.5}}-1=0$$

求解 s，然后得到一个安全投资水平为 $s=100$。

当然，它与我们在存在产品责任法下得出的结果完全一致。这并不令人感到意外。产品责任法的存在要求企业完全支付诉讼中事故的期望成本。而在市场机制下，企业由于事故的全部期望成本而减少了收益。无论哪种方法，企业都将事故的全部成本内部化并具备通过投资安全而减少这些成本的激励。

定量方法

企业将最大化其利润，如果

$$d\pi/ds=[10/s^{0.5}]-1=0$$

这说明解决委托代理问题时存在着不同的方法。一种方法是通过民法的强制力，使企业对次品负责并由此将企业的利益与消费者的利益保持一致。另外一种方法是诉诸市场机制，自利的消费者搜寻产品信息并将信息运用到购买决策中。消费者根据产品安全水平改变他们愿意支付的价格来奖励（或惩罚）企业。这样，价格成为将企业的利益与消费者的利益保持一致的一种方法。

金融市场中的道德风险：救援贝尔斯登投资银行

2007 年，贝尔斯登股票交易的最高价为 170 美元。但是次级信贷危机严重影响了贝尔斯登，它已经为次级贷方提供了信用贷款的最高限额，并且还是超额保证金抵押的所有者。到了 2008 年 3 月中旬，其股票价格跌到了 30 美元，由于担心银行破产以及它对金融系统的影响，美联储和其竞争对手摩根大通达成一项救助计划（通常被称作“紧急援助”）。在这项计划中，美联储将向贝尔斯登提供有限的义务保证，而摩根大通按每股 10 美元购买其股票。在美联储的保证开始之前，摩根大通将先承担贝尔斯登的义务保证。

这是一个有趣的道德风险故事。贝尔斯登实施了高风险的措施却没有做到有效管理（适当的多元化经营和套期保值策略）风险，而使自己陷入了这场混乱。虽然美联储意识到贝尔斯登的破产可能造成金融危机，但是紧急救助这样的公司也会产生一种期待，那就是大型金融机构不会被允许破产（至少当金融市场还不确定时）。这类紧急救助会鼓励机构在未来去冒更大的风险吗？如果这种鲁莽行事被允许，却又免除了这种冒险行为的极端后果，那么几乎没有人会谨慎前行。可见，这样的紧急救助引发了负激励，并且可能增加金融风险（以及整个金融体系的金融风险）。因此，紧急救助引发了道德风险。

反驳者也使用了道德风险的术语。通过接收只有 2 美元的股价，贝尔斯登的股东几乎难以被紧急救助——他们的确正在承受一个巨大的损失，想想几天前的股价低成那样。事实上，每股涨到 10 美元的帮助才让事情变得更容易被接受了，但这仍可能增加道德风险。然而，通过降低美联储的保证价值，从某种程度上讲可以抵消道德风险。因此，我们可以看到整个执行过程是一种折中。美联储显然不希望紧急救助太具吸引力并要求股东承担相当的痛苦。它想从混乱的状况中救助金融体系——但不想创造未来人们对慷慨的紧急救助的期望。

资料来源：Andrew Ross Sorkin，“JP Morgan Pays ＄2 a Share for Bear Stearns，” *New York Times*，March 17，2008，at www.nytimes.com/2008/03/17/business/17bear.html.

小　结

1. 委托代理关系是委托人雇用代理人承担一项任务（比如股东雇用管理者管理企业）。委托人和代理人的目标可能截然不同。股东喜欢高利润和高股价。管理者喜欢声誉、收入、愉快的工作和额外补贴等。更简单地讲，管理者可能希望做得事尽量少而回报尽量多。因此，我们用“努力”这个术语来描述一个管理者如何放弃自己的目标（管理者不逃避）而致力于股东的愿望。管理者较高水平的努力通常会增加企业的利润。

2. 委托人的目标是激励代理人为委托人的利益而工作。股东试图让管理者提供高水平努力从而最大化企业的利润。如果股东能够观察到管理者的努力，这将不是问题。管理者的薪酬可以衡量其努力。然而，如果股东不知道管理者工作的努力程度，那么就很难直接对其努力进行直接奖励。

3. 所有委托代理问题的出现都是因为企业的所有者缺乏时间或技能观察管理者的所有行动。所有者不能完全观察到管理者的努力。如果经营有风险，所有者也不能从企业的收益或利润中准确推断出其努力水平。解决方案认为，平均来讲，较高的努力会收到较高的利润。通过给予管理者企业的部分利润或股票能够激励管理者。然而，这种激励薪酬对于管理者是有风险的。由于存在超出管理者控制的因素，利润可能会发生变化。因此，薪酬通常包括一个固定部分和一个与利润相关的部分。

4. 一种特别有效的激励薪酬是股票期权。管理者被给予在将来某个时期按协定价格购买股票的一个期权。这些期权对管理者来讲也是有风险的。如果股票价格下跌，期权一文不值；但当股票价格大涨时，将带来巨额回报。管理者会由于业绩糟糕而受到严厉的惩罚，也会由于业绩突出而得到可观的奖励。在 20 世纪 90 年代的牛市，股票期权方案为许多管理者带来了巨大的财富。

5. 另一种委托代理问题出现在股东与企业债权人之间。它被称作资产置换。有限责任意味着当企业破产时，股东可以走开而非偿还债权人。这为股东提供了从事高风险投资的激励。风险意味着巨大的上行收益和下行损失。如果运气好，债权人可以得到偿付，所有上行收益都归股东。但如果事情变糟，股东可以利用破产法而拖欠债务。因此，对于股东而言，高风险项目具有“我们赢在先，你们输在后”的特点。当然，高风险项目伤害的是债权人。这一紧张状态可能导致企业的投资决策瘫痪，企业被限制债务融资以解决这类代理问题。

6. 产品安全的最优水平规定可被看作是一种委托代理问题。产品责任法要求企业为其产品对消费者造成的伤害进行赔偿。赔偿的可能性为企业创造了生产更安全产品的激励。同样的安全水平可以通过市场机制来实现，如果消费者能够很容易地了解到某种产品的安全水平。相对于安全产品，不安全产品的销售价格会打折，这样将激励企业提高产品的安全性以提高利润。

习　题

1. 你的企业产生的利润如下表所示（表中所示内容是在向管理者支付薪酬之前）：

	低需求（0.3）	中等需求（0.4）	高需求（0.3）
低水平努力	500 万美元	1 000 万美元	1 500 万美元
高水平努力	700 万美元	1 200 万美元	1 700 万美元

你看到利润既取决于管理者选择的努力水平，也取决于需求水平。需求水平是随机的，各需求水平的概率如表所示：低水平努力对应的期望利润是 1 000 万美元；高水平努力对应的期望利润是 1 200 万美元。管理者的效用函数是下列二者之一：

效用 $=(\text{财富})^{0.5}$，如果是低水平努力

效用 $=(\text{财富})^{0.5}-100$，如果是高水平努力

而 −100 是努力无效用。在支付薪酬后，你会对期望利润最大化感兴趣。请考虑三种不同的薪酬组合：

- 固定工资 575 000 美元。
- 工资是利润的 6%。
- 固定工资 500 000 美元加上超出 1 500 万美元的利润的一半。

请问，你选择哪一种薪酬？

2. 假定佛罗里达州的一位普通居民拥有 500 000 美元的财富，而其房屋的价值是 100 000 美元。但不幸的是，佛罗里达州的飓风是臭名昭著的，据说飓风能将房屋完全损坏（损失为 100 000 美元）的概率是 10%。不过，可以用各种保护设施对房屋进行改建（窗板，屋顶锚杆等），成本为 2 000 美元。这样，将使以 10%的概率损失 100 000 美元的情况减少到以 5%的概率损失 50 000 美元的情况。房主必须决定是否进行改建以减少预期损失。保险公司的问题是它不知道房屋是否将进行改建，因此

不能根据投保人是否选择这一行动而进行报价。不过，保险公司提供了两种保单供房主选择：(1) 赔偿全部损失的保费为 12 000 美元，或者 (2) 赔偿 50%损失的保费为 1 500 美元。普通的房主有着等于财富平方根的效用函数。房主会对房屋进行改建吗？房主会购买哪种保单？假定房主作出选择，保险公司会有利润（按平均值）吗？

3. 你公司的期望利润是 1 000，如果管理者工作努力，利润则增加 500。管理者获得的是固定工资 100 加上超出利润 1 300 中的一部分 x。管理者的效用函数为：

$EU=[(\text{薪酬})^{0.5}]$，如果不努力工作

$EU=[(\text{薪酬})^{0.5}-1]$，如果努力工作

为了确保管理者选择努力工作，必须向管理者支付的 x 是多少？这一新的薪酬组合必须能与 100 的固定工资进行竞争。

4. 某企业过去有生产性资产，产生的收入流现值（PV）为 3 000。然而，一场火灾过后，大多数资产都遭到了破坏。剩下的未被破坏的资产产生的收入流现值仅为 1 000。因此，火灾把企业价值从 3 000 降到了 1 000。企业可用 1 500 的资本额对毁坏的资产进行重建，它可将收入流恢复到火灾前的水平（$PV=3\,000$）。企业现有优先债务 2 000。股东将通过发行新股进行再投资以偿还损失，还是最好放弃企业？股东所做的决策符合债券持有人的最大利益吗？在回答这个问题时，请记住股东具有有限责任，因而股票价值不可能为负。

5. 科尔里斯工业公司有两个部门。部门 1 生产清洁产品，部门净值（现金流的现值）是 500。部门 2 生产化工产品，部门净值是 300，没有任何潜在的债务。然而，部门 2 有可能因为造成污染而承担 700 的责任。潜在的受害人与企业没有契约关系。遭受这种损失的概率是 $0.2/(1+s)$，其中，s 是企业在安全上的支出。企业必须选择水平 s。如果你可以出售部门 2，你会这么做吗？以这种方式拆分企业可获得的好处是多少？假设分离出来的部门 2（作为一家独立的企业）受到有限责任的保护。注意，$a/(1+s)$ 关于 s 的导数是 $-a/(1+s)^2$；即 $d[a/(1+s)]/ds=-a/(1+s)^2$。

6. 水下公司销售潜水设备。它的客户经常阅读专业杂志，对该公司与其竞争对手产品的价格、可靠性和安全性了如指掌。该公司估计若每套设备价格为 100 美元，则每年可售出 100 000 套产品，而由次品导致的致命事故的概率是：$4/(1-s)$。

s 为公司在安全方面的花费，以百万美元为单位。

(1) 假设公司为致命事故负全责，每一致命事故的平均解决方案是 100 万美元，那么公司应当在安全方面花费多少？

现在假设公司与购买者签订一份由购买者承担全部责任的销售合同（假定法院执行这种合同），并以低价出售产品。若公司花费 s 在安全方面，对任何一位消费者而言，事故的期望成本是 $4/(1-s)$ $(1\,000\,000$ 美元$/100\,000)=40$ 美元$/(1+s)$。注意，当全部责任由公司承担时，消费者愿意支付 100 美元（假定消费者是风险中立的）。

(2) 当消费者承担事故成本时，他们愿意支付多少？

(3) 假设消费者无法观察到安全水平，且没有产品责任法，那么公司会在安全方面支付多少？消费者愿意为产品支付多少？

7. 一家企业现有业务能力产生的收入流现值（PV）等于 300 或 600，各自的概率为 50%。公司的现有债务为 250。企业希望从下列彼此独立的投资中选择一种：

	资本成本	收入现值	净现值
项目 A	400	420	20
项目 B	400	0，概率为 0.5 或 700，概率为 0.5	−50

每个项目所需的资本成本均为 400，通过新的次级债务筹集（面值为 400）。这里存在资产置换问

题吗？（股东会试图选择净现值较低的项目吗？）请说明，如果采取发行面值 400 的股票而非通过新的债务来为新项目融资，资产置换问题是否会得到解决。

Excel 练习：道德风险

假设你拥有一栋价值 8 000 000 美元的楼房，并且拥有现金 1 000 000 美元。你完全拥有这栋楼房，因此你的初始资产（W）为 9 000 000 美元。你的效用函数是 $U=W^{0.5}$。

楼房存在发生火灾并被烧毁的危险。我们假设这是必然事件或是零概率事件，也就是说，或者火灾没有发生，或者火灾发生了并毁坏了整栋建筑。由于你完全拥有这栋楼房，所以没有被要求必须购买火灾险（但作为房屋抵押人则会被要求购买保险）。假设没有购买火灾险，也就是说你属于自我保险。

你也可以采取火灾防护措施（你将花费 150 000 美元）或者不采取防火措施（你将花费 0 美元）。如果你采取防火措施，火灾发生概率是 0.01。如果你不采取防火措施，概率则是 0.05。

在没有保险公司的市场上，你将必须自我保险。问题是你是否愿意采取防火措施。接下来对此进行考察。

在单元格 A1 中输入＝0.95＊9 000 000^0.5＋0.05＊(9 000 000－8 000 000)^0.5。这是你选择自我保险而又不采取防火措施的期望效用。

在单元格 A2 中输入＝0.99＊(9 000 000－150 000)^0.5＋0.01＊(9 000 000－150 000－8 000 000)^0.5。这是你选择自我保险而又采取防火措施的期望效用。你应该注意到 A2 的值大于 A1，所以，我们总结出你在没有保险公司存在的情况下会自我保险。

假定有家保险公司进入我们的视线，并向你提供一份完全承保的保单，价格在 A5 中。若有火灾发生，这份保险将赔偿你的全部损失（8 000 000 美元）。

在单元格 A3 中输入＝0.95＊(9 000 000－A5)^0.5＋0.05＊(9 000 000－A5－8 000 000＋8 000 000)^0.5。这是你购买全保保险而没有采取防火措施的期望效用。

在单元格 A4 中输入＝0.99＊(9 000 000－150 000－A5)^0.5＋0.01＊(9 000 000－150 000－A5－8 000 000＋8 000 000)^0.5。这是你选择全保保险而又采取防火措施的期望效用。

在单元格 A5 中输入各种值。你会看见，在 A5 中输入任何值，单元格 A3 的值都超过 A4 的值；换句话讲，对于完全承保的任意保费来讲，你都不会采取火灾防护措施（因为你不采取防火措施的期望效用超过了你采取防火措施的期望效用）。你可能注意到 A3 中输入的公式可简写为（9 000 000－A5)^0.5，而 A4 中输入的公式可简写为（8 850 000－A5)^0.5。现在容易看出 A3 总是比 A4 的值大。

这就是保险中的道德风险问题。一旦项目被完全承保，你不用再像自我保险那样完全承担风险；现在是保险公司必须承担风险。结果你倾向于不采取防火措施（因为这样做成本太高)。除此之外，保险公司监督被保对象的行动既困难又昂贵（即确认他们是否采取了防火措施）。

为了购买全保保险你愿意支付多少？最好从中获得的效用与自我保险并采取防火措施时的效用完全相同。所以，如果保险公司想让你成为它的客户，其提供的效用最好超过或等于你现在所有的效用。我们从前面已经知道如果向你提供完全承保保单，你将不会采取任何防火措施。

所以，在单元格 A6 中输入＝0.95＊(9 000 000－A7)^0.5＋0.05＊(9 000 000－A7－8 000 000＋8 000 000)^0.5。注意，这可简写为（9 000 000－A7)^0.5。为了找到你愿意支付的 A7 中的最大值，你可令（9 000 000－A7)^0.5＝A2，若将两侧平方，将有（9 000 000－A7)＝A2^2。

在单元格 A7 中输入＝9 000 000－A2^2。这个数值即为你愿意为完全承保保单支付的保费。

我们将假设保险公司是风险中性的。由大数定律可知，它可能是风险中性的，也就是说，如果有大量像你一样的客户且火灾是独立事件，那么我的火灾独立于你的火灾，而且，如果发生火灾的概率是 5%，那么对于每 100 名客户，保险公司预计同时只会发生 5 起火灾。尽管保险公司无法知道谁将遭遇火灾，却可以算出大约有 5 起火灾发生。正是由于这样的预见性，它们是风险中性的。

在单元格 A8 中输入=0.95＊0+0.05＊8 000 000。如果你没有采取防火措施，该结果就是保险公司向你支付的预期赔款。

在单元格 A9 中输入=0.99＊0+0.01＊8 000 000。如果你采取了防火措施，该结果就是保险公司向你支付的预期赔款。

在单元格 A10 中输入=A7－A9。这是保险公司的期望利润，如果保险公司向你出售了完全承保保单而你又采取了防火措施。

在单元格 A11 中输入=A7－A8。这是保险公司的期望利润，如果保险公司向你出售了完全承保保单而你没有采取防火措施。这代表一项损失，因为保险公司知道如果你被全保就不会采取防火措施。仅当被保险人采取防火措施时，保险公司才提供带有赔偿费用的保单 A7（减去 ε），你将购买这份保险（因为比起你采取防火措施又自我保险，你获得的期望效用更大），而保险公司也将获得一个客观的利润（单元格 A10）。但是由于道德风险问题，一个盈利的保险市场就这样消失了。

然而，这里有一个解决道德风险问题的方案。因为购买完全承保保险后，你没有参与风险共担，也就是说，你没有任何损失，此时市场失灵了。让我们设计一个保单也使你参与风险共担。假定保险公司提供一份 75 000 美元的保单，若发生火灾，则自付额是 4 000 000 美元；也就是说，如果遭遇火灾，它将赔付你 8 000 000 美元损失中的 4 000 000 美元，可你要为 75 000 美元的保单承担另外 4 000 000 美元的损失。你愿意购买这份保单吗？

在单元格 A12 中输入=0.95＊(9 000 000－75 000)^0.5+0.05＊(9 000 000－75 000－8 000 000+4 000 000)^0.5。如果你购买自付额保险且不采取防火措施，这将是你的期望效用。

在单元格 A13 中输入=0.99＊(9 000 000－75 000－150 000)^0.5+0.01＊(9 000 000－75 000－150 000－8 000 000+4 000 000)^0.5。如果你购买自付额保险且采取防火措施，这将是你的期望效用。你会发现到 A13 的值高于 A12 的值，从而显示了自付额保险的作用；即你不仅购买保险还将采取防火措施。

但还有两件事情。你仍然有不购买保险的权利。正如前面我们介绍了采取自我保险的情况，如果进行自我保险，再将 A13 与 A12 相比，你会发现，最好购买自付额保险而不是进行自我保险。

另外，保险公司希望向你出售保险吗？回顾前面可知，它也不希望向你出售完全承保保险，即使你想要购买。

在单元格 A14 中输入=0.99＊0+0.01＊4 000 000。这是当你采取防火措施时，保险公司对你购买的自付额保单所支付的预期赔款（这使你所做事情的效用最大化）。

在单元格 A15 中输入=75 000－A14。这是当你采取防火措施时，保险公司因你购买的自付额保单所获得的期望利润。如果你在每个单元格中输入的内容都正确，该利润为 35 000 美元。

现在，我们已经有了一个激励相容的解决方案。自付额保险可以使被保险人提高他们的效用，通过购买该保单而不是自我保险，还可让保险公司通过销售保险而盈利。这是一个双赢的方案。

第 16 章

逆向选择

影响管理业绩的一个因素是管理者如何快速掌握相关信息。利用互联网，管理者几乎立即就可以获得竞争对手的产品信息，而卖方也能够触及数以百万的潜在客户。如果你想购买一个古董钟，全球只出售有限的几个，你有很高的概率在易趣网庞大的电子市场上找到那些稀少卖主中的一个。如果你希望出售一辆旧车，并希望扩大潜在买主的数量，以便找到一位保留价格最高的买主，互联网向你提供了如此广泛的渠道。这种史无前例的信息流对市场产生了深刻的影响。当消费者能够搜索并对众多买家进行比较时，垄断就将被打破。市场的地理边界正在扩大，有些市场真正是全球化的。信息促进了竞争。

但信息对管理行为有着更加微妙的影响。本章将考察其中的一些影响。考察买方和卖方之间的信息差异。在诸如买车、抵押担保、购买健康险或者投资某个公司股票等许多交易中，买卖双方有着不同的信息。例如，一辆旧车的卖主通常比一个买主更加清楚这辆车的质量。保险客户比保险公司更加了解自己的健康状况。股票发行企业的"内部人士"比可能购买股票的投资者更加了解企业的前景。在这些交易中，有些个体比其他个体拥有更多的信息。本章讲述管理者如何运用手中的信息优势去提高业绩。而且，当管理者处于信息劣势时，我们会讲明他们如何通过创造性的防御措施来减少劣势。

16.1 "柠檬"市场

几年前，诺贝尔奖获得者乔治·阿克劳夫写了一篇关于"柠檬"市场的著名文章。"柠檬"指的是在出售前被证实存在许多问题但这些缺陷并不明显的旧车——因此滋味是酸涩的。我们把真正没有隐性缺陷的旧车称为"宝石"。有些车是"柠檬"而有些车是"宝石"的事件可能都是随机的。但是阿克劳夫关注的事情令人有些担忧。存在一个一贯的过程导致不成比例的“柠檬”出现在旧车市场上。这个过程来自买者与卖者之间的信息差异。基本思想比较简单。卖方比买方更加了解他们出售汽车的隐性品质。如果我一直开车，就知道它的缺陷；也了解它的机械记录及是否发生过事故。因此，我知道将出售的是“柠檬”还是“宝石”。买方可以花一些时间来对车进行检查，但永远也不如卖方知道得多。隐性的质量，无论好或坏，总归是隐性的。

让我们尝试着进入买方的心里。愿意为一辆旧车支付多少钱？虽然知道有些车比平均水平更糟，而有些车比平均水平更好，但还是不知道自己考虑要买的车处于哪个范畴。所以假定买方最多愿意按汽车的平均质量支付价格，这样做似乎是安全的。如果卖家有一辆汽车是“宝石”，他是不愿意按照平均价格出售的，因为只有卖家知道，这辆汽车的价值远高于平均水平。相反，“柠檬”的卖家则是非常高兴的，因为自己有一辆低于平均质量的汽车而买方愿意以平均质量的价格购买。如果卖家没有因为表现得过于热切而使生意告吹，那么这辆旧车可以卖个好价钱。因此，按照这个平均价格，窝在手中的往往是“宝石”，而卖出去的车都是“柠檬”，售出的汽车基本上都比平均水平差。这完全是买方得不到正确信息造成的。

情形变得更糟了。买家可能不知道一辆车是好是坏，但他们可以明确正在发生的事。他们会推断只有“柠檬”的主人才会在反映平均质量的价格上出售旧车。因此，二手市场上的车并不是对所有车的真实反映，而是对大多数“柠檬”的反映。这样，买方不愿意支付反映平均质量的价格。的确，因为他们能够预测只有“柠檬”才会出售，所以就只愿意支付适合于“柠檬”的价格。结果是，不会有高质量的车出售，只有“柠檬”在出售；且价格恰恰反映了这种低质量。于是，高质量的旧车市场消失了。

你可能反对这样的分析。无疑，高质量汽车的卖家告诉买家，“我的车好于平均水平，你应该为此支付高价。”问题是这样的陈述并不可信。买家不能够证实这样的陈述，所以“柠檬”的所有者有着充分的理由宣称他们的汽车也非常不错。简短的交流不能完全地让人信服，因为“柠檬”的主人可以模仿上述对话。后面我们将介绍，存在一种区分“宝石”与“柠檬”的机制，但是这会涉及更为复杂的信号传递。

经济学家常将“柠檬”市场视为市场失灵。每个人都肯定希望拥有一个蓬勃发展的高质量旧车市场，但由于不对称的信息，这一市场完全受到阻碍或扼杀。随着本章的深入分析，我们会看到得不到信息的管理者将如何弥补他们的无知，以及如何重建这些遭到破坏的市场。

问题环节☞

旧车市场的均衡

当然，由于存在很多类型的旧车，所以现在我们将事件缩小到2006年的丰田凯美瑞汽车市场。有些车要好于平均水平；而且，如果消费者知道他们正在购买的是这些“宝石”之一，他们将愿意支付10 000美元。其他的车都是“柠檬”；如果消费者知道他们正在购买的车是“柠檬”，他们将愿意支付5 000美元。问题是，消费者不知道哪一辆车是“柠檬”，哪一辆车是“宝石”，所以愿意支付反映平均质量水平的价格7 500美元。卖方当然知道他们正在出售的汽车的质量。

当价格为7 500美元时：

1. 真正价值为10 000美元的“宝石”主人不愿意以7 500美元出售。

2. 真正价值为5 000美元的“柠檬”主人很高兴以7 500美元出售。

因此，只有“柠檬”才被售出。现在的消费者，即使不知道任意一辆车是“柠檬”还是“宝石”，也能够预期只有“柠檬”的主人才会卖车。这样，买方假定出售的所有的车都是“柠檬”，且只愿意支付5 000美元，而“柠檬”的主人应当仍然愿意以5 000美元售车，因为他们知道这就是他们汽车的全部价值。

这里描述的汽车市场真的如此简单吗？当然，我们在某种程度上把事情做了简化。买家并不是毫无所知，卖家也不是一切全知。例如，有些卖家由于不了解自己汽车的质量，所以可能出现高质量汽车的主人按照平均价格出售汽车。其他卖家可能相信自己的汽车是高质量的，但也愿意出售，因为他们急需用钱。而有些买家可能认为自己对好买卖有着更好的信息或嗅觉。但市场不像我们描述的那样简单，并且有些高质量的汽车在二手车市场上也被售出。然而，逆向选择的基本思想在这样的更为现实的世界中仍然存在。结果，虽然少数人可能按照这个价格出售了“宝石”，但出售的车大部分还是“柠檬”。因此，我们仍将得到一个由“柠檬”主导，且几乎没有高质量的二手汽车的市场。

现在，我们能够明白为什么会出现逆向选择了。当买方无法区分质量时，不同质量组的价格会趋于平均水平。然而，在这个共同的价格水平上，被挑选出来进行销售的汽车并不具备代表性；相反，它将向低质量汽车倾斜——选择是逆向的。

注：我们假设“柠檬”和“宝石”的数量相同。例如，有100个“柠檬”和100个“宝石”，平均价格是（100×10 000＋100×5 000）/200＝7 500美元。如果数量不同，平均价格也不同。例如，有150个“宝石”和50个“柠檬”，（150×10 000＋50×5 000）/200＝8 750美元。

16.2 汽车保险的逆向选择

虽然“柠檬”这个术语首先用于汽车，但是“逆向选择”这一术语却首次运用于保险业。我们现在考察在各种保险市场中逆向选择是如何出现的。先看汽车保险，之后是养老保险和人寿保险。

如果保险公司（承保人）的管理者能够根据驾驶员各自的损失特征对其进行区分，每份保单就会收取与其预期损失精确吻合的保费。好的驾驶员支付低额保费，而差的驾驶员支付高额保费。保险公司试图按这种方式制定保费的确有很多困难，但它们对可观察到的特征进行提问，比如汽车类型、区域或是投保人的年龄和性别。通过对得到的数据进行仔细的统计分析，保险公司再决定如何利用这些特征预测事故发生的概率。[1] 然后利用这一信息制定保费。但即使经过这样的分类，保险客户之间还是存在着风险差异。例如，保险公司可能会基于年龄、性别、汽车类型和区域制定保费，可并不是所有22岁、在费城开车的男性都具有同样的损失可能。他们的技术水平和行为特征可能存在巨大差异。所以，每种类别中都存在低风险驾驶员对高风险驾驶员的有效补贴。不

① 注意，我们并不是说年龄和性别的差异引起了事故发生概率的差异——它们只是统计学上的关联。

过，这种补贴却有着一种令人担忧的效果。

在图16—1中，我们考虑了保险方案中的一类驾驶员——22岁在费城驾驶汽车的男性。有些人是比其他人更差的驾驶员，我们将这些人分别称为高风险驾驶员与低风险驾驶员。每位保险客户的财富水平都是125，但是一次损失会使财富降低到25；也就是说，如果发生损失，那么驾驶员的财富就会减少100。对于高风险群体，损失的概率为0.75，产生的期望损失为0.75(100)＝75。对于低风险群体，损失的概率为0.25，产生的期望损失为0.25(100)＝25。

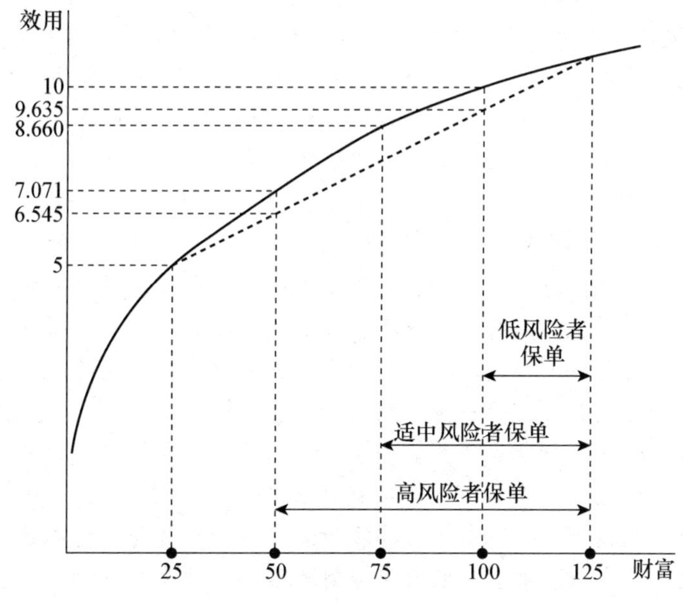

图16—1　汽车保险的逆向选择

□ 完全信息

首先我们来说明，如果保险公司能够区分两个群体，管理者就可以制定竞争性的保费，而每个群体都会购买保险。每一群体的竞争性保费是他们各自的期望损失75和25（实际上，保险公司将加上交易成本和利润）。通过期望效用，可以说明每个人都会购买保险。我们需要一个效用函数来反映风险规避者。（如果人们不是风险规避者，他们为什么要购买保险呢？）

$$效用=(财富)^{0.5}$$

对低风险群体而言，保险的效用（等于100的财富，来自初始财富125减去保费25）肯定高于没有投保者的期望效用（如果没有损失，则财富停留在初始水平125；但如果发生损失，则减去100后只剩25）。

$$有保险的效用=(125-25)^{0.5}=10$$

$$没有保险的效用=0.75(125)^{0.5}+0.25(25)^{0.5}=9.635$$

同样地，对于高风险群体而言：

$$有保险的效用=(125-75)^{0.5}=7.071$$

没有保险的效用 $=0.25(125)^{0.5}+0.75(25)^{0.5}=6.545$

它们对应的位置如图 16—1 中的纵轴所示。

战略环节 ☞

大公司知道什么？它是什么时间知道的？

有一种新的智能手机应用程序，它可以追踪消费者并向其提供促销活动，当他们在商场外面时（可能会进去购买），当他们走进商场时（可能购物且比在外面更有可能购物），当他们走进试衣间时（走进试衣间的人比在商场里的人更有可能购物），当他们位于收银处时（已经购买且可能这次或下次仍将购物）。这款应用程序被称为趣逛，并可以与 iPhone 和安卓系统兼容。它正被梅西百货、百思买、体育权威、美国鹰牌服饰和购物中心的运营商西蒙房地产集团采用。它们可都是非常知名的零售商。

程序是如何工作的？通过浏览一家特定的商场，你就可以获得积分。你不用进店，只在商场的附近它就能够发现你。如果你进入商场，便会获得更高的积分，如果你触碰商品，仍可获得更高的积分，而如果你进入试衣间，还可以获得更高的积分。积分可兑换礼品卡和其他礼物。很多积分只能够兑换 5 美元的礼品卡，同时商场限制你每天进店获得积分的次数，因此，不要想着花一天时间进进出出商场就能够成为富人。

如果人们使用趣逛，趣逛会知道你的购物位置，你何时购买，购买何物，不想购买何物，花费多少，都做了什么，等等。当然，他们这样做要经过你的允许；如果你已经阅读了相关协议，超出它认定的积分，你就可以获得一份礼品卡。商场可以将积分调整到足以得到自己希望的商品。当知道你在商场时，商场职员会接近你或为你提供一种特殊的促销品或者一个付款折扣。一切都可以针对客户进行个体设计。该应用程序可以对消费者的合适行为（当然是商场想要的合适行为）立即给予奖励。正如迈克·迪普伊，美国鹰牌服饰公司负责市场与营销的副总裁所言，在应用程序与公司奖励卡数目之间，“我们有能力做到甚至是个体层面的服务。”

百思买正做着同样的事情。雷克·隆美尔，一位资深副总裁认为，当一位顾客进入商场时，可以立即触发根据这位顾客的特殊爱好而专门制定的折扣。如果该顾客之前曾上网浏览过百思买，便可获得购买物品的一个折扣。“这真正是向一对一类型的市场迈进，”隆美尔说道。其他零售商希望有给予基于积分的能力或者基于个体特征的基本促销，比如性别、年龄、居住地、购物频率、购买历史，等等。

资料来源：Stephanie Clifford，“Aisle by Aisle，an App That Pushes Bargains，” *New York Times*，August 17，2010，at www. nytimes. com/201008/17/technology/17app. html；and Steve Lohr，“Innovate，Yes，but Make It Practical，” *New York Times*，August 15，2010，www. nytimes. com/2010/08/15/business/15unboxed. html.

□ 不对称信息

现在假定保险公司的管理者无法区分高风险驾驶员和低风险驾驶员。同时，假定每位驾驶员知道自己是高风险的或是低风险的；实际上，我们每个人都知道自己的驾驶能力。如果低风险驾驶员与高风险驾驶员的数量相等，保险公司可以通过收取平均保费 $0.5(25+75)=50$ 来实现盈亏平衡。但现在每个群体还会继续购买保险吗？很明显，高风险群体将购买保险。如果他们之前以 75 的保费购买保险，那么当保费降到 50 时，他们肯定仍将购买。

$$有保险的效用=(125-50)^{0.5}=8.660$$
$$没有保险的效用=0.25(125)^{0.5}+0.75(25)^{0.5}=6.545$$

但是对于低风险群体，保险公司的保费将从 25 提高到 50。我们可以比较这一群体在有保险和没有保险的情况下的期望效用：

$$有保险的效用=(125-50)^{0.5}=8.660$$
$$没有保险的效用=0.75(125)^{0.5}+0.25(25)^{0.5}=9.635$$

所以低风险群体不会购买保险。在 50 的共同价格上购买保险的人将只会是高风险驾驶员。如果进一步思考，你会发现，对于保险公司来讲，这种价格结构是无法维持的。如果只有高风险驾驶员购买保险，那么提供给每个保险客户的赔付成本为 75（平均），但客户只支付了 50 的保费。平均每份保单造成的损失就是 25，保险公司不可能继续这种交易，除非把保费提高到 75。保费只有达到 75，保险公司才提供完全保险。现在，谁会购买保险呢？我们看到，高风险驾驶员购买这一保险后，得到 7.071 的效用，而如果他们没有购买保险，则效用为 6.545。因此，高风险驾驶员会购买保险。但如下所示，好的驾驶员不会购买保险：

$$有保险的效用=(125-75)^{0.5}=7.071$$
$$没有保险的效用=0.75(125)^{0.5}+0.25(25)^{0.5}=9.635$$

这个例子属于一个完全柠檬市场的例子。因为保险公司的管理者不能完全区分高风险驾驶员与低风险驾驶员，他们只能提供一种保单，这能吸引高风险驾驶员。驾驶员的一个逆向选择是决定购买保险。遇到信息不对称问题并被漫天要价困扰的是低风险驾驶员。

管理者能够用两种方式帮助恢复市场，从而使低风险驾驶员对保单有着一个合适的选择。保险公司间的竞争可以帮助减轻这个问题。关于单个驾驶员损失预计的信息对保险公司具有经济价值，所以每家保险公司的管理者有着为更好地获取投保人的信息而投资的激励。如果一家保险公司比其竞争对手得到了关于投保人的更好的信息，那么保险公司能够选择性地从竞争对手那里吸引低风险的驾驶员，而仅通过提供更加便宜的保费。这样，竞争促使保险公司搜寻和汇集信息，让它们运用保费机制在不同的风险群体之间进行区分。当然，保险公司永远不可能发现保险客户的每一件事情，而且逆向选择永远不会消失。但是，在一个活跃的竞争性市场中，逆向选择可减少到反映信息成本的水平上。

管理者帮助修复市场的第二种方法是战略设计。我们稍后讨论这一话题，但是这里提出一个难题，有什么方法能够引导保险客户以可信赖的方式披露自身的信息吗？假定管理者为每类驾驶员提供一个选择，A 或 B。是否能够设计这些选项，使得只有低风险驾驶员选择 A，而只有高风险驾驶员选择 B 吗？如果管理者能够形成这样的列表，他们就创造了一个分离均衡，我们将在本章的后面进行讨论。如果只有低风险驾驶员选择 A 而只有高风险驾驶员选择 B，管理者就能够通过其选择的列表推断每个人是何种风险类型。这种自我选择列表的思想只简单讨论到此。

逆向选择与国家医疗服务之争：联邦政府的强制保险任务

2010 年，联邦法律要求美国人（某些生活艰难的除外）在 2014 年参加医疗保险。这个议题相当富有争议，在法庭上有人质疑其是否符合宪法，而强制实行医疗保险引发了逆向选择。

如果保险不被强制执行，那么有些人会购买而有些人则不会购买。健康条件好的那些人购买的可能性小，而健康条件不好的人购买的可能性大。只要保险公司被迫收取反映个体风险的保费，这种逆向选择将被加剧。与风险相关的保费的缺乏意味着健康条件好的人要补贴健康条件差的人。但是如果那些健康条件好的人不购买保险，补贴就会减少而保费就会增加。美国国会预算办公室已经估计到，即使是强制，仍将有 2 000 万人不参加保险。美国国会预算办公室的进一步估计还认为，如果强制措施不被采纳，那么将多出 1 780 万人不参加保险，去掉这1 780 万人将会使保费增加 15%～29%。

有趣的是在这场争论中出现的道德风险。在第 15 章中曾讲道，人们参加保险后，他们倾向于较少关注成本。马萨诸塞州的经历也批评了上述令人头疼的强制任务。2005 年，该州的一项法律要求向低收入人群提供资助保险。于是，很多未参加保险的贫困人员去急诊就诊（通常只是普通的疾病），并且出现了用 28%的资助保险金替代 28%的未付医疗账单的情况。但是急诊就诊次数并未减少；事实上，急诊就诊次数与医疗服务成本同步增加。可见，全美医疗服务费用排名第二的马萨诸塞州，发现自己的医疗费用甚至比以前更高了。

由此，我们看到了在逆向选择和道德风险之间存在的一个有趣的矛盾。

资料来源：Rahul Rajkumar and Harold Pollack (January 7, 2011), "A Mandate That Matters: Requiring Health Insurance Supports the Private Market and Lessens Government's Role," *Los Angeles Times*; Liz Kowalczy (April 24, 2009), "ER Visits, Costs in Mass. Climb," *The Boston Globe*, http://www.boston.com/news/local/massachusetts/articles/2009/04/24/er_visits_costs_in_mass_climb/; Kay Lazar (August 22, 2009), "Bay State Health Insurance Premiums Highest in Country," *The Boston Globe*, http://www.boston.com/news/health/articles/2009/08/22/bay_state_health_insurance_premiums_highest_in_country/.

16.3 养老金市场

另一个有趣的逆向选择的例子是养老金市场。很多管理者都有固定付款的养老金计划。在这些计划下，雇主或雇员（或二者）直接为养老金计划付款，这些钱投资于一些投资工具，投资资产的价值在退休时返还给退休人员，但退休时的收入却没有保证（不像固定利益计划）。假定雇员希望把这笔钱拿出来将其转化成一直持续到他们去世时的现金流。例如，假若某人知道自己将再活 10 年，则可能会取走目前的现金，再除以 10（对投资现金做微小的调整），在余下的生命里便有一个持续的收入流。问题是谁也无法预测自己何时离开人世。在这一储蓄机制下，假若这个人多活 10 年，却已经无钱可花。

一份养老金可以帮助解决这个问题，即人们不知道自己还会活多久，也能够购买一份养老金，它在余下的生命中，将本金转化成持续的收入流。实际上，把现金交给一家养老金公司（通常是人寿保险公司），它反过来保证，只要人们活着就向其支付一个固定的年金，这样，人们就能够防止活得太久而钱却花光的情况。

养老金公司管理者的激励是什么？是可以出售更多的养老金。考虑1 000 个65 岁的妇女，她们全部购买养老金的情况。下面将通过两个简单的例子解释养老金市场的运作。在第一个例子中，每名个体的健康状况对于个体与养老金公司的管理者都是已知的，即完全信息。在第二个例子中，则存在着信息不对称，个体知道自己的健康状况但管理者不知道。

战略环节 ☞

信息不对称与棕地

你有没有想过（和担心过）那些多年被遗弃和被污染的工业用地或加油站，为什么没有得到清理、出售或使用？这种现象存在的部分原因是逆向选择。

上述现象出现的背景是 1980 年制定的一部法案，也就是《综合环境反应、补偿和责任法案》，它的通过旨在使污染者对污染的土地负责。为了承担责任，污染者将负担清理污染的成本，在许多情况下，成本可能是巨大的。那些竭力推卸这个负担的当事人不仅包括把有毒物质倾泻给土地的人，也包括土地的所有者，此外，当该地产被出售时，清理责任也可能转移到新的土地所有者身上，即使新主人根本没有造成土地污染。这是否阻碍了该土地的出售？毕竟，这片土地的出售价格应扣除日后清除污染的费用，这样才能吸引买家购买并重新开发土地。然而，有两类信息不对称问题会阻碍这种销售。

第一个问题是所谓的判断依据。如果你被法律要求清除污染，清除的费用肯定要受到自身资本净值的限制（或者，如果你有一家公司，那就将受限于公司的股票价值）。假设一个销售中卖方的资本净值大大低于买方的资本净值（这可能是由于卖方的业务已经下滑到必须要放弃土地的程度）。假设清除的成本可能高达 1 000 万美元，并且土地拥有者存在 50%的概率被要求清除污染。卖方的资本净值为 500 万美元，而买方价值 2 000 万美元。由于卖方无法支付超过自身资产净值的成本，这意味着卖方将有 50%的概率逃脱 500 万美元的责任，因而愿意将土地出售价格减少 0.5 乘以 500 万美元，即 250 万美元。然而，买方有 50%的概率将承担 1 000 万美元的全部清除成本，因而希望把价格降低 500 万美元。你很容易理解，买卖双方无法就价格达成一致：卖方坚持的价格，买方不愿意支付。因此，销售不可能发生，土地会继续闲置。

但是还有一个问题。关于地产信息和潜在的责任程度，卖方比买方掌握得要多。因此，不知情的买家对污染程度和清除成本可能有着悲观的估计，于是要求较大的价格折扣。而对于这样的折扣，只有土地污染非常严重的卖方才可能同意。此时，出现了我们极为熟悉的逆向选择问题，类似的情况本章有过讨论，结果是：只有污染最严重的土地将被售出。事实上，正是由于担心土地可能被污染而导致买家作出的最坏假设，使得市场驱除了高质量的土地。不过，买家可以选择环境审核来确定土地被污染的真实程度。虽然这样做可以纠正信息不对称，但不要忘记环境审核的成本很高。因此，由于担心逆向选择而采用有偿环境审计的想法可以对土地销售造成一个较大的威慑效果。

资料来源：Derek B. Singer，“Brownfield Remediation as a Policy Tool in Urban Redevelopment,” Working Paper EC465，Department of Economics，Middlebury College，November 2005.

□ 完全信息的养老金市场

让我们假定一个养老金市场，那里管理者有着完全的信息。其中的 65 岁妇女彼此之间差别很大。所有人的健康状况都不相同，因此寿命预期也不相同。

- 我们的人群中四分之一的人健康状况很差，预计寿命预期只有 5 年。
- 二分之一的人健康状况一般，寿命预期为 15 年。
- 余下四分之一的人健康状况很好，寿命预期为 25 年。

每个人都有 300 000 美元的资助购买养老金。因为养老金公司知道每个人的寿命预期，所以它可以做下列生意（为简单起见，我们忽略掉利息和通货膨胀，并允许养老金公司盈亏平衡）。

- 向预期寿命还有 5 年的人提供每年 60 000 美元的养老金。企业预先收到 300 000 美元，支付 5 笔 60 000 美元的养老金，即 300 000 美元。
- 向预期寿命还有 15 年的人提供每年 20 000 美元的养老金。企业预先收到 300 000 美元，支付 15 笔 20 000 美元的养老金，即 300 000 美元。
- 向预期寿命还有 25 年的人提供每年 12 000 美元的养老金。企业预先收到 300 000 美元，支付 25 笔 12 000 美元的养老金，即 300 000 美元。

在经济学意义上，这是一个无差别待遇的例子。每个人基于自己的健康状况收到一份养老金，没有人补贴他人。而且，如果养老金市场是完全竞争的，这就是管理者采取的行动。

□ 不对称信息的养老金市场：逆向选择

现在假定养老金公司向每人收取 300 000 美元的养老金，并向每人每年支付 20 000 美元直至其离世。任何人都可以购买这份养老金。为了说明什么样的逆向选择会出现在这个市场上，我们想问一下有谁能够了解每个人的健康状况？养老金公司的管理者能够发现与健康相关的某些情况，因为可以要求对方体检。① 但是当要求体检时，管理者又担心什么呢？他们肯定不担心正在生病且只有 5 年寿命预期的人，因为这样的人公司已经收了 300 000 美元，而只需支付 5 次 20 000 美元，因而可得到一个显然的利润 200 000 美元。相反，令他们担心的是任意一个非常健康且能活得很久的人。任何一个再多活 25 年的人，养老金公司都要在其身上损失 200 000 美元（它收到 300 000 美元，还要支付 25 次 20 000 美元）。在体检时，养老公司总要设法发现那些太健康且能活得很久的人。这其实并不容易。证实一个人生病是一回事。证实人们假装有病而实际上非常健康却相当困难。发现健康问题要比发现没有健康问题更容易。所以，管理者通常缺乏关于客户健康状况的可靠信息。另一方面，每个人都十分了解自己的健康状况：医疗史、饮

① 实际上，养老金总和反映了公司利润的构成，也说明了投资的收入。

食和锻炼习惯等。因此，存在着可能导致逆向选择的典型的信息不对称。

在不知道某个申请人健康状况的前提下，管理者预期公司能够实现盈亏平衡。下面进行说明，设公司的总收入为：

1 000×300 000＝300 000 000 美元

养老金的总支出为：

250 人(1 000 人中的 1/4)5 年后死亡＝250×20 000×5＝25 000 000 美元

500 人(1 000 人中的 1/2)15 年后死亡＝500×20 000×15＝150 000 000 美元

250 人(1 000 人中的 1/4)25 年后死亡＝250×20 000×25＝125 000 000 美元

考察这个例子的另外一种方法是考虑每一组的事后收入账目。

- 那些 5 年后死亡的人缴纳的养老金是 300 000 美元，并收回 5×20 000＝100 000 美元。养老金公司在这些人身上每人获得利润 200 000 美元。
- 那些 15 年后死亡的人缴纳的养老金是 300 000 美元，并收回 15×20 000＝300 000 美元。养老金公司在这些人身上处于盈亏平衡。
- 那些 25 年后死亡的人缴纳的养老金是 300 000 美元，并收回 25×20 000＝500 000 美元。养老金公司在这些人身上每人损失 200 000 美元。

谁买养老金？如果健康状况不佳的人相信他们的寿命预期只有 5 年，那么提前支付 300 000 美元的成本，而获得 5 次每笔 20 000 美元的支付就是一项糟糕的生意。这些人简单地花掉自己的资金可能会更好。例如，如果他们自己每年花掉 30 000 美元，那么直到 10 年后才会花光所有的钱（二倍于他们的寿命预期），所以这些健康状况欠佳的人不可能为了每年 20 000 美元的回报而购买养老金。那些处于平均健康水平的人可能倾向于购买，因为他们去除了某些不确定性并获得了合理的金融交易（注意，这里没有考虑利息）。那些身体状况俱佳的人发现每年 20 000 美元的养老金是神话般的交易——他们支付 300 000 美元而收回 500 000 美元。所以这个交易只对 1 000 名 65 岁老人中的一部分具有吸引力。只有那些健康状况一般或更好的人才会购买养老金。

当然，管理者能够预计只有那些健康状况一般或更好的人才会购买养老金；所以如果提供 20 000 美元的养老金，公司将会亏本。为了明白这一点，注意管理者将在 500 名健康状况一般的人那里实现盈亏平衡；而在每一个身体状况俱佳的人那里损失 200 000 美元。因此，他们不得不降低养老金价值，直到从购买降低价值后的养老金的人们那里获得盈亏平衡。

战略环节 ☞

联邦政府的处方药物计划中的逆向选择

逆向选择同时困扰着私人项目和公共项目。考察 2003 年美国医疗保险现代化法案推出的处方药物计划（the prescription drug plan，PDP）。自 2006 年以来，处方药物计划，顾名思义，涵盖了处方药物。由于这个计划是可选择的，所以出现了逆向选择现象。最近的评估都试图反映该计划是否被那些最常使用 PDP 的人们主导。在最近一次健康经济学家会议上，有研究报告指出，事实的确如此。除了参加医疗保险和现雇主的赞助计划外，“……目前大约有 18%的受益者准备参加没有额外要求的 PDP。该群体的药物支出大约高于平均人口的 11%，这表明存在着逆向选择。类似的预测数字还出现在一个同时参加非药物附加医疗保险和PDP（约18%）的群体中。这些受益者的药物支出通常大约高于平均人口的21%；而同时参加（一次一付的）医疗费保险（Fee-For-Service，FFS）和非药物附加医疗保险（4%）群体的药物支出大约高于平均人口的31%。相比之下，参保健康维护组织（HMO）（36%）和只参保FFS（24%）群体的药物支出大约低于平均人口的12%。"

资料来源：S. Pizer，A，Frakt，and R. Feldman，"Storm Clouds on the Horizon-Expected Adverse Selection in Medicare Prescription Drug Plans，" Paper presented at the annual meeting of the Economics of Population Health：Inaugural Conference of the American Society of Health Economists，Madison，WI，June 4，2006.

□ 养老金与人寿保险市场中逆向选择的例子

管理者可以用一个简单的测验来了解养老金市场是否遭受逆向选择。回顾前面的例子，一个有着1 000人的群体，其平均寿命预期是15年，计算如下所示：

$$1/4\times5+1/2\times15+1/4\times25=15\ 年$$

如果提供的养老金为20 000美元，只有750名健康状况一般或更好的人会真正购买。因此，领取养老金者的寿命预期为：

$$(500/750)(15)+(250/750)(25)=18.333\ 年$$

如果管理者能够观察到寿命预期，就能够了解领取养老金者的预期寿命是否长于群体整体水平。问题在于他们无法观察寿命预期，不过还是可以观察到群体的实际死亡率。如果领取养老金者的平均寿命预期的确高于群体整体水平，管理者将发现那些购买养老金的人的平均寿命要高于群体的整体水平。这里我们引用了沃顿商学院两位同事的证据，他们比较了领取养老金者与美国全部人口的寿命。① 图16—2给出了美国全国领取养老金的男性与全美国男性死亡年龄的分布。领取养老金者的分布明显偏右，说明平均来讲，他们的确活得更长。

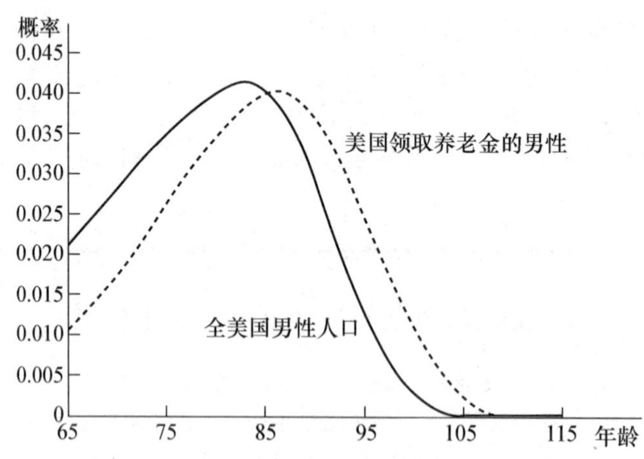

图16—2 美国人口与领取养老金者的死亡年龄分布

资料来源：O. S. Mitchell and D. McCarthy，"Annuities for an Aging World，" in E. Fornero and E. Luciano，eds.，*Developing an Annuities Market in Europe* [Northhampton，MA：Edward Elgar，2003].

① David McCarthy and Olivia Mitchell，"International Adverse Selection in Life Insurance and Annuities，" 2003.

□ 人寿保险市场中不存在逆向选择

养老金防止人们“活得太久”而把钱花光，人寿保险则保护那些“死得太早”群体中的幸存者。如果人寿保险公司的管理者对于保险客户健康状况的信息比保险客户本身拥有的信息要少，那么我们预计这里也存在逆向选择。但是，管理者拥有的信息的确很少吗？

回顾一下当讨论养老金时，我们认为养老金公司要排除健康状况好的申请人可能很具有挑战性；而明确没有糟糕健康状况的工作也很难。养老金的相关证据说明存在某种程度的信息不对称。

人寿保险公司的管理者会例行公事，对购买人寿保险的申请人进行体检，并拒绝（或收取更高的保费）那些体检结果不好的人。管理者采取的这些行动明显减少了信息不对称并使得自己可以充分预测未来的健康状况吗？让我们看一看。

在图 16—3 中，我们提供了来自美国男性和女性的一些数据。这些数据表明死亡率的分布图，也就是说，在不同的年龄组里有多少人死亡。如果保险公司不建立有效的体检机制并存在逆向选择，我们可以预期越健康的人越不太可能购买保险，而被保险人口的死亡率将高于总体平均水平。但这不是我们希望看到的。被保险人口的分布明显向右，说明参加人寿保险的群体死亡率较低。该模式对男性和女性都一样，但女性的显著

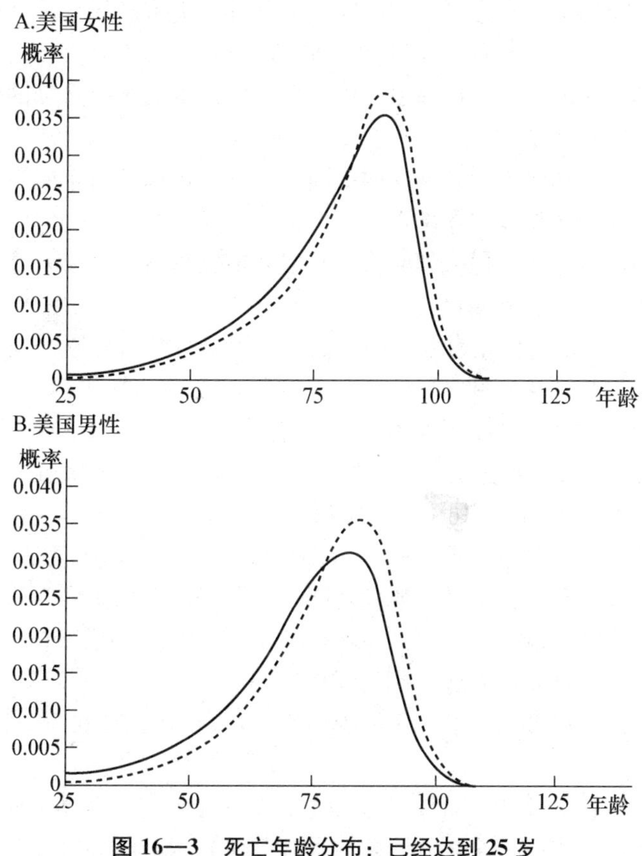

图 16—3　死亡年龄分布：已经达到 25 岁

注：实线表示全部人口的死亡年龄分布，虚线表示购买人寿保险者的死亡年龄分布。

资料来源：David McCarthy & Olivia S. Mitchell, “International Adverse Selection in Life Insurance and Annuities,” In *Riding the Age Waves: Responses to Aging in Advanced Industrial States*, edited by Shripad Tuljapurkar, Naohiro Ogawa, and Anne Gauthier. Elsevier, *Forthcoming*.

性较弱。在英国也观察到了同样的模式。看来，人寿保险公司不但不存在信息劣势，其管理者对保险客户的健康状况还非常了解，他们主要向健康状况好的人提供保险。[①] 看来这里不存在可追溯的逆向选择。

16.4 通过自我选择解决逆向选择问题

尽管阿克劳夫描述了逆向选择问题，但迈克尔·罗斯柴尔德和约瑟夫·斯蒂格利茨却给出了逆向选择的一个精彩解决方案（2001 年，斯蒂格利茨与阿克劳夫和迈克尔·斯彭斯共享了诺贝尔经济学奖）。他们解决方案背后的思想非常简单。假若二手车的买主只问质量，答案并不可信。如果保险公司只向你询问你是怎样的一位好司机，你肯定会润色自己的回答。询问是不够的。不知情的管理者如何能够获得可靠的信息呢？比如，考虑保险公司的管理者，他们不知道任何一位驾驶员是低风险型还是高风险型。然而，保险公司却知道如下内容：

1. 有些驾驶员是高风险型而有些是低风险型。
2. 驾驶员本身知道自己是好的驾驶员还是差的驾驶员。

管理者应当推断出个体知道自己的风险类型，并可能有时候会用这样的私有信息来作出不同的决策。所以，管理者应当设计出可以区分好、差驾驶员行为的保单。好的驾驶员选择一份保单而差的驾驶员选择另一份保单。通过驾驶员所选择的保单，管理者可以推断出驾驶员的风险类型。

让我们考虑一个选择题来实现这样的推断。管理者可以让每个想买保险的驾驶员在两份保单——全保或高额扣除中作出选择：

- A 保单价格高（只有高风险驾驶员购买时才能实现盈亏平衡）并提供全保。全保意味着任何损失都会得到全额赔付。

- B 保单价格低很多，但是有较大的免赔额。免赔意味着保险公司不用支付全部损失，而只是赔付损失减去免赔额之后的部分。例如，假定保单有一个 2 000 美元的免赔额。如果出现了 20 000 美元的损失，保险公司将支付 20 000－2 000＝18 000 美元。如果出现 5 000 美元的损失，则保险公司支付 5 000－2 000＝3 000 美元，依此类推。如果损失低于 2 000 美元，则保险公司不进行赔付。

知道自己水平差的驾驶员可能有一项或多项索赔，所以免赔就是一个很大的威慑。对于差的驾驶员最好支付高额保费而避免免赔。但是好的驾驶员认为节省下来保费更重要，因为自己不太可能出现索赔，因此也不可能遇到免赔。于是，好的驾驶员选择较便宜的有免赔额的保单，而差的驾驶员则选择更贵的全保保单。

管理者也使用固定的和与经验相关的保费来让客户暴露他们的真实类型。考虑如下例子：

- C 保单的价格相对较高，而且，驾驶员能够在明年、后年以及未来几年里都按照同样的价格购买保单。保费不会增加（除非通货膨胀），即使驾驶员有过索赔。

① 对于这样的结果还可能有另外一种解释。购买保险的人的财富状况可能在平均水平之上，而财富也同健康和寿命相关。因此，参加保险的人的寿命较长可能更多地与其财富有关，而不是与保险公司的挑选有关。

• D保单的价格更高；在第一年，D保单的价格高于C保单的价格。然而，根据驾驶员所出事故的次数，D保单的保费在以后各年会有所改变。如果没有索赔，D保单的保费就会低于C保单的保费水平。如果出现索赔，则保费停留在高水平，或略高于C保单。

现在考虑驾驶技术非常差的那些人的行为。他们可以选择任意一个保单。但是由于了解自己是差的驾驶员，存在撞车并发生索赔的高概率。因此，D保单看起来没有吸引力。以他们的能力，不出现索赔而且未来保费减少的情况基本与自己无关。他们知道如果购买D保单，自己总是（或至少是经常的）要支付更高的保费。但是，好的驾驶员看待保单的角度不同。对于他们来讲，保单费用大幅度降低的概率是吸引人的，因为他们相信自己不可能有索赔。保费大幅下降的可能性弥补了头一年高额的保费。因此，好的驾驶员将倾向于选择D保单，而差的驾驶员将选择C保单。

□ 简单的逆向选择

在前面的例子中，每个驾驶员都有一个125的初始财富且如果发生撞车，则会损失100。撞车的概率为：

差驾驶员的撞车概率=0.75

好驾驶员的撞车概率=0.25

从这个例子中，我们知道好的驾驶员市场完全崩溃了。的确，所提供的唯一保单是保费为0.75×100=75的全保，它是为高风险驾驶员市场的盈亏平衡设计的。只有差的驾驶员才会按此价格购买保险。没有保险公司的保单是为了吸引好的驾驶员设计的。管理者还能够做得更好吗?

• 保单1索要保费75，但如果发生撞车，它赔付完全损失100。任何购买该保单的人其财富是125减去保费75，余下50。请注意，由于是全保，个体财富不会受到损失是否发生的影响。

• 保单2，在损失发生时支付固定数额10，而保费为2.5。任何购买这份保单的人其财富为：

没有损失：125减去2.5的保费=122.5

出现一次损失：125减去2.5的保费，减去100的损失，加上10的赔付=32.5

显然，保单2不是一个完美的保单，但它还是为损失提供了一些补偿。让我们考察每一类驾驶员可能面临的选择。首先看一下高风险的差驾驶员。注意，高风险的驾驶员（稍后讲述低风险驾驶员）知道自己损失的概率，所以当他们计算期望效用时会使用0.75这个概率：

没有保险的效用$=(0.25)(125)^{0.5}+(0.75)(125-100)^{0.5}=6.545$

保单1的效用$=(125-75)^{0.5}=7.071$

保单2的效用$=(0.25)(125-2.5)^{0.5}+(0.75)(125-100-2.5+10)^{0.5}=7.043$

对于低风险驾驶员，将使用低风险概率计算期望效用：

没有保险的效用$=(0.75)(125)^{0.5}+(0.25)(125-100)^{0.5}=9.635$

保单1的效用$=(125-75)^{0.5}=7.071$

保单2的效用$=(0.75)(125-2.5)^{0.5}+(0.25)(125-100-2.5+10)^{0.5}=9.726$

注意，两种类型的驾驶员选择不同的保单。对于高风险驾驶员，最好的选择是保单1，它提供的效用是7.071（相对于保单2的7.043和没有保险的6.545）。但对于低风险驾驶员，最好的选择是保单2，它提供的效用是9.726（相对于保单1的7.071和没有保险的9.635）。在做这些选择时，单个保险客户完全根据自身利益（最大化预期效用）来行动，并运用与自身损失概率有关的私人信息。但也要注意，在保险公司最初不能确定哪个保险客户是低风险哪个保险客户是高风险之前，这种自我选择就发生了。因此，可称其为自我选择菜单。

关于管理者选择的这个解决方案还有其他一些有趣的特点，我们在本章开始引入逆向选择时，只有保单1保留下来。而在早期的分析中，好的驾驶员宁愿自我保险也不愿购买保单1。现在通过保单1和保单2的自我选择菜单，管理者使好的驾驶员情况更好（他们选择了新推出的保单2而不是自我保险），而差的驾驶员情况不变（他们继续购买保单1）。这是一个明显的改善；管理者改善了好的驾驶员的情况而没有增加差的驾驶员的成本，所以，这个菜单通过让低风险驾驶员购买保险，至少部分挽救了市场。

最后，管理者需要知道这样的菜单是否可行。最直接的担忧是管理者是否希望提供两种保单，因为通过保险客户的自我选择，保险公司在每种保单上都实现了盈亏平衡：

- 只有高风险驾驶员购买保单1。期望索赔是0.75×100，与75的保费相符。
- 只有低风险驾驶员购买保单2。期望索赔是0.25×10，与2.5的保费相符。

因此，具有竞争力的保险公司可以提供这样的选择并得以生存。

针对逆向选择的这个解决方案被称作分离均衡。提供这样的选择是为了保障信息不完全的保险公司的利益；这个方案促使保险客户根据自己的风险类型进行自我选择。但要注意，信息不对称仍然会产生成本。保单2的保险责任范围并没有向低风险驾驶员提供完全保护。尽管有保险显然比没有保险好，但承保范围是理性的。

战略环节 ☞

投机资本家如何解决逆向选择和道德风险问题？德国人的经验

逆向选择和道德风险问题可以解释风险投资公司使用何种融资方式为证券公司筹资。

A. 第一个问题是道德风险。企业家控制了投资者的钱。企业家会按照投资者的最佳利益行事吗？解决这类问题通常要求企业家“风险共担”，即企业家应当拥有一些股票。

B. 第二个问题是逆向选择；投资者对于他正在投资的公司的质量了解多少。如果知道的信息很少，那么投资者可以要求企业家通过股票（或类似的）融资分担风险。但如果知道的信息较多，那么企业家把分担风险作为隐性信息就不那么重要了——因此，债务及其他类似的融资方式，就变得可以接受了。

现在，我们的问题是：被选中的特定融资方式是否减弱了道德风险和逆向选择问题。

从广义上讲，投机资本家可以通过债务、股票或具有一些债务特点和一些股票（例如，可转换债券、优先股、可转换优先股）特点的中期（夹层）融资方式进行融资，融资的不同方式用不同的方法配置风险。例如，直接债务把风险（除了违约风险外）从投资者身上转移开；可转换债券[1]将上行风险（积极风险或收益）分配给投资者，保护下行风险（投资者可以利用自身的有限债务违约）的投资者；而股票则将无限的上行风险和部分下行风险（投资者可以利用自身的有限债务违约）配置给了投资者[2]。

在德国，正在使用一种特殊的夹层融资——隐名合伙。它通常根据企业的收益向投资者分配利益。

1. 如果回报低，投资者获得一个固定收益（为投资者提供一些下行保护和一些决策权）。该收益要少于传统债务持有者的收益。

2. 对于中等水平的回报，投资者收到一个现金流收益——类似股票但比股东的收益要好些。

3. 但是对于“类似股票”的收益却有着一个上限，即相对于高回报，投资者收到一个固定的收益——比如债务。

这种隐名合伙实际上是部分债务/部分股票。通过改变混合债务的参数（即第3种类型对应的收益、利率和现金流配额之间的边界），可以改变股票特点，使得这个隐名合伙更像股票，或者更像债务。

有关德国风险投机家的一项最新研究揭示，筹资形式看起来的确可以处理道德风险与逆向选择问题。

1. 对于初创企业和高新技术公司，失败的概率较高，道德风险和逆向选择问题也严重，这些企业通过股票或股票与隐名合伙的合作进行筹资。如果你回顾问题A和B，会发现这正是该理论所预计的。

2. 风险投机家非常有经验，他们能够选出最佳的公司，对未来前景充满信心，并希望分担股票以及类似股票融资方式的上行风险。实际上，这一点在数据中可以发现。

3. 他们也发现当经济衰退时，投资者变得更加保守且寻求更多的下行保护，因此，会使用更多的债务和类似债务的融资。而随着经济的改善，投资者又重新看重更多的股票融资。

1. 可转换债券是一种可以转换成股票的债务，当然前提是投资者选择这么做。如果企业运营得好，投资者愿意做这种转换。但如果企业运营得不好，投资者将不会做这种转换，而这种融资工具仍将是一种债务。

2. 由于有限责任，股东可以从破产企业旁边“转身离开”。换句话讲，股票价值不会为负。当企业破产时，债券持有人无法得到全部赔偿；但是的确可以获得企业剩下的任何价值。例如，如果企业的价值只有5 000万美元，而负债为1亿美元，那么股东将毫无所获，但债券持有人可获得全部的5 000万美元，也即“50美分对1美元”。因为股东可以“转身离开”，而债券持有人必须承担破产后的交易成本。

资料来源：Thomas Hartmann-Wendels，Georg Keienburg，and Soenke Sievers，2011，“Adverse Selection，Investor Experience and Security in Venture Capital Finance：Evidence from Germany，” *European Financial Management*，Vol. 17，pp. 464－499；Douglas J. Cumming 2006，“Adverse Selection and Capital Structure：Evidence from Venture Capital，” *Entrepreneurship Theory and Practice*，Vol. 30，pp. 155－184. Available at SSRN：http：//ssrn. com/abstract＝261693 or doi：10，2139/ssrn. 261693.

16.5 把教育作为一个信号：劳动力市场上的逆向选择

早期，有些令人惊讶，考察信息激励应用的是经济学家迈克尔·斯彭斯（我们曾介绍斯彭斯与他人共同获得 2001 年的诺贝尔奖)。他思考问题的方式直截了当;解决方法也相当聪明。管理者怎样才能够预测哪一个申请人具备良好的工作能力?大家都知道申请人利用其所受到的教育向潜在雇主传递一种不易被雇主衡量的特定劳动力市场技能的信号。当然,学院和大学也会教授一些东西。

申请人关于他们的工作技能有着清醒的自我意识。他们知道自己的抱负、组织性如何,是否准备努力且长时间地工作。他们也知道自己与他人交往的能力和智力情况。

这些情况雇主最初是不知道的,只能在长期工作中逐渐了解雇员的能力。所以,这里存在信息不对称。如同养老金和保险市场,仅仅要求申请人透露自己的私人信息是没有用的。大多数申请人知道如何准备个人简历并接受了一些面试技巧的培训。所以管理者需要一个可信的方法将那些知道自己拥有良好工作技能的人与那些知道自己缺乏相关技能的人区分开。

如果管理者相信工作技能与学术业绩之间的关系,他们可以提出一种发现具备良好工作技能者的方法。这不具备一个完备的关系;但一般来讲,具备良好工作技能的人更容易克服学术障碍。考虑一个本科学位,它要求学生通过 30 门课程,很多学生为此要花费 4 年,但有些人需要 3 年,而另外一些人需要 5 年或 6 年,因为他们或者每年的课业负担较小,或者必须重修课程。根据所花费时间的不同,获得学位的成本也就不同。这些成本包括为教育支付的直接成本和由于没有工作而损失工资的机会成本。课程重修时,直接成本上升;当学生花费更长的时间完成课程时,工资损失增加。

考虑如下例子,每门课程的直接和间接成本为:

高质量的工作技能=每门课程 2 000 美元
低质量的工作技能=每门课程 3 450 美元

现在,假若雇主了解每个申请人的技能水平,他们将按照如下方式支付工资:

高质量的工作技能=每年 50 000 美元,共 5 年
低质量的工作技能=每年 30 000 美元,共 5 年

5 年后,雇主能够断定雇员的工作技能。

当然,雇主事先不了解每个人的工作技能;但是假定雇主提供以下协议:完成 x 门课程的人将得到 50 000 美元的工资,而那些完成少于 x 门课程的人将得到 30 000 美元的工资。管理者需要计算 x 的值以便区分高技能与低技能工人。

学生们知道协议有效,他们必须决定要完成多少门课程,所以需要理性看待不同学位的成本和收益。对于任何一名学生,无论是高技能还是低技能,完成 x 门课程的收益就是 5 年内从 30 000 美元到 50 000 美元的工资涨幅,总收益为 100 000 美元(我们忽略货币的时间价值)。但是高技能和低技能的成本不同,每门课程分别为 2 000 美元和 3 450 美元。

高技能:
完成 x 门课程的收益=100 000 美元
完成 x 门课程的成本=2 000×x 美元

当 x 小于 50 时,收益大于成本。

低技能：

完成 x 门课程的收益＝100 000 美元

完成 x 门课程的成本＝3 450×x 美元

当 x 小于 29 时，收益大于成本。

于是雇主选择了 29 与 50 之间的一个水平。比如他们的选择为 30，这是典型的四年学位课程。而低技能的人不会选择 30 门课程（成本为 3 450×30＝103 500 美元，而收益仅为 100 000 美元）。但高技能的人会选择 30 门课程（成本为 2 000×30＝60 000 美元，而收益为 100 000 美元）。

可见，雇主通过聪明地设定 30 门课程的标准，让申请人自我选择所受教育这个方式，使招聘者揭示其隐藏的信息。现在的大学提供两种功能，除了实际教学外，还能够根据工作技能对人们进行筛选，并向潜在雇主保证这些技能。这个问题的另一种思考方式来自我们的 MBA 学员。当被问及为何来到沃顿商学院学习 MBA 时，许多人回答"雇主为沃顿的 MBA 学生支付更高的工资，因为他们知道被沃顿商学院接受并获得学位的人一定是优秀的。"因此，如果一所大学希望为向市场传递其毕业生为高质量人才的信号，它设定的标准一定要高到足以将低技能的人拦在门外。

当然，除了根据工作技能对人们分类外，教育还有另外的功能。理论上讲，人们总是能够学到一些东西。①

16.6 把保修单作为一个信号：产品市场上的逆向选择

虽然消费者在购买商品时进行了挑选（并为此付款），但还是有许多商品直到真正被消费时才能确定它们的质量。这些商品被称为经验商品。这样的商品有很多，比如，汽车、家用电器及电子消费品。在已经采用的汽车例子中，由于消费者只有在购买后才能够确定汽车的质量，所以这里存在低质量的生产商用广告宣传其产品是高质量的一个激励。如果消费者在购买之前无法断定商品的质量，他们就不愿意支付高质量产品的价格。

在这类情况中，企业的管理者有一个激励，那就是，生产高质量的产品来传递他们真实质量的信号。因此，他们想要采取行动去创造一个分离均衡以使得消费者能够准确判断产品质量。管理者最常用的一个方法是使用产品保修单作出这种分离。我们稍后会看到，如果构建正确，一份保修单就是产品质量的可靠信号。而且，有经验证据表明，消费者的确认可它并愿意为具备可靠保修单的产品支付较高的价格。

□ 管理者如何构建保修单以减少逆向选择

假设竞争对手的管理者推出一款新产品。一个产品是真正的高质量，而其他的产品都是低质量的。如果在购买之前就能够辨别产品质量，消费者对高质量产品有着一个保留价格，而对低质量产品的保留价格（较低）则与之不同。生产高质量产品的成本较

① 本书的作者都是教授，他们的工作可能都依赖于这类信号。

高，而生产低质量产品的成本较低。

如果消费者能够区分产品质量，我们预计将会出现单独的高质量产品的市场和低质量产品的市场。生产高质量产品的企业管理者希望构建一个专门的机制以使消费者在购买之前就可以判别产品质量。下面将介绍利用产品保修单可以做到这一点。

在接下来的分析中，两家企业可能都提供保修单，但是有效期却不同。如果两家企业均可提供一份保修单，消费者会相信保修期更长的产品质量就越高。

消费者对高质量产品的保留价格是 P_H，而对低质量产品的保留价格是 P_L（$P_H>P_L$）。生产一单位高质量产品的成本是 C_H，而生产一单位低质量产品的成本是 C_L（$C_H>C_L$）。生产高质量产品的成本自然更加昂贵。高质量产品的生产商每年花费 W_H 保证完全保修，而低质量产品的生产商每年花费 W_L 保证完全保修（其中，$W_L>W_H$，因为低质量产品需要经常维修/更换）。Y 是保修年数。生产商希望最大化每个单位产品的利润。

战略环节 ☞

确定保修期限

托尔兄弟是房屋建筑市场的新进入者。他们在市场内的时间还不足以让其获得建筑房屋质量良好的声誉。但他们自认为是高质量的住宅建筑商。

在他们承建的区域里，一座高质量的住宅售价 500 000 美元，而建造一座高质量的房屋会花掉建筑商 250 000 美元。一个竞争对手，名为“建筑质量”的一家公司，能够建造一座貌似高质量的房子，但入住之后，所有者很快会发现房子的问题。如果购房者能够判别这样的房子，他们将只支付 400 000 美元，而建造这样的次品房屋将花掉“建筑质量”公司 200 000 美元。

托尔兄弟的管理者相信自己通过发放保证 W 年内不会出现任何缺陷的保修单能够传递高质量住宅的信号。如果房屋出现坏损，他们将免费修缮。管理者预期这种保修的期望成本是每户每年 10 000 美元。如果“建筑质量”公司的管理者也想提供类似的保证，它的保修成本将是每户每年 25 000 美元，由于其建造出来的糟糕住宅出现问题的可能性较高。托尔兄弟应该提供一份保修单吗？如果应该，保修期限是多长呢？

假若托尔兄弟的管理者选择不提供保修单，他们的房屋将被视为次品而售价将为 400 000 美元。由于其建造成本为 250 000 美元，托尔兄弟将获得的收益是每户（400 000 美元－250 000 美元），即 150 000 美元。

假若托尔兄弟的管理者选择提供保修单，他们的房屋将被视为高质量产品而售价可为 500 000 美元。因为其建造成本为 250 000 美元，且保修成本为每户每年 10 000 美元。所以，托尔兄弟带有保修单的利润是每户 500 000 美元－250 000 美元－10 000W 美元＝250 000 美元－10 000W 美元。

令具有保修单和没有保修单的托尔兄弟的利润都相等，可以求解出 W，得：

250 000 美元－10 000W 美元＝150 000 美元

10 000W 美元＝100 000 美元

$W=10$

因此，托尔兄弟的管理者能够提供一份保修期限为 10 年的保修单，而且会赚取比他们不提供保修单时更多的钱。但是他们必须这么做吗？

如果“建筑质量”公司不提供保修单，他们的房屋将被视为次品而售价将为 400 000 美元。因为其建造成本为 200 000 美元，“建筑质量”公司将获得的收益是每户（400 000 美元－200 000 美元），即 200 000 美元。

如果“建筑质量”公司决定提供保修单，他们的房子则被认为是高质量产品且售价为 500 000 美元。建造房子花费 200 000 美元而为每户做修缮的费用是每年 25 000 美元。这样，W 年的保修期限将花去 25 000W 美元。因此，管理者的利润是：500 000 美元－200 000 美元－25 000W 美元，或者 300 000 美元－25 000W 美元。

令具有保修单和没有保修单的“建筑质量”公司的利润都相等，可以求解出 W，得：

300 000 美元－25 000W 美元＝200 000 美元

25 000W 美元＝100 000 美元

$W=4$

因此，“建筑质量”的管理者能够提供一份保修期限为 4 年的保修单，而且会赚取比他们不提供保修单时更多的钱。

托尔兄弟的管理者现在必须制定战略了。假定他们提供略高于 4 年的保修单。那么，“建筑质量”公司的管理者将无法提供任何保修单（因为没有保修单他们会获利更多），并且只从每户获利200 000 美元。

托尔兄弟的管理者将获利 500 000 美元－250 000 美元－10 000(4^+)美元＝250 000 美元－10 000(4^+)美元＝250 000 美元－40 000$^+$ 美元，即每户约 210 000 美元。这一利润超过了他们不提供保修单从而传递低质量产品信号时的利润。

消费者将保修期最长的保修单视为一个高质量产品的信号。高质量产品的生产商能够提供的最长期限的保修单使得传递高质量产品信号的利润与根本不传递信号，也即低质量产品的利润恰好相等。① 这里存在一个时效 Y_H，满足：

$$P_H-C_H-W_HY_H=P_L-C_H$$

低质量产品的生产商能够提供的最长期限的保修单使得传递高质量产品信号的利润与根本不传递信号，也即低质量产品的利润恰好相等。这里存在一个时效 Y_L，其中：

$$P_H-C_L-W_LY_L=P_L-C_L$$

因为 $W_L>W_H$，所以 $1/W_H>1/W_L$，且 $Y_H>Y_L$。

可见，高质量产品的生产商可以提供期限长于低质量产品生产商的保修单。但是现在，从战略角度考虑，如果高质量产品的生产商声称可提供 Y_H年的保修单，管理者会浪费公众对其高质量认可的收益，也就是说，他们将获得与低质量生产商同样的利润。与此同时，低质量生产商不能够提供超过 Y_L 年的保修单（因为即使管理者声明可提供 Y_L年的保修单，他们也将浪费掉被视为高质量的收益）。因此，高质量的生产商必须要

① 如果生产者无法提供最长期限的保修单，消费者就会将其产品视作低质量类型。因此，生产者也不值得支付短期保修单的成本（因为较短的保修期不足以说服消费者对其产品质量的认可）。

做的就是让低质量生产商的保修单失效。一个期限为 $Y_H=Y_L+\varepsilon$ 年的保修单就可以解决问题。高质量生产商可以提供这样的保修单，而低质量生产商不能够提供，所以设定的保修单时效是可信的。低质量生产商将不提供保修单（因为它不能够传递一个正的信号，并且管理者将为了提供保修单还会发生成本）。请注意，这与拍卖有些类似。一个对某项目出价最高的人，只需打败对该项目出价第二高的人即可。

这是否有助于解释为什么买家愿意为经过二手车认证的汽车向汽车经销商支付更高的价格，而不会从一个私人卖家手中购买明显相同的汽车。或者也有助于解释，与缺少保单的易趣网上明显类似的产品相比，为什么消费者更愿意为商场中带有保修单的电子产品支付更高的价格。

问题环节 ☞

投机资本家如何解决逆向选择和道德风险问题

研究表明，一般来讲，具有不同收入特征的公司往往为其投资项目采取不同形式的融资。期望收入较低的公司倾向于选择股票融资；收入高度波动的公司则喜欢债券融资；而收入波动较低的公司倾向于选择可转换证券。如果投资者不了解公司的收入特点，可能会出现逆向选择。我们通过把逆向选择与道德风险组合在一起的一个较为复杂的例子来结束本章的讲解。考察一位正在从风险投机家（投资者）那里寻求融资的企业家。投资者没有关于企业家质量（逆向选择）的良好信息，而企业家在得到为其支付的资金后（道德风险），却可以作出其他的投资选择。

假设存在两种风险规避型的企业家；按照他们各自能力的不同，我们称其为高型与低型。每种类型都能够创建一家可以运营一段时期的公司。在该时期结束时，价值被确定并且价值在提供资金的投资者与开创公司的企业家之间进行分配。

高型企业家面临一个选择，或者投资一个具有确定性现金价值 260 000 美元的安全型项目，或者投资一个具有下列现金价值的风险型项目：

100 000 美元，概率是 0.6
500 000 美元，概率是 0.4

低型企业家也面临一个选择，或者投资一个具有确定性现金价值 260 000 美元的安全型项目，或者投资一个具有下列现金价值的风险型项目：

100 000 美元，概率是 0.75
500 000 美元，概率是 0.25

所有的现金价值都在一年之内实现。当然，不同的是，高型企业家具有较高的概率获得成功。

为了承担任何一个项目，需要事先投资 200 000 美元。假定该企业家身无分文，所以一定要从一位投资者手中得到资金。资金来源或者是债务，或者是股票。

- **债务：** 通过债务融资，全部的 200 000 美元都是借来的。债务应当到期偿还。这将包括本金支付 200 000 美元和 22.5%的利息（45 000 美元），总共偿还 245 000 美元。我们立即就会看到利率为什么如此之高。
- **股票：** 投资者提供所需资金 200 000 美元，作为交换最终获得 85%的股份。

企业家都是风险规避型的，其效用函数是$U=\sqrt{W}$，其中，W是企业最终价值（支付完本金和利息之后，或者是85%的股息，取决于选择的融资形式）。然而，由于存在有限责任，如果公司的确借债但最终价值低于245 000美元，它将破产。在这种情况下，企业家一无所有，而投资者会被返还全部的现金流，无论发生什么事情。

投资者是风险中性者。虽然投资者知道有些企业家是高型而有些企业家是低型，但他们无法作出准确的判断。投资者也不知道企业家将选择哪个项目；是风险型还是安全型。我们假定企业家的信息状况较好且的确了解自己是高型还是低型。

企业家的选择

1. 高型企业家将选择哪个项目（安全型或风险型），如果他通过债务融资。
2. 高型企业家将选择哪个项目（安全型或风险型），如果他通过股票融资。
3. 低型企业家将选择哪个项目（安全型或风险型），如果他通过债务融资。
4. 低型企业家将选择哪个项目（安全型或风险型），如果他通过股票融资。

问题1：考察高型企业家的选择，如果他通过债务融资。

凭借安全型项目，他取得的公司价值为260 000美元，然后用它减去支付的本金和利息245 000美元。这样，他的期望效用为：

$$EU(\text{高型},\text{安全型})=\sqrt{260\,000-245\,000}=122.5$$

凭借风险型项目，他取得的公司价值为100 000美元或500 000美元，然后用它们减去支付的本金和利息245 000美元。然而，由于存在有限责任，如果公司破产，不能强迫企业家偿还债务，他的收益将为0。这样，他的期望效用为：

$$EU(\text{高型},\text{风险型})=0.6\sqrt{0}+0.4\sqrt{500\,000-245\,000}=202.0$$

因此，如果获得债务融资，高型企业家将选择风险型项目。

问题2：考察高型企业家的选择，如果他通过股票融资。

凭借安全型项目，他取得公司的价值为260 000美元的15%。这样，他的期望效用为：

$$EU(\text{高型},\text{安全型})=\sqrt{260\,000\times 0.15}=197.5$$

凭借风险型项目，他取得公司的价值为100 000美元或500 000美元的15%。这样，他的期望效用为：

$$EU(\text{高型},\text{风险型})=0.6\sqrt{100\,000\times 0.15}+0.4\sqrt{500\,000\times 0.15}=183.0$$

因此，如果获得股票融资，高型企业家将选择安全型项目。

问题3：考察低型企业家的选择，如果他通过债务融资。

凭借安全型项目，他取得公司的价值为260 000美元，然后用它减去支付的本金和利息245 000美元。这样，他的期望效用为：

$$EU(\text{低型},\text{安全型})=\sqrt{260\,000-245\,000}=122.5$$

凭借风险型项目，他取得公司的价值为100 000美元或500 000美元，然后用它们减去支付的本金和利息245 000美元。然而，由于存在有限责任，如果公司破产，不能强迫企业家偿还债务，他的收益将为0。这样，他的期望效用为：

$$EU(\text{低型,风险型})=0.75\sqrt{0}+0.25\sqrt{500\,000-245\,000}=126.2$$

因此，如果获得债务融资，低型企业家将选择风险型项目。

问题4：考察低型企业家的选择，如果他通过股票融资。

凭借安全型项目，他取得公司的价值为260 000美元的15%。这样，他的期望效用为：

$$EU(\text{低型,安全型})=\sqrt{260\,000\times0.15}=197.5$$

凭借风险型项目，他取得公司的价值为100 000美元或500 000美元的15%。这样，他的期望效用为：

$$EU(\text{低型,风险型})=0.75\sqrt{100\,000\times0.15}+0.25\sqrt{500\,000\times0.15}=160.3$$

因此，如果获得股票融资，低型企业家将选择安全型项目。

你需要注意：

1. 存在一个道德风险问题。由于有限责任的存在，企业家有机会绕着债务而行，而不是全部偿还。鉴于此，运用债务融资的企业家倾向于选择更具风险的项目，因为如果一切顺利，债务融资允许他们持有全部的上行利润，但如果事情变得非常糟糕，企业家只是留下大量未偿还的债务。正是这种反常激励才使得企业家对项目的选择取决于融资的形式。如果提供的是股票融资，二者都将选择安全型项目，但如果获得的是债务融资，二者又都转向风险型投资。可以借钱，如果事情变得糟糕便绕道而行的机会是诱人的，机会促使企业家从事风险型项目，却让债权人承受打击。

2. 存在一个逆向选择问题。投资者不了解企业家的类型，但是企业家的确了解他们自己。不过请注意，低型企业家更喜欢选择股票融资——在这种情况下，他们将选择安全型项目，且最终效用为197.5。相反，高型企业家更喜欢选择债务融资并选择风险型项目，且最终将得到效用202。因此，如果投资者提供融资类型的自由选择，那么企业家将在选择过程中暴露自己的真正类型。但是，我们可以看到，投资者做这样的尝试是危险的。

投资者的决策

现在来考察投资者。投资者不知道正在把钱借给高型企业家还是低型企业家。假设有一天，一个企业家（类型未知）为了筹资而接近自己。该投资者应当提供哪种类型的融资方式（如果二者皆可以）呢？

假设提供股票融资，那么高型企业家将选择安全型项目。投资者将收到260 000美元中的85%。投资者的期望收益为：

0.85×260 000美元=221 000美元(减去投资额200 000美元)

低型企业家也将选择安全型项目。投资者的期望收益为：

0.85×260 000美元=221 000美元(减去投资额200 000美元)

假设提供债务融资，那么高型企业家选择风险型项目。如果公司有清还债务的能力，投资者将收到全部利息和本金的偿还额245 000美元；或者，如果公司破产，公司的全部剩余价值 100 000 美元。于是，投资者的期望收益为：

0.6×100 000 美元+0.4×245 000 美元=158 000 美元(减去投资额 200 000 美元)

低型企业家也将选择风险型项目。那么，投资者的收益为：

0.75×100 000 美元+0.25×245 000 美元=136 250 美元(减去投资额 200 000 美元)

可见，通过向两种类型的企业家提供债务融资，投资者将遭到损失。投资者应当让自己只限于提供股票融资。这样，两类公司会选择安全型项目，只会涉及道德风险。逆向选择则与之无关，两类公司的差异只与其管理风险型项目的能力有关，现在这两类公司不用做这样的选择了。

额外的思考

1. 债务融资曾与企业家有关吗？是的，如果选择接受债务融资的企业家是风险中性的且收益很高。假设存在第三种类型名为蓝筹股的企业家。该企业家可以接受安全型和风险型的任何一种，差别在于如果蓝筹股选择了风险投资，他成功的概率为 75%。你应当仔细思考这个例子（借助前面计算的思路），然后你将发现：

- 蓝筹股通过债务融资或股票融资，最终将选择风险型项目（如果融资各项与前面相同；债务利率是 22.5%，而股息是 85%）。
- 蓝筹股将宁愿选择债务融资而不是选择股票融资。
- 投资者按照 22.5%的名义利率把钱借给蓝筹股，仍然能够赚钱。实际上，投资者更愿意采用股息为 85%的股票融资方式。然而，蓝筹股可能更便宜地筹集到股票资金，即获得低于 85%的公司股票。

2. 在本案例中，我们仅提供两种类型的融资方式：债务与股票。你也可以补充中间的类型，比如可转换融资。存在很多将债务转化成股票的转换类型，或者恰好相反，而且存在更好的股票，我们在这里并没有涉及，而只提到它们在投资者与企业家之间分配上行或下行风险时具有更大的可行性；并因此使得道德风险与逆向选择之间有着更好的协调。

3. 在本案例中，我们固定了债务和股票发行中的各项。实际上，如果公司真正使用了它们，竞争将迫使这些收益趋向某些均衡水平。当然，这样会给解决方案增添复杂性。

小　　结

1. 当合同或经济关系中一方比另一方知道得多时，逆向选择就会出现。例如，关于二手汽车的信息，旧车卖主比买主知道得多；保险客户比保险公司知道得多；而借款人也比贷款人知道得多。这使得不知情的一方处于劣势。例如，保险公司的管理者无法区分安全的和不安全的驾驶员；因此保费在两种类型中均分。这就意味着好的驾驶员要补贴差的驾驶员，而且很多好的驾驶员为了免于这种补贴可能会试图取消他们的保险。在极端情况下，当低风险的人由于价格过高而退出市场时，逆向选择可能导致市场完全崩溃。同样，高质量旧车的卖家可能握有汽车而不愿在反映平均质量的价格水平上出售。

2. 管理者有许多防御措施削弱逆向选择。显而易见的方法是获得信息。我们看到，虽然养老金市场存在逆向选择，但保险公司的管理者似乎成功地通过体检方式解决了信息问题。

3. 管理者也可以设计合同菜单让他人披露不对称的信息；菜单中的合同迎合了不同类型的顾客。例如，保险公司提供的高价格的保单可以提供全保；而低价格的保单只赔付部分损失。差的驾驶员不喜欢部分赔付，因为他们知道自己很可能发生事故；而好的驾驶员可能喜欢部分赔付，因为保费比较便宜，而且说明他们自己不太可能发生事故。在劳动力市场中，教育被视为工作人员生产能力的一个信号。生产商可以使用保修单将自己的产品与竞争对手的产品区分开来。

习　题

1. 旧车的卖家知道汽车的质量，但买家不知道。假设一辆旧的丰田花冠，若质量好则价值10 000美元，质量差则价值5 000美元。虽然买家可能不知道车的质量，但他们知道质量差的概率为25%。在这样的市场中，什么车将在二手车市场上被出售，又以什么价格出手呢？

2. 数码相机市场相对较新。埃阿斯股份有限公司生产一种被认为是高质量的数码相机。罗克福公司生产一种被认为是低质量的数码相机。然而，因为市场如此之新，关于质量的声誉还没有形成，消费者无法区分埃阿斯数码相机与罗克福数码相机的区别，而只能通过外表进行观察。

如果消费者知道差异，他们将愿意为高质量相机支付200美元，而愿意为低质量相机支付100美元。埃阿斯生产一台高质量的相机成本为85美元，而罗克福生产一台低质量的相机成本为55美元。

一位最新被聘用的MBA学员建议埃阿斯可以通过提供全保的保修单（相机出现任何问题顾客都会免费获得全部保障）来把自己的相机与罗克福的相机进行区分。这位MBA学员估计提供这种保修单将花费埃阿斯每年20美元，同时估计试图复制埃阿斯的这种保修单战略将花费罗克福每年40美元。消费者将感到，保修期最长的相机质量最高，而保修期最短的相机质量最差。两家公司都希望实现自己每台相机的利润最大化。

在数码相机市场，埃阿斯公司每台相机的利润是多少？

3. 非国有保险公司对拥有价值10 000美元汽车的几个潜在顾客群作了如下估计。每组中的顾客数目相等。非国有保险公司是风险中性的。

顾客群	汽车的初始价值（美元）	发生事故令汽车贬值到5 000美元的概率
A	10 000	0.2
B	10 000	0.3
C	10 000	0.4

美国州条例要求，无论身处何组，每个顾客必须缴纳相同的保费，并且该保费必须足以弥补所有从非国有保险公司购买保险的顾客的预期索赔。除了支付索赔外，保险公司没有其他成本。所有顾客都有如下的效用函数：

$$U=W^{0.5}$$

其中，W 是顾客的财富，利用汽车的价值来表示。

非国有保险公司提供的完全承保保险收取的费用应当是多少呢？

4. 一些人是好的驾驶员，而另外一些人是差的驾驶员。前者出车祸的概率为10%，而后者为30%。二者的财富均为400，但如果出车祸，双方财富都降为100。换句话讲，出车祸会导致300的财富损失。假如你是一位保险公司的管理者，希望向所有的驾驶员提供两类保单。每类保单都会使保险公司在选择购买该保单的人那里实现盈亏平衡。第一类保单的保费是90，而赔偿全部损失（在车祸中支付300）；第二类保单的保费是5，在车祸中只赔付50。谁会购买哪一类保单？保险公司将盈利、盈亏平衡，还是亏损呢？

每个人的效用函数如下所示：

$$效用=(财富)^{0.5}$$

5. 考虑 70 岁男性的一个养老金市场，其中每个人的预期寿命和风险偏好都不同。在一个 200 人的群体中，一半人的寿命预期是 9 年，而另一半人的寿命预期是 11 年。我们能够用如下方式表达风险偏好。人们担心的风险是在他们去世之前财富就全部花光了。越是风险规避者，愿意为养老金预付的价格就越高。风险规避程度高的人愿意支付 1.3 乘以 x，再乘以 A，其中，x 代表寿命预期，A 代表每年向养老金公司支付的美元数额。风险规避程度低的人愿意支付 1.1 乘以 x，再乘以 A。假定每个健康组里有 100 人，一半人的风险规避程度高，一半人的风险规避程度低。

只要买主活着，养老金公司每年就会支出一份 50 000 美元的养老金，并且养老金的价格是 550 000 美元。由于养老金公司无法判别每个申请人的寿命预期是长还是短，它必须接受购买这款产品的任何一个申请者。养老金公司的期望利润是多少？（在此例中，你可以忽略贴现问题。）

Excel 练习：逆向选择

只要存在隐藏的信息，就会出现逆向选择。下面这 5 个人发生灾难事件的概率不同。难点在于虽然这 5 个人自己知道概率的情况，但保险公司却不知道（隐藏的信息）。

现有 5 类人（A、B、C、D 和 E）。为简单起见，假定每类中只有 1 人。每个人的初始财富（W）都是 10。他们全部是风险中性的，其效用函数为 $U=W$。A 有 10%的概率遭遇灾难，并会导致财富变为 0。B 遇到同样灾难的概率为 20%，C 为 30%，D 为 40%，而 E 为 50%。

一家保险公司可以向上述 5 人提供完全承保保险。行业是被规制的，规制机构要求向每个人索要相同的价格（保费），保费实际上是精算公平的，也就是说，会出现所有保费收入之和等于所有期望赔付之和。

在这些条件下，该保险市场的期望保费是多少？在这样的保费水平上，谁会购买保险？

在单元格 A1 中输入 10，然后单击并拖动 A1 的右下角直至单元格 A5。这是每个人的初始财富。

在单元格 B1 中输入 0.1，在单元格 B2 中输入 0.2，在单元格 B3 中输入 0.3，在单元格 B4 中输入 0.4，在单元格 B5 中输入 0.5；B 列则是每个人遭遇灾难事件的概率。

在单元格 C1 中输入=A1＊B1，然后单击并拖动 C1 的右下角直至单元格 C5。C 列则为每个人的期望赔付。在单元格 C6 中输入=Sum(C1:C5)。这是 5 个人总计的期望赔付。在单元格 C7 中输入=C6/5。如果 5 个人全部购买了保险，这个数值就是市场控制的精算公平保险费率。

在单元格 D1 中输入=A1－C7，在单元格 D2 中输入=A2－C7，在单元格 D3 中输入=A3－C7，在单元格 D4 中输入=A4－C7，在单元格 D5 中输入=A5－C7。如果每个人按照单元格 C7 的保费购买了完全承保保险，D 列则是他们的净收入。

在单元格 E1 中输入=A1－C1，然后单击并拖动 E1 的右下角直至单元格 E5。如果全部自我保险，E 列则为每个人的净收入。

然后分别比较 D 列和 E 列中的值，也就是说，D1 和 E1，依此类推。如果 E 列中的各值超过了 D 列中的对应值，5 个人将自我保险。如果情况相反，他们将购买保险。如果数值相等，我们仍假设他们将购买保险。在这个例子里，你会发现，A 和 B 将自我保险，而 C、D 和 E 则留在了潜在的保险市场。

在单元格 F3 中输入=C3，在单元格 F4 中输入=C4，在单元格 F5 中输入=C5。然后在单元格 F6 中输入=Sum(F3:F5)。F6 代表如果 C、D 和 E 参加保险，他们提出的索赔总额。在单元格 F7 中输入=F6/3。F7 代表 C、D 和 E 参加保险时的精算公平保险费率。

在单元格 G3 中输入＝A3－F7，在单元格 G4 中输入＝A4－F7，在单元格 G5 中输入＝A5－F7。如果每个人购买精算公平费率下的保险，则 G 列为他们的净收入。

在单元格 H3 中输入＝A3－C3，在单元格 H4 中输入＝A4－C4，在单元格 H5 中输入＝A5－C5。如果每个人进行自我保险，则 H 列为他们的净收入。

然后分别比较 G 列和 H 列中的值，也就是说，G3 和 H3，依此类推。如果 H 列中的各值超过了 G 列中的对应值，每个人将自我保险。如果情况相反，他们将购买保险。如果数值相等，我们仍假设他们将购买保险。在这个例子里，你会发现，C 将自我保险，而 D 和 E 则留在了潜在的保险市场。

在单元格 I4 中输入＝C4，在单元格 I5 中输入＝C5，然后在单元格 I6 中输入＝Sum(I4:I5)，I6 代表如果 D 和 E 参加保险，他们提出的索赔总额。在单元格 I7 中输入＝I6/2，I7 代表 D 和 E 参加保险时的精算公平保险费率。

在单元格 J4 中输入＝A4－I7，在单元格 J5 中输入＝A5－I7。如果每个人购买精算公平费率下的保险，则 J 列为他们的净收入。

在单元格 K4 中输入＝A4－I4，在单元格 K5 中输入＝A5－I5。如果进行自我保险，则 K 列为每个人的净收入。

然后分别比较 J 列和 K 列中的值，也就是说，J4 和 K4，依此类推。如果 K 列中的各值超过了 J 列中的对应值，每个人将自我保险。如果情况相反，他们将购买保险。如果数值相等，我们仍假设他们将购买保险。在这个例子里，你会发现，D 将自我保险，而 E 则留在了潜在的保险市场。

来自个体 E 的潜在索赔体现在 C5 中，则精算公平费率就是 C5。E 将按照此费率进行支付，因为其净收入是相同的，无论其参加保险还是自我保险。因此，市场的保险费用是 C5，且只有 E 一人购买保险（或者，如果我们不再假定净收入与购买保险有关，而抛出一枚没有偏见的硬币来决定是否购买）。

这是保险市场中的“柠檬”问题，“坏”客户将“好”客户驱逐出保险市场。

假设上述个人的效用函数是 $U=W^{0.5}$；即他们是风险规避型。情况又会怎样？

在单元格 A9 中输入 10，然后单击并拖动 A9 的右下角直至单元格 A13。

在单元格 B9 中输入 0.1，在单元格 B10 中输入 0.2，在单元格 B11 中输入 0.3，在单元格 B12 中输入 0.4，而在单元格 B13 中输入 0.5。

在单元格 C9 中输入＝A9 * B9，然后单击并拖动 C9 的右下角直至单元格 C13。C 列则为每个人的期望索赔。在单元格 C14 中输入＝Sum(C9:C13)。这是 5 个人总计提交的期望索赔。在单元格 C15 中输入＝C14/5。如果每个人都购买了保险，这个数值就是市场控制的精算公平保险费率。

在单元格 D9 中输入＝(A9－C15)^0.5，在单元格 D10 中输入＝(A10－C15)^0.5，在单元格 D11 中输入＝(A11－C15)^0.5，在单元格 D12 中输入＝(A12－C15)^0.5，在单元格 D13 中输入＝(A13－C15)^0.5。如果按照精算公平费率购买了保险，那么 D 列是每个人的期望效用。

在单元格 E9 中输入＝(1－B9) * A9^0.5＋B9 * 0^0.5，然后单击并拖动右下角直至单元格 E13；E 列则为每个人的期望效用，如果其全部自我保险。

然后分别比较 E 列和 D 列中的值，也就是说，E9 和 D9，依此类推。如果 E 列中的各值超过了 D 列中的对应值，5 个人将自我保险（因为自我保险的期望效用高于购买保险的期望效用）。A 属于这种情况。但对于 B、C、D 和 E，则是 D 列中的值超过了 E 列中的值，所以他们希望购买保险。

在单元格 F10 中输入 10，然后单击并拖动 F10 的右下角直至单元格 F13。

在单元格 G10 中输入 0.2，在单元格 G11 中输入 0.3，在单元格 G12 中输入 0.4，在单元格 G13 中输入 0.5。

在单元格 H10 中输入＝F10 * G10，然后单击并拖动 H10 的右下角直至单元格 G13，则 H 列代表由每个人提出的期望赔付。在单元格 H14 中输入＝Sum(H10:H13)，则 H14 是 B、C、D 和 E 的索赔总额，如果他们购买保险。在单元格 H15 中输入＝H14/4，则 H15 是精算公平保险率，如果 B、C、D 和 E 购买保险。

在单元格 I10 中输入＝(F10－H15)^0.5，在单元格 I11 中输入＝(F11－H15)^0.5，在单元格 I12

中输入=(F12－H15)^0.5，在单元格 I13 中输入=(F13－H15)^0.5。如果按照精算公平费率购买了保险，则 D 列是每个人的期望效用。

在单元格 J10 中输入=(1－G10)＊F10^0.5＋G10＊0^0.5，然后单击并拖动 J10 右下角直至单元格 J13；如果全部进行自我保险，则 J 列为每个人的期望效用。

然后分别比较 J 列和 I 列中的值。如果 I 列中的各值超过了 J 列中的对应值，则每个人都将购买保险。这一点对于 B、C、D 和 E 全部适用。可见，风险规避者可以从逆向选择者那里留住一些显著的市场份额。按照 H15 提出的精算公平保险费率，5 人中有 4 人加入了保险市场。

如果假设每个人的效用函数都是上述个人的效用函数 $U=W^{0.5}$，那么所有人都将按照单元格 C15 给出的精算公平价格购买保险。你自己可以试试看。利用从 A 列到 E 列与第 9 行到第 13 行中的数据。请不要改变 A 列到 C 列中的数据。在 D 列与第 9 行交叉处的 D9 中，将其改写成“=(A9－C15)^0.25”。这样，你仅需将值 0.5 改成 0.25，并对 D10 至 D13 都做同样的改动。

在 E 列与第 9 行交叉处的 E9 中，将其改写成“=(1－B9)＊A9^0.25＋B9＊0^0.25”。再一次，你仅需将值 0.5 改成 0.25，并对 E10 至 E13 都做同样的改动。然后比较 D 列与 E 列中的各个数值。

第八部分

政府作为与企业行为

第 17 章

政府与企业

比尔·盖茨，微软的董事长，计算机软件界的巨人，是一位亿万富翁；然而，他和微软的其他高层管理者仍不得不关注美国司法部对其公司竞争行为的调查。之后，政府获胜，法院判定微软公司违反了反垄断法。这使得微软公司踏上了上诉之路。最终，政府和微软达成和解。

政府是工商业的重要参与者。管理者不仅必须清楚反托拉斯法，还要了解公平交易、雇佣、安全、环境及证券等方面的法规。美国公司常常抱怨政府过多地干预它们的活动，而现在又抱怨美国缺少世界上一些发展中国家的法律。商业游戏没有规则无法进行，而政府正是规则的制定者。

一般来讲，在过去 30 年里，美国的经济规则已经减少了。交通业和银行业就是两个主要的例子。以前，政府机构控制哪家运输公司可以进入和退出运输行业、运输公司的定价以及运输公司是否可以合并。在银行业，银行可以提供的服务的范围一度受到严厉的规制；银行可以提供银行服务但是不能提供保险或经纪业务。放松规制后，交通业变得与餐饮业一样了——任何公司都可以进入或退出，价格完全由公司自主决定。

然而，最近几年，非经济规制（经济成本很高）一直在发展。例如，安全规制与服务时间的（当班的小时数）规制在交通行业继续存在。美国每年都会颁布影响公司经营方式的法律。

政府税收会影响可支配收入和商品的最终价格。政府也会出资来影响对商品的需求。税法影响公司的投资决策。政府对特定商品进行补贴，比如农产品，目的是提高它们的产量；政府还批准特殊产品是否以及何时才能上市，药品（既有合法的，又有非法的）就是这样的例子。政府提供基础设施，像公路、自来水和下水管道，它们是很多公司生产函数中的重要组成部分。

因此，政府活动是普遍的。它解释了 30%的国内生产总值。如果你想成为高级管理者，就要做好准备：不仅要与你的同事和竞争对手打交道，还要与政府机构打交道。

前面的章节已经阐明了市场在资源配置中的作用，也介绍了没有任何干预下的市场力量在经济中的作用。一般情况下，本书作者相信市场是一个好的解决方案，然而，我们也认为市场可能会出现失灵。提到负外部性，立即就会想到交通堵塞与污染。在这种情况下，可能就需要外部干预了，或者市场必须重新自我改造并提出新的机制以纠正失灵。有时，政府可以引导市场沿着这个方向运动。尽管外部性市场最初需要干预，但基于市场的道路拥堵费和可交易的排放许可证在变得越来越普遍。可见，新市场可以逐渐解决之前的市场失灵。然而，如果没有政府引导，市场失灵可能仍将继续。

在本章中，我们将讨论诸如公共规制、反托拉斯政策、贸易法案、价格干预、税收和专利制度等活动如何影响管理世界。另外，我们把政府看成是提供公共产品和纠正市场失灵的机构。管理者不仅必须理解公共政策的本质；还必须理解设计公共政策是为了达到什么目的。很多商界高管缺乏有效促进公司在公共领域中获取利益的胸怀和知识（尽管在 2011 年有 10 458 名注册说客，但在华盛顿，说客的总体数量比 2000 年下降了 17%）。[①]

我们将部分内容留到你的宏观经济学课程中去讨论。联邦财政和货币政策，二者都将对经济，进而对企业产生影响。

战略环节 ☞

政府拍卖和 2008 年金融危机

虽然货币政策和财政政策是宏观经济学课程的主题，但 2008 年金融危机的性质使得我们就政府的作用及政府对管理行为的影响作出了一些评论。

2008 年，管理者见证了信用市场的真正枯竭。这导致他们削减投资、解雇员工，并降低了对未来收入的预期。2009 年，管理者遭到了供需双方的共同排挤。我们已经强调过，管理者需要在萧条和繁荣时期随时做好准备。为此，高效的管理者究竟应当做些什么？

我们的答案是遵照本书讨论的原则。经济按照自身的周期运行，管理者必须预计周期中的繁荣与萧条，并对这二者都要有所准备。最优原则、战略原则，以及信息不对称都不会随着经济状况而发生改变；然而，不管什么可能成为管理者选择的最佳行动，它依然需要使用正确的工具去作出决策。

危机过后，政府的作用是什么？第一是提供信用的货币政策，可使银行借钱给营运资本，使企业有现金进行日常经营（短期），并能向企业投资提供贷款（长期）。第二是推出财政政策，它用来进行公共基础设施投资、创造就业机会，并产生乘数效应（随被雇佣者的消费而增加）。最后一个重要的推动作用是重新规制因加速金融危机而饱受批评的经济环节。我们期待看到政府对金融市场、银行、投资公司、保险公司等部门更加严厉的控制，以实现透明度（即消除信息不对称）和完整性。

重新规制是承认市场失灵的结果。当金融系统在 20 世纪 80 年代解除规制时，政策制定者（像阿兰·格林斯潘）认为，金融市场可以自我规制，而政府监控可以放松。2008 年的事情说明市场可能有效，但也可能失灵。甚至格林斯潘也承认他过于相信市场自我规

① www.opensecrets.org/lobby/index.php 中的游说数据库。这个数字代表做过积极游说活动的注册说客。

制的能力。基本上是由于第 15 章和第 16 章中介绍的信息不对称导致了市场失灵。

我们现在摆脱了危机。《多德-弗兰克华尔街改革和消费者保护法案》修改了华尔街的规制。金融危机调查委员会已经把危机归咎于"政府规制的普遍失灵、公司管理者和华尔街对风险的掉以轻心"，而证券交易委员会和美联储则被严厉批评没有要求银行持有更多的储备，以应对来自过失按揭银行的风险行为和来自按揭贷款的风险证券组合的潜在损失。其中的一种说法则声称，五大投资银行只有 1 美元的资金来应对其持有的资产中每 40 美元的损失。因此，如果资产价值下降 2.5%，只能用 1 美元弥补这样的损失。在某些情况下，若"资产"的品质很差，1 美元根本应付不了 40 美元的损失。

资料来源：Sewell Chan，"Financial Crisis Was Avoidable，Inquiry Finds，" January 25，2011，at www. nytimes. com/2011/01/25/business/economy/26inquiry. html.

17.1 竞争与垄断

美国最高法院声明竞争是国家的基本国策。很多经济学家也同意竞争要好于垄断（或其他严重偏离完全竞争的状态），因为它可以更好地配置资源。正如我们在第 8 章中看到的，垄断者限制生产，抬高价格。这些经济学家认为，从社会福利角度讲，垄断者把产量提高到竞争水平将会更好（而且，按照他们的观点，垄断企业往往比竞争企业的效率要低）。虽然并不是所有的经济学家都同意上述观点，但大多数经济学家还是更喜欢竞争，而不是垄断。

我们的社会处理这类问题时，一种方式就是成立政府委员会，比如联邦通信委员会和州际商业委员会（现在已经废除，但保留了地面运输委员会的部分权威机构），去规制垄断者的行为。本章后面几节将介绍，政府一直努力减少垄断的不良后果。另外，议会已经颁布的反托拉斯法旨在促进竞争和控制垄断。本章最后会讨论相关法律。每位管理者都必须清楚这些法律的本质，因为违反这些法律可能会导致大量罚款和坐牢。

战略环节 ☞

肯尼亚的更多竞争

狩猎通信是肯尼亚最大的电信运营商。2010 年，它为了应对竞争对手采取的将费率降至极点的措施，几天内也将费率削减了一半。如果肯尼亚 2008 年提议的《信息与通信法案》的修改生效，狩猎通信在针对竞争对手的行动作出反应之前，将不得不等 30 天，因为它已经被定义成主导型企业。狩猎通信占据了市场 80%的份额，而定义的主导型企业的份额是 25%（在提案中，份额提高到 40%）。尽管如此，狩猎公司还要在这些天内达到竞争对手较低的费率，它将输给竞争对手扎因公司 2%的市场份额。如果竞争对手领先狩猎公司 30 天，狩猎的损失可能会更大。扎因公司的母公司是印度的巴蒂电信，来自家乡的发展规划显然使其两年之内就成为市场的领导者。作为主导型企业，将不能就对手的降价行为作出反应，这一点对扶持非主导型企业占据市场份额似乎是一个正确的做法。但是它到底有多好呢？一份来自斯坦比克投资公司的报告称，“肯尼亚市场价格弹性的评估低于1”。也就是说，费率降低50%，企业增长低于50%，而扎因的边际被描述为“非常薄”，随着费率下降，边际会更薄。

“肯尼亚多选公司”是肯尼亚付费电视市场的主导型企业。但是最近“我的电视非洲”项目启动后，有线电视提供商Zuku就下调了价格，而公共广播机构肯尼亚广播公司已经与瑞典下一代广播公司合作并着手提供智能电视。这三家公司都对“多选公司”造成威胁，并且三家公司的收费标准全部低于1 000肯尼亚先令，这使得“多选公司”的收费削减到5 000肯尼亚先令，不过它也提供低于1 000肯尼亚先令的服务包。国家转向了数字化模式，该模式降低了成本，也降低了对付费电视需求的增长率。预计市场的年增长率为13%（世界上最快的增长速度）；然而，由于开始时基础很低，这一数字被误解了。若是按照这样的收费标准，市场规模将在不到6年的时间里就实现翻倍。

资料来源：Muna Wahome，“Kenya：Safaricom's Hour of Reckoning,” *The Nation*（Nairobi），August 28，2010，http：//allafrica.com/stories/201008300505.html；Winfred Kagwe，“Kenya：Fight for Pay Television Market Down to the Wire,” *The Nation*（Nairobi），November 29，2010，http：//allafrica.com/stories/201011300406.html.

直到最近，美国才比其他主要工业化国家更加致力于促进竞争，然而，促进竞争并不意味着美国促进竞争的努力就是完美的。在新的千禧年，欧盟似乎在反托拉斯法方面处于领先位置（追究美国已选择不再起诉的案件）。在某种程度上，这代表欧盟要迎头赶上，因为在欧洲历史上还没有对反竞争活动进行过起诉。其他国家，像韩国、日本、巴西、中国和印度，在美国和欧盟的要求下，都在强制执行反托拉斯法活动中发挥了更加活跃的作用，但国家政策太过于模棱两可并充满矛盾，从而无法使其简单呈现。事实上，我们国家已经采取了许多促进垄断和限制竞争的措施，例如，专利制度，它出台的初衷是鼓励创新与发明。在本章的后面几节，我们将介绍专利制度为什么有益，尽管它导致了暂时性的垄断。

17.2 对垄断的规制

在一些经济领域，比如自来水分配领域，由于其规模经济性，一个以上的企业参与经营是不经济的。在这样的行业里，唯一的企业，也就是所谓的自然垄断者，所处的地位使其可以对产品收取高于竞争水平的价格。因为这样的价格可能会导致社会资源的低效配置，以及创造被公众认为是超额的和不公平的垄断利润，所以经常有国家通过规制委员会的成立来限制这类垄断者可能索要的高价。

考察艾克米水务公司，它的需求曲线、边际收益曲线、平均成本曲线和边际成本曲线如图17—1所示。不存在规制时，企业会索取P_0的价格，并生产Q_0的产量。通过设定最高价格P_1，企业的需求曲线变为P_1AD'，其边际收益曲线变为P_1ABR'，最优产量为Q_1，索要的最高价格为P_1。通过设定最高价格，委员会维护了消费者的利益，让他们能够以更低的价格获得更多的产品。同时，委员会从艾克米水务公司手里拿走了一些垄断权。

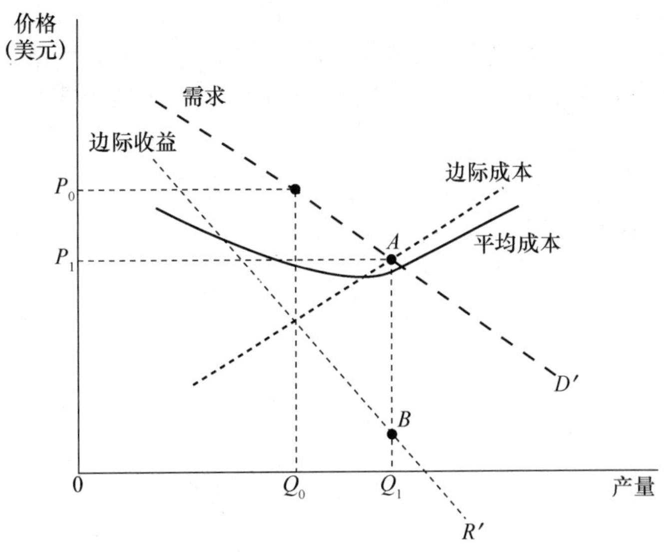

图 17—1　对艾克米水务公司的规制：最高价格

注：通过设定最高价格 P_1，规制委员会可以将艾克米水务公司的产量提高到 Q_1。

规制委员会常常把价格（或是最高价格）设定在平均总成本的水平，它包括公司投资的公平回报率。在加利福尼亚州，这被定义为服务成本或回报率模型。加利福尼亚公共事业委员会（PUC）每年对申请者的成本进行年检，然后确定检查年度的公司收益要求。PUC 首先明确已经投资公共事业服务申请者的资产价值。如果发现资产没有被用于公共事业的"生产"，那么该资产就会从申请者的"费率基准"中被排除。之后，申请者必须用于资产投资的资本成本就按照他们的费率基准进行计算。资本成本乘以费率基准是决定申请者收益的关键因素。

债务和股票是申请者筹集资本的两种方法。债务的获得通常比较便宜，但是它增加了股东们（股票持有者）的风险，因为无论申请者的财务状况如何，债务的利息都必须支付（先于红利的支付）。为了应对这种风险，股东期望他们的投资具有较高的回报。大多数企业都试图在这两项融资方法中发现一个"中间地带"。

之后，PUC 通过三个步骤确认申请者的资本成本。第一步，确定一个合理的资本结构。这是一个债务/股票比例，PUC 认为申请者应当利用该比例为需要的资本融资，称其为 D/E，加上 E/E，可得 $(D+E)/E$ 或 C/E，其中，C 是申请者的合理资本。C/E 的倒数 E/C 代表申请者资本结构中股票的合理份额。这样，$1-(E/C)=D/C$ 是申请者融资结构中债务的合理份额。第二步，基于申请者在最近一段时间内未偿债务的实际成本，PUC 计算申请者的债务成本（i_D）。第三步，通过观察其他公司在相似风险下的股票回报率，PUC 确定申请者股票的合理回报率（i_E）。将债务资本和股本资本放到申请者合理的资本结构中将产生资本 i 的加权平均成本，即 $i=(E/C)i_E+(D/C)i_D$。

PUC 然后将申请者的费率基准乘以资本的加权平均成本，再加上申请者的运营费用和税收成本，以此来确定申请者的收益要求。这一数值用来决定涵盖申请者成本的费率并为其提供一个合理的投资回报率。①

利用上述方法，在图 17—2 中，委员会设定的价格为 P_2，需求曲线与平均总成本曲线在此处相交。尽管后者曲线包含委员会认为的每单位产量的合理利润，但在关于公平回报率的构成以及应当包括公司公平回报率中的哪一项投资等方面却存在着相当大的争议。

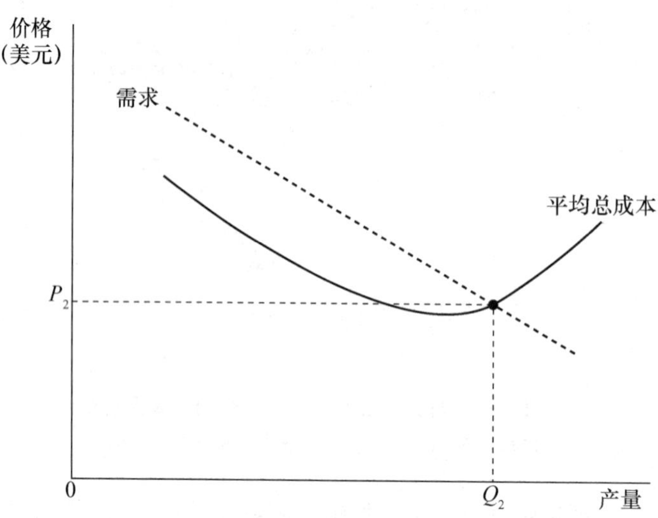

图 17—2　对艾克米水务公司的规制：公平回报率

注：规制价格为 P_2，此时需求曲线与平均总成本曲线相交，后者包括委员会认为合理的每单位产量的利润。

常用的费率在规制过程中发挥着重要的作用。这种情况由企业发起，基于公司收入太低因而要求提高价格。例如，黄金州立水务公司向 PUC 提交了一份申请，希望获得批准的回报率，其费率基准是 2012 检查年的 9.49%，2013 检查年的 9.52%，以及 2014 磨损年的 9.55%。其资本分配是 55.6%的普通股票和 44.4%的长期债务，并且公司认为股票的回报率应当是 11.5%。公司声明若 2012 年实施 9.49%的费率基准，其收益将提高 620 万美元。②

在怀俄明州，蒙大拿-达科塔公用事业公司同意了 10.9%的回报率。③ 在新西兰，商务委员会提交的加权平均资本成本大约为 8.8%，其结果是只剩下维克多公司——该国最大的网络能源供应商在苦苦支撑。④

一般假定需求是缺乏价格弹性的；于是假定价格越高，收益越大。行业中的收益常

① 参见 In the Court of Appeal of the State of California，Fifth Appellate District，The Ponderosa Telephone Co. petitioner v. Public Utilities Commission，F061287，CPUC Decision Nos，10-06-029 & 10-10-036，Opinion，filed July 5，2011，Background，"Ratemaking principles and procedures，" pp. 3–4。

② 参见 "Before The Public Utilities Commission of the State of California，Application of Golden State Water Company (U 133 W) for Authority to Establish its Authorized Cost of Capital and Rate of Return for Utility Operations for 2012—2014，" Application 11–05，May 2，2011，pp. 6–7。

③ Carl Shaw，"Utility Rates in Wyoming Predicted to Rise Dramatically，" November 4，2010，at www.utilitiesanalyses.com/resources/Utility_Rates_in_Wyoming_Predicted_to_Rise_dramatically.php.5.

④ "Electricity Sector：Networks Cry Foul Over Regulated Rates of Return，" October 27，2010，at www.nzenergy-environment.co.nz/home/free-articles.

常低于要求的收益（而委员会的决策更滞后于行业的收益要求）。然而，事实上，委员会不同意所有的要求并不意味着公司受到了委员会很大的限制——公司的要求可能已经远远超出了它应该得到的。

委员会试图规制行业以使其收益等于“公司现有工厂的一个合理收益”，然而，关于一个“合理收益”的构成以及“现有工厂的价值”等问题却出现了很大的争议。基于对工厂价值的评估，工厂原有的或是历史的成本正成为大多数委员会的一种衡量方式，然而有些委员会却允许公司采用重置成本估价方法。正如前面所提到的，董事会把加权债务成本和风险调整股本资本看成是获取回报的指导。在很多情况下，风险由资本资产定价模型中的系数 β 确定。

战略环节 ☞

垄断的社会成本

考虑下面这幅图。一个垄断者设定的价格为 P_M，产量为 Q_M。垄断情形下的消费者剩余为 A；生产者剩余为 $B+C$；则社会福利为 $A+B+C$。

如果市场属于完全竞争类型，价格将等于边际成本（P_C），且产量为 Q_C。在完全竞争情形下，消费者剩余为 $A+B+D$；生产者剩余为 $C+E$；社会福利即为 $A+B+C+D+E$。

可见，完全竞争中的社会福利比垄断中的社会福利多出 $D+E$，它通常被称为社会福利三角形或无谓损失三角形。垄断福利损失的理论依据是需求曲线 XY 段上的需求者愿意支付比生产产品（产量为 Q_C-Q_M）的边际成本（ZY 线段）更高的价格，然而，垄断者却不会生产如此有利于社会的产品（会将产量限制在 Q_M）。

反托拉斯政策和规制行为的部分理论依据是：确保社会获得部分或全部的三角形 $D+E$。

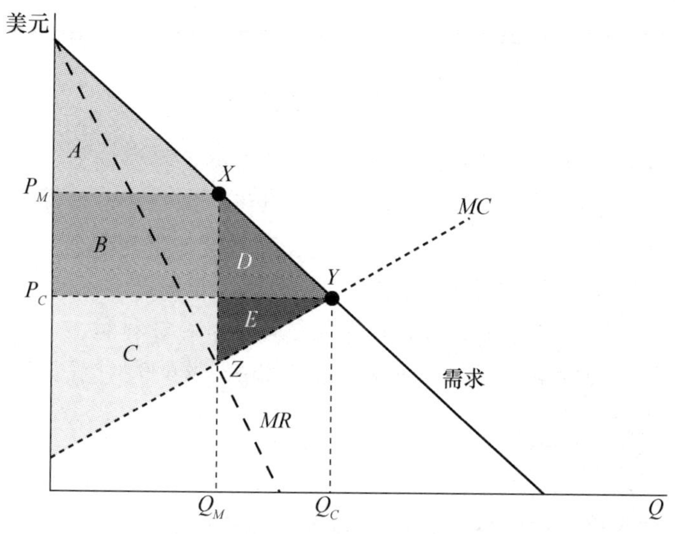

第17章 政府与企业

17.3 伪案例研究：孤星天然气公司

为了进一步说明规制委员会如何工作，我们看一个假设的例子。假定 2010 年，在得克萨斯州的一个重要城区，为当地居民和商业客户提供天然气的孤星天然气公司要求提高价格。得克萨斯州的铁路委员会是一个州规制机构，有权规制天然气公司的费率。为了决定是否准许涨价，该委员会从确定合适的费率基准开始，确定公司“使用过的和可用的”资产并根据它们的历史成本进行估价。在考虑累计折旧后，计算出公司投资资本的初始成本为 3 亿美元。

为了明确在这个投资资本的基础上，孤星天然气公司应该赚取多少回报率，首先要估算出债务和股本的成本以及二者各自在总资本中的比重。利用假设例子①中的百分比，普通股资本成本为 10.50%，而长期债务成本为 7.25%。运用这两项成本各自在孤星公司总成本中的份额（普通股票为 45%，而长期债务为 55%）进行加权计算，结果是 7.25%×0.55+10.50%×0.45=8.712 5%，也就是说，孤星公司资本的加权平均成本为 8.712 5%。应当注意的是，许多公司都拥有优先股（除了普通股外还有优先股），除了长期债务外还有短期债务。在本案例中，全部四种类型的资本成本都应当明确并以它们各自占据总成本的份额为权重计算出资本的加权平均成本。对于手头上的这个例子，规制委员会得出的结论是，孤星天然气公司在其 3 亿美元投资资本的基础上可获得的回报率应当为 8.712 5%。

为了赚取这个回报率，孤星公司应当获得的年利润为 0.081 75×300 000 000 美元，即 26 137 500 美元。假定孤星公司的实际利润是 2 000 万美元。由于孤星的年利润为 2 000万美元，所以委员会很可能决定允许孤星公司提高价格以实现 26 137 500 美元的利润。

问题环节 ☞

特伦特天然气公司

为了说明公共事业规制的运作，考虑一家天然气公司特伦特天然气公司，它拥有的资产为 3 亿美元。州公共事业委员会在考虑公司承担的风险和金融市场的条件之后，确定了公司的公平回报率为 10%。特伦特天然气公司获准每年的利润为 0.10(3 亿美元)=3 000 万美元。该利润不是经济利润，而是会计利润。正如已经强调过的，委员会试图只允许公司获得正常的或公平的回报率，这往往排除了经济利润。

管理者可能选择的价格和产量是多少？为了回答这个问题，我们注意到公司提供的天然气的需求曲线为：

$$P=30-0.1Q \qquad (17.1)$$

其中，P 为每单位天然气的价格（美元），Q 为天然气需求的数量单位（百万）。则公司

① 参见 *Natural Gas Rate Review Handbook*，Gas Services Division，Railroad Commission of Texas，May 2010，Table iii-5，p. 30.

的总成本等于：

$$TC=10+5Q+0.9Q^2 \tag{17.2}$$

其中，TC 为总成本（百万美元）。要注意，总成本的概念不包括公司所有者投资资本的机会成本。所以，公司的会计利润等于：

$$\pi=(30-0.1Q)Q-(10+5Q+0.9Q^2)=-Q^2+25Q-10 \tag{17.3}$$

其中，π 是企业的利润（百万美元）。

由于委员会已经决定公司的会计利润应当等于 3 000 万美元，所以我们设定 π 等于 30，也即：

$$30=-Q^2+25Q-10$$

$$Q^2-25Q+40=0 \tag{17.4}$$

它是一个形如 $aQ^2+bQ+c=0$ 的方程。可以利用下面的等式来求得该方程的根：

$$Q=\frac{-b\pm(b^2-4ac)^{0.5}}{2a}=\frac{25\pm[(-25)^2-4(1)(40)]^{0.5}}{2(1)}$$

$$=\frac{25\pm(465)^{0.5}}{2}=1.72 \text{ 或 } 23.28$$

因为委员会一般希望公共事业服务尽可能多的顾客，而 $Q=23.28$ 较大，它是一个有意义的数值，因而公司的定价如下所示：

$$P=30-0.1(23.28)=27.67$$

总之，特伦特天然气公司的价格将为 27.67 美元，并可提供 2 328 万单位的天然气。

战略环节 ☞

要求提高天然气收费的争议

美国马萨诸塞州公共事业部举行听证会，审查波士顿天然气公司要求增加 1 700 万美元天然气费用的要求。有个消费者组织反对天然气公司提高收费，认为天然气公司被许可的公平回报率应当是 10.5%，而不是公司提出的 12.46%。公司也争辩道，由于规制滞后，其回报率远远低于委员会所允许的 12%的水平。因为之前提高收费的要求必须等到要求提出将近一年以后方可生效，因此，公司只能获得大约 9%，而不是 12%的回报率。

在听证会上，一位经济学家为消费者辩护，他指出，公司的股本成本约为 12%，而天然气公司聘用的经济学家却证明其大约为 16%。这是本案例中的一个重要的争议点。两位经济学家都使用了如下等式：

$$k_t=\frac{D_1}{W}+g$$

其中，k_t 是 t 时期所需要的资本成本，D_1 是第二年支付的红利，W 是公司的资本化值，而 g 是公司红利的年增长率，根据它们可以估计公司的股本成本。消费者聘请的经济学家认为红利的年增长率 g 应该等于 0.01，而公司聘请的经济学家则认为 g 应当等于 0.05。

如果请你为这家公司做咨询，针对如何减少规制滞后对公司盈利的负面影响，你会给出什么建议？关于股本成本的两个估计值，你会采取何种分析来确定哪一个更接近事实？[a]

a. 进一步的讨论请参见 Barrett and Cormack，*Management Strategy in the Oil and Gas Industries*。

17.4 规制对效率的影响

规制者试图阻止垄断者获取超额利润。正如我们在前几节中看到的，管理者被允许获得其投资的公平回报率。但这一安排的问题在于，无论管理有多糟糕，他们都被准许获得这个回报率。如果规制者决定艾克米水务公司应当获得 9%的回报率，那么它将只获得这样的回报率，而无论其管理的好与坏。为什么这会是个问题呢？因为，与竞争企业不同，管理者没有激励去提高企业的效率。

管理者需要迎合具有长期滞后特点的规制过程。如果管理者足够聪明，他们可以利用这样的滞后去提高企业的效率。在很多规制行业中，委员会在作出决定之前，一个费用改动的提案往往要经历长达几个月的审核。如果这类价格变动的争议激烈，那么听证会讨论和随后的法院上诉更可能要花费好几年时间。提议价格变动与最终实施之间的这种延迟被称作规制滞后。较长的规制滞后常常遭到希望规制过程要更快地适应条件的变化并作出更及时决定的人们的批评。不过，规制滞后的一个优点是其惩罚了低效率，而奖励了高效率。为了解决规制滞后问题，有些法规要求规制机构在特定时期内必须作出决策。

为了说明问题，考虑一家被规制公司的管理者，他制定的价格可获得 9%的回报率（这是委员会认定的公平回报率）。管理者提出并引入了一个改进的生产过程以降低成本，所以公司的实际回报率为 11%。如果委员会对公司提议的价格进行审核并对其进行修改以适应新的（更低的）成本水平需要花费 15 个月，管理者就可以在这 15 个月里获得更高的回报率（11%而不是 9%）。

虽然规制滞后恢复了对高效率的某些激励（以及对低效率的某些惩罚），但它还是不能带来与竞争市场一样的一系列高效率激励。规制的一个根本问题是：如果规制委员会阻止企业获取高于平均利润的高额利润，管理者就不会有激励去提高效率并引入创新。

17.5 经济权力集中化

政府规制委员会并不是社会用来解决垄断问题的唯一途径；另一个方法是利用反托拉斯法。这些法律反映了存在于极少数企业手中的过多的权力。根据 2011 年的美国统计简报，资产超过 250 000 美元的制造企业在 2009 年拥有的总账面资产价值均超过了 7 万亿美元。又根据最新的制造业调查（2007），100 家最大的制造企业雇用了 15.2%的制造业劳动力，支付了制造业中 20.8%的工资，使用了 14.2%的制造业工人，创造了 34.6%的制造业附加值，购买了用于制造业生产的 37.4%的原材料，花费了制造业企业 33.8%的资本费用，并占用了货物装运总价值的 36.1%。二战结束后，这些百分比都大幅度提高。尽管大公司不一定就等同于垄断权力，但普遍的看法是经济权力还是集中在极少数企业手中。

反托拉斯法的目的是促进竞争、限制垄断。正如前面提到的，许多经济学家相信竞争要好于垄断，原因在于竞争往往会更有效地配置资源。为了衡量某个产业的完全竞争（或是垄断）程度，经济学家设计出市场四企业的集中度指标，它表示产业中前四个最大企业的销售额占总销售额的百分比或者产量占整个产业的百分比。百分比越高，说明产业集中化程度越高。

表 17—1 中给出了所选择的制造产业中四家企业的集中度，也就是前四家最大企业的市场份额。对每个行业部门，都要报告其最高集中度、最低集中度及子部门占部门最高收益的比重。这些比例被广泛用于各种行业。在折扣百货业，集中度非常高，为 96.9%。而在脊医行业，集中度非常低，为 0.6%。集中度只是对行业的市场结构的一个粗略的衡量，它还必须有行业中产品差异程度、产品类型以及进入壁垒等相关数据的补充。即使得到了这些数据的补充，它仍然是一个粗糙的衡量，原因之一是没有考虑来自国外供应商的竞争。不过，尽管如此，事实证明集中度仍是一个有价值的工具。

表 17—1　北美工业分类体系的三位数字代码界别分组中（收益或者货运价值）最高的经济部门的市场集中度和赫芬达尔-赫施曼指数（HHI），以及每一界别分组中最高的和最低的四家企业市场集中度和 HHI

NAICS 界别分组	四家最大企业的市场份额	50 家最大企业的 HHI
22 公用事业		
221122 电力分配	**17.7**	
221330 蒸汽和空调供应	61.4	
311 食品制造		
311312 蔗糖提炼	95.2	未提供
311612 动物（不包括家禽）屠宰	**59.4**	**1 046.5**
311811 零售糕点	3.7	7.3
312 饮料和烟草产品制造		
312140 酿酒厂	**42.3**	**584.0**
312221 烟草制造	97.8	未提供
313 纺织厂		
313113 螺纹铣刀	65.6	1 828.7
313230 无纺布厂	**45.3**	**778.2**
313311 宽幅织物整理厂	21.2	274.8
314 纺织厂产品		
314110 地毯和围毯厂	**63.6**	**1 649.7**
314912 帆布及相关产品工厂	12.6	90.6
314992 轮胎芯与轮胎织物厂	72.0	未提供
315 服装生产		
315192 内衣和睡衣织物厂	98.1	D
315212 妇女、女孩、婴儿的切割和缝制服装承包商	**6.2**	**19.2**
316 皮革及羽毛制品		
316110 皮革及皮革加工	**38.5**	**560.3**

续前表

NAICS 界别分组	四家最大企业的市场份额	50 家最大企业的 HHI
316214 女士鞋类（不包括运动类）制造	77.8	2 543.8
316991 箱包制造	32.2	399.8
321 木制产品制造		
321113 锯木厂	**14.6**	**98.3**
321212 针叶木单板和胶合板生产	55.7	1 233.3
321999 所有其他杂木制造	10.9	65.1
322 纸业生产		
322121 造纸（不包括新闻纸）厂	**49.8**	**758.9**
322214 纤维罐、纤维管和纤维桶及类似产品制造	77.7	2 874.1
322299 所有其他转向纸制品的制造	20.5	187.7
323 印刷及相关支持活动		
323111 商业凹版印刷	65.2	1 359.5
323113 商业丝网印刷	**12.2**	**59.4**
323114 快速印刷	3.8	8.4
324 石油和煤炭产品制造		
324110 炼油	**47.5**	**806.5**
324121 铺路沥青混合物及砖石制造	21.8	188.4
324122 沥青油毡瓦和煤材料制造	67.0	1 257.6
325 化工制造		
325192 循环原油和中间品制造	89.7	2 328.9
325412 药物制剂	**34.5**	**456.8**
325008 其他各种化学产品制造	18.9	154.8
326 塑料和橡胶产品制造		
326199 所有其他塑料产品制造	**6.3**	**26.3**
326211 轮胎制造（不包括翻新）	77.6	1 734.7
327 非金属矿物产品制造		
327111 玻璃瓷质卫生洁具制造	87.2	D
327320 预拌混凝土制造	**22.6**	**312.9**
327991 切割石材和石材产品制造	6.9	22.6
331 基础金属制造		
331111 铁和不锈钢	**52.1**	**785.6**
331423 二次熔炼、精炼和铜的合金	63.5	1 217.4
331524 金属制品制造	27.5	288.8
332 纤维金属生产制造		
332710 机械商场	**1.7**	**2.6**
332993 军工产品（不包括小型武器）	8.2	2 015.9
333 机械制造		
333120 建筑机械制造	**53.6**	**1 143.3**
333511 工业模具	4.6	21.0
333913 测量和分配泵制造	72.7	1 729.3
334 计算机和电子产品制造		
334112 计算机存储设备制造	86.9	D
334413 半导体及相关设备制造	**55.7**	**1 283.6**
334419 其他电子配件制造	11.7	75.0
335 电子设备、家用电器和零件制造		

续前表

NAICS 界别分组	四家最大企业的市场份额	50 家最大企业的 HHI
335222 家用冰箱和家用制冷机制造	91.6	未提供
335929 通信和能源电线制造	**36.6**	**479.8**
335999 各种电子设备制造	19.6	165.9
336 交通设备		
336112 轻型卡车和公交车制造	**84.3**	**2 679.5**
336211 汽车车身制造	23.6	243.0
336414 导弹和航空器制造	94.6	未提供
337 家具及相关产品制造		
337121 装有软垫的家具制造	**34.0**	**375.5**
337125 家具（不包括木质和金属）制造	67.0	2 215.4
337127 风俗家具制造	13.1	87.8
339 多种制造		
339950 标识制造	6.7	27.9
339995 殡葬棺木制造	73.5	1 979.1
3399999 所有其他各种制造	**26.2**	**274.5**
423 批发商的耐用品		
4234301 计算机及计算机外围设备	**33.0**	
4238201 农用机械和设备	4.1	
42399042 预先录制的录像带	78.8	
424 批发商的非耐用品		
4242101 一线用药	**74.6**	
4244905 食物和饮料的基本材料	87.0	
4249901 艺术品	5.7	
425 批发电子产品的代理人和经纪人		
42512047 石油及石油产品	76.1	
42512031 汽车及汽车零件	**70.0**	
42512036 电气和电子产品	4.5	
441 汽车及零配件经销商		
441110 新车经销商	**6.0**	
441221 摩托车、沙滩车和个人船只经销商	3.7	
441310 汽车零件和配件商店	34.8	
442 家具和家居饰品商店		
442210 地板店	2.9	
442299 所有其他家居饰品店	**48.8**	
443 电子电器店		
443111 家用电器店	21.3	
443112 收音机、电视机和其他电子产品商店	**70.0**	
443120 计算机和软件店	73.1	
444 建筑材料和园艺设备供货经销商		
444110 家用建材商店	**92.7**	
444210 户外能源设备店	4.7	
445 食品和饮料店		
445110 超市和其他杂货店（不包括便利店）	**32.0**	

续前表

NAICS 界别分组	四家最大企业的市场份额	50 家最大企业的 HHI
445220 鱼类和海鲜市场	4.1	
445292 糖果和坚果店	36.9	
446 医疗和私人保健店		
446110 药房和药店	**63.0**	
446199 所有其他的医疗和私人保健店	12.1	
447 加油站		
447110 带有便利店的加油站	**11.4**	
447190 其他加油站	30.5	
448 服装及服装配件店		
448120 女装店	23.7	
448140 家居服商店	**45.4**	
4482103 儿童和青少年鞋店	78.2	
451 体育用品、休闲用品和乐器店		
4511101 一般体育用品店	**52.6**	
4511102 专业体育用品店	19.0	
4512113 大学书店	74.8	
452 百货类商店		
452112 折扣品店	96.9	
452910 仓库俱乐部和购物中心	**93.9**	
4529904 各种一般百货类商店	40.8	
453 商店类零售商		
453110 花店	2.1	
453210 办公用品和文具店	**80.3**	
454 非商店类零售商		
454111 电子购物	D	
454112 电子拍卖	D	
454113 邮购商店	33.9	
454311 燃料油经销商	11.9	
454312 液化石油气（瓶装气）经销商	36.9	
48 和 49 交通和仓库		
481111 预定客运空中交通	**52.3**	
484220 专业货（不包括旧货）运卡车集散地	2.6	
488111 空中交通控制	94.4	
51 信息		
511191 贺卡发行	90.9	
512240 声音录制工作室	9.8	
517110 有线电信运营商	**56.8**	
52 金融和保险		
522110 商业银行	**31.8**	
522294 二级市场融资	97.9	
522310 抵押贷款和非抵押贷款经纪人	5.2	
53 不动产及租赁业		
531120 非住宅楼宇（不包括迷你仓库）出租人	**14.3**	

续前表

NAICS 界别分组	四家最大企业的市场份额	50 家最大企业的 HHI
531312 非住宅物业经理	6.7	
532111 客运汽车租赁	82.0	
54 专业、科学和技术服务		
541110 律师办公室	**2.6**	
541430 图形设计服务	1.8	
541513 计算机设备管理服务	63.5	
56 行政和支持与废物管理和修复服务		
561110 办公行政服务	2.3	
561320 临时帮助服务	**15.6**	
562213 固体废物焚烧和焚烧炉	92.4	
61 教育服务		
611512 飞行训练	52.0	
611610 美术学校	3.2	
611710 教育支持服务	**21.2**	
62 医疗卫生和社会救济		
621310 脊医办公室	0.6	
621491 健康维护组织医学中心	88.3	
622110 一般医疗和外科医院	**7.8**	
71 艺术、娱乐和休闲		
713110 娱乐和主题公园	70.7	
713930 游艇	3.0	
713940 健身和休闲运动中心	**15.5**	
72 住宿和餐饮服务		
722110 全面服务承办商	**9.3**	
722310 餐饮服务承办商	68.2	
722320 酒席承办人	2.3	
81 其他服务（不包括公共行政）		
812320 干洗和洗衣服务（不包括投硬币操作类型）	1.6	
812332 工业洗衣	71.6	
813211 基金会	**8.4**	

注：(1) NAICS 界别分组号码代表北美工业分类体系，加拿大、墨西哥和美国使用该体系。
(2) HHI 只向制造业界别分组（31—33）提供。
(3) D：表示由于人口普查局的披露规定而没有公布。
(4) 未提供：表示人口普查局没有给出 HHI。

资料来源：Concentration Ratios，2007. U. S. Census Bureau，U. S. Department of Commerce，Economics and Statistics Administration at http://factfinder. census. gov, various tables.

表 17—1 给出的另一个衡量集中度的工具是赫芬达尔-赫施曼指数（HHI），它等于市场中所有企业占市场份额的平方和。美国司法部、反垄断局以及联邦贸易委员会就用

该指标作为确定是否对提议的兼并进行调查的一个准则。[①] 例如，如果市场中存在两家企业，每家占据的市场份额均为 50%，那么该指数即为 $50^2+50^2=5\,000$。HHI 的变化范围是从 10 000（一家垄断企业的 HHI 可能会达到 100^2）到 0（而某个市场中无数个原子状竞争者的市场份额趋向于 0）。根据政府的合并准则，如果 HHI（合并后）低于 1 000，则合并不会遇到挑战（但这只是一个准则，所以没有任何保障）。如果合并后的 HHI 介于 1 000～1 800 之间，且合并的一个结果是 HHI 的变化低于 100 个点，那么政府不会反对合并。最后，如果合并后的 HHI 大于 1 800，且合并后的一个结果是 HHI 的变化低于 50 个点，那么政府也不可能反对兼并。注意，最后这项要求很难达到。例如，如果占据市场份额 49%的企业想要兼并占据市场份额 1%的企业，那么 HHI 将提高 99 个点；而一家占据市场份额 25%的企业想要兼并占据市场份额 1%的企业，则 HHI 将提高 51 个点。具有较低的四家企业市场集中度的企业的 HHI 指标往往很低（该 HHI 是根据行业中前 50 家最大的企业而不是所有企业的市场份额计算而得的，因此该 HHI 有可能被低估）。例如，金属品制造业的 HHI 只有 2.6，而纤维罐、纤维管和纤维桶等纤维行业的 HHI 却高达 2 874.1。需要注意的是，某些特殊行业，比如烟草与内衣和睡衣织物行业（各自的四家企业市场集中度为 97.8 和 98.1）没有公开发布的 HHI 指标，这是因为政府有披露企业信息的规定。如果四家企业市场集中度和 HHI 同时公布，聪明人就能够辨别出各家公司的市场份额是多少（进而了解各公司的销售水平）。由于上述行业中的企业都很少，我们可以断定各行业前 50 家企业的 HHI 会非常高（即便不是 10 000）。

战略环节

交易艺术的回归

自 2007 年起，2011 年成为收购额最大的一年。购得公司需要支付 9.2 倍的利税折摊之前的收入（利息、税费、折扣和摊销之前的收入）的平均值，但它仍然低于 2008 年支付的 11.4 倍利税折摊之前的收入，是收购的规模导致了这样的结果。公司正在购买而不是努力超过它们的竞争对手。杜克能源和德意志证券交易所（与纽约-泛欧证交所合并）就是收购者的例子。该活动没有专门针对特定部门，这说明各行业的经济增长都很强劲。

自从大衰退开始，许多公司虽已拥有了创纪录的利润却仍持有大量现金。股票市场正在推动管理者不囤积现金而采取大胆的战略举措。评价管理者不是基于单纯的现金积累，而是基于他们如何运用这笔现金进行投资。

据估计，全球目前现金持有量高达 3.3 万亿美元。专家认为存在被压抑的需求，到目前为止，阿拉伯之春以及 2011 年的日本海啸并没有破坏交易的热情。市场人士如卡尔·伊坎与对冲基金和股权资本公司在刺激管理者方面都发挥了作用。公司管理者可以听到他们的利益相关者要求更高的回报，并且他们也听到市场人士告诉股东，如果现有的管理者不能满足他们，市场人士可以满足。

资料来源：Zachary R. Mider，"New Deal Rush Pushes Takeovers to Most Expensive Since Lehman," *Bloomberg Businessweek*，March 30，2011，at www.businessweek.com/news/2011-03-30/deal-rush-pushes-takeovers-to-most-expensive-since-lehman.html.

---

① 参见 U.S. Department of Justice，1997，*Merger Guidelines*，www.usdoj.gov/atr/hmerger/11251.htm。

17.6 《谢尔曼法案》

第一个联邦反托拉斯法，《谢尔曼法案》，于1890年由美国国会通过。尽管普通法长期视垄断举措为不合法的，但在19世纪后50年，许多美国人认为似乎有必要通过立法来阻止垄断并同时保护和鼓励竞争。托拉斯（垄断联盟用以提高价格和控制产量的共谋）的形成将此事提上了议事日程。《谢尔曼法案》的精髓反映在以下两项条款中：

第一款： 每个合同、以托拉斯或其他方式形成的联盟或者共谋，意在限制若干州或外国的贸易或商业，都会依此被宣布为非法。制定任何类似合同或加入任何联盟或共谋的每个人，将被视为犯有轻罪。

第二款： 与其他任何一个人或几个人进行垄断或试图垄断、联盟或共谋，意在垄断若干州或外国的部分贸易或商业的每个人，将被视为犯有轻罪。

1974年，《谢尔曼法案》做了修订，认定为犯有重罪，而不是轻罪。现在，公司被判处罚款可高达1亿美元，个人被判处罚款可高达100万美元，并且可获10年监禁。除了被判处罚款和监禁外，在民事诉讼中，公司和个人还会被处以3倍于因违背反托拉斯法而造成的损失。

如果某个行业的两家或更多家公司的管理人员就价格问题进行讨论并达成固定价格，他们就违反了《谢尔曼法案》的第一款，认识到这一点非常重要。为了说明这一点，考虑美国航空公司的前CEO，罗伯特·克兰德尔的例子。1982年2月21日，他曾与布兰尼夫航空公司的CEO，霍华德·帕特南通过一次电话，并建议一起提价。这次通话（克兰德尔并不知情）被录音，内容如下：

> 帕特南：你有什么建议给我吗？
>
> 克兰德尔：是的，我有一个建议给你。把你该死的价格提高20%。明天上午我也将提高我的价格。
>
> 帕特南：罗伯特，我们……
>
> 克兰德尔：你能赚到更多的钱，而我也能。
>
> 帕特南：我们不能讨论定价！
>
> 克兰德尔：哦（多余的话被删除），霍华德。我们可以讨论任何我们想要讨论的该死的事情。①

这次通话被曝光后，美国司法部对罗伯特·克兰德尔提起诉讼，因为他提议固定价格而违反了反托拉斯法。但是由于未达成固定价格的协议，所以没有违反第一款。尽管如此，法庭认定这样的建议是在试图垄断部分航空行业，这是《谢尔曼法案》第二款明令禁止的。后来，美国航空公司表示不会再发生此类事件。

① *New York Times*, February 24, 1983; www.nytimes.com/1983/02/24/business/bluntt-alk-on-the-phone.html.

17.7 《克莱顿法案》、《罗宾逊-帕特曼法案》和《联邦贸易委员会法案》

在《谢尔曼法案》最初实施的20年里，其支持者并不认为它十分有效。《谢尔曼法案》的无效性导致了国会于1914年通过了另外两项法案：《克莱顿法案》和《联邦贸易委员会法案》。《克莱顿法案》比《谢尔曼法案》在鉴别违法行为上更加具体，因为这些行为将“极大地减少竞争或倾向于产生垄断。”

《克莱顿法案》规定不正当的价格歧视是非法的，价格歧视（回顾第9章）是指对同一种产品向一位购买者收取的价格高于另外一位购买者的行为。然而，来自销售产品质量或数量差异的价格歧视或来自成本或竞争压力的价格歧视是被允许的。1936年，《罗宾逊-帕特曼法案》对《克莱顿法案》进行了修订。该法案禁止对“同等级、同质量商品”的不同购买者收取不同的价格，因为价格歧视的后果“可能在商业领域中极大地减少竞争或倾向于产生垄断，或者伤害、破坏或阻止与那些同意或故意接受这种歧视利益的任何一个人的竞争，或者与这些人进行针对客户的竞争。”《罗宾逊-帕特曼法案》旨在禁止对可以大量购入商品的连锁店有利的价格歧视。小型独立零售商面临连锁店的威胁，因此努力推动此项法案。

《克莱顿法案》还规定使用减少竞争的搭售合同是非法的。如第10章中所述，搭售合同使购买者为了得到其想要的商品而必须购买其他商品。在很长一段时间里，IBM公司出租而不是出售其机器，并坚持要求顾客购买IBM公司的辅助设备并接受IBM的维修服务。最高法院要求IBM公司结束其搭售合同。然而，并不是所有的搭售合同都能够被禁止。如果一家公司需要维持对互补商品或服务的控制以保证其产品的顺利运行，这可作为搭售合同成立的正当理由。而且，如果搭售安排是自愿且非正式的，也不算违法。因此，如果一个客户购买IBM的辅助设备是因为该公司认为它最适合IBM的基础设备，那么只要这位顾客不是被迫购买IBM公司的辅助设备，这种搭售就不是违法的。麦当劳要求其特许经销商从麦当劳或麦当劳准许的供应商那里购买特定的产品，原因在于一家麦当劳的特许经销商的价值取决于所有特许经销商的服务质量。因此，麦当劳要通过搭售协议来保证所有特许经销商的声誉。

不仅如此，《克莱顿法案》规定明显减少竞争的兼并是非法的；但是由于该法案并不禁止企业购买其竞争对手的厂房与设备，它实际上并不能阻止兼并。1950年，《塞勒-凯弗维尔反兼并法案》弥补了这一漏洞。然而，这并不意味着兼并变少了。恰恰相反，20世纪80年代出现的兼并浪潮一直持续到今天。

《联邦贸易委员会法案》出台的目的是阻止不需要的和不公正的竞争行为。该法案确定联邦贸易委员会为调查不公正与掠夺性行为的机构并可以发布停止命令。法案中写道，“兹宣布商业不公正竞争方式为非法。”该委员会——由5位总统任命的在任期为7年的委员组成——面临的艰巨任务是给出“不公正”的精确定义。最后，法院收回了该委员会的许多权力；但是在1938年，该委员会又获得了一项职能，即规定不真实和具有欺骗性的广告是非法的。另外，该委员会有权调查美国经济结构的各个方面。

17.8 对反托拉斯法的解释

反托拉斯法的实际影响取决于法庭如何对其进行解释，在不同时期，这些法律的司法解释截然不同。针对一家企业或一个企业集团的指控通常是由司法部反托拉斯局提起诉讼；进行案件审理；再由法官作出判决。在重大案件中，可能最终会上诉到最高法院。

1911 年，作为第一批重大反托拉斯案例的一个结果，标准石油公司和美国烟草公司被迫放弃了它们在其他企业的控股权。在判决这些案件的过程中，提出了最高费用标准并使用了著名的合理性原则——只有限制交易的不合理联合而非所有的托拉斯，才需要根据《谢尔曼法案》定罪。1920 年，合理性原则被最高法院用来判定美国钢铁公司没有违反反托拉斯法，虽然它曾试图垄断该行业，原因在于法院认定该公司没有成功构成垄断。美国钢铁公司的巨大规模和潜在势力与垄断无关，只因“法律不能仅凭规模定罪。它……需要公然的犯罪行为。”

在 20 世纪 20 年代和 30 年代，法院，包括保守的最高法院对反托拉斯法的此类解释，使得这些法律收效甚微。尽管柯达公司和国际收割机公司控制了极大的市场份额，但法庭运用合理性原则判定它们无罪，理由是它们没有通过公然的强制性或掠夺性行为来构建其近乎垄断的地位。

在 20 世纪 30 年代后期，对美国铝业公司的起诉却使这种情况发生了戏剧性变化。这一案件于 1945 年作出判决（1937 年开始审理），其判决结果与美国钢铁公司和国际收割机公司完全不同。美国铝业公司通过以往案例中被认为“合理的”手段，即保持足额够低的价格以阻止进入，提高生产能力以适应市场增长等方法，获得了 90%的市场份额。然而，法院判定美国铝业违反了反托拉斯法，因为它几乎控制了整个行业的产量。

战略环节 ☞

违反反托拉斯法

所有的被告都应该有在法庭上为自己辩护的机会，并且每个人都被看作清白的直到其被证明有罪。对违反反托拉斯法的指控堆积如山，或者是受害方对假定侵犯人的指控，或者是政府反托拉斯机构对其宣称的违反者的指控。

迪恩食品公司是美国最大的乳制品生产商。而“美国奶农”是代表美国本土奶农的最大的合作组织。二者均被美国东北部的一个奶农组织指控。另外，互德公司与“乳品营销服务”，后者是“美国奶农”的一家附属机构，也被列为被告。当时的迪恩与互德的瓶装奶占据美国东北市场的 90%。

奶农指控被告经营垄断（实际是买主垄断）。奶农声称他们出售的牛奶价格过低，原因是迪恩专门从“美国奶农”合作组织购奶，而这种关系强迫独立的奶农加入到合作组织以保证生存。该案例宣称，通过合约、协议以及对联邦和各州反托拉斯法的理解，迪恩与合作组织锁定价格。他们使用兼并、收购和关闭瓶装奶生产工厂而取得了 90%的市场份额。

被告则辩称，他们的措施降低了成本并提高了效率，而且措施设计的目的是提高对奶农的支付价格和净收益。起诉的奶农则声明他们进入瓶装奶生产工厂的唯一途径是向“美国奶农”或“乳品营销服务”支付会费，而且他们必须这样做，才能收到由美国农业部支付的甲级牛奶销售的月最低付款。这迫使他们必须服从垄断。

资料来源：“Dean Foods，Dairy Co-op Sued Over Alleged Monopoly，” Bloomberg. co. jp，October 9，2009，at www. bloomberg. co. jp/apps? pid=90970900&sid=aWhpmLkcxWWE.

虽然反托拉斯法有时会让管理者感到沮丧，但法律本身更是模糊和模棱两可的；结果导致难以区分某些行动是否被许可。以帕布斯特和布拉兹这两家啤酒厂为例，在1958年，这两家企业想要进行合并。尽管这两家企业总计只占全国啤酒不到5%的销售量，政府仍然反对这次合并。令政府感到麻烦的是，它们占有威斯康星州大约24%的啤酒销售量。地方法院的法官同意了帕布斯特和布拉兹这两家啤酒厂的合并，认为应当把威斯康星州视为相关市场的一部分，因而驳回了指控；但最高法院裁定反对合并。这个案例说明，即使是相关市场边界的定义都是如此得困难。

战略环节

中国：反垄断新人

2011年1月，中国国家发展改革委员会（国家最高经济计划机构）公布了对价格垄断制定的规则。此举措被描述成中国反垄断法实施的一个进步，该法案于2008年刚刚形成。根据新法规，价格固定协议是被禁止的，并且通过滥用主导市场份额排除或限制竞争也是被禁止的。违反规定会被处罚大笔罚款，可达公司前一年销售额的10%。

2008年的反垄断法还有些模糊，企业对于它们是否应当遵守还比较困惑。新法规实施之后的案例也较少，所以先前的例子不能用来作为行为指导。而新法规则更加具体，其目标是推动公平市场竞争。

第一个测试的案例并没有花费太长的时间。2011年2月，互动（Hudong. com，一个在线百科全书）声称百度（其搜索引擎市场占有额为75.5%；谷歌以19.6%位列第二——在它减少了在中国的业务之后）利用其百科全书（百度百科）阻止自己网页的使用。互动还声称百度已经利用了其主导地位“欺负和妨碍竞争对手”。中国调查机构（国家工商管理局）也许听说了这个案例。但在2008年的反垄断法下，针对百度的三个投诉都被驳回了。

方兴东，中国互联网实验室（一家北京智库公司）的董事长认为，百度、腾讯和阿里巴巴是中国互联网市场中的领导寡头，政府“迫切需要系统地阐述新法规，以防止市场主导地位的滥用。”

资料来源：Lan Lan，“New Regulations to Curb Price Monopolies，” *China Daily*，January 5，2011，at www. chinadaily. com. cn/bizchina/2011-01/5/content _ 11797083. htm；Wang Xing，“Baidu Accused of Abusing Dominant Position，” *China Daily*，February 23，2011，at www. chinadaily. com. cn/usa/business/2011-02/23/content _ 12063070. htm.

在第1章中，我们引用了1997年史泰博和办公用品仓储的合并。汤姆·斯滕伯格，史泰博的 CEO 和合并的发起者认为，合并后的实体将占据 4%～6%的办公用品供应市场份额。政府没有同意。他们将此市场定义为“分类杀手”（可以提供人们所需的全部办公用品的商店）并认为合并将导致市场出现两个或一个分类杀手，而这样的结果是反竞争的。斯滕伯格从另外的角度将该市场定义成与沃尔玛、戴尔在线、瑞蒂优上、711、地方文具店等相似的类型。可见，定义市场边界再一次变得困难。

反托拉斯政策将在政治机构（基于执行部门如何大力追究案件）之间发生变化，并且要以最高法院和其他法院（政府的司法部门）之间的一致性为基础。尽管司法部门可以出台新的法律，但它在该领域一直没有发挥作用；已有法律的执行和解释决定了今天的反托拉斯法。

战略环节 ☞

欧洲大陆的反垄断

利洁时公司被英国公平交易办公室罚款 1 020 万英镑，因为它就其深受欢迎的治疗胃灼热的药物盖胃平滥用了主导地位。该公司的行为阻止了从事国家卫生服务（National Health Services，NHS）的医生开出更便宜的替代药物。

情况是这样的。当从事 NHS 的医生为患者开药时，可以对一个品牌药物进行搜索，也可以搜索查找并开出非专利药品。利洁时绕过这个程序将盖胃平撤出并除名，这样，当医生查找药品时，他们无法找到原有的盖胃平或是比其更便宜的替代品。

利洁时是如何违反英国和欧洲竞争法的呢？它对医生采取了高压销售策略以使其开出盖胃平的升级产品，即原有盖胃平的一个稍微改动版。盖胃平的升级产品出现在 NHS 计算机系统的列表中，但却没有了更便宜的非专利药品。由于利洁时承认有罪并配合调查，罚款从 1 200 万英镑减少到 1 020 万英镑。英国有一个告密者的法律，它奖励检举企业欺骗行为的告密者。一个告密者发了一封电子邮件称利洁时的工作人员曾试图阻止替代盖胃平升级产品的一个非专利药品的开发。这意味着非专利替代药品的缺乏花掉了 NHS 数以百万计的英镑。

公平交易办公室的首席长官，约翰·芬格尔顿强调了此案例的重要性：“企业间充满活力的竞争对于确保纳税人从缴纳的税款中获取最高价值来讲是非常重要的。该案件表明，为防止市场中占主导地位的公司动用其力量来寻求限制竞争的行为，我们该做些什么。实施这种惩罚应当有助于防止企业在未来从事此类的反竞争行为。”

资料来源：Julia Kollewe，“Reckitt Benckiser Fined E10.2m by OFT,” *The Guardian*，Oct 15，2010，www.guardian.co.uk/business/2010/oct15/reckitt-benckiser-fined-oft-gaviscon.

17.9 专利制度

虽然反托拉斯法的制定是为了限制垄断，但并非所有的公共政策都具有这样的效果。专利制度就是一个很好的例子。美国的专利法准许发明者控制一项发明的使用长达 20 年（从最初提出申请时开始计算），以作为发明者将发明转化成公共知识的交换。

三个主要理由可以用来说明专利法存在的合理性。第一，这些法律被认为是引导发明者投入发明的重要激励。尤其对个体发明者，专利保护是一个强大的激励。第二，专利被认为是引导管理者开展进一步工作并对小规模试验工厂和其他需要把发明付诸商业应用的项目做必要投资的重要激励。如果一项发明成为公共财产，在试验一种新工艺或新产品时，为什么要管理者承担成本和风险？而如果试验成功，另一家公司的管理者则只需观望，不用承担风险，只重复该工艺或产品即可。第三，由于专利法的存在，发明会更早公开，这样，信息的较早传播可促进其他专利的发明。

与大多数其他产品不同，新技术知识不可能枯竭。一个人或一家企业可以反复使用一种思想而不会耗尽这一思想，并且相同的想法可以同时向许多使用者提供服务。没有人会因为其他人也在使用这个想法而从该想法中减少所得。这个事实给任何一家想以生产知识作为主业的企业带来不小的困难。为了使投资研发变得有利可图，管理者必须能够高价出售研发结果，无论是直接的还是间接的。但是，潜在顾客不愿意购买一种一旦生产出来就可以被所有人无限量得到的商品。人们往往希望其他人花钱去买，因为如果别人买了之后，自己可以免费使用。

专利法是解决这个问题的一种方法，它可使管理者从生产、销售或使用新知识当中获利。但是专利制度存在缺陷，使得新知识得不到它应该达到的广泛运用，因为专利持有人为了获利，会设定相当高的价格，让那些能够利用专利进行生产的人感到受挫。从社会角度讲，所有能够运用专利的人应当被允许以较低的成本获得专利，因为运用专利的边际成本实际上经常等于零。然而，这项极其短视的政策几乎不能为发明者提供任何激励。

毫无疑问，专利制度使发明者能够从其创新中获得更多的社会收益；但这并不意味着专利就是有效的。与常见的观点相反，专利保护并没有使进入变得不可能或者几乎不可能。一项研究表明，在引进专利后的 4 年当中，有 60%受到专利保护的成功发明被模仿。① 然而，专利保护一般会增加模仿成本。在此项研究中，模仿成本（开发和商业引入一种仿制产品的成本）的平均预期增长率为 11%。在制药行业，专利对模仿成本的影响要大于其他行业，这有助于解释为什么专利在制药行业被认为比其他行业更加重要。制药行业模仿成本的平均增长率约为 30%，与之相对比的是化工行业，约为 40%，电子和机械行业约为 7%。

战略环节 ☞

垄断与社会争议

一位名叫安德里·布林德的法国医生发明了一种食物能够使全世界免于饥饿和营养不良。它被称作坚果营养品，是一种花生制品。因为大多数贫困国家都在种植花生，坚果营养品的生产成分非常容易获得，现场合成坚果营养品也相当简单（事实上，布林德曾在马拉维用搅拌机制成了一批这样的营养品以说明制作它是多么容易)。坚果营养品是富含维生素和热量的食用酱。流传着很多有关使用该营养品的神奇故事，故事称它在

① E. Mansfield, M. Schwartz, and S. Wagner, "Imitation Costs and Patents: An Empirical Study," *Economic Journal*, December 1981.

一个月内把濒临死亡的儿童变成相对健康的状态。而且这样的案例并不在少数；绝大多数吃过它的人健康状况都得到了显著的改善。另外，治疗是在家里进行的，而不是在第三世界国家充斥着传染病的医院里。不仅如此，它不需要水就可以服用（正在使用坚果营养品的国家，水是最有可能被污染的）。

不过，坚果营养品是一个品牌，注册商标是Nutriset，是第一个生产和销售坚果营养品的一家法国私有公司，而Nutriset的所有者也被列为该产品的共同发明人。法律上，Nutriset拥有专利所有人的全部权利。Nutriset意识到该产品的潜力，于是坚决保护它的知识产权。该产品大部分在法国（在其他国家建立了特许经销商）生产，并且联合国儿童基金会购买了法国Nutriset公司生产的90%的坚果营养品。这意味着会导致大量的花生被运输，产生高额的生产成本。

专利与独家分销权的存在鼓励创新和使用规模经济，但是有些人质疑这种对知识产权的保护是否应当运用到所有的产品，比如那些能够让很多人（据联合国报道，9.25亿或占世界13.6%的人口正遭受着营养不良）都受益的产品。由于Nutriset的垄断权，为期两个月坚果营养品的治疗成本为60美元。正如帕特丽·沃尔夫，圣路易斯的儿科医生与儿童医学和食品基金会的创始人所言，“贫穷是一门生意。有钱可赚，也有想赚这种钱的人。”

Nutriset正被育爱食品和母爱基金会指控，称其运用反竞争手段维持自己的市场领导地位。Nutriset拥有垄断权的一个标志就是其限制了产品的使用，有些估计表明本应该从坚果营养品中受益的人只有10%～15%得到了坚果营养品。这意味着消费地区附近的产量增加原本应该会降低成本和增加使用。争议的核心在于该产品不仅应被视为对营养不良者的一种治疗方法，也应被看做防止生产地孩子患上营养不良的一个措施。由此产生的市场可能性是年销售量3亿美元将变成年销售量60亿美元。这是一个值得保护的市场（或者这正是诉讼中原告的指控）。另外一个问题是坚果营养品的专利时效太长，直到2017年才过期，而Nutriset关注的则是全球一家或更多的大型食品生产商，比如百事公司，可能会进入市场。

与此同时，时间依然在流逝。对于预防营养不良，幼儿两岁之前的“黄金时段”尤其重要。孩子成长的前两年是大脑发育和人体免疫系统形成的主要时期。这段时间如果出现营养不良，所造成大脑发育和免疫系统形成迟缓的影响一般是不可逆的，这又会导致人们难以走出贫困（营养不良和贫困通常关系紧密）。另一个话题是，放开生产可向农民和制造业者提供当地的就业机会。

接下来的问题是，有些专利项目的设置对人类福利是否过于严苛。如果作出这样的判断，那么在什么可以申请专利与什么不可以申请专利之间就有一条明显的分界线。这种可能性会产生实验中的制冷效应吗？在这方面布林德的故事就显得十分有趣。他对食品制造和营销一无所知。他与Nutriset签订了一份顾问协议，而Nutriset负责把产品带入市场。布林德，一个传奇的缔造者，却没有从他的创造中获得任何利益，所以没有专利保护的发展也可能是可行的。

资料来源：Andrew Rice，“The Peanut Solution,” *New York Times*，September 2，2010，at www.nytimes.com/2010/09/05/magazine/05Plumpy-t.html.

17.10 贸易与贸易政策

若问为什么要有贸易政策就意味着必须要问为什么要有贸易。一旦回答了这个问题，我们就可以使用在前面几章中形成的工具去解释贸易政策。

□ 对外贸易

首先，承认对外贸易对美国（以及对除了世界上最孤立国家之外的所有国家）是至关重要的，因为有如下类型产品的存在：我国居民想要的但是国内却无法生产的产品（如香蕉）；我们能够生产但在国外生产却成本更低或质量更高的产品（大多数消费者的电子产品）；我们能够生产而其他国家不能生产的产品（专供南非的大型喷气客机）；以及我们能够生产成本更低或质量更高的产品（专供巴拿马使用的精密机械设备）。如表17—2所示，2008年我们出口的商品与服务约为1.84万亿美元，2009年出口的商品与服务约为1.57万亿美元（说明了全球衰退的惊人影响）。2009年，商品总计出口稍高于1万亿美元，其中36.5%为资本货物（不包括汽车），27.8%为工业用品和材料。2009年，我们也进口商品与服务约为1.93万亿美元（再次彰显了衰退的影响）。2008年，进口的商品和服务为2.54万亿美元。而2009年，大约有1.57万亿美元用于支付进口商品，其中大部分是资本货物（不包括汽车），消费品（非食品类，不包括汽车），工业用品和材料，汽车、发动机以及零配件。如表17—3所示，2010年，大约32%的商品出口到我们最近的邻国（加拿大和墨西哥），而从加拿大、中国大陆、墨西哥和日本进口的商品则略低于总进口的52%，从中国大陆的进口是从加拿大进口的大约1.3倍。这15个国家或地区占据了美国全部商品贸易的72%，以及贸易逆差额的80%。在我们15个最大的贸易伙伴中，只有在与巴西、荷兰和新加坡的商品贸易中才获得了贸易顺差。最大的贸易逆差（进口值减去出口值）来自中国大陆（2 730亿美元）、墨西哥（664亿美元）和日本（598亿美元）。有趣的是美国与两个欧佩克代表国家（委内瑞拉和沙特阿拉伯）也存在贸易逆差。总之，我们于2010年出现的商品贸易逆差为6 340亿美元。传统上，我们会从服务中获得贸易顺差（2009年的贸易顺差为1 320亿美元）。最大的贸易逆差为8 395亿美元，出现在2006年。追溯到1952年，当时的贸易顺差有26亿美元。

表17—2　　美国商品与服务的通用型出口与进口：2008年和2009年　　单位：10亿美元

产品	出口		进口		贸易余额	
	2008	2009	2008	2009	2008	2009
食品、饲料和饮料	108.3	93.9	89.1	81.6	19.2	12.3
工业用品和材料	388.0	296.7	779.5	462.5	−391.5	−165.8
资本货物（不包括汽车）	457.7	390.5	453.7	369.3	4	21.2
汽车、零配件和发动机	121.5	81.7	231.2	157.6	−109.7	−75.9
消费品（不包括食品和汽车）	161.3	150.0	481.6	428.4	−320.3	−278.4
总商品	1 304.9	1 068.5	2 139.6	1 559.6	−834.7	−491.1
服务	534.1	502.3	398.3	370.3	135.8	132
总的商品和服务	1 839.0	1 570.8	2 537.9	1 929.9	−698.9	−359.1

资料来源：the Economic Report of the President，February 2011，Table B-106.

表 17—3 美国商品总贸易额和高级贸易伙伴，2010 年 单位：10 亿美元

	出口	进口	总计	贸易百分比	贸易逆差	逆差百分比
所有国家或地区	1 278.1	1 912.1	3 190.2	100.0	634.0	100.0
前 15 个国家或地区	894.1	1 404.3	2 295.4	72.0	507.2	80.0
加拿大	248.8	276.5	525.3	16.5	27.7	4.4
中国大陆	91.9	364.9	456.8	14.3	273.0	43.1
墨西哥	163.3	229.7	393.0	12.3	66.4	10.5
日本	60.5	120.3	180.8	5.7	59.8	9.4
德国	48.2	82.7	130.9	4.1	34.5	5.4
英国	48.5	49.8	98.3	3.1	1.3	0.2
韩国	38.8	48.9	87.7	2.7	10.1	1.6
法国	27.0	38.6	65.6	2.1	11.6	1.8
中国台湾	26.0	35.9	61.9	1.9	9.9	1.6
巴西	35.4	23.9	59.3	1.9	−11.5	—
荷兰	35.0	19.0	54.0	1.7	−16.0	—
印度	19.2	29.5	48.7	1.5	10.3	1.6
新加坡	29.1	17.5	46.6	1.5	−11.6	—
委内瑞拉	10.7	32.8	43.5	1.4	22.1	3.5
沙特阿拉伯	11.6	31.4	43.0	1.3	19.8	3.1

资料来源：www.census.gov/foreigntradestatistics/highlights/top/top 1012yr.html.

战略环节 ☞

运用专利维持市场权力

美国政府经常试图打破垄断或者限制市场权力，但是一个政府制度，专利制度，却旨在准许企业对它们的发明或是产品革新拥有垄断权力。政府许可的公司专利为 20 年，赋予专利持有人在专利有效期内单独拥有发明或是产品革新的权力。由于企业在专利进入市场之前就对专利进行了应用，所以一项专利的有效寿命显然少于 20 年。药品（专利的主要使用者）专利的有效期在 7～12 年之间。[a]

感谢专利制度对垄断的许可（和来自对流行产品预期的垄断利润），药品公司才愿意投入巨额资金用于研发（R&D）以期发现畅销药。有估计表明开发出一种成功药品的成本在 8 亿美元～17 亿美元之间。关于成本构成，这些估计已经受到批评，但毋庸置疑，研发的支出是巨大的。[b] 如果没有专利保护，毫无疑问，药品公司将独自承担充满未知的和非常昂贵的高额研发费用，如果其他公司恰好也能购买这种药物，并逆向分解出该药物的成分，那么就无须研发费用而制造出一种非专利药物。

瑞宁得是一种用于治疗乳腺癌的常用药物，于 2010 年 6 月被当作一种非专利药物（阿那曲唑）出售。好事多，一家典型的加成 14%～15%的零售商，销售了一个月的阿那曲唑，价格为 27 美元，而销售一个月的瑞宁得的价格却为 400 美元。专利药品价格是非专利药品价格加成的 15 倍——一个相当大的加成（它也显示出垄断者控制价格的能力）。

但是对于瑞宁得的使用者（除非他们是好事多的会员），情况看起来变得比最初更糟糕。连锁药店和药房的某些仓储式店面正在出售这种新型的非专利药品，价格大约是

好事多商店出售的13倍。[c]正是由于这样的事实，才使得顾客习惯于支付高的价格购买瑞宁得，所以价格相对较低的阿那曲唑看起来更像是一个便宜货。真正的便宜货在好事多（随着好事多价格的广为人知，非专利药的价格可能下降）。

通过专利制度带来的垄断权力，制药公司的管理者在价格方面可以采取什么行动呢？他们当然会抓紧时机。当7～12年的专利有效期过后，其他制造商可以逆向分解出药物成分并以更低廉的成本生产。比较价格的一种方法是比较脱离专利保护后的药物价格与随后出现在市场上的非专利药物的价格。

药品公司加成案例中的英雄是电视台的调查记者们。[d]2002年，从底特律开始，后来又在其他城市，比如费城，记者们把专利药与非专利药进行比较并加以报道，当然，焦点是1 000%的加成。但不要忘了权衡取舍：如果药品公司不能收回全部失败药品的成本，它们还会愿意从事任何研发活动吗？

a. 药物发现和治疗的第四届年度会议。www. icddt. com/TrackDescription/CPCO-track-desc. htm.

b. Roger Collier，"Drug Development Costs Hard to Swallow"，www. ncbi. nlm. nih. gov/pmc/articles/PMC2630352/.

c. "Arimidex Price Markup at Major Pharmacy Chains" at www. kevinmd. com/blog/2010/10/arimidex-price-markup-major-pharmacy-chains. html.

d. 参见 www. truthorfiction. com/rumors/g/generics. htm for story on Detroit，Florida and Philadelphia。

战略环节

不良资产的政府购买

政府也可以采取措施提高市场的效率。当市场失灵时，政府行动尤其有用（我们将在后面做详细介绍），因为财政部会建议从金融机构购买一些债务抵押债券和按揭证券。我们将用一个简化的情景解释这种提议的可能后果。

假定我们有两类风险债券：非流动性（I）类债券和不良（T）类债券。如其违约，则每类价值0美元；如其不违约，则每类价值1 000美元。I类债券违约的概率为10%，而T类债券违约的概率为30%。

假定现在只有两个债券持有人，且每人都持有不同的债券。每人都知道自己握有的债券类型，且都是风险回避者，而效用函数则为$U=W^{0.5}$，其中，W为债券持有人的财富，同时假定债券持有人的财富只有债券。

这些风险债券的唯一购买者就是美国财政部。然而，在购买债券之前，美国财政部不知道将要购买的债券究竟是I类还是T类。假设财政部购买任何一种债券的出价都是700。我们能否确定谁会把债券出售给财政部？财政部的期望利润是多少？我们可以运用期望效用来进行考察分析。

假定政府为每一种债券支付700美元，那么卖者的期望效用是：

$$EU_{出售债券}=700^{0.5}=26.458$$

若T类持有人保留债券，则对应的期望效用为：

$$EU_{保留债券}=0.7\times1\,000^{0.5}+0.3\times0^{0.5}=22.136$$

由于 26.458>22.136，所以 T 类持有人将会把债券卖给政府。

若 I 类持有人保留债券，则期望效用为：

$$EU_{保留债券}=0.9\times1\,000^{0.5}+0.1\times0^{0.5}=28.461$$

由于 28.461>26.458，所以 I 类持有人将保留债券。

因此，在这样的框架下，财政部将只能购买不良债券。而 I 类债券持有人则选择不出售。如果政府支付 700 购买 T 类债券（期望值为 700，即 0.7×1 000+0.3×0），那么，政府将收支平衡，即 700−700=0。

现在假设财政部改变其购买建议：

1. 购买任何一种债券的出价都是 700。或者：

2. 购买一种债券的 25%，出价是 220（在这种情况下，现有持有人保留其债券的 75%）。

每一个债券持有人都可以选择接受建议 1 或 2。此时，我们能否确定谁会把债券出售给财政部？财政部的期望利润是多少？我们再次运用期望效用来进行考察分析。若有一位卖家选择建议 1，其效用为：

$$700^{0.5}=26.458$$

若卖家 T 接受建议 2，其效用为：

$$\begin{aligned}EU_{建议2T}&=0.7\times(220+0.75\times1\,000)^{0.5}+0.3\times(220)^{0.5}\\&=0.7\times970^{0.5}+0.3\times220^{0.5}=26.251\end{aligned}$$

如果 T 保留债券，则期望效用为 22.136，这与前面的情况相同。由于 26.458>26.251>22.136，所以她会选择建议 1，而将债券卖给政府。

若卖家 I 接受建议 2，其效用为：

$$\begin{aligned}EU_{建议2I}&=0.9\times(220+0.75\times1\,000)^{0.5}+0.1\times(220)^{0.5}\\&=0.9\times970^{0.5}+0.1\times220^{0.5}=29.514\end{aligned}$$

如果保留债券，则期望效用为 28.461，这与前面的情况相同。由于 29.514>28.461>26.458，所以会选择建议 2，而将债券卖给政府。

因此，政府的期望收益为：

$$0.7\times1\,000+0.3\times0+0.25(0.9\times1\,000+0.1\times0)=700+0.25\times900=925$$

而政府的支出为：

$$700+220=920$$

产生的利润则是：

$$925-920=5$$

因此，有可能形成一种机制，让政府回购不良债券并提高债券持有人的福利（即提高了持有人的效用），同时财政部还可从中获利的机制是存在的，不过，还是要注意政府完成这项工作需要承担来自非流动性类债券的部分风险和来自不良类债券的全部风险。

贸易为什么会出现在国家之间？正如经济学家在两个多世纪中一直指出的，贸易保证专业化，而专业化提高了产量。因为美国可以与其他国家发展贸易，才能够在商品和服务的专业化方面做得更好，使商品和服务更便宜；之后，也能够与更擅长生产商品与服务的其他国家进行贸易往来。结果就是我们与我们的贸易伙伴互惠互利（后面将有介绍）。

资源禀赋的国际差异与各种人类和非人类资源的相对数量的国际差异是专业化的重要基础。拥有大量肥沃土地、极少资本和大量低技能劳动力的国家可能发现生产农业产品是有利的，而与此同时，只具有贫瘠土壤、大量资本和高技能劳动力的国家可能更适合生产资本密集、科技含量高的产品。然而，随着不同国家的技术和资源禀赋的变化，国际专业化模式也发生了变化。例如，一个世纪之前，美国在原材料与食品方面就比现在更加专业化。印度与中国的情况相同，但仅在 20 年前，它们都更加农业化了（例如，1985 年美国对中国的贸易逆差只有 600 万美元）。

战略环节 ☞

给告密者奖金

想要快速挣得 195 000 美元吗？英国公平交易办公室（相当于美国司法部的反垄断部门）在其网站上公布给予告密者 100 000 英镑的奖励，只要他能提供逮捕和定罪价格固定共谋行为的信息。同时也提供了热线电话。该办公室主任约翰·芬格尔顿称，在"假冒、自满与舒适"之后，此举仍将继续。

他已经起诉了超市对某些商品的定价行为，比如牙刷和茶叶。他正处于一项大型调查的中期：112 家建筑公司被上诉对建筑项目进行竞标共谋，其中包括医院、学校。77 家公司已经承认了自己的错误行为。共谋包括分享投标信息，提前确定哪家公司中标，然后由其他公司出具比"中标者"更高的价格。芬格尔顿也正在调查烟草定价和用于石油行业的海上软管定价。在 2007 年，他创下了罚款纪录，包括对英国航空违反燃油附加费规定而判罚的 1.25 亿英镑与对超市和牛奶厂因固定牛奶价格而判罚的 1.16 亿英镑。

为什么开始对价格固定感兴趣呢？因为该趋势是全球性的（参看描述有关美国和欧盟执法的战略环节）。出现这一趋势的部分原因还来自美国和欧盟对破坏国际价格固定日渐增加的压力。自从 2005 年开始，欧盟的罚金已经超过了 91 亿美元（是 2008 年的三分之一），大大超过了前 15 年罚金的总和。韩国、日本、印度和巴西刚开始对此表示关注，中国香港也是如此。这要归功于美国的一位副司法部长助理对"国际卡特尔行动如此普遍，到处欺负企业和消费者这一不断增长的全球性共识"的认可。

芬格尔顿将这种情况描述为"欧洲的一个巨大变革，并且相当突然。"下表给出了最近美国和欧盟反垄断的最高罚金。

美国

公司	国家	年份	罚金（百万美元）
瑞士罗氏大药厂	瑞士	1999	500
韩国航空公司	韩国	2007	300
英国航空公司	英国	2007	300
三星	韩国	2006	300
巴斯夫	德国	1999	225

续前表

公司	国家	年份	罚金（百万美元）
现代半导体	韩国	2005	185
英飞凌科技	德国	2004	160
西格里碳素公司	德国	1999	135
三菱	日本	2001	134
Ucar 国际	美国	1998	110

欧盟

公司	国家	年份	罚金（百万英镑）
蒂森克虏伯	德国	2007	480
瑞士罗氏大药厂	瑞士	2001	462
西门子	德国	2007	397
埃尼集团	意大利	2006	272
拉法基集团	法国	2002	250
巴斯夫	德国	2001	237
奥蒂斯电梯	美国	2007	225
喜力	荷兰	2007	219
阿科玛	法国	2006	219
苏威公司	比利时	2006	167

美国的情况平均出现在 2002 年，而欧盟的情况平均出现在 2005 年（反映出最近欧盟比美国的行动更多）；2007 年，美国的平均罚金为 3 亿美元，而欧盟的平均罚金为 4.34 亿美元。

英国的反腐败行动仍在开展。政府的国家欺诈举报中心公开了热线电话并允许对所有的案件进行集中处理。其具有里程碑意义的案件是民事赔偿权利的运用（针对巴尔福·贝蒂）和在一桩受贿案中对英国高管的第一次起诉（DePuy 国际的罗伯特·杜格尔）。怡安保险有限公司也收到了一张创纪录的罚单。

资料来源：Michael Peel，"Tough Protection：Competition Authorities Are Clamping Down，" *Financial Times*，May 8，2008，p. 9；and "Whistleblowing：A New UK Helpline，" at www. nortonrose. com/expertise/business-ethics-and-anti-corruption.

□ 运用需求与供给确定进口国家与出口国家

管理者如何预测本国在哪种商品的生产方面具备优势？一个重要的标志就是该国企业可以通过生产和出口该产品赚钱。考虑威尔顿公司，它为荷兰与美国生产一种新产品——该产品只在这两个国家才存在巨大的市场。在美国，该产品的需求曲线为：

$$Q_D^U = 8 - P_U \qquad (17.5)$$

而供给曲线为：

$$Q_S^U = -2 + P_U \qquad (17.6)$$

其中，P_U 为每单位产品在美国的价格（单位：美元，且 $P_U \geqslant 2$），Q_D^U 为该产品每月在美国的需求量（单位：百万），而 Q_S^U 则为该产品每月在美国的供给量（单位：百万）。

在荷兰，该产品的需求曲线为：

$$Q_D^N = 6 - 2P_N \tag{17.7}$$

而供给曲线为：

$$Q_S^N = -2 + 2P_N \tag{17.8}$$

其中，P_N 为每单位产品在荷兰的价格（单位：美元，且 $P_N \geqslant 1$），Q_D^N 为该产品每月在荷兰的需求量（单位：百万），而 Q_S^N 为该产品每月在荷兰的供给量（单位：百万）。

由于该新产品首次引入荷兰与美国生产，所以两国的管理者和分析家将预测产品进入两国市场后是否将出口，如果发生出口，美国与荷兰中哪一个国家可能出口商品。为了回答这个问题，我们一开始就必须注意如果从美国到荷兰（反之亦然）的交通成本等于零（为简单起见，我们如此假设），那么两个国家贸易后的产品价格一定是相同的。为什么？因为如果价格不同，低价格国家的企业就会通过购买产品并将其销售至高价格的国家而赚钱。如果这种情况持续下去，则前一国家的产品价格将上升，而后一国家的产品价格将下降，直到两国产品的价格最终相同。

利用两个国家的产品价格相同，我们想说明什么？在美国，价格以美元表示；而在荷兰，价格以欧元表示。我们想要说明的是，基于普通汇率，两国的价格是相同的。如果1欧元兑换（在银行及其他地方）2美元，那么美国的10美元就等于荷兰的5欧元。因此，如果汇率确定，则两国产品价格相同就意味着：

$$0.5P_U = P_N \tag{17.9}$$

如果产品市场没有政府介入，该市场就是竞争市场，该产品的价格水平将处在全球的产品需求与全球的产品供给相等的位置。换句话讲，价格处于均衡位置，即：

$$Q_D^U + Q_D^N = Q_S^U + Q_S^N \tag{17.10}$$

利用（17.5）式至（17.8）式，我们可以将（17.10）式中的 Q 表示成 P_U 和 P_N 的函数。用这些函数替换掉（17.10）式中的每一个 Q，我们可得：

$$(8 - P_U) + (6 - 2P_N) = (-2 + P_U) + (-2 + 2P_N)$$

并用 $0.5P_U$ 替换 P_N，我们会有：

$$(8 - P_U) + (6 - 2(0.5P_U)) = (-2 + P_U) + (-2 + 2(0.5P_U))$$
$$14 - 2P_U = -4 + 2P_U$$
$$18 = 4P_U$$
$$P_U = 4.5 \text{ 美元}$$

由于 $0.5P_U = P_N$，$P_N = 0.5(4.5) = 2.25$ 欧元。换句话讲，该产品在美国的价格为4.5美元，而在荷兰的价格则为2.25欧元。

给定这些价格后，我们就可以确定是美国还是荷兰将出口产品。基于（17.5）式，可知美国的月产品需求量为 $8 - P_U = 8 - 4.5 = 3.5$ 百万单位。而利用（17.6）式，可知美国的月产品供给量为 $-2 + P_U = -2 + 4.5 = 2.5$ 百万单位。因此，美国每个月将进口

3.5－2.5＝1 百万单位。基于（17.7）式，可知荷兰的月产品需求量为 $6-2P_N=6-2(2.25)=1.5$ 百万单位。而利用（17.8）式，可知荷兰的月产品供给量为 $-2+2P_N=-2+2(2.25)=2.5$ 百万单位。因此，荷兰每个月将出口 3.5－2.5＝1 百万单位。

总之，荷兰将成为新产品的出口国，并且每个月的出口额为 1 百万单位。

□ 运用生产者与消费者剩余分析政府倡导的自由贸易观点

对于上述美国与荷兰的例子，现在我们从自由贸易角度考察收益问题。为此，我们将要使用消费者剩余和生产者剩余的概念。图 17—3 给出了美国的情况。

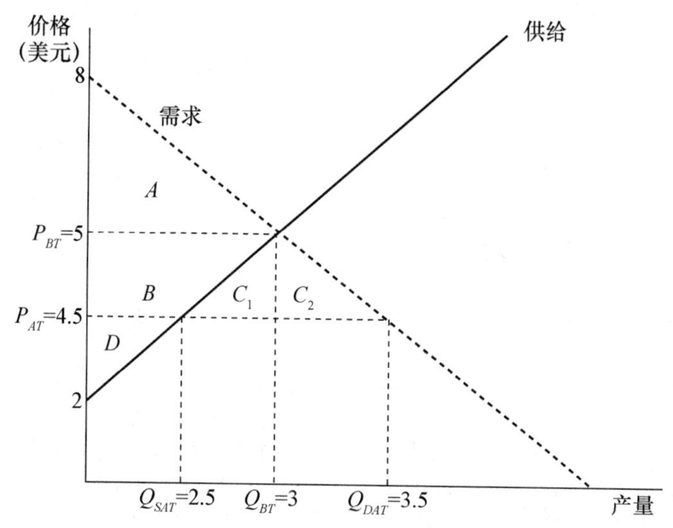

图 17—3　进行贸易前与贸易后，美国的消费者与生产者剩余

注：作为自由贸易的结果，美国的社会净收益为 C_1+C_2，其中的消费者剩余的收益为 $B+C_1+C_2$，生产者剩余的损失为 B。而 P_{AT} 为贸易后的价格；P_{BT} 为贸易前的价格；Q_{SAT} 为贸易后的供给量；Q_{DAT} 为贸易后的需求量；而 Q_{BT} 为贸易前的供给与需求量。

与荷兰进行贸易之前，美国的产品价格为 5 美元，成交量为 3 百万单位（令（17.5）式等于（17.6）式便可算出 P_U）。这样，在美国，余下的消费者剩余为 $A(=0.5\times3\times3=4.5)$，而生产者剩余为 $B+D(=0.5\times3\times3=4.5)$。进行贸易之后，由于价格下降（4.5 美元），所以消费者剩余增加（现在是 $A+B+C_1+C_2=0.5\times3.5\times3.5=6.125$）。这样，贸易给消费者带来的收益为 $B+C_1+C_2(=6.125-4.5=1.625)$。在进行贸易之前，美国的生产者剩余为 $B+D$，现在由于价格下降，其获得的生产者剩余减少到 $D(=0.5\times2.5\times2.5=3.125)$。因此，由于贸易而导致美国生产者剩余减少了 $B(=4.5-3.125=1.375)$。这样，消费者的收益（$B+C_1+C_2$）与生产者损失（B）之和——（C_1+C_2）——就是美国进行贸易的收益。其衡量方法为 $0.5\times0.5\times1=0.25=1.625-1.375$。社会变得更好了，因为社会福利从 $A+B+D$ 增加到 $A+B+D+C_1+C_2$，即增加了 C_1+C_2。尽管生产者遭受了损失，但理论上讲，消费者获得的收益足够弥补生产者受到的损失。

例如，假定美国政府向生产者开具了一张 $B+C_1$ 的支票。现在生产者获利 C_1（即 $B+D-B+B+C_1=B+D+C_1$，与贸易之前的 $B+D$ 相比）。可政府将从哪里找钱支付给生产者呢？可通过向最近获益的消费者征税。然而，即使征收税款 $B+C_1$ 之后，与进行贸易之前的 A 相比消费者依然获益 $A+B+C_1+C_2-(B+C_1)=A+C_2$。因此，贸易能够使美国获益，而若使消费者和生产者都从中获益还要取决于如何分配这些收益。

图 17—4 描述了荷兰的情况。贸易之前，商品售价 2 欧元，交易量为 2 百万单位（令（17.7）式等于（17.8）式便可算出 P_N）。荷兰消费者享受的消费者剩余为 $W+X_1+X_2$（$=0.5\times1\times2=1$），而荷兰生产者获得的生产者剩余为 Z_1+Z_2（$=0.5\times1\times2=1$），而荷兰全部的社会福利为 $W+X_1+X_2+Z_1+Z_2$（$=2$）。

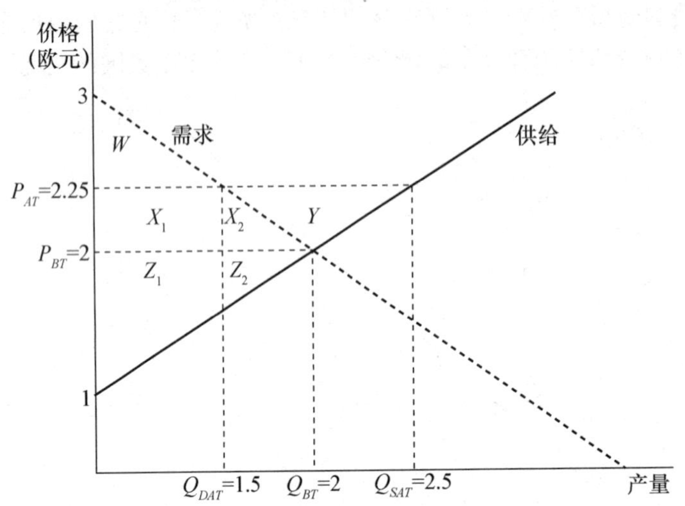

图 17—4　进行贸易前与贸易后，荷兰的消费者与生产者剩余

注：作为自由贸易的结果，荷兰的社会净收益为 Y，其中的生产者剩余的收益为 X_1+X_2+Y，消费者剩余的损失为 X_1+X_2。而 P_{AT} 为贸易后的价格；P_{BT} 为贸易前的价格；Q_{SAT} 为贸易后的供给量；Q_{DAT} 为贸易后的需求量；而 Q_{BT} 为贸易前的供给与需求量。

进行贸易之后，价格涨到了 2.25 欧元。价格上涨伤害了荷兰消费者，他们的消费者剩余下降至 W（$=0.5\times0.75\times1.5=0.562\,5$），即损失 X_1+X_2（$=1-0.562\,5=0.437\,5$）。然而，价格上涨有利于荷兰生产者，生产者剩余增加到 $X_1+X_2+Y+Z_1+Z_2$（$=0.5\times1.25\times2.5=1.562\,5$），增加了 X_1+X_2+Y（$=1.562\,5-1=0.562\,5$）。生产者的所得弥补了消费者的损失（即 $Y=0.5\times0.25\times1=0.562\,5-0.437\,5=0.125$）。社会福利现在为 $W+X_1+X_2+Y+Z_1+Z_2$（增加了 Y）。虽然每个国家的收益都相等（也就是说，荷兰的 0.125 欧元等于美国的 0.25 美元），但是情况并非一定如此。关键的一点是，两个国家均从贸易中获益（美国的 C_1+C_2，荷兰的 Y），这就带给双方从事贸易的激励。

然而，有一件事情在这两个国家必定为真，即在单一商品贸易世界里：美国的进口量必须等于荷兰的出口量。美国的实际贸易逆差为 1 百万单位，而且财政贸易赤字为 1 百万乘以全球价格 4.5 美元，即 450 万美元。另一方面，荷兰的实际贸易顺差为 1 百万单位，而财政贸易盈余为 225 万欧元（或 450 万美元）。

美国如何为从荷兰进口的商品支付欧元呢？我们可以从荷兰人进口美国的其他商品中挣得欧元；从到美国旅游的荷兰人手中获得欧元；从荷兰居民或商人或政府购买美国证券、服务、不动产等项目中赚取欧元。另外，我们还持有过去积累的欧元储备。

□ 运用关税与配额衡量贸易的收益

我们的例子说明美国在与荷兰的贸易中获益，无须重新分配收益，市场中消费者获得收益，而生产者遭受损失。假定并未向消费者征税，则企业将无法获得任何消费者剩余。这对生产者（但并不是很多的生产者）来讲是一个巨大的损失（B）。假设只存在 n 家相同规模的生产者，它们各自的损失则为 B/n，即每家企业都从贸易中遭受了很大的损失。它们可以形成贸易联盟以说服国会利用司法程序通过设定产品关税 T（这样可以把在美国出售的产品的价格从 P_{AT} 提高到 $P_{AT}+T$，并保住贸易前的生产者剩余 $B+D$）或发放进口产品配额（使得进口美国产品的数量只是自由贸易中 $Q_{DAT}-Q_{SAT}$ 的部分）以限制从荷兰进口商品。而为了消除自由贸易，每家企业愿意花费大量的资金（每家企业最高可达 B/n）。

下面我们考察配额 $\alpha(Q_{DAT}-Q_{SAT})=Q_{DAQ}-Q_{SAQ}$，其中，$1\geqslant\alpha>0$，可能造成的影响，如图 17—5 所示。

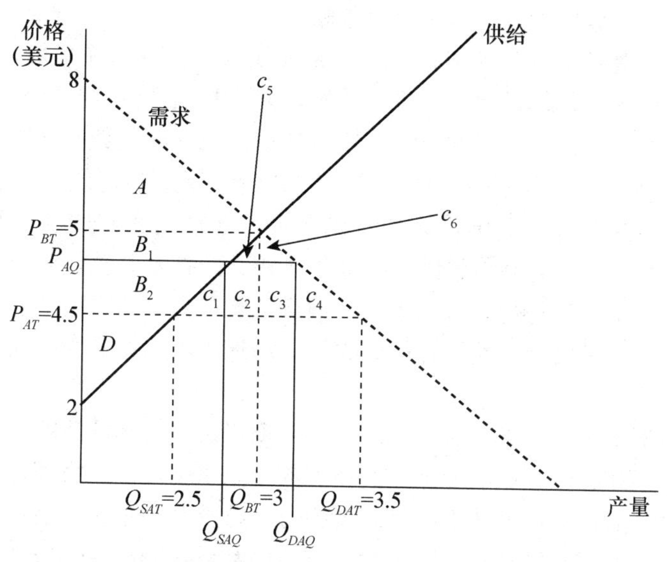

图 17—5　发放进口配额 $Q_{DAQ}-Q_{SAQ}$ 前后，美国的消费者与生产者剩余

注：作为实施进口配额 $Q_{DAQ}-Q_{SAQ}$ 的贸易结果，美国的社会净收益为 c_5+c_6，其中消费者剩余的收益为 $B_1+c_5+c_6$，生产者剩余的损失为 B_1。而 P_{AT} 为贸易后的价格；P_{BT} 为贸易前的价格；Q_{SAT} 为贸易后的供给量；Q_{DAT} 为贸易后的需求量；Q_{BT} 为贸易前的供给与需求量；Q_{SAQ} 为发放配额后的供给量；Q_{DAQ} 为发放配额后的需求量；而 P_{AQ} 为发放配额 $Q_{DAQ}-Q_{SAQ}$ 后的美国商品价格。

配额将美国的产品价格提高到 P_{AQ}。这使得消费者剩余减少了 $B_2+c_1+c_2+c_3+c_4$，而生产者剩余增加了 B_2。与自由贸易下的社会剩余 $A+B_1+B_2+c_1+c_2+c_3+c_4+c_5+c_6+D$ 不同，现在美国的社会剩余为 $A+B_1+B_2+c_5+c_6+D$。这样，美国社会福利的损失为 $c_1+c_2+c_3+c_4$，从贸易中获得的收益也缩减至 c_5+c_6。荷兰并未由于配额的存在而损失其在自由贸易中的全部剩余。荷兰依然向美国出口 $Q_{DAQ}-Q_{SAQ}$，并从每一单位产品中获取溢价 $P_{AQ}-P_{AT}$。于是，由于出口产品的减少，从而获取额外的生产者剩余为 c_2+c_3。荷兰人将遭受福利损失，但损失并不如想象的那样巨大，原因在于从配额项目中获取的价格溢价为 $P_{AQ}-P_{AT}$。运用配额，我们损失的部分福利却成为出口国获得的收益。

美国政府在将进口数量限制为 $Q_{DAQ}-Q_{SAQ}$ 并对社会福利造成较小负面效应时，能够实现同样的目标吗？假定政府对每单位进口产品施加关税 $P_{AQ}-P_{AT}=T$，那么美国消费者为该产品支付的价格将为 P_{AQ}，美国需求者的需求量将为 Q_{DAQ} 单位，美国供给者的供给量将为 Q_{SAQ} 单位，而将从荷兰进口的产品数量即为 $Q_{DAQ}-Q_{SAQ}$ 单位。美国社会福利的增加量为 c_2+c_3，因为现在美国财富将从进口中获益 $T(Q_{DAQ}-Q_{SAQ})$，而不是让其成为荷兰生产者的累积量（如同配额）。由于贸易限制，国内的社会福利将缩减至 c_1+c_4。不过，自由贸易允许我们获取前面提到的全部的 C_1+C_2，而不只是一部分（配额下的 c_5+c_6 或关税下的 $c_2+c_3+c_5+c_6$）。我们的结论是，如果政府限制贸易，关税是更为有效的方法（对于国内的社会福利来讲）。

□ 非完全竞争市场中的贸易政策

前面的分析假定市场是完全竞争类型；但市场并非总是如此，正如本书大部分内容涉及的那样。我们曾经针对非竞争情形向管理者提出过战略建议。同样地，对于非竞争情形下的贸易问题，政府也可以运用这些战略。

传统上，为提高社会整体福利，经济学家往往认定自由贸易是最佳政策。在 20 世纪 60 年代和 70 年代，他们常常欢迎降低关税，并不赞成 20 世纪 80 年代初期贸易保护主义的增长。他们再一次支持于 20 世纪 80 年代后期成立的北美自由贸易协定以及世界上的其他自由贸易区域。不过有一些经济学家开始驳斥这些传统的观念。在这些人看来，美国政府应当控制进入美国市场的外国企业，并推动我们的企业在外国发展。例如，如果某一高科技行业为其他的国内行业带来极大的技术收益，政府可以合理使用补助或关税以保护和推动这些行业。如果经济规模意味着只有两家高利润的厂商可以留在全球市场中，政府也可以合理使用补助或关税以增加美国企业成为上述两个幸运者中一个的机会。

根据这些经济学家的观点，从某个国家的角度来讲，这样的战略性行业是值得保护的。然而，难以区分哪些行业属于这一类型，同时难以估计国家将从这样的政策中获益多少。因此，这些战略性贸易政策的批评者担心，特殊利益集团可能会利用此类政策来提高自己的利益，而不是提高整个国家相关行业的利益。如果鉴别应当受到保护行业的标准比较模糊，那么很多行业就会运用这些标准合理地保护自己及其盟友，而不会去管是否值得这样做。

为了说明这一点，接下来考察行动中战略性贸易政策的使用。在商业喷气客机发展的过程中，就有关波音（美国）和空中客车（欧盟）的不公平政府补贴和反诉问题，美国和欧盟存在着一次争论。类似的争论还出现在由加拿大（庞巴迪）和巴西（巴西航空）政府对支线喷气飞机的资助问题中。

为了说明战略性贸易政策，我们可以运用博弈论模型。假定有两家企业，波音和空中客车，都能够生产 250 座的新型客机。每家企业的管理者都必须决定是否生产和营销这样的飞机。因为波音率先开始，所以由它先作出决定。图 17—6 给出了两家企业的支付矩阵。如果每家企业是该种飞机的唯一生产者，则获益 1 200 亿美元；但如果双方都决定生产这种飞机，则均损失 80 亿美元。显然，波音的管理者，博弈中的先动者，会决定生产飞机；而空中客车的管理者，一旦意识到波音致力于生产行动，将决定不生产。

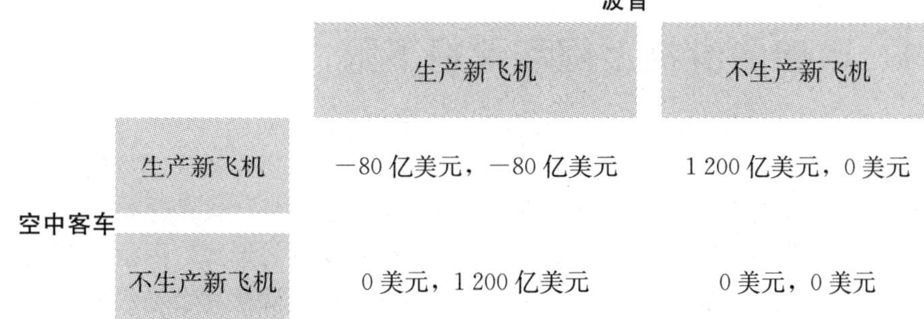

		波音	
		生产新飞机	不生产新飞机
空中客车	生产新飞机	−80 亿美元，−80 亿美元	1 200 亿美元，0 美元
	不生产新飞机	0 美元，1 200 亿美元	0 美元，0 美元

图 17—6　支付矩阵：波音与空中客车

波音是一家美国企业，而空中客车由欧盟企业联合体控制了其 67%的股份，包括法国、英国、德国和西班牙的航空公司（以及政府的许可和参与）。如果这些欧洲政府决定补贴空中客车 100 亿美元当且仅当空中客车生产该种飞机时，这个博弈的结果就截然不同了。新的支付矩阵如图 17—7 所示，显然，无论波音公司是否生产，空中客车的管理者都将生产飞机。换句话讲，作为补贴生产飞机的结果，空中客车的管理者现在有着主导型战略。而波音的管理者，意识到生产飞机将是空中客车的决策，将会发现自己生产飞机无利可图。他们反而决定不支持飞机生产。

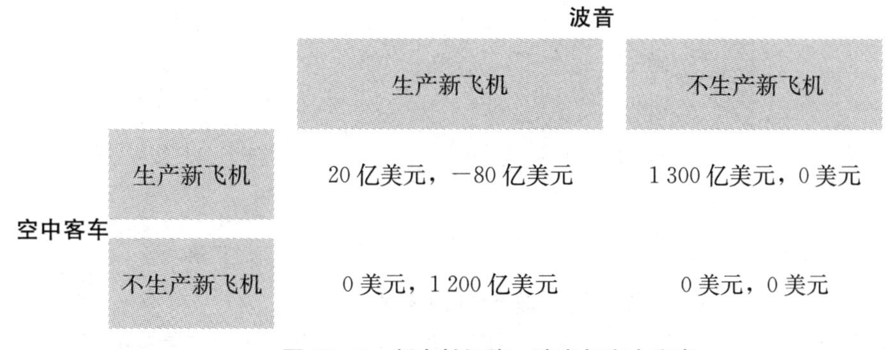

		波音	
		生产新飞机	不生产新飞机
空中客车	生产新飞机	20 亿美元，−80 亿美元	1 300 亿美元，0 美元
	不生产新飞机	0 美元，1 200 亿美元	0 美元，0 美元

图 17—7　新支付矩阵：波音与空中客车

实际上，欧洲各国政府从波音手中拿走了 1 200 亿美元的利润，然后赠与了空中客车公司。当然必须承认，他们一定要支付 100 亿美元的补贴，但这与其为“主队”获取的确定性利润 1 200 亿美元比起来，还是相对较少。由于这 1 200 亿美元是利润，我们可以预见随之而来的一个 100 亿美元的税收以补偿政府的补贴。但是事情变得更好了，因为欧盟政府拥有航空公司 67%的股份，它可获得 1 200 亿美元的 67%（=800 亿美元）。这是投资 100 亿美元而获得的一笔可观的回报。毫无疑问，这个例子似乎说明了政府的这类介入能够得到偿还。但事情并非如此简单：此类政府行为有可能招致报复。美国政府可以通过批准拨款 100 亿美元给波音作为生产飞机的补贴，来进行报复，从而两家企业都决定生产飞机，尽管这样做在经济上并不可取。但事实是，欧盟指控美国政府利用保护条约补贴波音公司，因为大部分的美国飞行研究与应用正在从军用飞机转向商用飞机。

17.11 政府的价格上限和价格下限

政府机构可以通过强制价格来干预国内市场，而不允许市场力量决定价格。存在**价格下限**的形式，即由于观念或市场决定的价格过低（最低工资法，农产品价格支持）的政治压力，政府不允许价格降至其市场水平。也存在**价格上限**的形式，即由于观念或市场决定的价格过高（租金控制）的政治压力，政府不允许价格涨至其市场水平。

我们将再次使用生产者和消费者剩余来估计此类政府干预市场的行为对社会福利的影响。考虑农产品价格支持的影响。图 17—8 描述了市场出清价格（P_C）和产量（Q_C），以及政府制定的价格下限（P_F）。

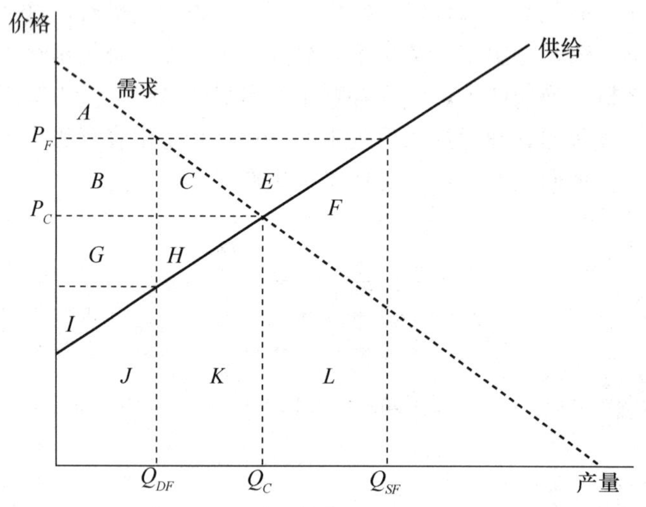

图 17—8　政府价格下限的影响

注：价格下限降低了社会福利，减少的部分是无谓损失三角形的最小值（$C+H$）或者是无谓损失三角形的最大值加上生产未使用产品的资源成本（$F+K+L$）。

假定政府利用价格下限，并意识到需求量只有 Q_{DF} 的供给者将只生产 Q_{DF}。消费者剩余为 A，生产者剩余（等于可变利润）为总收益（$B+G+I+J$）减去可变成本（J），即 $B+G+I$。可见价格下限情况下的社会福利为 $A+B+G+I$。

如果市场价格占主导地位，则消费者剩余为 $A+B+C$，而生产者剩余为 $G+H+I$，所以社会福利为 $A+B+C+G+H+I$。社会福利被定义为消费者剩余＋生产者剩余＋任何政府税收－任何政府补贴。价格下限使社会福利减少了 $C+H$；这被称作无谓损失三角形或社会福利三角形。无谓损失被定义为完全竞争条件下的社会福利与可变价格条件下的社会福利之差。

在这种情况下，通过将价格下限转向市场价格，消费者获得了消费者剩余中的 $A+B+C-A=B+C$。而通过将价格下限转向市场价格，生产者获得了生产者剩余中的 $G+H+I-(B+G+I)=H-B$。在价格下限情况下，不清楚生产者是获得收益还是遭到损失，因为 $H-B$ 可能为正，也可能为负。尽管图 17—8 显示，如果从价格下限变化为市场价格，生产者将损失剩余，但这一点也不一定总是成立。比所画供给曲线更缺少弹性的供给曲线将提高 H，但不会改变 B，因此有可能使 $H-B$ 为正。请注意，如果从价格下限变化为市场价格，消费者与生产者收益之和 $B+C+H-B=C+H$，即为社会福利。因此，价格下限情况下的无谓损失为 $C+H$。

如果供应商按供给曲线告诉他们的情况去生产，即当价格为 P_F 时，生产 Q_{SF}，那么又会怎样？由于在那样的价格水平上，消费者的需求只有 Q_{DF}，则市场上的剩余将为 $Q_{SF}-Q_{DF}$。市场在价格 P_F 处，购买了 Q_{DF} 单位的产品，而政府按照市场价格 P_F 购买了余下的部分，产生的政府支出为 $C+E+F+H+K+L$。

在价格下限情况下，消费者剩余仍保留在 A 的水平。生产者剩余现在就是生产者的全部收益（包括来自政府的收益）：$B+C+E+F+G+H+I+J+K+L$，再减去生产 Q_{SF} 单位产量的可变成本（$F+J+K+L$），即为 $B+C+E+G+H+I$。价格下限情况下的社会福利即为消费者剩余（A）加上生产者剩余（$B+C+E+G+H+I$），再减去政府支出（$C+E+F+H+K+L$），即为 $A+B-F+G+I-K-L$。市场价格下的社会福利为 $A+B+C+G+H+I$，无谓损失为 $A+B+C+G+H+I-(A+B-F+G+I-K-L)=C+H+F+K+L$。因此，在价格下限情况下，带有政府补贴的购买未售出产品的无谓损失将随着生产未售出产品成本的增加而增加。这是由生产未使用的产品而导致的一种稀缺资源浪费。

如果政府向生产者购买其没有生产也没有在市场上销售的产品，那么又会怎样？由于不必运输、储存或毁掉产品，政府节约了很多开销。政府应当支付多少呢？在价格 P_F 水平上，如果生产者卖出了 $Q_{SF}-Q_{DF}$ 单位的产品，那么生产者获得的生产者剩余，$C+E+H$，又会怎样呢？在价格下限情况下，消费者剩余仍为 A。生产者剩余中有 $B+G+I$ 来自市场销售，而有 $C+E+H$ 来自政府。政府支出是 $C+E+H$。所以在价格下限情况下，社会福利为 $A+B+G+I+C+E+H-(C+E+H)=A+B+G+I$，而社会福利在市场价格下为 $A+B+C+G+H+I$，来自价格下限机制的无谓损失是 $C+H$，即社会福利三角形。因此，政府想要支持农产品价格下限，向农民购买没有生产的产品就是一种支持方法。

价格上限的情况又怎样呢？考虑图 17—9，其中的价格上限为 P_{Ce}，对商品的需求为 Q_{DCe}，供给者提供的产量为 Q_{SCe}；所以造成的缺口为 $Q_{DCe}-Q_{SCe}$。但是因为市场只能提供 Q_{SCe}，这是一个相对的数值。那些足够幸运的消费者将收到的消费者剩余为 $A+B+E$，生产者收到的生产者剩余为 J，则社会福利为 $A+B+E+J$。如果市场能够发挥作用，则价格为 P_C，消费者剩余为 $A+B+C$，生产者剩余为 $E+F+J$，社会福利为 $A+B+C+E+F+J$，无谓损失为 $C+F$。

在市场价格水平下，消费者得到了消费者剩余中的 $A+B+C-(A+B+E)=C-E$。这个结果可能为正也可能为负，而在图 17—9 中的结果为负。然而，在市场均衡中，更加陡峭的需求曲线会增加 C，而不改变 E，于是，潜在的 $C-E>0$。在市场价格水平下，生产者的收益是 $E+F+J-J=E+F$。因此，在市场价格水平下，社会福利增加了 $C-E+E+F=C+F$。

图 17—9 中的 P^* 的意义是什么？想要得到 Q_{DCe} 的需求者试图获得 Q_{SCe} 单位的产品，因此必须有一个理性的机制。该机制可以是一个彩票，其中，幸运地获得 Q_{SCe} 的胜出者得到了想要的数量。它也可以是一个隐藏的价格机制。例如，有报道称人们为了得到出租公寓而需要支付“钥匙钱”（等于 P^*-P_{Ce}，以保证在 P_{Ce} 水平下的需求量等于供给量）。

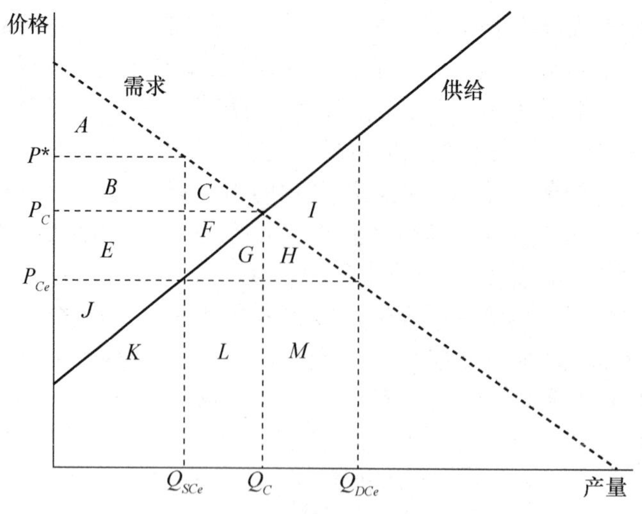

图 17—9　政府价格上限的影响

注：如果政府补偿生产者遇到的任何损失或者是无谓损失三角形 I，那么通过无谓损失三角形（$C+F$），价格上限降低了社会福利。

假定政府希望满足在价格 P_{Ce} 水平下的所有需求。生产者将提供全部需求量并且每单位产品的价格为价格上限，然后政府会补偿生产者遇到的任何损失。消费者剩余为 $A+B+C+E+F+G+H$。生产者剩余为 $J+K+L+M+I+G+H-(I+G+H+K+L+M)=J$。针对生产者没有从消费者购买中获得的收益抵消的生产成本，由政府支付额度 $I+G+H$，则社会福利为 $A+B+C+E+F+G+H+J-I-G-H=A+B+C+E+F+J-I$。此时，无谓损失三角形为 I，其中，超过最优数量的额外的 $Q_{DCe}-Q_C$ 带给消费者的利益是 $H+M$，但是带来的生产成本是 $I+H+M$。

一条很老的电视广告这样讲道，"愚弄自然母亲是不好的。"同样地，愚弄市场产出也是不好的（不包括当市场失灵时，可以愚弄外部性，正如我们即将要指出的）。

17.12　税收的福利影响

假定政府对某种商品的每个单位征税 t，并要求卖家向政府交税。税收就在卖家收到的价格和需求者支付的价格之间插进了一个 t。考虑图 17—10，如果没有征税，实行市场价格，则消费者剩余为 $A+B+C$，生产者剩余为 $E+F+G$，而社会福利为 $A+B+C+E+F+G$。如果征税，需求者支付的价格为 P_D，消费量为 Q_t。按净值计算，供给者接受的价格为 $P_S=P_D-t$。消费者剩余为 A，生产者剩余为 G，政府的税收为 $t\times Q_t=B+E$，而社会福利为 $A+B+E+G$，由征税导致的无谓损失为 $C+F$。

谁来承担税收的重担：生产者还是消费者？它取决于需求和供给的相对价格弹性。在市场价格均衡坐标系中，需求价格弹性取决于曲线的斜率（回顾第 2 章中弹性的定义，$\eta=(P_M/Q_M)\times(1/\text{斜率})$），因为两条曲线的 P_M 和 Q_M 都相同。较为平缓的需求曲线（弹性较大）会降低产量并在给定时刻 t 对应一个更低的价格 P_D，因此，在更富有弹性的需求曲线上的需求者将缴纳更少的税，而较为陡峭的供给曲线（弹性较小）会增加产量并在给定时刻 t 对应一个更低的价格 P_S。因此，在更缺乏弹性的供给曲线上的供给者将缴纳更多的税。税收负担落在缺乏弹性的市场参与者肩上。

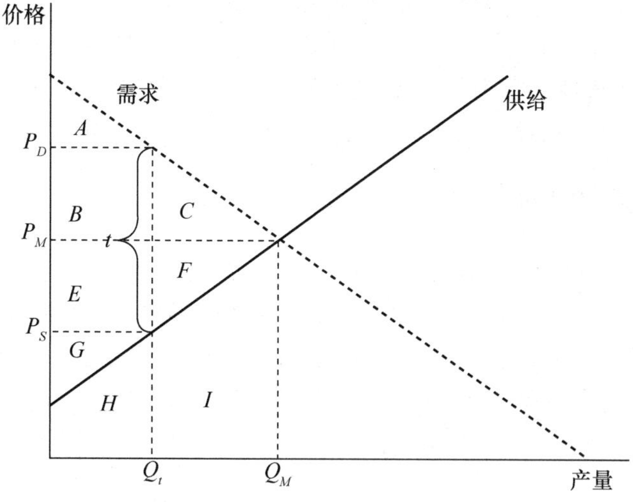

图 17—10　每单位税收的福利成本

注：每单位税收引发的无谓损失为 $C+F$。买家缴纳税多还是卖家缴纳税多取决于他们相对的价格弹性，弹性小的缴纳税多。

17.13　对环境污染的规制

在讨论过反托拉斯、贸易、税收政策和专利制度之后，我们回头来考察政府规制这一主题。政府机构可以对经济生活的很多方面进行规制，而不仅仅是对从事公共事业的公司进行定价。各种不同的行业，从炼钢业或是化工业到造纸业或是石油化工业，其中的企业管理者一定要理解和应对保护环境的大量的政府规制。为了说明这一情况，考虑储备矿业公司（现为北岸矿业公司）的例子，公司通过提炼铁燧岩石生产铁粒。储备公司每生产一吨铁粒，就伴随着两吨铁燧岩尾渣，十多年来这些尾渣都被倒入苏必利尔湖中。1969 年，储备公司陷入一场诉讼纠纷之中，当时争论最激烈的事情之一便是在供应给明尼苏达德卢斯的水中发现了石棉状纤维。1977 年，当这场法律纠纷被解决时，储备公司被准许建造新的倾倒场地设施，其成本大约为 4 亿美元。该价格虽然很高，但苏必利尔湖中石棉状纤维的含量显著下降了。

下面几个小节我们将解释在缺少政府监督时，我们的经济为什么会造成如此多的污染，然后讨论污染控制的最优水平并描述政府规制的各种形式。

□ 外部经济性与外部不经济性

为了理解经济活动为什么可能产生大量的污染，就必须定义外部经济性和外部不经济性。当企业或个人的行为给他人带来无须偿还的好处时，**外部经济性**就出现了。例如，一家企业培训的工人最终为其他企业工作，而后者却不必为此支付费用。或者管理者实施的一项研究可能会对其他不必为此项研究买单的企业也有益处。一般地，从社会观点来看，带来外部经济性的行为往往会缺乏。开展行动的企业或个人对社会福利有贡献但却没有收到回报，可能会不如社会希望的那样较为频繁地采取类似的行动。

当企业或个人的行为给他人带来无须补偿的成本或伤害时，**外部不经济性**就出现了。例如，一家企业可能释放损害附近家庭和企业的烟尘。一般地，从社会观点来看，带来外部不经济性的行为往往表现过度。开展行动的企业或个人所产生的成本由其他人承担，可能会超出社会的希望，更加频繁地采取那样的行动。

□ 污染问题的根源

理解我们的经济为什么会带来太多污染（从社会观点来看）的关键是理解外部不经济性的概念。污染我们的淡水和空气的企业和个人就在从事导致外部不经济的行动。他们可能通过排出废物来污染河流，或排放烟尘和其他物质来污染空气。这些行动都会产生外部不经济性。那些制造污染的人（没有受到惩罚）将污染成本转嫁到其他人身上；正如我们指出的，从社会观点来看，他们可能会过度污染。

在竞争性经济中，资源往往以最高社会价值的方式被加以利用，因为资源会配置给那些认为值得为其付出最高价格的个人和企业，其前提是假定价格反映了真实的社会成本。然而，由于假定存在外部不经济性，个人和企业没有对某种资源支付真正的社会成本。尤其是假设一些企业和个人可以免费使用水和空气，而其他企业或个人却要承担前面那些企业或个人使用水和空气的成本。在类似情况下，水和空气的使用者将根据支付的价格来指导他们的决策。因为他们的支付低于真实的社会成本，对他们来讲，水和空气的成本被人为调低，以至于从社会观点来看，他们会过多地使用这种资源。

□ 污染控制的最优水平

与社会其他成员一样，管理者既能从社会角度也能从个人角度看待事物。他们应当对其行为对社会造成的总体影响和其行为对企业利益的影响有着敏锐的感觉。一般地，一个行业产生的污染量会随着产出水平的不同而不同。例如，企业可以安装像除尘设备那样的污染控制设备以降低污染量。在本小节，我们要确定污染控制的社会最优水平。

保持行业产出不变，不同排放水平的社会总成本如图 17—11 所示。行业排放到环境中的未经处理的废物越多，总成本就越大。图 17—12 指出了行业废物不同排放水平的污染控制成本。行业减少的废物排放量越大，污染控制的成本就越高。图 17—13 则给出了行业废物不同排放水平的两种成本（污染的成本和控制污染的成本）之和。

从社会观点来看，行业应当减少排放并使成本降低到两种成本（污染的成本和控制污染的成本）之和的最低值。特别地，行业的最优污染水平是图 17—13 中的 B。为了考察为什么这一点是最优水平，请注意如果行业排放低于这个数量，那么每增加一单位污染而降低的污染控制成本要大于它增加的污染成本；如果行业排放量大于这个污染量，那么减少一单位污染而降低的污染成本要大于它增加的污染控制成本。

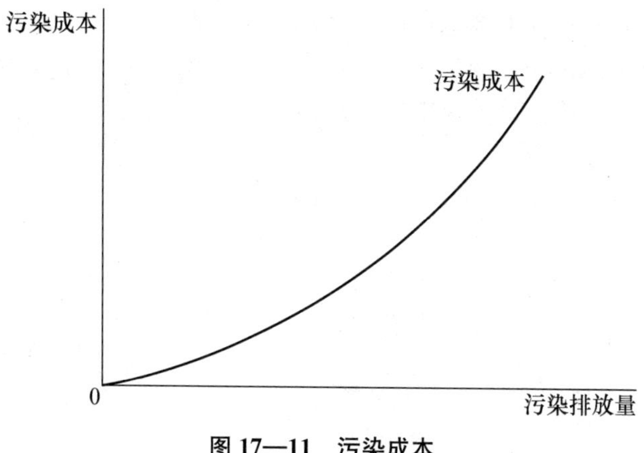

图 17—11　污染成本

注：污染成本随污染排放量的增加而增加。

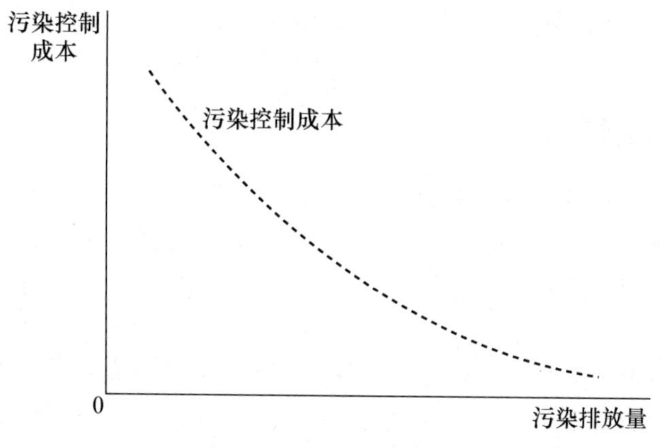

图 17—12　污染控制成本

注：污染控制成本随污染排放量的增加而减少。

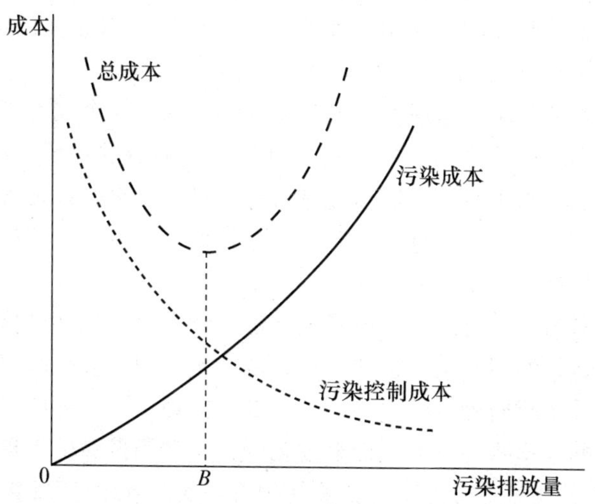

图 17—13　污染成本和污染控制成本

注：从社会观点看，行业的最优污染水平是 B。

图 17—14 指出，在行业废物排放的每一水平上，额外排放一单位废物的边际成本用 UU' 表示。图 17—14 也指出，减少一单位废物排放的边际成本用 VV' 表示。该行业

的社会污染最优水平就处于两条曲线的交叉点。在此点处，增加额外一单位污染的成本恰好等于减少额外一单位污染的成本。无论我们观察图 17—13 还是图 17—14，答案都是相同的：B 是社会污染的最优水平。

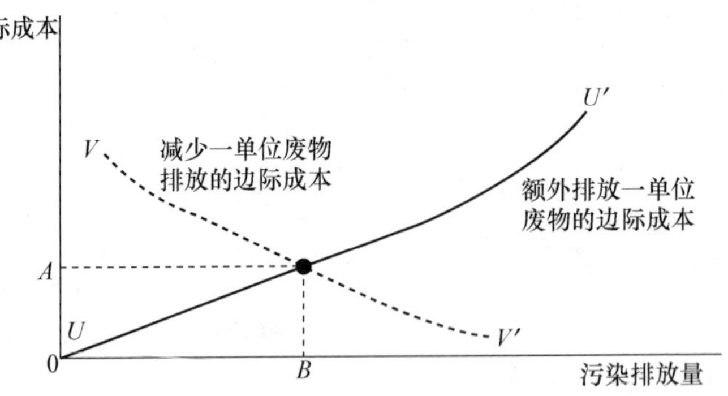

图 17—14　污染的边际成本和控制污染的边际成本

注：在污染的社会最优水平点 B，增加额外一单位污染的成本等于减少额外一单位污染的成本。

□ 政府规制的形式

由于行业不必为其造成的损害支付全部的社会成本，它会发现如果把污染降低到图 17—14 中的水平 B 是无利可图的。政府激励企业减少污染的一种方法是直接规制。例如，政府可要求该产业将其污染控制在 B 单位水平。美国许多经济部门都依靠这种类型的直接规制。

引导管理者减少污染的另一种方法是征收**排污费**。排污费是污染者为其排放的污染物必须向政府缴纳的费用。例如，在图 17—14 中，可对每单位污染征收排污费 A。如果这样，行业每增加额外一单位污染的边际成本为 A，并将其污染降低到社会最优水平，B。为了最大化其利润，行业管理者将污染降低到 B 单位，因为减少污染是有利可图的，只要减少一单位污染的边际成本小于 A——而且，正如我们从图 17—14 中看到的，如果超过污染水平 B 就向其征收排污费。

为了说明排污费的使用，考虑德国的鲁尔峡谷，这是一个高度工业化但供水有限的地区。鲁尔地区采用了征收排污费的方法来维持当地河流的水质，结果很成功。因此，直接规制也是有效的。由于某些方法在处理某些类型的废物时危害很大，因此，唯一合理的解决办法就是禁止排放。而且，有时征收排污费并不可行，例如，在测量各个企业和家庭的污染物排放量非常困难的情况下。

然而，政府还有另一个可减少污染量的办法：颁发可转让污染排放许可证，许可证持有者可以排放一定量的污染物。这些许可证的数量有限，被分配给不同的企业，目的是使污染排放总量等于政府确定的水平。许可证可以被买卖。那些发现治理污染费用昂贵的管理者可能会购买这些许可证；而发现治理污染费用低廉的管理者可能会出售这些许可证。1990 年的《空气清洁法案》要求使用许可证以减少二氧化硫的排放，并且芝加哥贸易委员会投票支持建立一个许可证交易市场（参看本章后面的问题 2）。2005 年，二氧化碳许可证国际交易市场在阿姆斯特丹成立。

下面考虑解决问题的另一种方法，它要归功于罗纳德·科斯，由于其对经济学的贡献（也包括这个方法），科斯获得了 1991 年的诺贝尔经济学奖。哈顿菲尔德啤酒厂（一家小型啤酒厂）位于切利·希尔化工厂的下游。切利·希尔将其废物排放到河水中，而哈顿菲尔德需要干净的水酿酒，所以必须对河水进行过滤。这种过滤要花费哈顿菲尔德5万美元，而其当前的利润是20万美元。切利·希尔现在的利润是50万美元。切利·希尔可以在向河流排污之前做污染物净化处理，从而使河水达到酿造啤酒的要求。安装和使用这样一个净化系统需要4万美元。科斯认为控制污染的过程和成本无须政府干预也可以得到解决。

假定不存在关于污染的政府法律。切利·希尔可以随意进行污染。从上面的情况可知，社会产出的价值是70万美元，即20万美元加上50万美元。

注意，如果哈顿菲尔德的管理者向切利·希尔支付4万美元用于净化污染物，则哈顿菲尔德可以节约1万美元，且利润增加到21万美元，因此也可以将社会产出价值提高到71万美元。污染消除了，社会福利也增加了，而整个过程只有私有实体参与。

然而，这样的解决方法可能由于谈判成本高昂而无法实施。假定哈顿菲尔德与切利·希尔达成协议的谈判成本为1.1万美元。切利·希尔的管理者没有理由进行谈判或是支付谈判成本。哈顿菲尔德的管理者可以获得1万美元的谈判收益，但他们必须承担1.1万美元的谈判成本，所以他们宁愿选择不谈判，并对使用的河水进行过滤会更加便宜。

假定我们对这种情况实施一项基本法规——不是针对污染本身的法律，但法规要求一个人应该为其对他人造成的损失负法律责任。切利·希尔的污染物对哈顿菲尔德造成了5万美元的损失（如果哈顿菲尔德拥有干净的水，它将不用花费5万美元进行过滤，而利润也将增加到25万美元）。假定要为自己对他人造成的损失负责，切利·希尔可以关闭工厂并停止污染。它的利润很高，关闭工厂将是愚蠢的行为，因为这样做社会就无法享用其产出。对切利·希尔来讲，一个更好的办法是为其造成的损失向哈顿菲尔德支付5万美元；而它仍然有45万美元。另一个较好的办法是切利·希尔安装净化系统并承担4万美元的成本；而它仍然有46万美元。这些办法可使切利·希尔免除任何法律责任，因为河水不再受到污染。

请注意，在第一种情况下不存在任何法规（假设也没有谈判成本），切利·希尔没有受到任何约束，最终的解决办法是由哈顿菲尔德付钱给切利·希尔去安装净水设备。而在第二种情况下，存在一项责任法规，最终的解决办法是切利·希尔自己掏钱去安装净水设备。无论是否存在法规，私营企业都会选择最便宜的方法去消除污染问题，也就是说，切利·希尔安装净化设备。在以上任何一种情况下，社会福利都是71万美元。

上述两种情况的差别是在哈顿菲尔德与切利·希尔之间的福利分配。若存在责任法规，则切利·希尔的所得是50万美元−4万美元=46万美元，而哈顿菲尔德的所得是25万美元。若不存在责任法规，则切利·希尔的所得是50万美元+P美元−4万美元=46万美元+P美元，而哈顿菲尔德的所得是25万美元−P美元，其中5万美元>P美元>4万美元。前面我们假设哈顿菲尔德向切利·希尔支付安装净化设备的成本；但由于没有责任法规，切利·希尔不会减少污染。显然，切利·希尔的管理者必须从哈顿菲尔德那里至少获得4万美元（净化设备成本）；由于哈顿菲尔德清除污染需要花费5万美元，切利·希尔的管理者可能要求P的数额高于4万美元（但哈顿菲尔德支付的数额永远不会超过5万美元，因为它可以用这5万美元自己进行过滤）。

因此，在没有责任法规的情况下，切利·希尔的所得将介于50万美元和51万美元之间，而哈顿菲尔德的所得介于20万美元和21万美元之间。切利·希尔希望没有法规，而哈顿菲尔德希望有相应的法规；但无论是哪种情况，社会福利都是71万美元，且选择减少污染的方法是最便宜的。

战略环节 ☞

买卖温室气体排放权

第一个与人类健康有关的空气污染排放交易许可出现于1994年，当时，公共服务企业集团（新泽西州）减少的氧化氮排放量超过了2 400吨，高于法律要求，而东北公用（新英格兰公共事业维护者）则宣称它打算购买其中的500吨排放量。自从那时起，我们就开始了一个漫长的旅程。

芝加哥气候交易所是北美最大和最早的经营温室气体排放减少项目的市场。它的业务是自2003年开始的总量控制与交易制度下的项目。该交易所终止于2010年12月31日。但该业务在欧洲（欧洲气候交易所）仍在进行。

下面简要讨论交易量（准许污染的公吨数）和购买排放许可的价格（每公吨）。在2008年经济滑坡前，交易量和价格都有一个上升的趋势，而经济衰退后期和经济复苏早期，交易量和价格又都降到最低点。高峰期，每公吨污染气体排放权的价格大约为7.50美元。而在2011年7月，只有4个交易：一个是以每公吨0.75美元购买了500公吨，而另外三个是以每公吨0.60美元购买了1 500公吨，都是作为期货交易来完成的。在美国，大多数交易日期都可追溯到2010年7月之前，其中与印度两笔，与巴西、乌拉圭和中国各一笔。[a]

欧洲排放许可市场也体现了经济放缓的影响。据彭博社报道，在欧盟中央银行主席谈论有关缓慢的经济增长之后，欧盟2010年12月份的排放许可价格下降了2%，降至每公吨24.08美元。[b]

新西兰排放交易计划（2008年写进法律）涉及各实体之间的新西兰单位交易。交易计划的目的是减少排放到本国的温室气体。那些释放此类气体的企业，比如矿业，在排放温室气体时就需要交费。它们将向政府“购买”新西兰单位才可排放温室气体。另一方面，比如森林，将从政府手里获得新西兰单位，因为它们可以吸收温室气体。在某些情况下，政府会把新西兰单位给一个实体，如果政府确定这样的分配会产生更多的社会福利。在计划实施的最初阶段（2010年7月1日至2012年12月31日），参与者可以从政府那里以25美元的价格购买一个新西兰单位，而那些能源、工业和液体化石燃料等部门每释放两公吨温室气体需要上交一个新西兰单位。在2013年，情况有些变化，每释放一公吨温室气体需要上交一个新西兰单位，新西兰单位的价格由市场决定，而不是制定的25美元。

这个计划为温室气体排放设定了价格，该价格为努力减少这些排放（向下倾斜的需求曲线的影响）的实体创造了激励。与此同时，它也为吸收二氧化碳的森林种植提供了激励。通过排放交易，参与者可以选择如何完成减少排放的义务；也就是说，他们可以减少主要产品的生产，转向排放有益气体的生产，或者购买新西兰单位以排放更多的气体。

新西兰单位包括二氧化碳、甲烷、氧化氮、氢氟碳化物、全氟碳化物、六氟化硫。

这个计划将由经济发展部管理并运行。它还负责对遵守该计划的参与者进行保险。新西兰政府将此项交易计划看成是政府对全球气候变化作出的首要举措。请注意新西兰也是《京都议定书》的签约国。[c]

a. 参见 www.theice.com/ccx.jhtml and see Nathaniel Gronewold, "Chicago Climate Exchange Closes Nation's First Cap-and-Trade System but Keeps Eye to the Future," *New York Times*, January 3, 2011。

b. 参见 Catherine Arlie, "European Carbon Permits Fall as Slow Economy May Sap Demand," Bloomberg.com, May 6, 2011, at www.bloomberg.com/news/print/2011-05-06/european-carbon-permits-fall-as-slow-economy-may-sap-demand.html。

c. 参见 "Emissions Trading Scheme basics" at www.climatechange.govt.nz/emissions-trading-scheme/about/basics.html。

□ 规制导致的成本增加对价格和产量的影响

无论政府怎样引导企业减少污染，结果都是企业的成本增加，正如前面讨论的储备矿业公司的情况。企业每年都要花费巨额资金用于环境保护（即用于防止超过法律限定，也用于支付超过法律限定的罚金）；例如，据报道，2009 年，杜邦公司花掉了大约 5.72 亿美元（税前）用于环保支出。[①] 如何确定增加的成本中有多少可以通过提价的方式转嫁给消费者，而企业自身承担的又有多少，认识并了解这一点非常重要。它与前面讨论的税收指标类似。

假设有一项新法规要求造纸厂必须采取新方法以减少污染。假定造纸业是完全竞争类型的，我们可以比较法规颁布前后的情况。在法规颁布之前，假定每家造纸厂的边际成本函数为：

$$MC=20+40Q \qquad (17.11)$$

其中，Q 等于每周生产的纸张吨数（以千计）。如果价格为 P，管理者为了实现利润最大化，令价格等于边际成本，即：

$$P=20+40Q$$

或者：

$$Q=-0.5+0.025P$$

如果存在 1 000 家造纸厂，成本函数都相同，则行业的供给曲线为：

$$Q_S=1\,000(-0.5+0.025P)=-500+25P \qquad (17.12)$$

假定对纸张的需求曲线为：

$$Q_D=3\,500-15P \qquad (17.13)$$

我们可以发现，若令（17.13）式中的需求量等于（17.12）式中的供给量，可以得出纸张的均衡价格和产量。

① DuPont, 2010 Global Reporting Initiative Report, p. 43, at www2.dupont.com/Sustainability/en_US/assets/downloads/gri.pdf.

$$3\,500-15P=-500+25P$$
$$40P=4\,000$$
$$P=100$$

需求量等于：

$$Q_D=3\,500-15P=3\,500-15(100)=2\,000$$

而供给量与之相同：

$$Q_S=-500+25P=-500+25(100)=2\,000$$

换句话讲，在法规颁布之前，每吨纸张的价格为 100 美元，每周将会生产 2 000 千吨。

新法规颁布之后，纸张的价格和产量是多少呢？假定法规将造纸成本提高了 25%，那么法规颁布之后，每家造纸厂的边际成本函数则变为：

$$MC=1.25(20+40Q)=25+50Q$$

为实现利润最大化，每家企业都令边际成本等于价格，即：

$$25+50Q=P$$

或者：

$$Q=-0.5+0.02P$$

因此，法规颁布后的行业供给曲线为：

$$Q_S'=1\,000(-0.5+0.02P)=-500+20P \tag{17.14}$$

如果全部 1 000 家造纸厂都留在该行业（如果有些企业无法避免损失，就有可能退出，回顾一下第 7 章），为了确定法规颁布之后的均衡价格，我们可令（17.13）式中的需求量等于（17.14）式中的供给量：

$$3\,500-15P=-500+20P$$
$$35P=4\,000$$
$$P=114.29$$

因此，法规颁布后的需求量等于：

$$Q_D=3\,500-15P=3\,500-15(114.29)=1\,785.71$$

而供给量与之相同：

$$Q_S'=-500+20P=-500+20(114.29)=1\,785.71$$

换句话讲，在法规颁布之后，每吨纸张的价格为 114.29 美元，而每周将会生产 1 785.71千吨。

显然，新法规使价格上涨（每吨价格从 100 美元涨至 114.29 美元，但要注意成本的增速低于 25%），并使产量下降（每周产量从 2 000 千吨降至 1 785.71 千吨）。这是该类法规典型的结果，但是价格上涨（和产量减少）的幅度取决于产品的需求价格弹性。如果价格弹性的绝对值较低，价格上涨的幅度就高于（而产量下降的幅度则小于）价格弹性绝对值较高的产品。

拍卖频谱使用权：澳大利亚和美国

1995 年，联邦通信委员会完成了有关宽带私人通信服务许可的第一个拍卖。在设计这次拍卖中，联邦通信委员会与其经济支持者都清楚地知道拍卖可能会产生适得其反的不良后果，就如同澳大利亚的一桩著名案件那样。1993 年 4 月，两个卫星电视服务许可拍卖在澳大利亚进行。当收到密封竞标书后，获胜者为嗨视觉有限公司和友康私人有限公司；它们的竞拍价格分别为 1.4 亿美元和 1.2 亿美元。因为这些竞拍价格远高出预期，还因为它们并不是澳大利亚电视行业的主要企业，所以澳大利亚政府称这次拍卖开创了“一个全新的时代”。

令政府感到惊愕的是，嗨视觉有限公司和友康私人有限公司竟然同时违约，根本无法提供它们的竞价。因此，许可不得不被重新奖励给次高价者，结果胜出者还是上述两家公司。很快真相大白，每家企业都递交了多个标价，每个标价间相差 500 万美元。在大量标价违约之后，友康最终以 8 000 万美元获得了一份许可，而口海视觉以 5 000 万美元得到了另一份许可。一位澳大利亚的政治家称这次拍卖为“世界上最大的媒体许可失败案例之一”，而且鲍勃·柯林斯，澳大利亚的通信部长，几近被解雇。

拍卖也可能相当成功。在 2008 年 3 月，美国政府宣布对无限频谱的竞价超过 190 亿美元的公司，由广播公司提供免费的数字电视转换业务。这可是有史以来最有利可图的拍卖。

问题：

1. 与其他挑选许可获得者的计划相比，本次拍卖的优势是什么？

2. 澳大利亚许可拍卖的基本缺陷是什么？

3. 为避免这样的缺陷，联邦通信委员会明确规定各企业必须向其缴纳首付款；并且在拍卖中，如果一个高投标者撤回了它的标价，那么它将负有偿还标价与最终获得许可的价格之间差价的责任（如果拍卖后撤回标价，将受到 3%的额外惩罚）。为什么这些规定有助于避免这样的缺陷呢？

答案：

1. 拍卖往往可以降低选择许可的成本和延迟。听证会和抽签是两种分配许可的主要方法，但会用掉大量的资源，尤其是经济、工程和法律顾问的时间。

2. 澳大利亚拍卖许可案例的基本缺陷是缺乏对违约的惩罚，这意味着投标并非意义重大。

3. 这些明确规定旨在阻止竞标者违约却又不会为此受到惩罚。[a]

a. 进一步的讨论参见 John McMillan, “Selling Spectrum Rights,” *Journal of Economic Perspective*, Summer 1994; and Stephen Labaton, “Wireless Spectrum Auction Raises $19 Billion,” *New York Times*, March 19, 2008, at www.nytimes.com/2008/03/19/technology/19fcc.html。

17.14 公共产品

除了对环境与垄断行为进行规制外，政府还履行广泛的经济职能，包括提供商品和服务。例如，政府负责国防事务，它是一个社会中极其重要的产品。为什么是政府而不是其他部门提供某些产品呢？一个重要的原因是某些商品——所谓的公共产品——不可能通过私有（非政府经济）部门提供如此大的数量，因此，政府肩负起提供这些产品的重担。在结束本章之前，我们必须简要介绍公共产品是什么，以及为什么私有部门无法提供足够数量的公共产品。

公共产品的一个主要特征是，一个人在消费公共产品时不会减少其他人消费公共产品的数量。公共产品相对而言往往并不可分割；公共产品通常大规模存在以至于无法拆分成更小的部分而拿到普通市场上去买卖。而且，这样的产品一旦被生产，就无法阻止民众对它的消费。无论民众是否承担公共产品的生产成本，他们都能够从公共产品中受益。显然，这也意味着实际上任何企业都难以销售公共产品。

国防是一种公共产品。国防开支带来的益处惠及整个国家。国防惠及额外一个公民并不意味着其他公民的收益减少了，而且，也没有办法阻止民众从公共产品中受益，无论他们是否承担相应的成本。因此，普通市场（比如，销售小麦、钢铁或计算机的市场）不能够提供国防。国防是一种公共产品，如果要达到足够的产出水平，就必须由政府来提供；这同样适用于洪水控制、环境保护和其他类似的服务。

尽管这些服务由政府来提供，但并不意味着它们必须全部由政府来生产。美国空军不生产 B-2 隐形轰炸机，而由诺斯洛普（现在是诺斯洛普·格鲁门的分部）负责生产。美国海军不生产 F-14 飞机，而由格鲁门（现在也是诺斯洛普·格鲁门的分部）负责生产。企业在完全仰仗开发和生产武器装备的军队建设中扮演着重要的角色，尽管国防是一种公共产品。

战略环节 ☞

国家公园的进入费

美国有很多国家公园，如黄石公园，可人们经常抱怨公园里面过于拥挤。有些经济学家，如芝加哥大学的阿兰·桑德森曾建议用提高门票的方法解决这个问题，并指出国家公园服务始于 1916 年，一个五口之家乘车到这里，进入黄石公园需要花费 7.50 美元；1995 年却只需 10 美元。按照国家一般通胀率进行计算，1916 年的门票价格到 1995 年应当涨至 120 美元。

根据桑德森的观点，“我们正把国家的和历史的财富视为免费商品，而事实上，它们并非如此。我们忽视了维护这些地点和由于拥堵而带来的限员费用——当公园内部过于拥挤，再没有游客可以进入时——这也许是分配稀缺资源最无效的方法。”[a]

美国国家公园管理局通过收取入园费来应对这一问题。尽管价格没有接近桑德森建议的按通胀率调整的黄石公园的门票价格，但它们现在也成为控制公园容量的限员工具。

美国国家公园管理局与美国农业部（林业局、渔业和野生动物局）、土地管理局和农垦局等部门联合提供了一个通行证（美国最美的地方——国家公园和联邦娱乐区），允许一辆汽车、通行证持有人、另外三个成年人以及不限人数的未满 16 岁者进入上述机构经营的设施场所，年费是 80 美元。一个成年居民的通行证工本费为 10 美元，而且对终生残疾居民和公园志愿者，上述地点是免费开放的。

每年都有一些会员日，2011 年有 17 个免费开放日，例如，马丁·路德·金纪念日。

下面是一些国家公园对一辆非商用汽车及其乘客收取的一般入园费：

阿卡迪亚	汽车及其乘客 7 天游览：20 美元
阿尔什	汽车及其乘客 7 天游览：10 美元
布莱斯峡谷	汽车及其乘客 7 天游览：25 美元
死亡谷	汽车及其乘客 7 天游览：20 美元
科罗拉多大峡谷	汽车及其乘客 7 天游览：25 美元
大蒂顿山	步行及骑自行车的游客 7 天游览：25 美元
	骑摩托车的游客 7 天游览：10 美元
	汽车及其乘客 7 天游览：15 美元
	年费：50 美元
大雾山	免费
黄石公园	汽车及其乘客 7 天游览：25 美元
尤塞米提	汽车及其乘客 7 天游览：20 美元
宰恩公园	汽车及其乘客 7 天游览：25 美元

a. Allen Sanderson, "Save the Parks and Make a Profit," Op-Ed in *New York Times*, September 30, 1995. p. 19.

战略环节 ☞

发光的不都是金子

在第 1 章中，我们知道了 2008 年的商品价格是如何上涨的。到了 2009 年，世界却发现自己身处自 1929 年以来最大的经济衰退泥潭之中。这引发了商品价格的暴跌。原油价格从 2008 年 7 月 147 美元/桶的空前高价下降到四年半以来的最低点，即 2009 年的 34 美元/桶。消费者停止了消费；全球范围内的裁员增加；信用市场冻结。由于各国政府都在刺激本国经济，这样艰难的状况也并不缺乏流动性，但真正缺少的是信任，它是管理者有时以商业的名义相互赠与的一件脆弱礼物。2009 年，看起来唯一值得信任的机构就是美国政府。人们实际上正在向政府付款以使政府帮助人们保住口袋里的钱。管理者应当永远不要忘记有关信任收益的教训。对那些注重效率的人尤其必要。

自由市场清算的日子来了又走。在我们的生活中，第一次更好地理解了美国政府是最后贷款人的真正含义。它似乎是很多商业部门的唯一贷款人。在大型市场活动中，总会出现意想不到的后果。我们给出一个例子。在这次危机之前，如果我们参加一个鸡尾酒会，并谈论逆向选择和道德风险，人们多会选择转移话题或转身离去。而现在，这反倒成为许多人想要谈论的主题。我却无法愉快地向他们解释这些概念。

这场危机向管理世界说明了本书的作用并提供了大量的例子。我们用预测行为的能力来衡量该作用。让我们看看道德风险与逆向选择，它们是第 15、第 16 章讨论的主题。政府对金融危机的早期应对方案被称作问题资产救助计划。来自问题资产救助计划中资金的最初形式被用于购买由金融机构持有的缺乏流动性的资产（不良资产）。许多这样的资产是按揭证券。由投资银行设计的这些工具形成了不同结构（评级、长度）的抵押债券池。该池被分割成我们称为分期付款份额的部分；分期付款份额有着基于还款时间确定的不同风险评级。反过来，这些证券被包含在其他像信用卡或商业贷款之类的信用市场中，作为另一个管理设计工具的抵押物，被称为债务抵押债券。

2008年10月3日，国会以压倒性投票同意给财政部7 000亿美元用于从金融机构手中购买按揭证券和债务抵押债券。有一项计划号召利用逆向拍卖购买不良资产并为它们创造一个市场，但在计划实施后不到5周的2008年11月18日，财政部部长汉克·鲍尔森就宣布放弃该计划。与购买不良资产相反，财政部现在要用基金货币购买这些金融机构的股权。是什么改变了财政部的行动方向？而且这些资产为什么是不良资产？通过考察道德风险和逆向选择对管理者行为的影响就可以回答这些甚至更多的问题。

由华尔街银行创造的合成产品普遍缺乏流动性，其糟糕的设计用来保护投资者免受由道德风险引发的行为的影响。抵押贷款（或其他债务）证券化带来了市场失衡。在证券化之前，大多数金融机构持有它们写入文件的抵押贷款。于是，存在一个激励正确区分风险水平，以便你所在的机构可以承受这样的风险。现在那条合理的链条被打断了，金融机构的抵押贷款被打包捆绑并出售给其他人。议定贷款的企业管理者可以放松贷款标准，因为这样可以快速把贷款卖给其他人。银行创造了一个有利于道德风险类行为存在的环境。

道德风险类行为的影响

道德风险模型预测的情况成为现实。有些管理者在其行动过程中加大了这一理论的影响。华盛顿互惠储蓄（Washington Mutual Savings，WaMu）的管理选择就是此类行为的典型代表。

与大多数抵押贷款发放者一样，WaMu中负责议定贷款的管理者把产品迅速打包并卖给他人。管理者给道德风险类行为提供了一种激励。比如，高层管理者会得到大量补偿，而且他们的奖金计划没有考虑由不良抵押贷款导致的呆账。贷款经纪人也可通过发放更多的风险贷款获得更多的佣金，因为这样的贷款通常会支付更高的预付费用。WaMu的管理者还向房产估价师施压，让他们在报告中夸大资产的价值。一家此类公司的创始人说道，“这是狂野西部。如果你活着，他们将会贷款给你。实际上，即使你死了，他们仍旧会贷款给你。”[a] WaMu成为次级贷款的最大书面抵押人。管理者决定聚焦在被称作选择性可调整利率贷款的一种浮动利率产品。他们允许贷款人选择每月还款的数额，且最初还款利率较低。到了2006年，这些风险抵押占到了所有书面抵押的70%。管理者关注此类抵押是因为可获得较高的预付费用，并使得WaMu按照贷款到期利息计算账面利润，即使借款人选择拖欠偿还。在2005—2006年期间，克里·基林格，WaMu的CEO正是因为这样的政策而获得了总共4 300万美元的薪酬。两年后，WaMu却因呆账而遭受了数十亿美元的损失，公司也以很大的折扣价被卖给了摩根大通。

然而，那些把证券捆绑并销售给投资者的银行家又怎样了呢？他们还是不够关心减少类似道德风险的问题。他们的集体决策加重了这种效果，所构造的债务抵押债券就像是直销汽车。这些债券没有受到监管机构的管制，且并不透明。从来没有过此类产品的公开市场，只有那些交易产品的人参与出售信息的阴谋。债券卖出后投资银行获得回报。审批费用据估计大约有1.1%。因此，每售出一笔10亿美元的债券，银行家就会获得1 100万美元的审批费。[b] 许多销售这种产品的银行家甚至都不知道什么样的资产成

为抵押品。一位银行家曾这样提到他们目标："卖掉尽可能多的产品并从每一笔债券交易中获得最大的回报。"[c]

因为债务抵押债券的构成是模糊的，所以投资者依靠债券评级机构去详细考察债券并对其风险作出评级。但是，服务于投资银行的债券评估人要从其服务中获得报酬，会经常对包含次级贷款的债券给予AAA的评价。于是，我们再一次看到了管理者的行动是如何鼓励道德风险类行为的。

有些银行家甚至在投资者的文件中描述了他们正面临的道德风险。吉尔·德鲁写道，"根据所提供的文件，迪林·瑞德基金也购买了4 500万美元被曼托洛金托管的优先股。服务者和投资者的双重身份使得对冲基金为购买带有投资风险的债务抵押债券提供了激励，目的是提高潜在的回报。"[d]

逆向选择的影响

到2008年后期，按揭证券和债务抵押债券的市场不复存在。市场失灵了。由于极少数管理者才能够理解基础抵押品的价值，所以难以对金融工具定价。政府感到必须要进行干预，为此提出了不良资产救助计划。不良资产救助计划的原始想法是创建价格透明度。因此，财政部的最初设想是利用一个拍卖为这些资产制定价格。提案设计基于逆向拍卖。在这些拍卖中有许多卖家（金融机构）和一个买家（财政部）。他们投标令价格下降。拍卖的价格反映了管理者愿意出多少价格将他们的债务出售给政府。愿意低价出售债务的管理者能够把债务卖给政府。拍卖不仅使一些企业摆脱了呆账，而且为这些债券的定价建立了基础。

不过，该计划也存在某些缺陷，没有什么比逆向选择引发的问题更严重的了。持有债券的管理者显然比政府更清楚自己债券的构成，尤其因为确立债券比较的标杆是困难的。在假定债券价值的连带损失和潜在的道德风险类行为后，很少有人信任评级机构的评价。而且，在给定池中各种抵押品的情况下，大多数债券都有着自己独一无二的价值。

财政部官员预期创建一个"柠檬市场"。拥有债务的管理者就好像旧车市场中的卖家，而政府扮演旧车买家的角色。拍卖赢家的激励是将他们最次的不良债券转嫁到政府身上。由于逆向选择的存在，政府注定会购买到"柠檬"。拍卖可以制定价格，但它只是低质量债券的价格。

这就是财政部官员更改不良资产救助计划的一个原因。预期的资金回报太低。财政部的官员意识到了逆向选择的风险，于是选择购买金融机构通过自身某些管理控制而制定的股票期权。这些市场必须稳定，而在彰显政府承诺过程中这一点会更快更透明。

在2008年的后期，财政部官员宣布了一项计划：到2009年6月将购买5 000亿美元的按揭证券。在设计这项计划时，官员们的确意识到逆向选择的问题并努力减弱其影响。只有被房利美、房地美和吉利美担保的证券，政府才考虑购买。而且，证券必须是固定利率的，而且不包括只还利息型债券。

a. Peter S. Goodman, and Gretchen Morgenson, "Sayig Yes, WaMu Built Empire on Shaky Loans," *New York Times*, December 28, 2008, at www. nytmes. com/2008/12/28/business/28wamu. html.

b. Drew Jill, "Frenzy," *The Washington Post*, December 16, 2008, p. A01.

c. 同上，p. 3。

d. 同上，p. 6。

由于公共产品与私有产品的区分不总是十分清晰，图 17—15 给出了区分这种产品的一种方法。

纯粹的公共产品的一个重要特征是非竞争性和非排他性。公共产品表格中西北单元格中可输入前面提到的国防，历史上的灯塔也可以被归为此类。然而，技术改变了世界；今天，所有由灯塔传递的信息都能够通过电子信息和频率信号来传达，所以排他性现在是可能的，信息把灯塔从图 17—15 中的西北角移动到了西南角。有些商品，比如教育，可以连接两个单元格，因为它们具有部分而非全部的纯粹公共产品的特征。因此，公立教育在西北单元格，而私立教育在西南单元格，消费者则可以选择利用“免费”的公立教育，还是支付市场价格的私立教育。

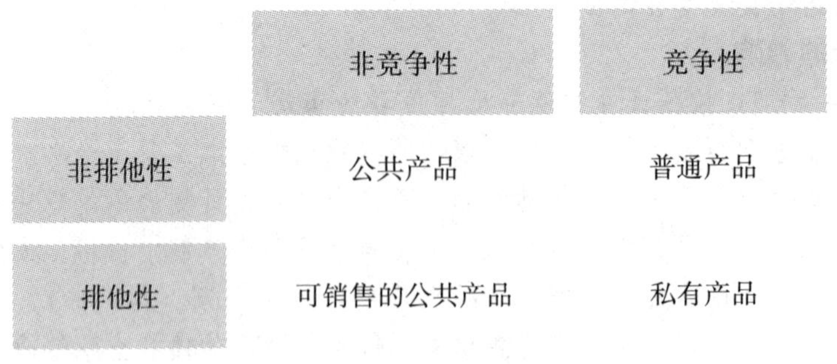

图 17—15　产品分类

有些商品具有非排他性和竞争性（东北单元格）。任何人都可使用公用人行道，但它有容量限制，我占据的地方就可能把你从人行道上挤出去。我们一般把公用道路看成与人行道的情况相同。但对某些免费使用的道路，现在正提议收取通行费：HoV（high Occupancy Vehicle）车道现在变成 HoT（high Occupancy Toll）车道（向未达到车辆承载标准的汽车收取通行费）。这样，我们又发明了把消费者从某些竞争性公共产品中排除掉的方法。最后，表格的东南单元格代表的是私有部门的商品和服务。政府是否提供表格中的部分或全部商品由政府或选举政府的民众来做决定。私有化往往导致一些政府履行东南单元格的功能，比如垃圾收集、航空运营和监狱管理。

政府机构对各种行业有着重要的影响，而不仅仅像国防承包商诺斯洛普·格鲁门。本章已经详细介绍了对管理者非常重要的政府机构的许多行动。

小　结

1. 公共事业规制委员会常常把价格制定在平均总成本的水平上，它包括企业投资的公平回报率。这样安排的一个问题是，既然企业被保证可获得这个公平回报率（无论经营得好与坏），管理者就没有了提高效率的激励。尽管规制滞后产生一些此类激励，但这些激励往往相对较弱。

2.《谢尔曼法案》规定任何限制贸易的合同、联合或共谋均为非法，并且认定垄断或试图垄断也为非法。《克莱顿法案》把不正当的价格歧视和减少竞争的联合合同视为非法。《罗宾逊-帕特曼法案》意在阻止有利于大量采购的连锁店的价格歧视，而《联邦贸易委员会法案》的制定是为了阻止不合理和不公平的竞争行为。

3. 反托拉斯法的真正影响取决于法庭对这些法律的解释。在早期的案例中，最高法院提出并使用合理性原则——只有限制交易的不合理联合而非所有的托拉斯，需要根据《谢尔曼法案》定罪。在20世纪40年代，这种情况发生了巨大的变化，当时法庭认定美国铝业违反了反托拉斯法，因为它实际上控制了全国的铝生产。而在20世纪80年代初期，两件著名的反托拉斯法案件是美国电话电报公司和IBM公司。但进入21世纪，欧盟在反托拉斯法的实施中开始变得活跃起来。

4. 专利法授权发明人排他性地控制其发明的使用以此来作为公开其发明的交换。专利制度使发明人能够从其发明所带来的社会福利中获得更大的份额，但专利制度对模仿者的出现速度经常只有有限的影响。尽管如此，管理者仍然在持续扩大专利制度的使用。

5. 贸易在经济生活当中是一个十分重要的部分。政府政策会影响贸易自由。本章讨论了自由贸易的完全竞争观点，并介绍了相对于自由贸易，关税和配额的福利影响。一般地，与配额相比，关税对贸易的危害较小。

6. 通过设置价格下限（不允许价格低于其均衡水平）或价格上限（不允许价格高于其均衡水平），政府对市场确定的价格进行干预。在这两种情况下，可以看见此类干预对社会造成的无谓损失。政府对个体商品征税破坏了需求者支付的价格与销售者收到的价格。价格干预和税收对福利的影响可以使用前面章节中阐述的相同的工具（生产者和消费者剩余）来说明。

7. 当企业或个人的行为给他人带来无须偿还的益处时就出现了外部经济性。当企业或个人的行为给他人带来无法补偿的损失时就出现了外部不经济性。污染河道与空气的企业或个人从事了导致外部不经济的活动。

8. 污染（保持产量不变）的社会最优水平处于污染的边际成本与控制污染的边际成本相等的位置。一般地，该处的污染量非零。为了使污染更接近最优污染水平，政府可采用征收排污费、发行可转让排放许可证或实行直接规制等其他措施。这些政策使污染外部化并将外部性的出现转化成生产者的隐性成本。

9. 制定旨在减少污染的法规（或其他措施）往往会提高被规制企业的成本。其产品的价格通常会上涨，且行业产量往往会下降。如果需求价格弹性的绝对值相对较低，那么以提价方式转嫁给消费者的成本要高于需求价格弹性相对较高的情况。

10. 一个人消费公共产品并不会减少其他人对公共产品的消费量。另外，一旦公共产品被生产出来，就无法阻止民众消费它。公共产品，比如国防，不太可能由私营（非政府）经济部门生产出足够数量。因此，政府通常担负起提供这些产品的重担。

习　题

1. 1985年，美国联合航空公司以7.5亿美元的价格收购了泛美公司的太平洋分部。这宗收购遭到了美国司法部的反对，但却得到了美国运输部的批准。1984年，各个航空公司运送的跨越太平洋的旅客占总数的百分比如下表所示：

企业	百分比	企业	百分比
东北航空	27.5	联合航空	7.3
日航	21.9	中国航空	6.8
泛美公司	18.5	新加坡航空	2.9
大韩航空	9.3	其他	5.8

(1) 收购之前集中度是多少？它是否相对偏高？

(2) 收购后集中度是多少？

2. 芝加哥贸易委员会投票支持建立一个二氧化硫排放许可证的交易市场。1990年的《清洁空气法案》确定从 1995 年起对 110 家发电厂的二氧化硫排放总量进行限制。减少二氧化硫排放成本相对昂贵的企业可能要购买许可证，因为购买这种许可证的成本小于其减少排放量的成本。假设企业可能超出法律限制并为每吨污染物支付 2 000 美元的罚金，那么你认为排放一吨二氧化硫许可证的价格会超过2 000美元吗？为什么？

3. 米勒-里昂电力公司正在与当地规制委员会讨论其收益问题。企业产品的需求曲线为：

$$P=1\,000-2Q$$

其中，P 为每单位产品价格（美元），Q 为产量（千单位/年）。总成本（不包括企业所有者投资企业的机会成本）为：

$$TC=50+0.25Q$$

其中，TC 以百万美元为单位，Q 为产量（每年的单位数）。

（1）米勒-里昂电力公司要求的价格为 480 美元。如果企业有 1 亿美元的资产，其要求得到批准，那么它的资产回报率是多少？

（2）如果放松规制，企业的会计利润将增加多少？

4. 造纸业产生的污染成本（10 亿美元）为：

$$C_p=2P+P^2$$

其中，P 为污染物排放量（千吨）。该行业控制污染的成本（10 亿美元）为：

$$C_C=5-3P$$

（1）污染的最优水平是多少？

（2）在此污染水平下，污染的边际成本是多少？

（3）在此污染水平下，控制污染的边际成本是多少？

5. 有 7 家企业生产桌子。假定在 2011 年，它们的销售额如下表所示：

企业	销售额（百万美元）
A	100
B	50
C	40
D	30
E	20
F	5
G	5

（1）该行业的市场集中度是多少？

（2）你认为该行业是寡头垄断行业吗？为什么是或为什么不是？

（3）假定企业 A 兼并了企业 G。兼并后行业的集中度是多少？

（4）假定兼并后，企业 A 和 G 退出该行业，那么行业的集中度又是多少？

6. 化工行业的污染成本（10 亿美元）为：

$$C_P=3P+3P^2$$

其中，P 为污染物排放量（千吨），控制污染的成本（10 亿美元）为：

$$C_C=7-5P$$

（1）最优排污费是多少？

（2）如果各个污染水平上的控制污染成本下降 10 亿美元，这会改变你对问题（1）的答案吗？

7. 在纸板盒行业，当企业每月产量达到1 000个单位时，可实现最低平均成本。按照这个产量，每单位产量的平均成本为1美元。产品的需求曲线如下所示：

价格（美元/单位）	产量（需求量/月）
3.00	1 000
2.00	8 000
1.00	12 000
0.50	20 000

（1）该行业是自然垄断行业吗？为什么是或为什么不是？

（2）如果价格是2美元，每家企业的产量都能实现成本最低，那么市场能够支持多少家企业？

8. 伯利恒和杨斯顿是两家主要的钢铁生产商，在20世纪50年代后期计划合并时，已经占有国家钢铁市场21%的份额。

（1）应当准许两家公司进行合并吗？为什么准许或为什么不准许？

（2）这两家公司中的伯利恒在东部售出其大部分产品，而杨斯顿在中西部售出其大部分产品。这一事实有相关性吗？为什么有或为什么没有？

（3）地区法院不允许伯利恒和杨斯顿进行合并。然而在1985年（问题（1）中有提到），交通部允许美国航空（在日本和美国大陆约有7%的服务）收购泛美航空的太平洋分部（市场占有率约为19%）。你如何解释这一情况？

9. 纽约州电力和煤气公司要求电力收益应增长10.7%，增长的理由是企业工厂和设备的价值已经增至1.4亿美元，运营成本也在增加，而投资者需要更高的回报率。

（1）为什么企业工厂和设备的价值增长导致公共服务委员会准许收益量的增长？

（2）为什么运营成本的增加有同样的效果？

（3）为什么投资者的态度与他们要求的回报率应当相关？

10. 自21世纪初期起，全球变暖问题就得到了广泛关注。根据许多科学家的观点，二氧化碳和其他温室气体排放的增加可能会导致下世纪显著的气候变化。为了应对这一潜在问题，有人建议减少能源消耗并且使用非化石燃料。威廉姆·诺德华，一位该项议题的首席专家，估计进入大气层的温室气体排放量减少的百分比与对应的全球成本（按1989年美国美元计算）如下图所示。

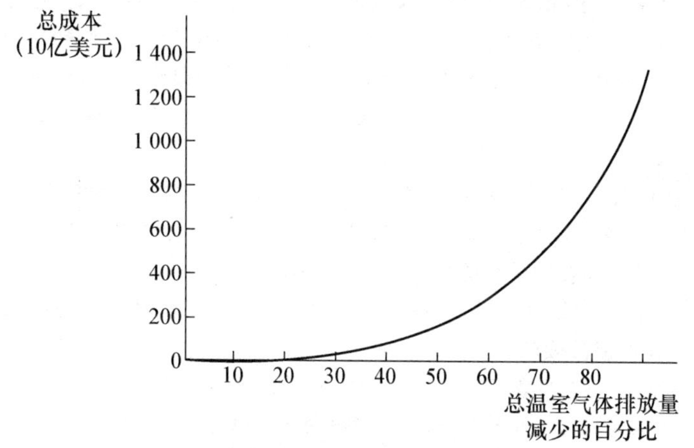

排放到大气层中的温室气体成本

资料来源：R. Dornbusch and J. Poterba, eds., *Global Warming: Economic Policy Responses* (Cambridge, MA: MIT Press, 1991), p. 50.

(1) 该图给出了污染成本或控制污染成本吗?

(2) 该图能够独立说明排放到大气层中的温室气体的最优排放量应当是多少吗?

(3) 如果全球产量约为 20 万亿，世界各国同意将温室气体排放量减少 50%，则全球产量减少的百分比是多少?

(4) 减少温室气体排放的一个常见提议是碳税——根据化石燃料燃烧后产生的碳排放量征收化石燃料税。这样的征收为什么会收到理想的效果?

Excel 练习：外部性

假定如下情景发生。一个采掘行业横跨某镇的一个峡谷。峡谷上的一座桥是采掘行业使其产品进入市场的唯一途径。这座桥正面临修复，所以采掘行业必须让过桥的卡车减小载重负荷。减小的负载量显然低于该行业将产品运往国内市场的卡车能够承载的道路行驶规定重量。下表给出了根据现有桥梁状况卡车载重限制下（类别 1）的采掘行业利润与高速公路行驶载重限制下（类别 6）的利润，以及在其他载重类别 1～6 之间不等情况下的利润。采掘行业是这座桥的唯一使用者。净现值也反映在下表中。

载重类别	行业利润	为达到各载重类别而修桥的成本
1	100	0
2	150	25
3	175	40
4	200	55
5	225	85
6	250	120

我们将考虑两种情况。第一种情况，小镇拥有这座桥且不需要做任何事，也就是说，他们不会被要求修桥以达到任何一个载重类别。采掘行业没有影响力，它不会威胁要撤厂，因为它已经与该地区地下矿藏绑定。另外，利用现有类别 1 的桥梁，它仍可获得经济利润（100）。如果双方就解决“桥梁问题”进行讨价还价，他们将决定选中哪个类别进行桥梁修复，谁将向谁支付多少钱。

第二种情况，采掘行业有权（通过法律）要求修建类别 6 的桥梁，即小镇没有影响力。如果双方坐下来协商解决“桥梁问题”，他们又将决定选中何种类别进行桥梁修复，谁将向谁支付多少钱。

打开你的 Excel 电子表格。在单元格 A1 中输入 100，在单元格 A2 中输入 150，依此类推，直至在单元格 A6 中输入 250。

在单元格 B1 中输入 0，在单元格 B2 中输入 25，依此类推，直至在单元格 B6 中输入 120。

你已经把上面的表格复制到电子表格中。在第一种情况下，小镇不被要求做任何事，而采掘行业必须（最低程度）补偿小镇在桥梁修复中发生的任何费用。

在单元格 C1 中输入＝A1－B1，然后单击单元格 C1 右下角并拖动鼠标至单元格 C6，则 C 列显示了在补偿小镇修复各类别桥梁的支出后，采掘行业的净利润。通过观察或在单元格 C7 中输入＝Max(C1:C6)，可发现 C 列中的最大值。这是采掘行业的最高净利润。因此，我们将期待谈判达成的结果是，按照类别 4 进行修复，而采掘行业需向小镇支付 55 以便将桥梁从类别 1 提高至类别 4。

但是，如果小镇实际上十分擅长讨价还价。它能够得到更多吗? 记住，小镇可以不用做任何事。这就意味着小镇可以让桥梁维持在类别 1 而使该行业的利润降至 100。在行业向小镇付款将桥梁升级到类别 4 的解决方案下，行业将利润从 100 提高到 145，小镇（具有影响力）“不赔不赚”。假定小镇（不用做任何事情）告知对方“我们将把桥梁升级到类别 4，但需要的费用接近 100。”采掘行业会支付吗？若支付，桥梁达到类别 4 而利润需要由 200 再减去差不多 100 后，可得到 100 多一点儿的利润。这比现在桥梁类别为 1，利润为 100 要好一些。

所以在第一种情况下，我们期望通过支付小镇少于 55 而不是少于 100 来获得一个类别 4 的桥梁。实际支付将取决于双方的谈判技巧。假定小镇有影响力，我们预计支付将接近 100。

第二种情况会怎样呢？法律赋予行业拥有桥梁为类别 6 的权利，而换一种说法是，行业获准的利润是 250。只要获利 250，行业并不在乎这些利润来自哪里。

让我们来解决这个问题。

在单元格 A8 中输入 100，在单元格 A9 中输入 150，依此类推，直至在单元格 A13 中输入 250。

在单元格 B8 中输入 0，在单元格 B2 中输入 25，依此类推，直至在单元格 B13 中输入 120。

列 A 和列 B 将最初的数据表复制下来。

在单元格 C8 中输入＝A13－A8，在单元格 C9 中输入＝A13－A9，在单元格 C10 中输入＝A13－A10，在单元格 C11 中输入＝A13－A11，在单元格 C12 中输入＝A13－A12，在单元格 C13 中输入＝A13－A13。C 列代表如果小镇决定提高非类别 6 的桥梁等级，则小镇向该行业支付的金额。如果小镇决定维持桥梁类别 1 的状况，则行业从其产品销售中获利 100。但是因为行业被准许得到桥梁类别 6 对应的 250 的利润，因此小镇就必须向行业支付差额，即 250－100＝A13－A8。

小镇对每种类别桥梁的总支出是多少？在单元格 D8 中输入＝B8＋C8，然后单击右下角拖动至单元格 D13。D 列即为小镇对应的各类别桥梁的总成本，也就是说，升级桥梁的成本加上补偿行业利润损失的成本。查询 D 列中的最低值或在 D14 中输入＝Min(D8:D13)，可得到 D11 中的 105。请注意，这与第一种情况中的类别 4 相同。还要注意小镇在桥梁升级中的成本为 55，以及 50 的支付，因为类别 4 对应的行业利润为 200，而法律准许行业在类别 6 中的利润为 250。

然而，如果行业坚持希望小镇将桥梁升级到类别 6，那么将花费小镇 120－55＝65，它超过了升级到类别 4 的支出。将桥梁等级提高到类别 6 会多花掉小镇 65。但是升级到类别 6（从类别 4）将会节约小镇为补偿行业利润损失而支出的 50。因此，如果行业愿意，它可以接受（最低）50 因桥梁类别为 4 的利润损失。或者它也可以主张略低于 65 的支出（当行业坚持达到类别 6 时，小镇发生的额外成本）。在 50～65 之间，实际支出取决于双方的谈判技巧。但是由于行业具有影响力，我们预计支出接近 65。

注意，无论谁拥有影响力，最优解都将是类别 4。当然，不同的财富分配明显取决于谁拥有影响力（类别 1 或类别 6 的财产权）。这个无差异的解决方案归功于科斯。

第 18 章

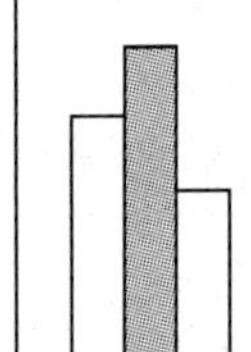

最优化技术

从本章开始，我们将介绍边际分析——阐明决策制定中很多主要问题的一个强有力的工具。经济学家从边际角度思考问题。实际上，有关企业和管理者最优行为的所有准则都从这一概念出发。

我们将考察微积分学的基本要素，包括求导准则和导数在函数最大化中的应用，比如利润；或在最小化中的应用，比如成本。微积分告诉我们当某一变量（自变量）发生微小的（边际）变化时，另一个变量（因变量）会发生怎样的变化。因此，可使用微积分进行边际分析。

最后，我们讨论有约束条件的最优化，包括拉格朗日乘数法，但管理者想要实现利润最大化，这样的最大化或最小化往往会受到某些条件的约束（比如，根据合同生产某一数量的产品，或者根据工会协议雇用一定数量的工人）。

18.1 函数关系

经济变量之间的关系常常用表格或图形表示。虽然表格和图形十分有效，但描述经济关系的另一种方法是公式的运用。例如，如何利用公式描述销售数量与价格之间的关系呢？一种方法是采用下面的函数表示法：

$$Q=f(P) \tag{18.1}$$

其中，Q 为销售数量，P 为价格。这个等式被读作“销售数量是价格的函数”，它意味着销售数量取决于价格。也就是说，销售数量是因变量，价格是自变量。

（18.1）式非常有用，但是它没有告诉我们销售数量如何取决于价格。这种关系的一个更为具体的表达式为：

$$Q=200-5P \tag{18.2}$$

上式是说，如果价格等于 10 美元，则销售数量应当为：

$$200-5(10)=150$$

18.2 边际分析

因变量的**边际价值**被定义为一单位自变量的变化所带来的因变量的改变。为便于解释，考虑表 18—1，它用列 1 和列 2 给出了罗兰公司的各种产量及对应的总利润。在这个案例中，总利润是因变量，产量是自变量。因此，利润的边际价值，即**边际利润**，就是与产量一单位变化相关的总利润的改变。

表 18—1 中的列 3 给出了边际利润价值。若产量增加，比如从 0 到 1 个单位，则在列 2 中显示总利润增加了 100 美元（从 0 美元到 100 美元）。因此，产量为 1 单位时，列 3 给出的边际利润等于 100 美元。如果产量从 1 单位增加到 2 单位，总利润增加 150 美元（从 100 美元到 250 美元）。于是，如果产量从 1 单位增加到 2 单位，列 3 中的边际利润等于 150 美元。

发现这类边际关系的关键在于，当其边际值从正值变为负值时，因变量——本案例中的总利润最大。为了进一步考察，考虑表 18—1。只要边际利润为正，罗兰公司就可以通过提高产量来增加总利润。例如，如果产量从 5 单位增加到 6 单位，边际利润就为正值（150 美元）；即企业的总利润增加（150 美元）。但是，当其边际利润从正值变为负值时，产量的任何一点增加，总利润都会下降。如果产量上升超过了 7 个单位，边际利润从正变为负——总利润开始下降（50 美元）。所以我们可以看到当因变量——本案例中的总利润——最大时，其边际值从正值变为负值。

表 18—1　　产量和利润的关系：罗兰公司　　单位：美元

（1）产量/日	（2）总利润	（3）边际利润	（4）平均利润
0	0	—	—
1	100	100	100
2	250	150	125
3	600	350	200
4	1 000	400	250
5	1 350	350	270
6	1 500	150	250
7	1 550	50	221.4
8	1 500	−50	187.5
9	1 400	−100	155.5
10	1 200	−200	120

因为管理者对如何使利润最大化问题（或是用其他业绩衡量）感兴趣，所以这个结论非常实用。它强调了考察边际价值的重要性和使用平均价值时可能出现的风险。表18—1中的平均利润，即总利润除以产量，出现在第4列。看起来选择使平均利润最大的产出水平是合理的；无数个管理者也是这么做的。但是如果管理者想要实现利润最大化，这并不是一个正确的决策。相反，正如上一段中强调的，管理者应当选择边际利润从正变为负的产量水平。

为了证明这种选择的正确性，我们只需要从表18—1中找到平均利润最大时的产量就可以了。对列4中的数值进行比较，可以发现这个产出水平为5个单位；而根据列2，该产出水平对应的总利润为1 350美元。但是我们在边际利润从正变为负的产量水平处，却可以发现该产量为7个单位；再根据列2，该点的总利润为1 550美元。换句话讲，产量为7个单位的总利润比产量为5个单位的总利润高出200美元。可见，如果该企业的管理者在平均利润最高点处选择产出水平，将损失200美元的利润。

理解平均值与边际值之间的关系十分重要。因为边际值代表总的改变，如果边际值高于平均值，那么平均值一定增加。同样，如果边际值低于平均值，那么平均值一定下降。表18—1说明了这些观点。对于从第1到第5个单位的产量，它们的边际利润都大于平均利润。因为来自额外一单位产量的额外利润都大于平均利润，所以平均利润随产量的增加被拉高了。而对于从第6到第10个单位的产量，它们的边际利润都小于平均利润。因为来自额外一单位产量的额外利润都小于平均利润，所以平均利润随产量的增加而被拉低了。

18.3 总值、边际值和平均值之间的关系

为了进一步阐明总值、边际值和平均值之间的关系，考虑图18—1，它给出了总利润、平均利润和边际利润与产量的关系，以及罗兰公司的情况。产量和利润的关系与表18—1完全相同；但不是采用特定的数值描述产量或利润，我们使用了诸如Q_0和Q_1等符号来表示产量水平，并用π_0来表示利润水平。这一般会使结果更形象，而不单单是一组特殊的数值。

请注意图18—1中包含两个图。上图A给出了总利润与各产量水平之间的关系；下图B给出了平均利润、边际利润与产量水平之间的关系。图A与图B的水平坐标轴相同，所以给定一个产量水平，比如Q_0，在图A与图B中，它与原点（沿水平方向）的距离都相等。

实际上，我们很少同时需要以下两方面的数据：一是总利润与产量的关系，二是平均利润与产量的关系，因为从前者推导出后者是很简单的。如何做到这点呢？指定任何一个产量水平，比如说Q_0。在此产量水平上，平均利润等于从原点到点E的直线的斜率，点E在总利润曲线上与产量水平Q_0相对应。为了考察这个案例中的情况，注意该产出水平上的平均利润等于π_0/Q_0，其中，π_0是产量为Q_0时的总利润。因为直线的斜率等于两点间的垂直距离除以两点间的水平距离，所以从原点到E点的直线OE的斜率等于π_0/Q_0。可见，直线OE的斜率等于该产量水平上的平均利润(即图18—1中图B上

的 K_0 等于直线 OE 的斜率)。① 为了确定平均利润与产量之间的关系来自总利润与产量之间的关系，我们对各个产量水平重复这个过程，而不只是对产量 Q_0 才这么做，就会得到图 B 中的平均利润曲线。

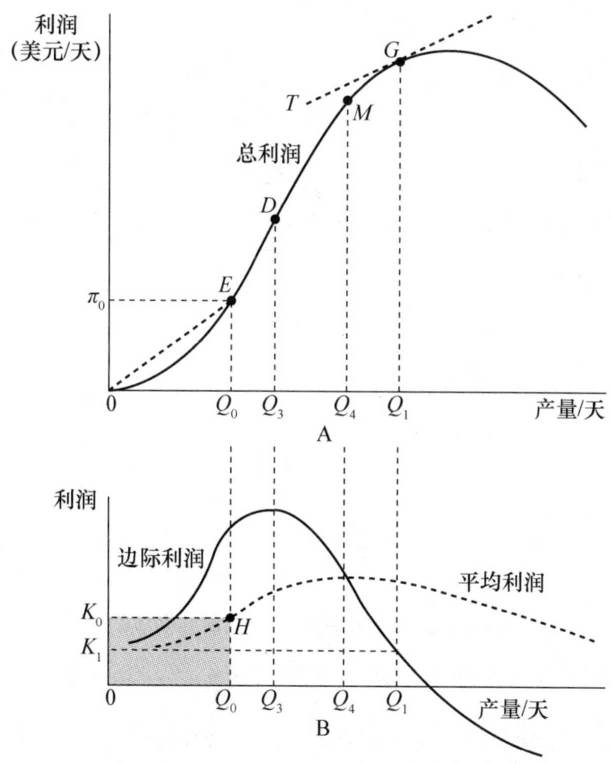

图 18—1 总利润、平均利润和边际利润：罗兰公司

注：图 B 中的平均利润曲线、边际利润曲线可以从图 A 中的总利润曲线推导出来。

现在转向考察边际利润与产量之间的关系（图 B），该关系从总利润与产量之间的关系（图 A）中推导出来也相对比较容易。给定任意一个产量水平，比如说 Q_1。在此产量水平上，边际利润等于总利润曲线（图 A）在该产量水平 Q_1 处的切线的斜率。也就是说，边际利润等于图 18—1 的图 A 中直线 T 的斜率，T 与总利润曲线在 G 点处相切。为了初步说明该结论是正确的，考察图 18—2，该图给出了点 G 附近的总利润曲线的放大的图形。

回顾边际利润的定义是：由产量的微小增加（具体地讲，一个单位的增加）所产生的额外利润。如果产量水平从 Q_1 增加到 Q_2，那么总利润就从 π_1 增加到 π_2，如图 18—2 所示。因此，每单位产量带来的额外利润是 $(\pi_2-\pi_1)/(Q_2-Q_1)$，它是直线 GK 的斜率。但是这个产量变化过大。假定我们降低产量 Q_2 以使其接近 Q_1。尤其是，令 Q_2 的新值为 Q_2'。如果产量从 Q_1 增加到 Q_2'，那么每单位产量带来的额外利润是 $(\pi_2'-\pi_1)/(Q_2'-Q_1)$，它是直线 GL 的斜率。如果我们进一步减小 Q_2，直到 Q_1 和 Q_2 之间的距离非常之小，G 点的切线（直线 T）斜率就变成 $(\pi_2-\pi_1)/(Q_2-Q_1)$ 的估计值。从极限

① 原点与点 E 之间的垂直距离等于 π_0，而这两点之间的水平距离等于 Q_0。因此，垂直距离除以水平距离就等于 π_0/Q_0。

角度看，在 Q_1 邻域内产量的微小变化所对应的切线斜率就是边际利润（该斜率等于图 18—1 中的 K_1）。为了明确从总利润与产量之间的关系推导出的边际利润与产出之间的关系，我们针对每一产出水平重复这个过程，而不只针对产量 Q_1，则推导出图 18—1 图 B 中的边际利润曲线。

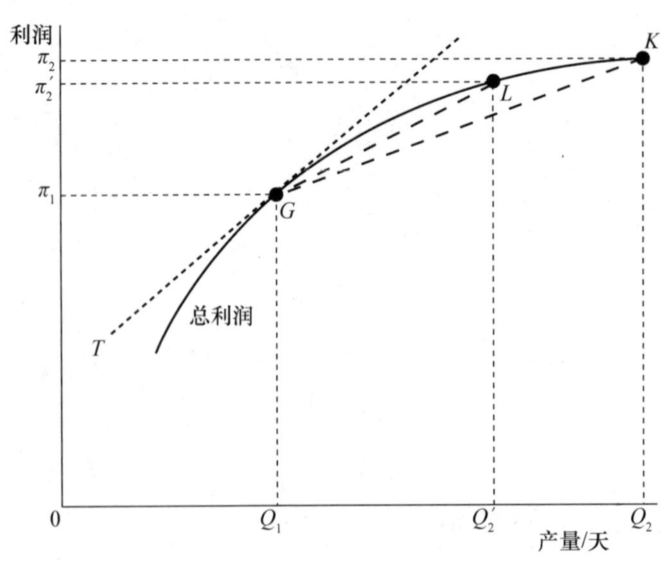

图 18—2　边际利润等于总利润曲线切线的斜率

注：随着 Q_1 和 Q_2 之间的距离越来越小，直线 T 的斜率就是$(\pi_2-\pi_1)/(Q_2-Q_1)$ 的一个良好估计。

有时，我们会得到如图 18—1 中 B 所示的平均利润曲线，而不是总利润曲线。为了从前者推导出后者，需要注意总利润等于总平均利润乘以产量。因此，如果产量等于 Q_0，总利润则等于 K_0 乘以 Q_0。换句话讲，图 A 中的 π_0 等于图 B 中的 $0K_0HQ_0$。为了从平均利润与产量间的关系推导出总利润与产量间的关系，我们对每个产量水平重复这一过程，即我们找出与每一产量水平，而不只是 Q_0，对应的此类矩形面积。这样便可得到如图 A 所示的总利润曲线。

最后，对图 18—1 中的总利润、平均利润和边际利润曲线还有两点应该注意。第一，你应该能从图 A 中看出产量水平从 0 增加到 Q_3 时，边际利润是递增的，而当产量继续增加时，边际利润是递减的。这一点在图 A 中为什么如此明显呢？因为总利润曲线上从原点到 D 点的曲线斜率递增。换句话讲，就是曲线上从原点到 D 点的切线越来越陡峭。因为边际利润等于切线的斜率，所以当产出水平从 0 增加到 Q_3 时，它一定增加。在到达 D 点以后，总利润曲线切线的斜率开始减小，也就是曲线上 D 点右侧的切线越来越平缓。这样，因为边际利润等于切线的斜率，所以当产出水平超过 D 点之后，它一定下降。

第二，图 18—1 中的图 B 证实了如下命题：如果平均利润曲线在边际利润曲线之下，它一定上升；而当平均利润曲线在边际利润曲线之上时，它一定下降。当产量水平小于 Q_4 时，平均利润曲线在边际利润曲线之下；所以平均利润曲线会上升，因为较高的边际利润会拉动平均利润。当产量水平大于 Q_4 时，平均利润曲线在边际利润曲线之上；所以平均利润曲线会下降，因为较高的边际利润会拉低平均利润。在产量 Q_4 处，

连接原点与 M 点的直线恰好与总利润曲线相切。因此，当产量为 Q_4 时，平均利润与边际利润在产量 Q_4 处相等。

18.4 导数的概念

在罗兰公司的案例中，我们用表 18—1（描述了公司产量与利润之间的关系）求出了利润最大化时的产量水平。通常，这种表格法过于烦琐或不够精确而不用于计算，所以使用一个公式来代表变量之间的关系，即我们想要最大化的变量（本例是指利润）以及决策者可以控制的变量（本例是指产量）之间的关系。给定这类公式，我们就能够利用微积分中的重要概念和技巧求出最优决策解。

在前几节中，我们把边际值定义为自变量一单位的变化所带来的因变量的变化。如果 Y 是因变量，而 X 是自变量，根据（18.1）式的表示法，则有：

$$Y=f(X) \tag{18.3}$$

利用 Δ 代表变化，我们可以将自变量的变化表示成 ΔX，而将因变量的变化表示成 ΔY。这样 Y 的边际值可表示为：

$$\frac{Y\text{ 值的变化}}{X\text{ 值的变化}}=\frac{\Delta Y}{\Delta X} \tag{18.4}$$

例如，如果 X 增加了 2 个单位而带来 Y 变化 1 个单位，即 $\Delta X=2$，$\Delta Y=1$，那么，Y 的边际值大约就为 1/2。也就是说，如果自变量 X 增加 1 个单位，因变量大约增加 1/2 个单位。①

除非 Y 和 X 的关系可以用直线来表示（如图 18—3 所示），否则 $\Delta Y/\Delta X$ 的值不是常数。例如，考虑如图 18—4 中 Y 和 X 的关系。如果从点 G 运动到点 H，X 的一个相对很小的变化（从点 X_1 到点 X_2）会带来 Y 的一个很大的变化（从点 Y_1 到点 Y_2）。因此，在 G 和 H 之间，$\Delta Y/\Delta X$ 的值 $(Y_2-Y_1)/(X_2-X_1)$ 就相当大。另一方面，如果从点 K 运动到点 L，X 的一个相对很大的变化（从点 X_3 到点 X_4）会带来 Y 的一个很小的变化（从点 Y_3 到点 Y_4）。因此，在 K 和 L 之间，$\Delta Y/\Delta X$ 的值 $(Y_4-Y_3)/(X_4-X_3)$ 又相当小。

在图 18—4 中，$\Delta Y/\Delta X$ 的值与曲线的陡峭和平缓程度相关。在点 G 和点 H 之间曲线相对陡峭；这意味着 X 较小的改变会带来 Y 很大的变化；因此，$\Delta Y/\Delta X$ 就相对较大。而在点 K 和点 L 之间曲线相对平缓，这意味着 X 较大的改变只会带来 Y 很小的变化；因此，$\Delta Y/\Delta X$ 就相对较小。

Y 关于 X 的导数关系被定义成当 ΔX 趋近于 0 时，$\Delta Y/\Delta X$ 的极限。因为 Y 关于 X 的导数可以表示为 $\mathrm{d}Y/\mathrm{d}X$，所以这个定义可重新描述成：

$$\frac{\mathrm{d}Y}{\mathrm{d}X}=\lim_{\Delta X\to 0}\frac{\Delta Y}{\Delta X} \tag{18.5}$$

---

① 为什么我们说 Y 大约增加 1/2 个单位，而不说精确增加 1/2 个单位呢？因为 Y 与 X 之间的关系也许不是线性的。

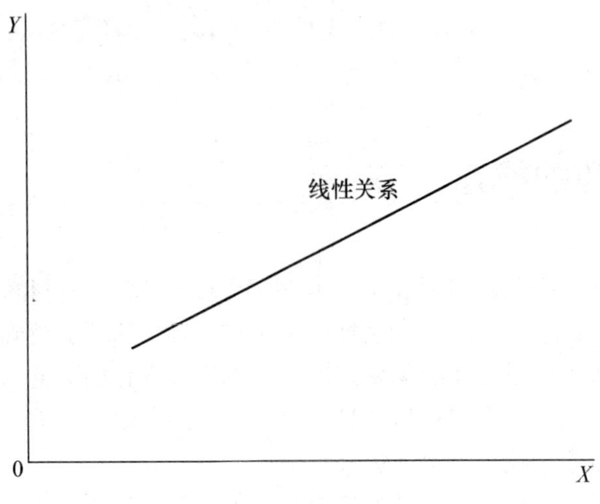

图 18—3　Y 与 X 的线性关系

注：Y 和 X 的关系可以用直线表示。

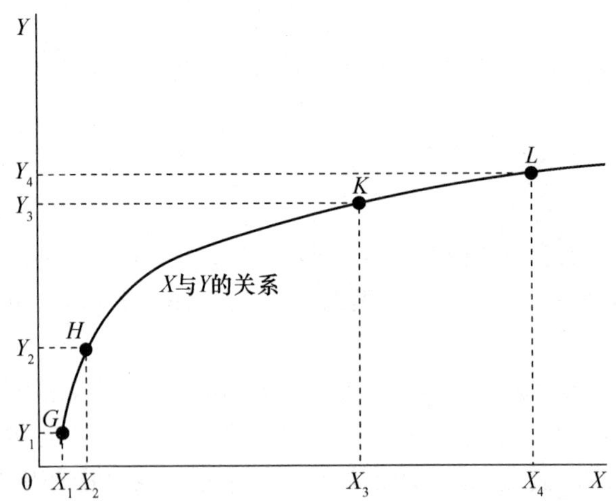

图 18—4　ΔY/ΔX 值的大小取决于 Y 与 X 曲线的陡峭与平缓程度

注：在点 G 和点 H 之间，曲线相对陡峭，所以 ΔY/ΔX 就相对较大。在点 K 和点 L 之间，曲线相对平缓，所以 ΔY/ΔX 就相对较小。

我们将其读作"Y 关于 X 的导数等于当 ΔX 趋近 0 时，ΔY/ΔX 的极限"。为了理解极限的含义，考虑函数（X−2）。当 X 趋近 2 时，函数的极限是什么？显然，当 X 越来越接近 2 时，（X−2）就越来越趋近 0。而当 X 趋近 0 时，函数（X−2）的极限又是什么？显然，当 X 越来越接近 0 时，（X−2）就越来越趋近−2。

从几何角度讲，如果 Y（纵轴）是 X（横轴）的函数，则 Y 关于 X 的导数就等于曲线的斜率。为了加以说明，假设我们希望在图 18—5 中求出当 X 等于 X_5 时，Y 关于 X 的导数值。可以利用当点 A 运动到点 C 时，ΔY/ΔX 的一个粗略的测量值；这一测量值等于：

$$(Y_7-Y_5)/(X_7-X_5)$$

这就是直线 AC 的斜率。而当点 A 运动到点 B 时，ΔY/ΔX 的一个粗略的测量值是一个更好的估计，这一估计值等于：

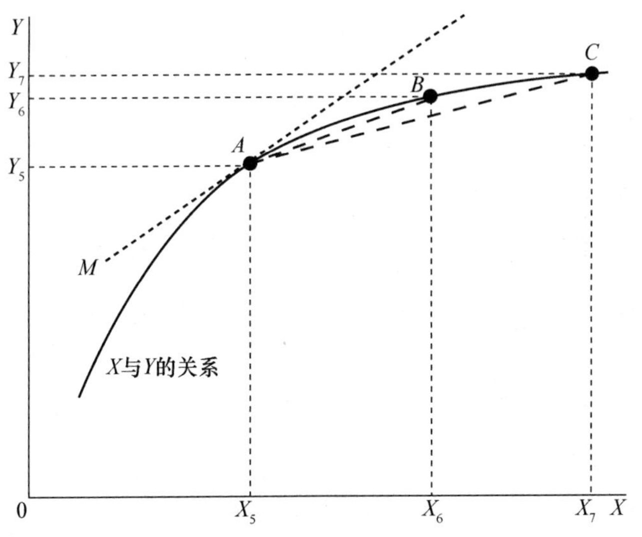

图 18—5　导数与曲线的斜率

注：当 X 等于 X_5 时，Y 关于 X 的导数就等于直线 M 的斜率，直线 M 与曲线相切于点 A。

$$(Y_6-Y_5)/(X_6-X_5)$$

这是直线 AB 的斜率。为什么说后者好于前者呢？因为点 A 和点 B 的距离要小于点 A 和点 C 的距离，而当我们希望计算 $\Delta Y/\Delta X$ 的值时，ΔX 的值要尽可能的小。显然，从极限角度讲，当 ΔX 趋近 0 时，比值 $\Delta Y/\Delta X$ 就等于直线 M 的斜率，直线 M 与曲线相切于点 A。

18.5　如何求导数

管理者关心的是如何最大化业绩。如果 Y 是衡量组织业绩的指标，而 X 是某一管理者可以控制的变量，那么他们想知道的是，能够使 Y 最大化的 X 的值。为了找到这个值，管理者希望估算 Y 关于 X 的导数。本节我们将学习如何求导数。

□ 常数的导数

如果因变量 Y 是一个常数，那么它关于 X 的导数始终等于 0，即如果 $Y=a$（其中，a 为常数），那么：

$$\frac{dY}{dX}=0 \tag{18.6}$$

例子：假设 $Y=6$，如图 18—6 所示。由于 Y 的值不随 X 的变化而改变，所以 dY/dX 等于 0。为了从几何角度进行验证，回顾上一小节中的介绍，只要 Y 是 X 的函数，则 dY/dX 就等于曲线的斜率。图 18—6 明显指出（因为这是一条水平直线）斜率等于 0，也就意味着 dY/dX 等于 0。

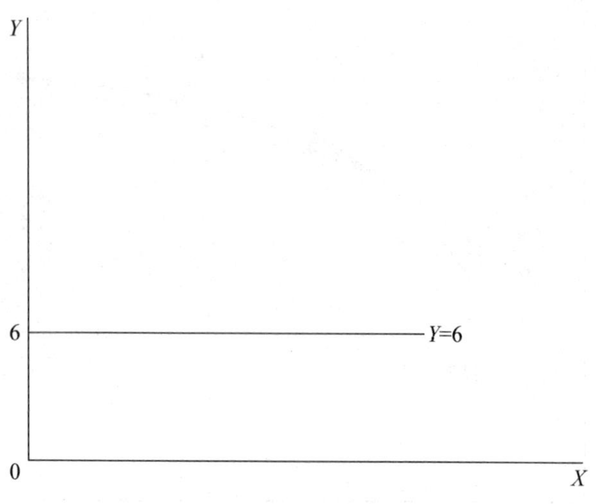

图 18—6　Y＝6 的导数

注：dY/dX 等于 0，因为水平直线的斜率为 0。

□ 幂函数的导数

幂函数可以表示为：

$$Y=aX^b$$

其中，a 和 b 为常数。如果 X 和 Y 的关系是这种类型，那么 Y 关于 X 的导数等于 b 乘以 a 再乘以 X 的（$b-1$）次幂：

$$\frac{dY}{dX}=baX^{b-1} \tag{18.7}$$

例子：假设 $Y=3X$，图形见图 18—7 中的 A 部分。运用（18.7）式，我们可得：

$$\frac{dY}{dX}=1\times3\times X^0=3$$

因为 $a=3$ 而 $b=1$，所以，无论 X 取何值，在图 18—7 中的 B 部分，dY/dX 的值总等于 3。其含义为：无论 X 取何值，图 A 中直线的斜率等于 3。再回顾上一小节，只要 Y 是 X 的函数，则 dY/dX 就等于曲线的斜率。在本例中，“曲线”是一条直线。

例子：假设 $Y=2X^2$，图形见图 18—8 中的 A 部分。运用（18.7）式，我们可得：

$$\frac{dY}{dX}=2\times2\times X^1=4X$$

因为 $a=2$ 而 $b=2$，所以图 18—8 中的 B 部分中 dY/dX 的值与 X 成比例关系。我们可以预计当 A 中曲线的斜率为负值时，dY/dX 的值为负，而当该斜率为正值时，dY/dX 的值为正。为什么？正如我们反复强调的：只要 Y 是 X 的函数，则 dY/dX 就等于曲线的斜率。

借助微积分的便利性，本书把用于讲解管理经济学概念的所有微积分知识都归结为一个便于记忆的公式。

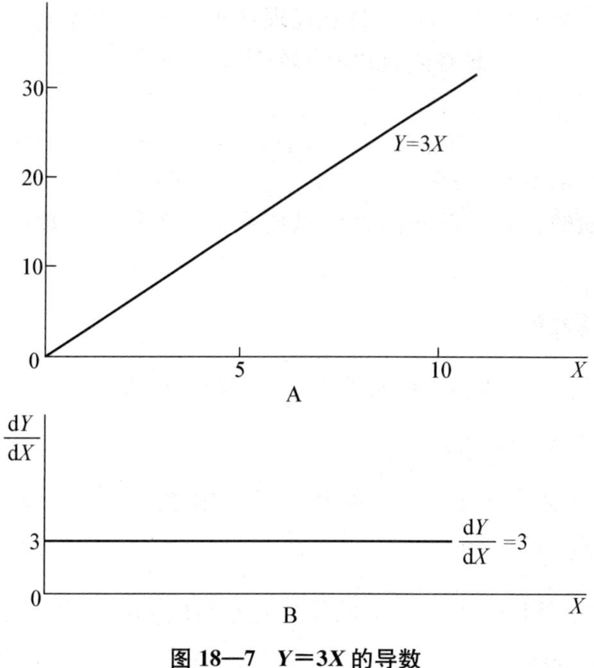

图 18—7　$Y=3X$ 的导数

注：本例中，dY/dX 等于 3，因为图 A 中直线的斜率等于 3。

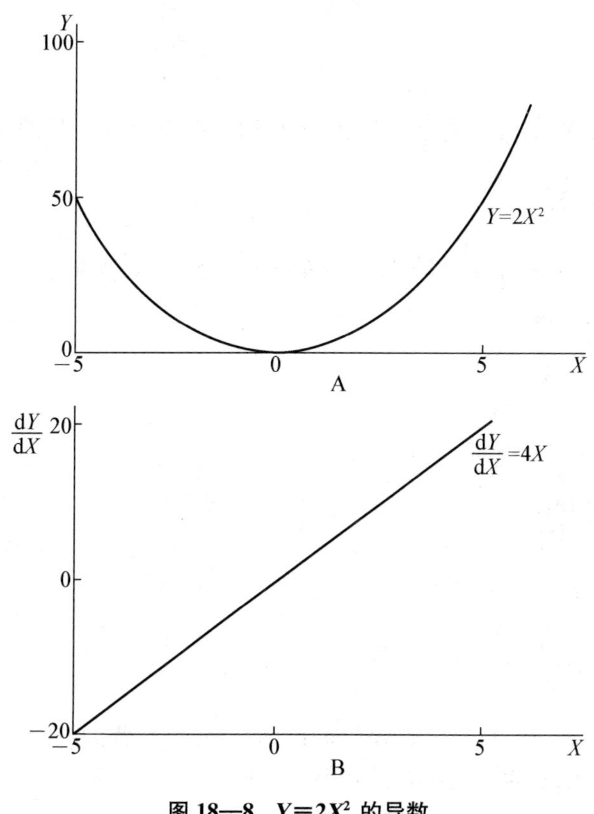

图 18—8　$Y=2X^2$ 的导数

注：本例中，$dY/dX=4X$，因为图 A 中曲线的斜率等于 $4X$。

第18章　最优化技术

假定 $y=kx^n$，其中，y 是因变量，即它的值取决于自变量 x 的值，x 的值决定 y 的值，k 和 n 是参数（均为实数）。如果你想发现自变量 x 对因变量 y 的影响，可以求出 y 关于 x 的导数，即 $\mathrm{d}y/\mathrm{d}x$。现在，这里有一个易于记住的公式：

$$\mathrm{d}y/\mathrm{d}x=nkx^{n-1}$$

因此，如果 $y=4x^3$，即 $n=3$ 且 $k=4$，那么 $\mathrm{d}y/\mathrm{d}x=12x^2$，因为 $nk=3\times4=12$ 且 $n-1=2$。记住上面的公式，进而你就可以理解本书中每一个数值例子的全部微积分答案。

□ 和与差的导数

假定有两个变量 U 与 W，它们都取决于 X。换句话讲：

$$U=g(X)\text{ 且 }W=h(X)$$

U 和 X 的函数关系由 g 来表示，而 W 和 X 的函数关系由 h 来表示。进一步假设：

$$Y=U+W$$

即 Y 是 U、W 之和。所以，Y 关于 X 的导数就等于 U、W 两项导数之和：

$$\frac{\mathrm{d}Y}{\mathrm{d}X}=\frac{\mathrm{d}U}{\mathrm{d}X}+\frac{\mathrm{d}W}{\mathrm{d}X} \tag{18.8}$$

另一方面，如果：

$$Y=U-W$$

换句话讲，Y 是 U、W 之差。那么，Y 关于 X 的导数等于 U、W 两项导数之差：

$$\frac{\mathrm{d}Y}{\mathrm{d}X}=\frac{\mathrm{d}U}{\mathrm{d}X}-\frac{\mathrm{d}W}{\mathrm{d}X} \tag{18.9}$$

例子：考虑当 $U=g(X)=3X^3$ 且 $W=h(X)=4X^2$ 时，如果 $Y=U+W=3X^3+4X^2$，那么：

$$\frac{\mathrm{d}Y}{\mathrm{d}X}=9X^2+8X \tag{18.10}$$

因为根据（18.8）式，有：

$$\frac{\mathrm{d}Y}{\mathrm{d}X}=\frac{\mathrm{d}U}{\mathrm{d}X}+\frac{\mathrm{d}W}{\mathrm{d}X} \tag{18.11}$$

运用（18.7）式，有：

$$\frac{\mathrm{d}U}{\mathrm{d}X}=9X^2\text{ 且 }\frac{\mathrm{d}W}{\mathrm{d}X}=8X$$

将上述两个式子代入（18.11）式，我们可得到（18.10）式的答案。

例子：假设 $Y=U-W$，其中，$U=8X^2$ 且 $W=9X$。那么：

$$\frac{\mathrm{d}Y}{\mathrm{d}X}=16X-9$$

由（18.9）式得：

$$\frac{dY}{dX}=\frac{dU}{dX}-\frac{dW}{dX}$$

运用（18.7）式有：

$$\frac{dU}{dX}=16X \text{ 且 } \frac{dW}{dX}=9$$

□ 积的导数

两项之积的导数等于第一项乘以第二项的导数再加上第二项乘以第一项的导数。因此，如果 $Y=UW$，我们有：

$$\frac{dY}{dX}=U\frac{dW}{dX}+W\frac{dU}{dX} \tag{18.12}$$

例子：如果 $Y=6X(3-X^2)$，并令 $U=6X$ 且 $W=3-X^2$；那么：

$$\begin{aligned}\frac{dY}{dX}&=6X\frac{dW}{dX}+(3-X^2)\frac{dU}{dX}=6X(-2X)+(3-X^2)(6)\\&=-12X^2+18-6X^2=18-18X^2\end{aligned}$$

第一项 $6X$ 乘以第二项的导数 $-2X$，得到的结果再加上第二项 $3-X^2$ 乘以第一项的导数 6。如上所述，最终的结果是 $18-18X^2$。

□ 商的导数

如果 $Y=U/W$，那么 Y 关于 X 的导数等于：

$$\frac{dY}{dX}=\frac{W(dU/dX)-U(dW/dX)}{W^2} \tag{18.13}$$

也就是说，两项之商的导数等于分母乘以分子的导数减去分子乘以分母的导数，所得之差再除以分母的平方。

例子：考虑如下函数的导数问题：

$$Y=\frac{5X^3}{3-4X}$$

如果我们令 $U=5X^3$ 且 $W=3-4X$；那么：

$$\frac{dU}{dX}=15X^2 \text{ 且 } \frac{dW}{dX}=-4$$

接下来运用（18.13）式，我们有：

$$\begin{aligned}\frac{dY}{dX}&=\frac{(3-4X)(15X^2)-5X^3(-4)}{(3-4X)^2}=\frac{45X^2-60X^3+20X^3}{(3-4X)^2}\\&=\frac{45X^2-40X^3}{(3-4X)^2}\end{aligned}$$

有时，一个变量取决于另外一个变量，而另一个变量又取决于第三个变量。例如，

假定 $Y=f(W)$ 且 $W=g(X)$。在这些条件下，Y 关于 X 的导数则等于：

$$\frac{dY}{dX}=\left(\frac{dU}{dW}\right)\left(\frac{dW}{dX}\right) \tag{18.14}$$

换句话讲，为了明确这一导数问题，我们需要求出 Y 关于 W 的导数，再乘以 W 关于 X 的导数。

例子： 假定 $Y=4W+W^3$ 且 $W=3X^2$。为了求出 dY/dX，我们先求出 dY/dW 和 dW/dX：

$$\frac{dY}{dW}=4+3W^2=4+3(3X^2)^2=4+27X^4$$

$$\frac{dW}{dX}=6X$$

接下来，为了求出 dY/dX，我们要将 dY/dW 和 dW/dX 相乘：

$$\frac{dY}{dX}=(4+27X^4)(6X)=24X+162X^5$$

18.6 使用导数解决最大化和最小化问题

在了解如何求出 Y 关于 X 的导数之后，我们现在来考察如何求出令 Y 最大或最小的 X 的值。假定 Y 代表纵轴，X 代表横轴，驻点就是最大值点或最小值点，如果曲线在该点切线的斜率为 0。为了加以说明，假定 Y 是门罗公司的利润，而 X 是其产量水平。如果 Y 和 X 的关系可通过图 18—9 中的 A 部分来描述，则当 $X=10$ 时，Y 取得最大值，此时，曲线在 X 点处的切线斜率为 0。

因为 Y 对 X 的导数等于曲线的斜率，所以只有当该导数等于 0 时，Y 才能取得最大值或最小值。为了考察当该导数为 0 时，Y 确实为最大值，假设图 18—9 中的 Y 和 X 之间的关系为：

$$Y=-50+100X-5X^2 \tag{18.15}$$

它意味着：

$$\frac{dY}{dX}=100-10X \tag{18.16}$$

因此，如果该导数为 0，那么：

$$100-10X=0$$

$$X=10$$

X 取此值可使 Y 取最大值。注意：为了找出令 Y 取最大值或最小值时的 X 的值，我们必须找出令导数等于零时的 X 的值。图 18—9 中的 B 部分就从几何意义上说明了当 Y 取得最大值时，导数等于零。

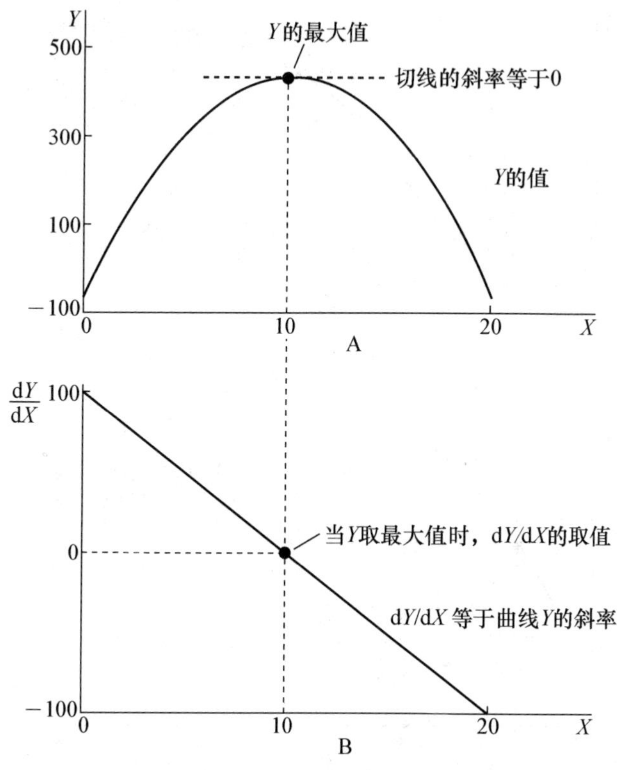

图 18—9　当 Y 为最大值时的导数值

注：当 Y 取最大值（$X=10$）时，$dY/dX=0$。

虽然我们知道当 $X=10$ 时导数为零，但还必须明确哪一点使 Y 取得最大值，哪一点使 Y 取得最小值。例如，在图 18—10 中，当 $X=5$ 和 $X=15$ 时，导数都为零。当 $X=15$ 时，Y 取得最大值；当 $X=5$ 时，Y 取得最小值。为了区别最大值和最小值，我们必须求出 Y 关于 X 的二阶导数，用 d^2Y/dX^2 来表示，它是 dY/dX 的导数。例如，在图 18—9 中，Y 关于 X 的二阶导数是（18.16）式表示的函数的导数，因此，它等于－10。

如果以一条曲线表示 dY/dX（一阶导数）与 X 的关系，则二阶导数衡量的是该曲线的斜率。只不过一阶导数 dY/dX 衡量的是图 18—10 中 A 部分中 Y 曲线的斜率，而二阶导数（也即 d^2Y/dX^2）衡量的是图 18—10 中 B 部分的曲线的斜率。换句话讲，只有一阶导数衡量的是总利润曲线的斜率，而二阶导数衡量的是边际利润曲线的斜率。二阶导数非常重要，因为它在最大值点处总是负的，而在最小值点处却总是正的。因此，为了区分最大值点与最小值点，我们可以用二阶导数在该点的正负来确定。

为了理解为什么二阶导数在最大值点总是为负，而在最小值点却总为正，我们考察图 18—10。当二阶导数为负时，这意味着图 B 中 dY/dX 曲线的斜率为负。由于 dY/dX 等于图 A 中 Y 曲线的斜率，它反过来也意味着 Y 曲线的斜率随着 X 的增加而减小。在最大点处，比如当 $X=15$ 时，它一定满足这种情况。另一方面，当二阶导数为正时，这意味着图 B 中 dY/dX 曲线的斜率为正。这从另一个角度说明 Y 曲线的斜率随着 X 的增加而增加。在最小值处，比如当 $X=5$ 时，它一定符合这种情况。

例子：为了说明如何用导数来求解最大值和最小值问题，假定坎特公司利润与产量的关系如下所示：

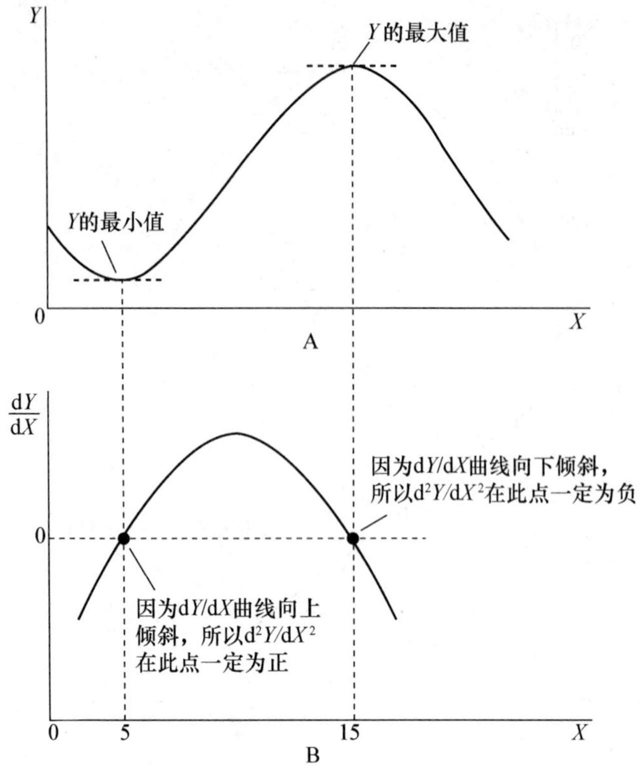

图 18—10　利用二阶导数判定最大/最小值

注：在最大值点处（如 $X=15$），d^2Y/dX^2 为负；在最小值点处（如 $X=5$），d^2Y/dX^2 为正。

$$Y=-1+9X-6X^2+X^3$$

其中，Y 等于年利润（百万美元），而 X 等于年产量（百万单位）。该等式只有在 X 小于等于 3 时才成立；生产能力的限制使公司每年的产量无法超过 300 万单位。为求出利润最大化或最小化时的产量水平，我们先求出 Y 关于 X 的导数，并令其等于 0。

$$\frac{dY}{dX}=9-12X+3X^2=0 \tag{18.17}$$

求解上述方程，可得知当 $X=1$ 或 $X=3$ 时，上述导数等于零。①

为了确定这两个产量水平是最大化还是最小化利润时的产量，我们分别求出二阶导数在上述两个 X 处的值。计算 dY/dX 的导数，也即求出（18.17）式中 $9-12X+3X^2$ 的导数，我们可得：

$$\frac{d^2Y}{dX^2}=-12+6X$$

如果 $X=1$，则有：

① 如果方程是二次函数的形式：$Y=aX^2+bX+c$，当 $Y=0$ 时，$X=\frac{-b\pm(b^2-4ac)^{0.5}}{2a}$。根据正文可知，$a=3$，$b=-12$，$c=9$，因此，$X=\frac{12\pm(144-108)^{0.5}}{6}=2\pm1$，因此，当 $X=1$，或 $X=3$ 时，$dY/dX=0$。

$$\frac{d^2Y}{dX^2}=-12+6(1)=-6$$

由于二阶导数为负，所以当产量为 100 万单位时，利润取得最大值（为 3）。如果 $X=3$，则有：

$$\frac{d^2Y}{dX^2}=-12+6(3)=6$$

由于二阶导数为正，所以当产量为 300 万单位时，利润取得最小值（为－1）。

18.7 边际成本等于边际收益以及最优化计算

一旦你了解了如何利用初级微积分知识求解最优化问题，就很容易明白利润最大化的基本原则——边际成本等于边际收益——是以最优化计算为基础的。图 18—11 显示了企业的总成本与总收益函数。因为总利润等于总收益减去总成本，所以它等于总收益曲线与总成本曲线在某一产量水平上的垂直距离。该距离在产量 Q_1 处取得最大值，在该点处，总收益曲线的斜率等于总成本曲线的斜率。因为总收益曲线的斜率是边际收益，而总成本曲线的斜率是边际成本，所以利润最大化处的边际成本等于边际收益。

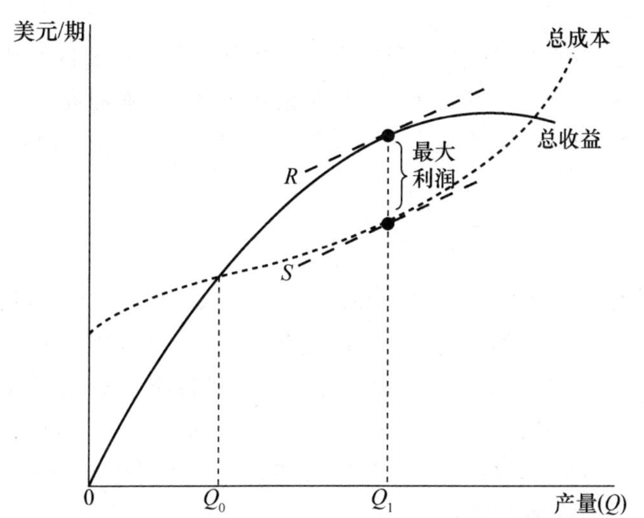

图 18—11　利润最大化时边际收益等于边际成本原则

注：在利润最大化产量 Q_1 处，边际收益（直线 R 的斜率）等于边际成本（直线 S 的斜率）

图 18—11 说明了 Q_1 一定是利润最大化时的产量。产量低于 Q_0 会导致亏损（因为总成本超过了总收益），它显然不能最大化利润。当产量高于 Q_0 时，总收益比总成本增加得要快，所以利润一定增加。只要总收益曲线的斜率（边际收益）超过总成本曲线的斜率（边际成本），利润就将随着产量的增加而增加。但是当这些斜率相等时（即边际收益等于边际成本），利润就不再增加了，但是它会取得最大值。这些斜率在产量 Q_1 处相等，因此它一定是利润最大化时的产量水平。当产量超过 Q_1 时，利润就开始下降，因为边际成本超过了边际收益。

运用微积分知识，我们很容易理解为什么管理者通过设定边际成本等于边际收益来使利润最大化。由于：

$$\pi=TR-TC$$

其中，π 等于总利润，TR 等于总收益，而 TC 等于总成本。求出关于 Q 的导数，我们会发现：

$$\frac{\mathrm{d}\pi}{\mathrm{d}Q}=\frac{\mathrm{d}TR}{\mathrm{d}Q}-\frac{\mathrm{d}TC}{\mathrm{d}Q}$$

若使 π 最大，该导数一定等于零，所以：

$$\frac{\mathrm{d}TR}{\mathrm{d}Q}=\frac{\mathrm{d}TC}{\mathrm{d}Q} \tag{18.18}$$

而且，因为边际收益被定义为 $\mathrm{d}TR/\mathrm{d}Q$，而边际成本被定义为 $\mathrm{d}TC/\mathrm{d}Q$，所以边际收益一定等于边际成本。①

18.8 多元函数的偏微分和最大化

到目前为止，我们考察了一个变量只取决于另外一个变量的各种情况。尽管存在这样的情况，但在很多情形下，也存在一个变量依赖于多个（往往很多）变量，而不只是一个变量的情况。例如，梅里麦克公司生产两种产品，它的利润取决于每种产品的产量，即：

$$\pi=f(Q_1,Q_2) \tag{18.19}$$

其中，π 是企业的利润，Q_1 是第一种产品的产量，而 Q_2 是第二种产品的产量。

为了求出使因变量（本例中为 π）最大化的两个自变量（本例中为 Q_1 和 Q_2），我们需要知道每个自变量在其他所有自变量保持不变的条件下，对因变量的边际影响。例如，在这个例子中，我们需要知道当 Q_2 保持不变时，Q_1 对 π 的边际影响，而且我们也需要知道当 Q_1 保持不变时，Q_2 对 π 的边际影响。为了得到这个信息，我们要获得 π 对 Q_1 的偏导数和 π 对 Q_2 的偏导数。

将 π 对 Q_1 的偏导数记作 $\partial\pi/\partial Q_1$，对（18.19）式运用求导原则，但我们要把 Q_2 视为一个常数。同样地，将 π 对 Q_2 的偏导数记作 $\partial\pi/\partial Q_2$，我们也对（18.19）式运用求导原则，同时把 Q_1 视为一个常数。

例子：假定梅里麦克公司的利润（千美元）与其每一个产品的产量水平之间的关系如下所示：

$$\pi=-20+113.75Q_1+80Q_2-10Q_1^2-10Q_2^2-5Q_1Q_2 \tag{18.20}$$

---

① 应当注意两点：(1) 对于利润一定是最大化，因此 $\mathrm{d}^2\pi/\mathrm{d}Q^2$ 一定为负。(2) 本节（和前几节）的分析引出了极大值的判定。有时，极大值不是最大值。例如，在某些情况下，利润最大化（或亏损最小化）时的产量为零。

为了求出 π 对 Q_1 的偏导数，我们把 Q_2 看成一个常数，可得：

$$\frac{\partial\pi}{\partial Q_1}=113.75-20Q_1-5Q_2$$

为了求出 π 对 Q_2 的偏导数，我们把 Q_1 看成一个常数，可得：

$$\frac{\partial\pi}{\partial Q_2}=80-20Q_2-5Q_1$$

一旦我们求得了偏导数，那么确定使因变量最大化的自变量的值就变得相对容易了。我们需要做的只是令所有的偏导数都等于零。在梅里麦克公司的例子中，我们有：

$$\frac{\partial\pi}{\partial Q_1}=113.75-20Q_1-5Q_2=0 \tag{18.21}$$

$$\frac{\partial\pi}{\partial Q_2}=80-20Q_2-5Q_1=0 \tag{18.22}$$

方程（18.21）和（18.22）有两个未知数。求解这两个方程，可得出实现利润最大化的两个产量。换句话讲，为了实现利润最大化，公司每个时期应当生产 5 单位的第一种产品以及 2.75 单位的第二种产品。如果是这样，公司每个时期获得的利润为 374 375 美元。①

为了说明为什么要令所有的偏导数都等于零，我们考察图 18—12，它给出了在最大值 π 附近的区域，方程（18.20）中 π、Q_1 和 Q_2 之间的关系。如图所示，这种关系由一个三维曲面描述。在点 M 处，π 取得最大值，此时曲面是水平的。与曲面相切于点 M 处的水平切面平行于 Q_1Q_2 平面；换句话讲，水平切面在 Q_1 或 Q_2 处的斜率一定等于零。因为（18.21）和（18.22）的偏导数等于这些斜率，所以在最大点 M 处，它们一定等于零。②

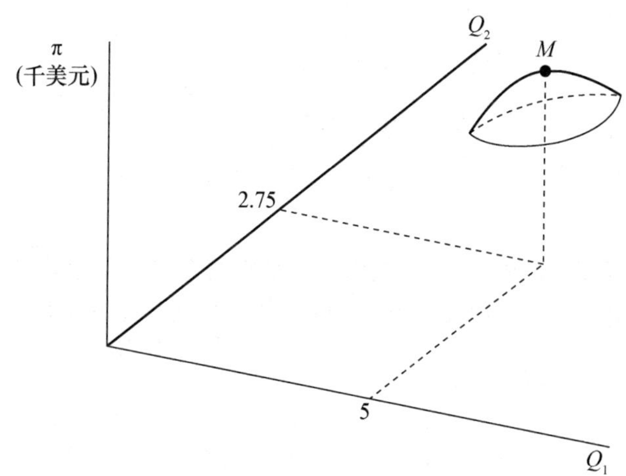

图 18—12　π、Q_1 和 Q_2 之间的关系

注：在点 M 处，π 取得最大值，曲面代表这种关系是平坦的；曲面关于 Q_1 或 Q_2 的斜率一定等于零。

① 将 $Q_1=5.0$ 和 $Q_2=2.75$ 代入（18.20）式，我们可得：$\pi=-20+113.75(5)+80(2.75)-10(5)^2-10(2.75)^2-5(5)(2.75)=374.375$。

② 任何一本微积分教材都包含利用二阶导数判定极大值和极小值的方法。因此，本书不涉及这些讨论。

18.9 条件最优化

企业和其他组织的管理者一般会面临限制他们作出选择的约束条件。一个生产管理者可能希望最小化企业的成本，但又不能减少与客户所签订的生产合同。企业的管理者还希望最大化企业的利润，但又不可能更换产品或增加厂房和添置设备。

此类条件最优化问题可以通过几种方法解决。在只有一个约束条件、较为简单的情况下，我们可以把约束条件中的一个决策变量——决策者可以选择的变量——看成是其他决策变量的函数。然后我们可用前几节介绍的无约束条件下的最优化方法来求解。事实上，我们将把此类问题转化为无约束条件下的最大化或最小化问题。

为了加以说明，假定克洛斯特公司生产两种产品，其总成本等于：

$$TC=4Q_1^2+5Q_2^2-Q_1Q_2 \tag{18.23}$$

其中，Q_1 等于第一种产品每小时的产量，Q_2 等于第二种产品每小时的产量。由于对消费者有承诺，所以两种产品的产量之和每小时不得少于 30。克洛斯特的总裁想知道，在给定两种产品产量之和等于 30 的条件下，使企业成本最小化的两种产品的产量各是多少。

这个条件最优化问题可被表述为：

最小化：$TC=4Q_1^2+5Q_2^2-Q_1Q_2$

约束条件：$Q_1+Q_2=30$

当然，约束条件是 Q_1+Q_2 必须等于 30。从此约束条件中解出 Q_1，我们有：

$$Q_1=30-Q_2$$

用 $30-Q_2$ 替代（18.23）式中的 Q_1，可得：

$$TC=4(30-Q_2)^2+5Q_2^2-(30-Q_2)Q_2$$
$$=4(900-60Q_2+Q_2^2)+5Q_2^2-30Q_2+Q_2^2$$
$$TC=3\,600-270Q_2+10Q_2^2 \tag{18.24}$$

可以用刚刚介绍的无约束条件最优化方法来求解令 TC 最小化的 Q_2 的值。正如前面几节讲解的，我们必须求得 TC 关于 Q_2 的导数并令其等于零：

$$\frac{\mathrm{d}TC}{\mathrm{d}Q_2}=-270+20Q_2=0$$
$$20Q_2=270$$
$$Q_2=13.5$$

为了确保这是最小值点而不是最大值点，我们还要求出二阶导数，即：

$$\frac{\mathrm{d}^2TC}{\mathrm{d}Q_2^2}=20$$

由于这个结果为正值，所以我们求得的是最小值。

为了找出令总成本最小的 Q_1，记得约束条件为：

$$Q_1+Q_2=30$$

也就是：

$$Q_1=30-Q_2$$

我们知道 Q_2 的最优值为 13.5，所以 Q_1 的最优值就一定为：

$$Q_1=30-13.5=16.5$$

综上所述，如果克洛斯特公司想要在两种产品产量之和等于每小时 30 的约束条件下实现总成本最小化，每小时必须生产 16.5 单位的第一种产品，13.5 单位的第二种产品。[①] 或者说，它应当每两小时生产第一种产品 33 单位，而生产第二种产品 27 单位。

18.10 拉格朗日乘数

如果约束条件太多或太复杂，从而前面几节介绍的方法无法适用，那么拉格朗日乘数法可以用来求解这类问题。条件最优化问题的解决需要用到一个构造方程——拉格朗日方程——它将最小化或最大化函数与约束条件结合起来。这个构造的方程确保了以下两项成立：

1. 当方程最大化（或最小化）时，我们想要最大化（或最小化）的初始目标函数实际上也达到了最大化（或最小化）。

2. 所有的约束条件都得到了满足。

为了讲解拉格朗日函数是如何构造的，重新考虑克洛斯特公司的例子。前一节中介绍了公司想要在 $Q_1+Q_2=30$ 的约束条件下，实现总成本 $TC=4Q_1^2+5Q_2^2-Q_1Q_2$ 最小化。为解决该企业的这一问题，构造拉格朗日函数的第一步是将约束条件改写成新的形式，即：

$$30-Q_1-Q_2=0 \qquad (18.25)$$

如果我用一个未知数 λ 乘以这个约束条件，再加上希望最小化的成本函数（(18.23) 式），便可得到拉格朗日函数：

$$L_{TC}=4Q_1^2+5Q_2^2-Q_1Q_2+\lambda(30-Q_1-Q_2) \qquad (18.26)$$

后面会给出解释，我们可以保证如果求出拉格朗日函数的无约束条件的最大化（最小化）解，那么这个解也是原来有约束条件下的最大化（最小化）解。换句话讲，为了求解条件优化问题，我们所必须做的是最优化拉格朗日函数。例如，在克洛斯特公司的

---

① 将 $Q_1=16.5$ 和 $Q_2=13.5$ 代入（18.23）式中，可得到企业的总成本：

$$\begin{aligned}TC&=4(16.5)^2+5(13.5)^2-(16.5)(13.5)=4(272.25)+5(182.25)-222.75\\&=1\,089+911.25-222.75=1\,777.5\end{aligned}$$

即 1 777.50 美元。

第18章 最优化技术

例子中，我们必须求出（18.26）式中使 L_{TC} 最小的 Q_1、Q_2 和 λ 的值。为此，我们必须求出 L_{TC} 关于 Q_1、Q_2 和 λ 这三个变量各自的偏导数：

$$\frac{\partial L_{TC}}{\partial Q_1}=8Q_1-Q_2-\lambda$$

$$\frac{\partial L_{TC}}{\partial Q_2}=-Q_1+10Q_2-\lambda$$

$$\frac{\partial L_{TC}}{\partial \lambda}=-Q_1-Q_2+30$$

如前所述，为实现 L_{TC} 最小化，我们必须令以上三个偏导数全部等于零：

$$8Q_1-Q_2-\lambda=0 \tag{18.27}$$

$$-Q_1+10Q_2-\lambda=0 \tag{18.28}$$

$$-Q_1-Q_2+30=0 \tag{18.29}$$

必须注意拉格朗日函数关于 λ 的偏导数（即 $\partial L_{TC}/\partial\lambda$），当令其等于零时（即（18.29）式），就是我们初始优化问题中的约束条件（回顾（18.25）式）。由于属于拉格朗日函数的构造方式，这一点总是成立的。而且如果这个导数等于零，我们就能够保证原有的约束条件得到了满足。而如果这个约束条件得到了满足，拉格朗日函数右端的最后一项也就等于零；所以拉格朗日函数又归结为我们想要的初始最大化（最小化）函数。这样，通过最大化（最小化）拉格朗日函数，我们解决了原有的条件优化问题。

回到克洛斯特公司的例子，方程（18.27）、（18.28）和（18.29）是三个联立的方程，它们包含三个未知数 Q_1、Q_2 和 λ。如果我们从方程组中求解出 Q_1 和 Q_2，就得到了最优值 Q_1 和 Q_2。用方程（18.27）减去方程（18.28）可得：

$$9Q_1-11Q_2=0 \tag{18.30}$$

将方程（18.29）乘以 9 然后将此结果与方程（18.30）相加，我们可以求解出 Q_2：

$$\begin{array}{r} -9Q_1-9Q_2+270=0 \\ 9Q_1-11Q_2=0 \\ \hline -20Q_2+270=0 \\ Q_2=270/20=13.5 \end{array}$$

因此，Q_2 的最优值是 13.5。用 13.5 替代方程（18.29）中的 Q_2，可得 Q_1 的最优值是 16.5。也就是说，克洛斯特公司的管理者应当每小时生产 16.5 单位的第一种产品和 13.5 单位的第二种产品。但是本小节讲解的拉格朗日乘数法比上一小节介绍的方法更为有效，原因在于：(1) 它能处理不止一个约束条件；(2) λ 的值可为决策者提供既有趣又有用的信息。

具体地讲，λ 被称为拉格朗日乘数，它用来衡量当约束条件放松一个单位时，对应最大化或最小化变量（本例中是 *TC*）的变化程度。例如，如果克洛斯特公司的管理者希望在两种产品的总产量等于 31 而不是 30 的约束条件下最小化总成本，λ 的值就说明了最小值 *TC* 将增加多少。那么 λ 的值到底是多少呢？根据方程（18.27）：

$$8Q_1-Q_2-\lambda=0$$

因为 $Q_1=16.5$，$Q_2=13.5$，所以有：

$$\lambda=8(16.5)-13.5=118.5$$

可见，如果约束条件被放松到 31 而不是 30，那么总成本将增加 118.5 美元。

对于许多管理决策，这样的信息是很有价值的。假定某一客户提出以 115 美元的价格购买克洛斯特公司的一个产品，为此公司需要把每小时产量提高到 31。根据上面得出的结果，接受客户的要求是不明智的，因为成本会增加 118.50 美元，比客户愿意支付的价格高出 3.50 美元。

18.11 比较边际成本与边际收益

在结束本章之前，还需要指出许多企业的决策需要比较增量成本与增量收益。通常，管理者必须要在多个行动方案间作出选择，而且与选择相关的是成本与收益的差额。例如，如果机械公司的管理者正要考虑是否增加一个新产品线，应当将增加新产品线对应的增量成本（由增加带来的额外成本）与增量收益（由增加带来的额外收益）进行比较。如果增量收益超出增量成本，那么新的产品线就能够增加企业的利润。

请注意，增量成本不同于边际成本。边际成本是产量的微小变化带来的额外成本，而增量成本可能是产量的大量增加而带来的额外成本。同样，增量收益与边际收益也不同。它是产量的大量增加而带来的额外收益。例如，假定你想知道如果企业将产量增加一倍后企业的利润是否会增长。如果这样的产量增长带来的增量成本为 500 万美元，而增量收益是 600 万美元，那么企业在产量增加一倍的前提下利润增加了 100 万美元。边际成本和边际收益却无法告诉你这样的信息，因为它们仅与产量的微小变化有关，而与产量成倍增长无关。

虽然将增量成本与增量收益进行比较看似简单，但实际上却存在很多缺陷。最常见的错误是没有意识到沉没成本的不相关性。过去发生的许多成本常常与现在的决策并无关联。假定你决定去旅行，那么是自己驾车去还是坐飞机去比较便宜呢？如果是自己开车，哪些成本应该计算在内？因为出现的增量成本只包括汽油（以及轮胎、引擎等的磨损），所以只有这样的成本被考虑进来。而过去发生的成本，比如像汽车的最初价格，以及无论是开车还是坐飞机都会发生的成本，如车辆保险，不应该计算在内。但如果你打算购买汽车去旅行，那么这些成本就应当被包括在内。

为了作出合理的解释，考虑一家航空公司增开的航班收益略高于成本支出。假定这家航空公司需要作出决策，是否在 A 和 B 两座城市之间增开航班。假设该航班的总分配成本——实际支出成本加上一定比例的管理费用、折旧、保险费及其他成本——是 5 500 美元。实际支出成本——航空公司为该航班必须支出的实际费用之和——是 3 000 美元，而从该航班获得的预期收益为 4 100 美元。在这种情况下，航空公司正确的决策是将增开此航班，因为该航班将增加 1 100 美元的利润。此时增量收益为 4 100 美元，而增量成本为 3 000 美元。无论是否飞行，管理费用、折旧和保险费都会发生。因此，总的分配成本容易引发误解，相关的成本是指实际支出成本，而不是总的分配成本。

其他类型的错误也可能影响管理者对增量成本的判断。例如，公司可能拒绝生产或销售某些产品，理由是它的生产能力已接近极限，而且认为公司生产这些产品的增量成本过高。然而事实上，增量成本可能没有那么高，因为公司可以在淡季（此时有很多剩余生产能力）生产这些产品，而潜在的客户可能愿意接受这些产品。

而且，增量收益也常常被错误地判断。假设某管理者正在考虑引入一种新产品。在估计新产品带来的增量收益时，可能忽视了新产品的销售对公司现有产品销售的影响。他们会认为新产品不会减少现有产品的销售；然而，实际上影响是存在的，这会导致它对增量收益估计过高。

小　结

1. 函数关系可以用表格、图形或公式来表示。因变量的边际值被定义为某一自变量的一单位变化所带来的因变量的变化。当边际值从正值变为负值时，因变量达到最大值。

2. Y 关于 X 的导数被记作 dY/dX，它是当 ΔX 趋近 0 时，$\Delta Y/\Delta X$ 的极限。从几何意义上讲，它是 Y 关于 X 的函数曲线的斜率。我们已经给出了一些函数的求导法则。

3. 为了求出使 Y 取得最大值或最小值时的 X 值，我们只需令 dY/dX 等于零。为了区分得到的结果是最大值还是最小值，我们需要求出 Y 关于 X 的二阶导数，记作 d^2Y/dX^2，它是 dY/dX 的导数。如果二阶导数为正，Y 取最大值；如果为负，Y 取最小值。

4. 因变量常常取决于很多自变量而不是一个自变量。为了求出使 Y 取得最大值的每一个 X 值，我们需要求出 Y 关于 X 的偏导数，记作 $\partial Y/\partial X$，并令其等于零。求偏导数时，我们可以运用求导数的一般性法则；同时，需要把除了 X 以外的其他自变量都看成常数。

5. 企业或其他组织的管理者通常会面临限制他们自由选择的各种约束条件。在只有一个约束条件的较为简单的情况下，我们可以把约束条件中的一个决策变量表示为其他决策变量的函数，然后运用无约束条件下的最优化计算。

6. 在更为复杂的情况下，条件优化问题可以利用拉格朗日乘数法求解。拉格朗日函数将需要最大化或最小化的函数与约束条件合并在一起。为求解条件优化问题，我们最优化拉格朗日函数。

7. 许多企业决策可以而且应当在比较增量成本与增量收益后再做决定。一般地，管理者需要在两个行动方案中作出选择，而与选择相关的是两个行动方案中成本及收益的差额。

习　题

1. 医院面临的一个重要问题是：医院必须要具备多大规模（病人日）才能使人均病人日的成本最小？根据一项著名的研究，经营一家医院（某一特殊类型）的总成本（美元）大约为：

$$C=4\ 700\ 000+0.000\ 13X^2$$

其中，X 是指病人日。

（1）求出人均病人日的成本与病人日之间的关系表达式。

（2）根据这个研究结果，要使人均病人日的成本最小，医院的规模（病人日）应当多大？

（3）证明你的结果会使人均病人日的成本最小化，而不是最大化。

2. 特朗布尔公司开发了一种新产品。公司总裁预计新产品将把公司的年收益提高到 500 万美元，同时，每年也将增加 400 万美元的实际成本，而总的分配成本（包括一定比例的管理费用、折旧和保险费）是 550 万美元。

（1）特朗布尔的总裁认为生产这种新产品无利可图。总裁的看法是正确的吗？为什么是或为什么不是？

（2）特朗布尔主管研究部门的副总裁认为，因为这种产品的开发者已经花费了 1 000 万美元，所以公司除了生产该新产品外别无选择。副总裁的看法是正确的吗？为什么是或为什么不是？

3. 马丁公司的利润和产量之间的关系如下所示：

产量	利润（1 000 美元/天）
0	－10
1	－8
2	－5
3	0
4	2
5	7
6	12
7	21
8	22
9	23
10	20

（1）每天的产量在 5 单位和 6 单位之间的边际利润是多少？每天的产量在 9 单位和 10 单位之间的边际利润是多少？

（2）当平均利润最大时，产量是多少？

（3）马丁公司是否应该在平均利润最大的产量水平处生产？为什么是或为什么不是？

4. 求下列函数的一阶导数：

（1）$Y=3+10X+5X^2$

（2）$Y=2X(4+X^3)$

（3）$Y=3X/(4+X^3)$

（4）$Y=4X(X-3)$

5. 迪姆公司的总成本函数为 $TC=100+4Q+8Q^2$，其中，TC 是总成本，Q 是产量。请问：

（1）产量等于 10 时的边际成本是多少？

（2）产量等于 12 时的边际成本是多少？

（3）产量等于 20 时的边际成本是多少？

6. 巴塞罗缪公司的利润与产量之间的关系为：$\pi=-40+20Q-3Q^2$，其中，π 是总利润，Q 是产量。请问：

（1）如果公司产量等于 8，其边际利润是多少？

（2）求出公司的边际利润与产量之间的关系式。

（3）公司利润最大时的产量是多少？

7. 求下列函数的二阶导数：

（1）$Y=4+9X+3X^2$

（2）$Y=4X(3+X^2)$

（3）$Y=4X(2+X^3)$

（4）$Y=(4/X)+3$

8. 米尼奥拉公司聘请了一位顾问估计公司的利润与产量之间的关系。顾问的报告认为关系是：

$$\pi=-10-6Q+5.5Q^2-2Q^3+0.25Q^4$$

(1) 顾问认为公司应当令 $Q=1$，以使利润最大化。请问当 $Q=1$ 时，$d\pi/dQ=0$ 是否成立？当 $Q=1$ 时，π 是最大值吗？

(2) 米尼奥拉公司的执行副总裁认为当 $Q=2$ 时，公司利润最大。这是否正确？

(3) 如果你是米尼奥拉公司的 CEO，你是否认可该顾问提供的关于利润与产量之间关系的估计？

9. 求下列情况中 Y 关于 X 的偏导数：

(1) $Y=10+3Z+2X$

(2) $Y=18Z+4X^3$

(3) $Y=Z^{0.2}X^{0.8}$

(4) $Y=3Z/(4+X)$

10. 斯托克公司生产两种产品：纸张和纸板。公司的年利润（千美元）π 与每种产品产量之间的关系为：

$$\pi=-50-40Q_1+30Q_2-5Q_1^2-4Q_2^2-3Q_1Q_2$$

其中，Q_1 是公司纸张的年产量（千吨），Q_2 是公司纸板的年产量（千吨）。

(1) 若斯托克公司想最大化其利润，每种产品各自的产量应当是多少？

(2) 若斯托克公司所在地区要求公司每年缴纳 5 000 美元的税款，这是否会改变问题 (1) 的答案？如果发生改变，变化是多少？

11. 米勒公司雇用熟练工人和非熟练工人共同完成一项建筑项目。完成该项目的成本取决于熟练工人和非熟练工人各自需要的时间，关系如下所示：

$$C=4-3X_1-4X_2+2X_1^2+3X_2^2+X_1X_2$$

其中，C 是成本（千美元），X_1 是熟练工人工作的小时数（千小时），X_2 是非熟练工人工作的小时数（千小时）。请问：

(1) 求使项目成本最小化的熟练工人工作的小时数和非熟练工人工作的小时数。

(2) 如果米勒公司必须购买价值 2 000 美元的许可证才能从事该项目生产（并且如果上面的成本 C 没有包含这个许可证的成本），这是否会改变问题 (1) 的答案？如果改变，变化是多少？

12. 伊洛纳·斯塔福德管理着一家小型公司，公司生产羊毛毯和棉质毯。公司每天的总成本（美元）为：

$$C=7X_1^2+9X_2^2-1.5X_1X_2$$

其中，X_1 是每天生产的棉质毯数量，X_2 是每天生产的羊毛毯数量。由于与零售商存在约定，她每天必须生产 10 条毯子，但其中羊毛毯和棉质毯的比例不限。请问：

(1) 如果想要最小化成本（且不违反与零售商的约定），公司每天应当生产多少条羊毛毯和棉质毯（不使用拉格朗日乘数法）？

(2) 在上小题的情况下，想要实现成本最小化是否合理？为什么是或为什么不是？

(3) 每天可以生产非整数条毯子吗？

13. (1) 使用拉格朗日乘数法求解第 12 题。

(2) 所得结果与上题结果是否一致？

(3) λ 等于多少？它的含义是什么？

经济科学译丛

序号	书名	作者	Author	单价	出版年份	ISBN
1	发展宏观经济学(第四版)	皮埃尔·理查德·阿根诺等	Pierre-Richard Agénor	79.00	2020	978-7-300-27425-6
2	微观经济学(第四版)	保罗·克鲁格曼等	Paul Krugman	86.00	2020	978-7-300-28321-0
3	平狄克《微观经济学》(第九版)学习指导	乔纳森·汉密尔顿等	Jonathan Hamilton	42.00	2020	978-7-300-28281-7
4	经济地理学:区域和国家一体化	皮埃尔-菲利普·库姆斯等	Pierre-Philippe Combes	56.00	2020	978-7-300-28276-3
5	公共部门经济学(第四版)	约瑟夫·E. 斯蒂格利茨等	Joseph E. Stiglitz	96.00	2020	978-7-300-28218-3
6	递归宏观经济理论(第三版)	拉尔斯·扬奎斯特等	Lars Ljungqvist	128.00	2020	978-7-300-28058-5
7	策略博弈(第四版)	阿维纳什·迪克西特等	Avinash Dixit	85.00	2020	978-7-300-28005-9
8	劳动关系(第10版)	小威廉·H. 霍利等	William H. Holley, Jr.	83.00	2020	978-7-300-25582-8
9	微观经济学(第九版)	罗伯特·S. 平狄克等	Robert S. Pindyck	93.00	2020	978-7-300-26640-4
10	宏观经济学(第十版)	N. 格里高利·曼昆	N. Gregory Mankiw	79.00	2020	978-7-300-27631-1
11	宏观经济学(第九版)	安德鲁·B. 亚伯等	Andrew B. Abel	95.00	2020	978-7-300-27382-2
12	商务经济学(第二版)	克里斯·马尔赫恩等	Chris Mulhearn	56.00	2019	978-7-300-24491-4
13	管理经济学:基于战略的视角(第二版)	蒂莫西·费希尔等	Timothy Fisher	58.00	2019	978-7-300-23886-9
14	投入产出分析:基础与扩展(第二版)	罗纳德·E. 米勒等	Ronald E. Miller	98.00	2019	978-7-300-26845-3
15	宏观经济学:政策与实践(第二版)	弗雷德里克·S. 米什金	Frederic S. Mishkin	89.00	2019	978-7-300-26809-5
16	国际商务:亚洲视角	查尔斯·W. L. 希尔等	Charles W. L. Hill	108.00	2019	978-7-300-26791-3
17	统计学:在经济和管理中的应用(第10版)	杰拉德·凯勒	Gerald Keller	158.00	2019	978-7-300-26771-5
18	经济学精要(第五版)	R. 格伦·哈伯德等	R. Glenn Hubbard	99.00	2019	978-7-300-26561-2
19	环境经济学(第七版)	埃班·古德斯坦等	Eban Goodstein	78.00	2019	978-7-300-23867-8
20	管理者微观经济学	戴维·M. 克雷普斯	David M. Kreps	88.00	2019	978-7-300-22914-0
21	税收与企业经营战略:筹划方法(第五版)	迈伦·S. 斯科尔斯等	Myron S. Scholes	78.00	2018	978-7-300-25999-4
22	美国经济史(第12版)	加里·M. 沃尔顿等	Gary M. Walton	98.00	2018	978-7-300-26473-8
23	组织经济学:经济学分析方法在组织管理上的应用(第五版)	塞特斯·杜玛等	Sytse Douma	62.00	2018	978-7-300-25545-3
24	经济理论的回顾(第五版)	马克·布劳格	Mark Blaug	88.00	2018	978-7-300-26252-9
25	实地实验:设计、分析与解释	艾伦·伯格等	Alan S. Gerber	69.80	2018	978-7-300-26319-9
26	金融学(第二版)	兹维·博迪等	Zvi Bodie	75.00	2018	978-7-300-26134-8
27	空间数据分析:模型、方法与技术	曼弗雷德·M. 费希尔等	Manfred M. Fischer	36.00	2018	978-7-300-25304-6
28	《宏观经济学》(第十二版)学习指导书	鲁迪格·多恩布什等	Rudiger Dornbusch	38.00	2018	978-7-300-26063-1
29	宏观经济学(第四版)	保罗·克鲁格曼等	Paul Krugman	68.00	2018	978-7-300-26068-6
30	计量经济学导论:现代观点(第六版)	杰弗里·M. 伍德里奇	Jeffrey M. Wooldridge	109.00	2018	978-7-300-25914-7
31	经济思想史:伦敦经济学院讲演录	莱昂内尔·罗宾斯	Lionel Robbins	59.80	2018	978-7-300-25258-2
32	空间计量经济学入门——在R中的应用	朱塞佩·阿尔比亚	Giuseppe Arbia	45.00	2018	978-7-300-25458-6
33	克鲁格曼经济学原理(第四版)	保罗·克鲁格曼等	Paul Krugman	88.00	2018	978-7-300-25639-9
34	发展经济学(第七版)	德怀特·H. 波金斯等	Dwight H. Perkins	98.00	2018	978-7-300-25506-4
35	线性与非线性规划(第四版)	戴维·G. 卢恩伯格等	David G. Luenberger	79.80	2018	978-7-300-25391-6
36	产业组织理论	让·梯若尔	Jean Tirole	110.00	2018	978-7-300-25170-7
37	经济学精要(第六版)	巴德,帕金	Bade, Parkin	89.00	2018	978-7-300-24749-6
38	空间计量经济学——空间数据的分位数回归	丹尼尔·P. 麦克米伦	Daniel P. McMillen	30.00	2018	978-7-300-23949-1
39	高级宏观经济学基础(第二版)	本·J. 海德拉	Ben J. Heijdra	88.00	2018	978-7-300-25147-9
40	税收经济学(第二版)	伯纳德·萨拉尼耶	Bernard Salanié	42.00	2018	978-7-300-23866-1
41	国际贸易(第三版)	罗伯特·C. 芬斯特拉	Robert C. Feenstra	73.00	2017	978-7-300-25327-5
42	国际宏观经济学(第三版)	罗伯特·C. 芬斯特拉	Robert C. Feenstra	79.00	2017	978-7-300-25326-8
43	公司治理(第五版)	罗伯特·A.G. 蒙克斯	Robert A. G. Monks	69.80	2017	978-7-300-24972-8
44	国际经济学(第15版)	罗伯特·J. 凯伯	Robert J. Carbaugh	78.00	2017	978-7-300-24844-8
45	经济理论和方法史(第五版)	小罗伯特·B. 埃克伦德等	Robert B. Ekelund. Jr.	88.00	2017	978-7-300-22497-8
46	经济地理学	威廉·P. 安德森	William P. Anderson	59.80	2017	978-7-300-24544-7
47	博弈与信息:博弈论概论(第四版)	艾里克·拉斯穆森	Eric Rasmusen	79.80	2017	978-7-300-24546-1
48	MBA宏观经济学	莫里斯·A. 戴维斯	Morris A. Davis	38.00	2017	978-7-300-24268-2
49	经济学基础(第十六版)	弗兰克·V. 马斯切纳	Frank V. Mastrianna	42.00	2017	978-7-300-22607-1
50	高级微观经济学:选择与竞争性市场	戴维·M. 克雷普斯	David M. Kreps	79.80	2017	978-7-300-23674-2
51	博弈论与机制设计	Y. 内拉哈里	Y. Narahari	69.80	2017	978-7-300-24209-5
52	宏观经济学精要:理解新闻中的经济学(第三版)	彼得·肯尼迪	Peter Kennedy	45.00	2017	978-7-300-21617-1
53	宏观经济学(第十二版)	鲁迪格·多恩布什等	Rudiger Dornbusch	69.00	2017	978-7-300-23772-5
54	国际金融与开放宏观经济学:理论、历史与政策	亨德里克·范登伯格	Hendrik Van den Berg	68.00	2016	978-7-300-23380-2

经济科学译丛						
序号	书名	作者	Author	单价	出版年份	ISBN
55	经济学(微观部分)	达龙·阿西莫格鲁等	Daron Acemoglu	59.00	2016	978-7-300-21786-4
56	经济学(宏观部分)	达龙·阿西莫格鲁等	Daron Acemoglu	45.00	2016	978-7-300-21886-1
57	发展经济学	热若尔·罗兰	Gérard Roland	79.00	2016	978-7-300-23379-6
58	中级微观经济学——直觉思维与数理方法(上下册)	托马斯·J.内契巴	Thomas J. Nechyba	128.00	2016	978-7-300-22363-6
59	环境与自然资源经济学(第十版)	汤姆·蒂坦伯格等	Tom Tietenberg	72.00	2016	978-7-300-22900-3
60	劳动经济学基础(第二版)	托马斯·海克拉克等	Thomas Hyclak	65.00	2016	978-7-300-23146-4
61	货币金融学(第十一版)	弗雷德里克·S.米什金	Frederic S. Mishkin	85.00	2016	978-7-300-23001-6
62	动态优化——经济学和管理学中的变分法和最优控制(第二版)	莫顿·I.凯曼等	Morton I. Kamien	48.00	2016	978-7-300-23167-9
63	用Excel学习中级微观经济学	温贝托·巴雷托	Humberto Barreto	65.00	2016	978-7-300-21628-7
64	国际经济学:理论与政策(第十版)	保罗·R.克鲁格曼等	Paul R. Krugman	89.00	2016	978-7-300-22710-8
65	国际金融(第十版)	保罗·R.克鲁格曼等	Paul R. Krugman	55.00	2016	978-7-300-22089-5
66	国际贸易(第十版)	保罗·R.克鲁格曼等	Paul R. Krugman	42.00	2016	978-7-300-22088-8
67	经济学精要(第3版)	斯坦利·L.布鲁伊等	Stanley L. Brue	58.00	2016	978-7-300-22301-8
68	投资学精要(第九版)	兹维·博迪等	Zvi Bodie	108.00	2016	978-7-300-22236-3
69	环境经济学(第二版)	查尔斯·D.科尔斯塔德	Charles D. Kolstad	68.00	2016	978-7-300-22255-4
70	MWG《微观经济理论》习题解答	原千晶等	Chiaki Hara	75.00	2016	978-7-300-22306-3
71	横截面与面板数据的计量经济分析(第二版)	杰弗里·M.伍德里奇	Jeffrey M. Wooldridge	128.00	2016	978-7-300-21938-7
72	宏观经济学(第十二版)	罗伯特·J.戈登	Robert J. Gordon	75.00	2016	978-7-300-21978-3
73	动态最优化基础	蒋中一	Alpha C. Chiang	42.00	2015	978-7-300-22068-0
74	城市经济学	布伦丹·奥弗莱厄蒂	Brendan O'Flaherty	69.80	2015	978-7-300-22067-3
75	管理经济学:理论、应用与案例(第八版)	布鲁斯·艾伦等	Bruce Allen	79.80	2015	978-7-300-21991-2
76	微观经济分析(第三版)	哈尔·R.范里安	Hal R. Varian	68.00	2015	978-7-300-21536-5
77	财政学(第十版)	哈维·S.罗森等	Harvey S. Rosen	68.00	2015	978-7-300-21754-3
78	经济数学(第三版)	迈克尔·霍伊等	Michael Hoy	88.00	2015	978-7-300-21674-4
79	发展经济学(第九版)	A.P.瑟尔沃	A.P. Thirlwall	69.80	2015	978-7-300-21193-0
80	宏观经济学(第五版)	斯蒂芬·D.威廉森	Stephen D. Williamson	69.00	2015	978-7-300-21169-5
81	资源经济学(第三版)	约翰·C.伯格斯特罗姆等	John C. Bergstrom	58.00	2015	978-7-300-20742-1
82	应用中级宏观经济学	凯文·D.胡佛	Kevin D. Hoover	78.00	2015	978-7-300-21000-1
83	现代时间序列分析导论(第二版)	约根·沃特斯等	Jürgen Wolters	39.80	2015	978-7-300-20625-7
84	空间计量经济学——从横截面数据到空间面板	J.保罗·埃尔霍斯特	J. Paul Elhorst	32.00	2015	978-7-300-21024-7
85	国际经济学原理	肯尼思·A.赖纳特	Kenneth A. Reinert	58.00	2015	978-7-300-20830-5
86	经济写作(第二版)	迪尔德丽·N.麦克洛斯基	Deirdre N. McCloskey	39.80	2015	978-7-300-20914-2
87	计量经济学方法与应用(第五版)	巴蒂·H.巴尔塔基	Badi H. Baltagi	58.00	2015	978-7-300-20584-7
88	战略经济学(第五版)	戴维·贝赞可等	David Besanko	78.00	2015	978-7-300-20679-0
89	博弈论导论	史蒂文·泰迪里斯	Steven Tadelis	58.00	2015	978-7-300-19993-1
90	社会问题经济学(第二十版)	安塞尔·M.夏普等	Ansel M. Sharp	49.00	2015	978-7-300-20279-2
91	博弈论:矛盾冲突分析	罗杰·B.迈尔森	Roger B. Myerson	58.00	2015	978-7-300-20212-9
92	时间序列分析	詹姆斯·D.汉密尔顿	James D. Hamilton	118.00	2015	978-7-300-20213-6
93	经济问题与政策(第五版)	杰奎琳·默里·布鲁克斯	Jacqueline Murray Brux	58.00	2014	978-7-300-17799-1
94	微观经济理论	安德鲁·马斯-克莱尔等	Andreu Mas-Collel	148.00	2014	978-7-300-19986-3
95	产业组织:理论与实践(第四版)	唐·E.瓦尔德曼等	Don E. Waldman	75.00	2014	978-7-300-19722-7
96	公司金融理论	让·梯若尔	Jean Tirole	128.00	2014	978-7-300-20178-8
97	公共部门经济学	理查德·W.特里西	Richard W. Tresch	49.00	2014	978-7-300-18442-5
98	统计学:在经济中的应用	玛格丽特·刘易斯	Margaret Lewis	45.00	2014	978-7-300-19082-2
99	计量经济学导论(第三版)	詹姆斯·H.斯托克等	James H. Stock	69.00	2014	978-7-300-18467-8
100	发展经济学导论(第四版)	秋山裕	秋山裕	39.80	2014	978-7-300-19127-0
101	中级微观经济学(第六版)	杰弗里·M.佩罗夫	Jeffrey M. Perloff	89.00	2014	978-7-300-18441-8
102	微观银行经济学(第二版)	哈维尔·弗雷克斯等	Xavier Freixas	48.00	2014	978-7-300-18940-6
103	施米托夫论出口贸易——国际贸易法律与实务(第11版)	克利夫·M.施米托夫等	Clive M. Schmitthoff	168.00	2014	978-7-300-18425-8
104	计量经济学原理与实践	达摩达尔·N.古扎拉蒂	Damodar N. Gujarati	49.80	2013	978-7-300-18169-1
105	高级国际贸易:理论与实证	罗伯特·C.芬斯特拉	Robert C. Feenstra	59.00	2013	978-7-300-17157-9

经济科学译丛						
序号	书名	作者	Author	单价	出版年份	ISBN
106	经济学简史——处理沉闷科学的巧妙方法(第二版)	E. 雷・坎特伯里	E. Ray Canterbery	58.00	2013	978-7-300-17571-3
107	微观经济学原理(第五版)	巴德、帕金	Bade,Parkin	65.00	2013	978-7-300-16930-9
108	宏观经济学原理(第五版)	巴德、帕金	Bade,Parkin	63.00	2013	978-7-300-16929-3
109	环境经济学	彼得・伯克等	Peter Berck	55.00	2013	978-7-300-16538-7
110	高级微观经济理论	杰弗里・杰里	Geoffrey A. Jehle	69.00	2012	978-7-300-16613-1
111	高级宏观经济学导论:增长与经济周期(第二版)	彼得・伯奇・索伦森等	Peter Birch Sørensen	95.00	2012	978-7-300-15871-6
112	卫生经济学(第六版)	舍曼・富兰德等	Sherman Folland	79.00	2011	978-7-300-14645-4
113	现代劳动经济学:理论与公共政策(第十版)	罗纳德・G. 伊兰伯格等	Ronald G. Ehrenberg	69.00	2011	978-7-300-14482-5
114	经济学原理(第四版)	威廉・博伊斯等	William Boyes	59.00	2011	978-7-300-13518-2
115	计量经济学基础(第五版)(上下册)	达摩达尔・N. 古扎拉蒂	Damodar N. Gujarati	99.00	2011	978-7-300-13693-6
116	《计量经济学基础》(第五版)学生习题解答手册	达摩达尔・N. 古扎拉蒂等	Damodar N. Gujarati	23.00	2012	978-7-300-15080-8

金融学译丛						
序号	书名	作者	Author	单价	出版年份	ISBN
1	金融市场与金融机构(第12版)	杰夫・马杜拉	Jeff Madura	99.00	2020	978-7-300-27836-0
2	个人理财(第11版)	E. 托马斯・加曼等	E. Thomas Garman	108.00	2020	978-7-300-25653-5
3	银行学(第二版)	芭芭拉・卡苏等	Barbara Casu	99.00	2020	978-7-300-28034-9
4	金融衍生工具与风险管理(第十版)	唐・M. 钱斯	Don M. Chance	98.00	2020	978-7-300-27651-9
5	投资学导论(第十二版)	赫伯特・B. 梅奥	Herbert B. Mayo	89.00	2020	978-7-300-27653-3
6	金融几何学	阿尔文・库鲁克	Alvin Kuruc	58.00	2020	978-7-300-14104-6
7	银行风险管理(第四版)	若埃尔・贝西	Joël Bessis	56.00	2019	978-7-300-26496-7
8	金融学原理(第八版)	阿瑟・J. 基翁等	Arthur J. Keown	79.00	2018	978-7-300-25638-2
9	财务管理基础(第七版)	劳伦斯・J. 吉特曼等	Lawrence J. Gitman	89.00	2018	978-7-300-25339-8
10	利率互换及其他衍生品	霍华德・科伯	Howard Corb	69.00	2018	978-7-300-25294-0
11	固定收益证券手册(第八版)	弗兰克・J. 法博齐	Frank J. Fabozzi	228.00	2017	978-7-300-24227-9
12	金融市场与金融机构(第8版)	弗雷德里克・S. 米什金等	Frederic S. Mishkin	86.00	2017	978-7-300-24731-1
13	兼并、收购和公司重组(第六版)	帕特里克・A. 高根	Patrick A. Gaughan	89.00	2017	978-7-300-24231-6
14	债券市场:分析与策略(第九版)	弗兰克・J. 法博齐	Frank J. Fabozzi	98.00	2016	978-7-300-23495-3
15	财务报表分析(第四版)	马丁・弗里德森	Martin Fridson	46.00	2016	978-7-300-23037-5
16	国际金融学	约瑟夫・P. 丹尼尔斯等	Joseph P. Daniels	65.00	2016	978-7-300-23037-1
17	国际金融	阿德里安・巴克利	Adrian Buckley	88.00	2016	978-7-300-22668-2
18	个人理财(第六版)	阿瑟・J. 基翁	Arthur J. Keown	85.00	2016	978-7-300-22711-5
19	投资学基础(第三版)	戈登・J. 亚历山大等	Gordon J. Alexander	79.00	2015	978-7-300-20274-7
20	金融风险管理(第二版)	彼德・F. 克里斯托弗森	Peter F. Christoffersen	46.00	2015	978-7-300-21210-4
21	风险管理与保险管理(第十二版)	乔治・E. 瑞达等	George E. Rejda	95.00	2015	978-7-300-21486-3
22	个人理财(第五版)	杰夫・马杜拉	Jeff Madura	69.00	2015	978-7-300-20583-0
23	企业价值评估	罗伯特・A. G. 蒙克斯等	Robert A. G. Monks	58.00	2015	978-7-300-20582-3
24	基于Excel的金融学原理(第二版)	西蒙・本尼卡	Simon Benninga	79.00	2014	978-7-300-18899-7
25	金融工程学原理(第二版)	萨利赫・N. 内夫特奇	Salih N. Neftci	88.00	2014	978-7-300-19348-9
26	国际金融市场导论(第六版)	斯蒂芬・瓦尔德斯等	Stephen Valdez	59.80	2014	978-7-300-18896-6
27	金融数学:金融工程引论(第二版)	马雷克・凯宾斯基等	Marek Capinski	42.00	2014	978-7-300-17650-5
28	财务管理(第二版)	雷蒙德・布鲁克斯	Raymond Brooks	69.00	2014	978-7-300-19085-3
29	期货与期权市场导论(第七版)	约翰・C. 赫尔	John C. Hull	69.00	2014	978-7-300-18994-2
30	国际金融:理论与实务	皮特・塞尔居	Piet Sercu	88.00	2014	978-7-300-18413-5
31	货币、银行和金融体系	R. 格伦・哈伯德等	R. Glenn Hubbard	75.00	2013	978-7-300-17856-1
32	并购创造价值(第二版)	萨德・苏达斯纳	Sudi Sudarsanam	89.00	2013	978-7-300-17473-0
33	个人理财——理财技能培养方法(第三版)	杰克・R. 卡普尔等	Jack R. Kapoor	66.00	2013	978-7-300-16687-2
34	国际财务管理	吉尔特・贝克特	Geert Bekaert	95.00	2012	978-7-300-16031-3
35	应用公司财务(第三版)	阿斯沃思・达摩达兰	Aswath Damodaran	88.00	2012	978-7-300-16034-4
36	资本市场:机构与工具(第四版)	弗兰克・J. 法博齐	Frank J. Fabozzi	85.00	2011	978-7-300-13828-2

图书在版编目（CIP）数据

管理经济学：第8版/（）艾伦等著；申笑颜译．—北京：中国人民大学出版社，2015.11
（经济科学译丛）
ISBN 978-7-300-21991-2

Ⅰ.①管… Ⅱ.①艾…②申… Ⅲ.①管理经济学-教材… Ⅳ.①F270

中国版本图书馆CIP数据核字（2015）第236632号

经济科学译丛
管理经济学：理论、应用与案例（第八版）
W·布鲁斯·艾伦
尼尔·A·多尔蒂　著
基思·韦格尔特
埃德温·曼斯菲尔德
申笑颜　范彩云　张　莉　译
申笑颜　校
Guanli Jingjixue：Lilun、Yingyong yu Anli

出版发行	中国人民大学出版社		
社　　址	北京中关村大街31号	**邮政编码**	100080
电　　话	010－62511242（总编室）		010－62511770（质管部）
	010－82501766（邮购部）		010－62514148（门市部）
	010－62515195（发行公司）		010－62515275（盗版举报）
网　　址	http://www.crup.com.cn		
经　　销	新华书店		
印　　刷	北京宏伟双华印刷有限公司		
规　　格	185 mm×260 mm　16开本	**版　　次**	2015年11月第1版
印　　张	38.75 插页2	**印　　次**	2020年8月第2次印刷
字　　数	933 000	**定　　价**	79.80元